Rhino V6
제품디자인

■ 저자 김 낙 권

도서출판 세화

■ PREFACE

라이노(Rhino)는 디자이너의 표현력을 확장해 주는 자유로운 3D 모델링 도구로서 제품디자인 분야 뿐 만 아니라 건축디자인, 귀금속 디자인 등 다양한 분야에서 활용되고 있으며, 감각적인 모델링과 높은 정밀도의 3D 모델링 표현을 가능하게 해주는 도구입니다.

이 책은 라이노(Rhino)를 처음 사용하는 사용자들과 어느 정도 사용할 수 있지만 체계적인 학습을 원하는 사람들을 위해 만들었습니다. 제가 처음 라이노를 사용할 때의 호기심과 두려움을 기억하면서, 자세한 설명과 공감할 수 있는 예제를 통해 직접 실습해 볼 수 있도록 하였습니다.

이 책은 크게 3부로 구성되어 있습니다.
제1부 라이노 인터페이스와 명령어 활용법에서는, 라이노에서 3D 표현을 위해 사용하는 오브젝트인 점(Point), 커브(Curve), 서피스(Surface), 솔리드(Solid)를 만들고 편집하는 방법을 자세히 설명하였고 실습예제를 통해 각 명령어의 기능을 직접 경험해 볼 수 있도록 하였습니다. 또한 명령어의 사용법을 수시로 찾아가면서 공부할 수 있도록 분야 별로 정리하였습니다.

제2부 초급 모델링 예제에서는, 알람시계, 오디오 리모콘, 무선전화기 등 3개의 예제를 통해 라이노 모델링을 체험할 수 있도록 하였습니다. 모델링 실습을 위해 사용하는 명령어의 경로를 상세히 표시하였고, 반복해서 사용하는 과정을 통해 명령어의 경로를 자연스럽게 체득할 수 있도록 하였습니다. 예제를 따라 하는 과정을 통해 라이노 모델링에 대한 기초를 다질 수 있도록 구성하였습니다.

제3부 중급 모델링 예제에서는, 글루건, USB 스피커, 세제용기, 진공청소기 등 4개의 예제를 통해 체계적인 라이노 모델링을 실습해볼 수 있을 것입니다. 명령어의 경로와 사용법을 어느 정도 알고 있어야 작업을 진행할 수 있도록 난이도를 조절하였습니다. 실습 중에 잘 모르는 부분에 대해서는 제1부의 명령어의 사용법을 참고하면서 학습을 진행하면, 라이노 모델링에 대한 자신감을 가질 수 있게 될 것입니다.

3D 모델링을 잘 하는 방법에는 여러 가지가 있겠지만 저는 특히 커브가 중요하다고 생각합니다. 대부분의 제품디자인 모델링은 핵심 커브 몇 개에 의해 디자인의 방향이 결정됩니다. 3D 형태를 마음대로 표현하지 못하는 가장 큰 원인은 서피스를 만드는 핵심 커브를 찾아내지 못하거나, 커브의 활용방법을 정확하게 모르는 경우가 대부분입니다. 실력이 향상될수록 표현하고자 하는 디자인의 핵심 커브를 찾아내고 만들어내기 위한 꾸준한 노력이 동반되어야 할 것입니다.

오랫동안 학생들과 실무 디자이너들에게 라이노를 강의하면서 느낀 점 중의 하나는 너무나 간단한 활용방법이나 옵션을 사용하지 못해 3D 모델링 표현에 곤란을 겪는 것을 보고 간혹 놀랄 때가 있다는 것입니다. 저 또한 라이노에 익숙하지 못했던 시절에 자주 당황했던 것을 기억하기 때문에 명령어의 활용과 옵션의 사용방법에 대해 가급적 자세히 설명하였습니다. 난이도가 높아서 어려운 것도 있지만, 간단해도 사용방법을 모르거나 경험해보지 못한 것은 당사자에게는 커다란 어려움일수도 있다고 생각하기 때문입니다.

3D 디자인도 다른 디자인 분야와 마찬가지로 3D 표현에 대한 감각을 기르는 것이 중요하다고 생각합니다. 건축재료가 아무리 많아도 머리 속에 디자인이 없으면 좋은 집을 지을 수 없는 것과 같이 부분적으로 명령어의 기능을 알고 있다 하더라도, 이러한 지식을 상황에 맞게 활용하려는 스스로의 의지와 감각을 키우기 위한 과정이 필요합니다. 잘 설계된 예제를 반복적으로 연습하면 3D 감각을 키우는데 도움이 될 것입니다.

계절이 두 번 바뀌는 동안 원고와 씨름하면서, 본문과 예제의 내용과 순서, 난이도를 수준별로 조절하기 위해 수 십 번씩 모델링을 반복하면서 내용을 정리하였지만 미처 손길이 미치지 못한 부분은 독자들의 양해를 구합니다. 부족하지만 이 책이 3D 모델링이 필요한 학생들과 디자이너들이 라이노 모델링의 기초를 다질 수 있는 좋은 안내자의 역할을 할 수 있기를 기원합니다.

끝으로 바쁜 시간을 쪼개 렌더링을 도와준 김국건 실장. 원고의 내용과 실습예제를 꼼꼼하게 검토해준 윤성령 양과 우영택 군, 오승주 군에게 감사드립니다. 이 책이 출판될 수 있도록 애써주신 도서출판 세화의 박용 대표님과 이승환 상무님. 거듭되는 수정에도 깔끔하게 원고를 편집해주신 주혜원 과장님께 감사드립니다.

김 낙 권

■ CONTENTS

제1부 라이노 인터페이스와 명령어 사용법

제1장 라이노 개요(Rhino Overview) ··· 3

1 라이노의 인터페이스(Rhino Interface) ··· 4

① 화면구성 요소들(Screen Factors of Rhino) ··· 5

1.1 창 제목(Window Title) ——————————————— 6
1.2 메뉴 바(Menu Bar) ——————————————— 6
1.3 명령어 히스토리 창(Command History Window) ——————————————— 6
1.4 명령어 프롬프트(Command Prompt) ——————————————— 7
1.5 스탠다드 툴바 그룹(Standard Toolbar Group) ——————————————— 8
1.6 사이드 바 툴바(Sidebar Toolbar) 또는, 메인 툴바(Main Toolbar) ——————————————— 8
1.7 뷰포트(Viewports) ——————————————— 9
1.8 뷰포트 탭(Viewport Tabs) ——————————————— 9
1.9 오브젝트 스냅 툴바(Osnap Toolbar) ——————————————— 9
1.10 상태 바(Status Bar) ——————————————— 10
1.11 패널(Panels) ——————————————— 10
1.12 툴바 메뉴 아이콘(Toolbar Menu Icon) ——————————————— 11

② 마우스 커서(Mouse Cursor) ··· 11

③ 오브젝트 스냅(Object Snap) ··· 12

3.1 오브젝트 스냅(Object Snap) 사용하기 ——————————————— 12
3.2 오브젝트 스냅 툴바(Object Snap Toolbar) ——————————————— 13

④ 스마트 트랙(Smart Track) ··· 14

⑤ 검볼(Gumball) ··· 15

⑥ 툴바(Toolbar) ··· 16

6.1 툴바(Toolbar) 표시하기 ——————————————— 18
6.2 툴바를 기본 설정상태로 복구하기 ——————————————— 19

⑦ 커서 제한(Constrain the Cursor) ··· 20

7.1 각도 제한(Angle Constraint) ——————————————— 20
7.2 거리 제한(Distance Constraint) ——————————————— 21
7.3 방향 제한(Direction Constraint) ——————————————— 21

2 파일 관리(File Operation) ··· 23

① 증감 저장(Incremental Save) ··· 24
② 템플릿으로 저장(Save As Template) ··· 24
③ 삽입(Insert) ··· 24
④ 다른 형식 파일 가져오기(Import) ··· 24
⑤ 다른 형식 파일로 내보내기(Export Selected) ··· 24

3 뷰포트(Viewports) ··· 25

① Pan View ··· 26
② Rotate View ··· 26
③ Zoom Window ··· 26
④ Zoom Extents ··· 26
⑤ Zoom Selected ··· 27
⑥ Undo View Change ··· 27
⑦ Place Target ··· 28
⑧ Synchronize Views ··· 28
⑨ 카메라 렌즈 설정 ··· 29
⑩ 뷰포트 디스플레이 모드(Viewport Display Mode) ··· 30
    10.1 Wireframe ─────── 31
    10.2 Shaded ─────── 32
    10.3 Rendered ─────── 32
    10.4 Ghosted ─────── 33

4 공통 기본 명령어(Common Basic Tools) ··· 34

① Move ··· 35
② Copy ··· 37
③ Rotate ··· 39
④ Trim ··· 40
⑤ Split ··· 42

⑥ Join ··· 43
⑦ Explode ··· 44

5 모델링 보조도구(Modeling Aids) ··· 45

① 그룹(Group) ··· 46
1.1 Group ──────────────────── 46
1.2 Ungroup ──────────────────── 46
1.3 Add to Group ──────────────────── 46
1.4 Remove from Group ──────────────────── 47
1.5 Set Group Name ──────────────────── 47

② 레이어(Layer) ··· 47
2.1 레이어 패널(Layers Panel) ──────────────── 47
2.2 레이어 패널(Layers Panel)의 버튼 ──────────── 48
2.2 레이어 패널(Layers Panel)의 사용법 ──────────── 49
2.3 팝업 레이어 리스트(Popup Layer List) ──────────── 52

③ 선택(Select) ··· 53
3.1 Select All ──────────────────── 53
3.2 Select None ──────────────────── 53
3.3 Invert Selection ──────────────────── 53
3.4 Select By Color ──────────────────── 54
3.5 Select By Group Name ──────────────────── 54
3.6 Select Polysurfaces ──────────────────── 54
3.7 Select Surfaces ──────────────────── 54
3.8 Select Curves ──────────────────── 54

④ 가시도(Visibility) ··· 55
4.1 Hide Objects ──────────────────── 55
4.2 Show Objects ──────────────────── 55
4.3 Show Selected Objects ──────────────────── 56
4.4 Isolate Objects ──────────────────── 56
4.5 Lock Objects ──────────────────── 57
4.6 Unlock Objects ──────────────────── 57
4.7 Unlock Selected Objects ──────────────────── 57
4.8 Invert Selection and Hide Control Point ──────────── 57
4.9 Hide Control Points ──────────────────── 57
4.10 Add Clipping Plane ──────────────────── 58
4.11 Disable Clipping Plane ──────────────────── 60

⑤ 작업평면(Construction Plane) ··· 60

    5.1 Set CPlane Origin — 62
    5.2 Set CPlane Elevation — 63
    5.3 Set CPlane to Surface — 64
    5.4 Set CPlane Perpendicular to Curve — 64
    5.5 Set CPlane By 3 Points — 65
    5.6 Undo CPlane Change — 66
    5.7 Set CPlane World Top — 66
    5.8 Set CPlane World Front — 67
    5.9 Set CPlane World Right — 67
    5.10 Set UPlane Mode — 67

6 환경 설정(Properties) ··· 68

① 문서 속성(Document Properties) ··· 69

    1.1 Unit — 69
    1.2 Grid — 70
    1.3 Mesh — 71

② 라이노 옵션(Rhino Options) ··· 72

    2.1 Appearance — 72
    2.2 Files — 74
    2.3 General — 75
    2.4 Keyboard — 75
    2.5 Modeling Aids — 77
    2.6 Toolbar — 78
    2.7 View — 80

③ 환경설정 내보내기/불러오기 ··· 82

    3.1 Import Options — 82
    3.2 Export Options — 83

제2장 점(Point) ··· 85

1 점 그리기(Create point) ··· 86

① Single Point ··· 87
② Multiple Points ··· 87

③ Extract Points … 88
④ Closest Point … 88
⑤ Closest Points Between Two Objects … 89
⑥ Divide Curve by Length … 90

2 점 편집(Point Editing) … 92

① Show Object Control Points … 94
② Show Curve Edit Points … 94
③ Points Off Selected Objects … 95
④ Insert a Control Point … 95
⑤ Remove a Control Point … 95
⑥ Insert Knot … 96
⑦ Remove Knot … 97
⑧ Insert Kink … 97
⑨ Edit Control Point Weight … 98
⑩ Set Drag Mode … 99
⑪ Move UVN … 100
⑫ Cull Control Polygon Backfaces … 100

제3장 커브(Curve) … 103

1 커브 그리기(Create Curve) … 104

① 직선 그리기(Create Lines) … 105

1.1 Single Line ——————————————— 105
1.2 Polyline ——————————————————— 106
1.3 Line : From Midpoint——————————————— 106
1.4 Line : Normal To Surface ——————————— 107
1.5 Line : Bisector ——————————————— 107
1.6 Line : Angled ———————————————— 108
1.7 Line : Perpendicular From Curve ——————— 109
1.8 Line : Perpendicular To 2 Curves ——————— 110
1.9 Line : Tangent, Perpendicular ———————— 110

1.10 Line : Tangent From Curve ——————————— 111
　　　1.11 Line : Tangent To 2 Curves ——————————— 111

② 자유곡선 그리기(Create Free-Form Curves) ··· 112

　　　2.1 Control Point Curve ——————————————— 113
　　　2.2 Curve : Interpolate Points ————————————— 114
　　　2.3 Sketch ——————————————————————— 114
　　　2.4 Helix ———————————————————————— 114
　　　2.5 Spiral ——————————————————————— 115
　　　2.6 Tween Between Two Curves ———————————— 116

③ 원 그리기(Create Circles) ··· 117

　　　3.1 Circle : Center, Radius ————————————————— 117
　　　3.2 Circle : Diameter ——————————————————— 118
　　　3.3 Circle : 3 Points ——————————————————— 118
　　　3.4 Circle : Around Curve ————————————————— 118
　　　3.5 Circle : Tangent, Tangent, Radius ————————————— 119
　　　3.6 Circle : Tangent To 3 Curves ——————————————— 120

④ 타원 그리기(Create Ellipses) ··· 121

　　　4.1 Ellipse : From Center —————————————————— 121
　　　4.2 Ellipse : Diameter ——————————————————— 122

⑤ 호 그리기(Create Arcs) ··· 122

　　　5.1 Arc : Center, Start, Angle ———————————————— 123
　　　5.2 Arc : Start, End, Point On Arc —————————————— 123
　　　5.3 Arc : Tangent To Curves ————————————————— 124

⑥ 사각형 그리기(Create Rectangles) ··· 125

　　　6.1 Rectangle : Corner To Corner ——————————————— 126
　　　6.2 Rectangle : Center, Corner ———————————————— 126

⑦ 정다각형 그리기(Create Polygons) ··· 127

　　　7.1 Polygon : Center, Radius ————————————————— 127
　　　7.2 Polygon : Star ————————————————————— 128

2 오브젝트로부터 커브 만들기 (Curve From Object) ··· 129

① Project Curves ··· 130
② Pull Curve ··· 131
③ Duplicate Edge ··· 132
④ Duplicate Border ··· 133
⑤ Duplicate Face Border ··· 133
⑥ Extract Isocurve ··· 133
⑦ Extract Wireframe ··· 134
⑧ Quick Curve Blend Perpendicular ··· 135
⑨ Object Intersection ··· 135
⑩ Create UV Curves ··· 136
⑪ Make 2-D Drawing ··· 138

3 커브 편집 (Curve Editing) ··· 139

① Fillet Curves ··· 142
② Chamfer Curves ··· 143
③ Connect ··· 144
④ Fillet Corners ··· 144
⑤ Adjustable Curve Blend ··· 144
⑥ Arc Blend ··· 146
⑦ Match Curve ··· 147
⑧ Symmetry ··· 148
⑨ Show Object Control Points ··· 149
⑩ Offset Curve ··· 150
⑪ Offset Curve On Surface ··· 151
⑫ Extend Curve ··· 152
⑬ Adjust Closed Curve Seam ··· 154
⑭ Curves From 2 Views ··· 155
⑮ Curve From Cross Section Profiles ··· 156

⑯ Rebuild Curve … 157
⑰ Refit Curve To Tolerance … 158
⑱ Make Periodic … 159
⑲ Continue Control Point Curve … 159
⑳ Tween Between Two Curves … 161
㉑ Offset Multiple … 161
㉒ Curve Boolean … 162
㉓ Add Guide Lines … 163
㉔ Modify Radius … 164

제4장 서피스(Surface) … 165

1 서피스 만들기(Create Surface) … 166

① Surface From 3 Or 4 Corner Points … 167
② Surface From Planar Curves … 168
③ Surface From Network of Curves … 168
④ Loft … 170
⑤ Surface From 2, 3 Or 4 Edge Curves … 173
⑥ Patch … 173
⑦ Rectangular Plane : Corner To Corner … 175
⑧ Add A Picture Plane … 176
⑨ UseExtrusions … 177
⑩ Extrude Straight … 178
⑪ Extrude Along Curve … 179
⑫ Extrude Curve Tapered … 180
⑬ Extrude To Point … 181
⑭ Ribbon … 181
⑮ Extrude Curve Normal To Surface … 182
⑯ Sweep 1 Rail … 183
⑰ Sweep 2 Rails … 186

⑱ Revolve … 188
⑲ Rail Revolve … 189

2 서피스 편집(Surface Editing) … 191

① Extend Surface … 193
② Fillet Surface … 194
③ Chamfer Surface … 195
④ Variable Radius Surface Fillet … 196
⑤ Variable Radius Surface Chamfer … 197
⑥ Blend Surface … 198
⑦ Show Object Control Points … 199
⑧ Offset Surface … 200
⑨ Match Surface … 201
⑩ Merge Surface … 203
⑪ Tween Between Two Surfaces … 204
⑫ Rebuild Surface … 204
⑬ Rebuild Surface UV … 206
⑭ Refit Surface To Tolerance … 207
⑮ Change Surface Degree … 207
⑯ Split Edge … 207
⑰ Untrim … 208
⑱ Shrink Trimmed Surface … 209
⑲ Make Uniform … 210
⑳ Make Surface Periodic … 210
㉑ Adjust Closed Surface Seam … 211
㉒ Unroll Developable Surface … 212
㉓ Smash … 214
㉔ Curvature Analysis … 215
㉕ Show Edges … 215
㉖ Curvature Graph On … 215

㉗ Show Object Direction … 215

제5장 솔리드(Solids) … 217

1 솔리드 만들기(Create Solids) … 218

① UseExtrusions … 219

② Box … 219
  - 2.1 Box : Corner to Corner, Height ──── 220
  - 2.2 Bounding Box ──── 220

③ Cylinder … 221

④ Sphere … 222

⑤ Ellipsoid … 222

⑥ Cone … 223

⑦ Truncated Cone … 224

⑧ Pyramid … 224

⑨ Tube … 225

⑩ Torus … 226

⑪ Pipe : Flat Caps … 226

⑫ Pipe : Round Caps … 228

⑬ Extrude Closed Planar Curve … 228

⑭ Extrude Solid Toolbar … 229
  - 14.1 Extrude Surface ──── 230
  - 14.2 Extrude Surface to Point ──── 230
  - 14.3 Extrude Surface Tapered ──── 230
  - 14.4 Slab from Polyline ──── 231
  - 14.5 Boss ──── 232
  - 14.6 Rib ──── 232

⑮ Text Object … 233

2 솔리드 편집(Solid Editing) ··· 236

① Boolean Union ··· 237
② Boolean Difference ··· 237
③ Boolean Intersection ··· 239
④ Boolean Split ··· 240
⑤ Create Solid ··· 240
⑥ Shell Closed Polysurface ··· 241
⑦ Cap Planar Holes ··· 242
⑧ Extract Surface ··· 242
⑨ Merge Two Coplanar Faces ··· 243
⑩ Unjoin Edge ··· 245
⑪ Edit Fillet Edge ··· 246
⑫ Fillet Edges ··· 247
⑬ Chamfer Edges ··· 250
⑭ Wire Cut ··· 251
⑮ Move Face ··· 254
⑯ Move Face To A Boundary ··· 255
⑰ Extrude Face ··· 255
⑱ Turn on Solid Control Points ··· 256
⑲ Move Edge ··· 257
⑳ Round Hole ··· 258
㉑ Move Hole ··· 259
㉒ Rotate Hole ··· 260
㉓ Array Hole Polar ··· 260
㉔ Array Hole ··· 261
㉕ Untrim Holes ··· 263
㉖ Copy Hole ··· 264

제6장 변형(Transform) ··· 265

1 변형(Transform) ··· 266

① Move ··· 267
② Soft Edit Curve ··· 267
③ Copy ··· 268
④ Rotate ··· 268
⑤ Scale Toolbar ··· 268
    5.1 Scale 3-D ——————————————— 269
    5.2 Scale 2-D ——————————————— 269
    5.3 Scale 1-D ——————————————— 270
    5.4 Non-Uniform Scale ——————————— 271

⑥ Mirror ··· 271
⑦ Orient Objects : 2 Points ··· 273
⑧ Box edit ··· 274
⑨ Orient Objects On Surface ··· 276
⑩ Orient Perpendicular To Curve ··· 277
⑪ Orient Curve To Edge ··· 278
⑫ Array Toolbar ··· 279
    12.1 Rectangular Array ——————————— 279
    12.2 Polar Array —————————————— 280
    12.3 Array Along Curve ——————————— 281
    12.4 Array on Surface ———————————— 282
    12.5 Array Along Curve On Surface ————— 283

⑬ Set XYZ Coordinates ··· 284
⑭ Align Objects ··· 286
⑮ Distribute Objects ··· 287
⑯ Twist ··· 287
⑰ Bend ··· 288
⑱ Taper ··· 290
⑲ Flow Along Curve ··· 291
⑳ Flow Along Surface ··· 292
㉑ Deformation Tools 툴바 ··· 293

21.1 Splop — 294
21.2 Maelstorm — 295
21.3 Stretch — 296

22. Cage Toolbar ··· 296
22.1 Cage Edit — 297
22.2 Release Objects From Control Cage — 299
22.3 Select Controls — 299
22.4 Select Captives — 299

2 히스토리(History) ··· 300

① History Settings ··· 302
② Record History ··· 302
③ Update History On Selected Objects ··· 302
④ Stop History Recording ··· 303
⑤ Lock Objects With History ··· 303
⑥ Purge History ··· 303
⑦ Select Objects With History ··· 303
⑧ Select Children ··· 304
⑨ Select Parents ··· 304
⑩ History 사용하기 ··· 304

제7장 분석(analysis) ··· 307

① Analyze Direction ··· 310
② Evaluate Point ··· 310
③ Measure Length ··· 311
④ Measure Distance ··· 312
⑤ Angle ··· 312
⑥ Radius ··· 313
⑦ Curvature Graph On ··· 315
⑧ Geometric Continuity of 2 Curves ··· 315

⑨ Analyze Curve Deviation … 316

⑩ Mass Properties Toolbar … 317
    10.1 Area Centroid —————————————————— 317
    10.2 Area ————————————————————— 318
    10.3 Volume ————————————————————— 318
    10.4 Volume Centroid ——————————————— 318

⑪ Surface Analysis Toolbar … 319
    11.1 Environment Map ——————————————— 319
    11.2 Zebra Analysis ———————————————— 320

⑫ Edge Tools Toolbar … 321
    12.1 Show Edges ————————————————— 321
    12.2 Split Edge —————————————————— 322
    12.3 Merge Edge ————————————————— 323
    12.4 Join 2 Naked Edges ————————————— 324
    12.5 Rebuild Edges ————————————————— 326
    12.6 Remove Naked Micro Edges ———————— 326

⑬ Check Objects … 327

⑭ Select Bad Objects … 328

제2부 초급 모델링 예제 Tutorial Level 1

제1장 알람 시계(Alarm Clock) … 331

① 눈금 … 333
② 시계바늘 … 336
③ 무브먼트 … 343
④ 몸체 … 345

⑤ 받침대 … 349
⑥ 눈금판 … 352
⑦ 알람 버튼 … 355
⑧ 마무리 … 359

제2장 오디오 리모콘(Audio Remocon) …363
① 몸체 … 365
② 버튼 … 376

제3장 무선 전화기(Cordless Telephone) … 387
① 몸체 … 389
② 버튼 … 397
③ 액정 … 413
④ 마무리 … 415

제3편 중급 모델링 예제 Tutorial Level 2

제1장 글루건(Glue Gun) … 423
① 몸체 … 425
② 노즐 … 440
③ 글루(Glue) … 444
④ 방아쇠(Trigger) … 445
⑤ 마무리 … 448

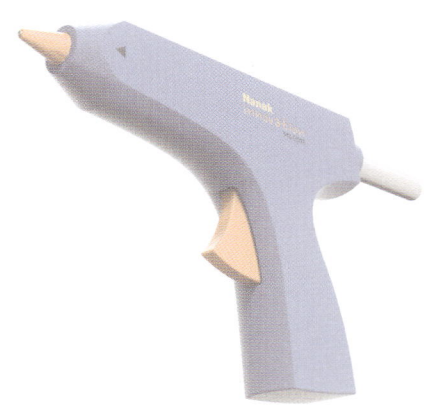

제2장 USB 스피커 (USB Speaker) ··· 451

1. 커브 그리기 ··· 453
2. 몸체 ··· 457
3. 몸체 분리 ··· 460
4. 스피커 유니트 ··· 464

제3장 세제용기 (Cleanser Container) ··· 469

1. 몸체 ··· 471
2. 몸체 트림(Body Trim) ··· 476
3. 손잡이(Handle) ··· 486
4. 뚜껑 ··· 490

제4장 진공청소기 (Vacuum Cleaner) ··· 497

1. 커브(Curve) ··· 499
2. 몸체(Body) ··· 502
3. 손잡이(Handle) ··· 513
4. 버튼(Button) ··· 521
5. 마무리(Finishing) ··· 527

NOTE

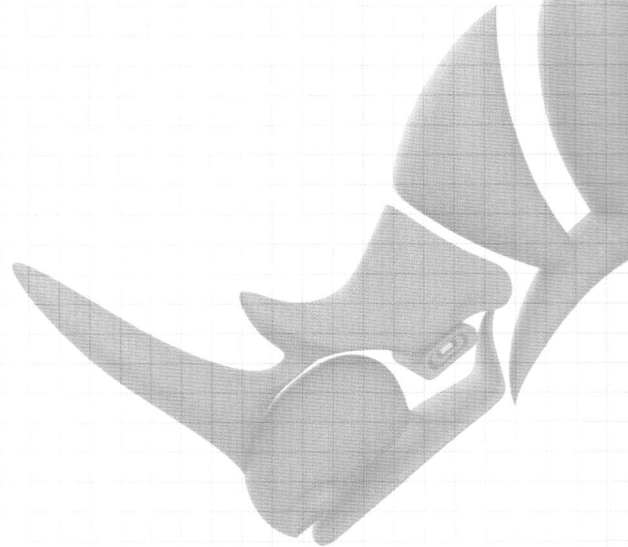

Rhino V6 제품디자인

제1부 라이노 인터페이스와 명령어 사용법

Rhino Interface and Command Usage

제1장 라이노 개요
제2장 점
제3장 커브
제4장 서피스
제5장 솔리드
제6장 변형
제7장 분석

제1장 라이노 개요
Rhino Overview

라이노(Rhino)를 사용하기 위해서는, 화면의 구성과 명령어의 입력방법 등 기본적인 작업방식을 이해하여야 한다. 화면의 인터페이스, 명령어 버튼의 사용법, 모델링을 진행하는 영역인 뷰포트를 다루는 방법, 자신에게 적합한 작업환경을 설정하는 방법, 파일을 관리하는 방법을 간단하게 정리하였다. 또한 앞으로의 학습을 위해 라이노에서 자주 사용하는 기본적인 공통 편집 도구에 대해 정리하였다.

1 라이노의 인터페이스
   Rhino Interface

2 파일 관리
   File Operation

3 뷰포트
   Viewports

4 공통 기본 명령어
   Common Basic Tools

5 모델링 보조도구
   Modeling Aids

6 환경 설정
   Customizing

1 라이노의 인터페이스(Rhino Interface)

라이노(Rhino)는 명령어들을 모아 놓은 툴바(Toolbar)와 명령어를 입력하는 영역 및 모델링 작업이 이루어지는 뷰포트(Viewport) 등의 영역으로 구성되어 있다. 상황별 마우스 커서의 명칭과 오브젝트 스냅의 종류, 사용자가 편리하게 작업을 진행할 수 있도록 도와주는 스마트 트랙(Smart Track)과 검볼(Gumball)의 활용법, 커서의 움직임을 제한하여 모델링을 편리하게 진행하는 커서 제한(Cursor Constraints) 등을 정리하였다.

1. 화면 구성 요소들(Default Screen)
2. 마우스 커서(Mouse Cursor)
3. 오브젝트 스냅(Object Snap)
4. 스마트 트랙(Smart Track)
5. 검볼(Gumball)
6. 툴바(Toolbar)
7. 커서 제한(Cursor Constraints)

 **화면구성 요소들(Screen Factors of Rhino)**

라이노의 초기 화면이다.

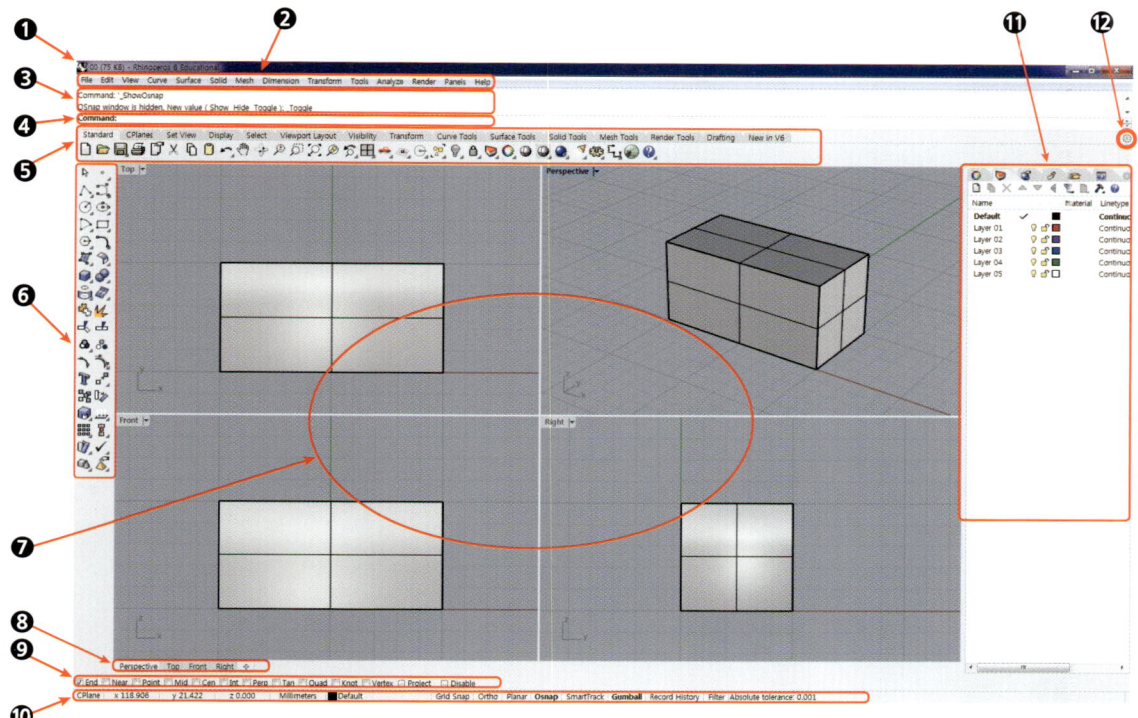

[Rhino V6의 초기 화면]

❶ Window Title

❷ Menu Bar

❸ Command History Window

❹ Command Prompt

❺ Standard Toolbar Group(15 Tabs)

❻ Sidebar Toolbar(Main Toolbar)

❼ Viewports

❽ Viewport Tabs

❾ Object Snap Toolbar

❿ Status Bar

⓫ Panals

⓬ Toolbar Menu Icon

1.1 창 제목(Window Title)

작업 중인 파일의 이름과 크기를 표시한다.

1.2 메뉴 바(Menu Bar)

라이노의 명령어를 기능별로 그룹으로 표시하는 영역이다. 메뉴 바의 명령어를 클릭하면 하위 명령어들을 플라이 아웃(Flyout) 메뉴로 표시한다. 명령어 오른쪽의 까만 삼각형은 하위 메뉴가 있다는 표시이다.

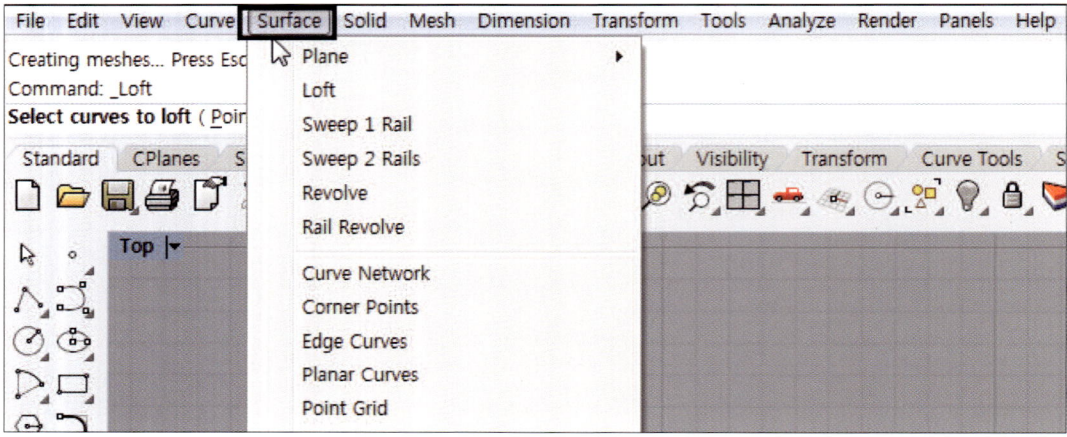

[Menu Bar의 Surface Menu]

1.3 명령어 히스토리 창(Command History Window)

현재 사용 중인 명령어 및 이와 관련된 옵션들을 표시한다. F2 키를 누르면, 현재까지 사용한 명령어들과 옵션들을 작업한 순서대로 별도의 창에 표시한다.

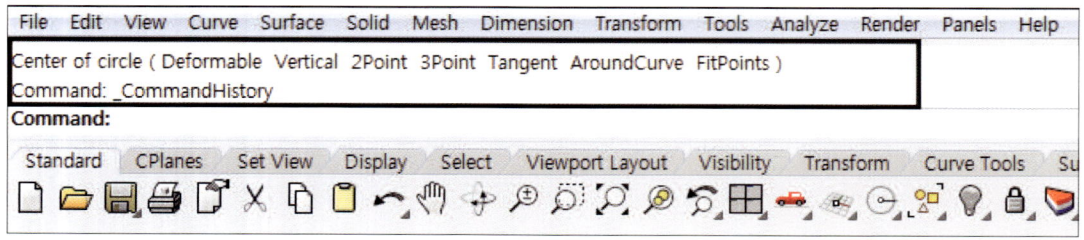

[Command History Window]

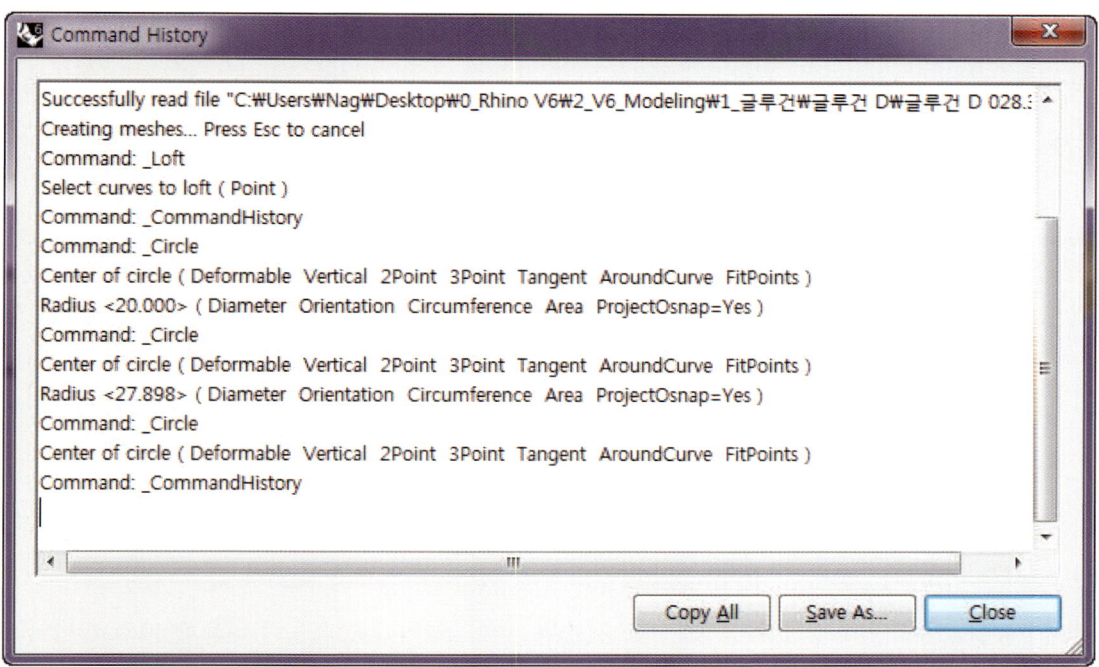

[별도의 창으로 표시한 Command History Window]

1.4 명령어 프롬프트(Command Prompt)

명령어를 입력하는 영역이다. 일부 글자를 입력하면 그 글자로 시작되는 명령어의 목록을 표시한다.

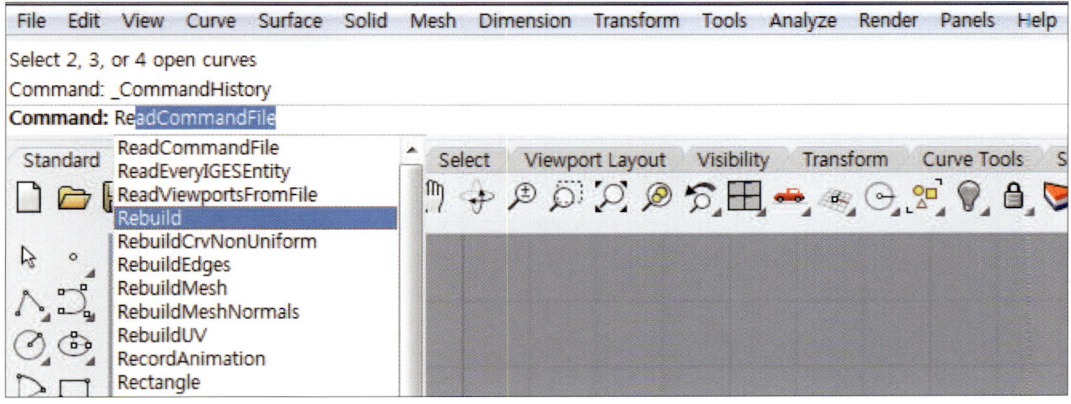

[Command Prompt]

1.5 스탠다드 툴바 그룹(Standard Toolbar Group)

커브와 서피스, 솔리드를 만들고 수정하는 툴바와 뷰포트를 관리하는 툴바, 화면의 가시도를 설정하는 툴바, 오브젝트를 변형시키는 툴바 등 15개의 툴바를 탭으로 번갈아 가면서 표시한다.

[Toolbar Group]

1.6 사이드 바 툴바(Sidebar Toolbar) 또는, 메인 툴바(Main Toolbar)

뷰포트의 왼쪽에 세로로 표시하는 툴바이다. 초기 설정으로 메인 툴바만 표시하고 있기 때문에 특별히 사용자가 다른 툴바를 추가하지 않는 한 메인 툴바(Main Toolbar)와 같은 모양이다.

이 책에서는 명령어의 경로를 설명할 때, 기존의 사용자들이 혼란스럽지 않도록 메인 툴바(Main Toolbar)만 포함한 사이드 바 툴바(Sidebar Toolbar)를 메인 툴바(Main Toolbar)라고 표기하였다.

1.7 뷰포트(Viewports)

모델링을 진행하는 영역이다. 화면에 표시되는 뷰포트(Viewport)의 크기와 개수는 변경할 수 있다. 현재 활성화되어 있는 뷰포트를 활성 뷰포트(Active Viewport)라고 하며, 뷰포트의 제목이 진하게 표시된다.

뷰포트(Viewport) 최대화

분할된 뷰포트 상태에서 한 개의 뷰포트를 최대화하려면, 뷰포트의 이름을 더블 클릭한다. 최대화된 뷰포트의 이름을 더블 클릭하면, 분할된 뷰포트(Tiled Viewport) 상태로 변경한다.

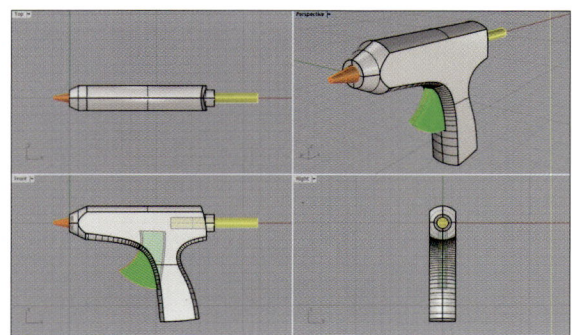
[Tiled Viewport)]

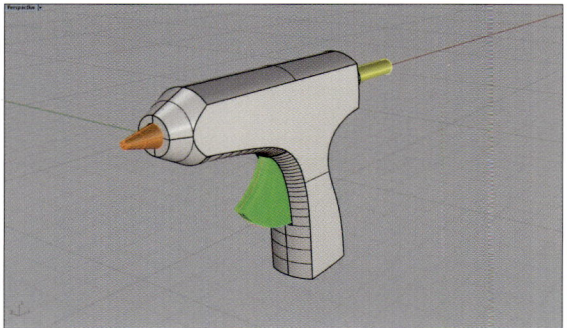
[Max Viewport)]

1.8 뷰포트 탭(Viewport Tabs)

뷰포트의 제목을 표시한다. 여기에서 뷰포트의 제목을 클릭하면 클릭한 뷰포트를 활성화시킨다.

[Viewport Tabs]

1.9 오브젝트 스냅 툴바(Osnap Toolbar)

오브젝트의 끝점, 교차점, 중심점 등의 특성점들의 스냅을 설정한다.

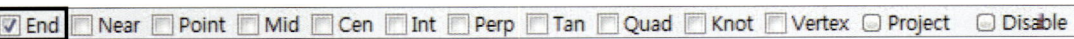
[Object Snap Toolbar]

1.10 상태 바(Status Bar)

마우스 포인터의 좌표 위치, 치수 단위, 현재 레이어, 그리드 스냅, 검볼 등을 설정한다.

[Status Bar]

- **마우스 포인터의 좌표** : 작업평면(Construction Plane)에서의 마우스 커서의 좌표값
- **Layer** : 현재 레이어(Current Layer)의 이름을 표시한다.
- **Grid Snap** : 그리드 스냅(Grid Snap)의 사용여부(On/Off)를 설정한다.
- **Ortho** : 마커(Marker)의 움직임을 수직·수평 방향으로 제한한다.(다른 각도로도 설정할 수 있다.)
- **Planar** : 마커(Marker)의 움직임을 작업평면(Construction Plane)에서 첫 번째 입력한 점과 같은 높이를 유지하도록 제한한다.
- **Object Snap** : 오브젝트 스냅 툴바(Object Snap Toolbar)의 사용여부(On/Off)를 설정한다.
- **Smart Track** : 스마트 트랙(Smart Track)의 사용여부(On/Off)를 설정한다.
- **Gumball** : 검볼(Gumball)의 사용여부(On/Off)를 설정한다.
- **Record History** : Record History 명령의 사용여부(On/Off)를 설정한다.

1.11 패널(Panels)

속성(Properties), 레이어(Layer), 렌더링(Rendering), 재질(Materials) 등의 패널(Panel)을 표시한다. 패널(Panel) 제목줄의 가장 오른쪽에 있는 옵션(Option) 버튼을 클릭하면, 표시할 패널의 종류를 설정한다.

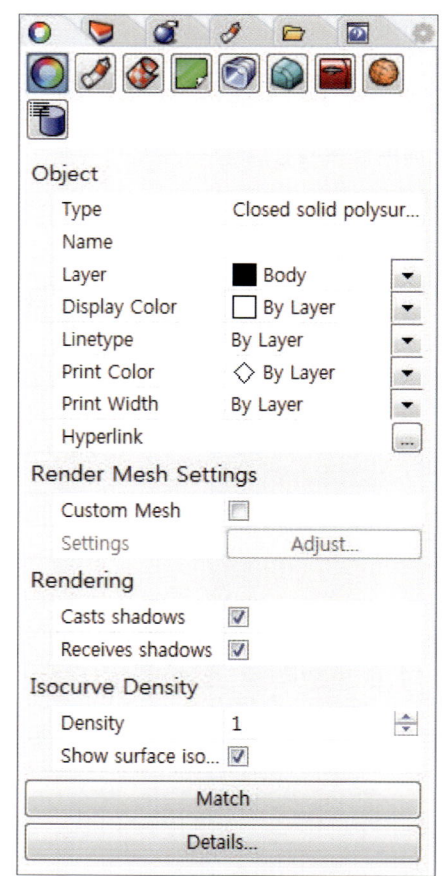

[패널(Panels) : 속성(Properties) 탭을 표시한 상태]

1.12 툴바 메뉴 아이콘(Toolbar Menu Icon)

툴바의 화면표시 여부(On/Off) 등을 설정한다.

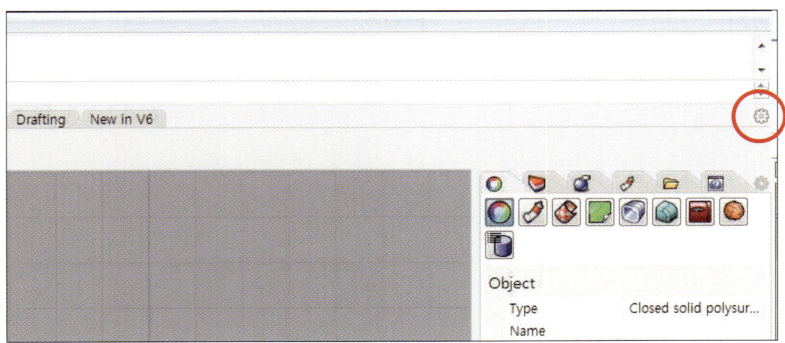

[Toolbar Menu Icon]

2 마우스 커서(Mouse Cursor)

라이노에서는 모델링 상황에 따라 마우스 커서의 표시방법이 달라진다. 상황에 따라 커서 크로스헤어(Cursor Crosshairs), 마커(Marker), 추적선(Tracking Line) 등을 표시한다.

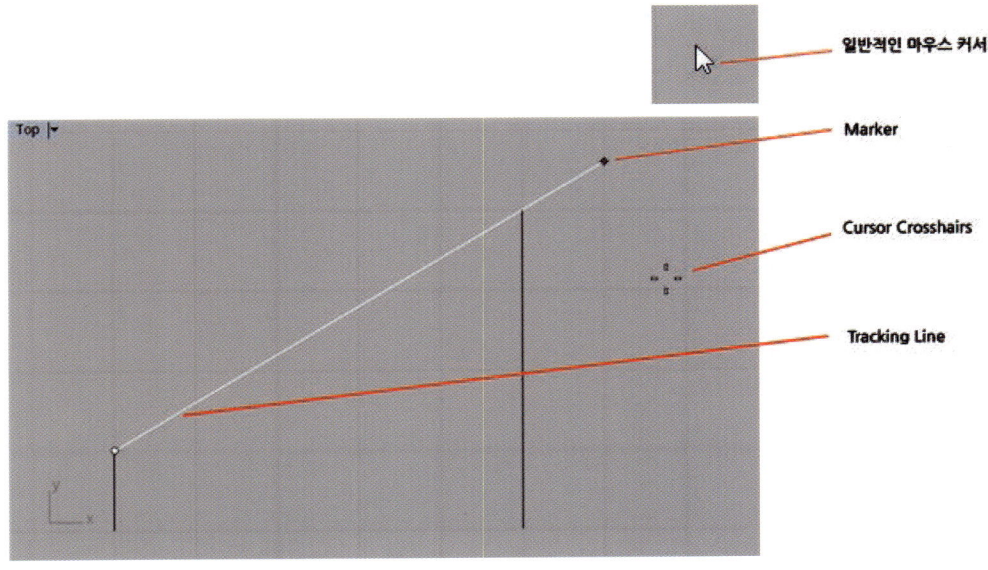

[마우스 커서의 명칭]

- **일반적인 마우스 커서** : 마우스 커서의 현재 위치를 표시한다.
- **커서 크로스헤어(Cursor Crosshairs)** : 마우스의 현재 위치를 표시한다.
- **마커(Marker)** : 마커(Marker)는 평소에는 크로스헤어(Cursor Crosshairs)의 중앙에서 함께 이동하지만, 방향제한 등의 제한기능을 사용하면, 크로스헤어(Cursor Crosshairs)의 중앙에서 벗어나 제한된 방향으로만 이동한다.
- **추적선(Tracking Line)** : 추적선(Tracking Line)은 방향제한 등에 의해, 마커(Marker)의 움직임이 제한을 받을 때, 입력된 마지막 점의 위치와 현재 위치를 흰색 직선으로 표시한다.

3 오브젝트 스냅(Object Snap)

모델링을 정확하고 빠르게 진행할 수 있도록 마우스를 오브젝트의 끝점(End Point), 교차점(Intersection Point), 중심점(Center Point) 등과 같은 특별한 점(Specific Point)들로 제한한다. 오브젝트 스냅은 그리드 스냅(Grid Snap), 직교(Ortho), 거리(Distance), 각도(Angle), 평면 모드(Planar Mode) 등의 다른 제한조건보다 우선권을 갖는다.

3.1 오브젝트 스냅(Object Snap) 사용하기

오브젝트 스냅(Object Snap) 툴바(Toolbar) 표시하기

1 화면 하단의 상태바(Status Bar)의 "OSnap" 칸을 클릭한다.
2 "Osnap" 칸을 굵게 표시하면서, 상태바(Status Bar)의 왼쪽 위에 오브젝트 스냅 툴바(Object Snap Toolbar)를 표시한다.
3 사용할 오브젝트 스냅의 이름을 클릭하면, "✓" 표시가 생긴다. "✓" 표시가 있는 오브젝트 스냅은 "✓"를 해제할 때까지 계속 사용하는 지속적인 오브젝트 스냅이다.

모든 오브젝트 스냅을 중단 시키기(오브젝트 스냅의 비활성화)

오브젝트 스냅 툴바(Object Snap Toolbar)의 오른쪽 끝에 있는 "Disable" 버튼을 클릭하면, 오브젝트 스냅을 중단시킨다.

"Disable" 버튼을 오른쪽 마우스 버튼으로 클릭하면, 선택되어 있는 모든 오브젝트 스냅의 선택을 해제한다.

한 개의 오브젝트 스냅만 선택하기

오브젝트 스냅 툴바에서, 사용하려고 하는 한 개의 오브젝트 스냅 버튼을 오른쪽 마우스 버튼으로 클릭한다.

일시적인 오브젝트 스냅 ON/Off 전환

오브젝트 스냅을 활성화시킨 상태에서, "Alt" 키를 누르고 있으면, 일시적으로 오브젝트 스냅을 사용할 수 없다.

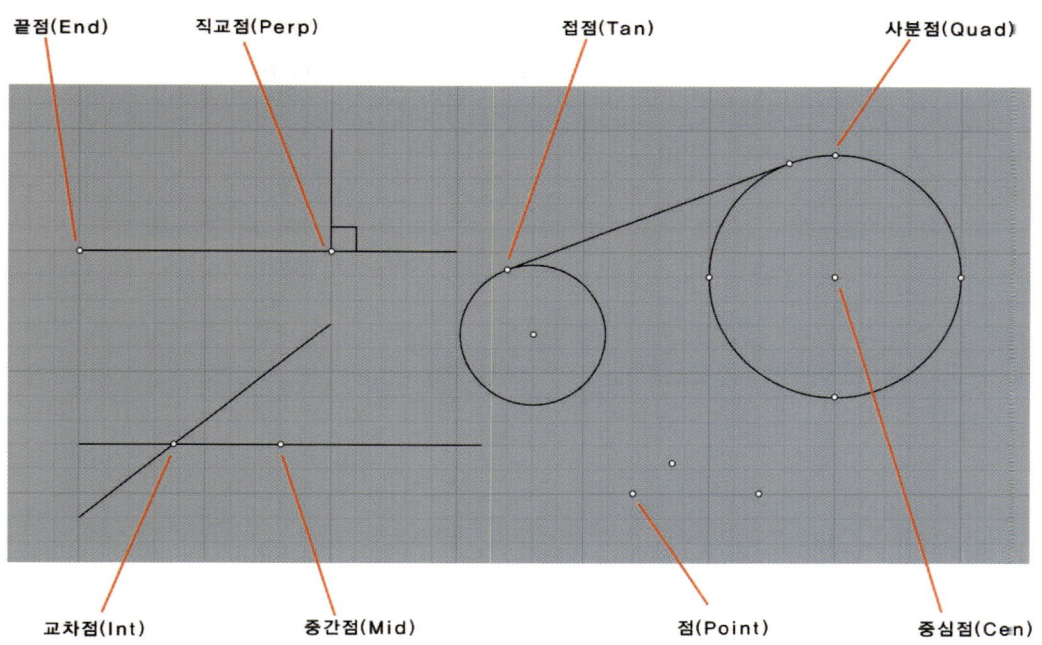

[오브젝트 스냅의 특성점들]

3.2 오브젝트 스냅 툴바(Object Snap Toolbar)

선택한 오브젝트 스냅을 활성화시킨다.

- **End** : 커브나 서피스 에지의 끝점(End Point), 솔리드의 꼭지점
- **Near** : 가장 가까운 곳에 있는 오브젝트의 위치
- **Point** : 점 오브젝트
- **Mid** : 커브나 에지의 중간점(Mid Point)
- **Cen** : 원, 타원, 호, 정다각형의 중심점(Center Point)(원의 중심점을 스냅하려면 마우스를 중심점이 아니라, 원주 위로 이동해야 스냅할 수 있다.)

- **Int** : 커브나 서피스 에지의 교차점(Intersection Point)
- **Perp** : 현재 위치에서 다른 커브와 직각으로 만나는 직교점(Perpendicular Point)
- **Tan** : 현재 입력된 위치에서 다른 커브와 탄젠트로 만나는 접점(Tangent Point)
- **Quad** : 원, 타원, 호 등의 4등분점(Quadrant Point)
- **Knot** : 커브와 서피스의 나트(Knot)
- **Project** : 오브젝트 스냅으로 스냅한 점을 그리드가 표시되는 작업평면(Construction Plane)에 투상시킨다.
- **Disable** : 오브젝트 스냅을 비활성화 시킨다.

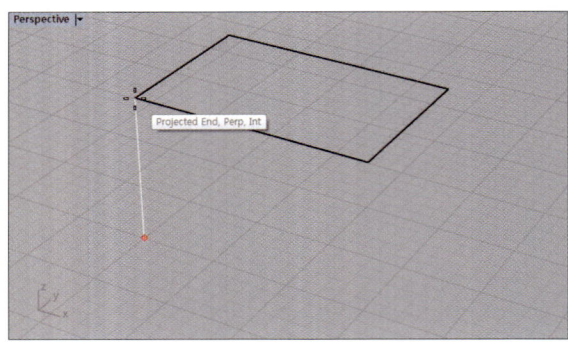 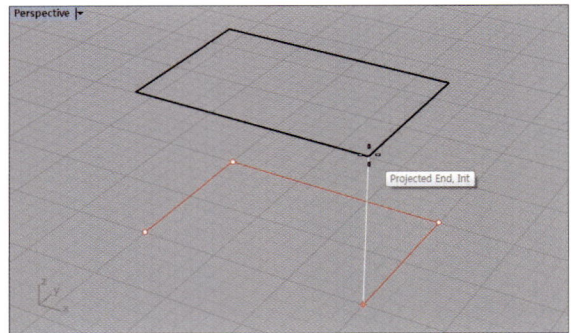

[Project]

 스마트 트랙(Smart Track)

화면 하단〉 Status Bar〉 Smart Track

여러 가지 3D 점들과 다른 오브젝트 및 좌표축의 방향과의 잠재적인 관계를 사용하여 오브젝트를 스냅한다. 스마트 트랙(Smart Track)을 사용하면 현재 위치로부터 수평, 수직, 잠재적인 교차점 등을 스냅할 수 있다. 임시 기준점인 스마트 점(Smart Point)과 추적선(Tracking Line)을 사용한다.

- 스마트 점(Smart Point)을 만들 위치에 마우스 커서를 놓고 "Ctrl" 키를 누르면 스마트 점(Smart Point)을 만든다.
- 마우스를 오브젝트 스냅에서 설정한 특성점(끝점, 교차점 등) 위에 놓고 잠시 기다린 후에 위치를 이동하면, 특성점의 위치에 스마트 점(Smart Point)을 만든다.
- 스마트 점(Smart Point)은 흰색으로 표시하고, 현재 사용 중인 스마트 점(Smart Point)은 청

색으로 표시한다.
- Ctrl 키를 짧게 두 번 누르면, 화면에 표시된 스마트 점(Smart Point)을 모두 제거한다.

5 검볼(Gumball)

검볼(Gumball)은 오브젝트의 이동(Move), 복사(Copy), 회전(Rotate), 크기 변경(Scale) 및 커브나 서피스의 Extrude 작업을 편리하게 할 수 있는 도구이다.

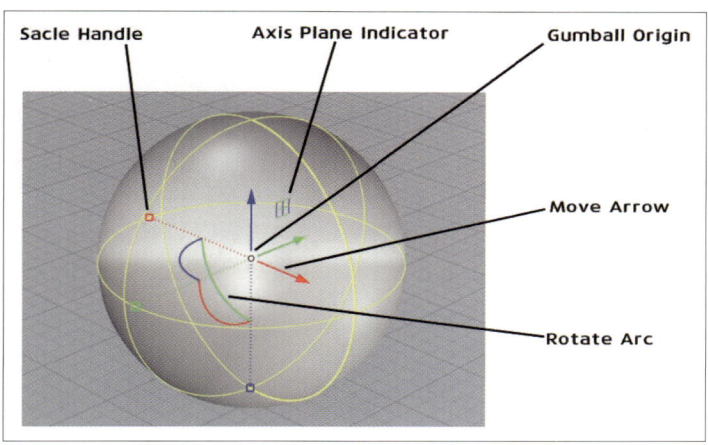

[Gumball]

이동(Move), 복사(Copy), 회전(Rotate), 크기 변경(Scale)

- **이동** : X, Y, Z축 방향의 이동 화살표(Move Arrow)를 드래그한다.
- **복사** : Alt 키를 누른 상태에서 X, Y, Z축 방향의 이동 화살표(Move Arrow)를 드래그한다.
- **회전** : X, Y, Z축 방향의 회전호(Rotate Arc)를 드래그한다.
- **크기 변경** : X, Y, Z축 방향의 크기변경 핸들(Scale Handle)을 드래그한다.
- **수치 입력창 표시** : 조정 핸들(Move Arrow, Rotate Arc, Scale Handle)을 클릭한다.
- Shift 키 : Shift 키를 누른 상태에서 크기변경 핸들(Scale Handle)을 드래그하면, 3차원으로 크기를 변경한다.
- Ctrl 키 : Ctrl 키를 누른 상태에서 이동 화살표(Move Arrow), 회전호(Rotate Arc)를 드래그하면, 검볼(Gumball)만 이동(Move), 회전(Rotate) 시킨다.(Ctrl 키를 누른 상태에서 크기변경 핸들(Scale Handle)을 드래그하면, 크기변경 핸들(Scale Handle)의 위치만 변경한다.)

- Ctrl+Shift 키 : Ctrl+Shift 키를 누른 상태에서 폴리서피스를 클릭하면, 클릭한 서피스만 선택한다.

Extrude

커브나 서피스를 선택한 상태에서, 익스트루드 핸들(Extrude Handle)을 드래그하면 선택한 커브나 서피스를 돌출(Extrude)시킨다.(커브나 서피스를 클릭하면, 이동 화살표(Move Arrow)의 중간에 돌출 핸들(Extrude Handle)을 표시한다.)

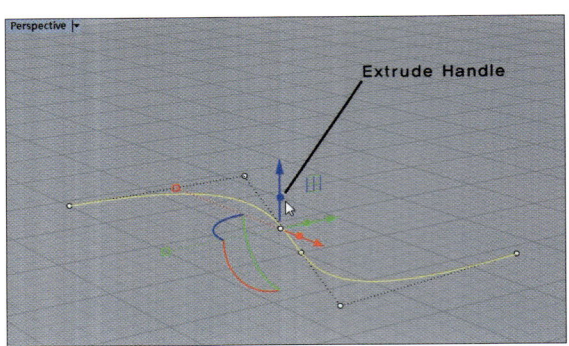
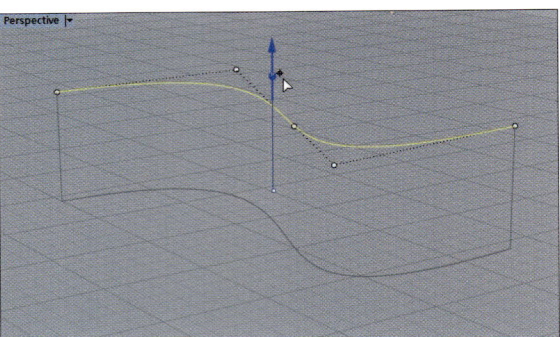

6 툴바(Toolbar)

툴바(Toolbar)는 명령어 버튼들을 모아 놓은 막대이다. 초기설정으로 뷰포트 왼쪽에 세로로 표시된 메인 툴바(Main Toolbar)와 뷰포트 상단의 스탠다드 툴바 그룹(Standard Toolbar Group)을 표시한다.

툴팁(Tooltip)

마우스를 명령어 버튼 위에 놓고 잠시 기다리면, 명령어 버튼의 이름을 화면에 표시한다. 이것을 툴팁(Tooltip)이라고 한다.

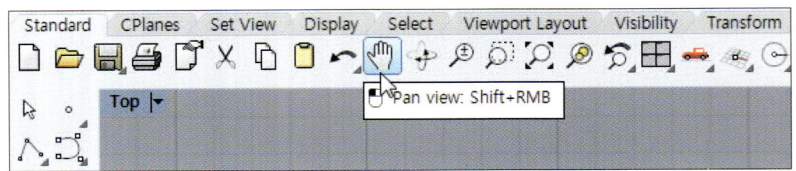

[툴팁(Tooltip)]

왼쪽 마우스 버튼과 오른쪽 마우스 버튼

마우스를 명령어 버튼 위에 놓고 잠시 기다리면, 클릭하면 실행되는 명령어의 이름을 화면에 표시한다.

- 🖱 : 왼쪽 마우스 버튼으로 클릭하면 실행되는 명령
- 🖱 : 오른쪽 마우스 버튼으로 클릭하면 실행되는 명령

고정 툴바(Docked Toolbar)

특정 위치에 고정되어 있는 툴바이다. 툴바의 핸들(Toolbar Handle)을 드래그하면, 다른 위치로 이동시킬 수 있다.

부동 툴바(Floating Toolbar)

특정 위치에 고정되어 있지 않은 상태의 툴바(Toolbar)이다. 툴바의 제목줄을 드래그하면, 다른 위치로 이동시킬 수 있다.

툴바(Toolbar) 레이아웃 고정하기

툴바의 레이아웃을 현재 설정한 상태로 고정시켜서, 부동 툴바(Floating Toolbar)를 이동시키는 중에 툴바가 도킹(Docking)되는 것을 방지한다.

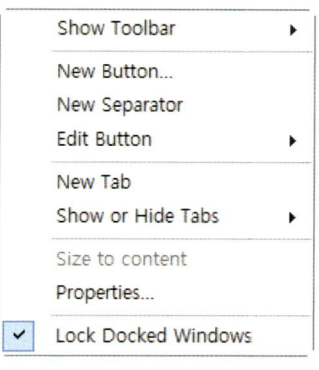

1. 패널(Panel) 영역 오른쪽 위의 툴바 메뉴 아이콘(Toolbar Menu Icon)을 오른쪽 마우스 버튼(🖱)으로 클릭하면 아래 그림처럼 메뉴를 표시한다.
2. 가장 아래쪽의 "Lock Docked Windows"를 체크하면 툴바 설정이 고정되어 변경되지 않는다.

부동 툴바(Floating Toolbar) 표시하기

개별 명령어 버튼의 오른쪽 아래쪽에 작은 삼각형이 그려져 있는 버튼들은, 하위 부동 툴바(Floating Toolbar)를 가지고 있는 버튼이다.

1. 작은 삼각형이 그려져 있는 버튼을 누른 상태에서 잠시 기다리면, 왼쪽 그림처럼 하위 부동 툴바(Floating Toolbar)를 화면에 표시한다.
2. 표시된 하위 툴바의 상단 제목줄을 드래그하면, 오른쪽 그림처럼 화면의 어느 곳으로나 이동시킬 수 있는 부동 툴바(Floating Toolbar) 창을 표시한다.

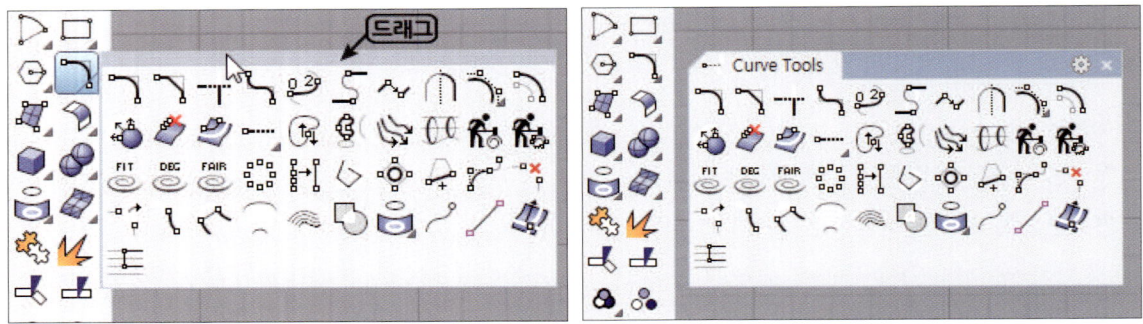

Floating Toolbar 1　　　　　　　　　　　　Floating Toolbar 2

6.1 툴바(Toolbar) 표시하기

기본 설정으로 화면 왼쪽의 메인 툴바(Main Toolbar), 작업창 위쪽의 스탠다드 툴바 그룹(Standard Toolbar Group(15 Tabs))을 표시한다.

1 **Tools Menu〉Toolbar Layout** 명령을 선택한다.

2 상단의 "Files" 칸에 현재 사용 중인 툴바 파일 이름이 표시되어 있다. 아래쪽의 "Toolbars"칸에 현재 화면에 표시되어 있는 툴바 이름 왼쪽에 "✔"를 표시한다.

3 툴바의 왼쪽에 있는 체크 박스를 체크하면, 체크된 툴바를 화면에 표시한다.

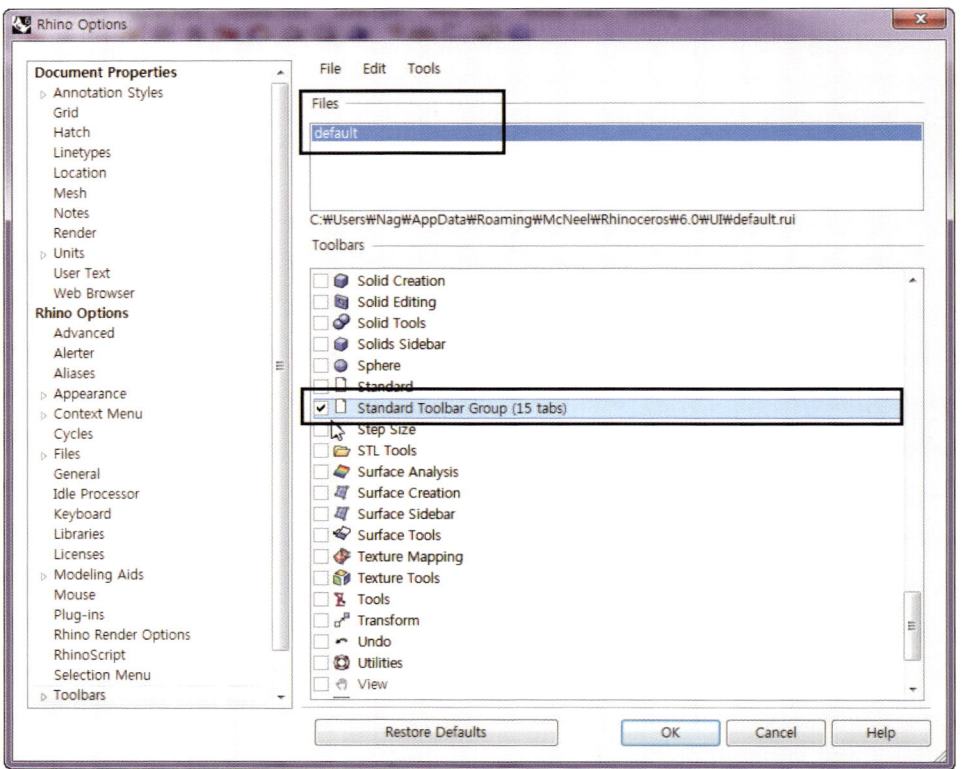

6.2 툴바를 기본 설정상태로 복구하기

툴바를 기본설정 상태로 복구하는 방법이다.

1 **Tools Menu> Toolbar Layout** 명령을 선택한다.

2 표시되는 Rhino Options 창의 아래쪽 가운데의 "Restore Defaults" 버튼을 클릭한다.

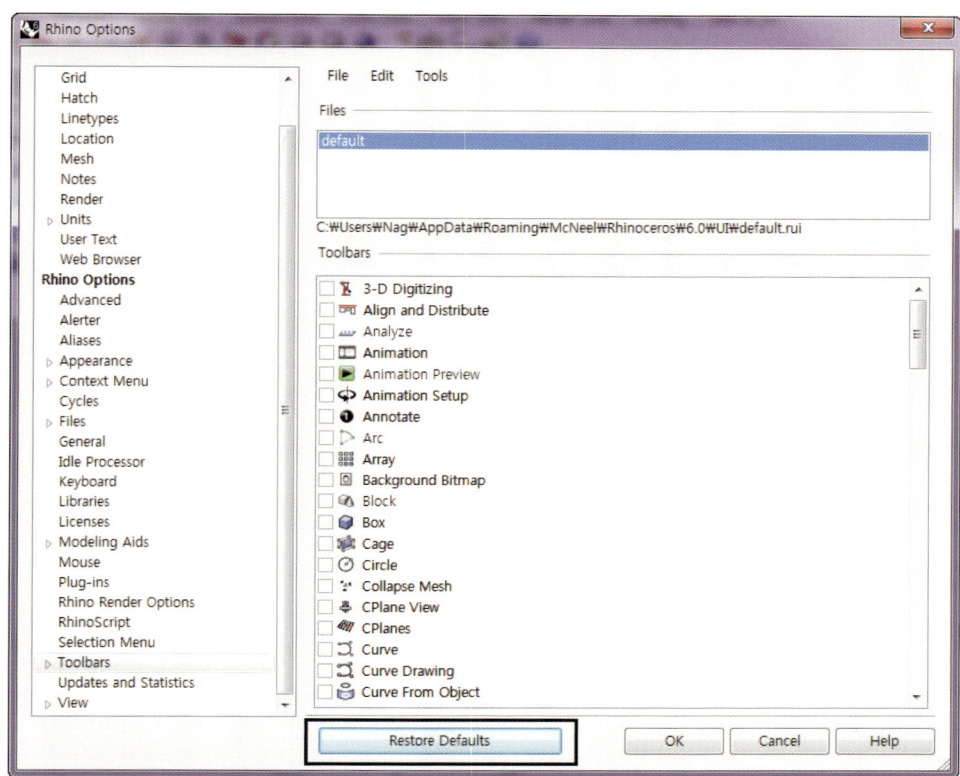

3 현재 사용 중인 모든 툴바 파일을 닫고, 라이노의 기본 툴바 파일을 열고, 라이노를 다시 시작할 것인지를 묻는 창을 표시한다. "확인" 버튼을 클릭한다.

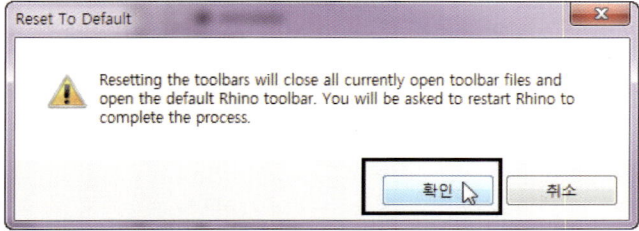

4 라이노를 다시 실행한다.

툴바에 명령어 버튼 추가하기 : Ctrl + 왼쪽 마우스 버튼 드래그
툴바에서 명령어 버튼 삭제하기 : Shift + 왼쪽 마우스 버튼 드래그

7 커서 제한(Constrain the Cursor)

마커(Marker)의 움직임을 원하는 각도, 거리, 방향으로 제한한다.

각도 제한(Angle Constraint)
마커(Marker)의 움직임을 직전에 입력한 점으로부터 지정된 각도로 제한한다.

거리 제한(Distance Constraint)
마커(Marker)의 움직임을 직전에 입력한 점으로부터 지정한 거리로 제한한다.

방향 제한(Direction Constraint)
마커(Marker)가 지정된 점을 통과하도록 방향을 제한한다.

7.1 각도 제한(Angle Constraint)
마커(Marker)의 움직임을 직전에 입력한 점으로부터 지정된 각도로 제한한다.

예제 1-1 Rhino Overview〉1 Interface〉Angle Constraint 파일을 연다.
1 Main Toolbar〉Polyline 버튼을 누른다.
2 폴리라인의 시작점을 지정하기 위해, 점 **Ⓐ**를 클릭한다.
3 두 번째 점을 45°로 제한하기 위해, "＜45"라고 입력하고 Enter↵ 키를 누른다. 마우스를 이동하면, 마커(Marker)의 움직임을 45°씩으로 제한한다.

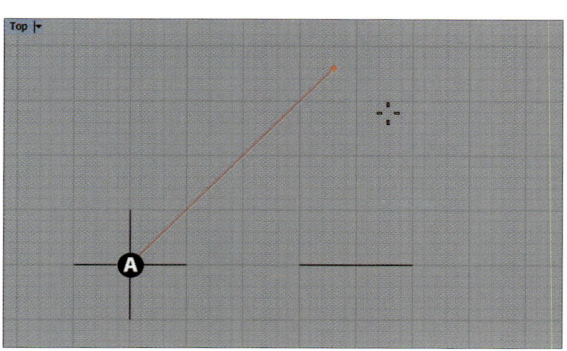 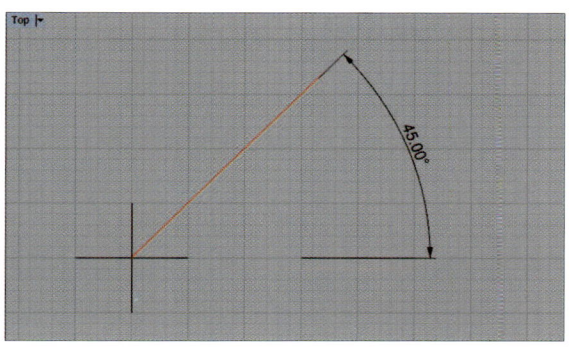

7.2 거리 제한(Distance Constraint)

마커(Marker)의 움직임을 직전에 입력한 점으로부터 지정한 거리로 제한한다.

예제 1-1 Rhino Overview〉 1 Interface〉 Distance Constraint 파일을 연다.

1 Main Toolbar〉 Polyline 버튼을 누른다.

2 폴리라인의 시작점을 지정하기 위해, 점 **A**를 클릭한다.

3 첫 번째 점 **A**로부터의 거리를 제한하기 위해, "20"을 입력하고 [Enter↵] 키를 누른다. 마우스를 이동하면, 마커(Marker)의 움직임을 길이 "20"으로 제한한다.

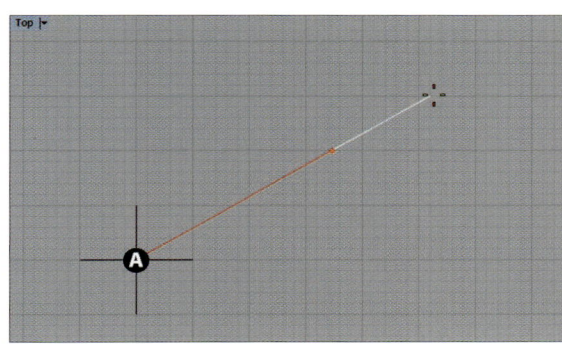 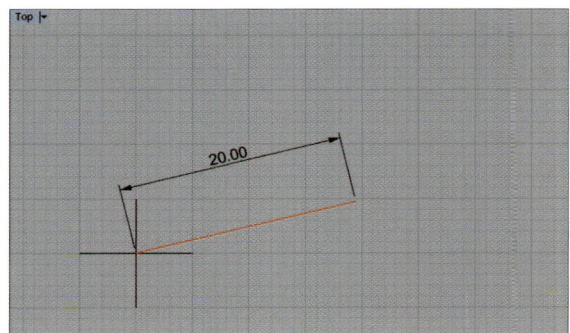

7.3 방향 제한(Direction Constraint)

마커(Marker)가 지정한 점을 통과하도록 방향을 제한한다. 통과시키고자 하는 점 위에 커서를 놓은 상태에서, "Tab" 키를 눌러서 방향제한을 실행한다.

예제 1-1 Rhino Overview〉 1 Interface〉 Direction Constraint 파일을 연다.

1 Main Toolbar〉 Polyline 버튼을 누른다.

2 폴리라인의 시작점을 지정하기 위해, 점 **A**를 클릭한다.

3 마커가 점 **B**를 통과하도록 방향을 제한하기 위해, 마우스를 점 **B** 위로 이동한 후에 "Tab" 키를 한 번 눌렀다 뗀다.(점 **B**를 클릭하지 않도록 주의한다.) 마우스를 이동하면 오른쪽 그림처럼, 추적선(Tracking Line)을 표시하면서 점 **B**를 통과하도록 제한한다.

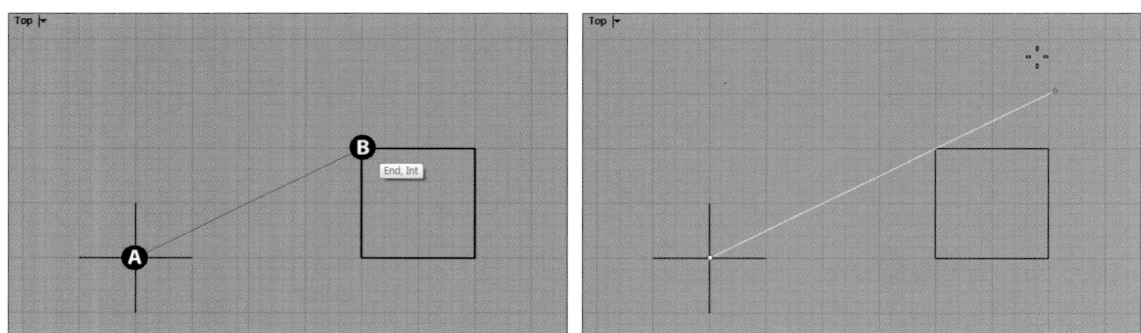

2 파일 관리(File Operation)

제1부_라이노 인터페이스와 명령어 사용법

라이노에서 작업 파일을 다루는 방법을 간단히 설명한다.

1. 증감 저장(Incremental Save)
2. 템플릿으로 저장(Save As Template)
3. 삽입(Insert)
4. 다른 형식 파일 가져오기(Import)
5. 다른 형식 파일로 내보내기(Export Selected)

① 증감 저장(Incremental Save)

File Menu〉Incremental Save

파일을 저장할 때마다, 원래의 파일 이름 뒤에 001, 002, 003과 같은 번호를 붙여서 별도의 파일로 저장한다.

② 템플릿으로 저장(Save As Template)

File Menu〉Save As Template

현재 파일을 템플릿(Template) 파일로 저장한다. 템플릿(Template) 파일은 레이어(Layer), 그리드(Grid), 단위(Unit) 등과 같은 환경설정 사항을 함께 저장한 파일이다.

③ 삽입(Insert)

File Menu〉Insert

외부 파일을 블록 인스턴스(Block Instance)나, 그룹(Group), 개별 오브젝트로 삽입한다.

④ 다른 형식 파일 가져오기(Import)

File Menu〉Import

다른 형식의 파일을 불러온다. 3ds, dwg, dxf, ai, obj, iges, step 등의 파일을 불러온다.

⑤ 다른 형식 파일로 내보내기(Export Selected)

File Menu〉Export Selected

선택한 오브젝트를 별도의 파일로 만들어서 다른 프로그램에서 사용할 수 있도록 다른 형식의 파일로 내보낸다.

3 뷰포트(Viewports)

뷰포트는 모델링 작업을 진행하는 공간으로서 와이어프레임(Wireframe), 음영(Shaded), 렌더링(Rendered), 반투명(Ghosted) 등 다양한 모드로 표시할 수 있다.

1. 이동(Pan)
2. 회전(Rotate View)
3. 줌 윈도우(Zoom window)
4. 줌 익스텐트(Zoom Extents)
5. 줌 셀렉티드(Zoom Selected)
6. 뷰 변경 취소(Undo View Change)
7. 회전의 중심점 설정(Place Target)
8. 뷰 동기화(Synchronize Views)
9. 카메라 렌즈 설정(Camera Lens Length)
10. 뷰포트 디스플레이 모드(Viewport Display Mode)

1 Pan View

Standard Toolbar Group〉 Standard Toolbar〉 Pan View　　　단축키 : Shift + RMB 드래그
View Menu〉 Pan

뷰포트에서 화면을 상하좌우로 이동시킨다. 모든 뷰포트에서 사용할 수 있다.

2 Rotate View

Standard Toolbar Group〉 Standard Toolbar〉 Rotate View　　　단축키 : RMB 드래그
View Menu〉 Rotate

뷰포트에서 화면을 회전시킨다. Perspective 뷰포트에서 사용한다.

3 Zoom Window

Standard Toolbar Group〉 Standard Toolbar〉 Zoom Window　　　단축키 : Ctrl + W
View Menu〉 Zoom〉 Zoom Window

뷰포트의 화면을 선택한 사각형 창안의 오브젝트로 꽉 차게 표시한다.

4 Zoom Extents

Standard Toolbar Group〉 Standard Toolbar〉 Zoom Extents　　　단축키 : Ctrl + Shift + E
View Menu〉 Zoom〉 Zoom Extents

뷰포트의 화면을 오브젝트로 꽉 차게 표시한다.

Zoom Extents All

Standard Toolbar Group〉 Standard Toolbar〉 Zoom Extents (🖱)

View Menu〉 Zoom〉 Zoom Extents All

모든 뷰포트의 화면을 오브젝트로 꽉 차게 표시한다. Zoom Extents 버튼을 오른쪽 마우스 버튼(🖱) 으로 클릭한다.

5 Zoom Selected

Standard Toolbar Group〉Standard Toolbar〉Zoom Selected
View Menu〉Zoom〉Zoom Selected

뷰포트의 화면을 선택한 오브젝트로 꽉 차게 표시한다. 오브젝트를 먼저 선택한 상태에서 명령을 실행한다.

Zoom Selected All

Standard Toolbar Group〉Standard Toolbar〉Zoom Selected (🖱)
View Menu〉Zoom〉Zoom Selected All

모든 뷰포트의 화면을 선택한 오브젝트로 꽉 차게 표시한다. Zoom Selected 버튼을 오른쪽 마우스 버튼(🖱)으로 클릭한다.

6 Undo View Change

Standard Toolbar Group〉Standard Toolbar〉Undo View Change
View Menu〉Undo View Change

뷰포트의 화면 변경을 한 단계 취소한다.

Redo View Change

Standard Toolbar Group〉Standard Toolbar〉Undo View Change (🖱)
View Menu〉Redo View Change

Undo View Change 명령으로 취소한 화면 변경을 한 단계 복구한다. Undo View Change 버튼을 오른쪽 마우스 버튼(🖱)으로 클릭한다.

화면 복구

- Home 키 : 화면 상태를 한 단계씩 이전 상태로 되돌린다. (화면 변경의 Undo)
- End 키 : 화면 상태를 한 단계씩 앞으로 되돌린다. (화면 변경의 Redo)

7 Place Target

Standard Toolbar Group〉 Set View Toolbar〉 Place Target
View Menu〉 Set Camera〉 Place Target

뷰포트 회전의 중심점을 지정한다. 타겟(Target)의 위치를 마우스로 클릭하거나, X, Y, Z 좌표값으로 지정한다. Perspective 뷰포트에서 원점으로부터 멀리 떨어진 곳에서 화면을 회전시키면서 복잡한 작업을 할 때 사용하면 편리하다.

예제 1-1 Rhino Overview〉 3 Viewport〉 Place Target 파일을 연다.

1 Standard Toolbar Group〉 Standard Toolbar〉 Set View Toolbar〉 Place Target 버튼을 클릭한다.

2 점 **A**를 클릭하여 새 타겟 위치(New Target Location)를 지정한다. 점 **A**의 위치가 뷰포트 회전의 중심점으로 변경되었다.

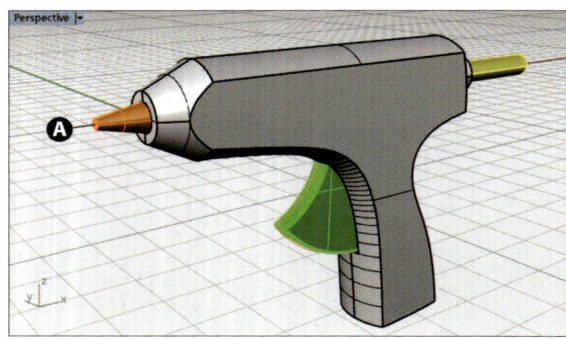 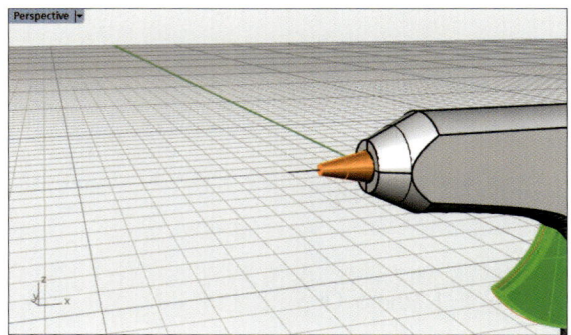

8 Synchronize Views

Standard Toolbar Group〉 Viewport Layout Toolbar〉 Synchronize Views
View Menu〉 Set Camera〉 Synchronize Views
뷰포트의 이름을 오른쪽 마우스 버튼( )으로 클릭〉 Set Camera〉 Synchronize Views

작업창에 여러 개의 뷰포트를 표시한 분할 뷰포트(Tiled Viewports) 상태에서, 활성 뷰포트를 기준으로 각 뷰포트의 원점의 위치, 줌 배율, 그리드 눈금의 크기 등을 일치시킨다.

예제 1-1 Rhino Overview〉 3 Viewport〉 Synchronize Views 파일을 연다.

1 Front 뷰포트를 클릭하여 활성화시킨다.

2 Standard Toolbar Group〉Viewport Layout Toolbar〉Synchronize Views 버튼을 클릭한다. 활성 뷰포트인 Front를 기준으로 다른 뷰포트들의 원점의 위치, 줌 배율, 그리드 눈금의 크기 등을 일치시킨다.

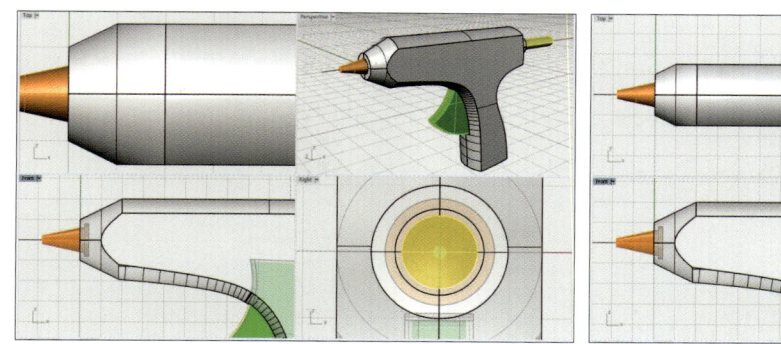 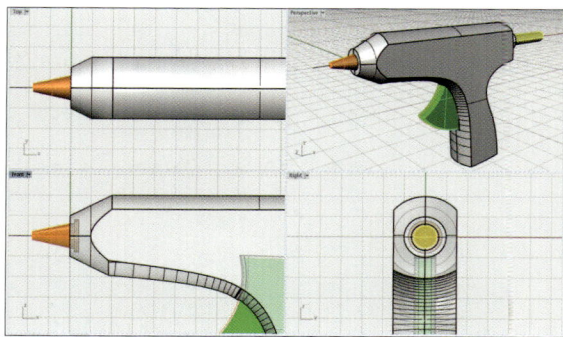

9 카메라 렌즈 설정

Panels〉Properties 판넬〉View 페이지〉Camera〉Lens Length 항목에서 설정
카메라의 렌즈설정은 Perspective 뷰포트가 활성화되어있는 상태에서 설정한다.

예제 1-1 Rhino Overview〉3 Viewport〉Camera Lens 파일을 연다. 현재 설정된 렌즈 거리는 100mm이다.

1 **Panels〉Properties 판넬〉**View 페이지의, **Camera〉Lens length** 항목에 〈 28 〉을 입력한다. 카메라의 렌즈를 28mm 광각 렌즈로 변경하였다.

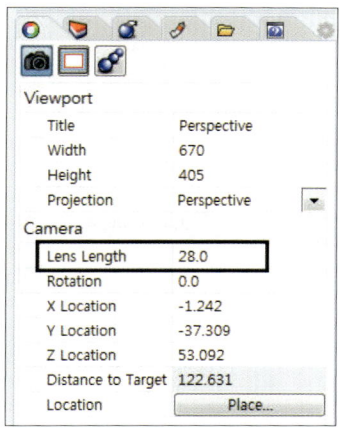

2 아래 그림처럼 망원렌즈로 갈수록 투시효과가 적어지고, 광각렌즈로 갈수록 투시효과가 커진다.

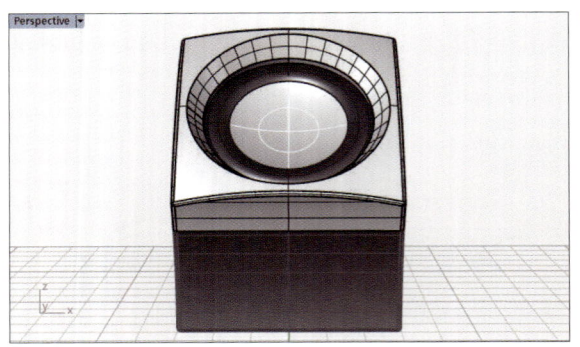
[100mm 렌즈의 투시효과]

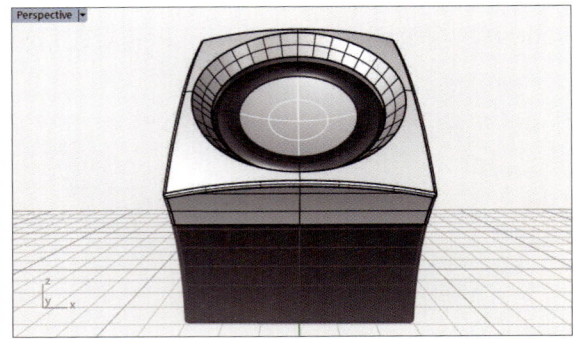
[28mm 광각렌즈의 투시효과]

10 뷰포트 디스플레이 모드(Viewport Display Mode)

뷰포트는 다양한 모드로 표시할 수 있지만 모델링에서 자주 사용하는 모드만 설명한다. 뷰포트의 디스플레이 모드를 설정하는 방법은 크게 두 가지가 있다.

하나는, Standard Toolbar Group〉 Display Toolbar를 사용하는 방법이다.

다른 하나는, 뷰포트의 제목을 오른쪽 마우스 버튼으로 클릭하면 화면에 표시되는 플라이 아웃 메뉴(Flyout Menu)에서 원하는 디스플레이 모드를 선택한다.

[Display Toolbar]

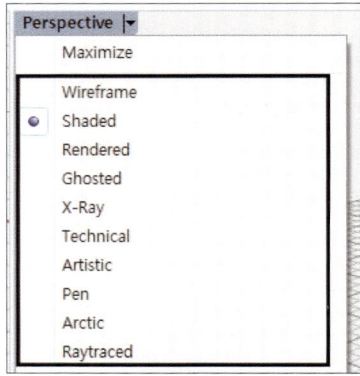
[Flyout 메뉴의 뷰포트 디스플레이 모드]

디스플레이 모드별 옵션 설정

뷰포트의 디스플레이 모드별 옵션은, File Menu〉Properties〉Rhino Options〉View〉Display Modes에서 Wireframe, Shaded, Ghosted, Rendered 등의 모드 별로 설정한다.

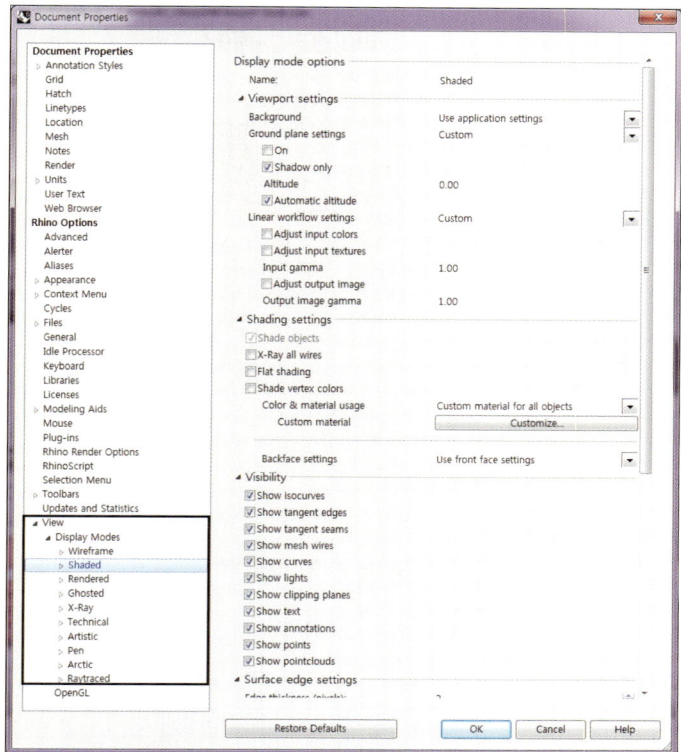

10.1 Wireframe

Viewport 제목을 오른쪽 마우스 버튼(🖱) 클릭〉Wireframe

오브젝트를 선으로만 표현한다.

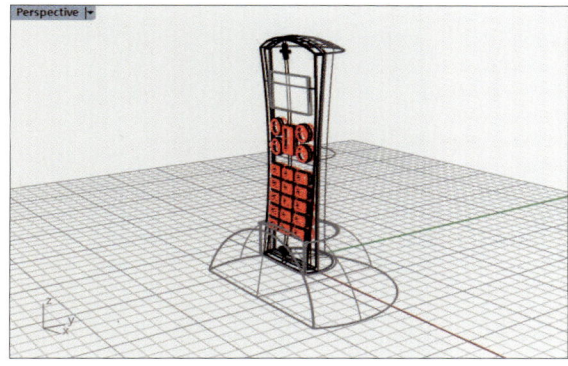

10.2 Shaded

Viewport 제목을 오른쪽 마우스 버튼(🖱) 클릭〉 Shaded

오브젝트를 음영 상태로 표시한다. 커브와 서피스의 아이소커브(Isocurve)도 같이 표시한다.

10.3 Rendered

Viewport 제목을 오른쪽 마우스 버튼(🖱) 클릭〉 Rendered

오브젝트를 렌더링 상태로 표시한다.

10.4 Ghosted

Viewport 제목을 오른쪽 마우스 버튼(🖱) 클릭〉 Ghosted

오브젝트를 반투명상태로 표시한다. 뒤에 가려진 오브젝트들도 아이소커브(Isocurve)를 클릭하면 선택할 수 있다.

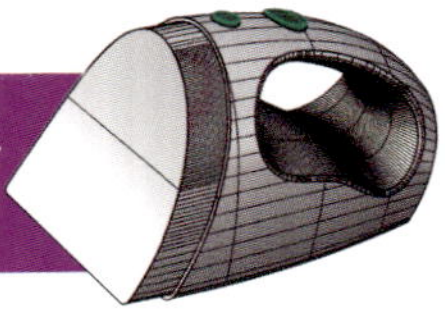

제1부_라이노 인터페이스와 명령어 사용법

4 공통 기본 명령어(Common Basic Tools)

본격적인 학습에 앞서 라이노에서 오브젝트를 다루는 기본적이고 자주 사용하는 방법들을 정리하였다. 오브젝트의 이동(Move), 복사(Copy), 회전(Rotate), 자르기(Trim), 나누기(Split), 결합(Join), 분해(Explode) 등의 공통 기본 명령어들을 정리하였다. 본장에서 다루는 기본 명령들의 활용방법은 대부분 커브(Curve), 서피스(Surface), 솔리드(Solid) 오브젝트에서 공통으로 사용하는 방법들이다.

1. Move
2. Copy
3. Rotate
4. Trim
5. Split
6. Join
7. Explode

1 Move

Main Toolbar〉Move   Transform Menu〉Move

오브젝트를 다른 위치로 이동시킨다.

검볼(Gumball)로 드래그하여 이동하기

[예제] 1-1 Rhino Overview〉4 Common Basic Tools〉Move 파일을 연다.

1 Main Toolbar〉Move 버튼을 클릭한다.

2 화면 하단의 상태바(Status Bar)의 "Gumball"을 클릭하여 활성화시킨다.

3 이동시킬 오브젝트 Ⓐ를 클릭하여 검볼(Gumball)을 표시한다. 오른쪽 그림처럼 검볼(Gumball)의 화살표를 원하는 방향으로 드래그하면 오브젝트를 이동시킬 수 있다.

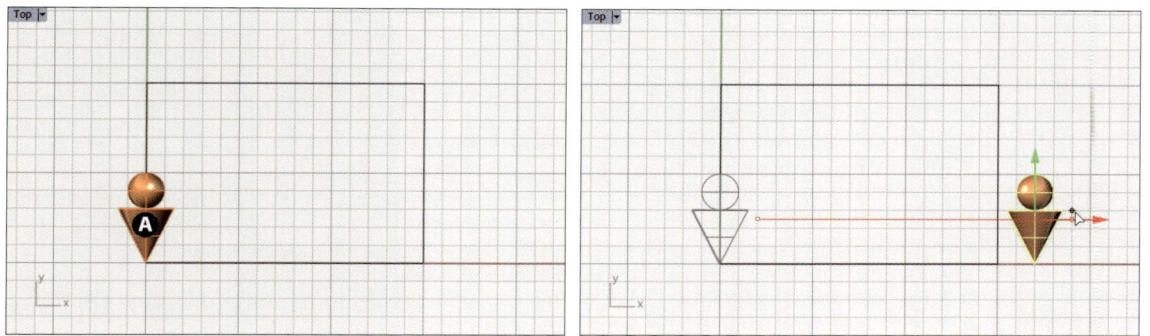

검볼(Gumball)로 수치 입력하여 이동하기

[예제] 1-1 Rhino Overview〉4 Common Basic Tools〉Move 2 파일을 연다.

1 Main Toolbar〉Move 버튼을 클릭한다.

2 이동시킬 오브젝트 Ⓐ를 클릭한다. 오른쪽 그림처럼 클릭한 오브젝트에 검볼(Gumball)이 표시된다.

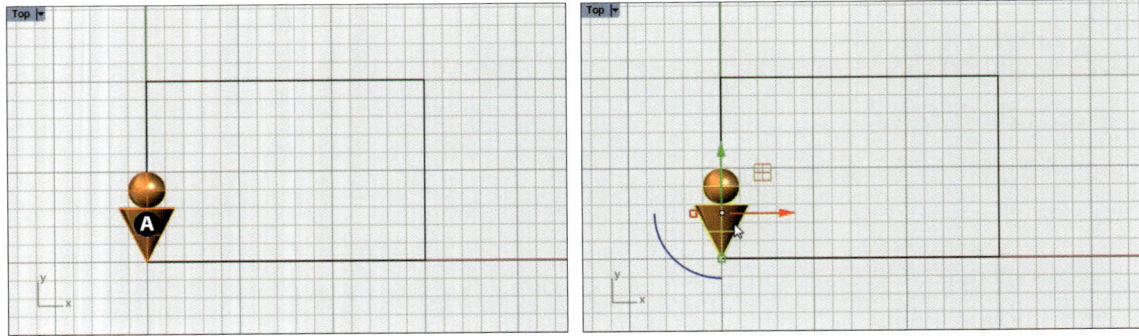

3 오브젝트 **A**를 X축 방향으로 이동시키기 위해, X축 방향의 이동 화살표(Move Arrow)를 클릭한다. 오른쪽 그림처럼 검볼(Gumball)의 수치 입력창이 표시된다.

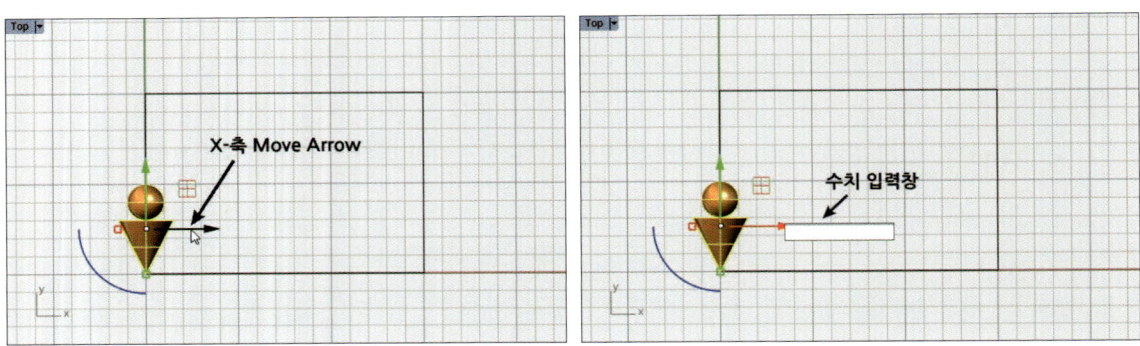

4 Gumball의 X축 방향의 수치 입력창에 "150"을 입력하고 Enter 키를 누른다. 오른쪽 그림처럼 오브젝트를 X축 방향으로 이동시킨다.

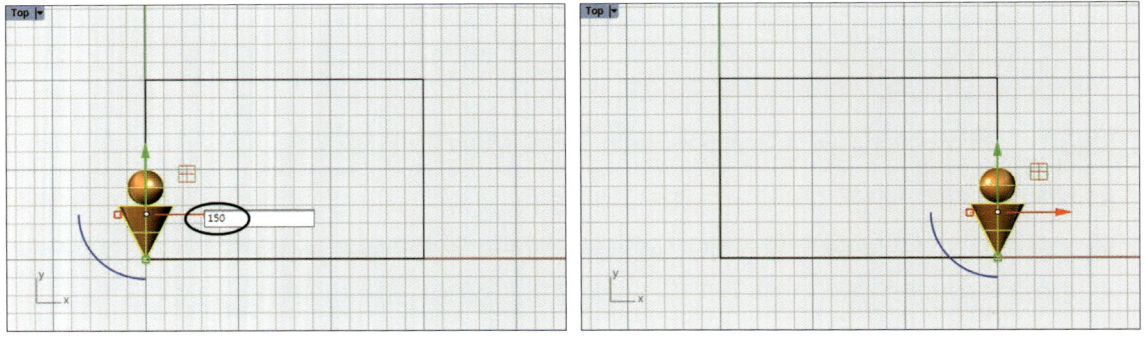

상대좌표 값을 입력하여 이동하기

예제 1-1 Rhino Overview〉 4 Common Basic Tools〉 Move R 파일을 연다.

1 Main Toolbar〉 Move 버튼을 클릭한다.

2 이동시킬 오브젝트 **A**를 선택한다.

3 이동의 기준점을 지정하기 위해 점 **B**를 클릭한다.(이동의 기준점은 어느 곳을 지정해도 상관없다.) 이동의 목표점을 상대좌표로 지정하기 위해, "R150,100"을 입력하고 Enter↵ 키를 누른다. 오른쪽 그림처럼 선택한 오브젝트를, X축으로 150 만큼, Y축으로 100 만큼 떨어진 위치로 이동시킨다.

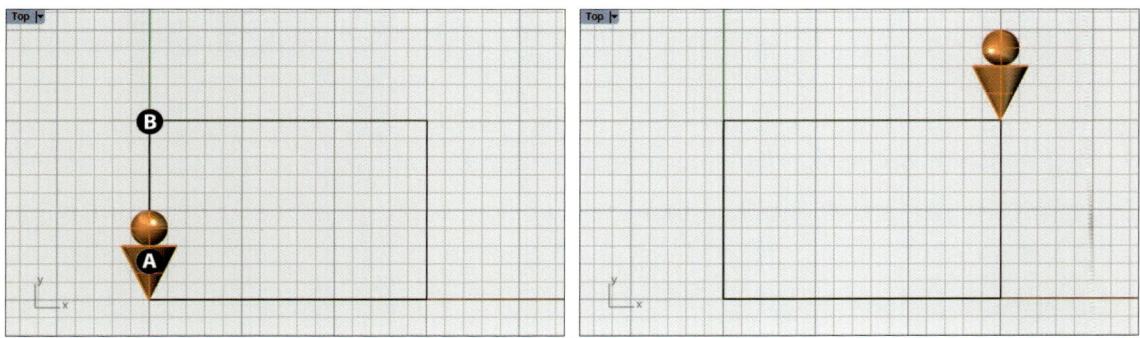

Nudge

오브젝트를 선택한 상태에서 "Alt + 화살표 키"를 누르면, 선택한 오브젝트를 미세하게 이동시킬 수 있다.

너지(Nudge)로 이동시킬 거리와 단축키는, File〉 Properties〉 Modeling Aids의 Nudge 페이지에서 설정한다.

2 Copy

Main Toolbar〉 Copy   Transform Menu〉 Copy

오브젝트를 복사한다.

Gumball로 드래그하여 복사하기

예제 1-1 Rhino Overview〉 4 Common Basic Tools〉 Copy 파일을 연다.

1 Main Toolbar〉 Copy 버튼을 클릭한다.

2 복사할 오브젝트 Ⓐ를 클릭하여 검볼(Gumball)을 표시한다. [Alt] 키를 누른 상태에서, 검볼의 X축 방향의 이동 화살표(Move Arrow)를 원하는 방향으로 드래그하면 오브젝트를 복사할 수 있다.

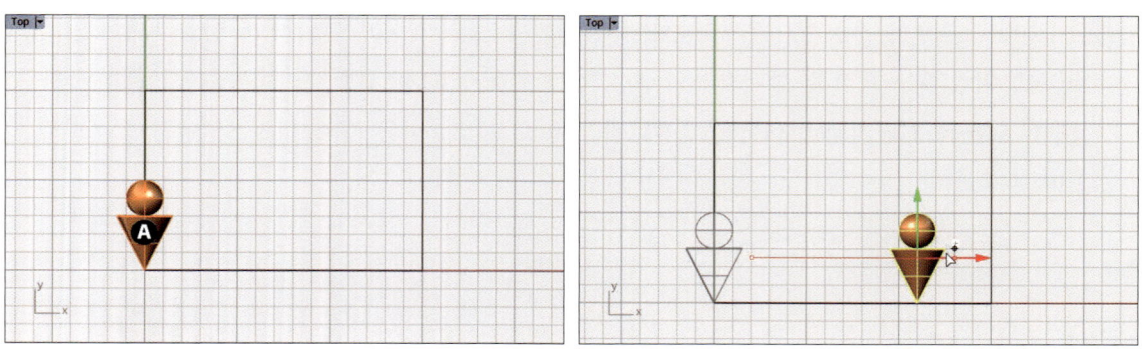

- [Alt] 키를 누른 상태에서 검볼(Gumball)의 이동 화살표(Move Arrow), 회전 호(Rotate Arc)를 드래그하면 오브젝트를 복사할 수 있다.

상대좌표값을 입력하여 복사하기

예제 1-1 Rhino Overview〉 4 Common Basic Tools〉 Copy R 파일을 연다.

1 Main Toolbar〉 Copy 버튼을 클릭한다.

2 복사할 오브젝트 Ⓐ를 클릭하고, [Enter↵] 키를 눌러서 선택을 끝낸다. 복사의 기준점을 지정하기 위해, 점 Ⓑ를 클릭한다. 복사의 목표점을 상대좌표로 지정하기 위해, " R150,100 "을 입력하고 [Enter↵] 키를 누른다. 오른쪽 그림처럼 선택한 오브젝트를 지정한 위치에 복사한다. [Enter↵] 키를 눌러서 작업을 끝낸다.

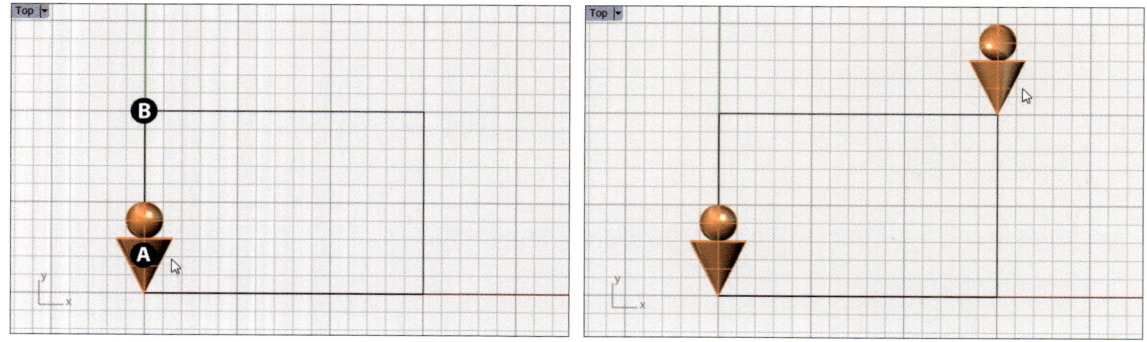

Options

- In Place : 오브젝트를 현재 위치에 포개서 복사한다.

3 Rotate

Main Toolbar〉Rotate 2-D　　　　　Transform Menu〉Rotate

오브젝트를 2차원 평면에서 회전시킨다.

검볼(Gumball)로 회전시키기

예제 1-1 Rhino Overview〉4 Common Basic Tools〉Rotate With Gumbll 파일을 연다.

1 회전시킬 오브젝트를 지정하기 위해, 오브젝트 **A**를 클릭한다. 오른쪽 그림처럼 검볼(Gumball)이 표시된다. 검볼(Gumball)의 회전 호(Rotate Arc)인 **B**를 클릭한다.

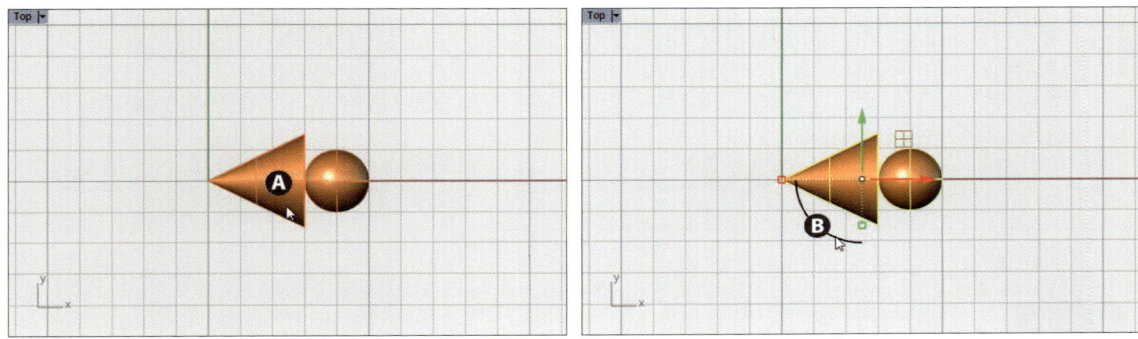

2 왼쪽 그림처럼 회전시킬 각도를 입력하는 Rotate 수치입력창이 표시된다. 수치입력창에 "30"을 입력하고 Enter 키를 누른다. 오른쪽 그림처럼 오브젝트가 검볼(Gumball)을 중심으로 30° 회전한다.

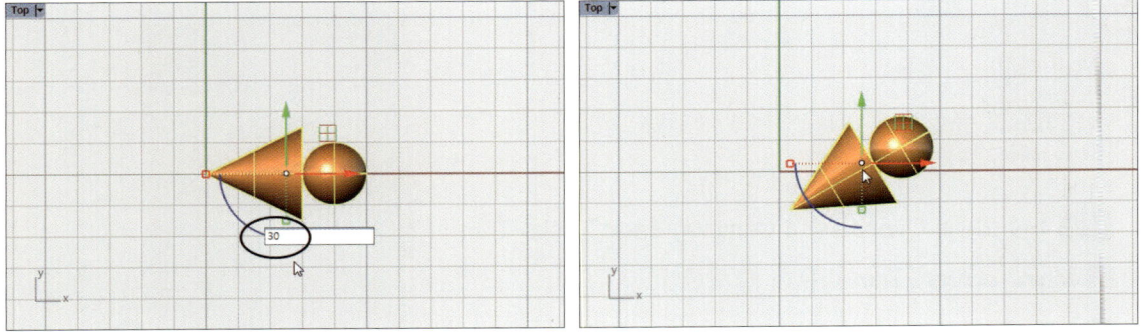

중심점을 지정하여 회전시키기

예제 1-1 Rhino Overview〉 4 Common Basic Tools〉 Rotate 파일을 연다.

1 Main Toolbar〉 Rotate 2-D 버튼을 클릭한다.

2 회전시킬 오브젝트를 지정하기 위해, 오브젝트 Ⓐ를 클릭하고 Enter 키를 눌러서 선택을 끝낸다. 회전의 중심점을 지정하기 위해, 끝점 Ⓑ를 클릭한다.

3 회전시킬 각도를 지정하기 위해, "45"를 입력하고 Enter 키를 누른다. 오른쪽 그림처럼 선택한 오브젝트를 45° 회전시킨다.

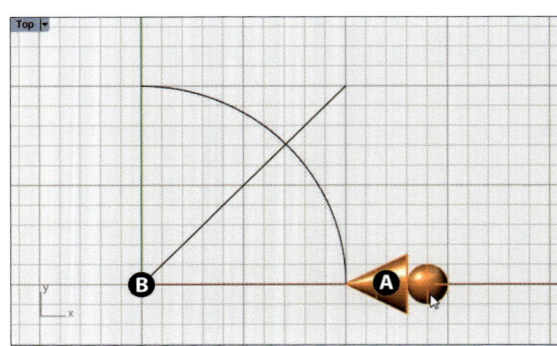 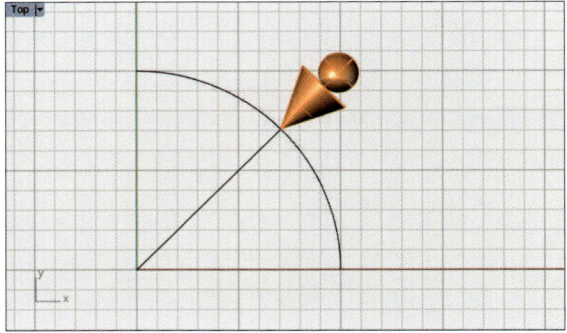

Options

- **Copy** : Copy=Yes로 설정하면, 원본은 그대로 두고 복사본을 만들어서 회전시킨다.

 **Trim**

Main Toolbar〉 Trim   Edit Menu〉 Trim

오브젝트의 불필요한 부분을 잘라 버린다.

예제 1-1 Rhino Overview〉 4 Common Basic Tools〉 Trim 파일을 연다.

1 Main Toolbar〉 Trim 버튼을 클릭한다.

2 칼로 사용할 오브젝트(Cutting objects)를 지정하기 위해, Top 뷰포트에서 직선 Ⓐ를 클릭하고 Enter 키를 누른다. 옵션을 "Apparent Intersections=Yes"로 설정한다. 오른쪽 그림처럼 오브젝트들은 3차원 공간에서는 교차하지 않는 상태이다.

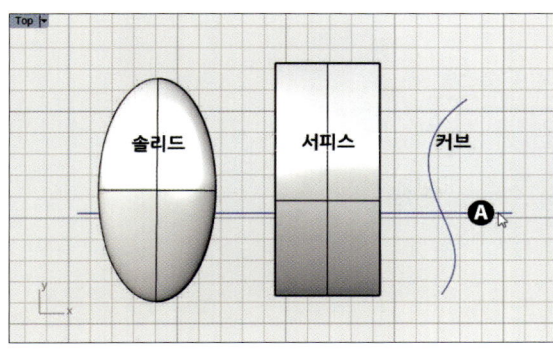
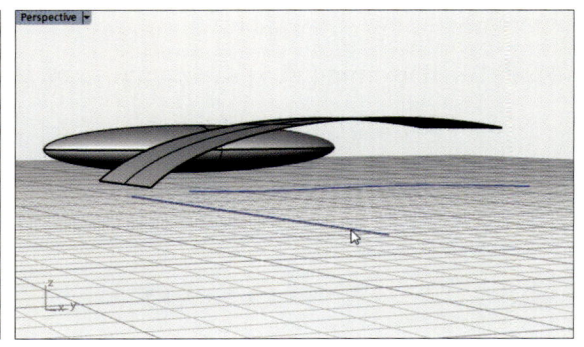

3 잘릴 오브젝트(Object to trim)를 지정하기 위해, Top 뷰포트에서 커브 ❶과 서피스 ❷, 솔리드 ❸을 클릭한다. 오른쪽 그림처럼 클릭한 부분들이 삭제된다.

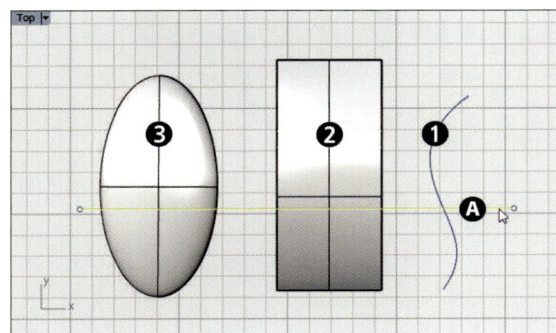
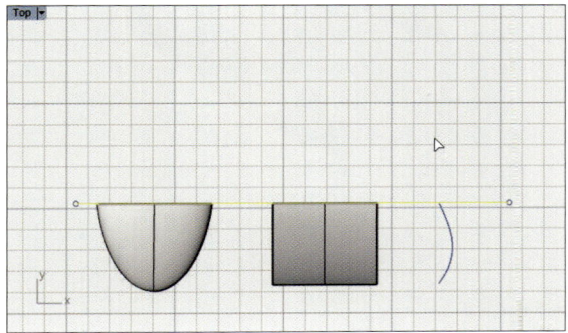

Options

- **Extend Lines** : Extend Lines=Yes로 설정하고 Cutting Object로 직선을 사용하여 커브를 자를 경우에, Cutting Curve가 짧으면 Cutting Curve를 연장하여 트림한다.
- **Use Apparent Intersections** : Use Apparent Intersections=Yes로 설정하면, 오브젝트가 3차원 공간에서 정확하게 교차하지 않아도 Top, Front 등의 트림을 실행하는 평행 뷰포트에서 시각적으로 교차하는 것처럼 보이면 트림할 수 있다.
- Top, Front, Right 등과 같은 평행 투상 뷰포트에서 실행하는 것이 결과를 예측하기 쉽다.
- Top, Front, Right 등과 같은 평행 투상 뷰포트에서 평면 커브(Planar Curve)로 서피스를 트림하면, Cutting Curve를 뷰의 투상 방향(뷰의 기본 작업평면(Construction Plane)에 수직 방향)으로 투상시키면서 트림을 실행한다.
- 경사진 평행 투상 뷰포트나 Perspective 뷰포트에서 평면 커브(Planar Curve)로 서피스를 트림하면, Cutting Curve를 커브 평면(Curve Plane)에 직각 방향으로 투상하면서 서피스를 트림한다.
- 경사진 평행 투상 뷰포트나 Perspective 뷰포트에서 3차원 커브를 Cutting Curve로 사용하여 서피스를 트림하면, Cutting Curve를 서피스의 가장 가까운 점으로 끌고오면서 서피스를 트림한다.

Untrim

Main Toolbar〉Trim (🖱)

서피스의 트림된 부분을 복원한다. Trim 버튼을 오른쪽 마우스 버튼으로 클릭한다.

예제 1-1 Rhino Overview〉4 Common Basic Tools〉Untrim 파일을 연다.

1 Main Toolbar〉Trim 버튼을 오른쪽 마우스 버튼으로 누른다.

2 서피스의 트림된 에지 Ⓐ, Ⓑ, Ⓒ를 클릭한다. 오른쪽 그림처럼 서피스의 트림된 부분을 복원한다.

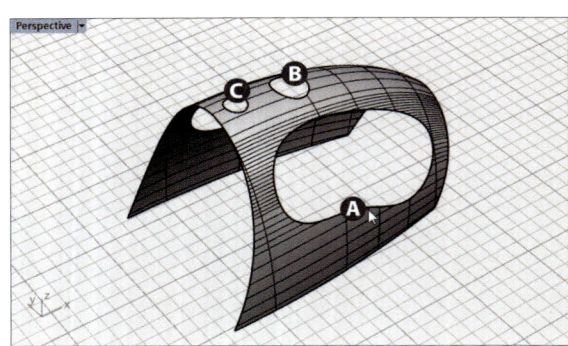
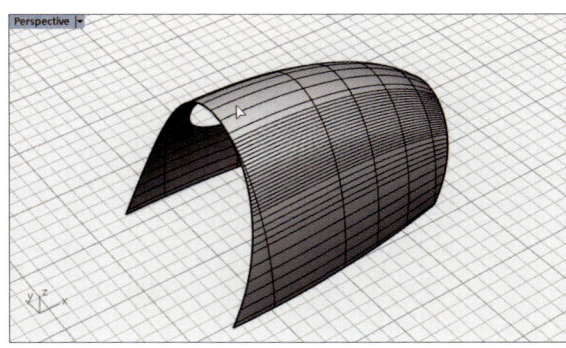

5 Split ⬚

Main Toolbar〉Split

오브젝트를 분할한다.

예제 1-1 Rhino Overview〉4 Common Basic Tools〉Split 파일을 연다.

1 Main Toolbar〉Split 버튼을 클릭한다.

2 분할할 오브젝트를 지정하기 위해 오브젝트 ❶, ❷, ❸을 클릭하고 [Enter↵] 키를 누른다. 칼로 사용할 오브젝트(Cutting objects)를 지정하기 위해, 직선 Ⓐ를 클릭하고 [Enter↵] 키를 누른다. 오른쪽 그림처럼 오브젝트 ❶, ❷, ❸을 분할한다.

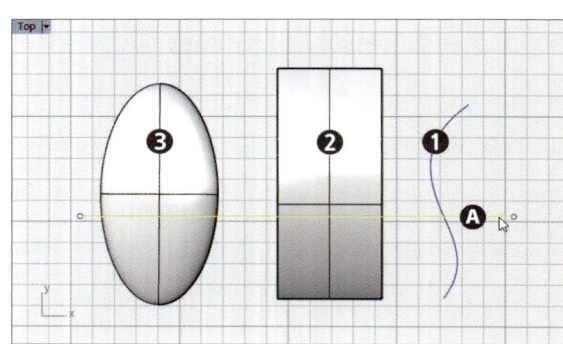
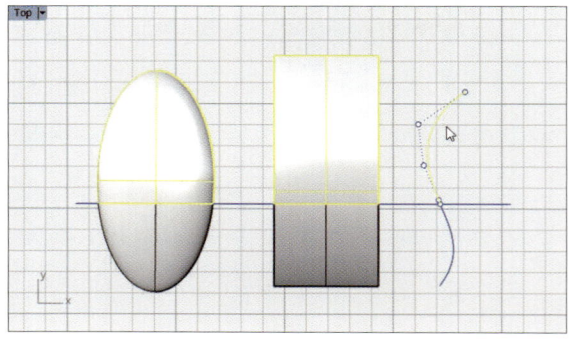

Options

- **Point** : 점을 지정하여 커브를 분할한다.
- **Isocurve** : 서피스의 아이소커브(Isocurve)를 지정하여 서피스를 분할한다. 단일 서피스(Single Surface)에서만 사용할 수 있다. 오브젝트 스냅에서 "Int"를 체크하면, 서피스의 아이소커브(Isocurve)의 교차점을 스냅할 수 있다.

6 Join

Main Toolbar〉Join

끝점이 서로 일치하는 커브나, 에지가 서로 일치하는 서피스들을 한 개의 오브젝트로 결합시킨다. 커브를 결합(Join)시키면 폴리커브(Polycurve)가 만들어지고, 서피스를 결합(Join)시키면 폴리서피스(Polysurface)가 만들어진다. Join으로 결합된 오브젝트의 속성(색상, 레이어 등)은 처음에 선택한 오브젝트의 속성을 따른다.

▶예제 **1-1** Rhino Overview〉4 Common Basic Tools〉Join 파일을 연다.

1 Main Toolbar〉Join 버튼을 클릭한다.

2 서피스 Ⓐ, Ⓑ를 클릭한다. 2개의 서피스를 하나의 오브젝트로 결합시킨다. 결과물의 색상과 레이어는, 처음에 선택한 서피스 Ⓐ의 색상과 레이어로 변경된다.

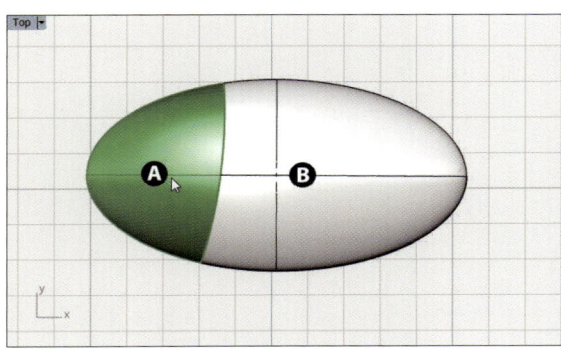 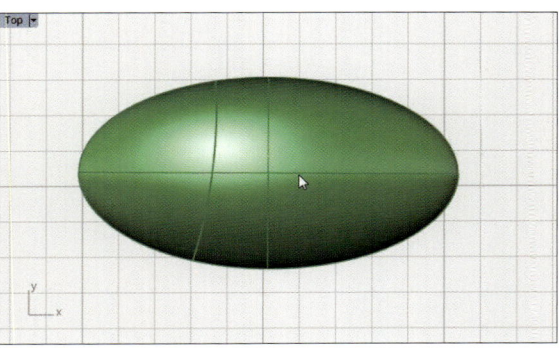

7 Explode

Main Toolbar〉Explode

결합된 커브나 서피스, 솔리드 오브젝트를 개별 오브젝트로 분해한다.

예제 1-1 Rhino Overview〉 4 Common Basic Tools〉 Explode 파일을 연다.

1 Main Toolbar〉 Explode 버튼을 누른다.

2 Explode 시킬 오브젝트 Ⓐ를 클릭하고 [Enter↵] 키를 누른다. 오른쪽 그림처럼 선택한 오브젝트가 개별 서피스로 분해된다.

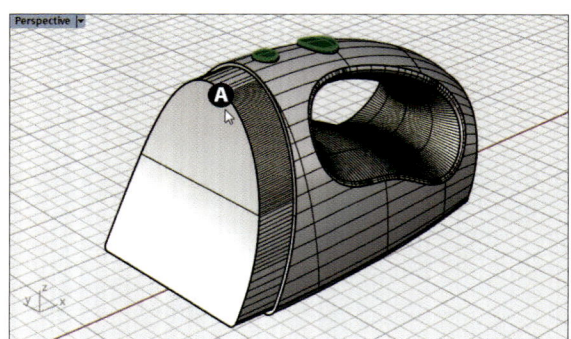 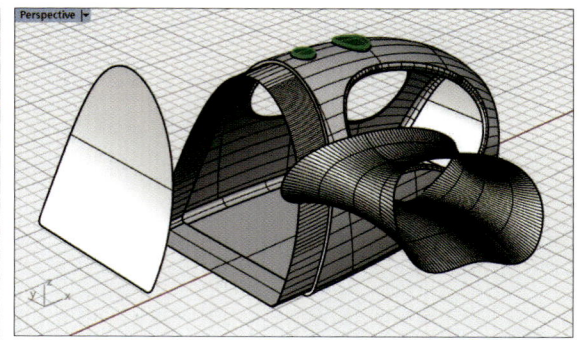

제1부_라이노 인터페이스와 명령어 사용법

5 모델링 보조도구(Modeling Aids)

라이노에서는 직접 모델링 오브젝트를 만들지는 않지만, 모델링 작업을 효율적으로 진행할 수 있도록 도와주는 여러 가지 보조도구들이 있다. 여러 개의 오브젝트를 한 개의 오브젝트처럼 관리하는 그룹(Group), 오브젝트를 구분하여 관리하는 레이어(Layer), 오브젝트를 선택하는 다향한 방법인 선택(Select), 오브젝트의 화면보기를 조절하는 가시도(Visibility), 경사진 면 등에 작업평면을 설정하는 작업평면(Construction Plane) 등이 있다.

1. 그룹(Group)
2. 레이어(Layer)
3. 선택(Select)
4. 가시도(Visibility)
5. 작업평면(Construction Plane)

1 그룹(Group)

여러 개의 오브젝트를 한 개의 그룹(Group)으로 묶으면, 마치 한 개의 오브젝트처럼 선택, 이동, 회전, 복사 등의 작업을 진행할 수 있다. 그룹은 다른 그룹을 포함할 수 있다.

Main Toolbar〉Group 버튼을 누른 상태에서 잠시 기다리면, Grouping Toolbar가 표시된다.

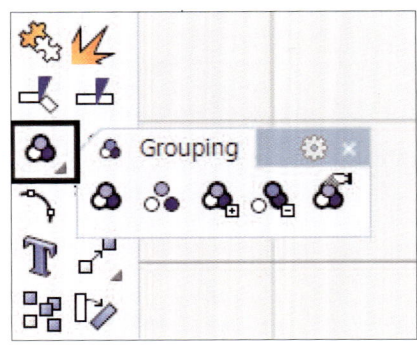

[Grouping Toolbar]

1.1 Group

Main Toolbar〉Group　　　　　　　단축키 : Ctrl + G

Edit Menu〉Groups〉Group

여러 개의 오브젝트들을 한 개의 그룹으로 묶는다.

1.2 Ungroup

Main Toolbar〉Ungroup　　　　　　단축키 : Ctrl + Shift + G

Edit Menu〉Groups〉Ungroup

그룹을 한 단계 해제한다.

1.3 Add to Group

Main Toolbar〉Grouping Toolbar〉Add to Group

Edit Menu〉Groups〉Add to Group

그룹에 오브젝트를 추가한다.

1.4 Remove from Group

Main Toolbar〉Grouping Toolbar〉Remove from Group

Edit Menu〉Groups〉Remove from Group

그룹에 속해 있는 오브젝트를 그룹으로부터 분리시킨다.

1.5 Set Group Name

Main Toolbar〉Grouping Toolbar〉

Edit Menu〉Groups〉Set Group Name

그룹 오브젝트의 이름을 만든다.

2 레이어(Layer)

레이어(Layer)는 복잡한 모델링을 진행할 때, 데이터를 부품 별로 또는 속성 별로 구분하여 관리함으로써 작업을 효과적으로 진행할 수 있도록 도와준다. 레이어를 사용하는 방법은 화면 하단의 상태바(Status Bar)에서 "팝업 레이어 리스트(Popup Layer List)"를 사용하는 방법과 화면 우측의 패널(Panels) 영역에서 "레이어(Layers)" 패널(Panal)을 사용하는 방법이 있다.

- 꺼진 레이어의 오브젝트들은 보이지 않는다.
- 잠근 레이어의 오브젝트들은 편집할 수 없지만, 오브젝트 스냅은 가능하다.
- 새로 만드는 오브젝트는 현재 레이어(Current Layer)에 저장된다.
- 현재 레이어(Current Layer)는 끄거나, 잠글 수 없다.

2.1 레이어 패널(Layers Panel)

화면 오른쪽의 "패널(Panels) 영역"에 표시된 레이어 패널(Layers Panel)에서 레이어와 관련된 모든 작업을 한다.

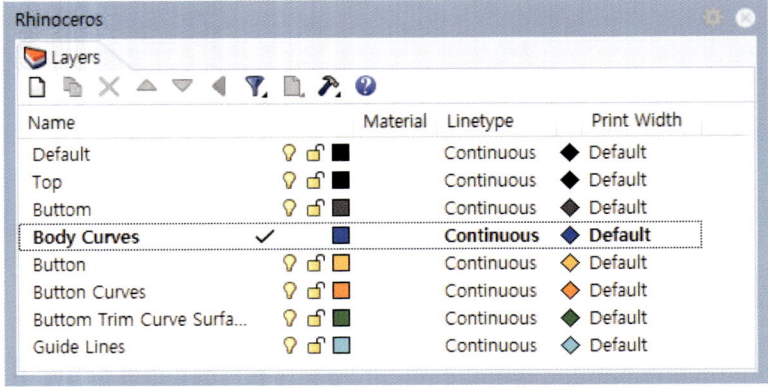

[Layers Window]

- "패널(Panels)" 영역에 "레이어(Layers)" 패널이 보이지 않는 경우에는 "Panels" 메뉴에서 "Layers"를 체크(✔)하면, 화면 오른쪽의 "Panels 영역"에 레이어 창(Layers Window)을 표시한다.

2.2 레이어 패널(Layers Panel)의 버튼

New Layer
새 레이어를 만든다.

New Sublayer
새 하위 레이어를 만든다.

Delete
레이어를 지운다.

Move Up
레이어를 한 줄 위로 이동한다.

Move Down
레이어를 한 줄 아래로 이동한다.

Move Up One Parent
하위 레이어를 한 단계 위로 이동한다.

Filters
레이어 패널(Layers Panel)에 표시할 레이어의 종류를 지정한다.

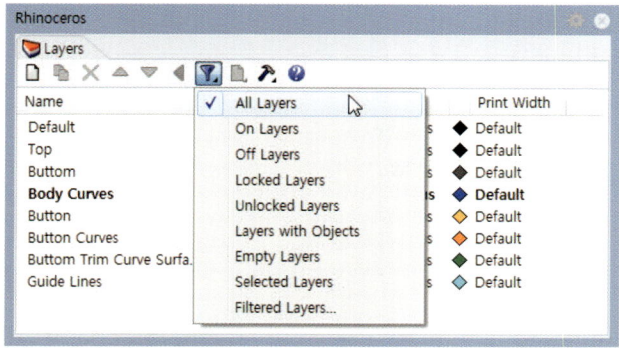

Tools

레이어의 오브젝트 선택하기, 오브젝트의 레이어 변경, 오브젝트를 레이어에 복사하기 등의 작업을 실행한다.

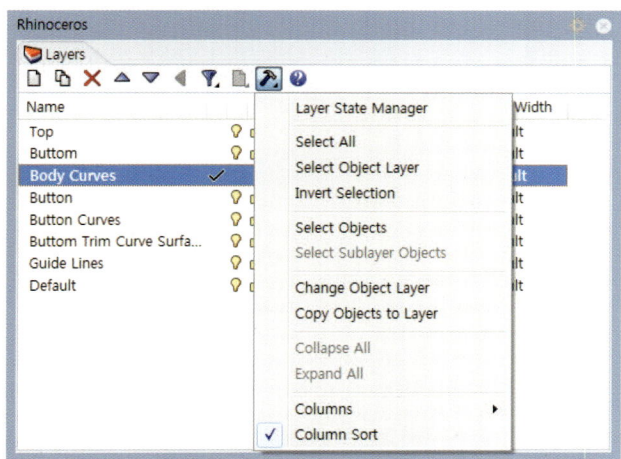

2.2 레이어 패널(Layers Panel)의 사용법

1개의 레이어 선택하기

레이어(Layers) 창에서 선택할 레이어를 클릭한다.

여러 개의 레이어 선택하기

" Shift " 키를 누른 상태에서, 이웃해 있는 레이어 이름을 클릭하면 여러 개의 레이어를 같이 선택할 수 있다. " Ctrl " 키를 누른 상태에서, 서로 떨어져 있는 레이어 이름을 클릭하면 여러 개의 레이어를 같이 선택할 수 있다.

레이어 편집하기(To edit a layer)

현재 레이어 설정하기, 새 레이어 만들기, 레이어 이름 변경하기, 레이어의 오브젝트 선택하기, 오브젝트의 레이어 변경, 레이어 삭제 등의 작업을 실행할 수 있다.

1 패널(Panels)의 레이어 패널(Layers Panel)에서, 레이어 이름을 오른쪽 마우스 버튼으로 클릭한다.

2 화면에 표시되는 플라이 아웃(Flyout) 메뉴에서 원하는 명령을 선택한다.

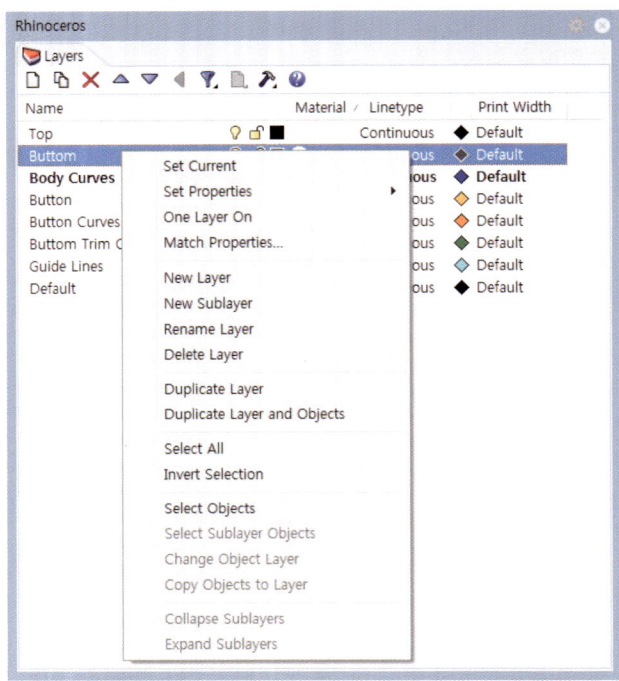

열 설정(To set columns)

레이어의 열(Column) 제목칸을 오른쪽 마우스 버튼으로 클릭한다. 플라이 아웃(Flyout) 메뉴가 표시된다. 표시할 열(Column)에 체크 표시를 한다.

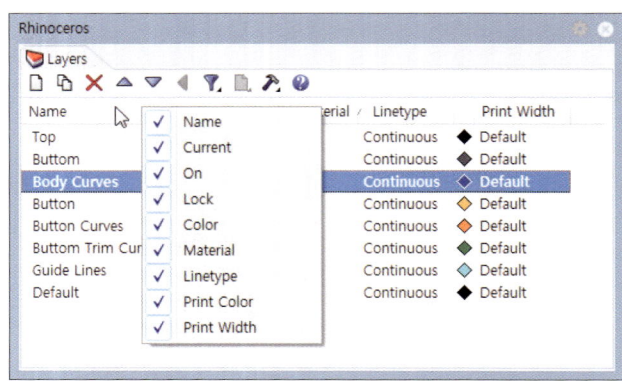

현재 레이어 설정(Set Current Layer)

현재 레이어(Current Layer)로 설정할 레이어의 이름을 더블 클릭한다. 현재 레이어는 이름 오른쪽에 체크(✔) 표시가 있다. 새로 만드는 오브젝트들은 현재 레이어에 저장된다.

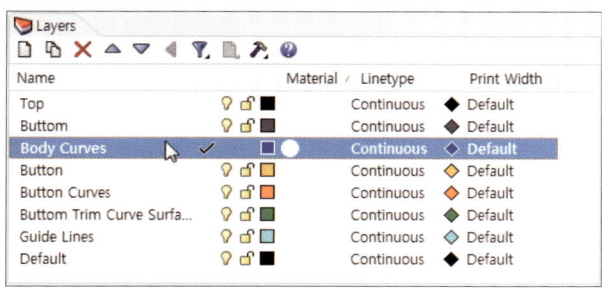

오브젝트의 레이어 변경(Change Object Layer)

레이어 이름 R-Click〉플라이 아웃(Flyout) 메뉴〉Change Object Layer

선택한 오브젝트의 레이어를 다른 레이어로 변경한다.

예제 1-1 Rhino Overview〉5 Modeling Aids〉Change Object Layer 파일을 연다.

1 레이어를 변경할 오브젝트 **A**를 클릭한다.

2 레이어 패널(Layers Panel)의 "Top 2" 레이어를 오른쪽 마우스 버튼으로 클릭한다. 오른쪽 그림처럼 플라이 아웃(Flyout) 메뉴가 표시된다. "Change Object Layer" 명령을 클릭한다.

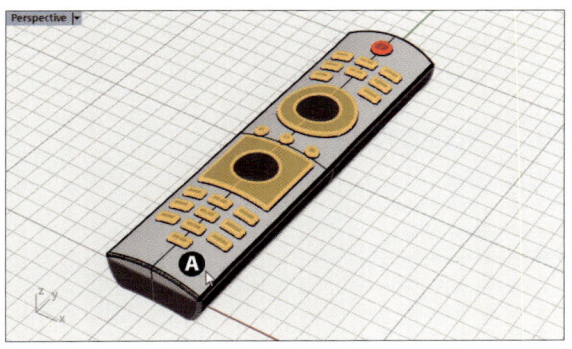
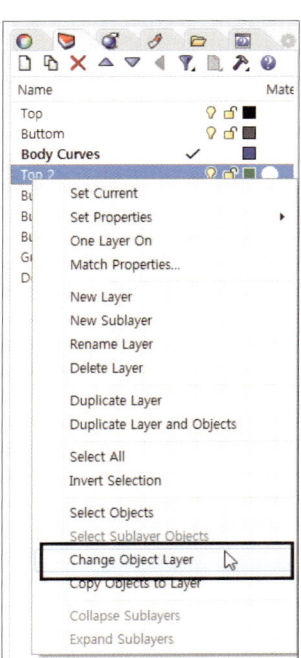

3 아래 그림처럼 선택한 오브젝트의 레이어를 변경한다.

오브젝트를 다른 레이어에 복사(Copy Objects To Layer)

레이어 이름 R-Click〉플라이 아웃(Flyout) 메뉴〉Copy Objects to Layer

선택한 오브젝트를 현재 선택한 레이어에 복사한다.

레이어의 오브젝트 선택(Select Objects)

레이어 이름 R-Click〉플라이 아웃(Flyout) 메뉴〉Select Objects

현재 선택한 레이어의 오브젝트를 모두 선택한다.

2.3 팝업 레이어 리스트(Popup Layer List)

Status Bar〉Layer 칸 클릭

상태바(Status Bar)에서 레이어(Layer) 칸을 클릭하면, 아래 그림처럼 팝업 레이어 리스트(Popup Layer List)를 화면에 표시한다.

현재 레이어(Current Layer) 설정, 레이어의 켜기/끄기(On/Off), 레이어의 잠금/잠금해제(Lock/ Unlock), 레이어의 색상 설정 등의 간단한 작업을 할 수 있다.

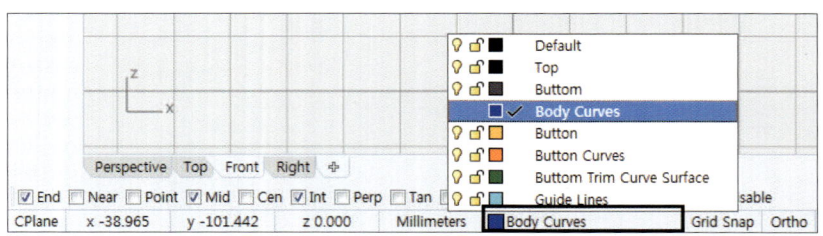

3 선택(Select)

필요한 오브젝트를 다양한 방법으로 빠르고 정확하게 선택할 수 있다. 점, 커브, 서피스, 플리서피스, 조명 등 오브젝트의 종류 별로 구분하여 선택할 수도 있다.

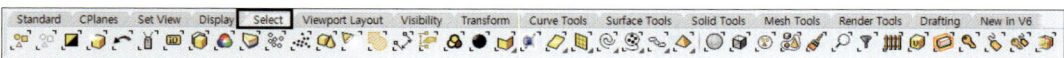

[Select Toolbar : Standard Toolbar Group〉 Select Toolbar]

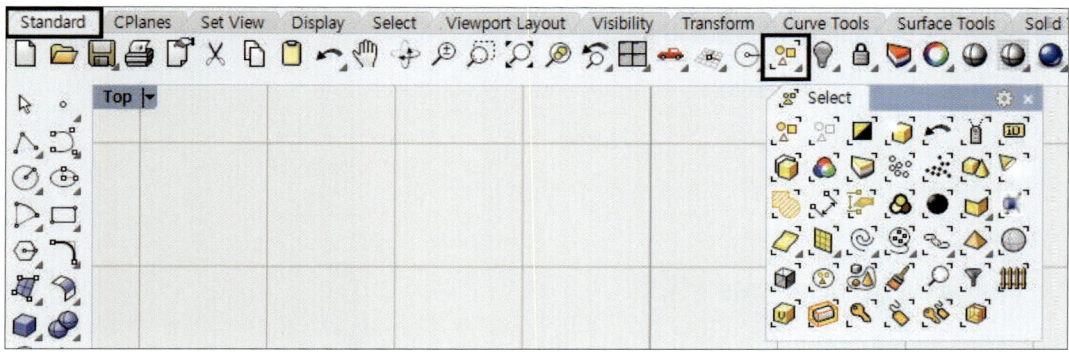

[Select Toolbar : Standard Toolbar Group〉 Standard Toolbar〉 Select Toolbar]

3.1 Select All

Standard Toolbar Group〉 Select Toolbar〉 Select All   단축키 : Ctrl + A

Standard Toolbar Group〉 Standard Toolbar〉 Select All

Edit Menu〉 Select Objects〉 All Objects

모든 오브젝트를 선택한다. 단축키인 " Ctrl + A "를 많이 사용한다.

3.2 Select None

Standard Toolbar Group〉 Select Toolbar〉 Select None   단축키 : Esc

Edit Menu〉 Select Objects〉 None

현재 선택되어 있는 오브젝트의 선택을 모두 해제한다.

3.3 Invert Selection

Standard Toolbar Group〉 Select Toolbar〉 Invert Selection

Edit Menu〉 Select Objects〉 Invert

오브젝트의 선택 상태를 반전시킨다. 현재 선택되어 있는 오브젝트들은 선택을 해제하고, 선택되어 있지 않은 오브젝트들은 모두 선택한다.

3.4 Select By Color

Standard Toolbar Group〉 Select Toolbar〉 Select by Color
Edit Menu〉 Select Objects〉 By Color

지정한 색상과 일치하는 오브젝트들을 모두 선택한다.

3.5 Select By Group Name

Standard Toolbar Group〉 Select Toolbar〉 Select by Group Name
Edit Menu〉 Select Objects〉 By Group Name

그룹 이름(Group Name)으로 오브젝트를 선택한다.

3.6 Select Polysurfaces

Standard Toolbar Group〉 Select Toolbar〉 Select Polysurfaces
Edit Menu〉 Select Objects〉 Polysurfaces

폴리서피스(Polysurface) 오브젝트만 모두 선택한다.

3.7 Select Surfaces

Standard Toolbar Group〉 Select Toolbar〉 Select Surfaces
Edit Menu〉 Select Objects〉 Surfaces

단일 서피스(Single Surface) 오브젝트만 모두 선택한다.

3.8 Select Curves

Standard Toolbar Group〉 Select Toolbar〉 Select Curves
Edit Menu〉 Select Objects〉 Curves

커브(Curve) 오브젝트만 모두 선택한다.

4 가시도(Visibility)

작업에 불필요한 오브젝트를 화면에서 숨기기, 숨긴 오브젝트를 화면에 표시하기, 화면에 표시는 하면서 선택이나 편집은 되지 않도록 설정할 수 있다. 오브젝트의 내부를 단면상태로 보면서 작업할 수 있도록 설정할 수도 있다. 복잡한 모델링에서 오브젝트의 가시도(Visibility)를 효과적으로 설정하면, 모델링의 속도와 정확성을 높일 수 있다.

[Visibility Toolbar : Standard Toolbar Group〉 Visibility Toolbar]

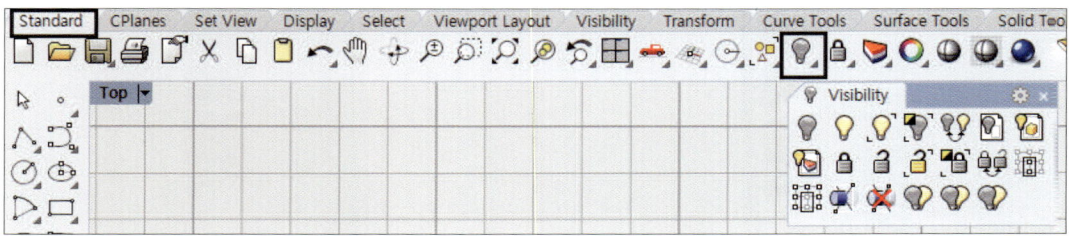

[Visibility Toolbar : Standard Toolbar Group〉 Standard Toolbar〉 Visibility Toolbar]

4.1 Hide Objects

Standard Toolbar Group〉 Visibility Toolbar〉 Hide Objects   단축키 : Ctrl + H

Edit Menu〉 Visibility〉 Hide

선택한 오브젝트를 보이지 않도록 숨긴다.

Show Objects

Standard Toolbar Group〉 Visibility Toolbar〉 Hide Objects ( )

Edit Menu〉 Visibility〉 Show

숨긴 오브젝트를 모두 뷰포트에 표시한다. Hide Objects 버튼을 오른쪽 마우스 버튼으로 클릭한다.

4.2 Show Objects

Standard Toolbar Group〉 Visibility Toolbar〉 Show Objects

Edit Menu〉 Visibility〉 Show   단축키 : Ctrl + Alt + H

숨긴 오브젝트를 모두 화면에 표시한다.

4.3 Show Selected Objects

Standard Toolbar Group〉 Visibility Toolbar〉 Show Selected Objects
Edit Menu〉 Visibility〉 Show Selected   단축키 : Ctrl + Shift + H
숨긴 오브젝트들 중에서, 선택한 오브젝트만 뷰포트에 표시한다.

예제 1-1 Rhino Overview〉 5 Modeling Aids〉 **Show Selected Objects** 파일을 연다.

1 Standard Toolbar Group〉 Visibility Toolbar〉 Show Selected Objects 버튼을 클릭한다.

2 오른쪽 그림처럼 숨긴 오브젝트들만 화면에 표시한다.

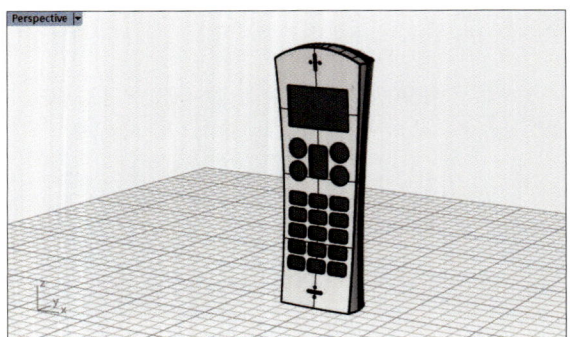
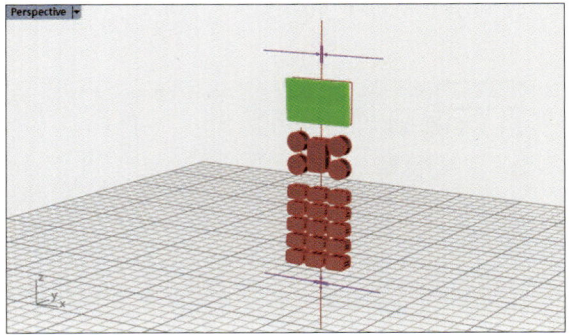

3 작업화면에 표시할 오브젝트 **A**를 클릭하고 Enter 키를 누른다. 오른쪽 그림처럼 숨겨 두었던 오브젝트들 중에서, 선택한 오브젝트 **A**만 작업화면에 표시한다.

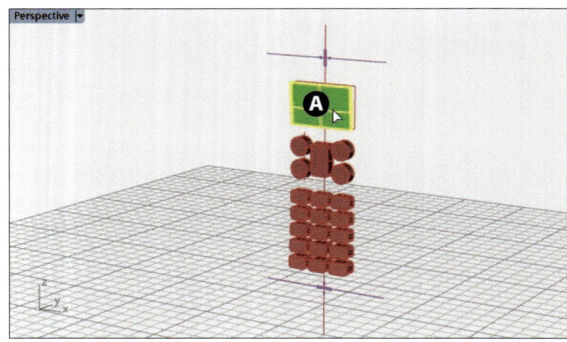
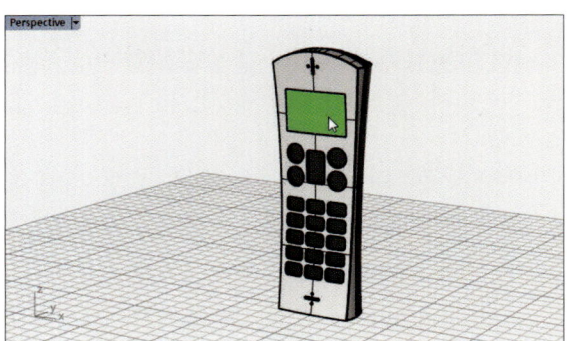

4.4 Isolate Objects

Standard Toolbar Group〉 Visibility Toolbar〉 Isolate Objects
현재 선택한 오브젝트 외의 모든 오브젝트들을 숨긴다.

Unisolate Objects

Standard Toolbar Group〉 Visibility Toolbar〉 Invert Selection and Hide Objects ( )

Isolate Objects 로 숨긴 오브젝트들을 모두 화면에 표시한다. Isolate Objects 버튼을 오른쪽 마우스 버튼으로 클릭한다.

4.5 Lock Objects

Standard Toolbar Group〉 Visibility Toolbar〉 Lock Objects   단축키 : Ctrl + L

Edit Menu〉 Visibility〉 Lock

선택한 오브젝트를 잠금(Lock) 상태로 만든다. 잠금(Lock) 상태의 오브젝트는 화면에 표시는 하지만 선택하거나 편집할 수는 없다. 오브젝트 스냅은 사용할 수 있다.

4.6 Unlock Objects

Standard Toolbar Group〉 Visibility Toolbar〉 Unlock Objects   단축키 : Ctrl + Alt + L

Edit Menu〉 Visibility〉 Unlock

오브젝트의 잠금(Lock) 상태를 모두 해제한다.

4.7 Unlock Selected Objects

Standard Toolbar Group〉 Visibility Toolbar〉 Unlock Selected Objects

Edit Menu〉 Visibility〉 Unlock Selected

단축키 : Ctrl + Alt + L

잠금 상태의 오브젝트 중에서 선택한 오브젝트만 잠금 상태를 해제한다.

4.8 Invert Selection and Hide Control Point

Standard Toolbar Group〉 Visibility Toolbar〉 Invert Selection and Hide Control Point

현재 선택되어 있지 않은 제어점(Control Point)을 모두 숨긴다.

4.9 Hide Control Points

Standard Toolbar Group〉 Visibility Toolbar〉 Hide Control Points

Edit Menu〉 Control Points〉 Hide Points

선택한 제어점(Control Point)을 보이지 않도록 숨긴다.

Show Control Points

Standard Toolbar Group〉Visibility Toolbar〉Hide Control Points （🖱）

Edit Menu〉Control Points〉Show Points

숨긴 제어점(Control Point)들을 모두 화면에 표시한다. Hide Control Points 버튼을 오른쪽 마우스 버튼으로 클릭한다.

4.10 Add Clipping Plane

Standard Toolbar Group〉Visibility Toolbar〉Add Clipping Plane

View Menu〉Clipping Plane

오브젝트를 시각적으로 절단한 상태로 표현하기 위한 절단 평면(Clipping Plane)을 만든다. 작업할 부분의 앞이나 뒤에 있는 오브젝트가 작업에 방해가 되는 경우에 불필요한 부분을 뷰포트에서 제거한 상태에서 작업하기 위해 사용한다.

예제 1-1 Rhino Overview〉5 Modeling Aids〉Add Clipping Plane 파일을 연다.

1 절단 평면(Clipping Plane)을 적용할 뷰포트를 지정하기 위해, Perspective 뷰포트를 클릭하여 활성화시킨다.

2 **Standard Toolbar Group〉Visibility Toolbar〉Add Clipping Plane** 버튼을 클릭한다.

3 오른쪽 그림처럼 Right 뷰포트에서, 절단 평면(Clipping Plane)의 사각형의 모서리를 지정하기 위해, 점 ⓐ, ⓑ를 클릭한다.(두 점 간의 간격은 관계없다.)

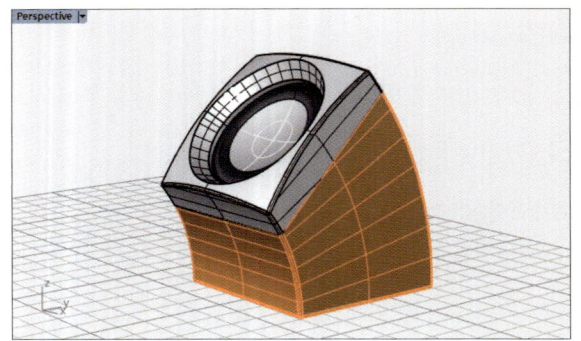
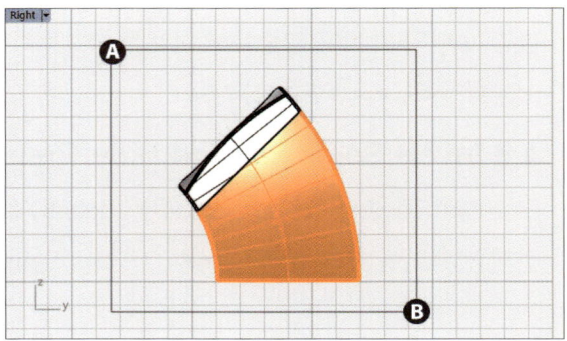

4 아래 그림처럼 Perspective 뷰포트를 단면상태로 표시한다. 절단 평면(Clipping Plane)의 "Pointer" 쪽이 오브젝트가 보이는 방향이다. "Pointer"를 이동시키면 절단 평면(Clipping Plane)의 위치를 변경할 수 있다.

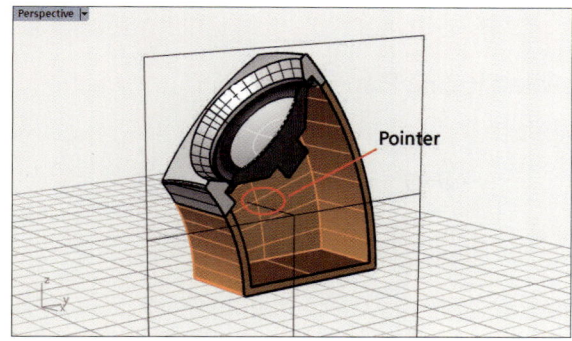

절단평면(Clipping Plane)의 "Pointer"의 방향 변경

1 화면에서 절단평면(Clipping Plane)을 선택하고 패널(Panels) 영역으로부터 "속성(Properties)" 창을 클릭한다.

2 "Properties" 창에서 "Clipping Plane" 버튼을 클릭한다. 창에 표시되는 "Flip Direction" 버튼을 클릭한다.

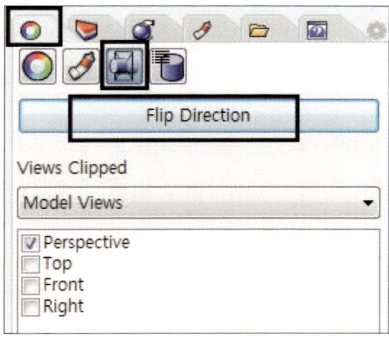

절단평면(Clipping Plane)의 특징

- 절단 평면(Clipping Plane)은 무한 평면이기 때문에 크기는 상관없다. 절단 평면(Clipping Plane)의 위치와 방향이 중요하다.
- 절단 평면에 직각으로 표시하는, 절단 평면 지시기(Clipping Plane Pointer)가 향하는 방향에 있는 오브젝트만 뷰포트에 표시한다.
- 절단 평면도 다른 오브젝트처럼 이동시키거나 회전시킬 수 있다.
- 절단 평면을 삭제하면, 뷰포트를 원래의 상태로 표시한다.

4.11 Disable Clipping Plane

Standard Toolbar Group〉 Visibility Toolbar〉 Disable Clipping Plane

선택한 절단 평면(Clipping Plane)을 비활성화 시킨다.

Enable Clipping Plane

Standard Toolbar Group〉 Visibility Toolbar〉 Disable Clipping Plane (🖱)

비활성화 상태의 절단 평면(Clipping Plane)을 활성화 시킨다. Disable Clipping Plane 버튼을 오른쪽 마우스 버튼으로 클릭한다.

5 작업평면(Construction Plane)

작업평면(Construction Plane)은 쉽게 표현하면 커서가 움직이는 책상면이라고 할 수 있다. 작업평면(Construction Plane)은 원점(Origin), X-축과 Y-축, 그리드(Grid)를 가지고 있으며, 다른 위치와 방향으로 설정할 수 있다. 작업평면(Construction Plane)은 줄여서 CPlane으로 표시한다.

작업평면(Construction Plane)은 라이노의 로컬 좌표계(Local Coordinate System)로서, 기본 설정은 월드 좌표계(World Coordinate System)와 일치한다. 각 뷰포트의 작업평면(Construction Plane)은 다른 뷰포트의 작업평면(Construction Plane)과 연동시키거나 독립적으로 작동하도록 설정할 수 있다. 기본설정 상태에서의 각 뷰포트의 작업평면(Construction Plane)은 독립적이다.

아래 왼쪽 그림은 월드 좌표(World Coordinate)와 작업평면(Construction Plane)이 같은 경우이고, 오른쪽 그림은 작업평면(Construction Plane)을 노란색으로 표시한 경사진 평면과 일치하도록 설정하였기 때문에 월드 좌표(World Coordinate)와 작업평면(Construction Plane)이 다른 경우의 그림이다. 좌표계의 원점의 위치와 그리드의 방향이 달라진다.

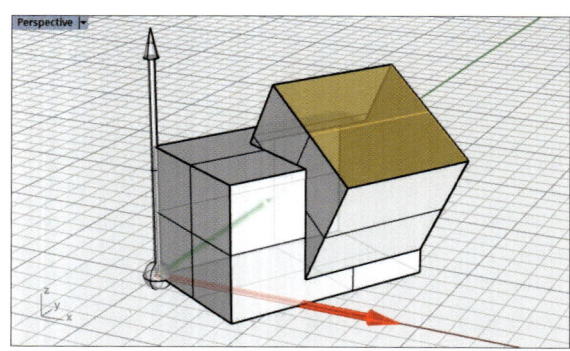
[월드좌표계와 CPlane이 같은 경우]

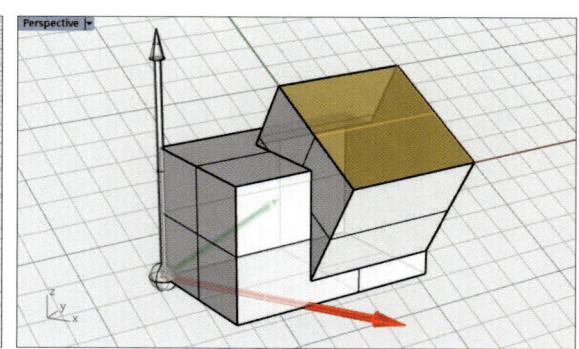
[월드좌표계와 CPlane이 다른 경우]

표준 뷰포트들의 작업평면(Construction Plane)
- **Perspective** : Top 뷰포트의 작업평면(Construction Plane)
- **Top** : 월드 좌표계(World Coordinate System)의 X-Y 평면
- **Front** : 월드 좌표계(World Coordinate System)의 X-Z 평면
- **Right** : 월드 좌표계(World Coordinate System)의 Y-Z 평면

작업평면(Construction Plane)의 연동 설정
File Menu〉 Properties〉 Rhino Options〉 Modeling Aids 페이지의 Construction Planes
사용자가 필요에 따라 각 뷰포트의 작업평면(Construction Plane)을 독립적으로 사용할 것인지, 다른 뷰포트와 연동시킬 것인지를 설정할 수 있다.

Standard Construction Planes
각 뷰포트의 작업평면(Construction Plane)을 뷰포트 별로 독립적으로 설정하여 사용한다. 즉, Perspective 뷰포트에서 작업평면(Construction Plane)을 변경해도, Top, Front, Right와 같은 다른 평행 뷰포트의 작업평면(Construction Plane)은 변경되지 않는다. 라이노의 기본 설정이다.

Universal Construction Planes
모든 뷰포트의 작업평면(Construction Plane)을 같이 연동시킨다. 즉, Perspective 뷰포트어서 작업평면(Construction Plane)을 변경하면, Top, Front, Right와 같은 다른 평행 뷰포트의 ㅈ-업평면(Construction Plane)도 Perspective 뷰포트에서 변경한 작업평면(Construction Plane)을 기준으로 한 평행 투상도로 변경한다.

CPlanes Toolbar
작업평면(Construction Plane)을 설정한다.

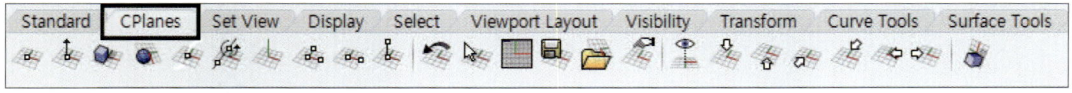

[CPlane Toolbar : Standard Toolbar Group〉 CPlanes Toolbar]

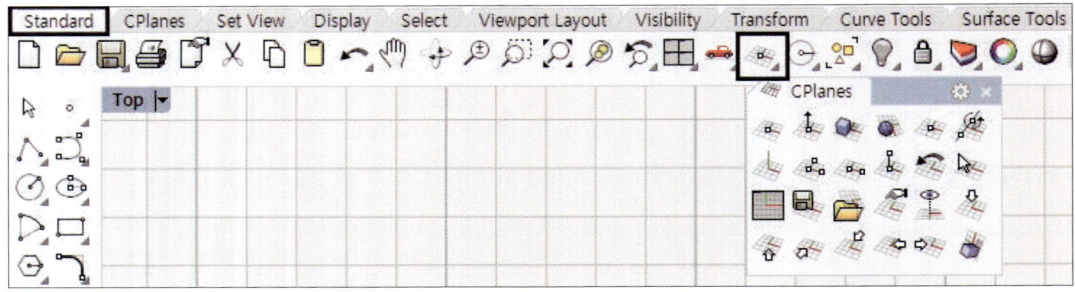

[CPlanes Toolbar : Standard Toolbar Group〉 Standard Toolbar〉 CPlanes Toolbar]

5.1 Set CPlane Origin

Standard Toolbar Group〉 CPlanes Toolbar〉 Set CPlane Origin
Standard Toolbar Group〉 Standard Toolbar〉 Set CPlane Origin
View Menu〉 Set CPlane〉 Origin

활성화된 뷰포트에서, 작업평면(Construction Plane)의 원점을 변경한다. 옵션을 사용하면, 대부분의 작업평면(Construction Plane) 설정 명령을 사용할 수 있다.

예제 1-1 Rhino Overview〉 5 Modeling Aids〉 Set CPlane Origin 파일을 연다. 점 **Ⓐ**는 작업평면(Construction Plane)의 원점이며, 현재 상태는 월드좌표계의 원점과 작업평면의 원점이 일치하는 상태이다.

1 **Standard Toolbar Group〉 Standard Toolbar〉 Set CPlane Origin** 버튼을 클릭한다.

2 새로운 작업평면의 원점(CPlane origin)을 지정하기 위해, 점 **Ⓑ**를 클릭한다. 오른쪽 그림처럼 작업평면의 원점을 점 **Ⓐ**에서, 점 **Ⓑ**로 변경시킨다.

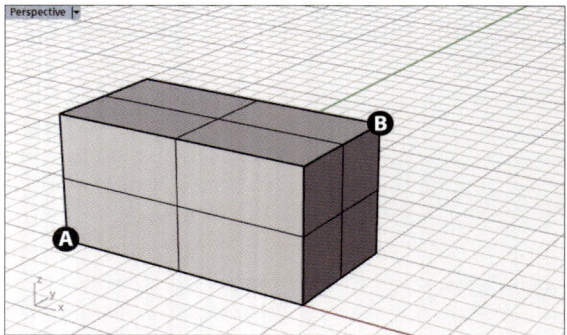
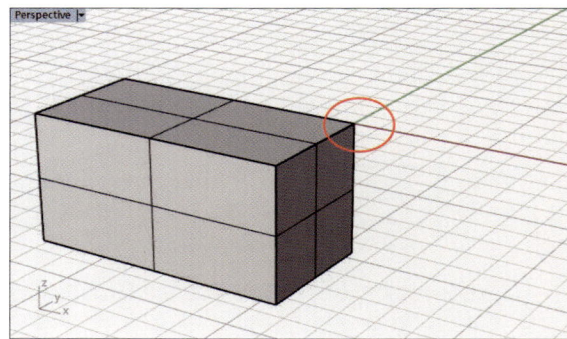

Options

- **All** : 모든 뷰포트의 작업평면(Construction Plane)의 원점을 같이 변경한다.
- **Curve** : 커브에 직각으로 작업평면(Construction Plane)을 설정한다.
- **Elevation** : 활성화되어 있는 뷰포트에서, 작업평면(Construction Plane)의 Z-축의 위치간 변경한다. 원하는 점의 위치를 클릭하거나, 이동시킬 거리를 치수로 입력한다.
- **Object** : 커브나 서피스를 기준으로 작업평면(Construction Plane)을 설정한다.
- **Previous** : 활성화되어 있는 뷰포트의 작업평면(Construction Plane)의 변경을 취소하고, 바로 직전의 작업평면 설정 상태로 되돌린다. 작업평면의 Undo 기능이다.
- **Rotate** : 작업평면(Construction Plane)을 회전축을 기준으로 지정한 각도만큼 회전시킨다.
- **Surface** : 작업평면(Construction Plane)을 서피스 위의 지정한 지점에 탄젠트로 설정한다.
- **Through** : 지정한 점이 작업평면(Construction Plane) 위에 오도록, 컨스트럭션 플레인의 원점을 이동시킨다.
- **View** : 활성화되어 있는 뷰포트에서, 작업평면(Construction Plane)을 뷰포트의 화면과 평행하게 설정한다.
- **World** : 현재 뷰포트의 작업평면(Construction Plane)을, 월드 좌표계의 투상도의 작업평면(Construction Plane)과 일치시킨다. Front, Left, Right, Top, Back, Bottom 중에서 선택한다. Perspective 뷰포트에서 작업평면을 변경하고 작업한 다음에, 원래의 기본 설정 상태로 복구할 때 많이 사용한다. Perspective 뷰포트의 작업평면의 기본 설정은 월드 좌표계의 평면도(Top View)의 작업평면과 일치한다.
- **3 Point** : 작업평면(Construction Plane)을 3개의 점(원점, X-축 방향, Y-축 방향)을 지정하여 설정한다. 가장 많이 사용하는 방법 중의 하나이다. 경사진 평면과 일치하는 작업평면을 설정할 때 유용하다.

- Set CPlane 명령은 Undo 명령이나, 단축키인 "Ctrl + Z" 키로 취소할 수 없다. CPlanes Toolbar〉 Previous CPlane 명령으로 복구한다.

5.2 Set CPlane Elevation

Standard Toolbar Group〉 CPlanes Toolbar〉 Set CPlane Elevation
View Menu〉 Set CPlane〉 Elevation

활성화되어 있는 뷰포트에서, 작업평면(Construction Plane)의 Z-축의 위치만 변경한다. 원하는 점의 위치를 클릭하거나, 이동시킬 거리를 치수로 입력한다.

5.3 Set CPlane to Surface

Standard Toolbar Group〉 CPlanes Toolbar〉 Set CPlane To Surface

작업평면(Construction Plane)을 서피스 위의 지정한 지점에 탄젠트로 설정한다.

예제 1-1 Rhino Overview〉 5 Modeling Aids〉 Set CPlane To Surface 파일을 연다.

1 Standard Toolbar Group〉 CPlanes Toolbar〉 Set CPlane To Surface 버튼을 클릭한다.

2 작업평면(Construction Plane)을 설정할 서피스를 지정하기 위해, 왼쪽 그림처럼 서피스 **A** 를 클릭한다. 작업평면의 원점을 지정하기 위해, 서피스 위의 교차점 **B** 를 클릭한다. X-축의 방향을 지정하기 위해, 점 **C** 를 클릭한다. 오른쪽 그림처럼 서피스 **A** 위의 지정한 점 **B** 에 탄젠트로 접하는 작업평면을 설정한다.

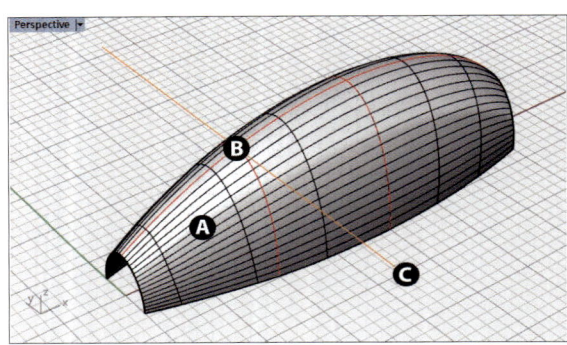
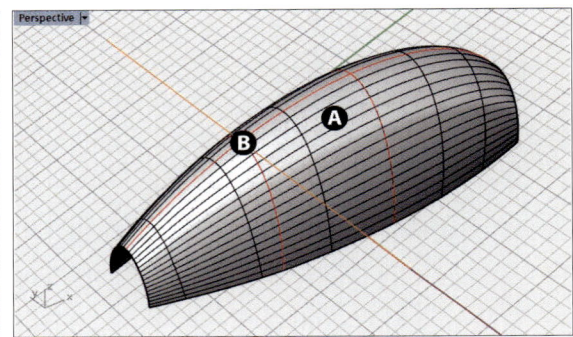

5.4 Set CPlane Perpendicular to Curve

Standard Toolbar Group〉 CPlanes Toolbar〉 Set CPlane Perpendicular To Curve
View Menu〉 Set CPlane〉 Perpendicular To Curve

커브에 직각인 작업평면(Construction Plane)을 설정한다.

예제 1-1 Rhino Overview〉 5 Modeling Aids〉 Set CPlane Perpendicular To Curve 파일을 연다.

1 Standard Toolbar Group〉 CPlanes Toolbar〉 Set CPlane Perpendicular To Curve 버튼을 클릭한다.

2 작업평면(Construction Plane)을 설정할 커브를 지정하기 위해, 커브 **A** 를 클릭한다. 원점의 위치를 지정하기 위해, 커브 **A** 의 왼쪽 끝점 **B** 를 클릭한다. 오른쪽 그림처럼 커브 **A** 의 왼쪽 끝점 **B** 에 직각인 작업평면(Construction Plane)을 설정한다.

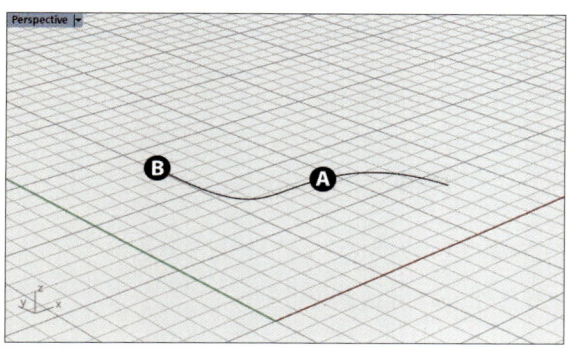 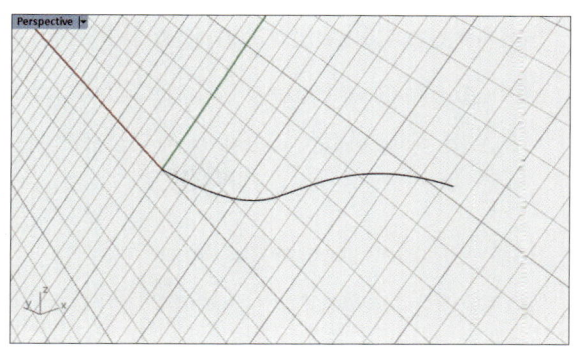

- Sweep 1 Rail 명령으로 서피스를 만들 때, Rail Curve의 원하는 위치에서 커브에 직각인 단면 커브(Cross-section Curve)를 그릴 때 사용하면 편리하다.

5.5 Set CPlane By 3 Points

Standard Toolbar Group〉 CPlanes Toolbar〉 Set CPlane By 3 Points
View Menu〉 Set CPlane〉 3 Points

3개의 점(원점, X-축 방향, Y-축 방향)을 지정하여 작업평면(Construction Plane)을 설정한다. 가장 많이 사용하는 방법 중의 하나이다. 경사진 평면에 작업평면(Construction Plane)을 설정할 때 많이 사용한다.

예제 1-1 Rhino Overview〉 5 Modeling Aids〉 Set CPlane By 3 Points 파일을 연다.

1 Standard Toolbar Group〉 CPlanes Toolbar〉 Set CPlane By 3 Points 버튼을 클릭한다.

2 작업평면(Construction Plane)의 원점을 지정하기 위해, 점 **A**를 클릭한다. X-축과 Y-축의 방향을 지정하기 위해 점 **B**, **C**를 차례로 클릭한다. 오른쪽 그림처럼 경사진 평면과 일치하는 작업평면(Construction Plane)을 설정한다.

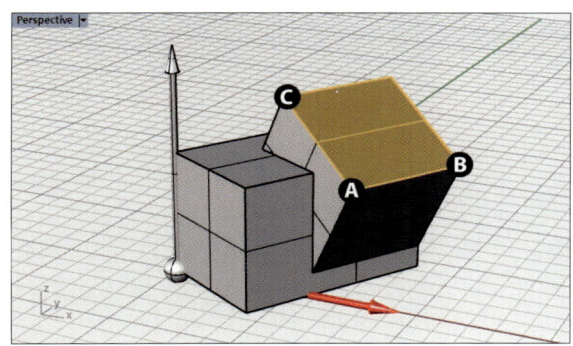 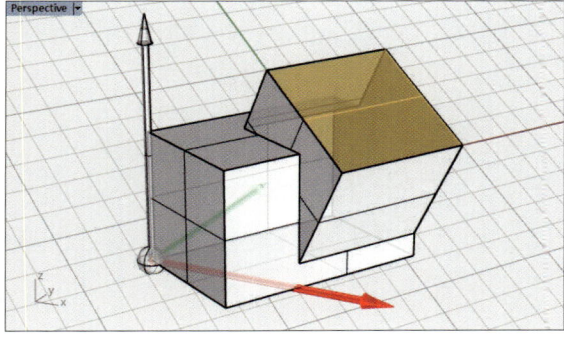

5.6 Undo CPlane Change

Standard Toolbar Group〉 CPlanes Toolbar〉 Undo CPlane Change

뷰포트의 작업평면(Construction Plane)의 변경을 취소한다. 작업평면의 Undo 기능이다.

Redo CPlane Change

Standard Toolbar Group〉 CPlanes Toolbar〉 Undo CPlane Change (🖱)

바로 전에 Undo CPlane Change로 취소한 작업평면(Construction Plane)을 복구한다. 작업평면의 Redo 기능이다. Undo CPlane Change 버튼을 오른쪽 마우스 버튼으로 클릭한다.

5.7 Set CPlane World Top

Standard Toolbar Group〉 CPlanes Toolbar〉 Set CPlane World Top
View Menu〉 Set CPlane〉 World Top

작업평면(Construction Plane)을, 월드좌표계의 평면도(Top View)의 작업평면으로 설정한다. Perspective 뷰포트에서 월드 좌표계와 다른 위치에 작업평면을 설정하여 작업한 후에, 원래의 작업평면으로 되돌아가기 위해 많이 사용한다.

예제 1-1 Rhino Overview〉 5 Modeling Aids〉 Set CPlane World Top 파일을 연다. 현재 설정된 작업평면(Construction Plane)은 노란색 서피스 Ⓐ의 평면과 일치하도록 설정한 상태이다.

1 Standard Toolbar Group〉 CPlanes Toolbar〉 Set CPlane World Top 버튼을 클릭한다.

2 오른쪽 그림처럼 작업평면(Construction Plane)을, 월드 좌표계의 평면도(Top View)의 작업 평면으로 설정한다. 원점과 그리드의 방향을 보면 변화를 알 수 있다.

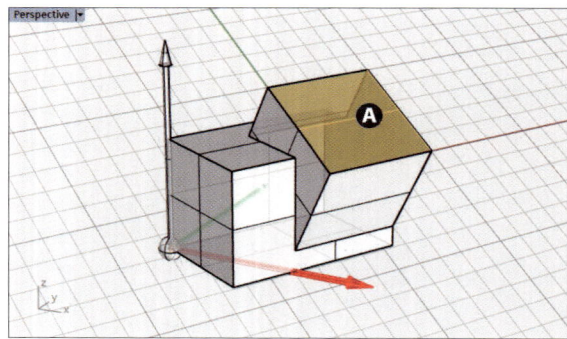
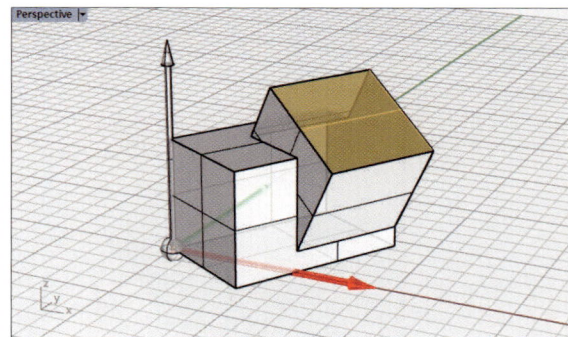

5.8 Set CPlane World Front

Standard Toolbar Group〉 CPlanes Toolbar〉 Set CPlane World Front

View Menu〉 Set CPlane〉 World Front

작업평면(Construction Plane)을 월드좌표계의 정면도(Front View)의 작업평면으로 설정한다.

5.9 Set CPlane World Right

Standard Toolbar Group〉 CPlanes Toolbar〉 Set CPlane World Right

View Menu〉 Set CPlane〉 World Right

작업평면(Construction Plane)을 월드좌표계의 우측면도(Right View)의 작업평면으로 설정한다.

5.10 Set UPlane Mode

Standard Toolbar Group〉 CPlanes Toolbar〉 Set UPlane Mode

작업평면(Construction Plane) 모드를, Universal Construction Planes 모드로 설정한다. Universal Construction Planes 모드에서는 화면에 표시되는 모든 뷰포트의 작업평면을 연동시킨다. Perspective 뷰포트에서 작업평면의 설정을 변경하면, 다른 뷰포트의 작업평면도 변경된다. 작업평면을 평면 투상도(Top View)로 설정했을 때를 기준으로 한 Top, Front, Right 등의 평행 투상도(Parallel Projection View)로 변경한다.

Set CPlane Mode

Standard Toolbar Group〉 CPlanes Toolbar〉 Set Uplane Mode (🖰)

Set UPlane Mode 버튼을 오른쪽 마우스 버튼으로 클릭한다.

작업평면(Construction Plane) 모드를, Standard Construction Planes 모드로 설정한다. Standard Construction Planes 모드에서는 각 뷰포트의 작업평면을 독립적으로 설정한다. 한 개의 뷰포트에서 작업평면의 설정을 변경해도, 다른 뷰포트의 작업평면은 변경되지 않는다. 라이노의 기본 설정이다.

6 환경 설정(Properties)

라이노의 작업환경 설정은 크게 2가지로 구분된다. 파일별로 적용되는 문서 속성(Document Properties)과 모든 라이노 파일에 적용되는 라이노 옵션(Rhino Options)이다. 문서 속성(Document Properties)은 개별 파일과 함께 저장되는 속성들이다. 라이노 옵션(Rhino Option)은 모든 라이노 파일에 적용되는 광역적 설정(Global Setting)이다. 옵션 페이지 별로 세부설정사항들이 많지만 주요 환경설정 항목들만 설명한다.

1. 문서 속성(Document Properties)
2. 라이노 옵션(Rhino Options)
3. 환경설정 내보내기/불러오기(Export Options/Import Options)

1 문서 속성(Document Properties)

1.1 Unit

File Menu〉Properties〉Document Properties〉Units

치수단위(Unit)와 공차(Tolerance)를 설정한다.

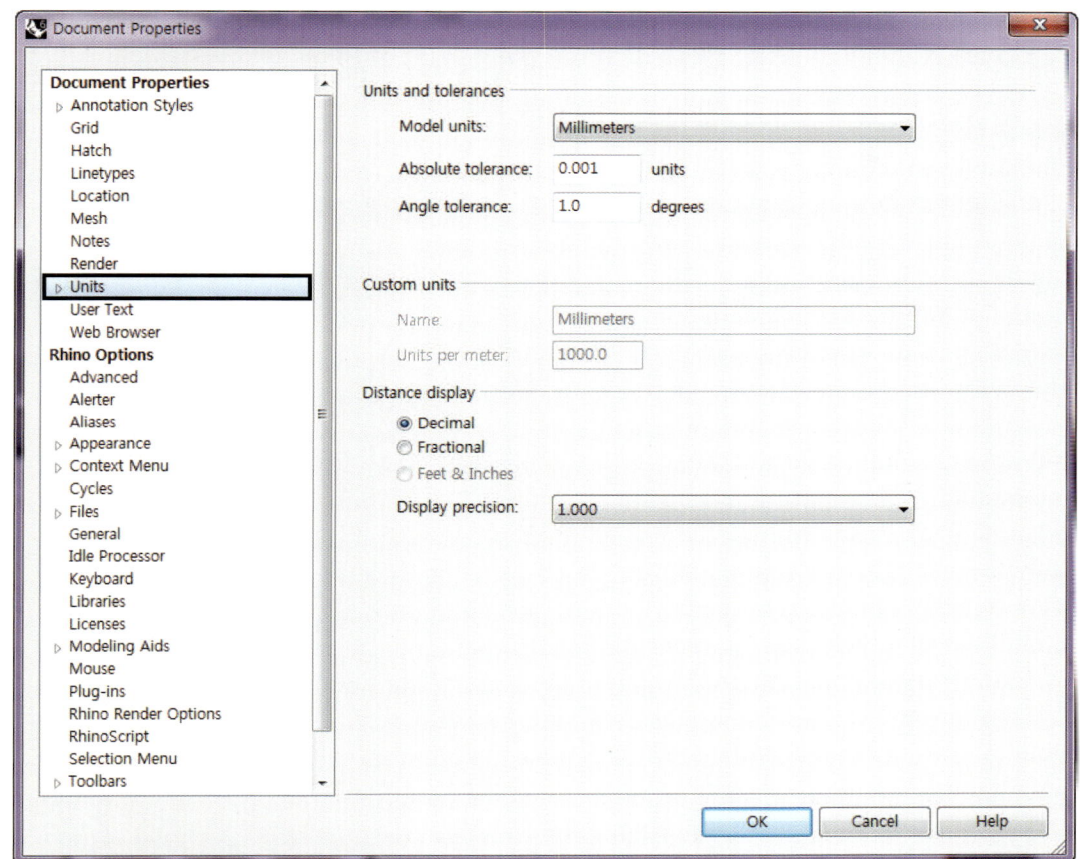

Units And Tolerances(단위 및 공차)

Model Units(모델 단위) : 모델(Model)에서 사용할 치수단위(Unit)를 설정한다. 보통 "mm'를 사용한다.

Absolute Tolerance(절대공차) : 모델(Model)에서 사용할 절대공차를 설정한다.

Angle Tolerance(각도공차) : 각도공차를 설정한다.

Distance Display(거리 표시)

Decimal(십진법) : 치수를 십진법으로 표시한다.

Display Precision(표시 정밀도) : 거리 표시에 사용할 소수점 이하 자리수를 설정한다.

1.2 Grid

File Menu〉Properties〉Document Properties〉Grid

뷰포트 제목을 오른쪽 마우스 버튼(　)으로 클릭〉Grid Options

뷰포트(Viewport)의 작업평면(Construction Plane)에 표시되는 그리드 선의 간격과 그리드 스냅 등을 설정한다.

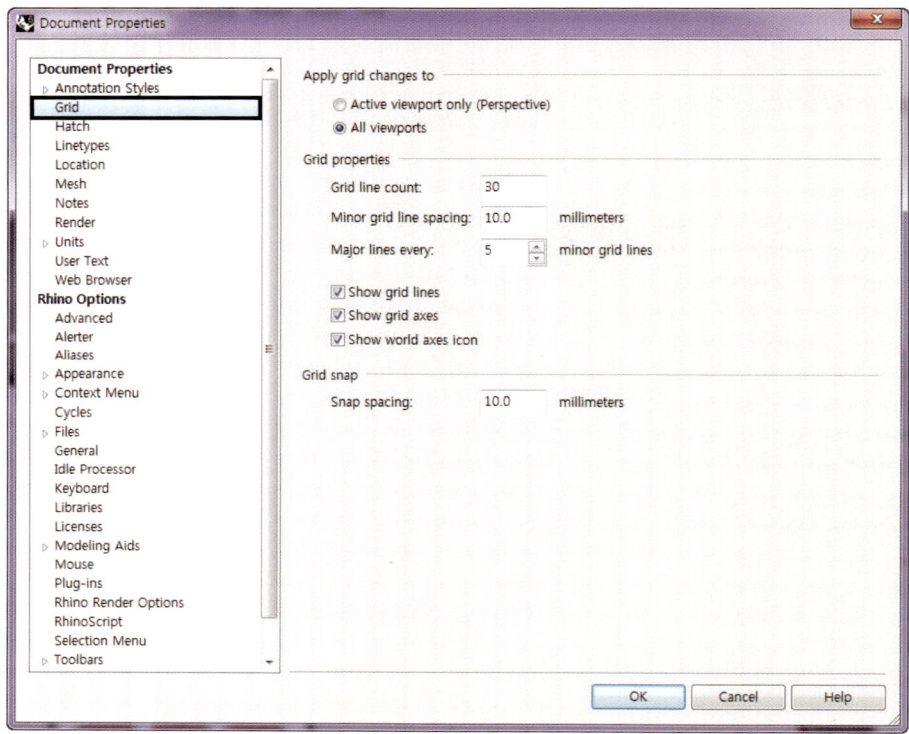

Grid Properties

Grid Line Count : 가는 그리드 선(Minor Grid Line)의 개수를 설정한다. 그리드 선의 최대 개수는 100,000 이다.

Minor Grid Lines Every : 가는 그리드 선의 간격. 현재 설정한 단위를 기준으로 설정한다.

Major Lines Every : 굵은 그리드 선의 간격을 설정한다. 보통 5나 10으로 설정한다.

Show Grid Lines : 작업평면(Construction Plane)의 그리드 선을 화면에 표시한다.

Show Grid Axes : 그리드의 X-축과 Y-축을 화면에 표시한다.

Show World Axis Icon : 뷰포트의 좌측 하단에 월드 좌표계 아이콘(World Coordinate Icon)을 표시한다.

Grid Snap

Snap Spacing : 그리드 스냅 간격을 설정한다. 보통 "Minor grid line spacing"에서 설정한 값과 동일하게 설정하는 것이 편리하다.

1.3 Mesh

File Menu〉 Properties〉 Document Properties〉 Mesh

NURBS 서피스를 쉐이딩하거나 렌더링하려면, 먼저 폴리곤 메시(Polygon Mesh)로 변환시켜야 한다. NURBS 서피스를 폴리곤 메시(Polygon Mesh)로 변환시킬 때의 옵션을 설정한다.

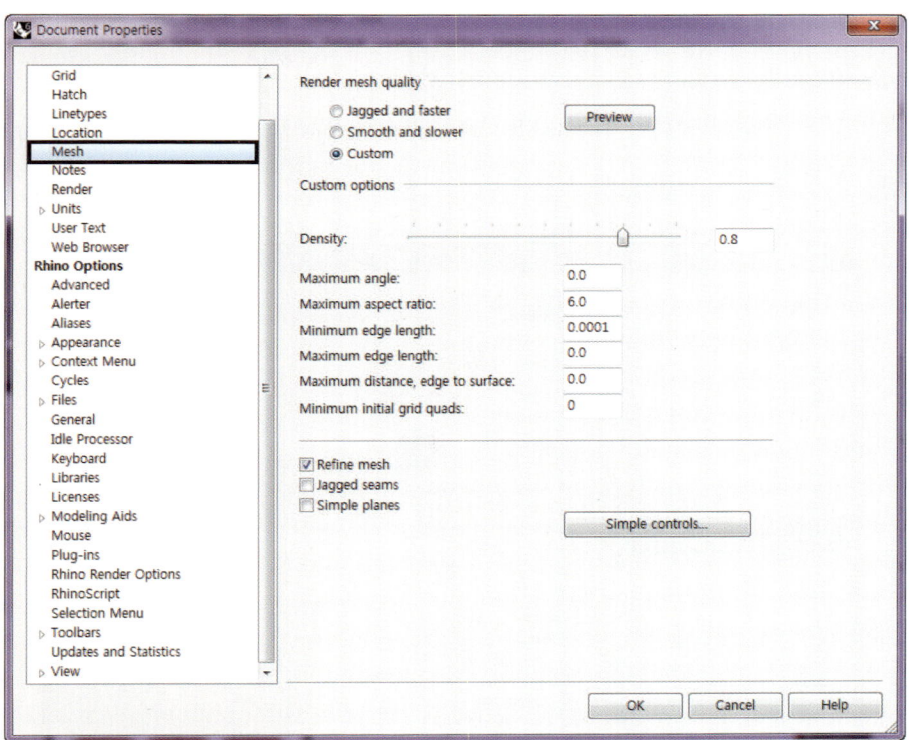

Render Mesh Quality

Jagged & Faster : 메시(Mesh) 밀도가 낮지만 오브젝트를 쉐이딩으로 표시하는 속도가 빠르다.

Smooth & Slower : 메시(Mesh) 밀도가 높고 오브젝트를 더 정확하게 쉐이딩으로 표시한다. 속도는 느리다.

Custom : 사용자가 옵션을 설정한다. 이 항목을 체크하면 옵션 항목들이 표시된다.

Custom Options

Density : 폴리곤 에지(Polygon Edge)를 원본 서피스에 얼마나 가깝게 밀착시킬 것인지를 "0~1" 사이의 값을 입력하여 조정한다. 값이 클수록 폴리곤의 개수가 많아진다.

Maximum Angle : 인접한 메시 정점(Neighboring Mesh Vertices)에서의 서피스 노멀(Surface Normal) 간의 최대 허용각도. Maximum Angle 값이 작을수록 더 정확한 메시를 만들지만, 메시를 만드는 속도가 느리고 폴리곤의 개수가 많아진다.

곡면이 각이 지게 쉐이딩되는 경우에는, 이 값을 "5~10"으로 정도로 설정하면 대부분 해결된다.

라이노 옵션(Rhino Options)

2.1 Appearance

File Menu〉 Properties〉 Rhino Options〉 Appearance

사용 언어, 글꼴 등을 설정한다. 메뉴(Menu), 명령어 프롬프트(Command Prompt), 상태바(Status Bar), 뷰포트 제목(Viewport Title) 등의 화면표시 여부를 설정한다.

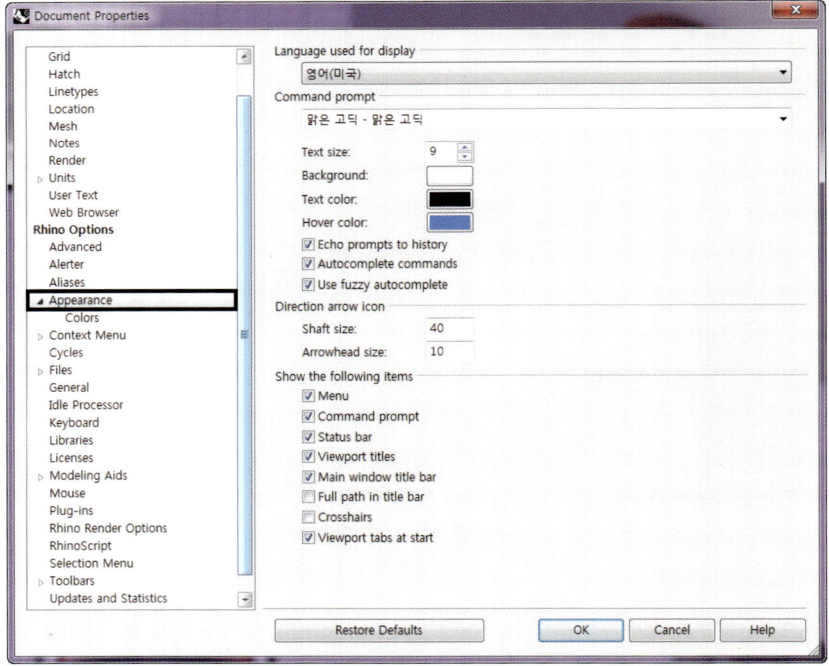

Language Used For Display

라이노 인터페이스에서 사용할 언어를 설정한다.

Command Prompt

명령어 프롬프트(Command Prompt)와 명령어 히스토리 창(Command History Window)에서 사용할 글꼴과 크기, 색상 등을 설정한다.

Echo Prompts To History : Command Line에 표시된 Prompt(명령어의 실행 과정 및 사용자가 입력한 내용과 선택한 옵션들)를 사용한 후, Command History Window로 이동시킨다. 이 항목을 체크하지 않으면, 사용한 명령어의 이름만 이동시킨다.

Auto Complete Commands : Command Prompt에서 명령어를 입력할 때 명령어 자동완성 기능을 사용한다.

Show The Following Items

메뉴(Menu), 명령어 프롬프트(Command Prompt), 상태 바(Status Bar), 뷰포트 제목(Viewport Title) 등을 작업 화면에 표시한다.

2.1.1 Appearance〉Colors

File Menu〉Properties〉Rhino Options〉Appearance〉Colors
뷰포트의 배경색 등 화면표시 항목들의 색상을 설정한다.

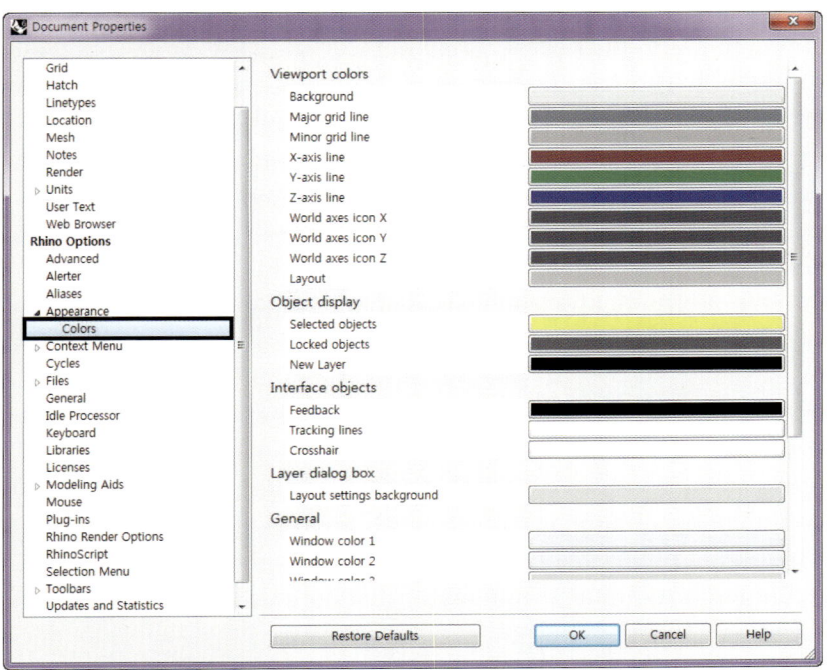

2.2 Files

File Menu> Properties> Rhino Options> Files

라이노를 시작할 때 기본적으로 사용할 템플릿 파일(Template File)의 이름과 경로, 백업 파일의 생성 여부, 자동저장 간격 등을 설정한다.

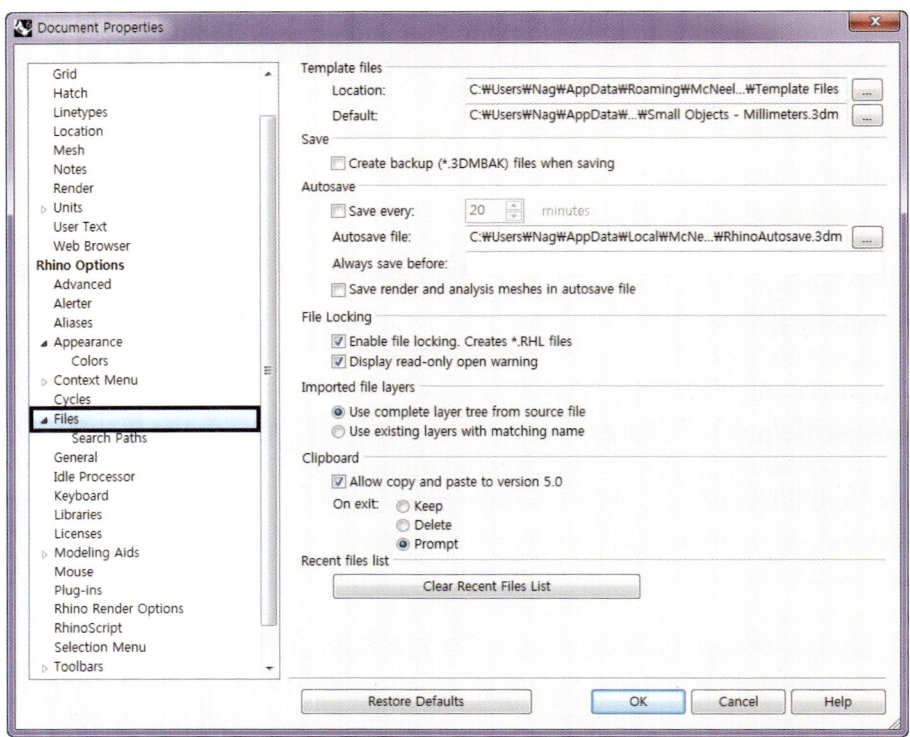

Template Files

Location : Template File의 위치

Default : 라이노를 시작할 때 사용할 Template File의 이름

Save

백업 파일의 생성 여부를 설정한다.

Auto Save

자동저장 간격을 분단위로 설정한다.

2.3 General

File Menu〉Properties〉Rhino Options〉General

명령취소에 사용할 최대 메모리, 서피스의 아이소커브의 밀도 등을 설정한다.

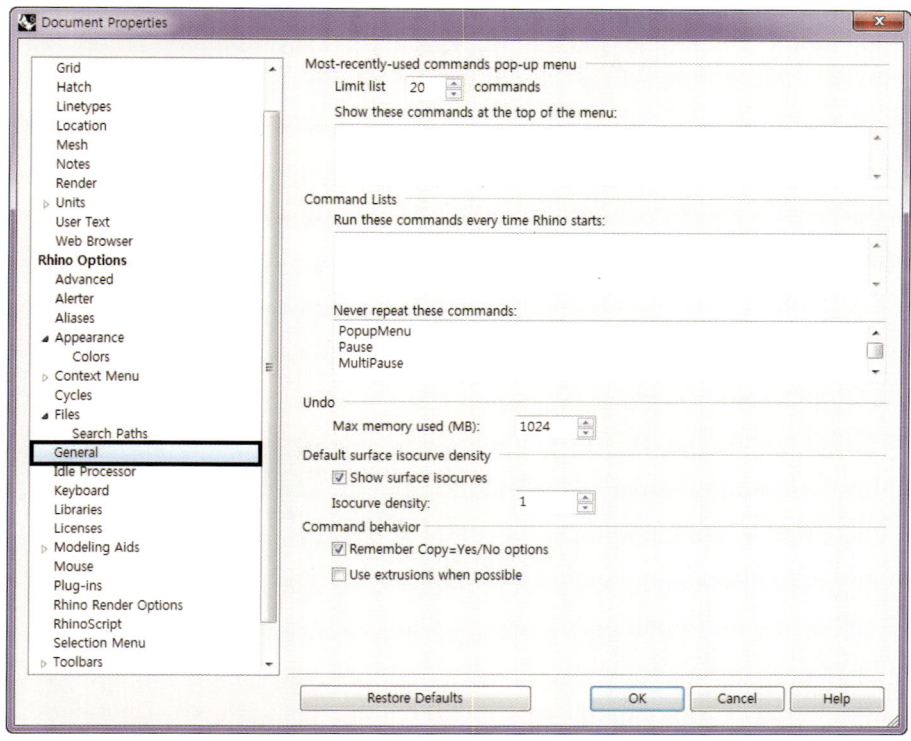

Undo

Max Memory Used (MB) : 라이노가 사용하려고 시도하는 메모리의 최대량

Default Surface Isocurve Density

Show Surface Isocurve : 서피스의 아이소커브를 표시한다.
Isocurve Density : 서피스의 아이소커브의 밀도를 설정한다.

2.4 Keyboard

File Menu〉Properties〉Rhino Options〉Keyboard

라이노의 명령이나, 매크로를 실행할 단축키를 설정한다.

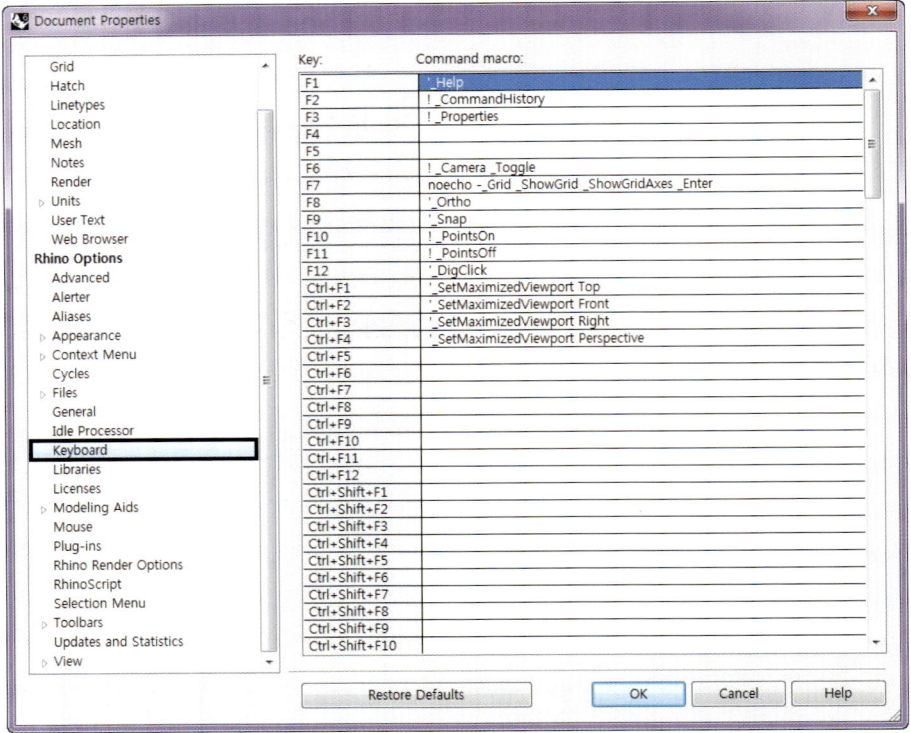

Key

라이노에서 사용가능한 단축키 조합.

Command macro

단축키를 지정한 매크로의 정의 내용.

단축키(Shortcut)

라이노에서 사용하는 대표적인 단축키(Shortcut)는 다음과 같다. "RMB"는 오른쪽 마우스 버튼을 의미한다.

F1	Help 파일 열기
F2	Command History 창 열기
F3	Properties 창 열기, 패널(Panel) 영역에 표시한다.
F7	Grid On/Off
F8	Ortho
F9	Grid Snap
F10	Points On(Control Point On)

F11	Points Off(Control Point Off)
Ctrl + A	Select All
Ctrl + C	Copy to Clipboard
Ctrl + G	Group
Ctrl + Shift + G	Ungroup
Ctrl + H	Hide
Ctrl + Alt + H	Show
Ctrl + S	Save
Ctrl + V	Paste
Ctrl + Z	Undo
Ctrl + RMB 드래그	Zoom
Ctrl + Shift + RMB 드래그	Rotate View
Home	Undo View Change
End	Redo View Change
Page Up	Zoom In
Page Down	Zoom Out
↑ (Arrow Up)	Rotate Up
↓ (Arrow Down)	Rotate Down
← (Arrow Left)	Rotate Left
→ (Arrow Right)	Rotate Right

2.5 Modeling Aids

File Menu〉Properties〉Rhino Options〉Modeling Aids

그리드 스냅(Grid Snap), 오브젝트 스냅(Object Snap) 등을 설정한다. 하위 페이지로 너지(Nudge), 스마트 트랙(Smart Track), 커서 툴 팁(Cursor Tool Tips), 검볼(Gumball) 페이지를 가지고 있다.

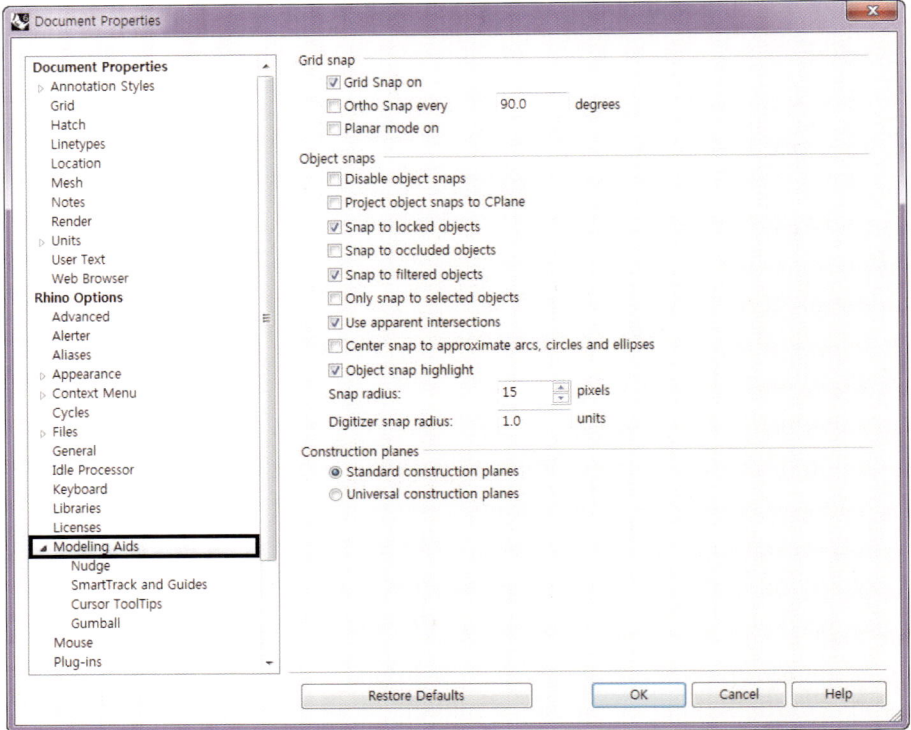

Construction Planes

Standard Construction Planes : 각 뷰포트는 다른 뷰포트의 작업평면(Construction Plane)과 연동되지 않는다. 한 뷰포트에서 작업평면(Construction Plane)을 변경해도 다른 뷰포트의 작업평면(Construction Plane)은 변함이 없다.

Universal Construction Planes : 모든 뷰포트의 작업평면(Construction Plane)이 연동된다. Perspective 뷰포트에서 작업평면(Construction Plane)을 변경하면, Top 등의 다른 뷰포트도 변경된 작업평면(Construction Plane)을 기준으로 한 Top 뷰포트를 표시한다.

2.6 Toolbar

File Menu〉 Properties〉 Rhino Options〉 Toolbar

툴바(Toolbar)의 표시방법을 설정한다.

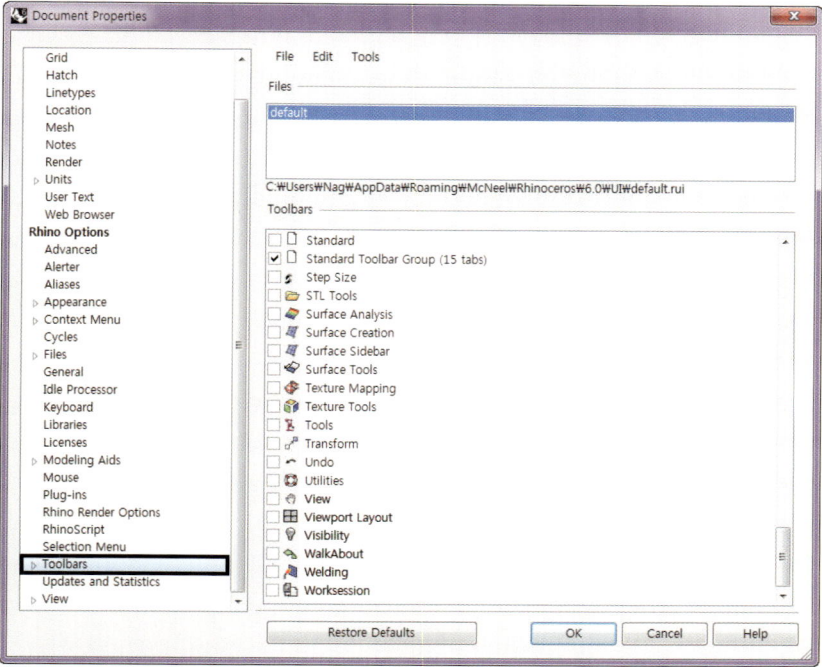

2.6.1 Toolbar의 버튼 크기

File Menu〉 Properties〉 Rhino Options〉 Toolbar〉 Size and Styles

명령어 버튼의 표시 방법 등을 설정한다.

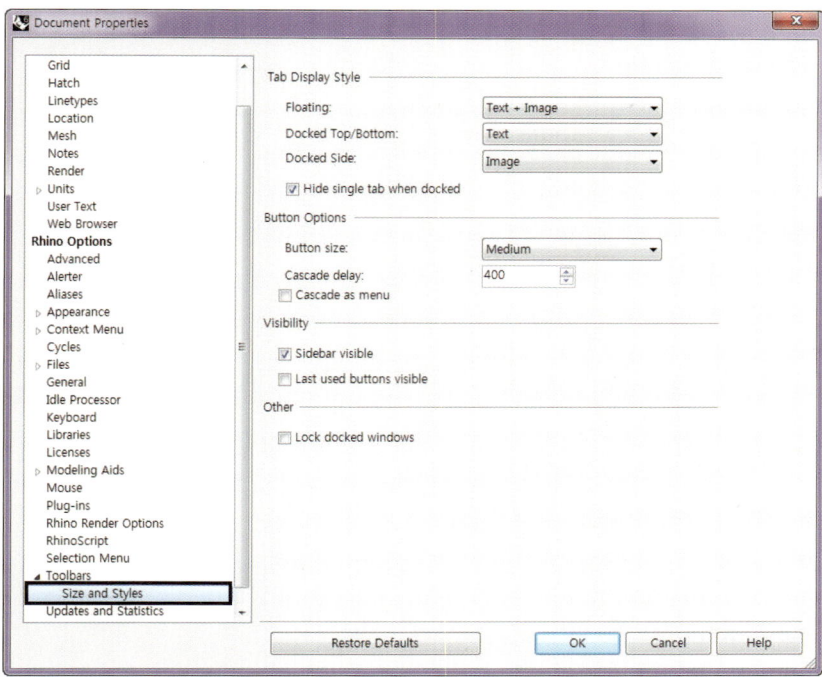

Button Options

Button Size : 명령어 버튼의 크기를 소(Small), 중(Medium), 대(Large) 중에서 선택한다.

2.7 View

File Menu〉 Properties〉 Rhino Options〉 View

뷰포트의 속성을 설정한다.

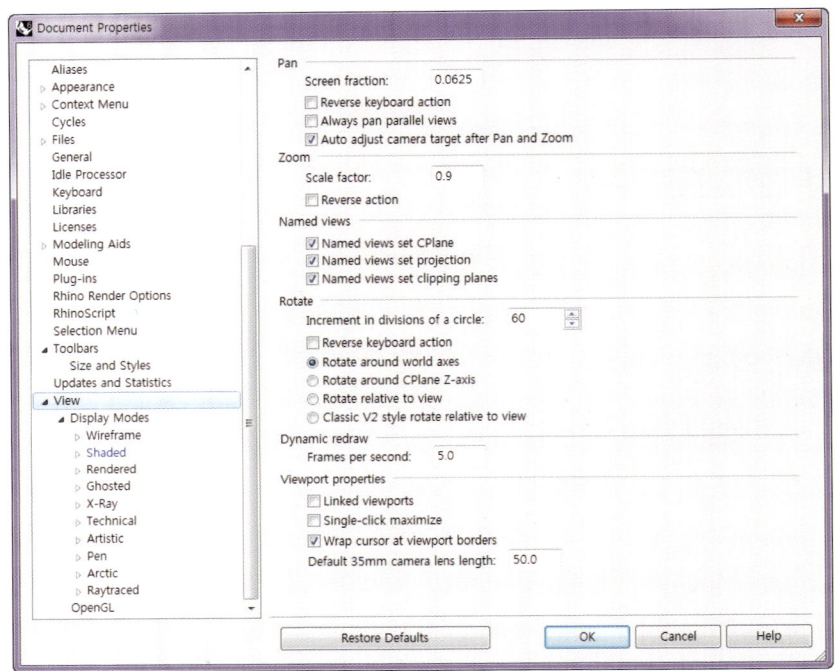

Viewport Properties

Linked Viewport : 평행 투상 뷰포트 중에서, 한 개의 뷰포트에서 화면의 위치나 줌(Zoom) 상태를 변경하면, 다른 뷰포트들도 같이 변경된다. 뷰포트의 동기화(Synchronize) 기능이다. Perspective 뷰포트는 링크에서 제외된다.

Default 35mm Camera Lens Length : 뷰포트 카메라의 렌즈 거리를 설정한다. 기본 설정은 50mm 이다.

디스플레이 모드별 오브젝트 표시 속성 설정

Wireframe, Shaded, Rendered, Ghosted 등의 디스플레이 모드 별로 커브의 두께, 점의 크기, 서피스 에지의 굵기, 조정점(Control Point)의 크기 등을 설정한다. 모드 별로 약간의 차이가 있지만 "Shaded Mode"를 기준으로 중요한 항목만 설명한다.

2.7.1 Grid

File Menu〉Properties〉Rhino Options〉View〉Display Modes〉Shaded
뷰포트에 Z-축 표시하기 등을 설정한다.

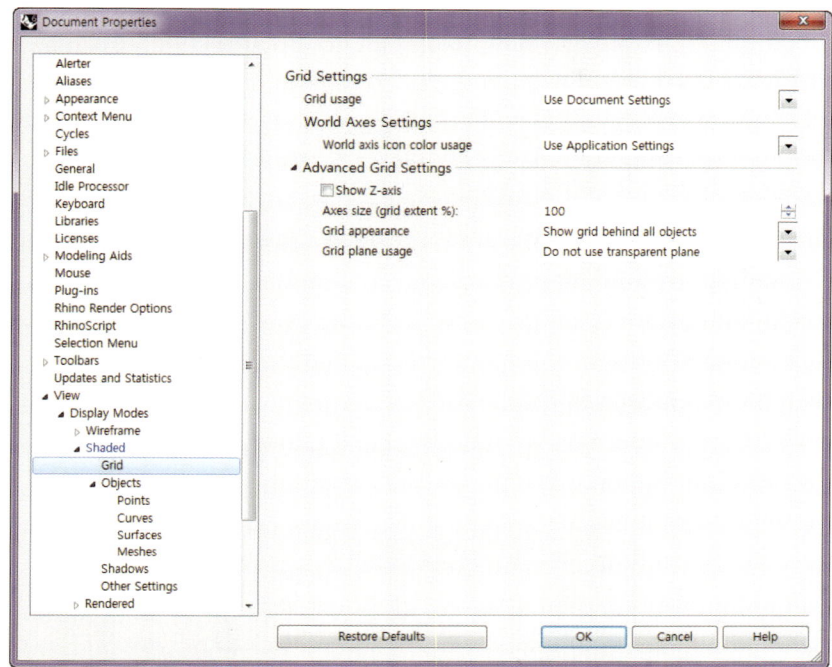

2.7.2 Objects

File Menu〉Properties〉Rhino Options〉View〉Display Modes〉Shaded〉Objects
조정점(Control Point)의 크기와 색상 등을 설정한다. 하위 메뉴에서는 점(Point), 커브(Curve), 서피스(Surface), 메시(Mesh) 등의 속성을 설정한다.

Points

File Menu〉Properties〉Rhino Options〉View〉Display Modes〉Shaded〉Objects〉Points
점 오브젝트의 크기를 설정한다.

Curves

File Menu〉Properties〉Rhino Options〉View〉Display Modes〉Shaded〉Objects〉Curves
커브 오브젝트의 굵기와 색상을 설정한다.

Surfaces

File Menu〉Properties〉Rhino Options〉View〉Display Modes〉Shaded〉Objects〉Surfaces
서피스 에지의 굵기와 색상, 아이소커브의 색상을 설정한다.

3 환경설정 내보내기/불러오기

Tools Menu〉 Export Options   Tools Menu〉 Import Options

환경설정(Properties) 사항들을 파일로 저장하거나, 저장된 환경설정 파일을 불러온다.

3.1 Import Options

Tools Menu〉 Import Options

환경설정(Properties) 사항들을 저장한 파일을 불러온다.

기본 설정값이 변경되어 초기상태로 복구하기를 원하는 경우에는, 예제로부터 기본설정값이 저장된 파일을 불러온다.

1 **Tools Menu〉 Import Options** 명령을 실행한다.

2 그림처럼 "Import Options" 창이 표시된다. "File Name" 칸의 오른쪽에 있는 버튼을 클릭한다.

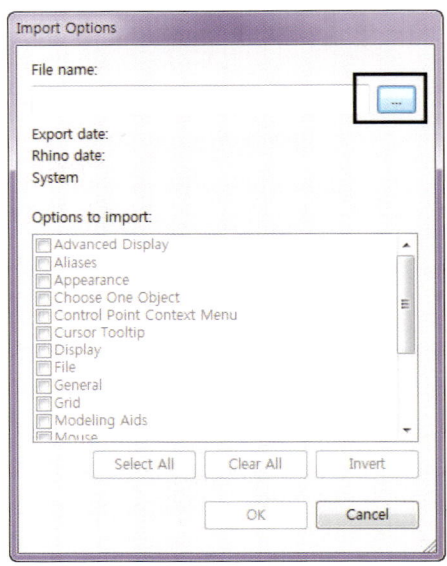

3 "열기" 창이 표시된다. "예제 1-1 Rhino Overview〉 6 Properties〉 V6 Default Options" 파일을 불러온다.

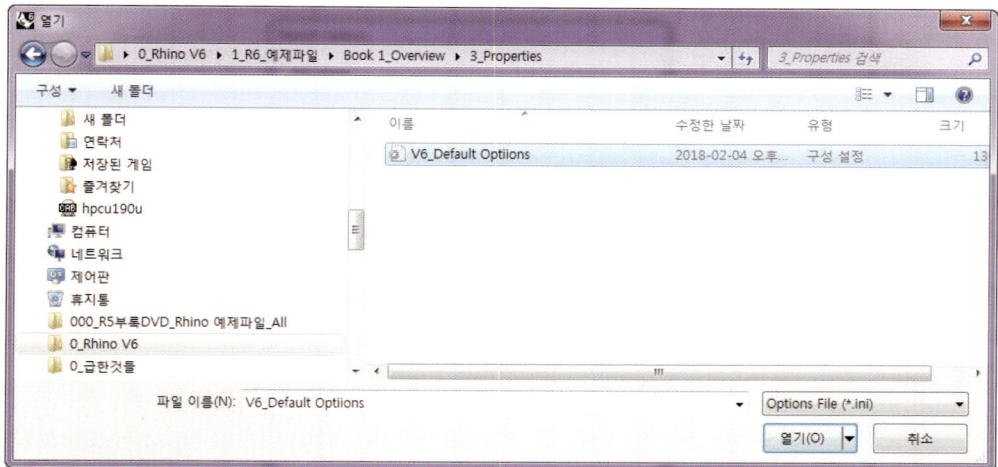

4 "Import Options" 창의 아래쪽에 있는 "Select All" 버튼을 클릭한다. 오른쪽 그림처럼 모든 옵션 항목들이 체크된다. "OK" 버튼을 클릭한다. 라이노의 환경설정(Properties) 옵션들이 기본값으로 설정된다.

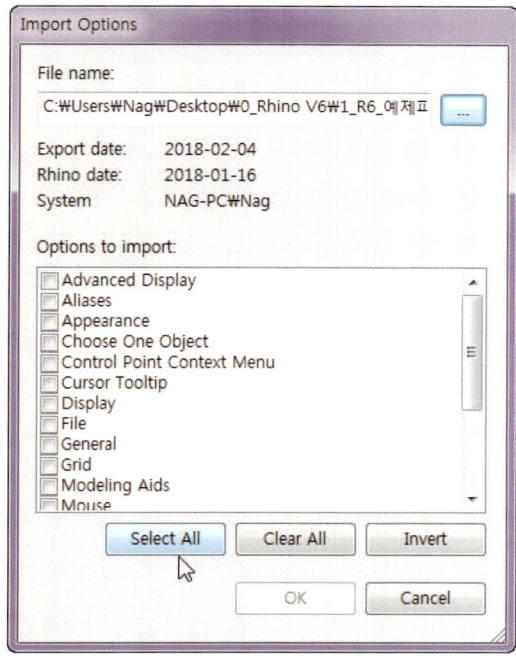
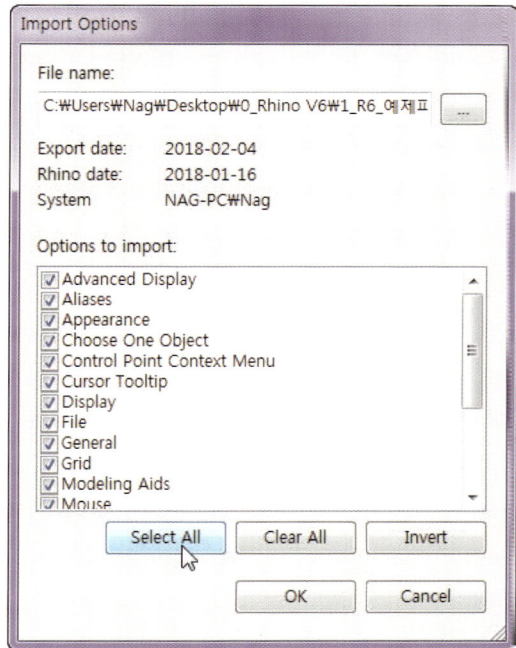

3.2 Export Options

Tools Menu〉Import Options

현재의 환경설정(Properties) 옵션들을 파일로 저장한다.

■ NOTE

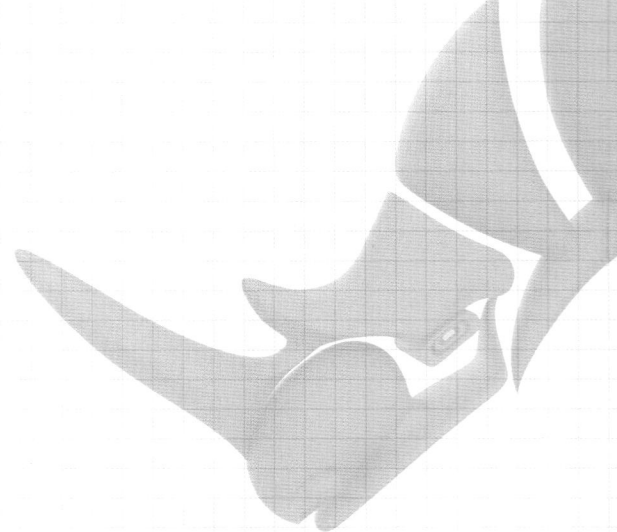

제2장 점
Point

점(Point)은 가장 간단한 오브젝트로서 위치정보만 있고 크기는 없다. 3차원 공간에서 특정 위치를 정의하기 위해 많이 사용한다. 점(Poirt)은 자체로서는 형태를 표현할 수 없으나 다른 모델링 작업을 진행하기 위한 보조적인 수단이나 좌표의 위치를 표현하기 위해서 많이 사용한다. 제어점(Control Point)은 커브나 서피스의 형태를 결정하는 요소이지만, 필요하면 오브젝트로 추출해서 사용할 수 도 있다.

1 점 그리기
Create Points

2 점 편집
Pointe Editing

1 점 그리기(Create point)

라이노(Rhino)에서 오브젝트로서의 점(Point)을 만드는 방법은 크게 두 가지가 있다. 첫 번째는 필요한 위치에 직접 점을 입력하는 방법이다. 두 번째는 이미 만들어진 다른 오브젝트로부터 점을 추출하여 만드는 방법이다. 점은 그 자체로서는 크기를 갖고 있지 못하기 때문에 직접적인 모델링 형태를 만들 수는 없지만, 모델링을 진행하는데 필요한 위치나 간격 등을 표시하기 위해 사용한다.

Main Toolbar〉Single Point 버튼을 누른 상태에서 잠시 기다리면, Point Toolbar가 표시된다.

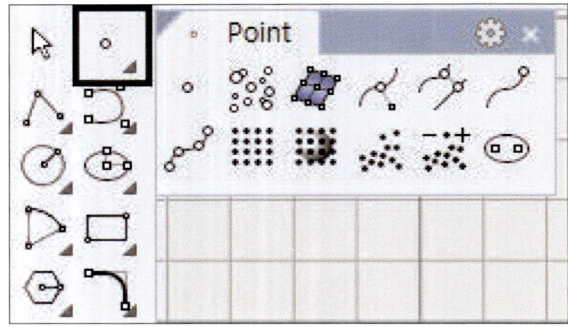

[Point Toolbar]

1 Single Point

Main Toolbar〉Single Point
Curve Menu〉Point Object〉Single Point

지정한 위치에 한 개의 점(Point)을 그린다. 점을 그리고자 하는 위치를 마우스로 클릭하거나 명령어 창에서 좌표를 입력한다.

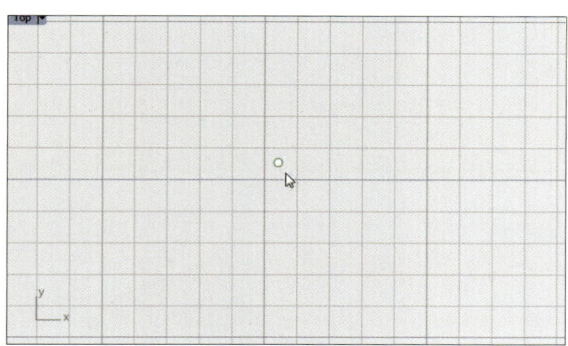

2 Multiple Points

Main Toolbar〉Point Toolbar〉Multiple Points
Curve Menu〉Point Object〉Multiple Points

여러 개의 점(Point)을 연속해서 그린다. 점을 입력하고자 하는 위치를 연속해서 클릭한다.

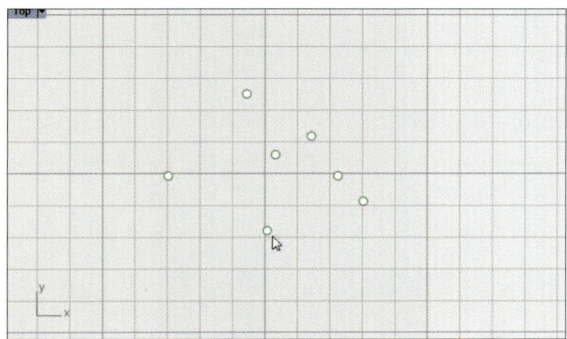

3 Extract Points

Main Toolbar〉Point Toolbar〉Extract Points
Curve Menu〉Curve From Objects〉Extract Points
커브나 서피스의 제어점(Control Point)을 추출하여 점 오브젝트를 만든다.

예제 1-2 Point〉Extract Points 파일을 연다.

1 Main Toolbar〉Point Toolbar〉Extract Points 버튼을 클릭한다.

2 서피스 A를 클릭하고 Enter 키를 누른다. 오른쪽 그림처럼 서피스의 제어점(Control Point)들을 점 오브젝트로 추출한다.

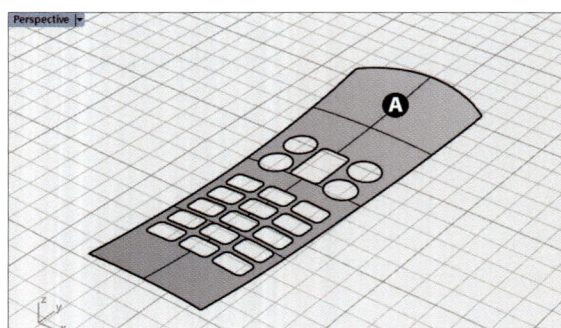
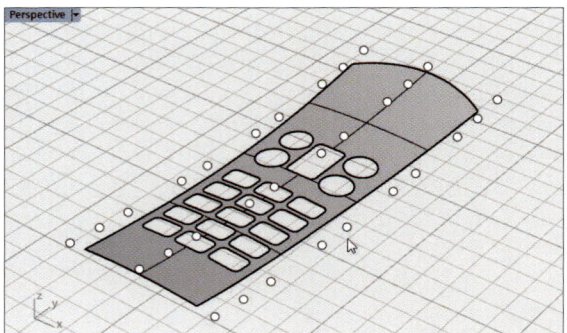

4 Closest Point

Main Toolbar〉Point Toolbar〉Closest Point
Curve Menu〉Point Object〉Closest Point
기준점으로부터 타겟 오브젝트의 가장 가까운 위치에 점을 만든다.

예제 1-2 Point〉Closest Point 파일을 연다.

1 Main Toolbar〉Point Toolbar〉Closest Point 버튼을 클릭한다.

2 타겟 오브젝트를 지정하기 위해, 서피스 A를 클릭하고 Enter 키를 누른다. 가장 가까운 점을 연결하는 직선을 같이 그리기 위해, 옵션을 "Create Line=Yes"로 설정한다.

3 기준점을 지정하기 위해, 직선의 끝점 B를 클릭한다. 오른쪽 그림처럼 기준점 B로부터 타겟

오브젝트인 서피스 A의 가장 가까운 위치를 연결하는 직선과 점을 만든다. 명령어 창에 타겟 오브젝트의 가장 가까운 점까지의 거리를 표시한다.

Distance to closest point is 41.021 millimeters

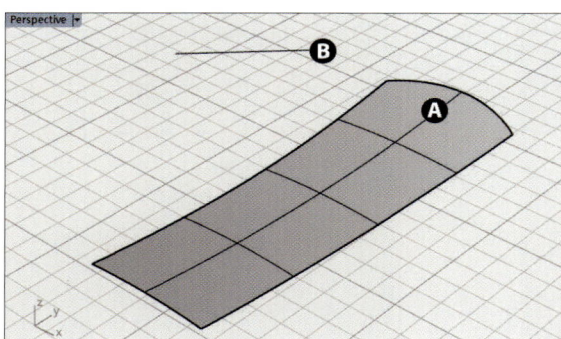 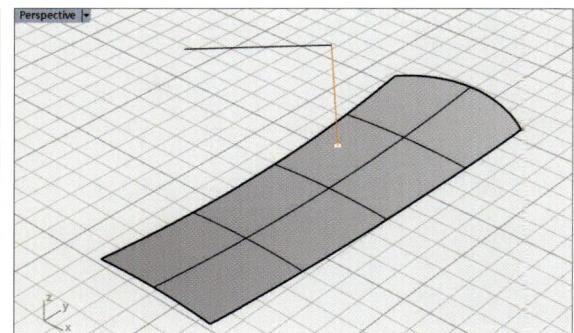

5 Closest Points Between Two Objects

Main Toolbar〉 Point Toolbar〉 Closest Points Between Two Objects
Curve Menu〉 Point Object〉 Closest Points Between Two Objects

목표 오브젝트로부터 점이나 커브까지의 가장 가까운 위치에 점을 표시한다. 옵션 항목에서 "Create Line=Yes"로 설정하면, 가장 가까운 점을 연결하는 직선을 같이 그릴 수 있다.

예제 1-2 Point〉 Closest Points Between Two Objects 파일을 연다.

1 Main Toolbar〉 Point Toolbar〉 Closest Points Between Two Objects 버튼을 클릭한다.

2 목표 오브젝트를 지정하기 위해, 구 A를 클릭하고 Enter↵ 키를 누른다. 직선을 같이 그리기 위해, 옵션을 "Create Line=Yes"로 설정한다.

3 커브 B를 클릭한다. 오른쪽 그림처럼 2개의 오브젝트의 가장 가까운 위치에 점과 직선을 만든다. 명령어 입력창에 가장 가까운 점까지의 거리를 표시한다.

Distance to closest point is 39.049 millimeters

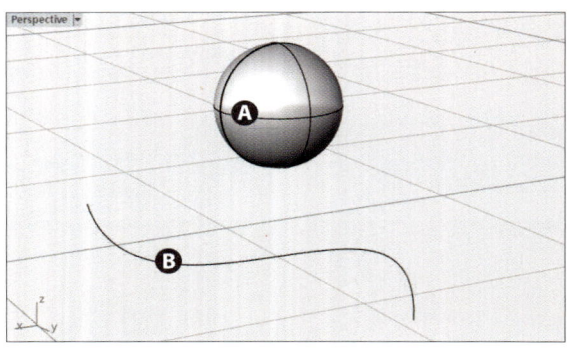 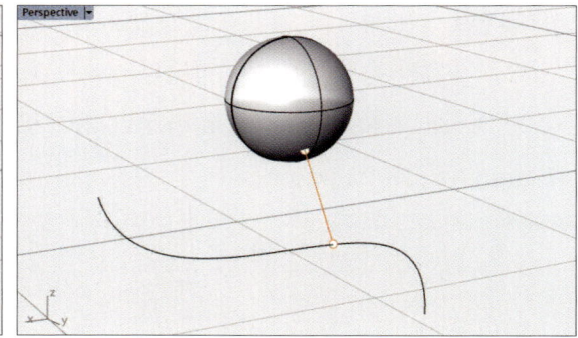

6 Divide Curve by Length

Main Toolbar〉 Point Toolbar〉 Divide Curve by Length
Curve Menu〉 Point Object〉 Divide Curve by〉 Length of Segments
커브 위에 지정한 간격으로 점을 만든다. 점의 위치에서 커브를 분할할 수도 있다.

예제 1-2 Point〉 Divide Curve By Length 파일을 연다.

1 Main Toolbar〉 Point Toolbar〉 Divide Curve by Length 버튼을 클릭한다.

2 커브 A를 클릭하고, Enter 키를 눌러서 선택을 끝낸다. 점만 만들고 커브를 분할하지 않기 위해, 옵션을 "Split=No"로 설정한다.

3 분할할 길이를 지정하기 위해, "100"을 입력하고 Enter 키를 누른다. 오른쪽 그림처럼 지정한 간격마다 점을 만든다.

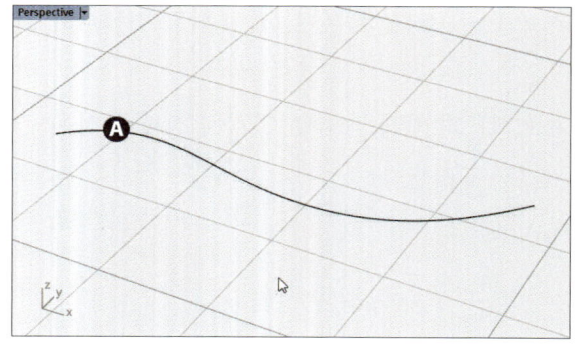 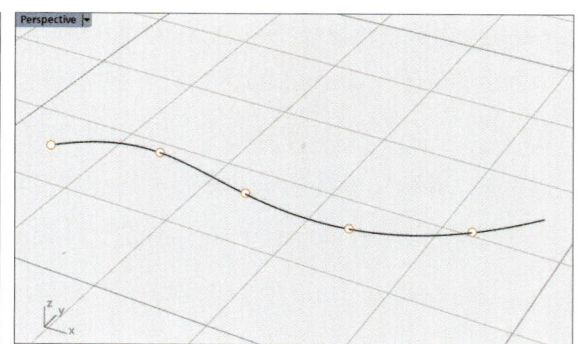

> **Options**

Split : 지정한 간격으로 선을 분할한다.

Mark Ends : 커브의 끝에 점을 만든다.

Group Output : 결과물인 분할한 선들이나 점들을 그룹으로 묶는다.

• 분할 시작 위치를 반대로 변경하려면, "Analyze Direction" 명령으로 커브의 방향(Direction)을 변경한다.

Divide Curve by Number of Segments
Main Toolbar〉Point Toolbar〉Divide Curve by Length (🖱)
Curve Menu〉Point Object〉Divide Curve by〉Number of Segments

커브를 지정한 개수로 분할하거나, 분할할 위치에 점을 만든다. Divide Curve by Length 버튼을 오른쪽 마우스 버튼으로 클릭한다.

2 점 편집(Point Editing)

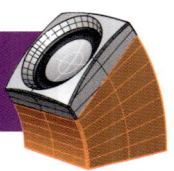

점(Point)

점(Point)은 3차원 공간에서 위치정보만 있고 크기는 없는 오브젝트이다.

제어점(Control Point)

제어점(Control Point)은 커브의 모양을 제어하는 점이다. 제어점(Control Point)의 위치와 개수, 가중치(Weight)를 변경함으로써 커브의 형태를 변경한다. 가까운 위치의 제어점일수록 커브에 미치는 영향력이 크고, 멀어질수록 영향력이 약화된다. 제어점(Control Point)의 시작점과 끝점은 커브의 시작점과 끝점과 일치하지만, 커브의 중간에는 제어점이 존재하지 않는다.

편집점(Edit Point)

편집점(Edit Point)은 커브의 모양을 제어하는 점이다. 모든 편집점(Edit Point)은 커브 위에 존재한다. 한 개의 커브에서 제어점(Control Point)과 편집점(Edit Point)의 개수는 같다.

나트(Knot)

나트(Knot)란 구간 곡선의 연결부로서, 커브에 제어점(Control Point)을 직접 추가할 수 없기 때문에 제어점을 추가하려면 나트(Knot)를 추가해야 한다. 나트(Knot)는 항상 커브 위에 존재한다.

킹크(Kink)

킹크(Kink)는 커브의 방향이 급격히 변하는 점이다. 킹크(Kink)는 커브의 곡률이 급격히 변하는 지점에서도 발생할 수 있다. 모깎기(Fillet)한 사각형에서, 직선(Line Segment)이 호(Arc)로 변하는 지점에 킹크(Kink)를 가지고 있다.

Main Toolbar〉 Show Object Control Points 버튼을 클릭하고 잠시 기다리면, Point Editing Toolbar가 표시된다.

[Point Edit Toolbar]

1 Show Object Control Points

Main Toolbar〉 Show Object Control Points　　　　단축키 : F10

Edit Menu〉 Control Point〉 Control Points On

커브나 서피스의 제어점(Control Point)을 표시한다.

예제 1-2 Point〉 Show Object Control Points 파일을 연다.

1 Main Toolbar〉 Surface Tools Toolbar〉 Show Object Control Points 버튼을 클릭한다.

2 커브 **Ⓐ**와 서피스 **Ⓑ**를 클릭하고 Enter↵ 키를 누른다. 오른쪽 그림처럼 선택한 오브젝트들의 제어점을 표시한다.

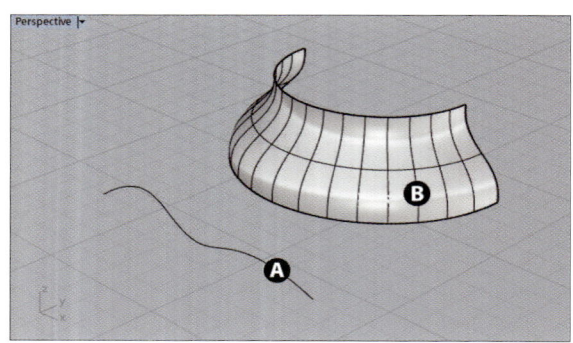 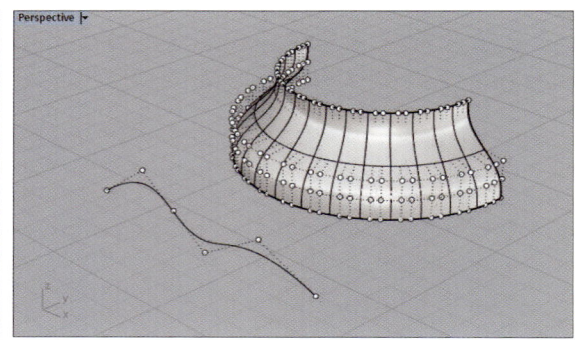

Points Off

Main Toolbar〉 Show Object Control Points (🖱)　　　단축키 : F11

Edit Menu〉 Control Point〉 Control Points Off

오브젝트의 제어점(Control Point)이나 편집점(Edit Point)을 끈다. Show Object Control Points 버튼을 오른쪽 마우스 버튼으로 클릭한다.

2 Show Curve Edit Points

Main Toolbar〉 Show Curve Edit Points

Edit Menu〉 Control Point〉 Show Edit Points

커브의 편집점(Edit Point)을 표시한다.

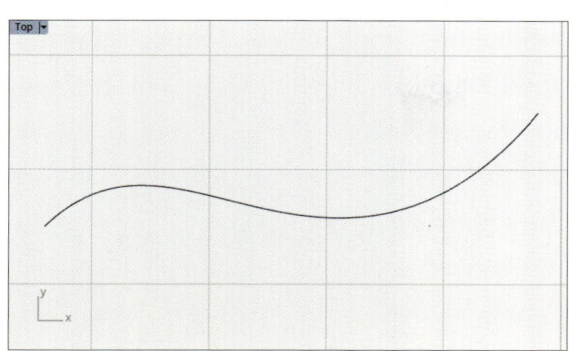 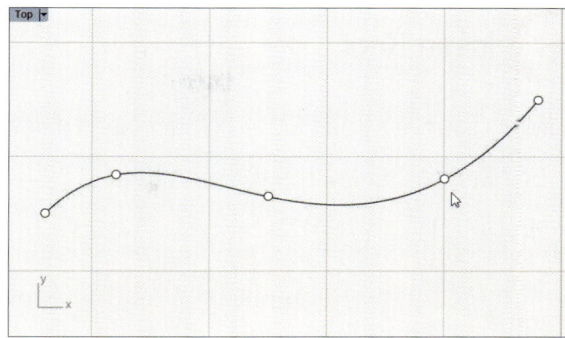

3 Points Off Selected Objects

Main Toolbar〉Point Edit Toolbar〉Points Off Selected Objects
선택한 오브젝트의 제어점(Control Point)이나 편집점(Edit Point)을 끈다.

4 Insert a Control Point

Main Toolbar〉Point Edit Toolbar〉Insert a Control Point
Edit Menu〉Control Point〉Insert Control Point
커브나 서피스에 제어점(Control Point)을 추가한다. 커브의 형태를 많이 변경시킨다.

5 Remove a Control Point

Main Toolbar〉Point Edit Toolbar〉Remove a Control Point
Edit Menu〉Control Point〉Remove Control Point
커브나 서피스에 있는 제어점(Control Point)을 삭제한다.

6 Insert Knot

Main Toolbar〉Point Edit Toolbar〉Insert Knot
Edit Menu〉Control Point〉Insert Knot

커브나 서피스에 나트(Knot)를 추가한다. 커브나 서피스에 나트(Knot)를 추가하면, 제어점(Control Point)이 추가된다. 커브나 서피스의 형태 변경이 거의 없다.

예제 1-2 Point〉Insert Knot 파일을 연다.

1 Main Toolbar〉Control Point On 버튼을 클릭한다.

2 커브 Ⓐ를 클릭하고 Enter 키를 누른다. 오른쪽 그림처럼 커브 Ⓐ의 제어점을 표시한다. 현재 5개의 제어점을 가지고 있다.

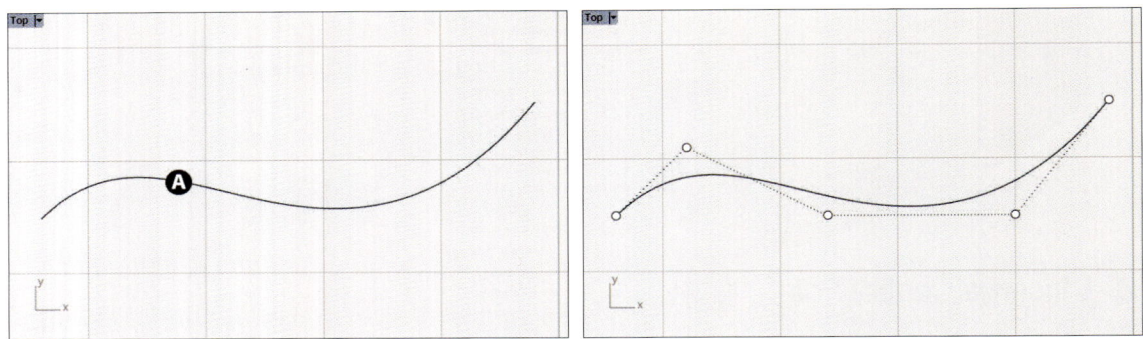

3 Main Toolbar〉Point Edit Toolbar〉Insert Knot 버튼을 클릭한다.

4 커브 A를 클릭한다. 화살표로 표시한 지점을 클릭하여 나트(Knot)를 삽입하고 Enter 키를 누른다. 나트(Knot)를 삽입하면 제어점이 추가된다. 오른쪽 그림을 보면 제어점의 개수가 증가한 것을 알 수 있다.

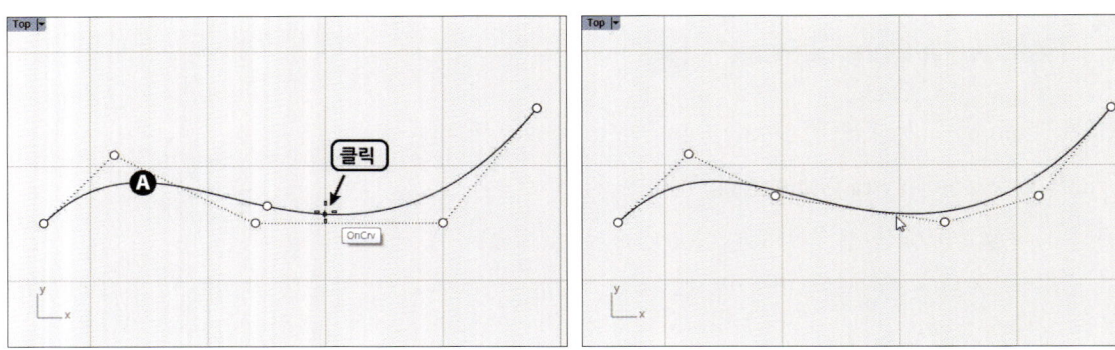

7 Remove Knot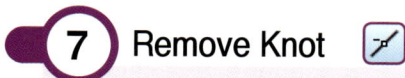

Main Toolbar〉Point Edit Toolbar〉Remove Knot
Edit Menu〉Control Point〉Remove Knot
커브나 서피스의 나트(Knot)를 삭제한다.

8 Insert Kink

Main Toolbar〉Point Edit Toolbar〉Insert Kink
Edit Menu〉Control Point〉Insert Kink
커브나 서피스에 킹크(Kink)를 삽입한다. 킹크(Kink)를 이동시키면, 커브를 뾰족한 모양으로 수정할 수 있다.

예제 1-2 Point〉Insert Kink 파일을 연다.

1 Main Toolbar〉Control Point On 버튼을 클릭한다.

2 커브 A를 클릭하고 Enter 키를 누른다. 오른쪽 그림처럼 커브 **A**의 제어점을 표시한다. 현재 5개의 제어점을 가지고 있다.

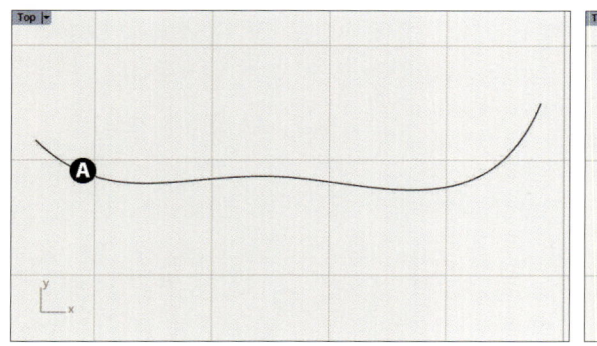
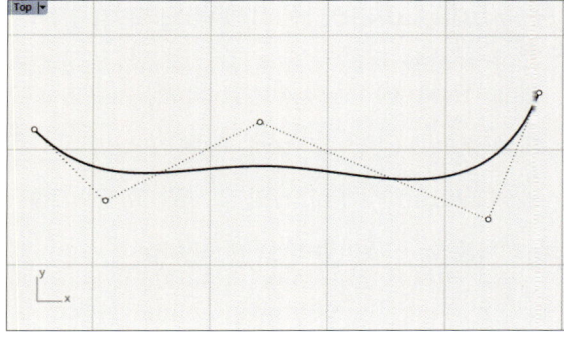

3 Main Toolbar〉Point Edit Toolbar〉Insert Kink 버튼을 클릭한다.

4 커브 **A**를 클릭한다. 화살표로 표시한 지점을 클릭하여 킹크(Kink)를 삽입하고 Enter 키를 누른다. 킹크(Kink)를 삽입하면 제어점이 추가된다. 오른쪽 그림을 보면 제어점의 개수가 증가한 것을 알 수 있다.

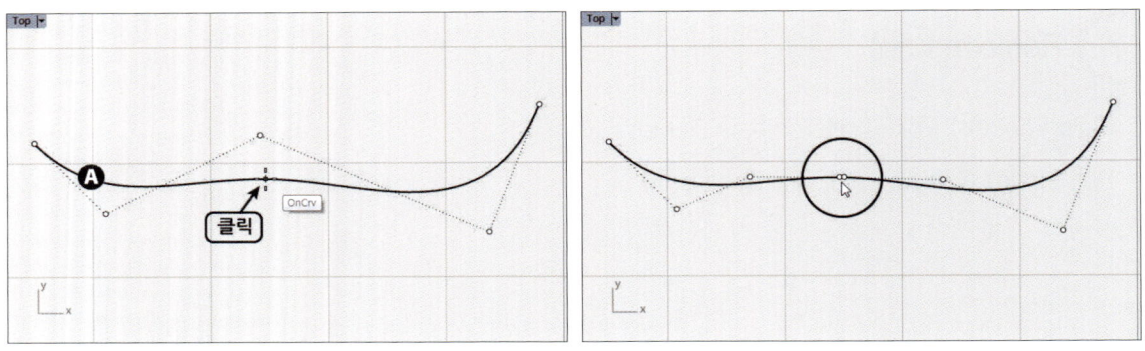

5 추가한 킹크(Kink)를 이동시키면 뾰족하게 각이 진 커브를 만들 수 있다.

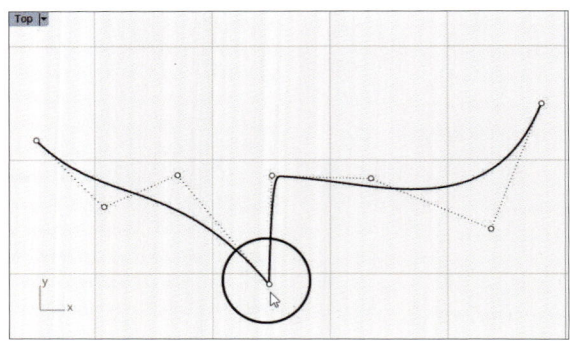

9 Edit Control Point Weight

Main Toolbar〉 Point Edit Toolbar〉 Edit Control Point Weight
Edit Menu〉 Control Point〉 Edit Weight

제어점(Control Point)의 영향력(Weight)을 조절한다. 제어점의 영향력(Weight)이 클수록, 커브나 서피스를 제어점에 밀착시킨다.

예제 1-2 Point〉 Edit Control Point Weight 파일을 연다.

1 Main Toolbar〉 Show Object Control Points 버튼을 클릭한다.

2 커브 Ⓐ를 클릭하고 Enter 키를 누른다. 왼쪽 그림처럼 커브 Ⓐ의 제어점을 표시한다.

3 Main Toolbar〉 Point Edit Toolbar〉 Edit Control Point Weight 버튼을 클릭한다.

4 제어점 Ⓑ를 클릭하고 Enter 키를 누른다. 오른쪽 그림처럼 옵션 창을 표시한다.

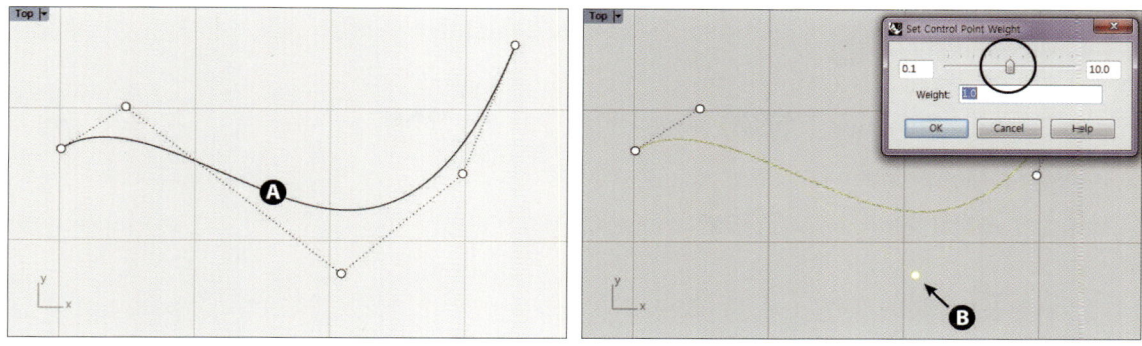

5 옵션 창의 슬라이드 바를 오른쪽으로 이동시킬수록, 커브를 제어점(Control Point)에 밀착시킨다. 슬라이드 바를 오른쪽 끝에다 놓고 OK 버튼을 클릭한다. 오른쪽 그림처럼 선택한 제어점으로 커브를 끌어당긴다.

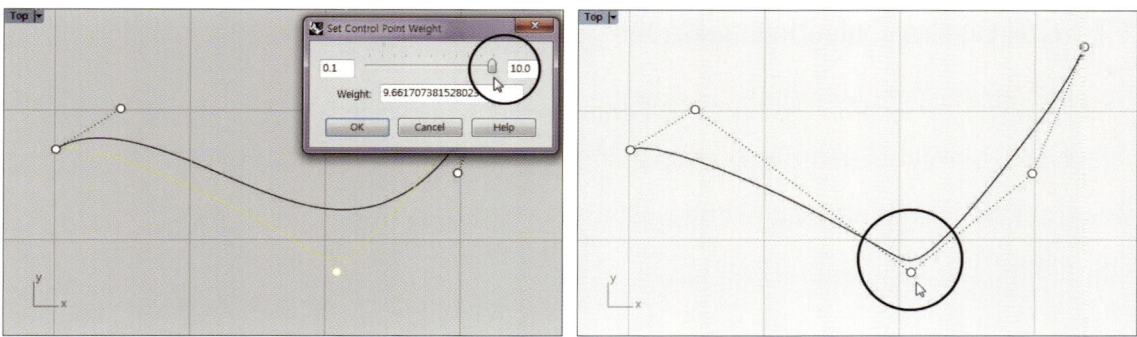

10 Set Drag Mode

Main Toolbar〉Point Editing Toolbar〉Set Drag Mode
Edit Menu〉Change Drag Mode

오브젝트의 드래그 모드를 CPlane, UVN, View, World 등에 평행으로 설정한다. 기본 설정은 작업평면(Construction Plane)에 평행이다.

11 Move UVN

Main Toolbar〉Point Edit Toolbar〉Move UVN

Transform Menu〉Move UVN

서피스의 선택한 제어점을 서피스의 U, V 방향이나 Normal Direction 방향으로 이동시킨다.

Turn Move UVN Off
Main Toolbar〉Point Edit Toolbar〉Move UVN ( )

Move UVN 명령을 종료한다. Move UVN 버튼을 오른쪽 마우스 버튼으로 클릭한다.

12 Cull Control Polygon Backfaces

Main Toolbar〉Point Edit Toolbar〉Cull Control Polygon Backfaces

서피스의 제어점(Control Point) 중에서, 카메라를 향하고 있는 앞쪽의 제어점과 제어 다각형(Control Polygon)만 표시하고 나머지는 생략한다. 복잡한 작업에서 뒤쪽에 있는 제어점과 제어 다각형을 숨기려고 할 때 사용한다.

예제 1-2 Point〉Cull Control Polygon Backfaces 파일을 연다.

1 Main Toolbar〉Show Object Control Points 버튼을 클릭한다.

2 공 **A**를 클릭하고 Enter 키를 누른다. 왼쪽 그림처럼 제어점을 표시한다.

3 Main Toolbar〉Point Edit Toolbar〉Cull Control Polygon Backfaces 버튼을 클릭한다. 옵션을 "Cull=Yes"로 설정한다. 오른쪽 그림처럼 앞쪽의 제어점과 제어 다각형만 표시하고 뒤쪽은 표시하지 않는다.

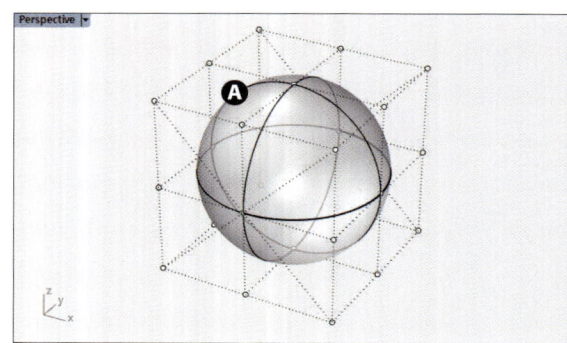
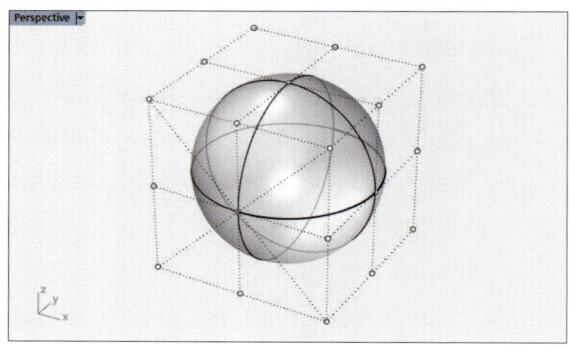

4 `Enter` 키를 눌러서 방금 실행한 Cull Control Polygon Backfaces 명령을 다시 실행한다. 옵션을 "Cull=No"로 설정한다.

Options

Cull : Cull=Yes로 설정하면, 물체 뒤쪽의 제어점과 제어 다각형은 표시하지 않는다.

Toggle : Cull 설정 상태를 반대로 변경한다.

■ NOTE

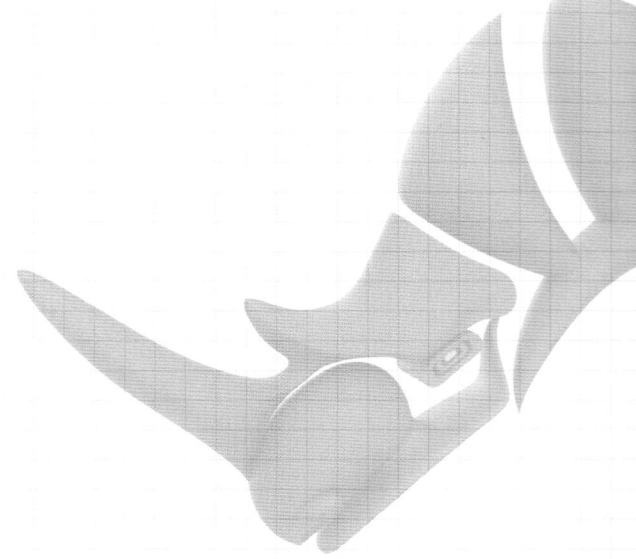

제3장 커브
Curve

커브(Curve)는 3D 모델링의 필수요소 중의 하나이다. 어떤 형태를 3D 모델링으로 표현하려고 하면, 어떤 커브를 어떤 방법으로 사용할 것인가를 결정하는 것이 중요하다. 디자이너가 자신이 구상하는 아이디어를 표현하려면, 무엇보다도 형태를 표현하는데 필요한 핵심적인 커브를 찾아내야 한다. 일반적인 커브와 함께 특수한 조건에서 그리는 커브들을 잘 익혀두면, 표현 능력을 크게 향상시킬 수 있을 것이다.

1 커브 그리기
  Create Curves

2 오브젝트로부터 커브 만들기
  Curve From Object

3 커브 편집
  Curve Editing

1 커브 그리기(Create Curve)

라이노에서는 NURBS(Non-Uniform Rational B-Spline) 커브를 사용한다. 커브(Curve)는 직선(Line)을 포함한 모든 선을 의미한다.

제어점(Control Point)

NURBS 커브를 그리거나 수정하려면 제어점(Control Point)을 사용한다. NURBS 커브는 최소한 "Degree+1"개의 제어점을 가지고 있다.

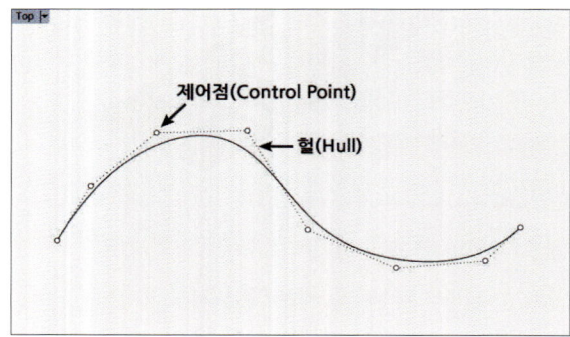

[NURBS 커브의 제어점(Control Point)]

차수(Degree)

NURBS 커브의 다항식의 차수(Degree)가 높을수록 부드러운 커브를 그릴 수 있지만, 커브를 편집하는 것은 더 복잡해진다.

Degree 1 : 직선을 그린다.
Degree 2 : 원, 호 등의 규칙적인 곡선을 그린다.
Degree 3 이상 : 자유곡선을 그린다.

 직선 그리기(Create Lines)

직선은 시작점과 끝점, 2개의 제어점(Control Point)을 가지고 있다.
Main Toolbar〉 Polyline 버튼을 누른 상태에서 잠시 기다리면, Lines Toolbar가 표시된다.

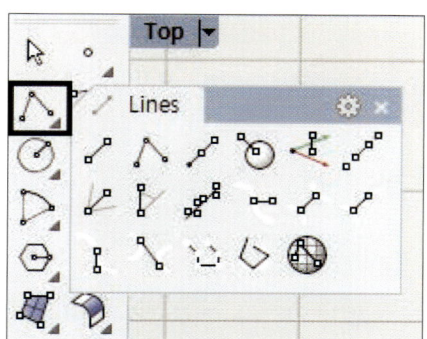

[Lines Toolbar]

1.1 Single Line

Main Toolbar〉 Lines Toolbar〉 Single Line
Curve Menu〉 Line〉 Single Line

한 개의 직선을 그린다.

예제 1-3 Curve〉 1 Create Curves〉 Single Line 파일을 연다.

1 Main Toolbar〉 Lines Toolbar〉 Line 버튼을 클릭한다.

2 점 **A**, **B**를 클릭한다. 오른쪽 그림처럼 한 개의 직선을 그린다.

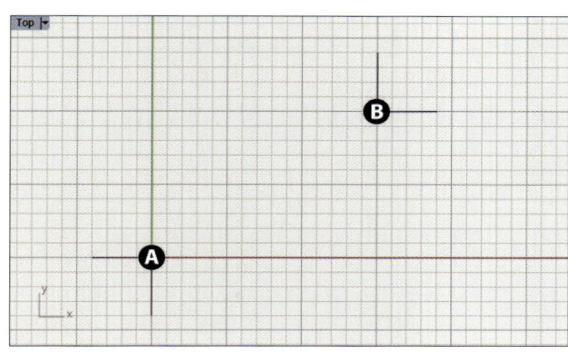
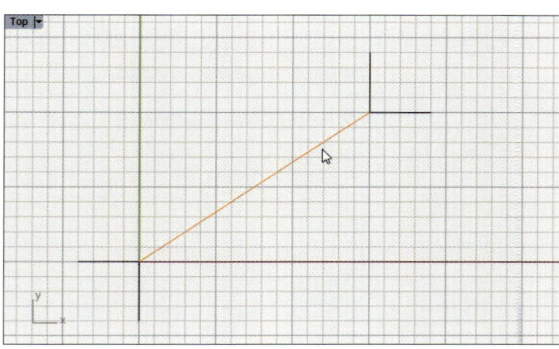

1.2 Polyline

Main Toolbar〉Polyline

Curve Menu〉Polyline〉Polyline

폴리라인(Polyline)을 그린다. 폴리라인은 여러 개의 직선과 호(Arc)를 한 개의 오브젝트로 결합시킨 커브이다.

예제 1-3 Curve〉1 Create Curves〉Polyline 파일을 연다.

1 Main Toolbar〉Polyline 버튼을 누른다.

2 점 **A**, **B**, **C**, **D**, **E**를 순서대로 클릭한다. 오른쪽 그림처럼 폴리라인을 그렸다. Enter↵ 키를 눌러서 명령을 끝낸다.

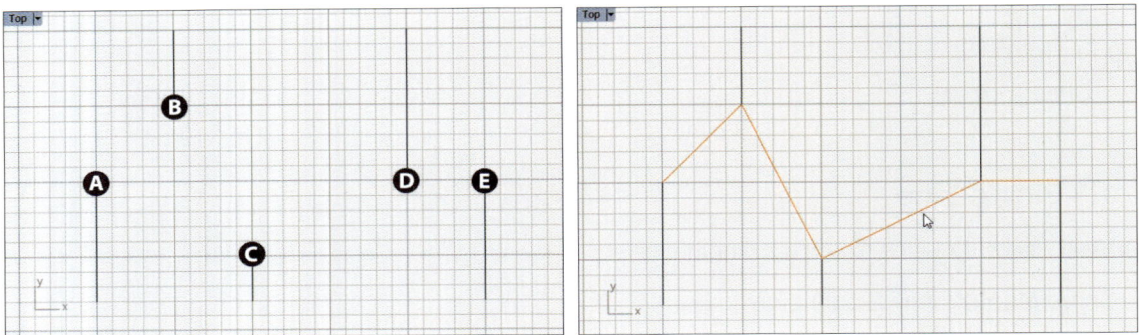

- 폴리라인을 그리다가 한 단계 이전으로 돌아가려면, "U" 키를 누른 다음 Enter↵ 키를 누른다.
- 폴리라인을 그리다가 닫힌 커브로 만들려면, "C" 키를 누른 다음 Enter↵ 키를 누른다.

1.3 Line : From Midpoint

Main Toolbar〉Lines Toolbar〉Line : From Midpoint

첫 번째 클릭한 점을 중심으로 양쪽 방향으로 직선을 그린다.

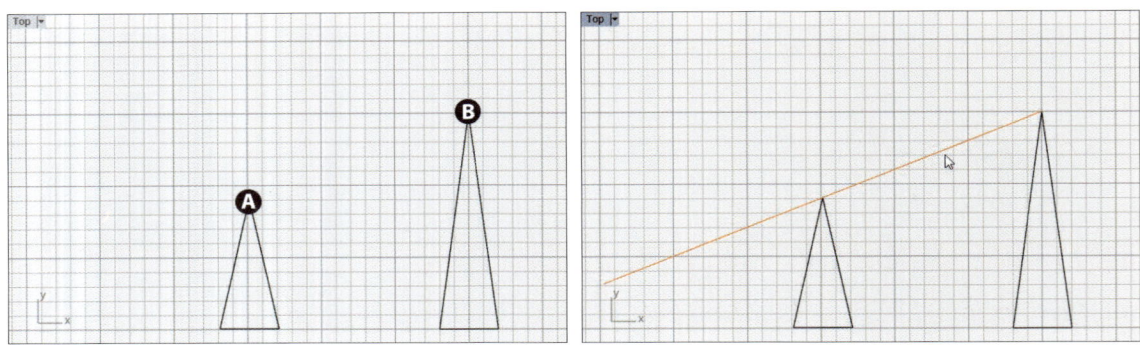

1.4 Line : Normal To Surface

Main Toolbar〉Lines Toolbar〉Line : Normal To Surface

Curve Menu〉Line〉Normal To Surface

서피스의 지정한 점에서 서피스와 직각인 직선을 그린다.

예제 1-3 Curve〉1 Create Curves〉Line Normal To Surface 파일을 연다.

1 Main Toolbar〉Lines Toolbar〉Line : Normal To Surface 버튼을 클릭한다.

2 서피스 **A**를 클릭한다. 직선의 시작점을 지정하기 위해 서피스 위의 교차점 **B**를 클릭한다. 마우스를 위쪽으로 이동시키면 서피스에 직각인 추적선(Tracking Line)이 표시된다. 원하는 위치를 클릭하여 서피스에 직각인 직선을 그린다.

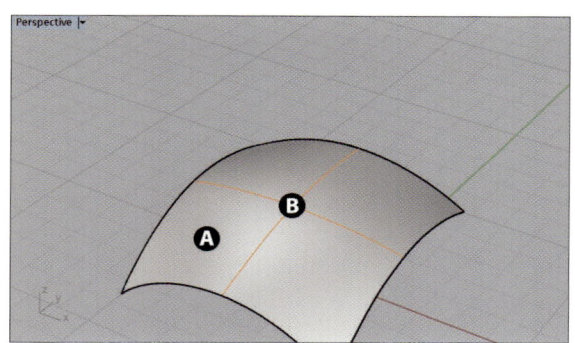 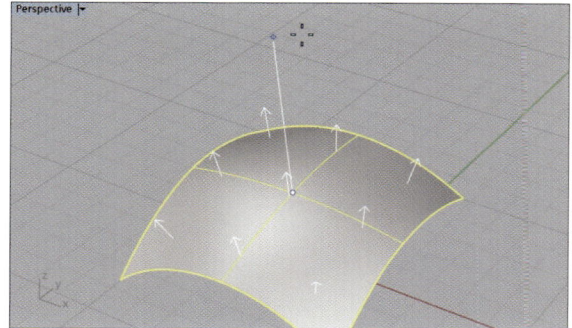

Surface Normal, Both Sides

Main Toolbar〉Lines Toolbar〉Line : Normal To Surface (🖱)

서피스의 지정한 점에서 서피스와 직각인 직선을, 서피스의 양쪽 방향으로 그린다. Line : Normal To Surface 버튼을 오른쪽 마우스 버튼으로 클릭한다.

1.5 Line : Bisector

Main Toolbar〉Lines Toolbar〉Line : Bisector

Curve Menu〉Line〉Bisector

지정한 각도를 이등분하는 직선을 그린다.

예제 1-3 Curve〉1 Create Curves〉Line Bisector 파일을 연다.

1 Main Toolbar〉Lines Toolbar〉Line : Bisector 버튼을 클릭한다.

2 점 **A**, **B**, **C**를 순서대로 클릭한다. 마우스를 이동시키면 3개의 점이 만드는 각도를 이등분하는 추적선(Tracking Line)을 표시한다. 적당한 위치를 클릭하여 직선을 그린다.

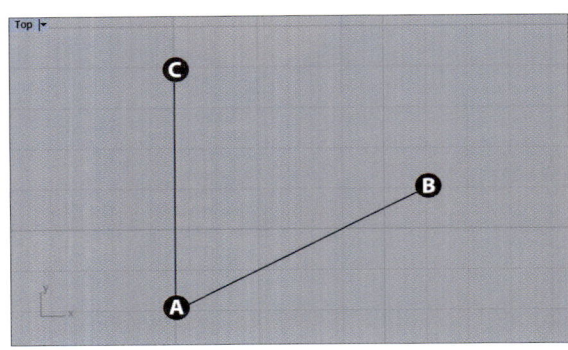 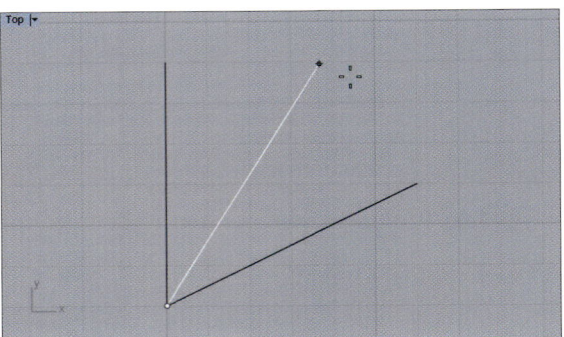

Line : Bisector From Midpoint

Main Toolbar〉 Lines Toolbar〉 Line : Bisector ( )

지정한 각도를 이등분하는 직선을 양쪽으로 그린다. Line : Bisector 버튼을 오른쪽 마우스 버튼으로 클릭한다.

1.6 Line : Angled

Main Toolbar〉 Lines Toolbar〉 Line : Angled
Curve Menu〉 Line〉 Angled

기준선으로부터 지정한 각도로 경사진 직선을 그린다.

예제 1-3 Curve〉 1 Create Curves〉 Line Angled 파일을 연다.

1 Main Toolbar〉 Lines Toolbar〉 Line : Angled 버튼을 클릭한다.

2 점 **A**, **B**를 클릭하여 기준선(Base Line)을 지정한다. 회전 각도(Pivot angle)를 지정하기 위해, "45"를 입력한다. 오른쪽 그림처럼 기준선으로부터 45°인 추적선(Tracking Line)을 표시한다.

 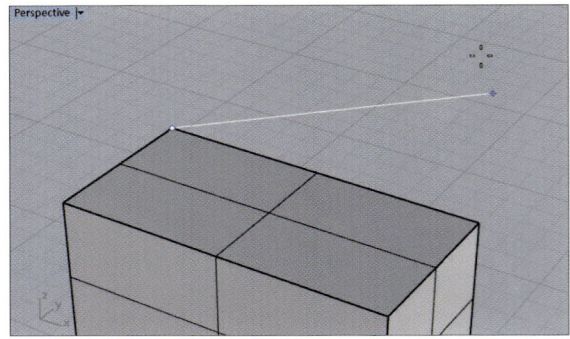

3 원하는 위치를 클릭하여 선을 그린다. 오른쪽 그림처럼 기준선과 45°경사진 직선을 그린다.

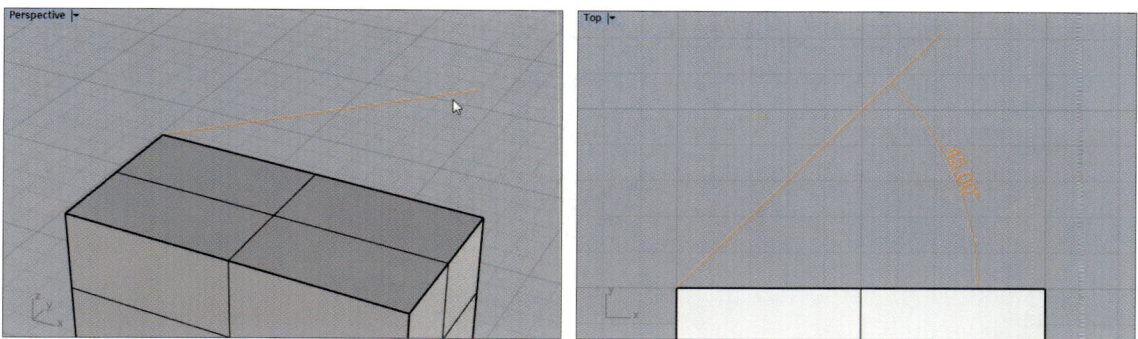

Line : Angled From Midpoint

Main Toolbar〉Lines Toolbar〉Line : Angled (🖱)

기준선으로부터 경사진 선을 양쪽 방향으로 그린다. Line : Angled 버튼을 오른쪽 마우스 버튼으로 클릭한다.

1.7 Line : Perpendicular From Curve

Main Toolbar〉Lines Toolbar〉Line : Perpendicular From Curve

Curve Menu〉Line〉Perpendicular From Curve

첫 번째로 지정한 커브로부터 직각인 직선을 그린다.

예제 1-3 Curve〉1 Create Curves〉Line Perpendicular From Curve 파일을 연다.

1 Main Toolbar〉Lines Toolbar〉Line : Perpendicular From Curve 버튼을 클릭한다.

2 커브 **A**를 클릭한다. 점 **B**를 클릭한다. 오른쪽 그림처럼 첫 번째로 지정한 커브 **A**에 직각인 직선을 그린다.

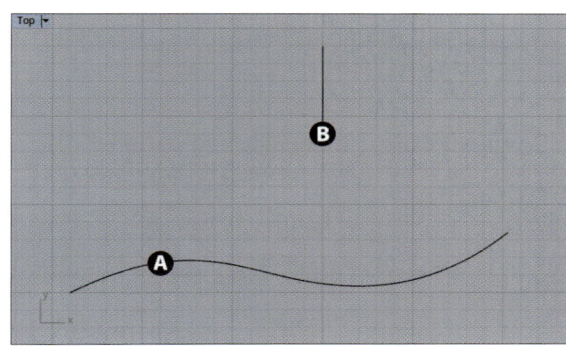 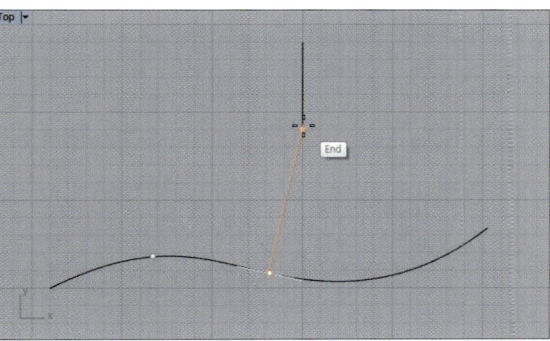

Line : Perpendicular To Curve

Main Toolbar〉Lines Toolbar〉Line : Perpendicular From Curve (🖱)

두 번째로 지정한 커브에 직각인 직선을 그린다. Line : Perpendicular From Curve 버튼을 오른쪽 마우스 버튼으로 클릭한다.

1.8 Line : Perpendicular To 2 Curves

Main Toolbar〉Lines Toolbar〉Line : Perpendicular To 2 Curves
Curve Menu〉Line〉Perpendicular To 2 Curves

2개의 커브에 직각인 직선을 그린다.

예제 1-3 Curve〉1 Create Curves〉Line Perpendicular To 2 Curves 파일을 연다.

1 Main Toolbar〉Lines Toolbar〉Line : Perpendicular From Curve 버튼을 클릭한다.

2 커브 **A**, **B**를 클릭한다. 오른쪽 그림처럼 지정한 커브 **A**와 **B**에 직각인 직선을 그린다.

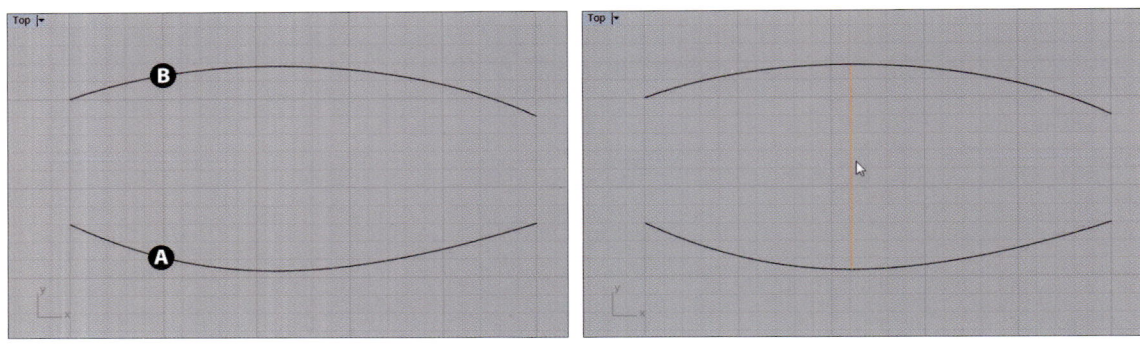

1.9 Line : Tangent, Perpendicular

Main Toolbar〉Lines Toolbar〉Line : Tangent, Perpendicular
Curve Menu〉Line〉Tangent, Perpendicular

첫 번째 선택한 커브에는 탄젠트로 접하고, 두 번째 선택한 커브에는 직각인 직선을 그린다.

예제 1-3 Curve〉1 Create Curves〉Line Tangent Perpendicular 파일을 연다.

1 Main Toolbar〉Lines Toolbar〉Line : Tangent, Perpendicular 버튼을 클릭한다.

2 원 **A**, 커브 **B**를 클릭한다. 오른쪽 그림처럼 첫 번째로 지정한 원 **A**에 탄젠트로 접하면서, 두 번째로 지정한 커브 **B**에 직각인 직선을 그린다.

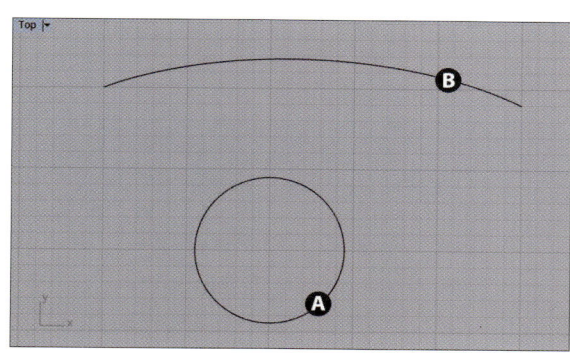 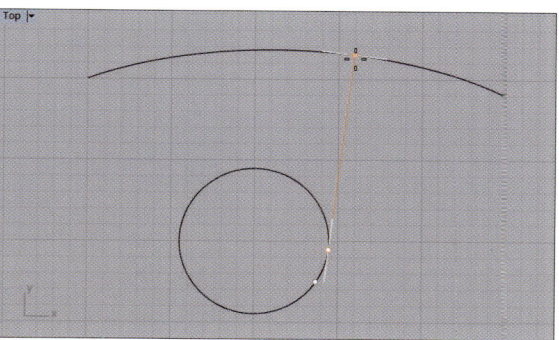

1.10 Line : Tangent From Curve

Main Toolbar〉Lines Toolbar〉Line : Tangent From Curve

Curve Menu〉Line〉Tangent From Curve

선택한 커브로부터 탄젠트로 시작하는 직선을 그린다.

예제 1-3 Curve〉1 Create Curves〉Line Tangent From Curve 파일을 연다.

1 Main Toolbar〉Lines Toolbar 〉Line : Tangent From Curve 버튼을 클릭한다.

2 커브 **A**와 점 **B**를 클릭한다. 오른쪽 그림처럼 커브 **A**에 탄젠트로 시작하는 직선을 그린다.

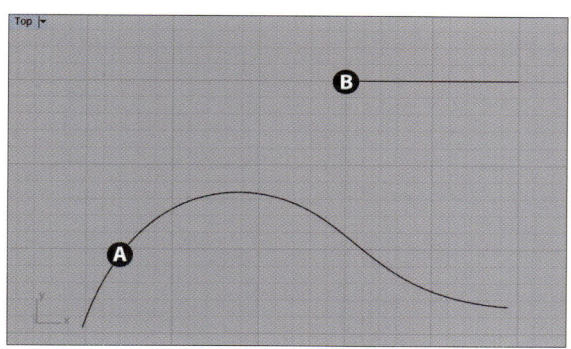 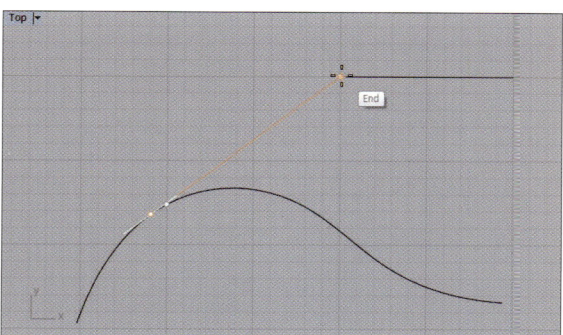

1.11 Line : Tangent To 2 Curves

Main Toolbar〉Lines Toolbar〉Line : Tangent To 2 Curves

Curve Menu〉Line〉Tangent To 2 Curves

지정한 2개의 커브에 탄젠트(Tangent)로 접하는 직선을 그린다.

예제 1-3 Curve〉1 Create Curves〉Line Tangent To 2 Curves 파일을 연다.

1 Main Toolbar〉Lines Toolbar〉Line : Tangent To 2 Curves 버튼을 클릭한다.

2 원 Ⓐ, Ⓑ를 클릭한다. 오른쪽 그림처럼 원 Ⓐ와 Ⓑ에 탄젠트로 접하는 직선을 그린다.

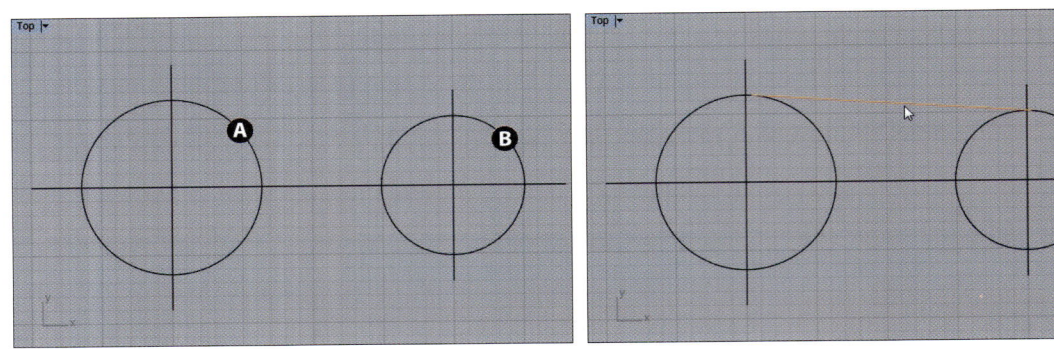

2 자유곡선 그리기(Create Free-Form Curves)

라이노에서는 자유곡선(Free-Form Curve)을 그릴 때, 입력한 점을 사용하는 방식에 따라 2 가지로 구분한다.

제어점 커브(Control Point Curve)

입력한 시작점과 끝점은 통과하지만 중간에 있는 입력점은 통과하지 않는 근사 곡선(Approximation Curve)을 그린다.

보간 커브(Curve : Interpolate Points)

모든 입력점들을 부드럽게 통과하는 보간 곡선(Interpolation Curve)을 그린다.

Main Toolbar〉 Control Point Curve 버튼을 누른 상태에서 잠시 기다리면, Curve Toolbar가 표시된다.

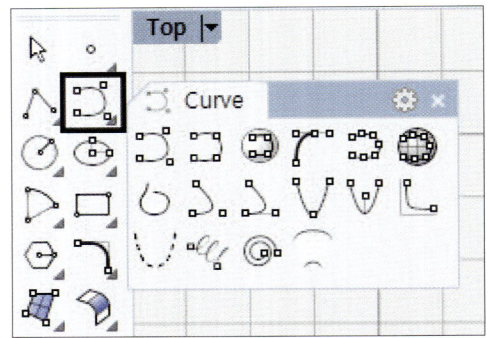

[Curve Toolbar]

2.1 Control Point Curve

Main Toolbar〉Control Point Curve

Curve Menu〉Free-Form〉Control Points

입력점 중에서 시작점과 끝점만 통과하고 중간에 있는 입력점은 통과하지 않는 근사 곡선(Approximation Curves) 방식의 자유곡선을 그린다.

예제 1-3 Curve〉1 Create Curves〉Control Point Curve 파일을 연다.

1 Main Toolbar〉Control Point Curve 버튼을 클릭한다.

2 점 **A**, **B**, **C**, **D**, **E**를 순서대로 클릭하고 Enter↵ 키를 누른다. 오른쪽 그림처럼 근사 곡선(Approximation Curve) 방식으로 커브를 그린다.

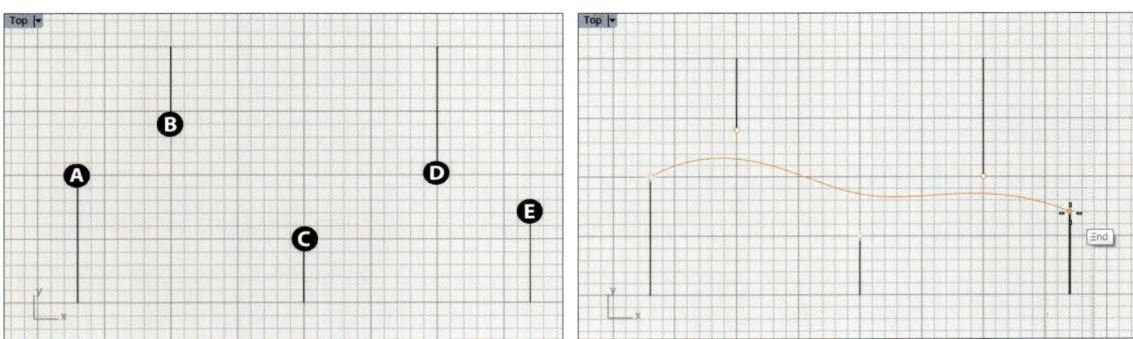

Options

- **Degree** : NURBS 커브의 차수(Degree)를 설정한다.
- **Close** : 시작점과 끝점을 결합하여 닫힌 폐곡선을 만든다.
- **Sharp** : Sharp=No로 설정하면, 커브의 시작점과 끝점이 만나는 점을 순환 커브(Periodic Curve)로 만들어서 부드럽게 닫는다. Sharp=Yes로 설정하면, 커브의 시작점과 끝점이 만나는 점을 각이 진 킹크 포인트(Kink Point)로 닫는다. Sharp=No가 기본 설정이다.
- **Undo** : 마지막에 입력한 점을 취소한다.

2.2 Curve : Interpolate Points

Main Toolbar〉 Curve Toolbar〉 Curve : Interpolate Points

Curve Menu〉 Free-Form〉 Interpolate Points

모든 입력점을 부드럽게 통과하는 보간 곡선(Interpolation Curves) 방식의 자유곡선을 그린다.

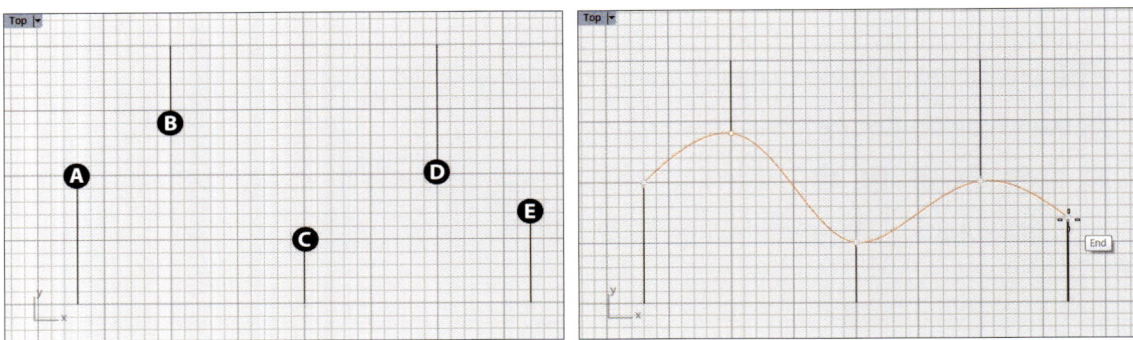

Options

- **Degree** : 커브의 차수(Degree)를 설정한다.
- **Start Tangent** : 커브의 시작을, 다른 커브에 탄젠트로 연속되도록 그린다.
- **End Tangent** : 커브의 끝을, 다른 커브에 탄젠트로 연속되도록 그린다.
- **Undo** : 마지막에 입력한 점을 취소한다.

2.3 Sketch

Main Toolbar〉 Curve Toolbar〉 Sketch

Curve Menu〉 Free-Form〉 Sketch

마우스를 드래그 하여 지나간 궤적을 커브로 그린다.

2.4 Helix

Main Toolbar〉 Curve Toolbar〉 Helix

Curve Menu〉 Helix

스프링 곡선(Helix)을 그린다.

예제 1-3 Curve〉 1 Create Curves〉 Helix 파일을 연다.

1 Main Toolbar〉 Curve Toolbar〉 Helix 버튼을 클릭한다.

2 축의 시작점과 끝점을 지정하기 위해 점 **Ⓐ**, **Ⓑ**를 클릭한다.

3 회전수를 지정하기 위해, 옵션에서 "Turns=5"로 설정한다. 반지름을 지정하기 위해, 점 **Ⓒ**를 클릭한다. 오른쪽 그림처럼 지정한 회전수의 스프링 곡선을 그린다.

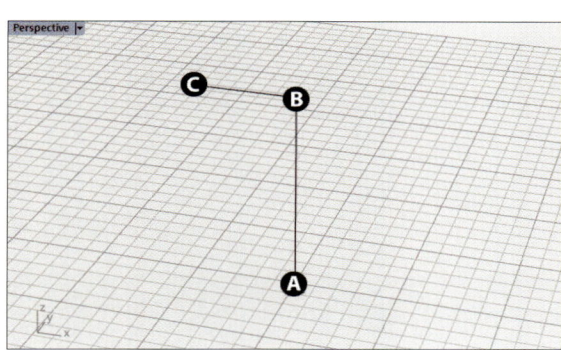 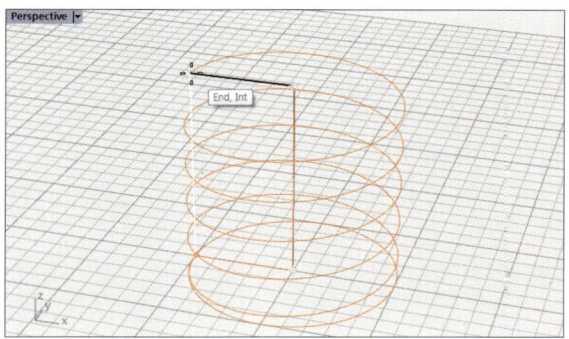

Options

- **Diameter/ Radius** : 지름이나 반지름을 지정하여 그린다.
- **Mode** : 사용할 모드를 설정한다.(Turns/ Pitch)
- **Turns** : 회전수(Turns)를 입력한다. 간격(Pitch)은 자동으로 조정한다.
- **Reverse Twist** : 회전 방향을 반대로 설정한다.

2.5 Spiral

Main Toolbar〉 Curve Toolbar〉 Spiral

Curve Menu〉 Spiral

나선형 곡선(Spiral Curve)을 그린다.

예제 1-3 Curve〉 1 Create Curves〉 Spiral 파일을 연다.

1 Main Toolbar〉 Curve Toolbar〉 Spiral 버튼을 클릭한다.

2 축의 시작점과 끝점을 지정하기 위해, 점 **Ⓐ**, **Ⓑ**를 클릭한다.

3 회전수를 지정하기 위해, 옵션에서 "Turns=10"으로 설정한다. 첫 번째 반지름과 시작점을 지정하기 위해, 점 **Ⓒ**을 클릭한다. 두 번째 반지름을 지정하기 위해, 점 **Ⓓ**를 클릭한다. 오른쪽 그림처럼 나선형 곡선(Spiral Curve)을 그린다.

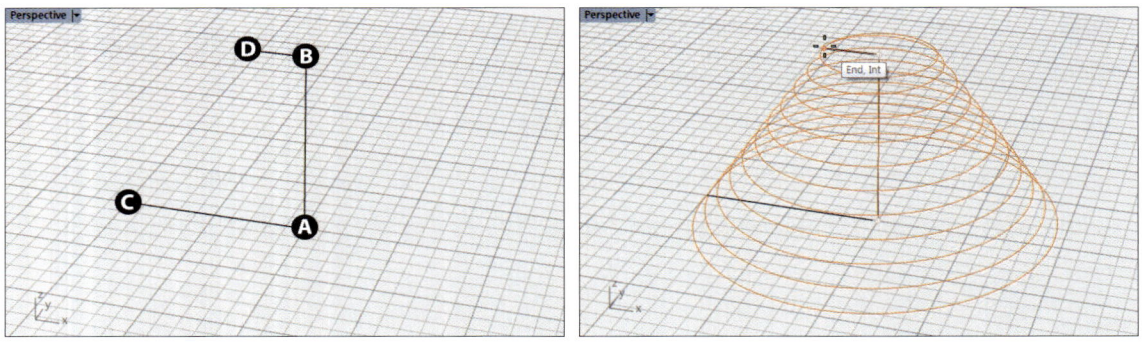

Flat Spiral

Main Toolbar〉 Curve Toolbar〉 Spiral ( )

평면 위에 나선형 곡선(Spiral Curve)을 그린다.

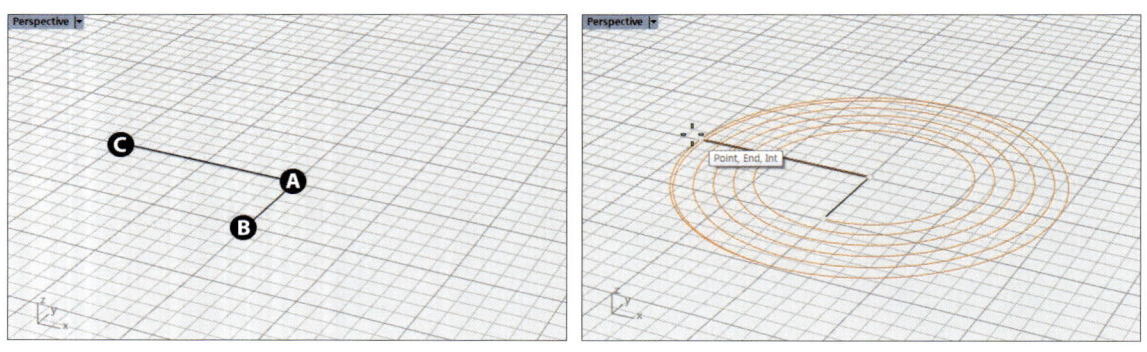

2.6 Tween Between Two Curves

Main Toolbar〉 Curve Toolbar〉 Tween Between Two Curves

Curve Menu〉 Tween Curves

2개의 커브 사이에 지정한 개수만큼의 중간 커브를 만든다.

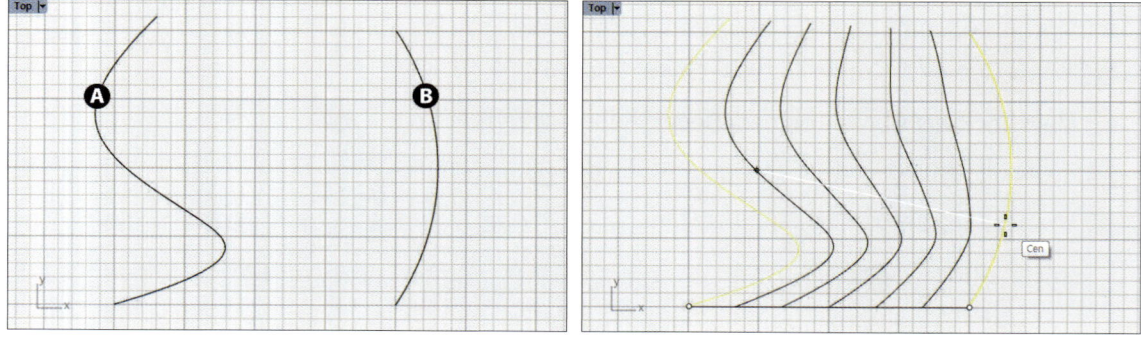

3 원 그리기(Create Circles)

원(Circle)과 호(Arc)는 밀접한 관계를 가지고 있다. 원과 호를 결합하면 복잡한 곡선을 그릴 수 있다. 원을 자르면 호가 되고, 호를 연장하면 원이 된다.

Main Toolbar〉Circle : Center, Radius 버튼을 누른 상태에서 잠시 기다리면, Circle Toolbar를 표시한다.

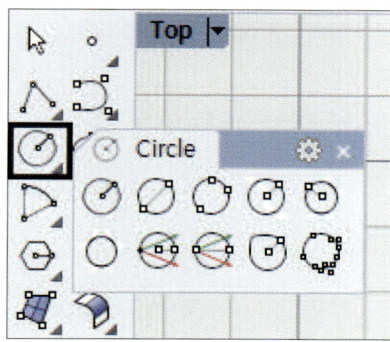

[Circle Toolbar]

3.1 Circle : Center, Radius

Main Toolbar〉Circle : Center, Radius
Curve Menu〉Circle〉Center, Radius

중심점과 반지름을 지정하여 원을 그린다.

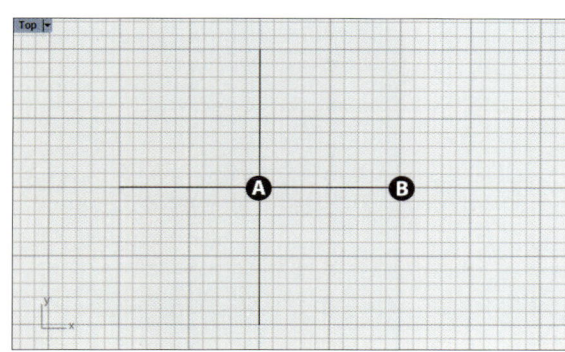 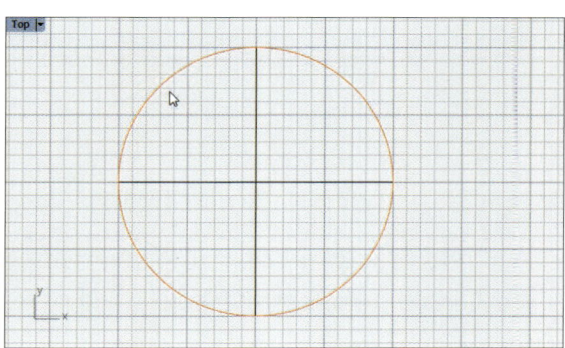

원의 지름(Diameter)을 지정하여 그리려면, "Diameter" 옵션을 사용한다.

3.2 Circle : Diameter

Main Toolbar〉 Circle Toolbar〉 Circle : Diameter

지름의 시작점과 끝점을 지정하여 원을 그린다.

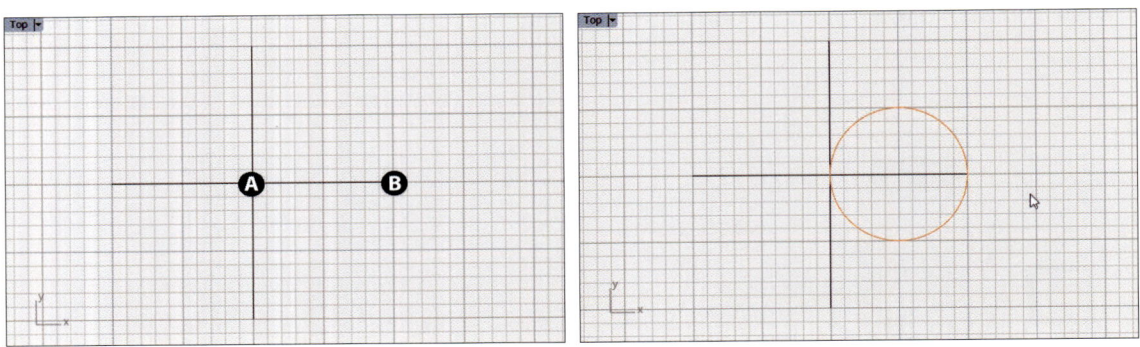

3.3 Circle : 3 Points

Main Toolbar〉 Circle Toolbar〉 Circle : 3 Points

Curve Menu〉 Circle〉 3 Points

3개의 점을 통과하는 원을 그린다. 기하학적으로 3개의 점을 동시에 통과하는 원은 1개 밖에 없다.

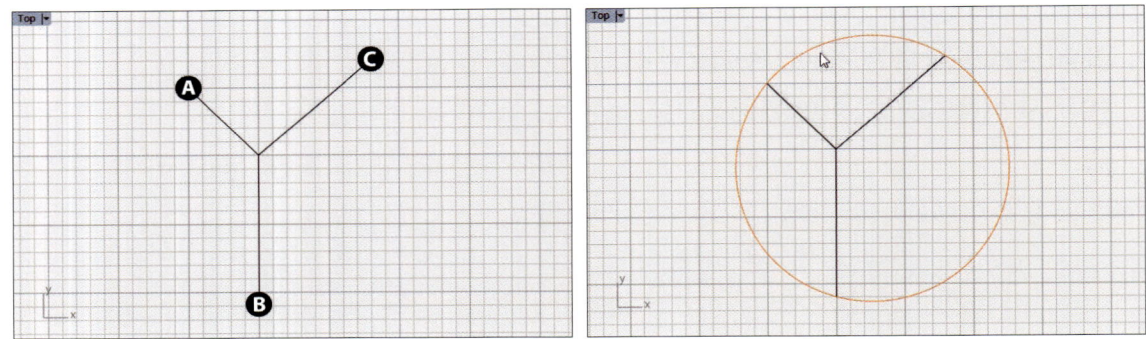

3.4 Circle : Around Curve

Main Toolbar〉 Circle Toolbar〉 Circle Around Curve

Curve Menu〉 Circle〉 Around Curve

커브에 직교하는 원을 그린다.

예제 1-3 Curve〉 1 Create Curves〉 Circle Around Curve 파일을 연다.

1 Main Toolbar〉 Circle Toolbar〉 Circle Around Curve 버튼을 클릭한다.

2 커브를 지정하기 위해, 커브 **A**를 클릭한다. 원의 중심점을 지정하기 위해, 커브의 끝점 **B**를 클릭한다. 반지름을 지정하기 위해, "40"을 입력하고 Enter 키를 누른다. 오른쪽 그림처럼 선택한 커브의 **B**지점에서 커브와 직각인 원을 그린다.

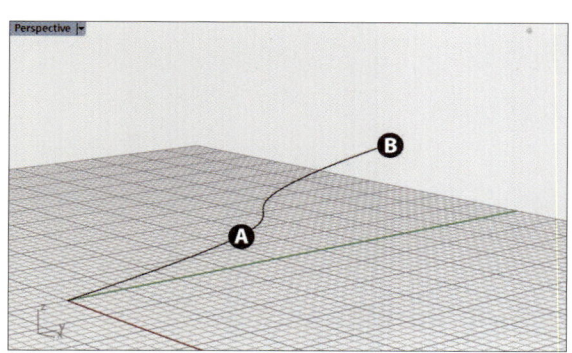
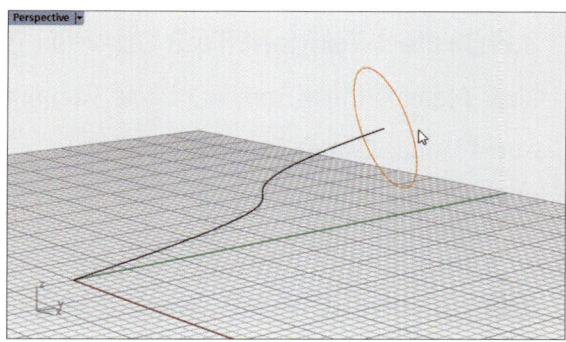

3.5 Circle : Tangent, Tangent, Radius

Main Toolbar〉 Circle Toolbar〉 Circle : Tangent, Tangent, Radius
Curve Menu〉 Circle〉 Tangent, Tangent, Radius

2개의 커브에 탄젠트로 접하면서, 지정한 반지름으로 원을 그린다.

예제 1-3 Curve〉 1 Create Curves〉 Circle Tangent Tangent Radius 파일을 연다.

1 Main Toolbar〉 Circle Toolbar〉 Circle : Tangent, Tangent, Radius 버튼을 클릭한다.

2 탄젠트로 접할 2개의 오브젝트를 지정하기 위해, 왼쪽 그림처럼 원 **A**, **B**를 클릭한다. 반지름을 지정하기 위해, "50"을 입력하고 Enter 키를 누른다. 원 **A**, **B**에 탄젠트이면서 반지름이 50인 원을 그린다.

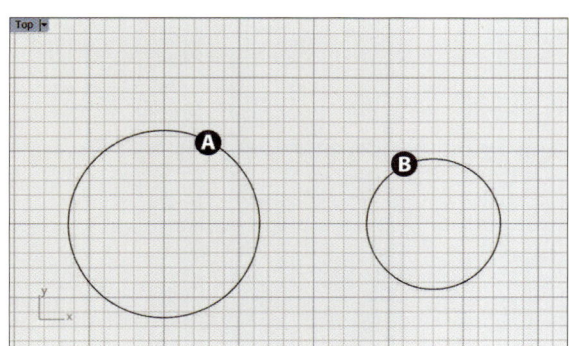
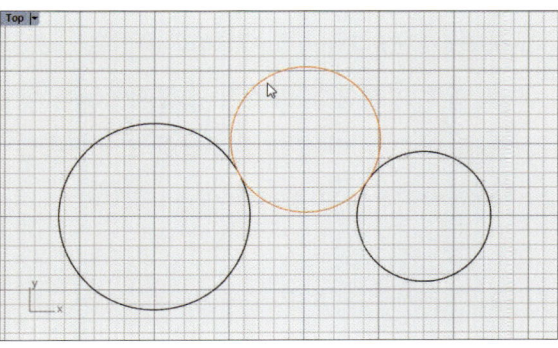

> **Options**

- **Point** : 탄젠트로 접할 오브젝트 대신에, 원이 통과할 점을 지정한다.
- **From First Point** : 원이 첫 번째 탄젠트 오브젝트로 지정한 커브에 탄젠트로 접하는 동시에, 커브 위의 지정한 점을 반드시 통과하도록 한다.

3.6 Circle : Tangent To 3 Curves

Main Toolbar〉 Circle Toolbar〉 Circle Tangent To 3 Curves
Curve Menu〉 Circle〉 Tangent To Curves

지정한 3개의 커브에 탄젠트로 접하는 원을 그린다.

예제 1-3 Curve〉 1 Create Curves〉 Circle Tangent To 3 Curves 파일을 연다.

1 Main Toolbar〉 Circle Toolbar〉 Circle Tangent To 3 Curves 버튼을 클릭한다.

2 원 **A**, **B**, **C**를 클릭한다. 오른쪽 그림처럼 지정한 3개의 원에 탄젠트로 접하는 원을 그린다.

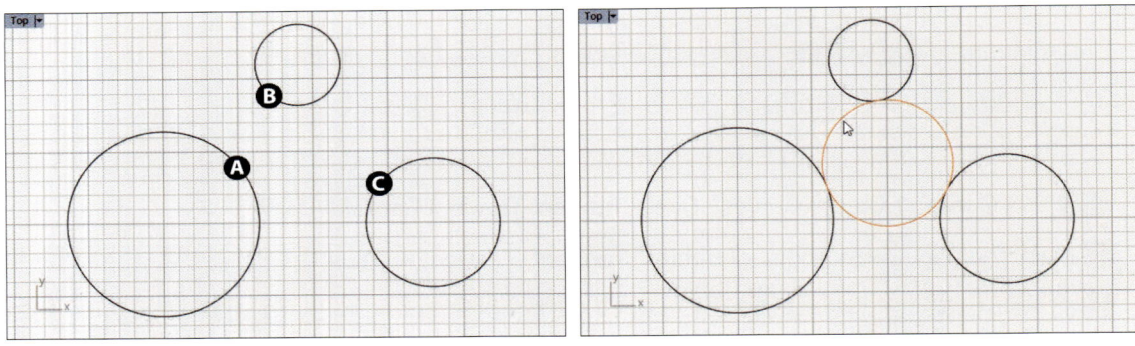

> **Options**

- **Point** : 탄젠트로 접할 오브젝트 대신에, 원이 통과할 점을 지정한다.
- **From First Point** : 첫 번째 탄젠트 오브젝트로 지정한 커브에 탄젠트로 접하는 동시에 커브 위의 지정한 점을 반드시 통과하도록 한다.
- **Radius** : 2개의 탄젠트로 접할 오브젝트를 지정한 후에, 세 번째 탄젠트로 접할 오브젝트 대신에 반지름을 지정하여 원을 그린다.

 ## 타원 그리기(Create Ellipses)

타원은 장축(Major Axis)과 단축(Minor Axis) 2개의 반지름 축을 가지고 있다.

Main Toolbar〉 Ellipse : From Center 버튼을 누른 상태에서 잠시 기다리면, Ellipse Toolbar가 표시된다.

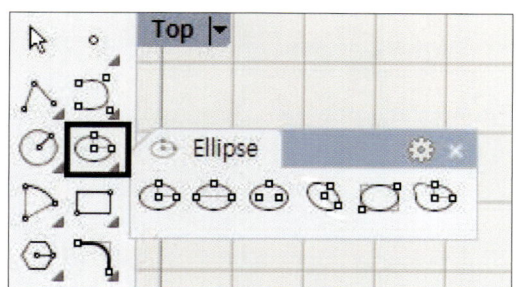

[Ellipse Toolbar]

4.1 Ellipse : From Center

Main Toolbar〉 Ellipse : From Center

Curve Menu〉 Ellipse〉 From Center

중심점, 첫 번째 축의 끝점, 두 번째 축의 끝점을 입력하여 타원을 그린다.

예제 1-3 Curve〉 1 Create Curves〉 Ellipse From Center 파일을 연다.

1 Main Toolbar〉 Ellipse : From Center 버튼을 클릭한다.

2 점 **A**, **B**, **C**을 클릭한다. 오른쪽 그림처럼 타원을 그린다.

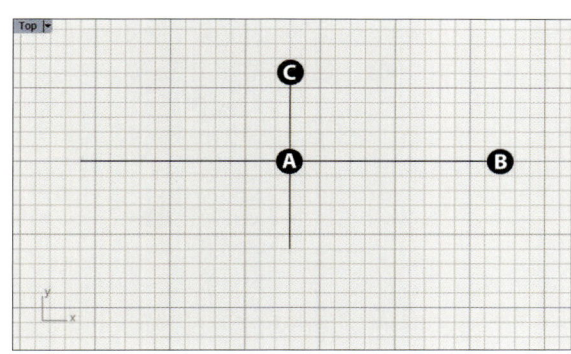
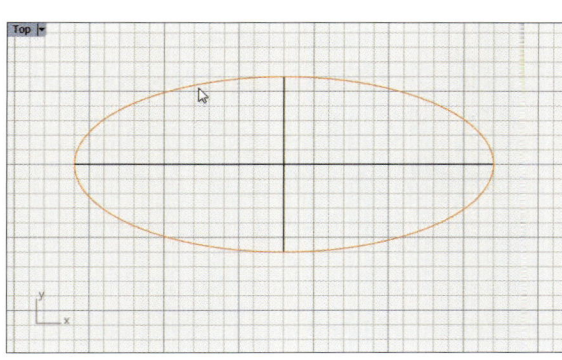

4.2 Ellipse : Diameter

Main Toolbar〉Ellipse Toolbar〉Ellipse : Diameter

Curve Menu〉Ellipse〉Diameter

첫 번째 축의 시작점과 끝점, 두 번째 축의 끝점을 입력하여 타원을 그린다.

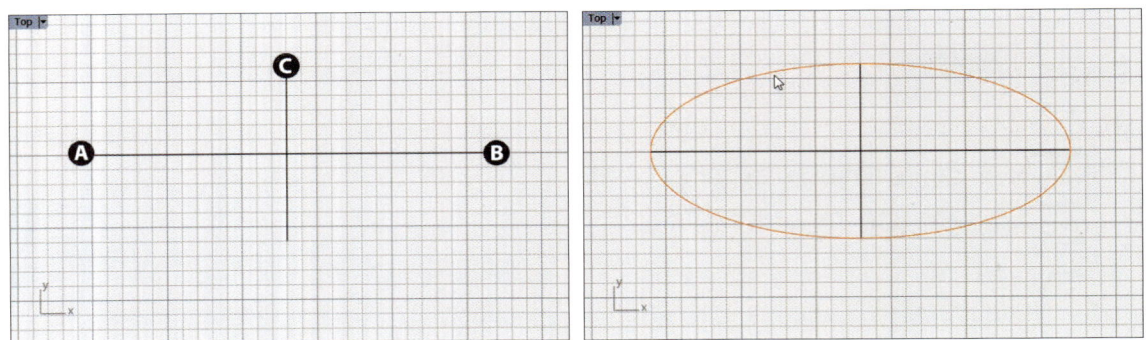

5 호 그리기(Create Arcs)

호(Arc)를 연장하면 원이 되고, 원을 자르면 호가 된다.

Main Toolbar〉Arc : Center, Start, Angle 버튼을 누른 상태에서 잠시 기다리면, Arc Toolbar가 표시된다.

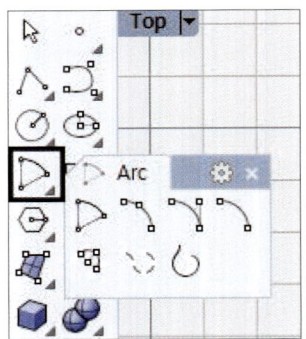

[Arc Toolbar]

5.1 Arc : Center, Start, Angle

Main Toolbar〉 Arc : Center, Start, Angle
Curve Menu〉 Arc〉 Center, Start, Angle
중심점, 시작점, 각도를 지정하여 호를 그린다.

예제 1-3 Curve〉 1 Create Curves〉 Arc Center Start Angle 파일을 연다.

1 Main Toolbar〉 Arc Toolbar〉 Arc : Center, Start, Angle 버튼을 클릭한다.

2 호의 중심점을 지정하기 위해 점 **A**를 클릭한다. 호의 시작점을 지정하기 위해 점 **B**를 클릭한다. 호의 각도를 지정하기 위해 "30"을 입력하고 [Enter↵] 키를 누른다. 오른쪽 그림처럼 직선에 30°인 호를 그렸다.

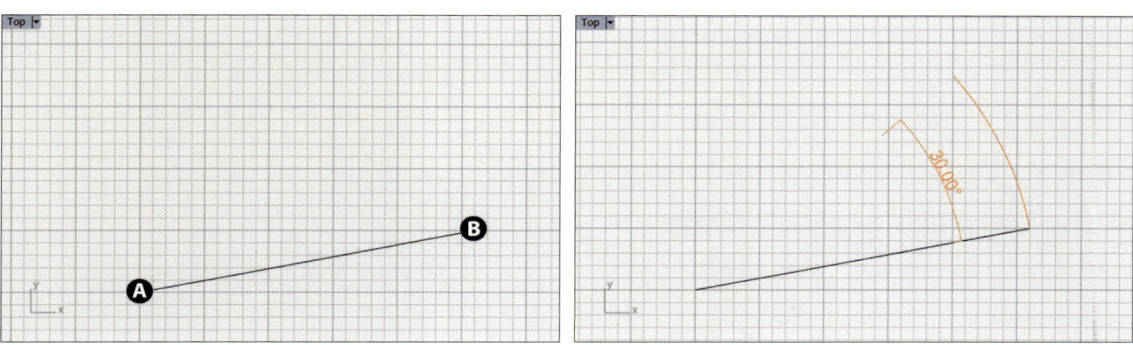

5.2 Arc : Start, End, Point On Arc

Main Toolbar〉 Arc Toolbar〉 Arc : Start, End, Point On Arc
Curve Menu〉 Arc〉 Start, End, Point
시작점, 끝점, 통과할 점을 지정하여 호를 그린다. 커브를 그릴 때 많이 사용하는 방법이다.

예제 1-3 Curve〉 1 Create Curves〉 Arc Start End Point On Arc 파일을 연다.

1 Main Toolbar〉 Arc Toolbar〉 Arc : Start, End, Point On Arc 버튼을 클릭한다.

2 호의 시작점을 지정하기 위해 점 **A**를 클릭한다. 호의 끝점을 지정하기 위해 점 **B**를 클릭한다. 통과할 점을 지정하기 위해, 점 **C**를 클릭한다. 오른쪽 그림처럼 지정한 3개의 점을 통과하는 호를 그린다.

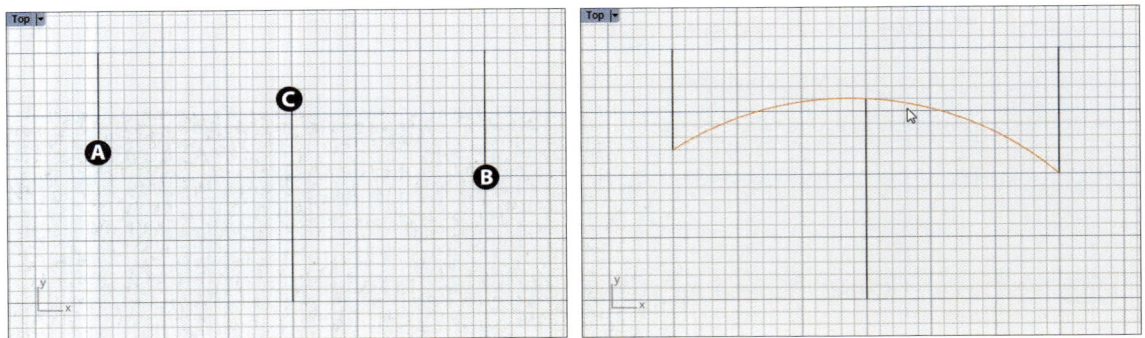

Arc : Start, Point On Arc, End

Main Toolbar〉Arc Toolbar〉Arc : Start, End, Point On Arc (🖱)

시작점, 통과할 점, 끝점을 지정하여 호를 그린다. Arc : Start, End, Point On Arc 버튼을 오른쪽 마우스 버튼으로 클릭한다.

5.3 Arc : Tangent To Curves

Main Toolbar〉Arc Toolbar〉Arc : Tangent To Curves

Curve Menu〉Arc〉Tangent To Curves

3개의 커브에 탄젠트로 접하는 호를 그린다. 탄젠트로 접할 커브를 지정하는 대신에, 점을 지정할 수도 있다.

예제 1-3 Curve〉1 Create Curves〉Arc Tangent To Curves 파일을 연다.

1 Main Toolbar〉Arc Toolbar〉Arc : Tangent To Curves 버튼을 클릭한다.

2 원 **Ⓐ**, **Ⓑ**, **Ⓒ**를 차례로 클릭한다. 오른쪽 그림처럼 미리보기가 표시된다.

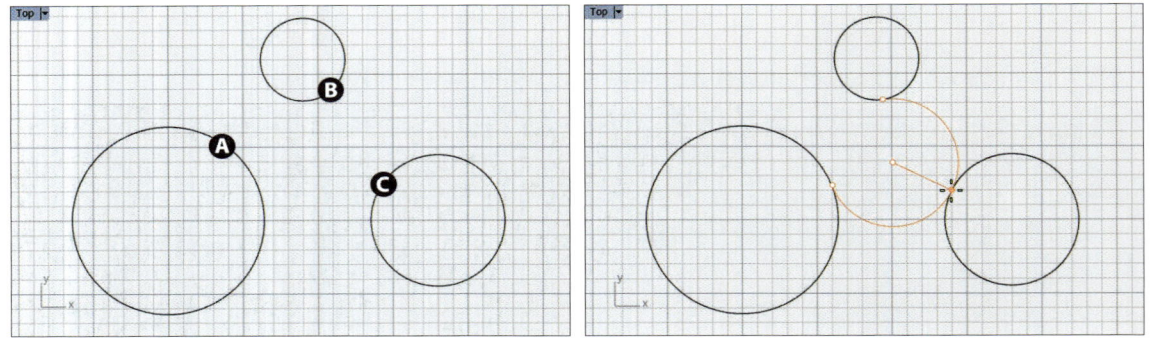

3 마우스를 다른 곳으로 움직이면, 미리보기가 변경된다. 원하는 호의 모양이 보일 때 클릭하여 호를 그린다.

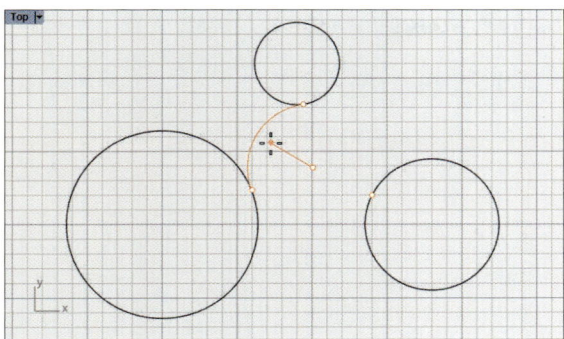

Arc : Tangent, Tangent, Radius

Main Toolbar〉 Arc Toolbar〉 Arc : Tangent To Curves (🖱)
Curve Menu〉 Arc〉 Tangent, Tangent, Radius

탄젠트로 접할 커브 2개와 반지름을 지정하여 호를 그린다. Arc : Tangent To Curves 버튼을 오른쪽 마우스 버튼으로 클릭한다.

6 사각형 그리기(Create Rectangles)

사각형(Rectangle)을 그린다.

Main Toolbar〉 Rectangle : Corner To Corner 버튼을 누르고 잠시 기다리면, Rectangle Toolbar 가 표시된다.

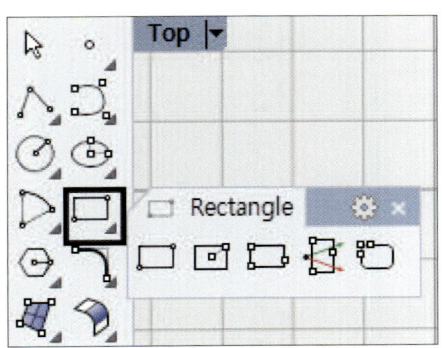

[Rectangle Toolbar]

6.1 Rectangle : Corner To Corner

Main Toolbar〉 Rectangle : Corner To Corner

Curve Menu〉 Rectangle〉 Corner To Corner

대각선 모서리 2개를 지정하여 사각형을 그린다.

예제 1-3 Curve〉 1 Create Curves〉 Rectangle Corner To Corner 파일을 연다.

1 Main Toolbar〉 Rectangle : Corner To Corner 버튼을 클릭한다.

2 점 **A**, **B**를 클릭한다. 오른쪽 그림처럼 2개의 모서리를 지정하여 사각형을 그린다.

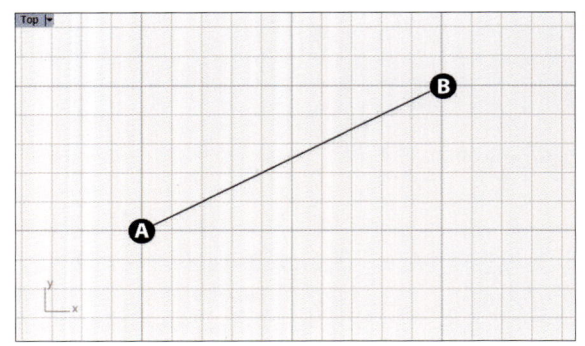 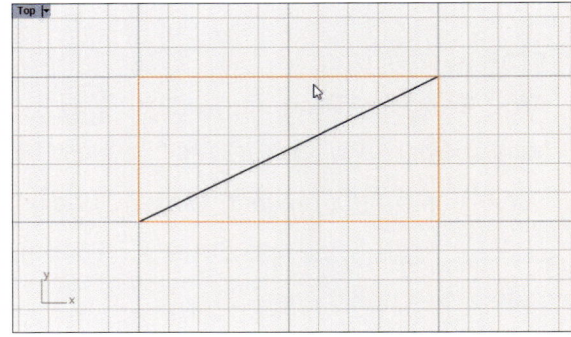

6.2 Rectangle : Center, Corner

Main Toolbar〉 Rectangle Toolbar 〉 Rectangle : Center, Corner

Curve Menu〉 Rectangle 〉 Center, Corner

중심점과 모서리를 지정하여 사각형을 그린다.

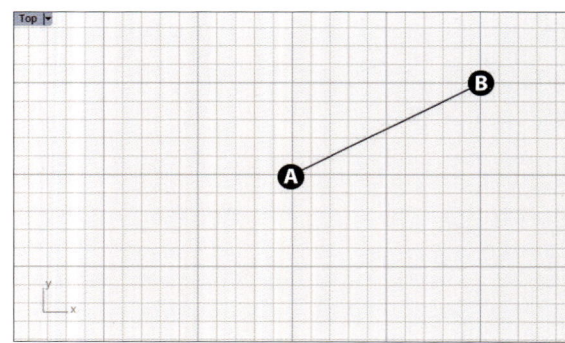 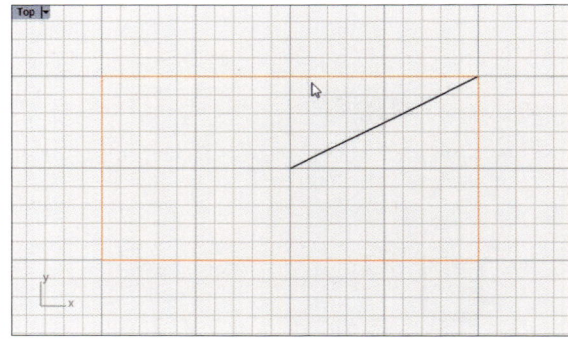

7 정다각형 그리기(Create Polygons)

정다각형(Polygon)을 그린다. 원에 내접하거나, 외접하는 방식 중에서 선택하여 그린다. 기본 설정은 원에 내접하는 방식으로 그린다.

Main Toolbar〉Polygon : Center, Radius 버튼을 누르고 잠시 기다리면, Polygon Toolbar가 표시된다.

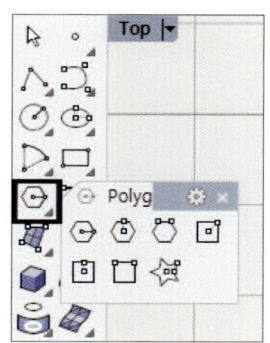

[Polygon Toolbar]

7.1 Polygon : Center, Radius

Main Toolbar〉Polygon : Center, Radius

Curve Menu〉Polygon〉Center, Radius

중심점과 반지름을 지정하여 정다각형(Polygon)을 그린다. 옵션에서 원에 내접하거나 (Inscribed), 외접하는(Circumscribed) 방식을 선택할 수 있다.

예제 1-3 Curve〉1 Create Curves〉Polygon Center Radius 파일을 연다.

1 Main Toolbar〉Polygon Toolbar〉Polygon : Center, Radius 버튼을 클릭한다.

2 정 6각형을 그리기 위해, 옵션을 "Num Sides=6"으로 설정한다. 정다각형의 중심점을 지정하기 위해, 점 **Ⓐ**를 클릭한다. 다각형의 모서리를 지정하기 위해, 점 **Ⓑ**를 클릭한다. 오른쪽 그림처럼 정 6각형을 그린다.

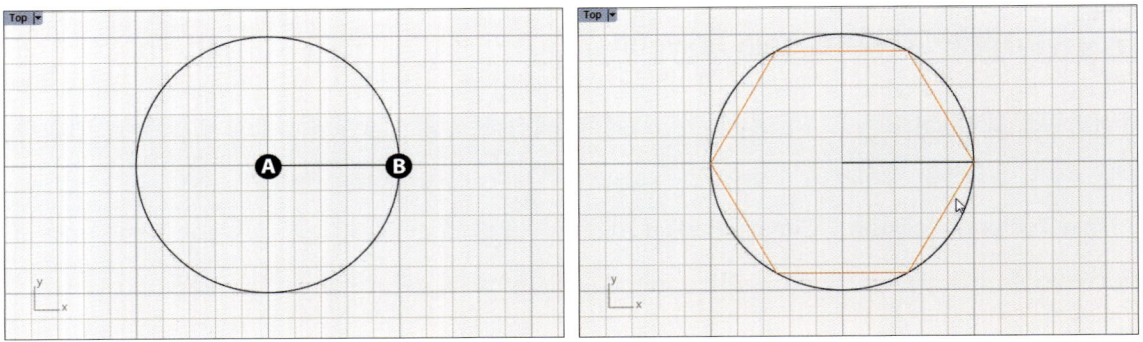

7.2 Polygon : Star

Main Toolbar〉 Polygon Toolbar〉 Polygon : Star

Curve Menu〉 Polygon〉 Star

별모양의 다각형을 그린다.

예제 1-3 Curve〉 1 Create Curves〉 Polygon Star 파일을 연다.

1 Main Toolbar〉 Polygon Toolbar〉 Polygon : Star 버튼을 클릭한다.

2 옵션을 "NumSides=10"으로 설정한다.

3 중심점 Ⓐ, 긴 반지름 Ⓑ, 짧은 반지름 Ⓒ를 차례대로 클릭한다. 오른쪽 그림처럼 뾰족한 끝이 10개인 별모양의 다각형을 그린다.

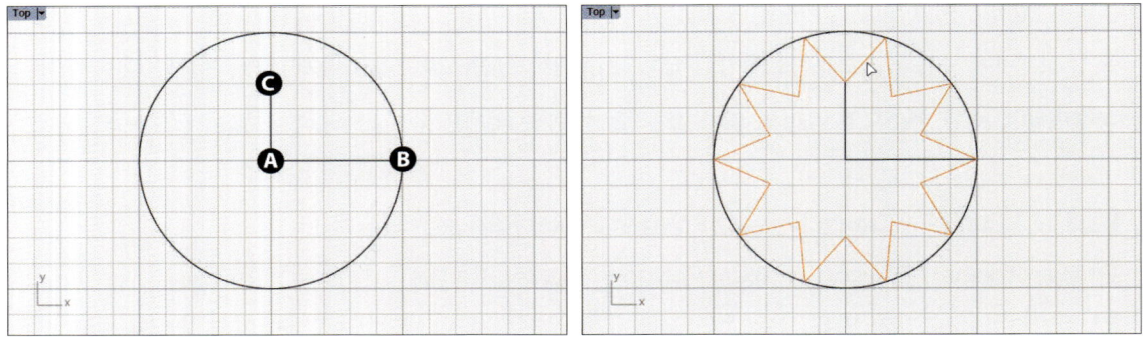

제1부_라이노 인터페이스와 명령어 사용법

2 오브젝트로부터 커브 만들기

커브는 직접 그려서 사용하는 것이 대부분이지만, 때로는 서피스나 솔리드와 같은 다른 오브젝트로부터 커브를 만들어서 사용하는 것이 편리한 경우도 있다. 서피스의 에지(Edge) 복제하기, 서피스의 아이소커브(Isocurve) 추출하기, 오브젝트의 교차 부분을 커브나 점으로 추출하기, 제어점(Control Point) 추출하기, 서피스의 UV 커브 추출하기, 2D 도면작성을 위해 3D 모델링 오브젝트로부터 평행 투상 2D 커브 추출하기 등의 방법을 사용한다.

Main Toolbar〉 Project Curves 버튼을 누른 상태에서 잠시 기다리면, Curve From Object Toolbar가 표시된다.

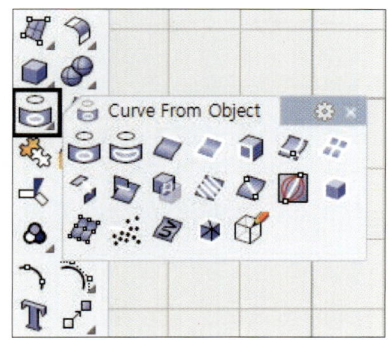

[Curve From Object Toolbar]

1 Project Curves

Main Toolbar〉Project Curves
Curve Menu〉Curve From Objects〉Project

커브를 작업평면(Construction Plane)에 수직 방향으로 투상한다.

예제 1-3 Curve〉2 Curve From Object〉Project Curves 파일을 연다.

1 Main Toolbar〉Project Curves 버튼을 클릭한다.

2 투상시킬 커브를 지정하기 위해, 커브 **A**를 클릭하고 [Enter↵] 키를 누른다. 커브를 투상시킬 서피스를 지정하기 위해, 서피스 **B**를 클릭하고 [Enter↵] 키를 누른다. 오른쪽 그림처럼 커브 **A**를 서피스 **B** 위에 투상한다.

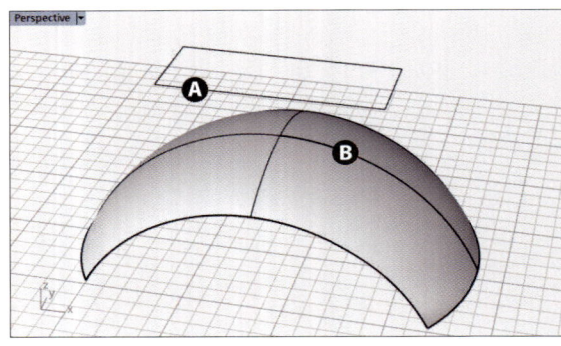 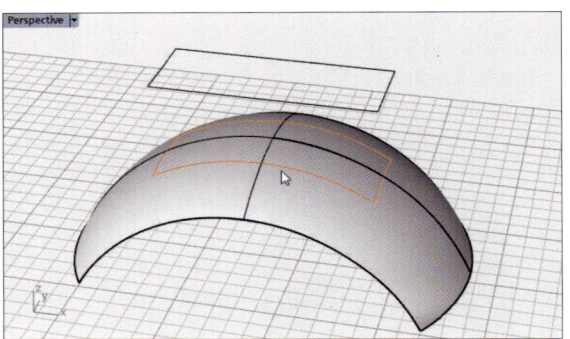

3 원본 커브와 투상된 커브는, Top 뷰포트에서 보면 아래 그림처럼 정확하게 일치한다. 다음에 나오는 "Pull Curve"의 결과와 비교해보기 바란다.

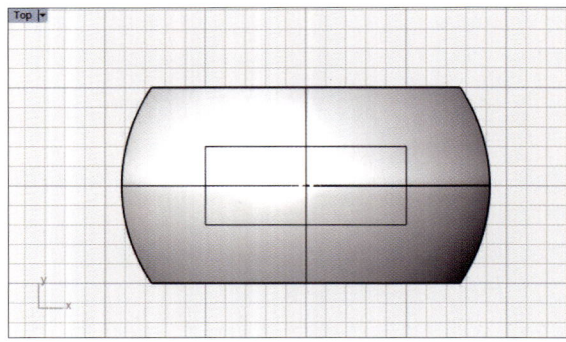

- 커브를 활성화된 뷰포트의 작업평면(Construction Plane)에 수직으로 투상한다.
- 커브를 정확하게 투상하기 위해서는 투상할 커브, 커브가 그려질 서피스, 작업평면(Construction

Plane)이 일직선상에 위치하는 뷰포트에서 작업해야 한다.
- Project는 복잡한 커브를 생성하므로 제어점(Control Point)의 수가 많아진다. 서피스를 트림(Trim)하는데 필요한 제어점(Control Point)을 확보하기 위해서이다.

2 Pull Curve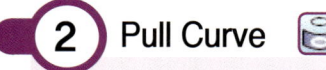

Main Toolbar〉 Curve From Objects Toolbar〉 Pull Curve
Curve Menu〉 Curve From Objects〉 Pullback

커브를 서피스의 서피스 노멀(Surface Normal) 방향으로 잡아당기면서 투상한다. 이런 이유로 볼록한 서피스 위에서는 커브가 원래의 크기보다 작게 투상되고, 오목한 서피스 위에서는 커브가 원래의 크기보다 크게 투상된다.

[예제] 1-3 Curve〉 2 Curve From Object〉 Pull Curve 파일을 연다.

1 Main Toolbar〉 Curve From Objects Toolbar〉 Pull Curve 버튼을 클릭한다.

2 잡아당길 커브를 지정하기 위해, 커브 A를 클릭하고 Enter 키를 누른다. 서피스를 지정하기 위해, 서피스 **B**을 클릭하고 Enter 키를 누른다. 오른쪽 그림처럼 선택한 커브 **A**를 서피스 **B**의 서피스 노멀(Surface Normal) 방향으로 잡아당기면서 투상한다.

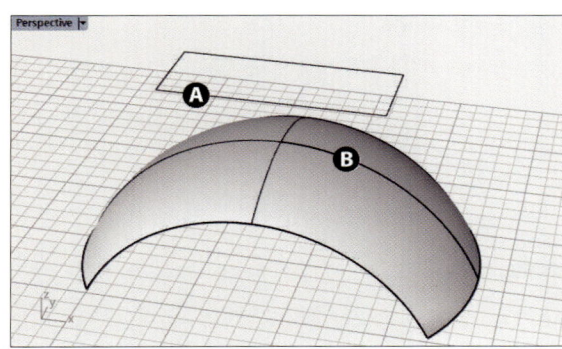 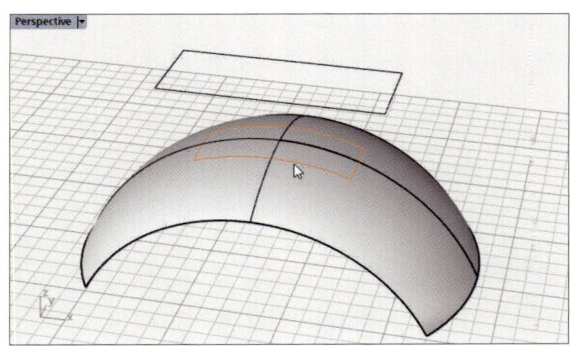

3 Pull Curve로 투상한 커브들은 서피스의 곡면 방향에 따라 크기가 변하면서 투상된다. 볼록한 서피스에서는 원본보다 작게 투상되고, 오목한 서피스에서는 원본보다 크게 투상된다. 아래 그림은 Top 뷰포트에서 원래의 커브와 서피스 위에 Pull Curve로 투상한 커브를 비교한 그림이다.

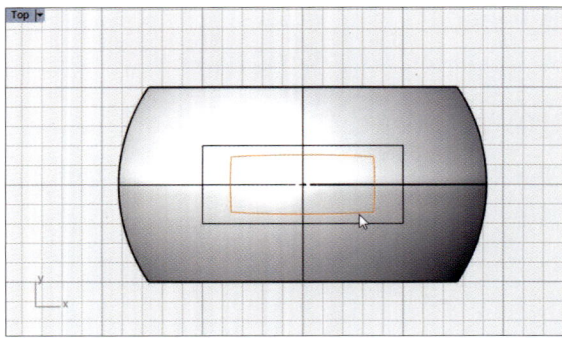

- 투상된 커브는 서피스 노멀(Surface Normal) 방향에 따라 커지거나 작아진다.
- Pull 명령은 복잡한 커브를 생성하므로 제어점(Control Point)의 수가 증가한다.

3 Duplicate Edge

Main Toolbar〉 Curve From Objects Toolbar〉 Duplicate Edge
Curve Menu〉 Curve From Objects〉 Duplicate Edge
서피스의 에지를 복제하여 커브 오브젝트를 만든다.

예제 1-3 Curve〉 2 Curve From Object〉 Duplicate Edge 파일을 연다.

1 Main Toolbar〉 Curve From Objects Toolbar〉 Duplicate Edge 버튼을 클릭한다.

2 복제할 서피스의 에지를 지정하기 위해, 왼쪽 그림처럼 마우스를 Ⓐ에서 Ⓑ를 드래그하여 사각형 안의 에지를 모두 선택하고 [Enter↵] 키를 누른다. 서피스를 숨기면 오른쪽 그림처럼 선택한 서피스의 에지를 커브 오브젝트로 만든 것을 확인할 수 있다.

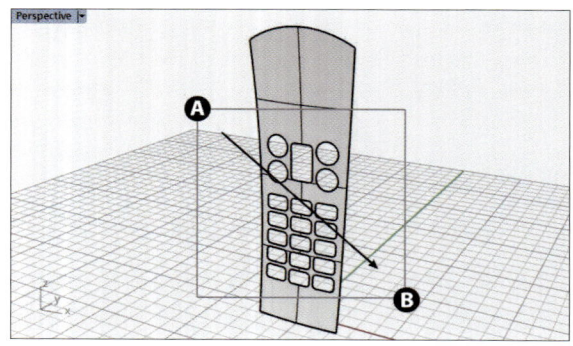 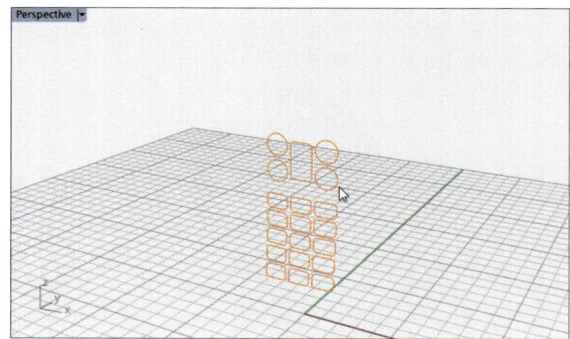

4 Duplicate Border

Main Toolbar〉 Curve From Objects Toolbar〉 Duplicate Border
Curve Menu〉 Curve From Objects〉 Duplicate Border
서피스나 폴리서피스의 경계선 전체를 복제하여 커브 오브젝트로 만든다.

5 Duplicate Face Border

Main Toolbar〉 Curve From Objects Toolbar〉 Duplicate Face Border
Curve Menu〉 Curve From Objects〉 Duplicate Face Border
폴리서피스의 페이스의 경계선을 커브 오브젝트로 복제한다.

6 Extract Isocurve

Main Toolbar〉 Curve From Objects Toolbar〉 Extract Isocurve
Curve Menu〉 Curve From Objects〉 Extract Isocurve
서피스의 아이소커브(Isocurve Curve)를 추출하여, 커브 오브젝트를 만든다.

[예제] 1-3 Curve〉 2 Curve From Object〉 Extract Isocurve 파일을 연다.

1 Main Toolbar〉 Curve From Objects Toolbar〉 Extract Isocurve 버튼을 클릭한다.

2 서피스 **A**를 클릭한다. 아이소커브(Isocurve Curve)를 U, V 양쪽 방향으로 추출하기 위해, 옵션을 "Direction=Both"로 설정한다. 아이소커브를 추출할 위치를 지정하기 위해, 오른쪽 그림처럼 아이소커브의 교차점 **B**를 클릭한다.

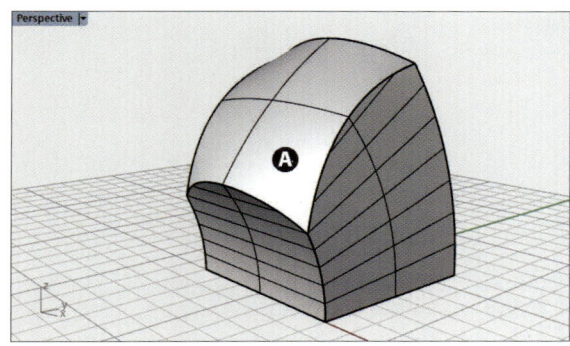
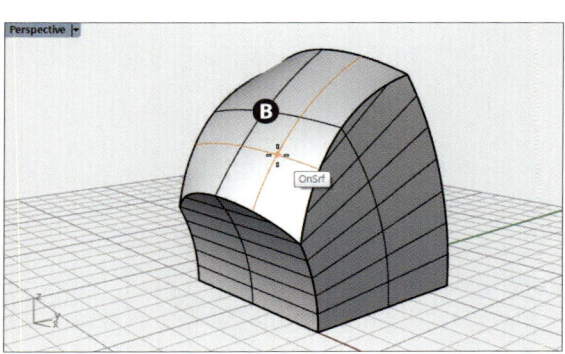

3 클릭한 위치에서 아이소커브를 커브 오브젝트로 복제한다. Enter 키를 눌러서 명령을 끝낸다. 서피스를 숨기면 오른쪽 그림처럼 아이소커브를 복사한 커브가 보인다.

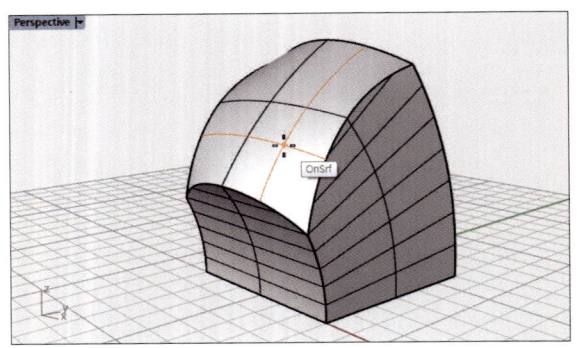
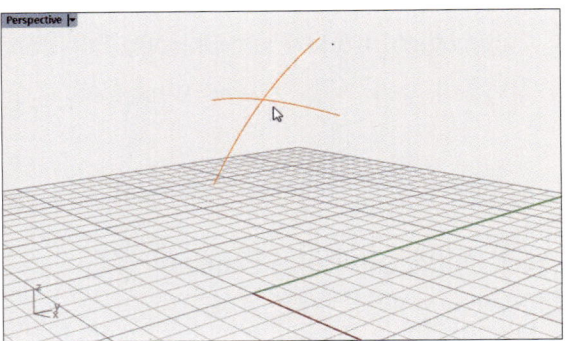

Options

- Isocurve의 교차점을 스냅하려면, Osnap 툴바에서 " Int "를 체크한다.
- **Direction** : 아이소커브를 추출할 방향을 설정한다. U-방향이나 V-방향 또는 양쪽으로 설정할 수 있다.
- **Ignore Trims** : No로 설정하면 서피스의 트림을 고려한다. Yes로 설정하면 서피스의 트림을 무시한다.

7 Extract Wireframe

Main Toolbar〉 Curve From Objects Toolbar〉 Extract Wireframe
Curve Menu〉 Curve From Objects〉 Extract Wireframe

서피스나 솔리드의 에지와 아이소커브 전체를, 커브 오브젝트로 추출한다.

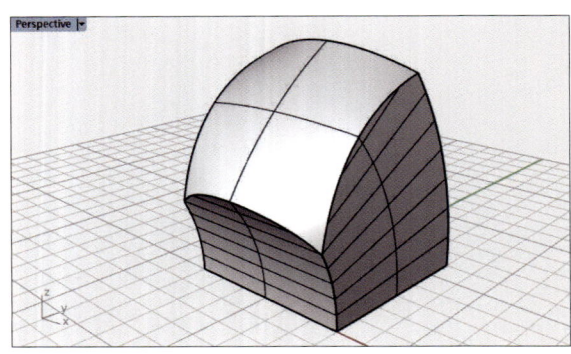
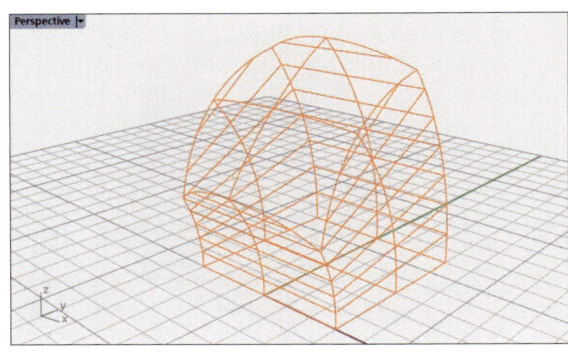

8 Quick Curve Blend Perpendicular

Main Toolbar〉 Curve From Objects Toolbar〉 Quick Curve Blend Perpendicular

2개의 서피스의 에지에 직각인 블렌드 커브(Blend Curve)를 만든다. 위치(Position), 탠젠트(Tangency), 곡률(Curvature) 중에서 연속성(Continuity)을 선택한다.

예제 1-3 Curve〉 2 Curve From Object〉 Quick Curve Blend Perpendicular 파일을 연다.

1 Main Toolbar〉 Curve From Objects Toolbar〉 Quick Curve Blend Perpendicular 버튼을 클릭한다.

2 연속성을 곡률(Curvature)로 설정하기 위해, 옵션에서 "Continuity=Curvature"로 설정한다.

3 블렌드시킬 첫 번째 커브를 지정하기 위해, 서피스의 에지 **A**를 클릭한 다음 중간점 1을 클릭한다. 블렌드시킬 두 번째 커브를 지정하기 위해, 서피스의 에지 **B**를 클릭한 다음 중간점 2를 클릭한다. 오른쪽 그림처럼 에지 **A**, **B**를 지정한 위치에서 직각으로 블렌드시킨 커브를 만든다.

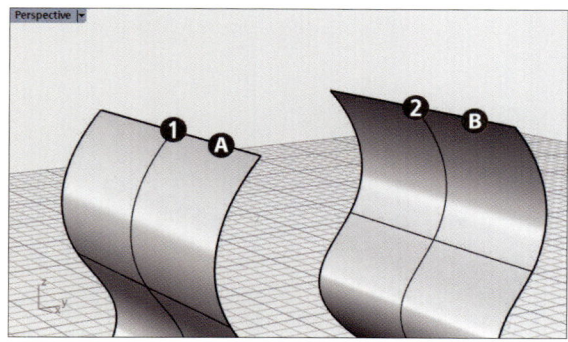 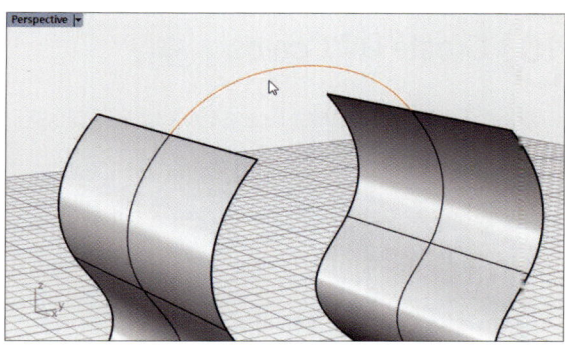

Options

- **Continuity** : G0(Position), G1(Tangency), G2(Curvature) 중에서 연속성을 설정한다.

9 Object Intersection

Main Toolbar〉 Curve From Objects Toolbar〉 Object Intersection

Curve Menu〉 Curve From Objects〉 Intersection

오브젝트들이 서로 교차하는 교차선을 커브 오브젝트로 만든다.

예제 1-3 Curve〉 2 Curve From Object〉 Object Intersection 파일을 연다.

1 Main Toolbar〉 Curve From Objects Toolbar〉 Object Intersection 버튼을 클릭한다.

2 오브젝트 Ⓐ, Ⓑ를 클릭하고 [Enter⏎] 키를 누른다. 오브젝트 Ⓐ, Ⓑ를 숨기면 오른쪽 그림처럼 교차선으로 커브를 만든 것을 확인할 수 있다.

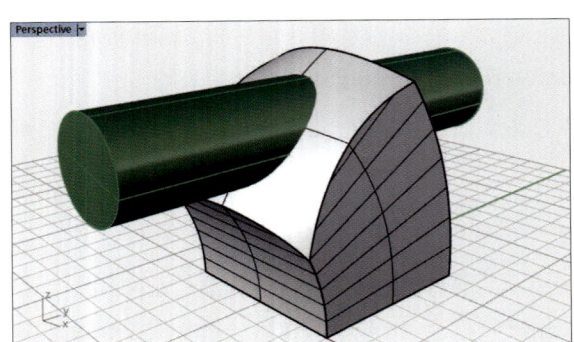 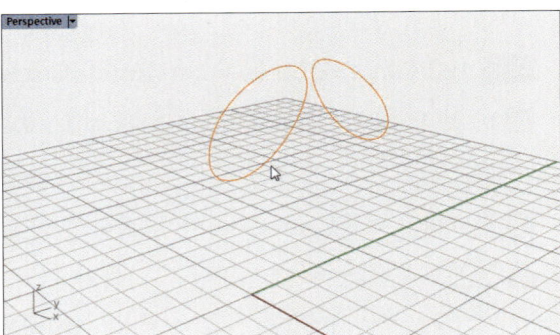

10 Create UV Curves

Main Toolbar〉 Curve From Objects Toolbar〉 Create UV Curves
Curve Menu〉 Curve From Objects〉 Create UV Curves

서피스의 트림하지 않은 상태의 외곽선인 UV 커브를, 원점을 기준으로 평면 위에 펼친 커브를 만든다. 글자나 패턴을 서피스 위에 정확하게 매핑하기 위해 사용한다.

Apply UV Curves

Main Toolbar〉 Curve From Objects Toolbar〉 Create UV Curves (🖱)
Curve Menu〉 Curve From Objects〉 Apply UV Curves

만들어진 UV Curve를 서피스의 표면에 바른다. Create UV Curves 버튼을 오른쪽 마우스 버튼으로 클릭한다.

Create UV Curves

예제 1-3 Curve〉 2 Curve From Object〉 Create UV Curves 파일을 연다.

1 Main Toolbar〉 Curve From Objects Toolbar〉 Create UV Curves 버튼을 클릭한다.

2 UV 커브를 만들 서피스를 지정하기 위해, 왼쪽 그림처럼 서피스 Ⓐ를 클릭하고 [Enter⏎] 키를

누른다. 오른쪽 그림처럼 원점을 기준으로 서피스의 UV 커브인 사각형 커브 ❷를 만든다.

3️⃣ 화면의 빈 공간을 클릭하여, 선택된 오브젝트가 없도록 한다.

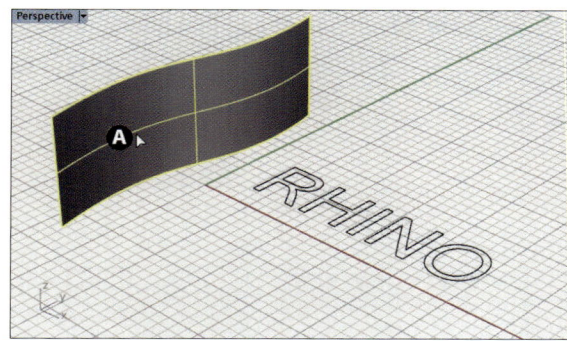 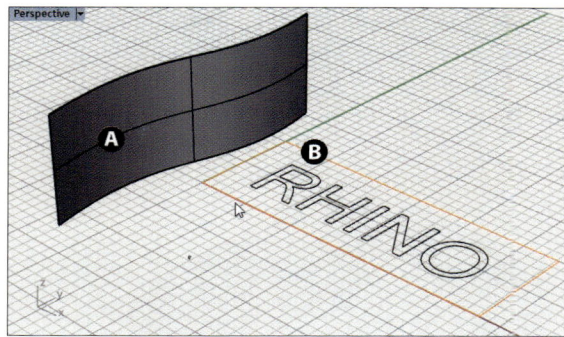

Apply UV Curves

4️⃣ **Main Toolbar〉 Curve From Objects Toolbar〉 Create UV Curves** 버튼을 오른쪽 마우스 버튼(🖱) 으로 클릭하여, Apply UV Curves 명령을 실행한다.

5️⃣ 서피스 위에 바를 평면 커브를 지정하기 위해, 왼쪽 그림처럼 마우스를 ❸에서 ❹로 드래그 하여 UV 커브와 그 안의 글자들을 모두 선택하고 [Enter↵] 키를 누른다.

6️⃣ 커브를 바를 서피스를 지정하기 위해, 서피스 ❶를 클릭한다. 오른쪽 그림처럼 선택한 커브들 을 지정한 서피스 위에 바르듯이 배치한다.

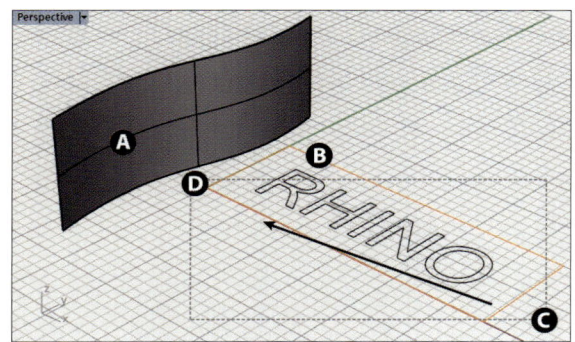 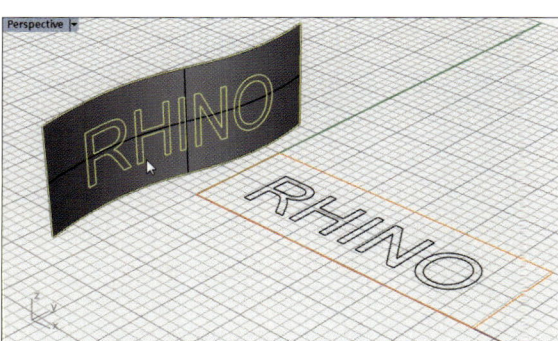

11 Make 2-D Drawing

Main Toolbar〉Curve From Objects Toolbar〉Make 2-D Drawing
Standard Toolbar〉Dimension Toolbar〉Make 2-D Drawing

선택한 오브젝트의 2-D 도면용 커브를 만든다. 만들어진 커브들은 Top 뷰포트의 원점을 기준으로 투상된다. 2-D 도면용 커브들을 만들 때 필요한 레이어를 같이 만든다. 복잡한 부분은 커브가 생략되기도 한다.

예제 1-3 Curve〉2 Curve From Object〉Make 2-D Drawing 파일을 연다.

1 Main Toolbar〉Curve From Objects Toolbar〉Make 2-D Drawing 버튼을 클릭한다.

2 그룹 오브젝트 Ⓐ를 클릭하고 Enter↵ 키를 누른다. 2-D Drawing Options 창이 표시된다. 옵션 창의 "Projection" 항목에서 "Third Angle Projection"을 선택하고 OK 버튼을 누른다.

3 오른쪽 그림처럼 Top 뷰포트에, 2-D 도면용 커브들을 만든다.

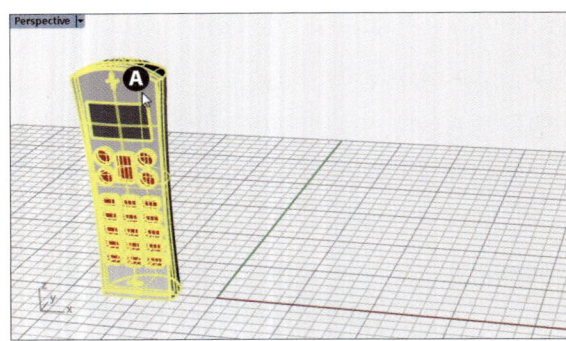
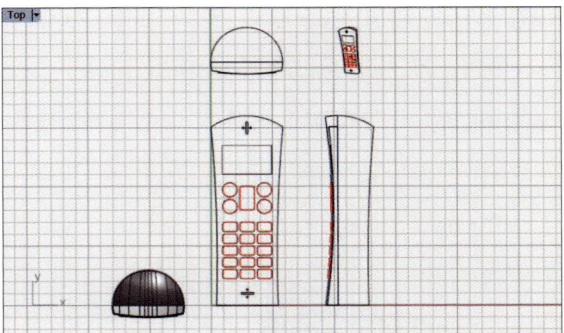

3 커브 편집(Curve Editing)

라이노에서는 NURBS 커브를 사용한다.

NURBS 커브

NURBS란 차등 유리 B-스플라인(Non-Uniform Rational B Spline)의 약자이며, 직선은 쿨론 원과 같은 규칙적인 곡선과, 한 개의 커브 안에서 곡률이 변하는 자유곡선 등을 자유롭게 표현할 수 있다.

차수(Degree)

NURBS 커브를 정의하는 다항식의 차수(Degree)가 높아질수록 부드러운 커브를 그릴 수 있지만, 커브를 편집하는 것은 더 복잡해진다. NURBS 커브는 최소한 "Degree+1"개의 제어점(Control Point)을 가지고 있다.

- **Degree 1** : 직선을 그린다.
- **Degree 2** : 원, 호 등의 규칙적인 곡선을 그린다.
- **Degree 3 이상** : 자유곡선을 그린다.

제어점(Control Point)

제어점(Control Point)은 커브의 모양을 제어하는 점이다. 제어점(Control Point)의 위치와 개수, 가중치(Weight)를 변경함으로써 커브의 형태를 변경한다. 가까운 위치의 제어점(Control Point)일수록 커브의 형태에 미치는 영향력이 크고, 멀어질수록 영향력이 약화된다.

나트(Knot)

나트(Knot)란 구간 곡선의 연결부로서, 커브에 제어점(Control Point)을 직접 추가할 수 없기 때문에 제어점을 추가하려면 나트(Knot)를 추가해야 한다.

연속성(Continuity)

2개의 커브(또는 2개의 서피스)가 연속하는 조건이다.

위치 연속(G0 연속 : Position Continuity)

2개의 커브(또는 2개의 서피스)가 만나는 곳에서, 위치(Position)만 일치한다. 만나는 부분이 각이 진다.

탄젠트 연속(G1 연속 : Tangency Continuity)

2개의 커브(또는 2개의 서피스)가 만나는 곳에서, 위치(Position)와 탄젠트(Tangency)가 일치한다. 만나는 부분이 둥글게 연속된다. 필렛(Fillet)한 커브는 G1 연속이다.

곡률 연속(G2 연속 : Curvature Continuity)

2개의 커브(또는 2개의 서피스)가 만나는 곳에서, 위치(Position)와 탄젠트(Tangency), 곡률(Curvature)이 일치한다. 만나는 부분이 매우 부드럽게 연속된다. Blend Curves, Match Curve로 만든 커브는 G2 연속이다.

커브의 제어점(Control Point)과 연속성(Continuity)

커브의 첫 번째 제어점은 위치(Position), 두 번째 제어점은 탄젠트(Tangency), 세 번째 제어점은 곡률(Curvature)을 제어한다.

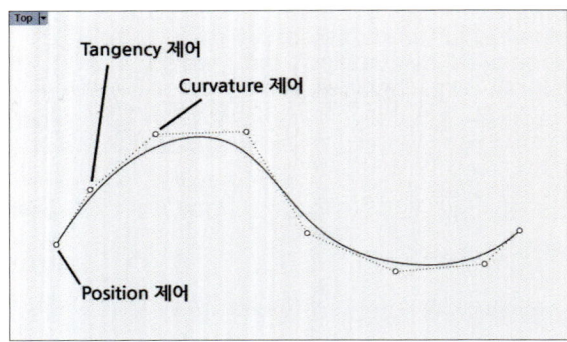

[커브의 제어점(Control Point)]

킹크와 크리즈(Kink and Crease)

킹크(Kink)

킹크(Kink)는 커브의 방향이 급격히 변하는 점이다. 킹크(Kink)는 커브의 곡률이 급격히 변하는 지점에서도 발생할 수 있다.

크리즈(Crease)

크리즈(Crease)는 서피스에서 탄젠트가 연속되지 않는 부분이다. 킹크(Kink)가 있는 커브로 서피스를 만들면, 단일 서피스(Single Surface)를 만드는 대신 폴리서피스를 만드는 원인이 된다.

순환 커브와 비순환 커브(Periodic Curve and Non-periodic Curve)

순환 커브(Periodic Curve)

순환 커브(Periodic Curve)는 부드럽게 닫힌 커브로서, 뾰족하게 각진 부분을 만들지 않고 제어점(Control Point)을 편집할 수 있다.

비순환 커브(Non-periodic Curve)

비순환 커브(Non-periodic Curve)는 커브의 시작점과 끝점이 만나는 위치에 킹크(Kink)가 있는 닫힌 커브로서, 킹크 위치의 제어점(Control Point)을 편집하면 뾰족하게 각진 부분이 생긴다.

Main Toolbar〉Fillet Curves 버튼을 누른 상태에서 잠시 기다리면, Curve Tools Toolbar가 표시된다.

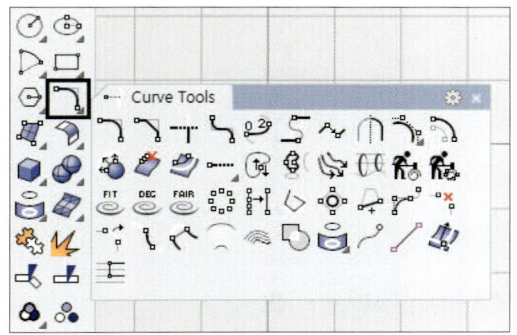

[Curve Tools Toolbar]

1 Fillet Curves

Main Toolbar > Fillet Curves

Curve Menu > Fillet Curves

2개의 커브를 지정한 반지름으로 필렛(Fillet)한다.

예제 1-3 Curve > 3 Curve Editing > **Fillet Curves** 파일을 연다.

1 Main Toolbar > **Fillet Curves** 버튼을 클릭한다.

2 필렛(Fillet) 반지름을 지정하기 위해, 옵션 항목에서 "Radius=50"으로 설정한다.

3 필렛할 커브를 지정하기 위해, 왼쪽 그림처럼 직선 **A**, **B**를 클릭한다. 오른쪽 그림처럼 필렛을 실행한다.

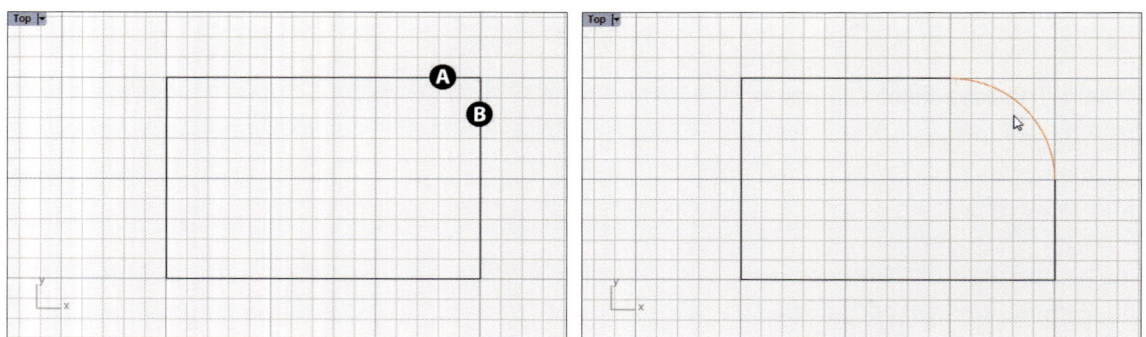

Options

- **Radius** : 필렛(Fillet) 반지름을 설정한다.
- **Join** : 필렛 후에, 커브들을 결합시킨다.
- **Trim** : 필렛 부분의 커브를 트림(Trim)한다.
- **Extend Arcs By** : 떨어져 있는 호(Arc)들을 작은 반지름으로 모깎기(Fillet)할 때, 원래의 커브와 필렛(Fillet)으로 만들어지는 호 사이를 연장하는 방식을 지정한다.
- **Arc** : 원래의 커브와 필렛으로 만들어지는 호 사이를, 호(Arc)로 연장한다.
- **Line** : 원래의 커브와 필렛으로 만들어지는 호 사이를, 직선으로 연장한다.

2 Chamfer Curves

Main Toolbar〉Curve Tools Toolbar〉Chamfer Curves

Curve Menu〉Chamfer Curves

2개의 커브의 모서리를 지정한 거리만큼 직선으로 모따기(Chamfer)한다.

예제 1-3 Curve〉3 Curve Editing〉Chamfer Curves 파일을 연다.

1 Main Toolbar〉Curve Tools Toolbar〉Chamfer Curves 버튼을 클릭한다.

2 첫 번째 모따기 거리를 지정하기 위해, 옵션에서 "Distances" 항목을 클릭하고 "50"을 입력한 다음 Enter↵ 키를 누른다. 두 번째 모따기 거리를, 첫 번째 모따기 거리와 동일하게 지정하기 위해 Enter↵ 키를 누른다.

3 모따기할 커브를 지정하기 위해, 왼쪽 그림처럼 직선 ④와 ⑤를 클릭한다. 오른쪽 그림에서 보는 것처럼 "Distance=50"으로 모따기를 실행한다.

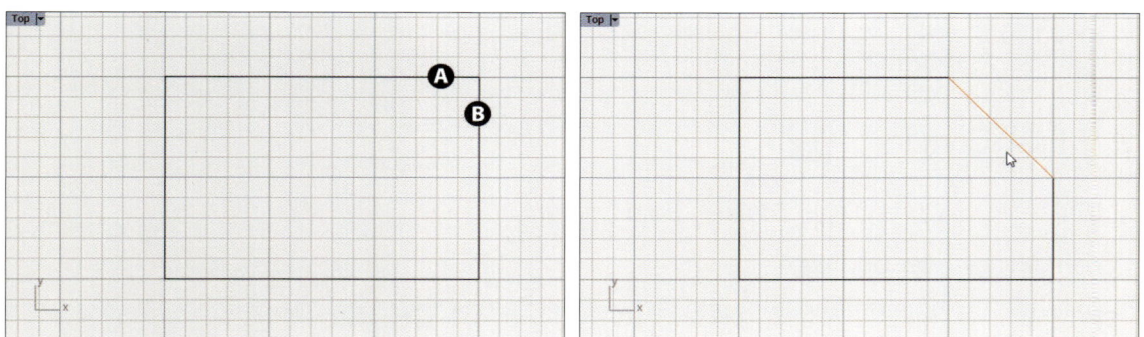

Options

- **Distances** : 모따기(Chamfer) 거리를 지정한다. 첫 번째 모따기 거리(First Chamfer Distance)와 두 번째 모따기 거리(Second Chamfer Distance) 2개를 지정한다.

3 Connect

Main Toolbar〉Curve Tools Toolbar〉Connect

Curve Menu〉Connect Curves

서로 떨어져 있는 커브를 연장하여 만나는 위치에서 자른다.

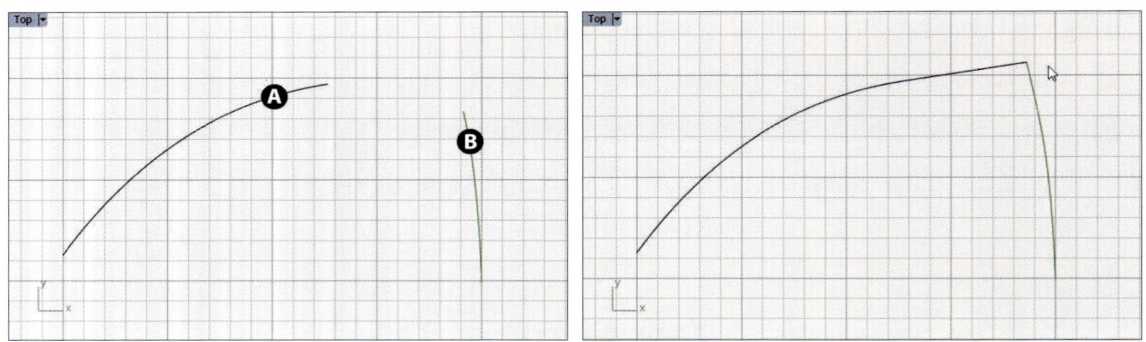

4 Fillet Corners

Main Toolbar〉Curve Tools Toolbar〉Fillet Corners

Curve Menu〉Fillet Corners

폴리커브나 폴리라인의 모든 모서리를, 지정한 반지름으로 필렛(Fillet)한다.

5 Adjustable Curve Blend

Main Toolbar〉Curve Tools Toolbar〉Adjustable Curve Blend

Curve Menu〉Blend Curves〉Adjustable Curve Blend

2개의 커브의 연속성(Continuity)을 제어하면서 블렌딩 커브를 만든다.

예제 1-3 Curve〉 3 Curve Editing〉 Adjustable Curve Blend 파일을 연다.

1 Main Toolbar〉 Curve Tools Toolbar〉 Adjustable Curve Blend 버튼을 클릭한다.

2 블렌드시킬 커브 Ⓐ, Ⓑ를 클릭한다. 오른쪽 그림처럼 "Adjust Curve Blend" 창이 표시되고 2개의 커브에 번호가 표시된다. "G2 연속"으로 블렌딩하기 위해, 오른쪽 그림처럼 옵션 창의 "Continuity" 항목에서 "Curvature"를 체크한다. 화면에서 끝부분의 제어점들을 이동시키면 블렌딩 커브의 형태가 변경된다. 제어점들은 "G2" 연속이라는 제한조건이 있기 때문에 일정한 방향으로만 이동시킬 수 있다.

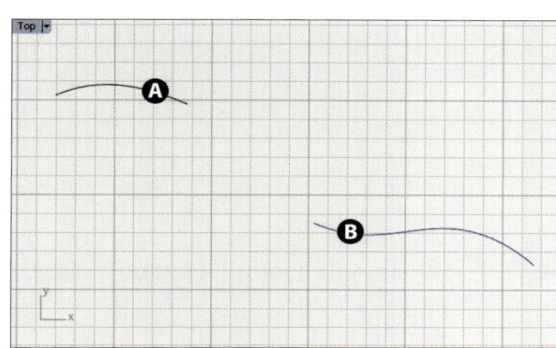 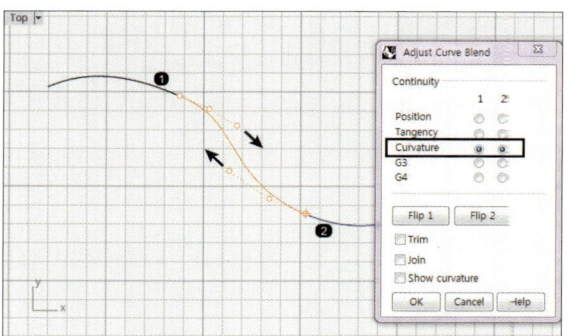

Options

- **Edges** : 서피스의 에지만 선택할 수 있도록 제한한다.
- **Point** : 블렌드시킬 커브 대신에 점을 지정한다. 2개의 커브 중에서 한 쪽만 점을 지정할 수 있다.
- **Shift 키** : " Shift " 키를 누른 상태에서 블렌드 커브의 제어점을 이동하면, 블렌드 커브의 양쪽을 대칭으로 수정한다.

Quick Blend Curves

Main Toolbar〉 Curve Tools Toolbar〉 Adjustable Curve Blend ( )

2개의 커브를 G2(곡률연속)로 블렌드시킨 커브를 만든다. Adjustable Curve Blend 버튼을 오른쪽 마우스 버튼으로 클릭한다.

예제 1-3 Curve〉 3 Curve Editing〉 Quick Blend Curves 파일을 연다.

1 Main Toolbar〉 Curve Tools Toolbar〉 Adjustable Curve Blend 버튼을 오른쪽 마우스 버튼으로

클릭한다.

2 연속성을 "G2 연속"으로 설정하기 위해, 옵션에서 "Continuity=Curvature"로 설정한다. 커브 ⒶⒷ를 클릭한다. 오른쪽 그림처럼 2개의 커브를 "G2 연속"으로 블렌드시킨 커브를 만든다.

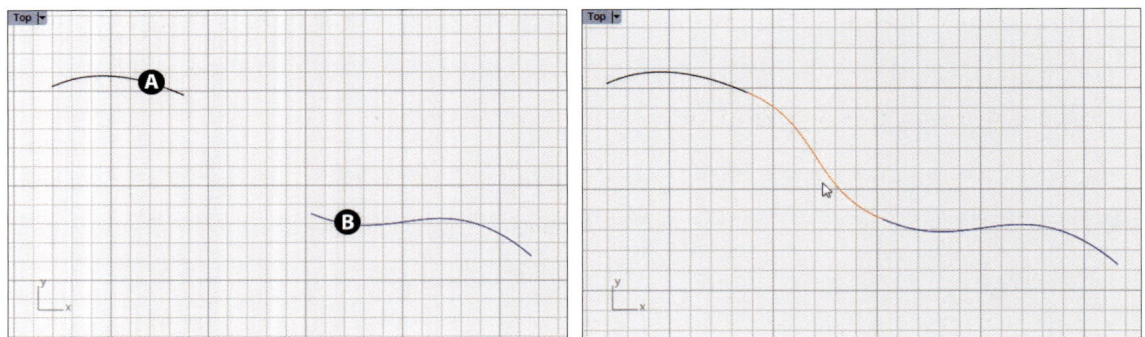

Options

- **Perpendicular** : 연속성(Continuity)을 탄젠트(Tangent)나 곡률(Curvature)로 설정하였을 때, 블렌드 커브를 서피스 에지에 직각으로 블렌드시킴으로써 서피스와의 연속성을 유지한 커브를 만든다.
- **Continuity** : 블렌드로 만들 커브의 연속성(Continuity)을 위치(Position : G0), 탄젠트 (Tangency : G1), 곡률(Curvature : G2) 연속 중에서 선택한다.

6 Arc Blend

Main Toolbar〉 Curve Tools Toolbar〉 Arc Blend
Curve Menu〉 Blend Curves〉 Arc Blend

2개의 커브 사이를, 2개의 호(Arc)로 블렌드시킨다. 2개의 호(Arc)가 만나는 위치는 조정할 수 있다.

7 Match Curve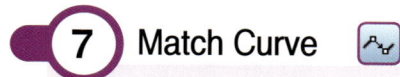

Main Toolbar> Curve Tools Toolbar> Match Curve
Curve Menu> Curve Edit Tools> Match
커브를 연속성(Continuity)을 지정하여 다른 커브와 만나도록 수정한다.

예제 1-3 Curve> 3 Curve Editing> Match Curve 파일을 연다.

1 Main Toolbar> Curve Tools Toolbar> Match Curve 버튼을 클릭한다.

2 변경할 커브(Open curve to change)를 지정하기 위해, 커브 **A**의 왼쪽 끝부분을 클릭한다. 매치의 기준이 되는 커브를 지정하기 위해, 커브 **B**의 오른쪽 끝부분을 클릭한다. 오른쪽 그림처럼 커브 1을 수정하여 커브 2와 만나는 화면이 미리보기로 표시되면서, Match Curve 창이 표시된다. 연속성을 "G2"로 설정하기 위해 왼쪽 그림처럼 체크하고 OK 버튼을 클릭한다.

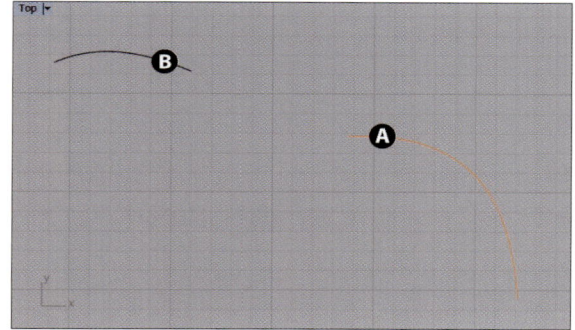 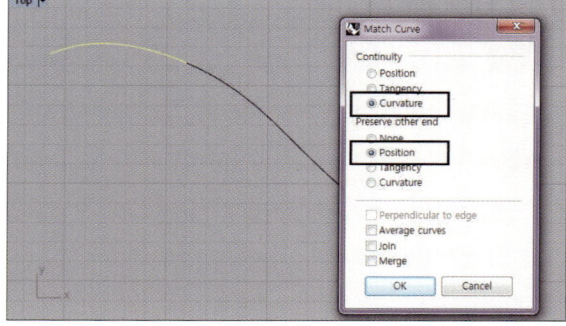

Options

- **Continuity** : 커브의 연속성(Continuity)을 설정한다.
- **Preserve Other End** : 매치(Match)시킬 커브의 다른 쪽 끝부분을 수정할 방법을 설정한다. 제어점(Control Point)이 6개 이하의 커브로 작업할 경우, 매치시킬 커브의 다른 쪽 끝부분의 곡률이 수정될 수도 있다.
  - **None** : 커브의 다른 쪽 끝부분을 수정하는데 제한을 두지 않는다.
  - **Position** : 매치시킬 커브의 다른 쪽 끝부분의 위치를 보존한다.
  - **Tangency** : 매치시킬 커브의 다른 쪽 끝부분의 탄젠트를 보존한다.
  - **Curvature** : 매치시킬 커브의 다른 쪽 끝부분의 곡률을 보존한다.
- **Perpendicular To Edge** : 커브를 서피스 에지에 직각으로 설정한다.
- **Average Curves** : 2개의 커브를 같이 수정한다.

- **Join** : 매치 작업 후에 2개의 커브들을, 한 개의 커브로 결합한다.
- **Merge** : 연속성(Continuity)을 곡률(Curvature)로 설정할 경우에만 가능하다. 커브를 매치시킨 후에 2개의 커브들을 병합(Merge)시킨다. 병합시킨 커브는 분해할 수 없다.

8 Symmetry

Main Toolbar〉 Curve Tools Toolbar〉 Symmetry
Transform〉 Symmetry

커브나 서피스 에지를 지정한 대칭선을 중심으로 원본 오브젝트와 탄젠트가 연속되도록 대칭복사한다. 옵션을 "Continuity=Smooth"로 설정하고 Symmetry를 실행하면, G2 연속(Curvature Continuity)으로 대칭복사한다.

예제 1-3 Curve〉 3 Curve Editing〉 Symmetry 파일을 연다.

1 Main Toolbar〉 Curve Tools Toolbar〉 Symmetry 버튼을 클릭한다.

2 대칭복사할 커브를 지정하기 위해, 커브 Ⓐ를 클릭한다. 옵션 항목에서 연속성 옵션을 "Continuity=Smooth"로 설정한다. 대칭선을 지정하기 위해 점 Ⓑ, Ⓒ를 클릭한다. 오른쪽 그림처럼 커브를 대칭복사한다.

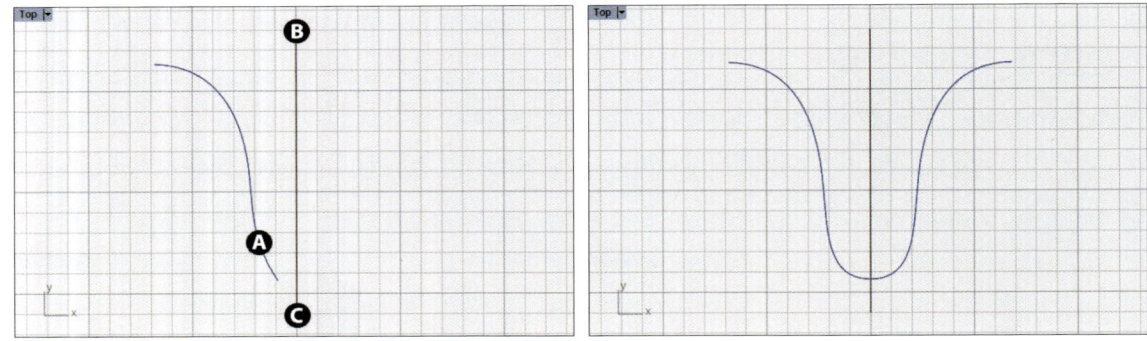

Options

Continuity
- **None** : 연속성 제한을 두지 않는다.
- **Position** : 연속성을 위치연속(Position Continuity : G0)으로 설정한다.
- **Smooth** : 연속성을 곡률 연속(Curvature Continuity : G2)으로 설정한다.

9 Show Object Control Points

Main Toolbar〉Show Object Control Points
Edit Menu〉Control Points〉Control Point On
커브나 서피스의 제어점(Control Point)을 표시한다.

예제 1-3 Curve〉3 Curve Editing〉Show Object Control Points 파일을 연다.

1 Main Toolbar〉Curve Tools Toolbar〉Show Object Control Points 버튼을 클릭한다.

2 커브 ⓐ, 서피스 ⓑ를 클릭하고 Enter 키를 누른다. 오른쪽 그림처럼 선택한 오브젝트의 제어점을 표시한다.

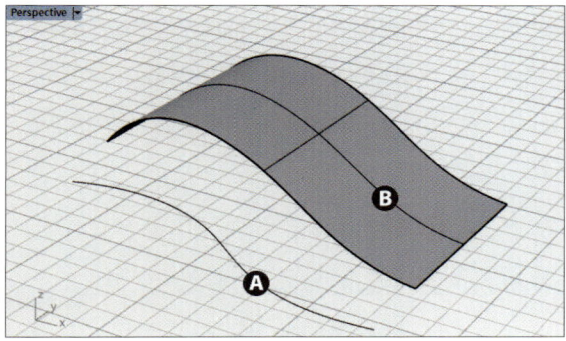 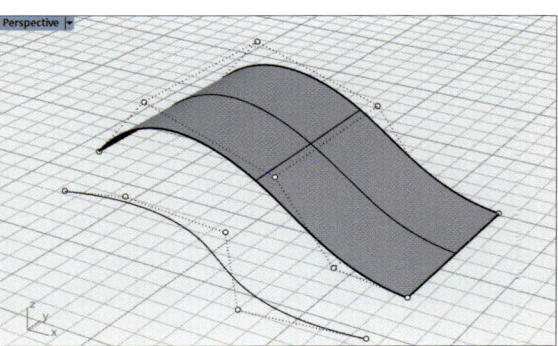

Point Off

Main Toolbar〉Show Object Control Points ( )

Edit Menu〉Control Points〉Control Point Off

화면에 표시한 커브나 서피스의 제어점(Control Point)을 끈다. Show Object Control Points 버튼을 오른쪽 마우스 버튼으로 클릭한다.

10 Offset Curve

Main Toolbar〉Curve Tools Toolbar〉Offset Curve

Curve Menu〉Offset Curve〉Offset Curve

커브를 현재 위치에서 지정한 간격만큼 떨어진 위치에 복사한다.

예제 1-3 Curve〉3 Curve Editing〉Offset Curve 파일을 연다.

1 Main Toolbar〉Curve Tools Toolbar〉Offset Curve 버튼을 클릭한다.

2 오프셋(Offset) 거리를 지정하기 위해, 옵션을 "Distance=20"으로 설정한다.

오프셋 시킬 커브를 지정하기 위해, 커브 **Ⓐ**를 클릭한다. 오프셋 방향을 지정하기 위해, 커브 **Ⓐ**의 위쪽을 클릭한다. 오른쪽 그림처럼 오프셋 커브를 만든다.

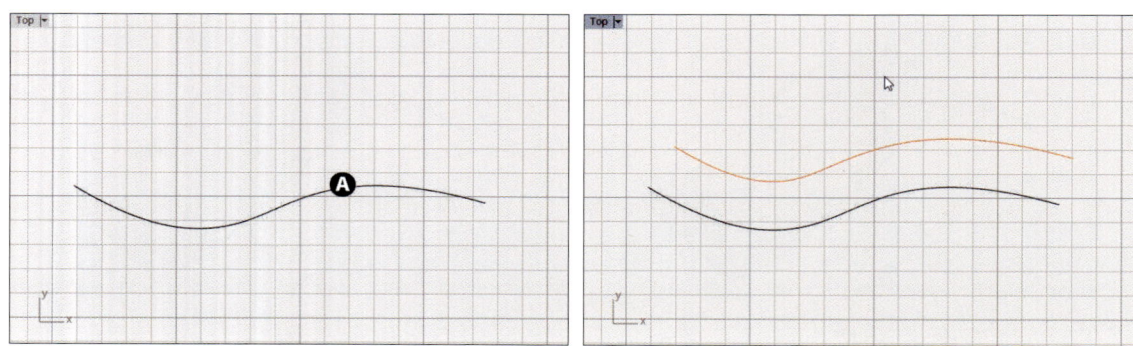

Options

- **Distance** : 오프셋 거리를 치수로 설정한다.
- **Corner** : 모서리의 처리 형태를 설정한다. Sharp, Round, Smooth, Chamfer가 있다.
- **Through Point** : 지정된 점을 통과하면서 오프셋을 실행한다.

- **Both Sides** : 커브의 양쪽으로 오프셋한다.
- **Cap** : 원본 커브와 오프셋한 커브의 끝을 연결하여 닫힌 커브를 만든다. None, Flat, Round가 있다.

11 Offset Curve On Surface

Main Toolbar〉 Curve Tools Toolbar〉 Offset Curve On Surface
Curve Menu〉 Offset〉 Offset Curve On Surface
서피스 위에 그려진 커브를, 서피스 위에서 지정한 간격만큼 떨어진 위치에 복사한다.

[예제] 1-3 Curve〉 3 Curve Editing〉 Offset Curve On Surface 파일을 연다.

1 Main Toolbar〉 Curve Tools Toolbar〉 Offset Curve On Surface 버튼을 클릭한다.

2 서피스 위의 커브 Ⓐ를 클릭한다. 기준 서피스를 지정하기 위해, 서피스 Ⓑ를 클릭한다. 오른쪽 그림처럼 오프셋 방향이 화살표로 표시된다. 오프셋 방향을 변경하려면 옵션에서 "Flip"을 클릭한다.

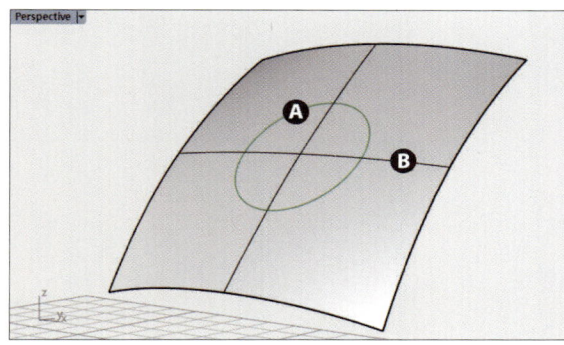 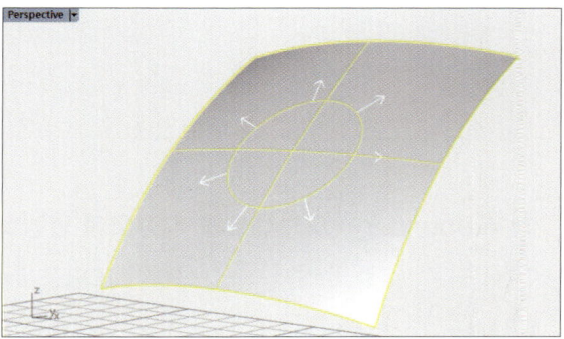

3 오프셋 거리를 지정하기 위해, "10"을 입력하고 [Enter↵] 키를 누른다. 서피스 위에 오프셋 커브를 만든다.

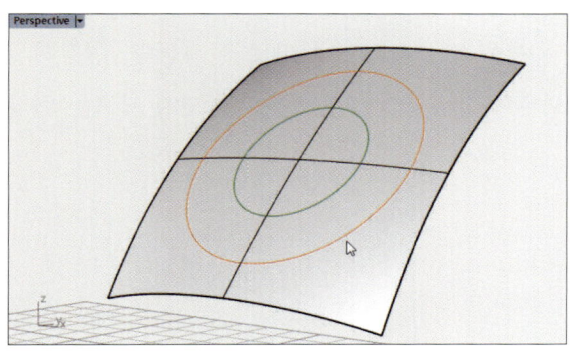

12 Extend Curve

Main Toolbar〉Curve Tools Toolbar〉Extend Curve
Curve Menu〉Extend Curve〉Extend Curve

커브를 연장 거리(Extension Length)만큼, 또는 지정한 경계(Boundary) 오브젝트까지 연장한다.

마우스로 클릭하여 연장하기

예제 1-3 Curve〉3 Curve Editing〉Extend Curve 파일을 연다.

① Main Toolbar〉Curve Tools Toolbar〉Extend Curve 버튼을 클릭한다.

② 연장시킬 커브 ⒶⓇ를 클릭한다. 연장시킬 위치를 지정하기 위해 점 ⒷⓇ 근처를 클릭한다. 오른쪽 그림처럼 클릭한 지점까지 커브를 연장한다.

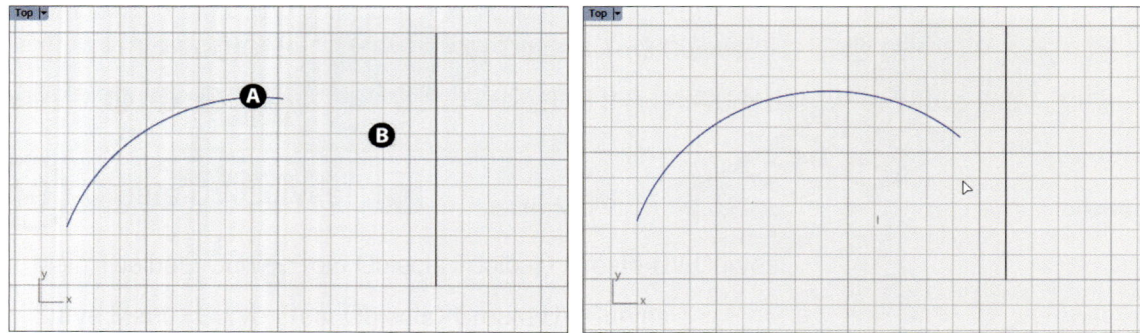

경계(Boundary) 오브젝트를 지정하여 연장하기

"Ctrl + Z" 키를 눌러서 방금 실행한 명령을 취소한다.

① Main Toolbar〉Curve Tools Toolbar〉Extend Curve 버튼을 클릭한다.

② 옵션 항목에서 "To Boundary"를 체크한다.

③ 경계 오브젝트를 지정하기 위해, 직선 ⒷⓇ을 클릭하고 Enter↵ 키를 눌러서 경계 오브젝트 선택을 끝낸다.

④ 연장 방식(Extend Type)을 지정하기 위해, 옵션을 "Type=Natural"로 설정한다. 연장시킬 커브를 지정하기 위해, 커브 ⒶⓇ를 클릭한다. 오른쪽 그림처럼 경계 오브젝트까지 커브를 연장한다. Enter↵ 키를 눌러서 명령을 끝낸다.

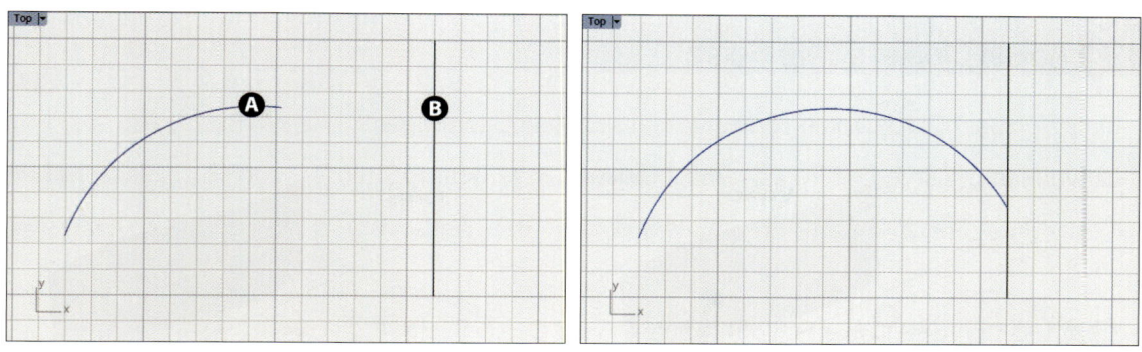

연장 거리(Extension Length)를 지정하여 연장하기

〈 Ctrl + Z 〉 키를 눌러서 방금 실행한 명령을 취소한다.

1 Enter↵ 키를 눌러서 방금 실행한 "Extend Curve" 명령을 다시 실행한다.

2 연장시킬 커브 **A**를 클릭한다. 연장 거리를 지정하기 위해, "40"을 입력하고 Enter↵ 키를 누른다. 오른쪽 그림처럼 지정한 거리만큼 커브를 연장한다.

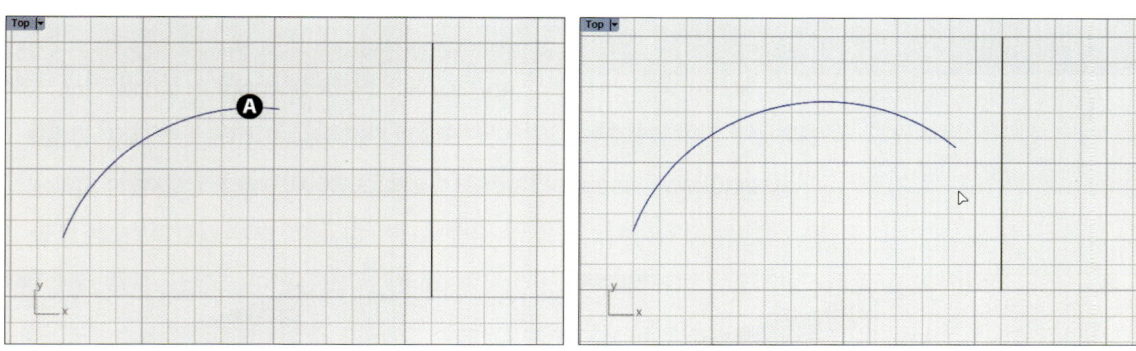

Options

Types

- **Line** : 커브의 끝을 직선으로 연장한다.
- **Arc** : 커브의 끝을 아크로 연장한다.
- **Smooth** : 커브의 끝을 부드러운 커브로 연장한다.

13 Adjust Closed Curve Seam

Main Toolbar〉Curve Tools Toolbar〉Adjust Closed Curve Seam
Curve Menu〉Curve Edit Tools〉Adjust Closed Curve Seam

닫힌 커브의 시작점과 끝점이 만나서 결합된 곳인, 이은 자리(Seam)의 위치를 조정한다.

예제 1-3 Curve〉3 Curve Editing〉Adjust Closed Curve Seam 파일을 연다.

1 Main Toolbar〉Curve Tools Toolbar〉Adjust Closed Curve Seam 버튼을 클릭한다.

2 닫힌 커브 **A**, **B**를 선택하고 [Enter↲] 키를 눌러서 선택을 끝낸다. 오른쪽 그림처럼 커브의 이은 자리(Seam)의 위치와 방향을 표시한다.

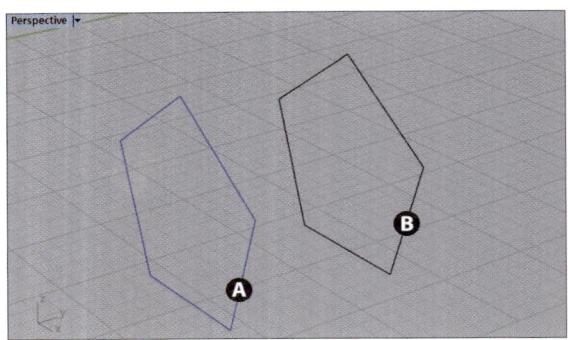
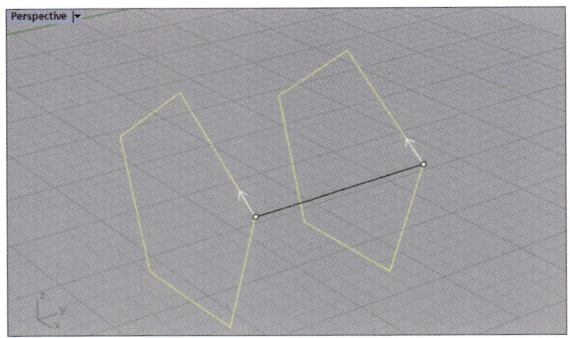

3 이은 자리(Seam) **1**을 클릭한 다음 이동시킬 위치인 점 **2**를 클릭하고 [Enter↲] 키를 누른다. 오른쪽 그림처럼 이은 자리(Seam)의 위치를 변경한다.

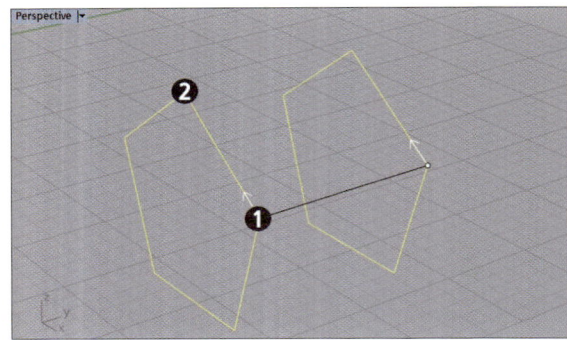
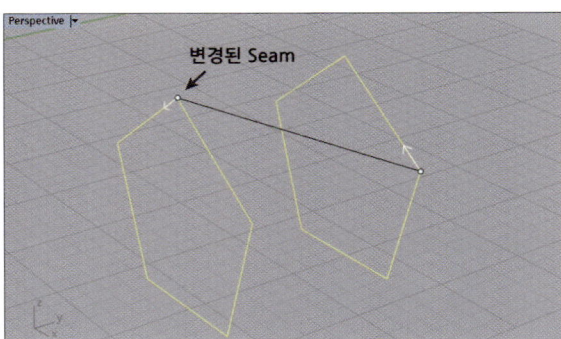

Options

- **Flip** : 커브의 방향(Curve Direction)을 반대로 변경한다.
- **Automatic** : 이은 자리(Seam)의 위치와 방향을 자동으로 정렬한다.
- **Natural** : 이은 자리(Seam)의 위치를, 명령을 시작할 때의 원래의 위치로 이동시킨다.

14 Curves From 2 Views

Main Toolbar〉Curve Tools Toolbar〉Curve From 2 Views
Curve Menu〉Curves From 2 Views

2개의 다른 작업평면(Construction Plane)에 그려져 있는 평면 커브로부터, 각각의 작업평면에서 봤을 때 형태가 일치하는 커브를 만든다. 2개의 커브를 Extrude 시킨 다음 교차선을 구하는 것과 같다.

예제 1-3 Curve〉3 Curve Editing〉Curve From 2 Views 파일을 연다.

1 Main Toolbar〉Curve Tools Toolbar〉Curve From 2 Views 버튼을 클릭한다.

2 커브 Ⓐ, Ⓑ를 클릭한다. 오른쪽 그림처럼 새로운 커브 Ⓒ를 만든다. 커브 Ⓐ는 Front 뷰포트의 X-Z 평면에 그린 커브이고, 커브 Ⓑ는 Top 뷰포트의 X-Y 평면에서 그린 커브이다.

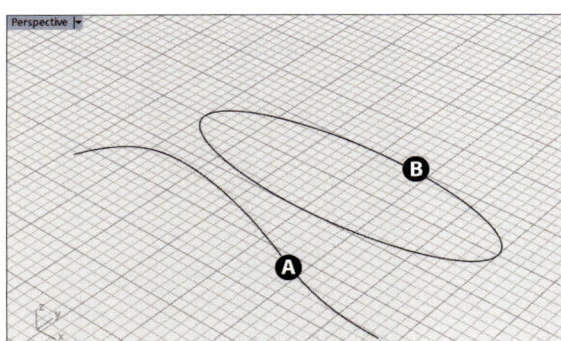
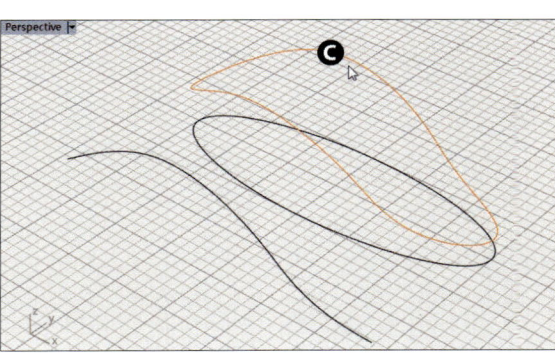

15 Curve From Cross Section Profiles

Main Toolbar〉Curve Tools Toolbar〉Curve From Cross Section Profiles
Curve Menu〉Cross-Section Profiles

윤곽선 커브를 연결하는 단면 커브(Cross-Section Curve)를 만든다. 만들어진 단면 커브는 Loft 등으로 서피스를 만들기 위해 사용한다.

예제 1-3 Curve〉3 Curve Editing〉Curve From Cross Section Profiles 파일을 연다.

1 Main Toolbar〉Curve Tools Toolbar〉Curve From Cross Section Profiles 버튼을 클릭한다.

2 윤곽선 커브들(Profile Curves)을 지정하기 위해, 왼쪽 그림처럼 커브 ❹, ❺, ❻, ❼를 순서대로 클릭하고 Enter↵ 키를 눌러서 윤곽선 커브 선택을 끝낸다.

3 단면커브를 만들 위치를 지정하기 위해, 오른쪽 그림처럼 Top 뷰포트에서 직선의 끝점 1과 2, 3과 4, 5와 6, 7과 8, 9와 10을 클릭하고 Enter↵ 키를 누른다.

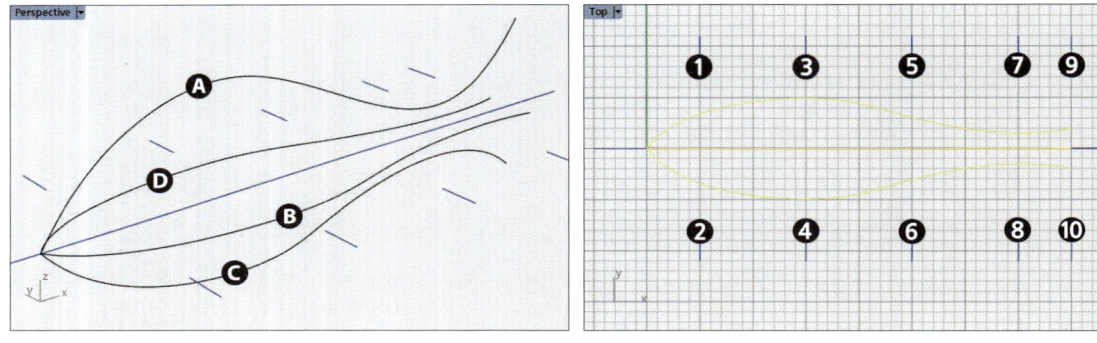

4 아래 그림처럼 4개의 윤곽선 커브들을 부드럽게 연결한 단면커브들을 만든다. 오른쪽 그림은 왼쪽그림의 커브들을 사용하여 만든 서피스이다.

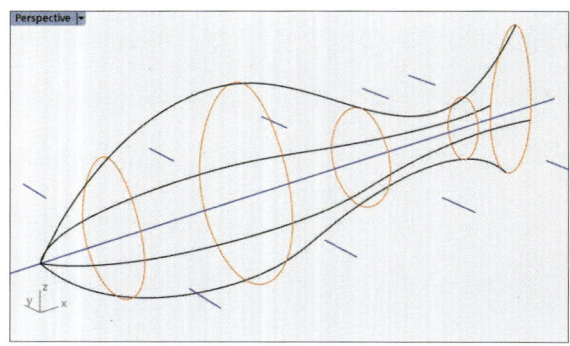
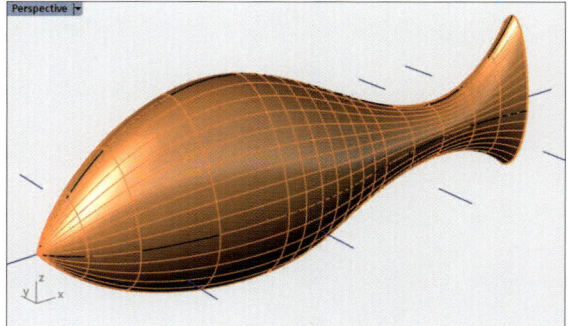

Options

- **Closed** : 닫힌 단면 커브를 만든다.

16 Rebuild Curve

Main Toolbar〉 Curve Tools Toolbar〉 Rebuild Curve ( )
Edit Menu〉 Rebuild

커브나 서피스의 차수(Degree)나 제어점(Control Point)의 개수를 재생성한다.

예제 1-3 Curve〉 3 Curve Editing〉 Rebuild Curve 파일을 연다.

1 Main Toolbar〉 Curve Tools Toolbar〉 Rebuild Curve 버튼을 클릭한다.

2 화면의 2개의 커브는 같은 커브를 복사한 커브들이다. 커브 Ⓐ를 클릭하고 Enter↵ 키를 누른다. 오른쪽 그림처럼 Rebuild 창이 표시된다. 재생성하기 전의 제어점(Control Point)의 개수와 차수(Degree)는 ( ) 안에 표시되어 있다. 오른쪽 그림처럼 옵션을 "Point Count=20", "Degree=5"로 설정하고 OK 버튼을 클릭한다.

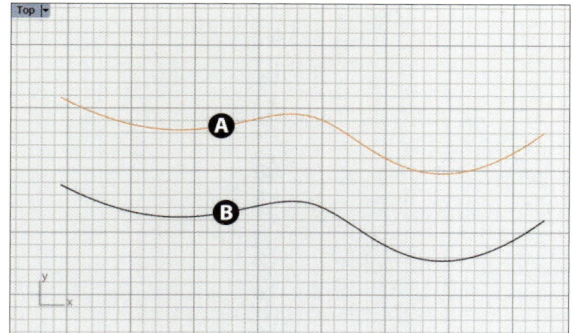
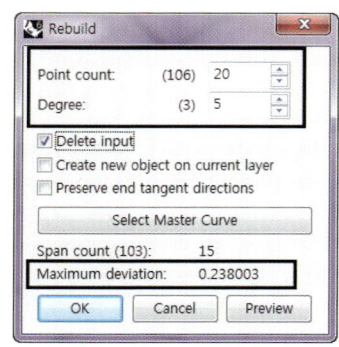

3 Main Toolbar2 〉 Show Object Control Points 버튼을 클릭한다.

4 커브 Ⓐ, Ⓑ를 클릭하고 Enter↵ 키를 누른다. 오른쪽 그림처럼 커브의 제어점(Control Point)을 화면에 표시한다. 재생성한 커브 Ⓐ의 제어점(Control Point)이, 106개에서 20개로 변경된 것을 확인할 수 있다.(원본 커브와의 최대편차는 0.238이다.)

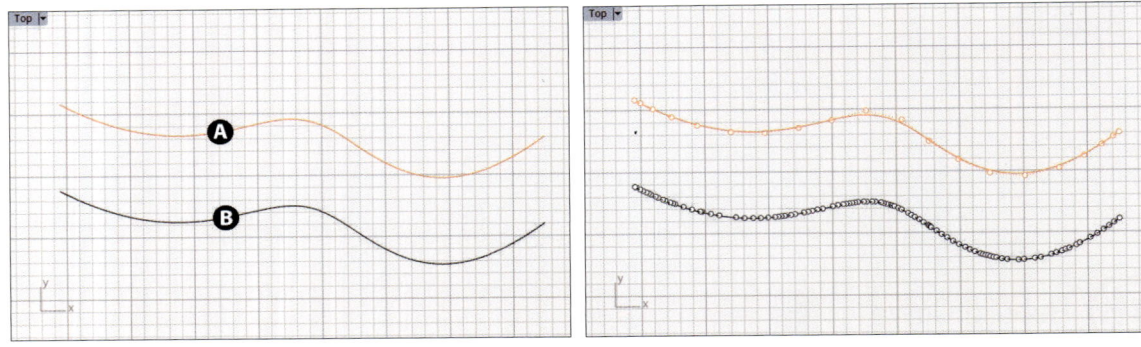

Rebuild 창의 옵션들

- **Point Count** : 수정할 커브의 제어점(Control Point)의 개수를 설정한다. 선택한 커브의 수정하기 전의 제어점의 개수는 ( ) 안에 표시한다.
- **Degree** : 수정할 커브의 차수(Degree)를 설정한다.
- **Delete Input** : 원본 커브를 삭제한다.
- **Create New Object On Current Layer** : 재생성한 커브를 현재 레이어에 만든다. 재생성한 커브를 원래의 커브가 할당되어 있던 레이어에 만들려면 이 체크박스를 해제한다.
- Preserve End Tangent Directions : 열린 커브를 재생성할 경우에 커브 끝부분의 탄젠트(Tangent)를 원본커브와 일치시킨다.

17 Refit Curve To Tolerance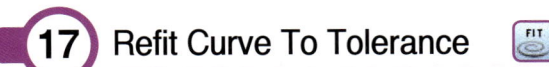

Main Toolbar〉 Curve Tools Toolbar〉 Refit Curve To Tolerance
Curve Menu〉 Curve Edit Tools 〉 Refit To Tolerance
조정공차(Fitting Tolerance)와 커브의 차수(Degree)를 지정하여 커브를 다시 만든다.

예제 1-3 Curve〉 3 Curve Editing〉 Refit Curve To Tolerance 파일을 연다.

1 Main Toolbar〉 Curve Tools Toolbar〉 Refit Curve To Tolerance 버튼을 클릭한다.

2 화면의 2개의 커브는 동일한 커브이다. 커브 **A**를 클릭하고 Enter↵ 키를 눌러서 선택을 끝낸다.

3 조정공차(Fitting tolerance)를 "0.1"로 입력하고 Enter↵ 키를 누른다. 오른쪽 그림은 수정한 후의 두 커브의 제어점(Control Point)을 비교한 그림이다.

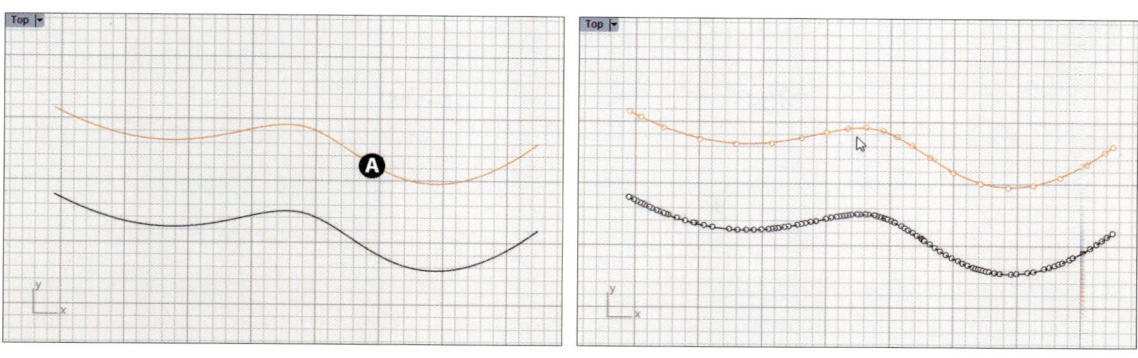

18 Make Periodic

Main Toolbar〉Curve Tools Toolbar〉Make Periodic
Edit Menu〉Make Periodic

커브나 서피스로부터 킹크(Kink)를 제거한다. Join으로 결합된 커브를 순환 커브(Periodic Curve)로 만들면, 단일 구간 커브(Single-span Curve)로 변환되어 분해할 수 없다. 순환 커브(Periodic Curve)는 각진 곳이 없이 부드럽게 닫힌 커브로서, 커브를 수정해도 부드러운 상태를 유지한다.

Make Non-Periodic

Main Toolbar〉Curve Tools Toolbar〉Make Periodic ( )

커브나 서피스의 시작부분에 킹크(Kink)를 삽입한다. 킹크(Kink) 부분의 제어점을 수정하면 뾰족한 부분이 생긴다. Make Periodic 버튼을 오른쪽 마우스 버튼으로 클릭한다.

19 Continue Control Point Curve

Main Toolbar〉Curve Tools Toolbar〉Continue Control Point Curve ( )
Curve Menu〉Free-Form〉Continue Control Point Curve

선택한 커브를 "Control Point Curve"로 계속해서 그린다.

예제 1-3 Curve〉 3 Curve Editing〉 Continue Control Point Curve 파일을 연다.

1 Main Toolbar〉 Curve Tools Toolbar〉 Continue Control Point Curve 버튼을 클릭한다.

2 커브 Ⓐ을 클릭하고 [Enter↵] 키를 눌러서 선택을 끝낸다. 오른쪽 그림처럼 선택한 커브의 제어점(Control Point)들을 표시하고, 계속해서 커브를 그릴 수 있는 상태가 된다.

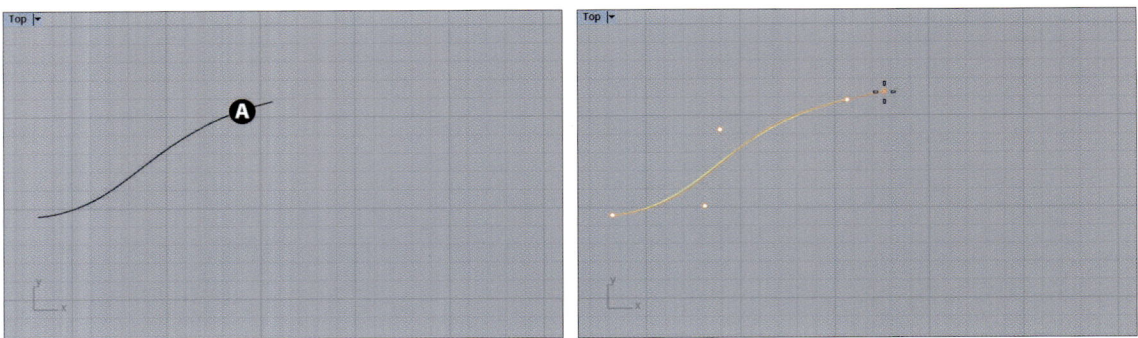

3 왼쪽 그림처럼 제어점(Control Point)을 추가하면서 커브를 그리고, [Enter↵] 키를 눌러서 명령을 끝낸다. 오른쪽 그림처럼 기존의 커브에서 계속되는 제어점 커브(Control Point Curve)를 그린다.

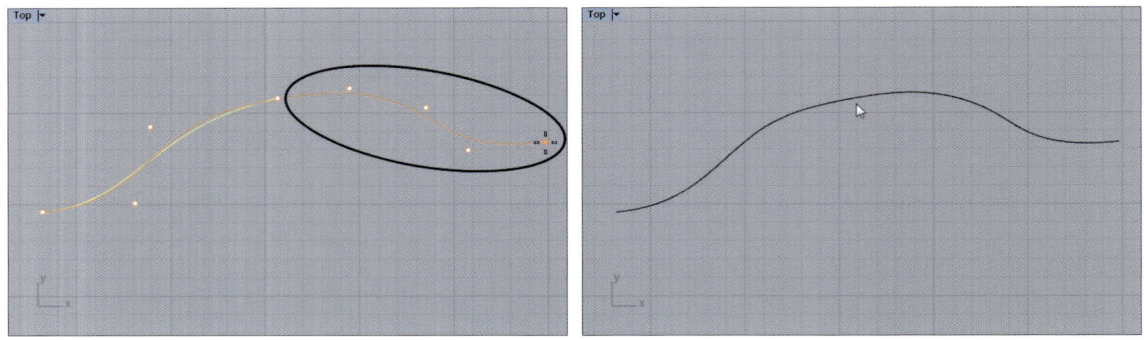

Continue InterpCrv

Main Toolbar〉 Curve Tools Toolbar〉 Continue Control Point Curve (🖱)

Curve Menu〉 Free-Form〉 Continue Interpolated Curve

선택한 커브를 "Curve : Interpolated Curve" 커브로 계속해서 그린다. Continue Control Point Curve 버튼을 오른쪽 마우스 버튼으로 클릭한다.

20 Tween Between Two Curves

Main Toolbar〉Curve Tools Toolbar〉Tween Between Two Curves
Curve Menu〉Tween Curves

2개의 커브 사이에 지정한 개수만큼의 중간 커브를 만든다.

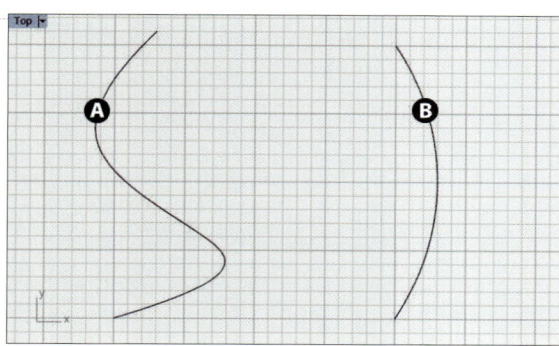 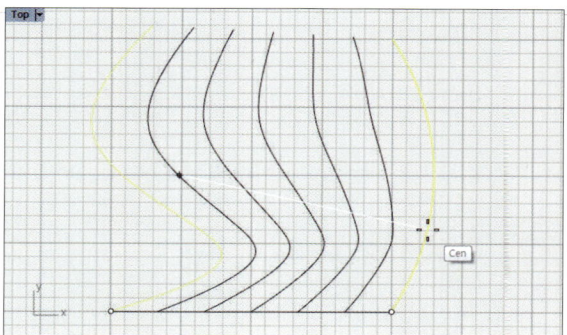

21 Offset Multiple

Main Toolbar〉Curve Tools Toolbar〉Offset Multiple

오프셋시킬 거리(Distance)와 오프셋 개수(Offset Count)를 지정하여 한 번에 여러 개의 오프셋 커브를 만든다.

예제 1-3 Curve〉3 Curve Editing〉Offset Multiple 파일을 연다.

1 Main Toolbar〉Curve Tools Toolbar〉Offset Multiple 버튼을 클릭한다.

2 옵션을 "Distance=10, Offset Count=5"로 설정한다. 오프셋 시킬 커브를 지정하기 위해, 커브 **A**를 클릭하고 [Enter┘] 키를 누른다. 오프셋 방향을 지정하기 위해, 커브 **A**의 위쪽을 클릭한다. 오른쪽 그림처럼 여러 개의 오프셋 커브를 만든다.

제3절 커브 편집(Curve Editing) **161**

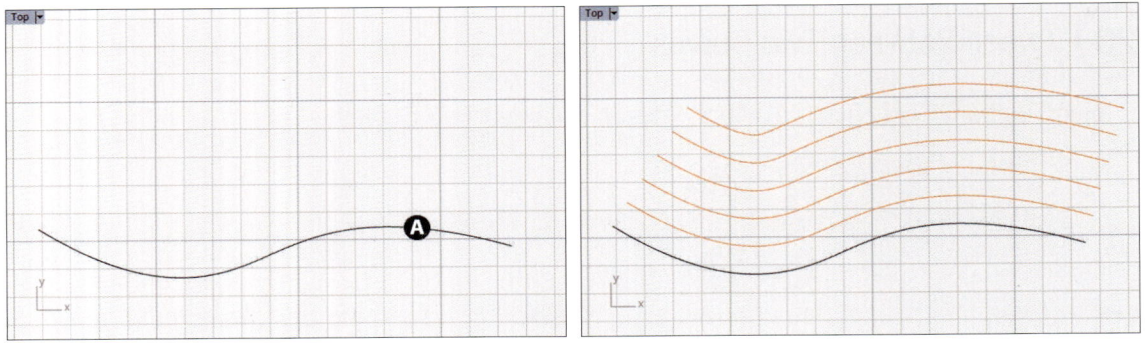

22 Curve Boolean

Main Toolbar〉Curve Tools Toolbar〉Curve Boolean
Curve Menu〉Curve Edit Tools〉Curve Boolean
서로 겹친 영역을 기준으로 커브들을 절단(Trim)하거나, 분할(Split)하거나 결합(Join)시킨다.

[예제] 1-3 Curve〉3 Curve Editing〉Curve Boolean 파일을 연다.

1 **Main Toolbar〉Curve Tools Toolbar〉Curve Boolean** 버튼을 클릭한다.

2 옵션을 "Delete Input=All", "Combine Regions=Yes"로 설정한다.

3 "Ctrl + A" 키를 눌러서 모든 커브들을 선택하고, Enter 키를 눌러서 선택을 끝낸다.

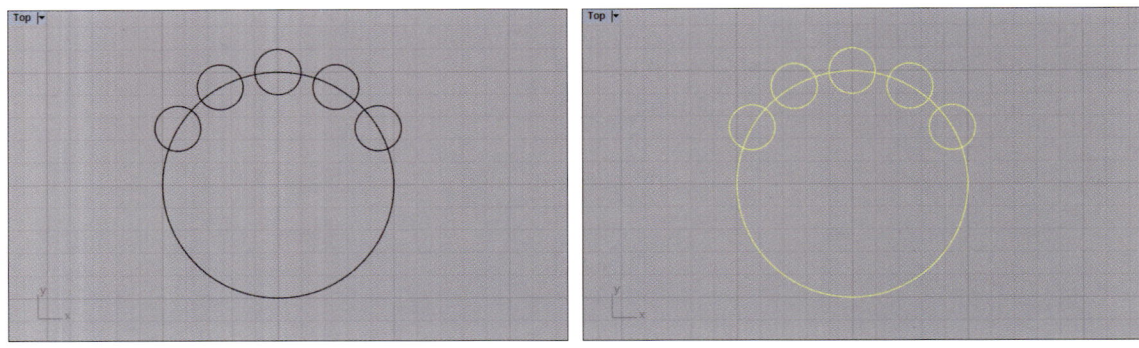

4 왼쪽 그림처럼 남길 영역 A, B, C를 클릭하고 Enter 키를 눌러서 명령을 끝낸다. 오른쪽 그림처럼 지정한 영역을 한 개의 커브로 만든다.

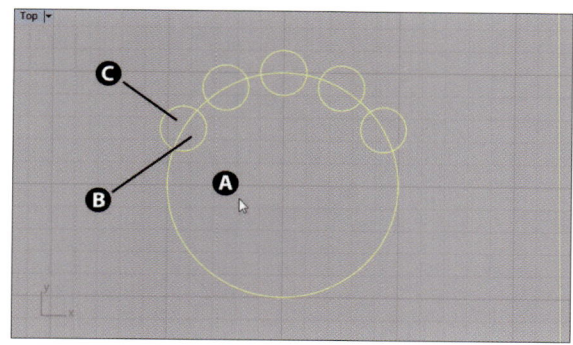 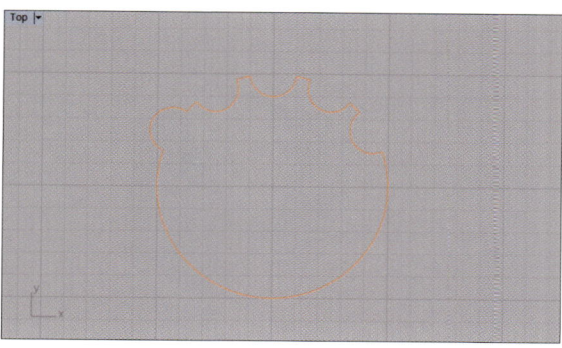

> **Options**
>
> **Delete Input**
> - **None** : 입력 커브들을 지우지 않는다.
> - **All** : 모든 입력 커브들을 삭제한다.
> - **Used** : 입력 커브에서, 부울 연산으로 새로 만드는 커브와 겹치는 부분만 삭제한다.
>
> **Combine Regions** : 나중에 선택한 영역들을, 이전에 편집한 영역에 추가한다.

23 Add Guide Lines

Main Toolbar〉Curve Tools Toolbar〉Add Guide Lines

> 무한히 긴 임시 안내선을 추가한다. 안내선은 명령을 끝내면 화면에서 사라지지만, 원을 그리거나 직선을 그리는 등 필요한 상황이 되면 자동으로 화면에 표시된다.

예제 1-3 Curve〉 3 Curve Editing〉 Add Guide Lines 파일을 연다.

1 Main Toolbar〉 Curve Tools Toolbar〉 Add Guide Lines 버튼을 클릭한다.

2 중간점 Ⓐ와 Ⓑ를 클릭한다. 점 Ⓐ와 Ⓑ를 통과하는 무한히 긴 안내선을 그린다. 중간점 Ⓒ 와 Ⓓ를 클릭한다. 점 Ⓒ와 Ⓓ를 통과하는 무한히 긴 안내선을 그린다.

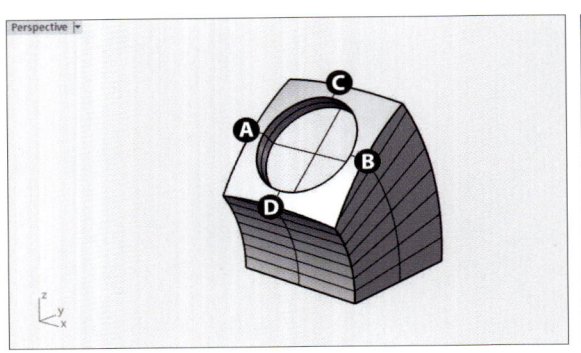
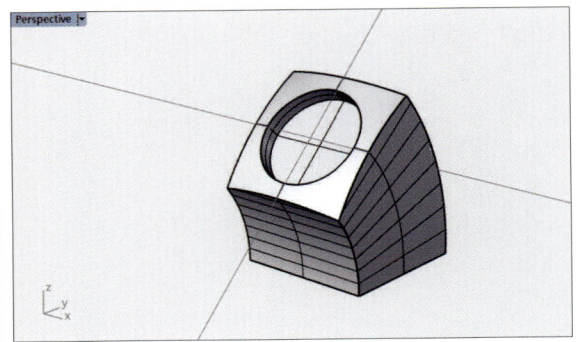

Remove Guide Lines
Main Toolbar> Curve Tools Toolbar> Add Guide Lines ( )

안내선을 삭제한다. 삭제할 안내선을 마우스로 클릭한다. Add Guide Lines 버튼을 오른쪽 마우스 버튼으로 클릭한다.

24 Modify Radius

원의 반지름을 변경한다.(명령어 창에서 키보드 입력만 가능하다.)

예제 1-3 Curve> 3 Curve Editing> Modify Radius 파일을 연다.

1. 명령어 입력창에 "ModifyRadius"라고 입력하고 Enter 키를 누른다.
2. 원 Ⓐ를 클릭하고 Enter 키를 누른다. 왼쪽에 현재 반지름을 표시한다. 변경할 반지름을 지정하기 위해 "90"이라고 입력하고 Enter 키를 누른다. 오른쪽 그림처럼 원의 반지름을 "90"으로 변경한다.

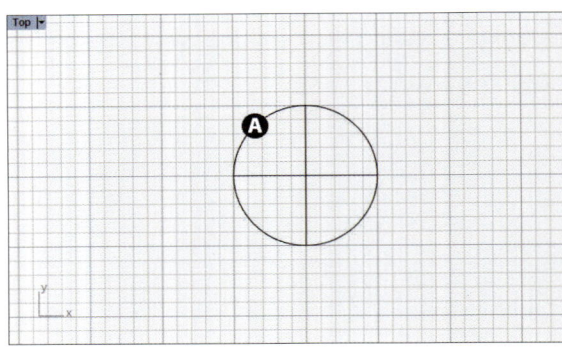
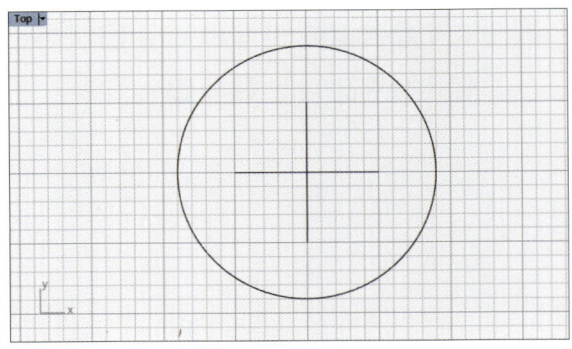

제4장 서피스
Surface

서피스는 형태를 구체적으로 표현하는 오브젝트로서 와이어프레임 등에 비해 매우 정확한 형태를 파악할 수 있다. 3D 디자인 모델링에서 형태를 잘 표현하기 위해서는 어떤 커브를, 어떤 방법을 사용하여 서피스를 만들 것 인가를 빠르고 정확하게 파악하는 것이 중요하다. 즉, 필요한 최종 형태를 만들기 위해서 거쳐야 할 모델링 과정과 순서를 미리 생각하면서 효과적인 방법을 찾아내는 노력과 경험이 필요하다.

1 서피스 만들기
  Create Surfaces

2 서피스 편집
  Surface Editing

제1부_라이노 인터페이스와 명령어 사용법

1 서피스 만들기(Create Surfaces)

서피스(Surface)의 기본형태는 대략 사각형 모양이며, 눈으로 볼 수는 있지만 물리적인 두께는 없는 오브젝트이다.

서피스의 제어점(Control Point of Surface)

서피스의 제어점(Control Point)은 서피스의 형태를 결정하는 점이다. 단일 서피스(Single Surface)는 제어점을 표시하거나 편집할 수 있지만, 폴리서피스(Polysurface)는 제어점을 표시할 수 없다.

에지 커브(Edge Curve)와 아이소파라메트릭 커브(Isoparametric Curve)

에지 커브(Edge Curve)는 서피스가 공간과 만나는 경계를 표시하는 커브이다. 아이소파라메트릭 커브(Isoparametric Curve)는 서피스 위에 표시하는 커브로서, 보통 줄여서 아이소커브(Isocurve)라고 표시한다.

서피스와 폴리서피스(Surface and Polysurface)

한 개의 서피스는 단일 서피스(Single Surface)라고 하며, 2개 이상의 서피스들을 결합시킨 서피스는 폴리서피스(Polysurface)이다. 완전히 밀폐된 서피스를 솔리드(Solid)라고 한다.

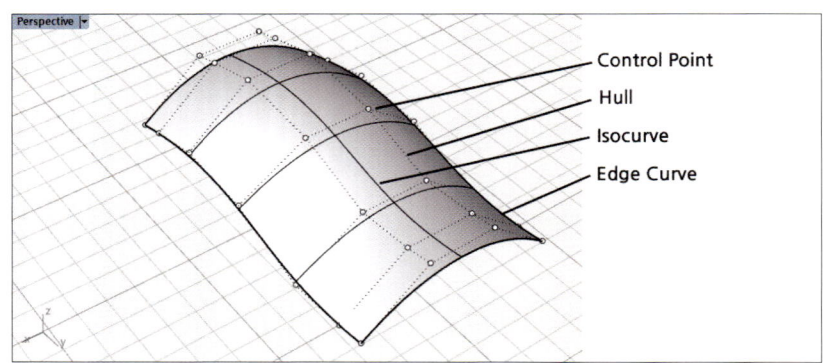

[서피스의 명칭]

Main Toolbar〉Surface From 3 or 4 Corner Points 버튼을 클릭한 상태에서 잠시 기다리면, Surface Creation Toolbar가 표시된다.

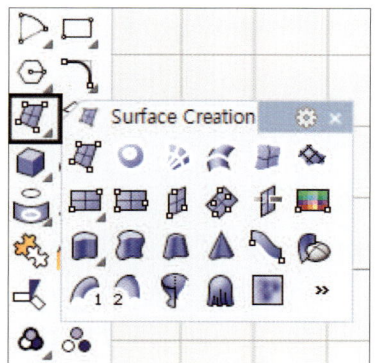

[Surface Toolbar]

1 Surface From 3 Or 4 Corner Points

Main Toolbar〉Surface From 3 or 4 Corner Points
Surface Menu〉Corner Points

3개, 또는 4개의 모서리 점을 지정하여 서피스를 만든다. 3개의 모서리 점으로 서피스를 만들려면, 3개의 모서리 점을 선택한 후에 Enter↵ 키를 누른다.

예제 1-4 Surface〉1 Create Surface〉Corner Points 파일을 연다.

1 Main Toolbar〉Surface From 3 or 4 Corner Points 버튼을 클릭한다.

2 점 **Ⓐ**, **Ⓑ**, **Ⓒ**, **Ⓓ**를 순서대로 클릭한다. 오른쪽 그림처럼 서피스를 만든다.

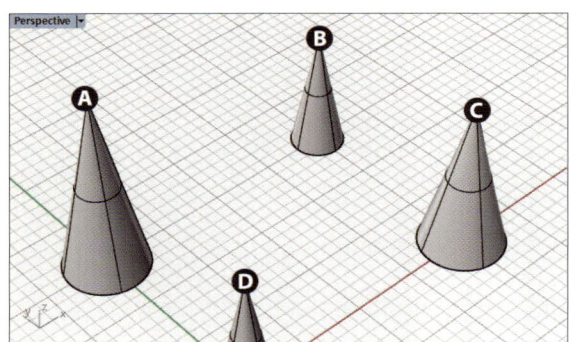
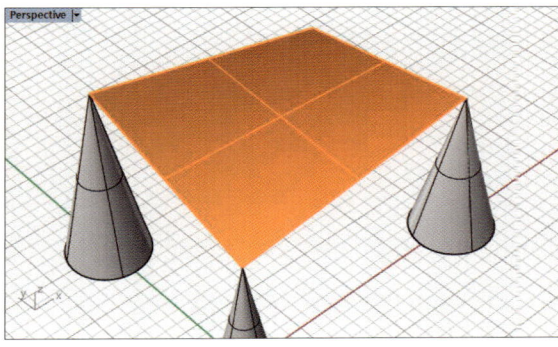

② Surface From Planar Curves

Main Toolbar〉Surface Creation Toolbar〉Surface From Planar Curves
Surface Menu〉Planar Curves

평면 커브를 에지로 정의하여 서피스를 만든다.

예제 1-4 Surface〉1 Create Surface〉Planar Curves 파일을 연다.

1 Main Toolbar〉Surface Creation Toolbar〉Surface From Planar Curves 버튼을 클릭한다.

2 "Ctrl + A"키를 눌러서 화면에 있는 커브들을 모두 선택하고 Enter↵ 키를 누른다. 오른쪽 그림처럼 평면서피스를 만든다.

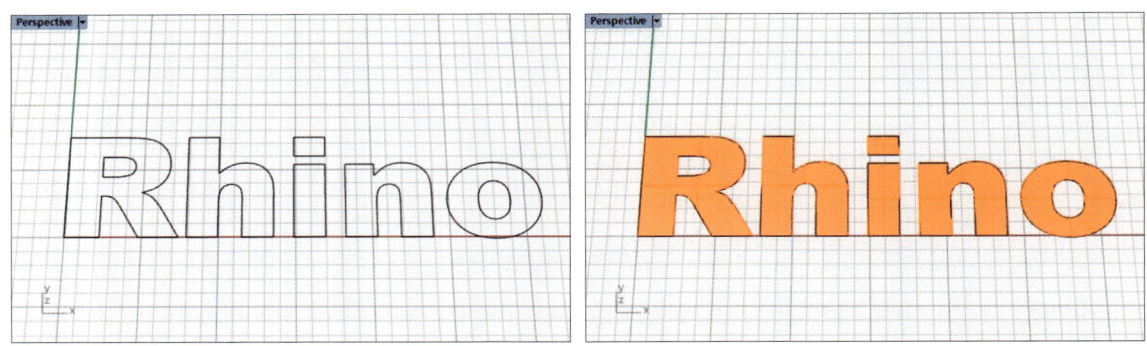

③ Surface From Network of Curves

Main Toolbar〉Surface Creation Toolbar〉Surface From Network of Curves
Surface Menu〉Curve Network

교차하는 커브의 네트워크로 서피스를 만든다. 서피스의 에지도 사용할 수 있다. 입력한 커브들을 2 방향으로 분류하여 서피스를 만든다.

서피스의 에지를 입력커브로 사용하는 경우에는, 에지의 서피스와 위치연속(G0 연속, Position Continuity), 탄젠트 연속(G1 연속, Tangency Continuity), 곡률연속(G2 연속, Curvature Continuity) 등의 연속성을 설정할 수 있다.

예제 1-4 Surface〉1 Create Surface〉Surface From Network Of Curves 파일을 연다.

1. **Main Toolbar › Surface Creation Toolbar › Surface From Network Of Curves** 버튼을 클릭한다.
2. 왼쪽 그림처럼 에지와 커브 **A**, **B**, **C**, **D**, **E**, **F**를 순서대로 클릭하고 Enter⏎ 키를 눌러서 커브 선택을 끝낸다. 입력 커브로 사용한 서피스 에지에 **A**, **B**, **C**, **D**라는 글자가 표시되고 "Surface From Network of Curves" 창을 표시한다. 2개의 긴 에지쪽 서피스와 G1인 탄젠트 연속(Tangent Continuity)으로 만들기 위해, "Edge Matching" 항목의 옵션을 2개의 긴 어지는 "Tangency"로 체크하고, 2개의 짧은 에지들은 "Position"에 체크한다. "OK" 버튼을 클릭한다.

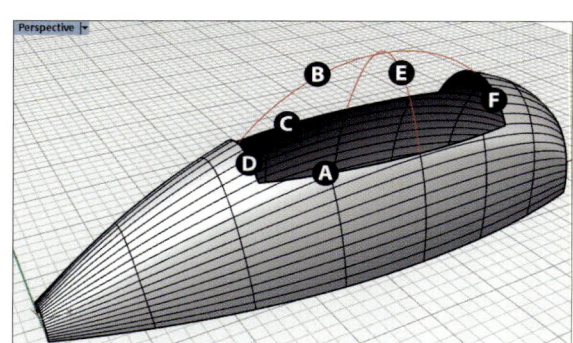
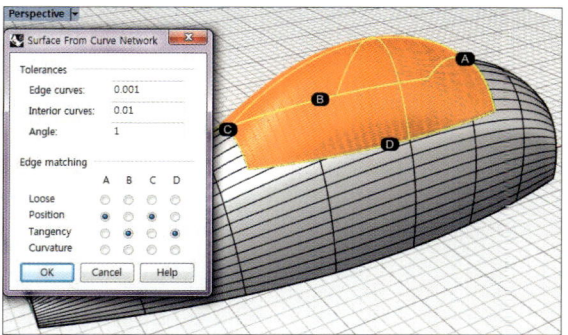

3. 왼쪽 그림처럼 2개의 긴 에지쪽 서피스와는 탄젠트 연속(G1 연속, Tangency Continuity), 2개의 짧은 에지쪽 서피스와는 위치연속(G0 연속, Position Continuity)인 서피스를 만든다. 오른쪽 그림에서 화살표로 표시한 부분은 탄젠트가 연속되지 않는 "G0 연속"이다.

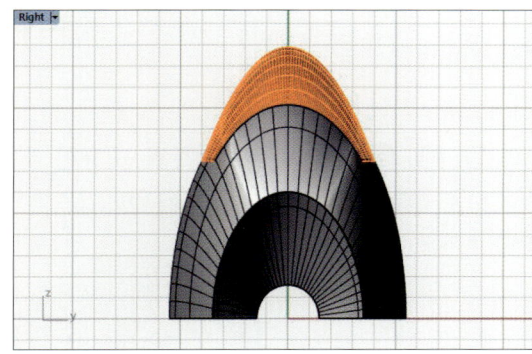
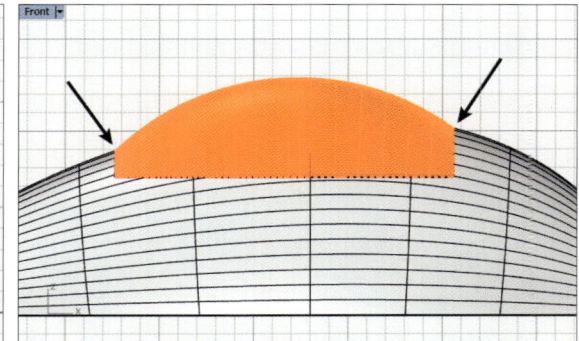

Surface From Network of Curves 창의 옵션들

Tolerances : 공차

- **Edge Curves** : 커브 네트워크에서 서피스의 바깥쪽 경계인 에지 커브의 공차를 설정한다. 기본설정은 시스템 공차를 사용한다.

제1절 서피스 만들기(Create Surfaces) **169**

- **Interior Curves** : 커브 네트워크에서 내부 커브들의 공차를 설정한다. 커브가 공차를 벗어난 경우에는 최선이라고 생각하는 서피스를 만든다.
- **Angle** : 커브 네트워크의 경계커브가 서피스의 에지인 경우, 설정한 연속성을 유지하면서 인접한 서피스와의 Surface Normal의 각도 허용공차를 설정한다.

Edge Matching : 에지를 매치(Match)시킬 방법을 설정한다.
- **Loose** : 에지가 설정된 공차범위를 벗어나는 것이 허용된다.
- **Position** : G0 연속 – 위치(Position)만 일치시킨다.
- **Tangency** : G1 연속 – 위치(Position)와 탄젠트(Tangency)를 연속시킨다.
- **Curvature** : G2 연속 – 위치(Position)와 탄젠트(Tangency), 곡률(Curvature)을 연속시킨다.

4 Loft

Main Toolbar〉Surface Creation Toolbar〉Loft
Surface Menu〉Loft
단면 커브들을 부드럽게 연결시킨 서피스를 만든다.

[예제] **1-4 Surface〉 1 Create Surface〉 Loft** 파일을 연다.

1 Main Toolbar〉 Surface Creation Toolbar〉 Loft 버튼을 클릭한다.

2 Loft시킬 커브를 지정하기 위해, 왼쪽 그림의 커브 **A**, **B**, **C**를 차례로 선택한다. [Enter↵] 키를 눌러서 커브 선택을 끝내면, 오른쪽 그림과 같이 이은 점(Seam Point)과 화살표가 표시된다. [Enter↵] 키를 누른다.

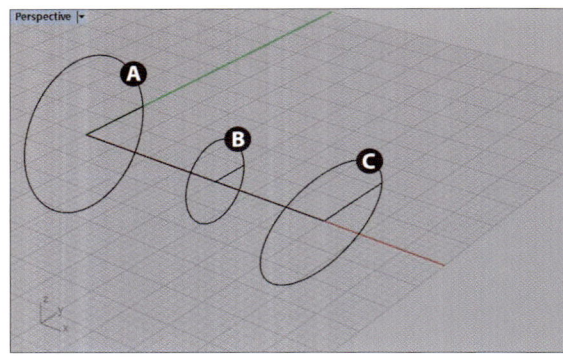 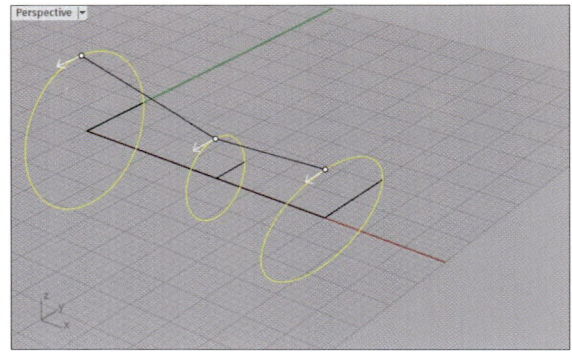

3 왼쪽 그림처럼 Loft Options 창이 표시된다. 옵션 항목에서 "Style=Normal"로 설정하고 "OK" 버튼을 클릭한다. 오른쪽 그림처럼 단면커브들을 부드럽게 연결시킨 서피스를 만든다.

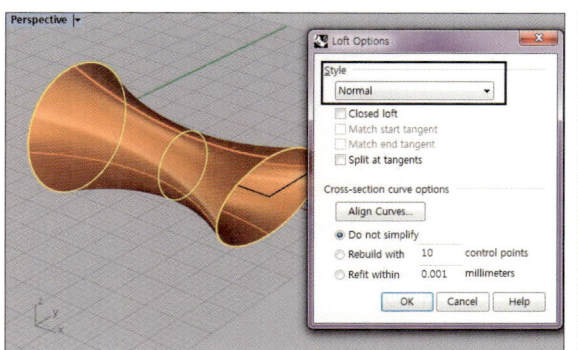 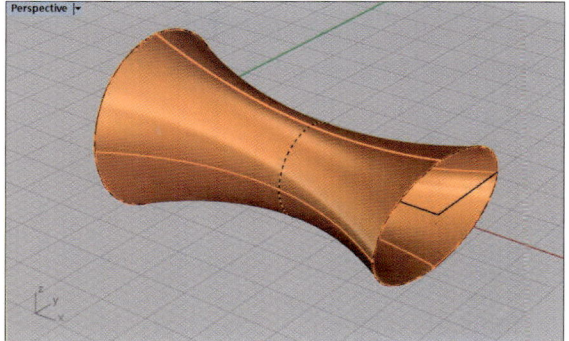

Options

- **Flip** : 커브의 방향(Curve Direction)을 반대로 변경한다.
- **Automatic** : 이은 점(Seam Point)의 위치와 방향을 자동으로 정렬한다.
- **Natural** : 이은 점(Seam Point)의 위치를, 명령을 시작할 때의 원래의 위치로 이동시킨다.

이은 점(Seam Point)의 위치와 방향

왼쪽 그림처럼 단면 커브들의 이은 자리(Seam)의 위치와 방향을 일치시키지 않으면, 오른쪽 그림처럼 서피스가 꼬인다.

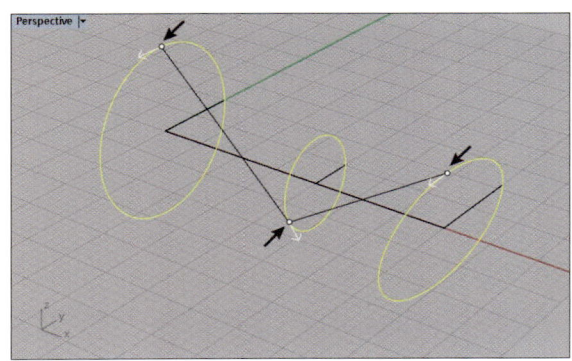 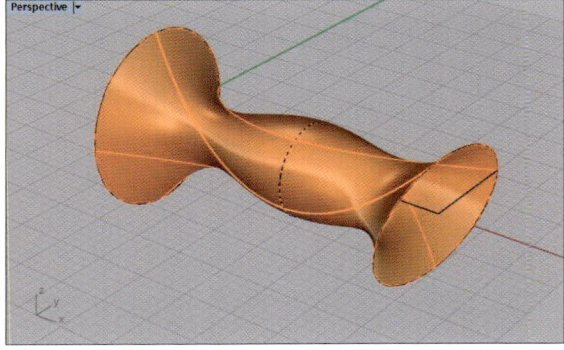

[Loft에서 이은 점(Seam Point)의 위치가 일치하지 않는 사례]

Loft Options 창의 옵션들

Style : 서피스의 나트(knot)와 제어점(Control Point)의 구조를 결정한다.

- **Loose** : 서피스가 입력커브를 정확하게 통과하지 않는다. 나중에 제어점(Control Point)을 편집할 때 좋다.
- **Normal** : 단면 커브가 상대적으로 직선 패스를 통과하거나, 단면 커브의 간격이 넓은 경우에 좋다.
- **Tight** : 입력 커브들을 빈틈없이 통과하는 서피스를 만든다. 입력 커브들이 모서리를 통과할 때 좋은 방법이다.
- **Straight Sections** : 입력한 단면 커브들을 직선으로 연결시킨 서피스를 만든다.
- **Uniform** : 오브젝트의 나트 벡터(Knot Vector)를 Uniform 상태로 만든다.
- **Closed Loft** : 3개 이상의 커브를 사용하여 Loft 시킬 때, 시작 커브와 끝 커브 사이를 연결하여 닫힌 서피스를 만든다.
- **Match Start Tangent** : Loft의 시작 커브가 서피스의 에지일 때, 이웃하는 서피스와 탄젠트를 유지한다. 에지 커브를 포함해서 3개 이상의 커브를 사용할 때 활성화된다.
- **Match End Tangent** : Loft의 마지막 커브가 서피스의 에지일 때, 이웃하는 서피스와 탄젠트를 유지한다. 에지 커브를 포함해서 3개 이상의 커브를 사용할 때 활성화된다.

Cross-Section Curve Options

- **Do not simplify** : 커브를 변경하지 않는다.
- **Rebuild with _____ control points** : 설정한 제어점(Control Point)의 개수로 모양커브(Shape Curve)를 수정한다.
- **Refit within _____** : 설정한 공차범위 안에서 모양커브(Shape Curve)를 수정한다.

5 Surface From 2, 3 Or 4 Edge Curves

Main Toolbar〉Surface Creation Toolbar〉Surface From 2, 3 or 4 Edge Curves

Surface Menu〉Edge Curves

2개 또는 3개나 4개의 에지 커브(Edge Curve)를 지정하여 서피스를 만든다. 에지 대신 커브를 사용할 수 있다.

예제 1-4 Surface〉1 Create Surface〉Edge Curves 파일을 연다.

1 Main Toolbar〉Surface Creation Toolbar〉Surface From 2, 3 or 4 Edge Curves 버튼을 클릭한다.

2 에지 Ⓐ, Ⓑ, Ⓒ, Ⓓ를 차례로 클릭한다. 오른쪽 그림처럼 서피스를 만든다.

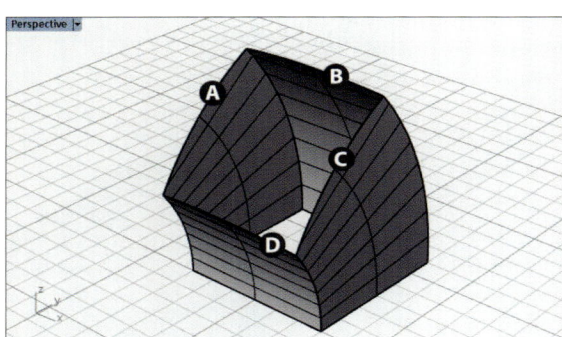 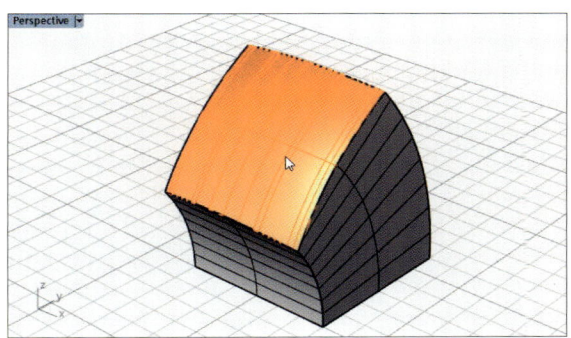

6 Patch

Main Toolbar〉Surface Creation Toolbar〉Patch

Surface Menu〉Patch

1개 또는 여러 개의 커브나 서피스의 에지를 지정하여 서피스를 만든다. 서피스를 만드는 중간 과정을 정확하게 제어하기 어렵다. 패치(Patch)는 이웃한 서피스와의 연속성을 설정할 수 있다. 또 5개 이상의 에지나 커브로 서피스를 만들 수 있는 특징이 있다.

예제 1-4 Surface〉1 Create Surface〉Patch 파일을 연다.

1 Main Toolbar〉Surface Creation Toolbar〉Patch 버튼을 클릭한다.

2 왼쪽 그림처럼 6개의 에지와 1개의 커브를 선택하고, Enter 키를 눌러서 커브 선택을 끝낸다.

Patch Surface Options 창이 표시된다. 옵션을 그림처럼 설정하고 "OK" 버튼을 클릭한다.

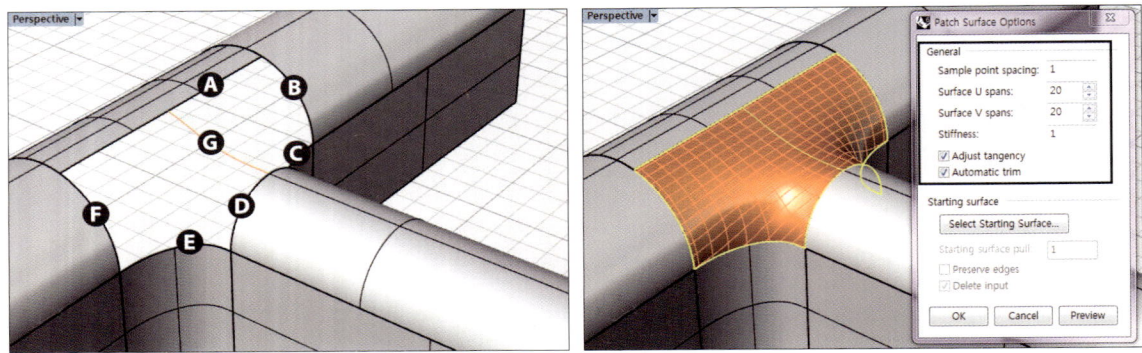

3 아래 그림처럼 서피스를 만든다.

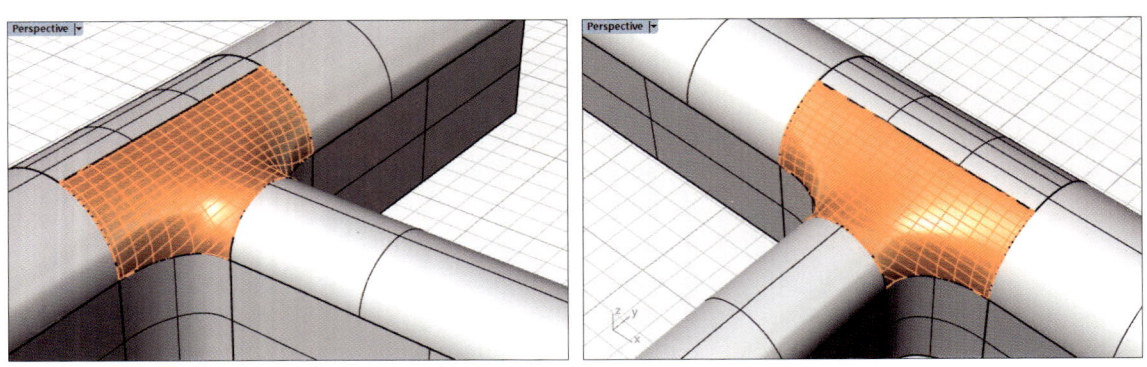

Patch Surface Options 창의 옵션들

General

- **Sample Point Spacing** : 입력커브를 따라가는 샘플 포인트 간의 물리적 거리이다. 커브당 최소 8개가 있다.
- **Surface U Spans** : 자동적으로 생성되는 서피스의 U-방향 스팬 개수(u-direction span count)이다.
- **Surface V Spans** : 자동적으로 생성되는 서피스의 V-방향 스팬 개수(v-direction span count)이다.
- **Stiffness** : 만드는 서피스의 경직도를 설정한다. 작은 값으로는 0부터, 아주 큰 값으로는 1000 이하의 값으로 설정할 수 있다. 숫자가 클수록 평면에 가까운 서피스를 만든다.
- **Adjust Tangency** : 입력된 커브가 서피스의 에지일 경우, 서피스와 탄젠트 방향을 일치시킨다.

- **Automatic Trim** : 커브의 바깥쪽을 찾아서 경계를 벗어난 서피스는 잘라버린다.

Starting Surface

- **Select Starting Surface** : 시작 서피스(Starting Surface)로 사용할 서피스를 지정한다.
- **Starting Surface Pull** : 숫자가 클수록 패치(Patch)로 만드는 서피스를 시작 서피스(Starting Surface)에 더 가깝게 잡아당긴다.
- **Preserve Edges** : 시작 서피스(Starting Surface)의 에지를 고정시킨 상태에서 변형시킨다.
- **Delete Input** : 서피스를 만든 후에 시작 서피스(Starting Surface)를 지운다.

7 Rectangular Plane : Corner To Corner

Main Toolbar〉Surface Creation Toolbar〉Rectangular Plane : Corner To Corner
Surface Menu〉Plane〉Corner To Corner

직사각형의 평면 서피스를 만든다.

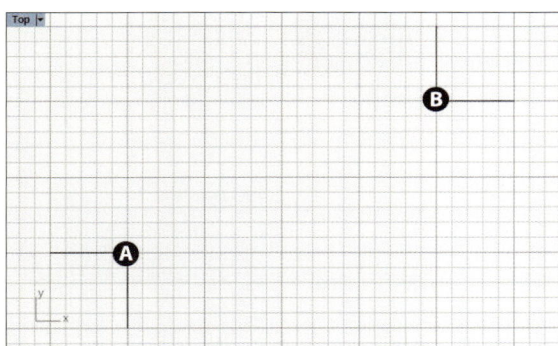
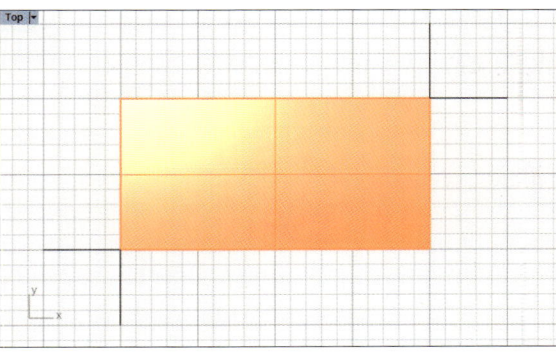

8 Add A Picture Plane

Main Toolbar〉Surface Creation Toolbar〉Add a Picture Plane
Surface Menu〉Plane〉Picture

그림을 표시하는 직사각형의 평면 서피스를 만든다.

예제 1-4 Surface〉1 Create Surface〉Add A Picture Plane 파일을 연다.

1 Main Toolbar〉Surface Creation Toolbar〉Add A Picture Plane 버튼을 클릭한다.

2 **예제** 1-4 Surface〉1 Create Surface〉Open Bitmap 창에서 Picture 파일을 선택하고, "열기" 버튼을 클릭한다.

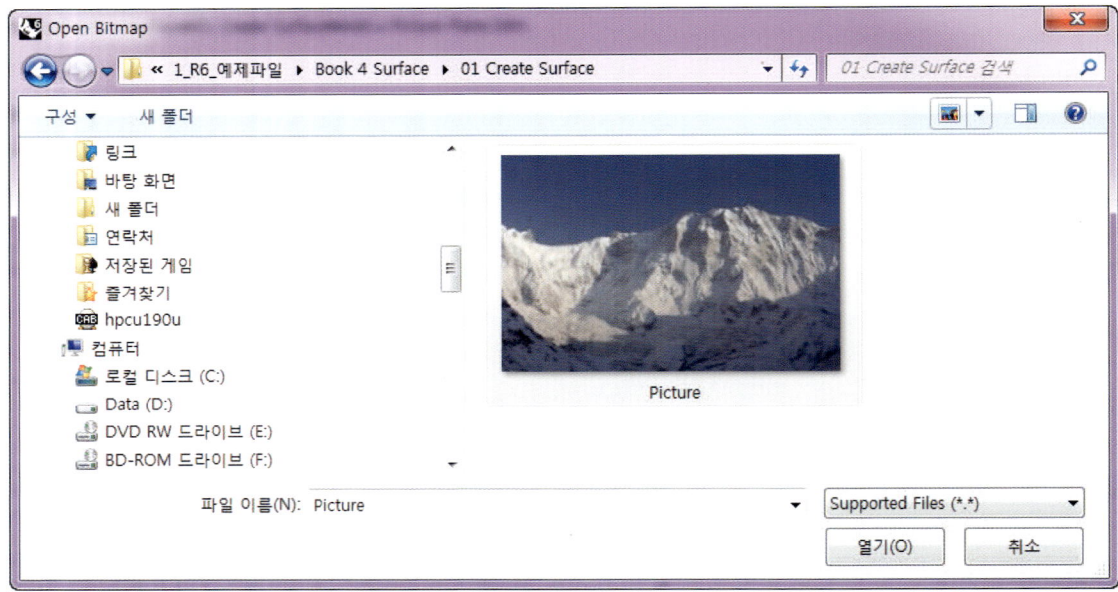

3 점 **A**, **B**를 클릭한다. 오른쪽 그림처럼 선택한 그림을 화면에 표시한다.

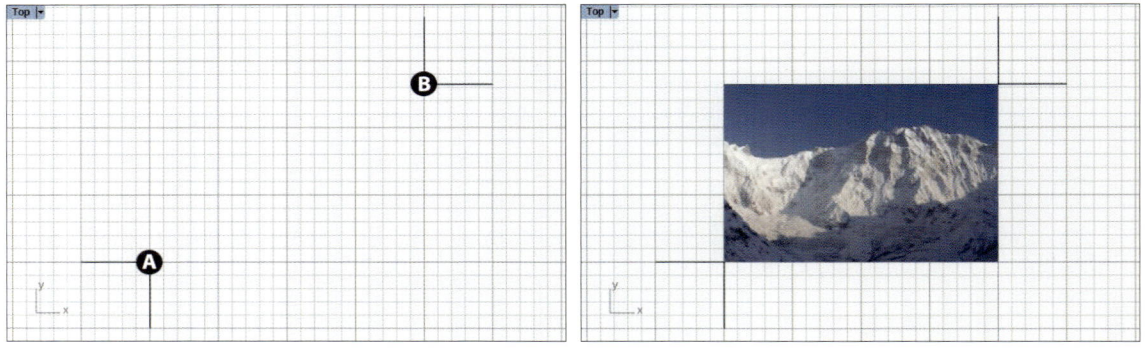

9 UseExtrusions

명령어 입력창〉 UseExtrusions

상자(Box), 원기둥(Cylinder), 파이프(Pipe), Extrude Curve 등과 같이 단면을 직선으로 돌출(Extrude)시켜서 오브젝트를 만들 때의 옵션을 설정한다. 자체로 오브젝트를 만드는 것은 아니고 아이소커브(Isocurve)를 표시하는 방식만 설정한다. 명령어 창에서 키보드로만 입력이 가능하다.

Extrusion

돌출(Extrude)시켜서 만드는 서피스에서 아이소커브를 표시하지 않는다. 메모리를 적게 사용하고, 처리속도가 빠르다. 많은 수량의 단순한 오브젝트를 사용하는 모델링에서 설정한다.

Polysurface

아이소커브가 표시된 일반적인 폴리서피스(Polysurface)를 만든다. 제품디자인에서는 폴리서피스로 설정하는 것이 보통이다.

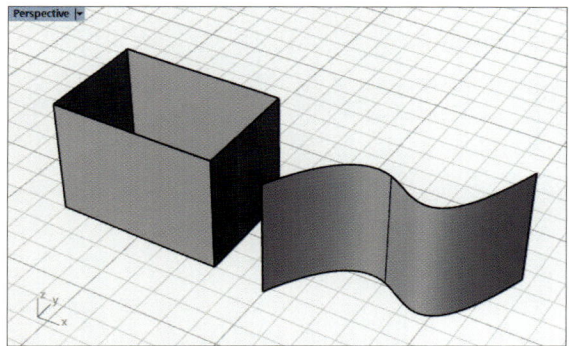

[Extrusion]

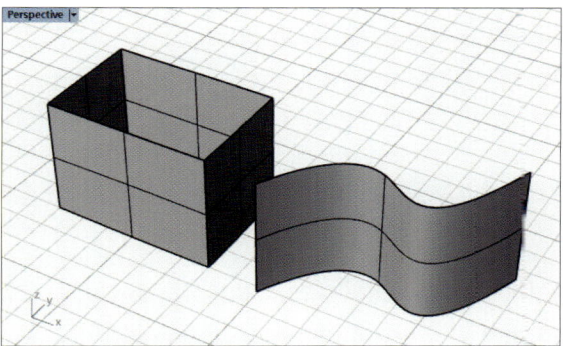

[Polysurface]

10 Extrude Straight

Main Toolbar〉Surface Creation Toolbar〉Extrude Straight
Surface Menu〉Extrude Curve 〉Straight

커브를 직선으로 돌출(Extrude)시킨 서피스를 만든다.

예제 1-4 Surface〉1 Create Surface〉Extrude Straight 파일을 연다.

1 Main Toolbar〉Surface Creation Toolbar〉Extrude Straight 버튼을 클릭한다.

2 커브 A를 선택하고 [Enter↵] 키를 눌러서 선택을 끝낸다. 옵션을 "Both Sides=No, Delete Input=No"로 설정한다. 돌출시킬 거리를 지정하기 위해 점 B를 클릭한다. 오른쪽 그림처럼 커브 A를 Z축 방향으로 돌출시킨 서피스를 만든다.

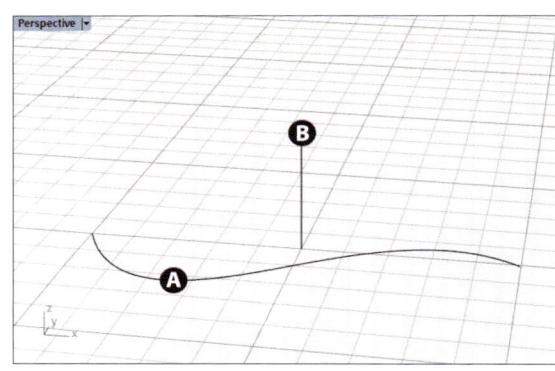 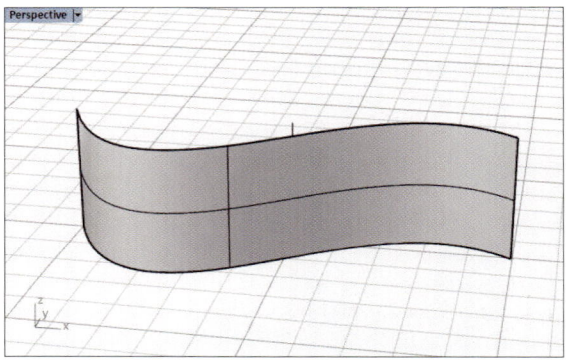

Direction, Bothsides, Cap 옵션을 사용한 Extrude

예제 1-4 Surface〉1 Create Surface〉Extrude Straight Direction 파일을 연다.

1 Main Toolbar〉Surface Creation Toolbar〉Extrude Straight 버튼을 클릭한다.

2 돌출(Extrude)시킬 커브를 지정하기 위해, 왼쪽 그림의 커브 **A**를 클릭하고 [Enter↵] 키를 눌러서 커브 선택을 끝낸다. 방향(Direction)을 지정하기 위해, 옵션에서 "Direction"을 클릭한다. 방향의 기준점을 지정하기 위해, 빨간색 직선의 끝점 **B**, **C**를 클릭한다.

3 양쪽 방향으로 돌출시키기 위해, 옵션을 "Both Sides=Yes"로 설정한다. 닫힌 솔리드로 만들기 위해, 옵션을 "Solid=Yes"로 설정한다.

4 돌출시킬 거리를 지정하기 위해, "30"을 입력하고, [Enter↵] 키를 누른다. 오른쪽 그림처럼 지정한 방향으로 서피스를 만든다.

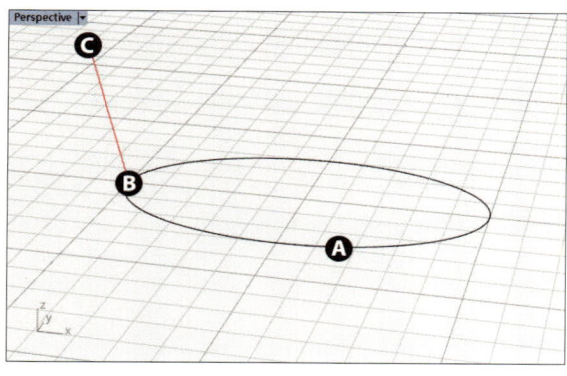
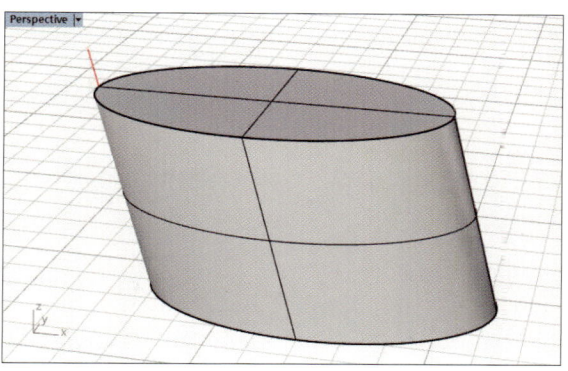

Options

- **Direction** : 2개의 점으로 돌출(Extrude)시킬 방향(Direction)을 설정한다.
- **Both Sides** : 커브의 양쪽 방향으로 돌출시킨다.
- **Solid** : 돌출시킨 서피스의 양쪽 끝에 뚜껑을 만들어서 닫힌 폴리서피스인 솔리드를 만든다. 돌출시킨 서피스의 양쪽 끝이 평면일 때만 사용할 수 있다.
- **Delete Input** : 돌출에 사용한 커브를 삭제한다.

11 Extrude Along Curve

Main Toolbar〉 Surface Creation Toolbar〉 Extrude Along Curve
Surface Menu〉 Extrude Curve〉 Along Curve

지정한 경로 커브(Path curve)를 따라가면서, 돌출(Extrude)시킨 서피스를 만든다. 곡선을 패스 커브로 사용할 수 있다.

예제 1-4 Surface〉 1 Create Surface〉 Extrude Along Curve 파일을 연다.

1 Main Toolbar〉 Surface Creation Toolbar〉 Extrude Toolbar〉 Extrude Along Curve 버튼을 클릭한다.

2 돌출시킬 커브를 지정하기 위해, 왼쪽 그림의 커브 A를 클릭하고 [Enter↵] 키를 눌러서 선택을 끝낸다.

3 경로 커브(Path curve)의 시작부분을 지정하기 위해, 왼쪽 그림의 빨간색 커브 B의 아래쪽을 클릭한다. 오른쪽 그림처럼 서피스가 만들어진다.

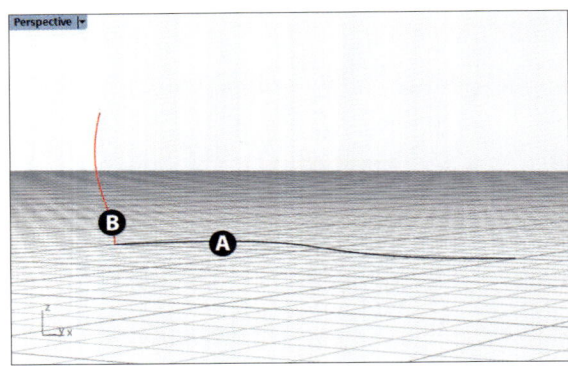 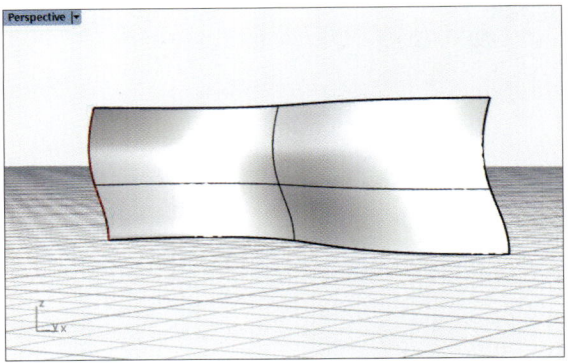

- 경로 커브(Path Curve)를 선택할 때는, Extrude 시킬 커브와 가까운 부분을 클릭하는 것이 좋다. Extrude 시킬 커브와 먼 부분을 클릭하면, Extrude 방향이 뒤집어지는 경우가 발생한다.

12 Extrude Curve Tapered

Main Toolbar〉 Surface Creation Toolbar〉 Extrude Curve Tapered
Surface Menu〉 Extrude Curve〉 Tapered
지정한 각도로 기울기를 적용한 돌출(Extrude)서피스를 만든다.

예제 1-4 Surface〉 1 Create Surface〉 Extrude Curve Tapered 파일을 연다.

1 Main Toolbar〉 Surface Creation Toolbar〉 Extrude Curve Tapered 버튼을 클릭한다.

2 커브 Ⓐ를 클릭하고 Enter 키를 눌러서 커브 선택을 끝낸다.

3 옵션 항목에서 기울기를 "Draft Angle=10"으로 설정한다. 높이값으로 "50"을 입력하고 Enter 키를 누른다. 오른쪽 그림처럼 안쪽으로 10°기울어지고 높이가 50인 서피스를 만든다.

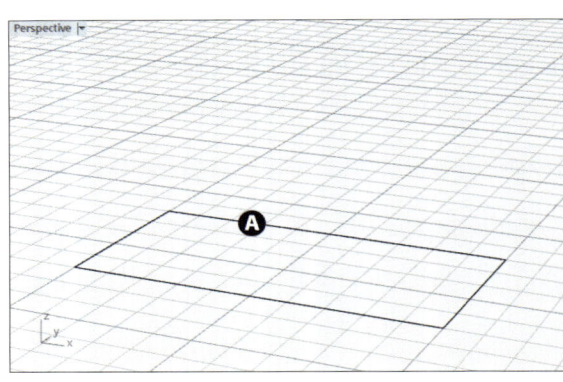 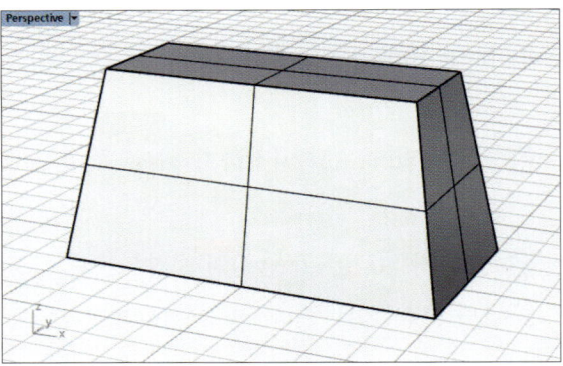

13 Extrude To Point

Main Toolbar〉Surface Creation Toolbar〉Extrude To Point
Surface Menu〉Extrude Curve〉To Point

커브를 지정한 점(Point)까지 돌출(Extrude)시킨 서피스를 만든다.

예제 1-4 Surface〉1 Create Surface〉Extrude To Point 파일을 연다.

1 Main Toolbar〉Surface Creation Toolbar〉Extrude To Point 버튼을 클릭한다.

2 커브 Ⓐ를 클릭하고 Enter↵ 키를 눌러서 커브 선택을 끝낸다. 돌출시킬 목표점을 지정하기 위해, 점 Ⓑ를 클릭한다. 오른쪽 그림처럼 끝이 뾰족한 서피스를 만든다.

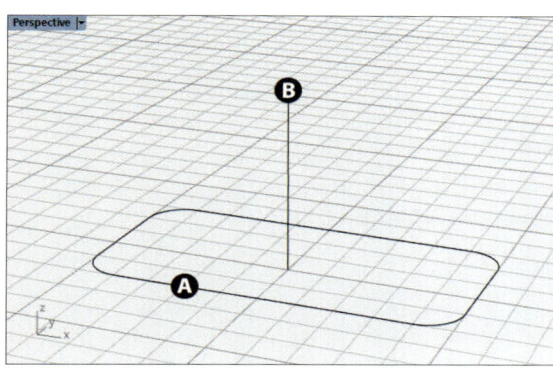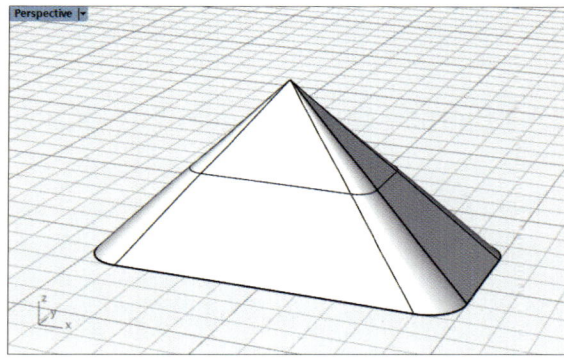

14 Ribbon

Main Toolbar〉Surface Creation Toolbar〉Ribbon
Surface Menu〉Extrude Curve〉Ribbon

커브를 평면으로 돌출(Extrude)시킨, 리본(Ribbon) 모양의 서피스를 만든다.

예제 1-4 Surface〉1 Create Surface〉Ribbon 파일을 연다.

1 Main Toolbar〉Surface Creation Toolbar〉Ribbon 버튼을 클릭한다.

2 Extrude 시킬 거리를 지정하기 위해, "20"을 입력하고 Enter↵ 키를 누른다.

3 커브 Ⓐ를 클릭한다. 돌출시킬 방향을 지정하기 위해, 커브 Ⓐ의 바깥쪽인 점 Ⓑ 쪽을 클릭한

다. 오른쪽 그림처럼 리본 서피스를 만든다.

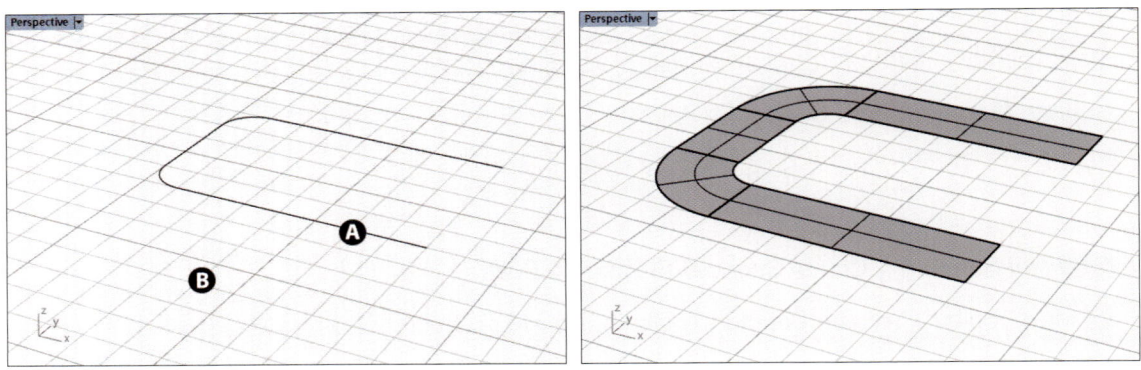

• 선택한 커브를 중심으로 양쪽 방향으로 리본 서피스를 만들려면, Bothsides 옵션을 사용한다.

15 Extrude Curve Normal To Surface

Main Toolbar〉Surface Creation Toolbar〉Extrude Curve Normal To Surface
Surface Menu〉Extrude Curve〉Normal To Surface
서피스 위에 그려져 있는 커브를, 서피스에 수직방향으로 돌출(Extrude)시킨다.

[예제] 1-4 Surface〉1 Create Surface〉Extrude Curve Normal To Surface 파일을 연다.

1 Extrude Toolbar〉Extrude Curve Normal To Surface 버튼을 클릭한다.

2 서피스 위에 그려져 있는 커브를 선택하기 위해, 커브 A를 클릭한다. 기준 서피스(Base surface)를 지정하기 위해, 서피스 B를 클릭한다.(돌출시킬 방향을 변경하려면 Flip의 약자인 "F"를 입력하고 Enter 키를 누른다.)

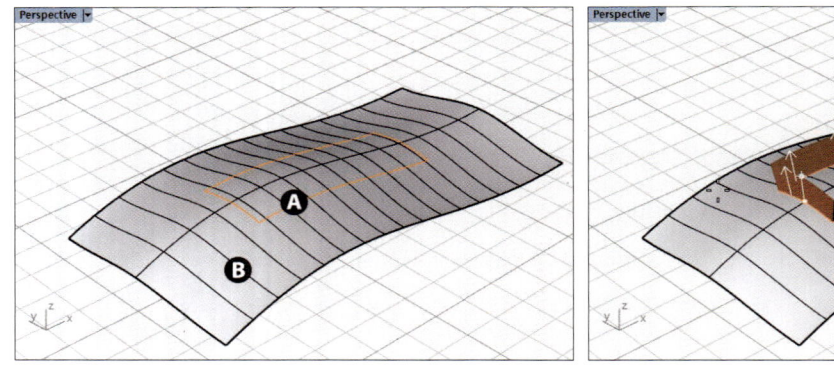

3 높이(Height)를 지정하기 위해, "20"을 입력하고 [Enter↵] 키를 누른다. [Enter↵] 키를 다시 한 번 눌러서 명령을 끝낸다. 그림처럼 지정한 서피스에 수직인 서피스를 만든다.

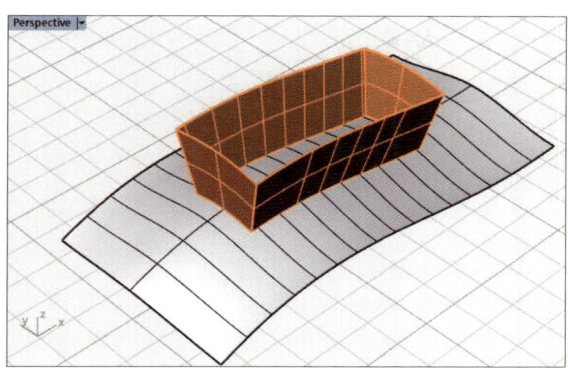

16 Sweep 1 Rail

Main Toolbar〉Surface Creation Toolbar〉Sweep 1 Rail
Surface Menu〉Sweep 1 Rail

단면 커브(Cross-section Curve)가 경로 커브(Path Curve)를 지나간 궤적을 서피스로 만든다. 1개의 경로 커브와 1개 이상의 단면 커브를 사용하여 서피스를 만든다. 경로커브의 시작점이나 끝점을 단면커브로 사용할 수 있다.

"Chain Edges" 옵션을 사용하면, 여러 개의 커브나 에지를 1개의 레일 커브로 지정할 수 있다.

예제 **1-4 Surface〉 1 Create Surface〉 Sweep 1 Rail** 파일을 연다.

1 Main Toolbar〉Surface Creation Toolbar〉Sweep 1 Rail 버튼을 클릭한다.

2 레일 커브(Rail curve)를 선택하기 위해, 커브 **A**를 클릭한다. 단면 커브(Cross section curves)를 선택하기 위해, 커브 B를 클릭하고 [Enter↵] 키를 눌러서 단면 커브 선택을 끝낸다.

3 오른쪽 그림처럼 Sweep 1 Rail Options 창이 표시된다. 그림과 같이 옵션을 설정하고 "OK" 버튼을 클릭한다.

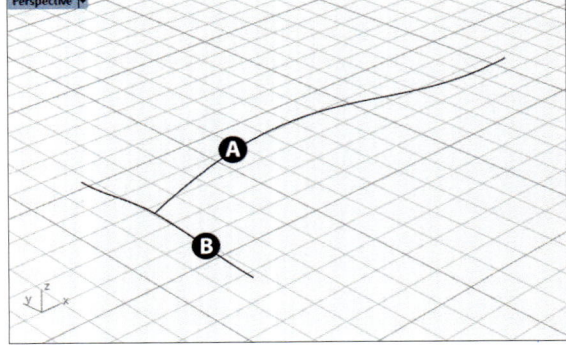

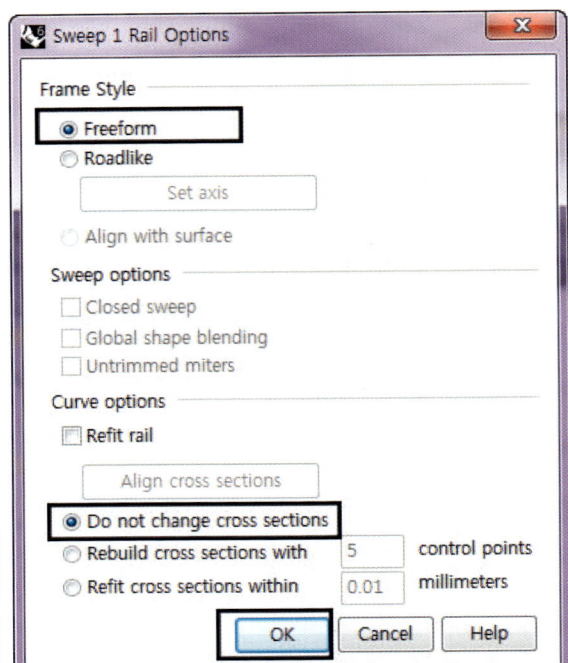

3 아래 그림처럼 서피스를 만든다.

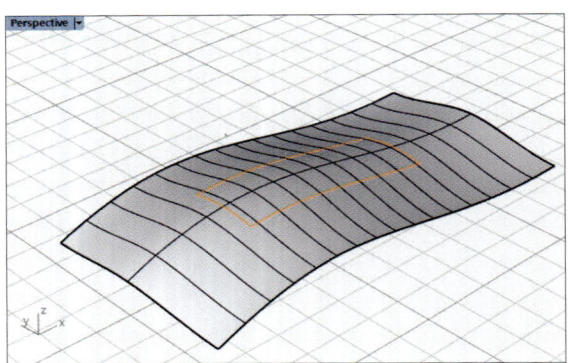

> Options

- **Chain Edges** : 끝점이 서로 만나는 여러 개의 커브나 에지를, 1개의 레일 커브로 사용할 수 있다.
- **Point** : 레일 커브의 시작점이나 끝점을 단면커브로 지정한다.

Sweep 1 Rail Options 창의 옵션들

Frame Style

- **Freeform** : 단면 커브가 레일커브에 대한 각도를 유지하기 위해 회전한다.
- **Roadlike** : 단면커브에 의해 만들어지는 프레임(Frame)들이 작업평면(Construction Plane)의 수직(Normal)을 통과하는 레일 탄젠트(Rail-tangent)에 의해 만들어진다.
- **Set Axis** : Roadlike 옵션에 대한 축방향을 설정한다.
- **Align With Surface** : 레일 커브로 서피스의 에지를 사용하는 경우, 단면커브가 서피스에 탄젠트이면 만들어지는 서피스도 탄젠트를 유지한다.

Sweep Options

- **Closed Sweep** : 닫힌 서피스를 만든다. 2개 이상의 단면커브를 선택해야 사용할 수 있다.
- **Global Shape Blending** : 단면 커브(Cross-section Curve)와 단면 커브 사이의 블렌딩(Blending) 방법을 설정한다. "Global Shape Blending=On"으로 설정하면, 왼쪽 그림처럼 단면커브 사이를 선형으로 균일하게 블렌딩한 서피스를 만든다. "Global Shape Blending=Off"로 설정하면, 오른쪽 그림처럼 단면 커브와 가까운 곳에서는 형태를 변경하지 않고, 단면 커브들의 중간에서 형태를 많이 변경하면서 서피스를 만든다.

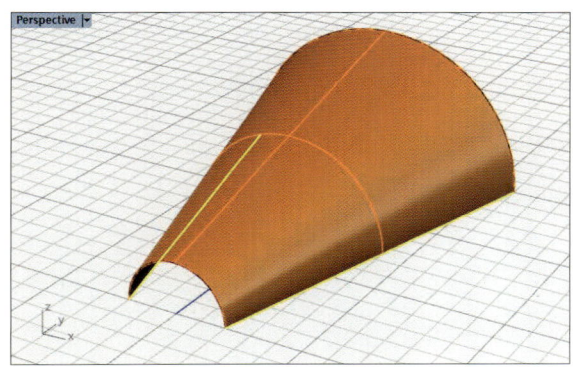

[Global Shape Blending=On]

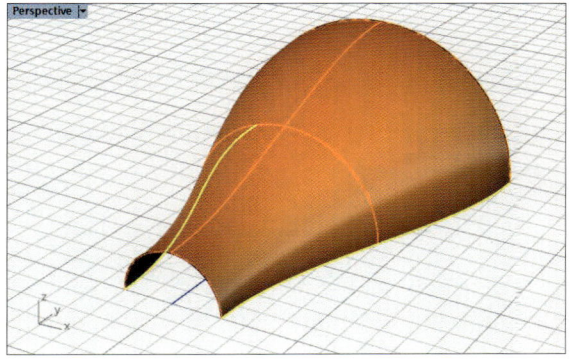

[Global Shape Blending=Off]

- **Untrimmed Miters** : 커브의 방향이 급격히 변하는 점인 킹크(Kink)가 있는 커브를 레일 커브로 사용하면, 폴리서피스를 만든다. "Untrimmed Meters=On"으로 설정하면, 폴리서피스를 구성하는 서피스(Component Surface)의 제어점(Control Point)의 구조를, 레일 커브가 꺾인 킹크(Kink) 위치에서 깔끔하게 자른 단순한 상태로 만든다.

Curve Options

- **Refit Rail** : 서피스를 만들기 전에 레일 커브를 수정한다.

- **Align Cross Sections** : 단면커브의 방향을 뒤집는 것을 허용한다.
- **Do not change cross sections** : 단면 커브를 변경하지 않고 서피스를 만든다.
- **Rebuild cross sections with ___ control points** : 서피스를 만들기 전에 단면커브의 제어점(Control Point)을 재생성한다.
- **Refit cross sections within ___** : 서피스를 만들기 전에 단면커브를 수정한다.

17 Sweep 2 Rails

Main Toolbar〉Surface Creation Toolbar〉Sweep 2 Rails
Surface Menu〉Sweep 2 Rails

2개의 레일 커브(Rail Curve)와 1개 이상의 단면 커브(Cross-section Curve)를 사용하여 서피스를 만든다. 서피스의 에지를 레일 커브로 지정하면, 서피스와의 연속성을 설정할 수 있다.
"Chain Edges" 옵션을 사용하면, 끝점이 서로 만나는 여러 개의 커브나 에지를 1개의 레일 커브로 지정할 수 있다.

예제 1-4 Surface〉1 Create Surface〉Sweep 2 Rails 파일을 연다.

1 Main Toolbar〉Surface Creation Toolbar〉Sweep 2 Rails 버튼을 클릭한다.

2 레일 커브(Rail curve)를 지정하기 위해, 서피스의 에지 Ⓐ와 Ⓑ를 클릭한다. 단면 커브(Cross-section Curve)를 지정하기 위해, 커브 Ⓒ를 클릭하고 [Enter↵] 키를 눌러서 단면 커브의 선택을 끝낸다.

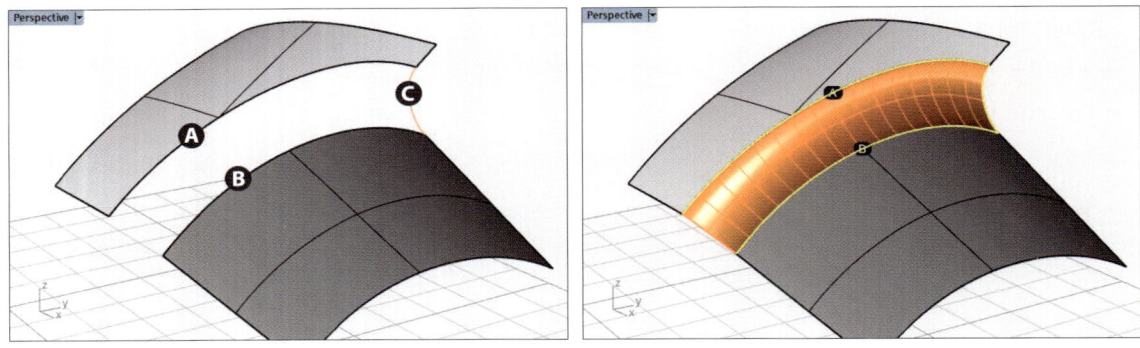

3 다음 그림처럼 Sweep 2 Rails 창이 표시된다. 창의 옵션을 왼쪽 그림처럼 설정하고 "OK" 버

튼을 클릭한다. 오른쪽 그림처럼 서피스를 만든다. 새로 만든 서피스는 에지 Ⓐ와 Ⓑ에서 다른 서피스와 탄젠트로 연속된다.

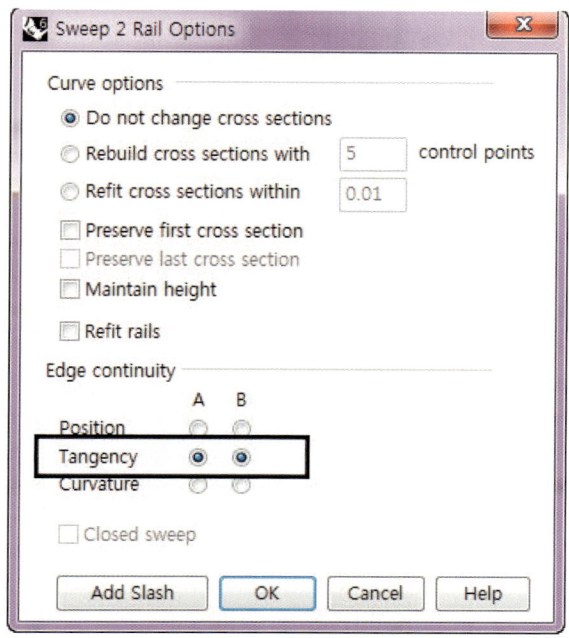
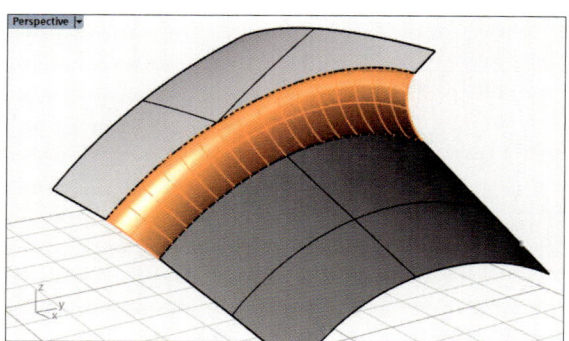

Options

- **Chain Edges** : 끝점이 서로 만나는 여러 개의 커브나 에지를, 1개의 레일 커브로 지정한다.
- **Point** : 첫 번째나 마지막 단면 커브 대신에, 점을 지정한다.

Sweep 2 Rails Options 창의 옵션들

Curve Options

- **Do not change cross sections** : 단면 커브(Cross-section Curve)를 변경하지 않고 서피스를 만든다.
- **Rebuild cross sections with ___ control points** : 서피스를 만들기 전에 단면 커브(Cross-section Curve)의 제어점(Control Point)을 다시 만든다.
- **Refit cross sections within ___** : 서피스를 만들기 전에 단면 커브(Cross-section Curve)를 수정한다.
- **Preserve First Shape** : 서피스의 형태가 첫 번째 단면 커브와 일치하도록 만든다.
- **Preserve Last Shape** : 서피스의 형태가 마지막 단면 커브와 일치하도록 만든다.
- **Maintain Height** : 단면 커브가 레일을 통과하면서 서피스를 만들 때에, 단면커브의 폭은

축소, 확대시켜도 높이는 유지시킨다.
- **Refit Rails** : 서피스를 만들기 전에 레일 커브를 수정한다.

Edge Continuity
- 서피스의 에지를 레일 커브(Rail Curve)로 사용하는 경우에, 에지를 공유하는 기존의 서피스와의 연속성(Continuity)을 설정한다.
- **Position** : G0 연속 – 위치(Position)만 일치시킨다.
- **Tangency** : G1 연속 – 위치(Position)와 탄젠트(Tangent)를 연속시킨다.
- **Curvature** : G2 연속 – 위치(Position)와 탄젠트(Tangent), 곡률(Curvature)을 연속시킨다.

Closed Sweep
닫힌 서피스를 만든다. 2개 이상의 단면 커브를 선택해야 사용할 수 있다.

Add Slash
필요한 곳에 추가적으로 단면 커브를 정렬시킨다.

18 Revolve

Main Toolbar〉Surface Creation Toolbar〉Revolve
Surface Menu〉Revolve

윤곽 커브(Profile Curve)를, 직선축을 중심으로 회전시킨 서피스를 만든다.

예제 1-4 Surface〉1 Create Surface〉Revolve 파일을 연다.

1 Main Toolbar〉Surface Creation Toolbar〉Revolve 버튼을 클릭한다.

2 회전시킬 커브를 지정하기 위해, 왼쪽 그림의 커브 **A**를 클릭하고 [Enter↵] 키를 눌러서 커브 선택을 끝낸다. 회전축(Revolve Axis)의 시작점과 끝점을 지정하기 위해, 수직선의 끝점 **B**와 **C**를 클릭한다.

3 회전각도를 360°로 지정하기 위해, 옵션에서 "Full Circle"을 클릭한다. 오른쪽 그림처럼 커브를 360°회전시킨 서피스를 만든다.

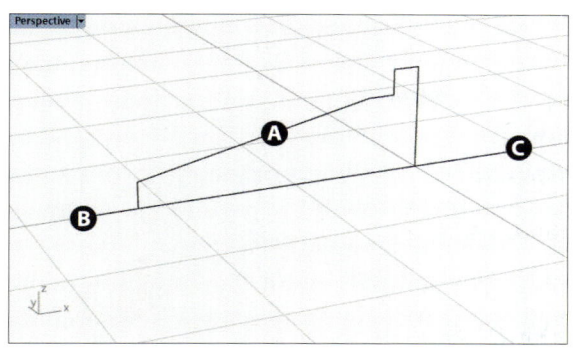
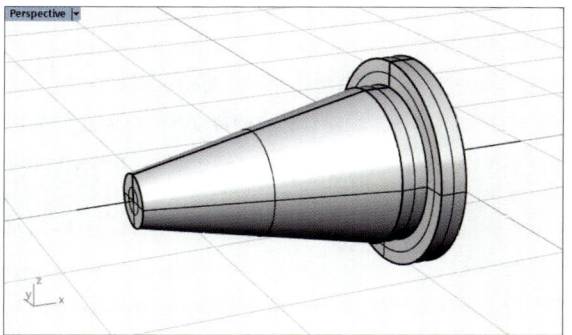

Options

- **Delete Input** : 서피스를 만든 후에 단면 커브를 지운다.
- **Deformable** : 서피스의 둘레 방향(Around Direction)을 차수(Degree) 3의 비유리 서피스(Non-rational Surface)로 수정한다. 둘레 방향(Around Direction)의 제어점의 개수를 지정할 수 있고, 제어점을 사용하여 서피스를 부드럽게 편집할 수 있다.
- **Point Count** : 결과물의 제어점(Control Point)의 개수를 지정한다.
- **Full Circle** : 커브를 360도 회전시킨 서피스를 만든다.
- **Split At Tangents** : 탄젠트로 연결된 윤곽 커브(Profile Curve)를 사용할 때, 이 옵션을 "Yes"로 설정하면 윤곽커브의 연결지점에 에지가 있는 폴리서피스(Polysurface)를 만든다. "No"로 설정하면 단일 서피스(Single Surface)를 만든다.

Main Toolbar〉 Surface Creation Toolbar〉 Revolve (🖱)
Surface Menu〉 Rail Revolve

윤곽 커브(Profile Curve)를 레일 커브(Rail Curve)를 따라가면서 회전시킨 서피스를 만든다. Revolve 버튼을 오른쪽 마우스 버튼으로 클릭한다.

예제 1-4 Surface〉 1 Create Surface〉 Rail Revolve 파일을 연다.

1 Main Toolbar〉 Surface Creation Toolbar〉 Revolve 버튼을 오른쪽 마우스 버튼으로 클릭하여 Rail Revolve 명령을 실행한다.

2 회전시킬 윤곽 커브(Profile Curve)를 지정하기 위해, 커브 **A**를 클릭한다. 레일 커브(Rail

Curve)를 지정하기 위해, 커브 **B**를 클릭한다. 레일 회전축의 시작점과 끝점을 지정하기 위해, 점 **C**와 **D**를 클릭한다. 오른쪽 그림처럼 서피스를 만든다.

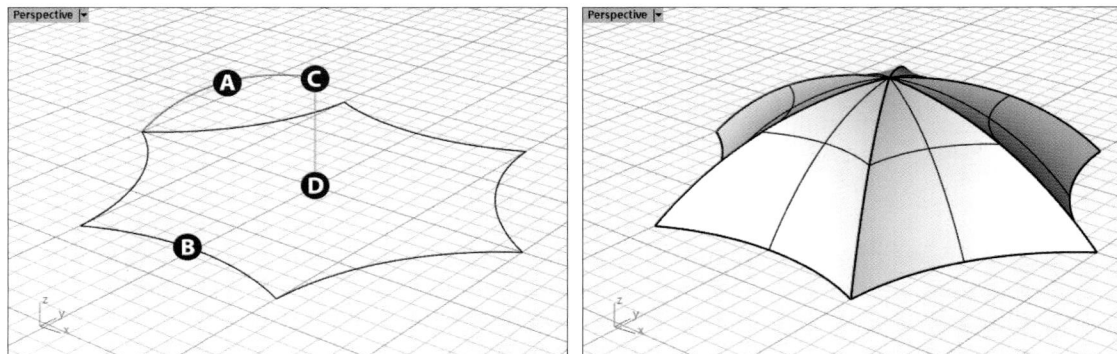

2 서피스 편집(Surface Editing)

서피스(Surface)의 방향(Direction)

서피스의 방향은 U, V, Normal Direction으로 구분한다.

- **U 방향과 V 방향**

서피스의 형태를 사각형이라고 할 때, 가로와 세로 방향이다. 서피스의 U, V 방향은 서피스 별로 다르며 U, V 방향을 반대로 변경할 수 있다.

- **Normal Direction**

서피스의 바깥쪽을 표시하는 화살표로서 서피스에 직각으로 표시한다. Surface Normal이라고도 한다.

연속성(Continuity)

2개의 커브(또는 2개의 서피스)가 연속하는 조건이다.

- **위치 연속(G0 연속 : Position Continuity)**

2개의 커브(또는 2개의 서피스)가 만나는 곳에서, 위치(Position)만 일치한다. 만나는 부분이 각이 진다.

- **탄젠트 연속(G1 연속: Tangency Continuity)**

2개의 커브(또는 2개의 서피스)가 만나는 곳에서, 위치(Position)와 탄젠트(Tangency)가 일치한다. 만나는 부분이 둥글게 연속된다. 필렛(Fillet)한 서피스는 G1 연속이다.

- **곡률 연속(G2 연속 : Curvature Continuity)**

2개의 커브(또는 2개의 서피스)가 만나는 곳에서, 위치(Position)와 탄젠트(Tangency), 곡률(Curvature)이 일치한다. 만나는 부분이 매우 부드럽게 연속된다. 블렌드 서피스(Blend Surface), 매치 서피스(Match Surface)로 만든 서피스는 G2 연속이다.

순환 서피스와 비순환 서피스(Periodic Surface & Non-periodic Surface)

- **순환 서피스(Periodic Surface)**

크리즈(Crease)를 발생시키는 일 없이 부드럽게 변형시킬 수 있는 닫힌 서피스이다.

- **비순환 서피스(Non-periodic Surface)**

서피스에 각이 진 크리즈(Crease)를 갖고 있는 닫힌 서피스를 말한다.

킹크와 크리즈(Kink and Crease)

- 킹크(Kink)

킹크(Kink)는 커브가 각이 지거나 커브의 방향이 급격히 변하는 점이다. 킹크(Kink)는 커브의 곡률이 급격히 변하는 지점에서도 발생할 수 있다.

- 크리즈(Crease)

크리즈(Crease)는 서피스에서 탄젠트가 연속되지 않는 부분이다.

이은 자리(Seam)

서피스의 시작에지와 끝 에지를 결합시킨 곳이다. 이은 자리(Seam)의 위치는 이동시킬 수도 있다.

전개 가능한 서피스(Developable Surface)

서피스를 늘리거나 찢거나 하는 등의 변형 없이, 2차원 평면 위에 전개할 수 있는 서피스이다.

Main Toolbar〉 Fillet Surface 버튼을 누른 상태에서 잠시 기다리면, Surface Tools Toolbar가 표시된다.

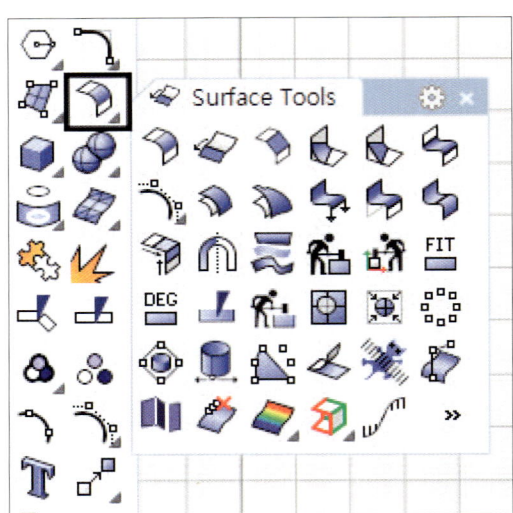

[Surface Tools Toolbar]

1 Extend Surface

Main Toolbar〉Surface Tools Toolbar〉Extend Surface
Surface Menu〉Extend Surface
서피스의 에지를 연장한다.

마우스로 클릭하여 연장하기

예제 1-4 Surface〉 2 Surface Editing〉 Extend Surface 파일을 연다.

1 Main Toolbar〉 Surface Tools Toolbar〉 Extend Surface 버튼을 클릭한다.

2 연장할 서피스의 에지를 지정하기 위해, 왼쪽 그림처럼 에지 **A**를 클릭하고 마우스를 오른쪽으로 이동한다. 오른쪽 그림처럼 에지가 연장되는 것을 미리보기로 표시한다.

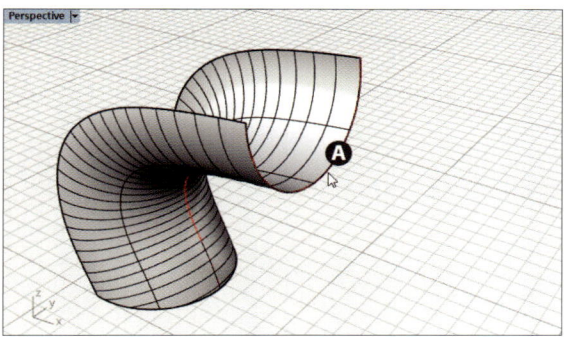 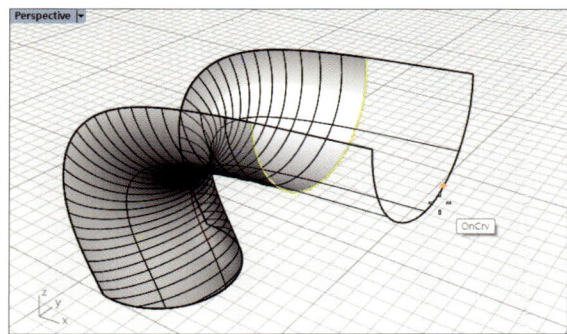

3 연장시킬 적당한 위치를 클릭한다. 클릭한 지점까지 에지가 연장된다.

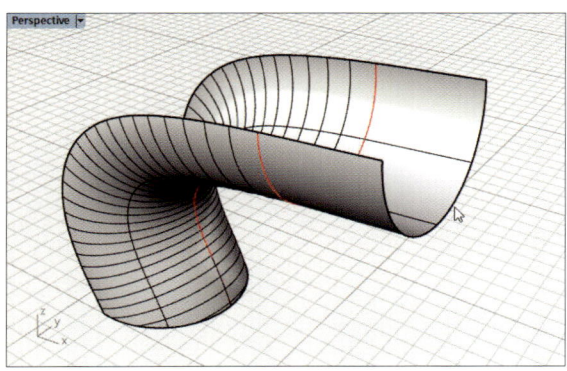

치수를 입력하여 연장하기

[Ctrl + Z] 키를 눌러 방금 실행한 명령을 취소한다.

1 Main Toolbar> Surface Tools Toolbar> Extend Surface 버튼을 클릭한다.

2 연장시킬 에지 **A**를 클릭한다. 연장시킬 커리 "30"을 입력하고 Enter 키를 누른다. 오른쪽 그림처럼 지정한 거리만큼 에지를 연장한다.

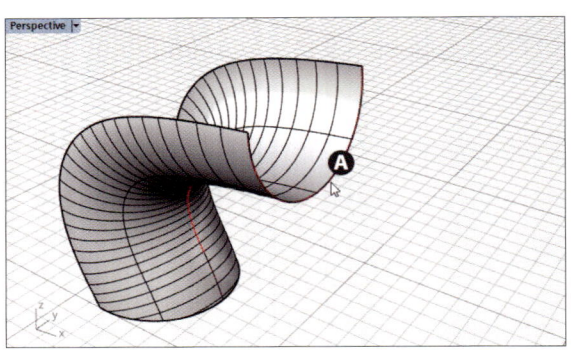 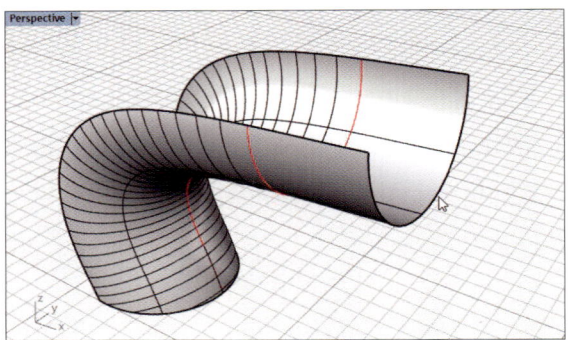

Options

Type
- **Smooth** : 에지로부터 부드러운 커브로 연장한다.
- **Line** : 에지로부터 직선으로 연장한다.

Merge
- 연장시킨 부분을 원래 서피스와 병합시킨다.(원래 에지가 있던 위치에 에지가 없어진다.)

2 Fillet Surface

Main Toolbar> Fillet Surface
Surface Menu> Fillet Surface
2개의 서피스를 지정한 반지름으로 필렛(Fillet)한다.

[예제] 1-4 Surface> 2 Surface Editing> Fillet Surface 파일을 연다.

1 Main Toolbar> Fillet Surface 버튼을 클릭한다.

2 필렛 반지름(Fillet Radius)을 지정하기 위해, "15"를 입력하고 Enter 키를 누른다. 필렛할 서피스를 지정하기 위해, 서피스 **A**, **B**를 클릭한다. 오른쪽 그림처럼 필렛을 실행한다.

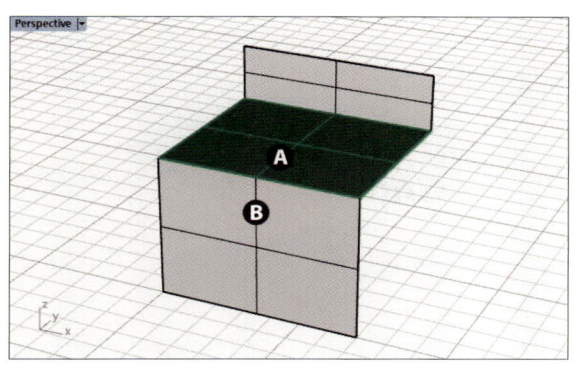 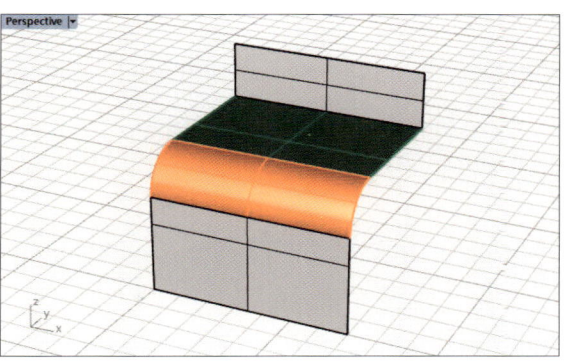

Options

- **Radius** : 필렛 반지름을 지정한다.
- **Extend** : 필렛 반지름만큼 떨어져 있어도 필렛을 실행한다. 기본 설정은 "Yes"이다.
- **Trim** : 원래의 서피스를 트림(Trim)할 것인지를 설정한다. 기본 설정은 "Yes"이다.

3 Chamfer Surface

Main Toolbar〉 Surface Tools Toolbar〉 Chamfer Surface
Surface Menu〉 Chamfer Surface

2개의 서피스를 지정한 거리만큼 직선으로 모따기(Chamfer)한다. 45° 모따기가 일반적이지만, 2개의 거리를 각각 다르게 지정할 수도 있다.

예제 1-4 Surface〉 2 Surface Editing〉 Chamfer Surface 파일을 연다.

1 Main Toolbar〉 Surface Tools Toolbar〉 Chamfer Surface 버튼을 클릭한다.

2 첫 번째 모따기 거리를 지정하기 위해, "15"를 입력하고 Enter↵ 키를 누른다. 두 번째 모따기 거리를, 첫 번째 모따기 거리와 같은 값으로 지정하기 위해 Enter↵ 키를 누른다.

3 모따기할 서피스 A, B를 클릭한다. 오른쪽 그림처럼 모따기를 실행한다.

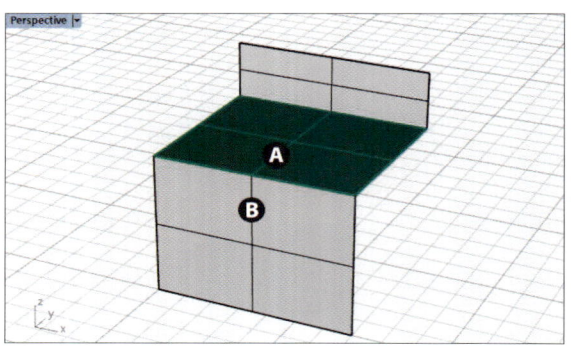 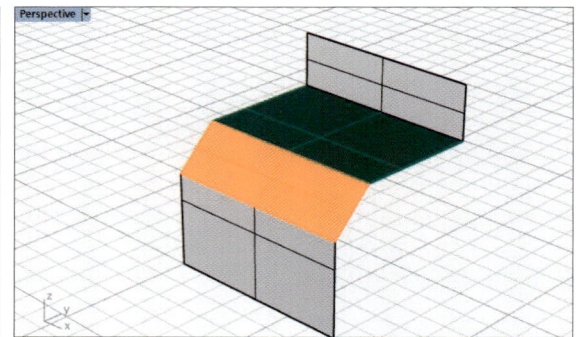

4 Variable Radius Surface Fillet

Main Toolbar〉 Surface Tools Toolbar〉 Variable Radius Surface Fillet
Surface Menu〉 Variable Fillet/Blend/Chamfer〉 Variable Fillet Surfaces
2개 이상의 반지름을 지정하여 서피스를 필렛(Fillet)한다.

예제 1-4 Surface〉 2 Surface Editing〉 Variable Radius Surface Fillet 파일을 연다.

1 Main Toolbar〉 Surface Tools Toolbar〉 Variable Radius Surface Fillet 버튼을 클릭한다.

2 필렛 반지름을 지정하기 위해 "20"을 입력하고 [Enter↵] 키를 누른다. 필렛 시킬 서피스 **A**, **B** 를 클릭한다. 오른쪽 그림처럼 에지의 양 끝에 필렛 핸들(Fillet Handle)이 표시된다.

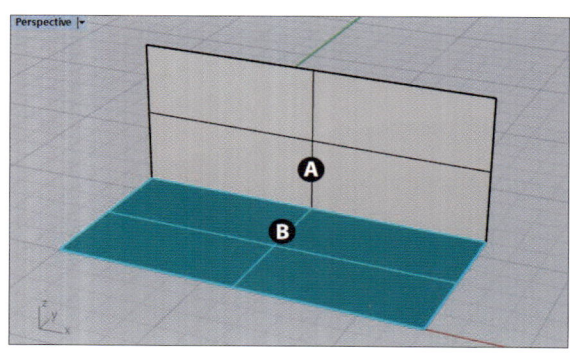 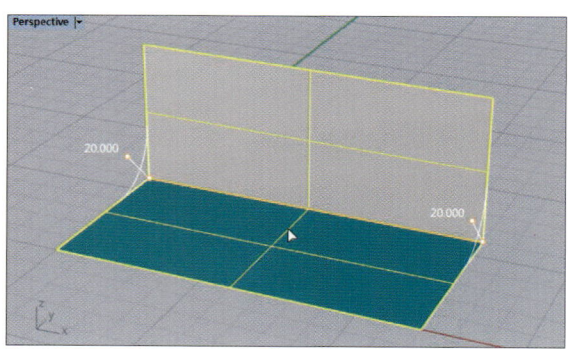

3 옵션을 "Trim And Join=No"로 설정한다. 필렛 핸들을 추가하기 위해, 옵션 항목에서 "Add Handle"을 클릭한다. 반지름을 지정하기 위해 "10"을 입력하고 [Enter↵] 키를 누른다. 서피스 **A**, **B**가 만나는 에지의 중간점 **C**를 클릭한다. 오른쪽 그림처럼 클릭한 위치에 핸들이 추가된다. [Enter↵] 키를 눌러서 핸들 추가를 끝낸다. [Enter↵] 키를 눌러서 필렛 작업을 끝낸다. 오른쪽 그림처럼 가변필렛을 실행한다.

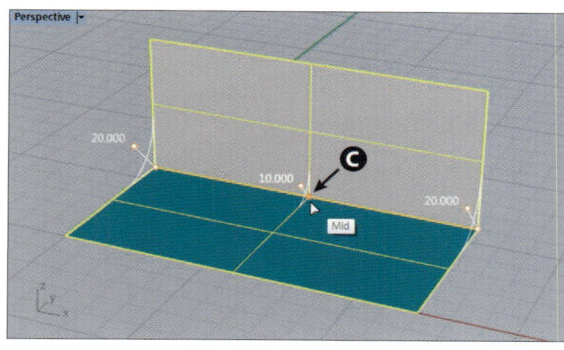
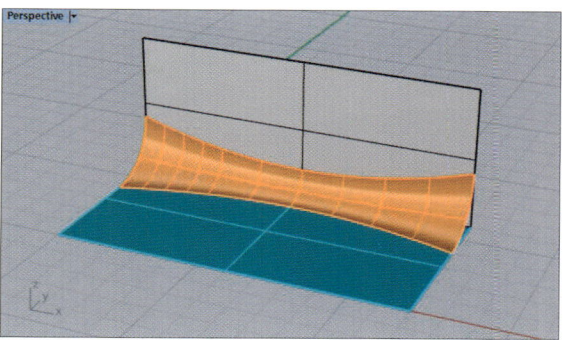

Variable Radius Surface Blend

- Main Toolbar〉Surface Tools Toolbar〉Variable Radius Surface Fillet (🖱)
- Surface Menu〉Variable Fillet/Blend/Chamfer〉Variable Blend Surfaces

2개 이상의 반지름을 지정하여 서피스를 블렌딩(Blending)한다. 블렌딩한 서피스는 G2 연속성(Curvature Continuity)을 갖는다. Variable Radius Surface Fillet 버튼을 오른쪽 마우스 버튼으로 클릭한다.

5 Variable Radius Surface Chamfer

Main Toolbar〉Surface Tools Toolbar〉Variable Radius Surface Chamfer
Surface Menu〉Variable Fillet/Blend/Chamfer〉Variable Chamfer Surfaces

2개 이상의 모따기할 거리(Chamfer Distance)를 지정하여 모따기(Chamfer)를 실행한다. 사용 방법은 Variable Radius Surface Fillet 명령과 같다.

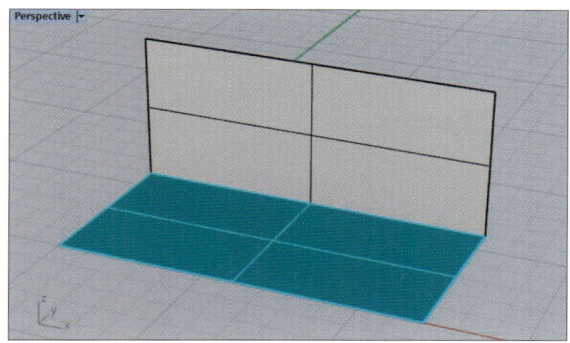
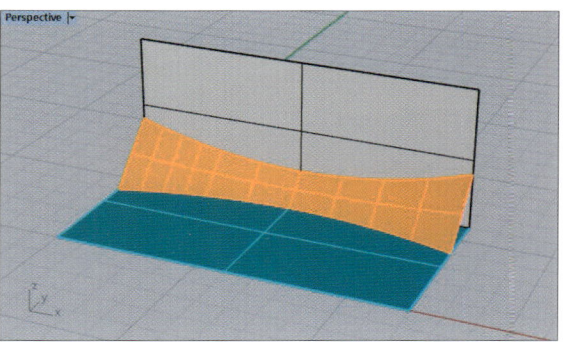

6 Blend Surface

Main Toolbar〉Surface Tools Toolbar〉Blend Surface
Surface Menu〉Blend Surface
2개의 서피스 사이에 블렌드 서피스(Blend Surface)를 만든다.

예제 1-4 Surface〉2 Surface Editing〉Blend Surface 파일을 연다.

1 Main Toolbar〉Surface Tools Toolbar〉Blend Surface 버튼을 클릭한다.

2 2개의 에지를 첫 번째 에지로 지정하기 위해 "Chain Edges" 옵션을 클릭한다. 에지 **A**, **B**를 클릭하고 Enter 키를 눌러서 첫 번째 에지 선택을 끝낸다. 두 번째 에지를 지정하기 위해, 에지 **C**를 클릭하고 Enter 키를 눌러서 두 번째 에지 선택을 끝낸다. Adjust Blend Bulge 창의 옵션을 그림처럼 설정하고 OK 버튼을 클릭한다.

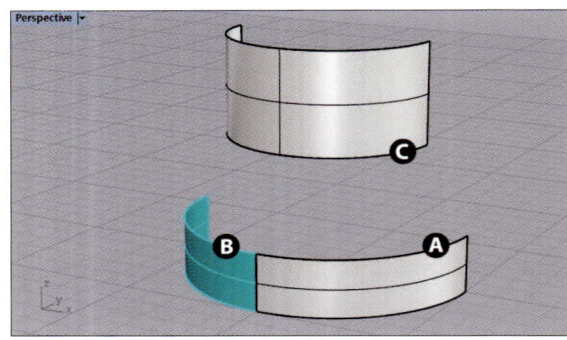 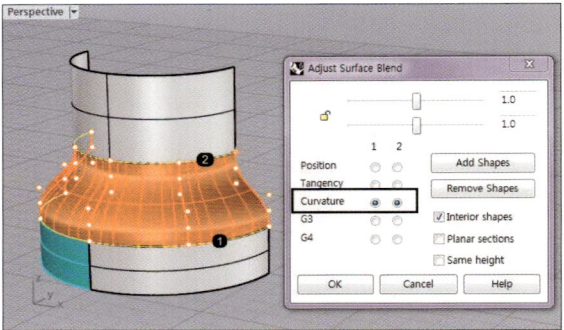

3 아래 그림처럼 서피스 사이를 G2(Curvature Continuity)로 연속하는 블렌드 서피스를 만든다.

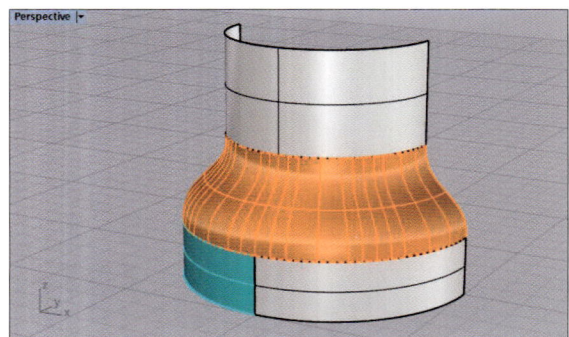

Show Object Control Points

Main Toolbar〉 Show Object Control Points　　단축키 : F10

Main Toolbar〉 Surface Tools Toolbar〉 Show Object Control Points

Edit Menu〉 Control Points〉 Control Point On

커브나 서피스의 제어점(Control Point)을 표시한다.

[예제] 1-4 Surface〉 2 Surface Editing〉 Show Object Control Points 파일을 연다.

1 Main Toolbar〉 Surface Tools Toolbar〉 Show Object Control Points 버튼을 클릭한다.

2 커브 Ⓐ, 서피스 Ⓑ를 클릭하고 Enter 키를 누른다. 오른쪽 그림처럼 선택한 오브젝트들의 제어점을 표시한다.

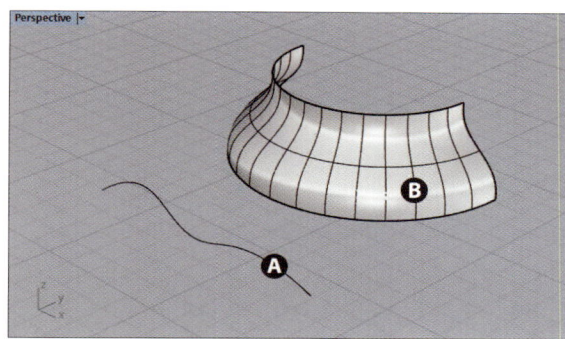 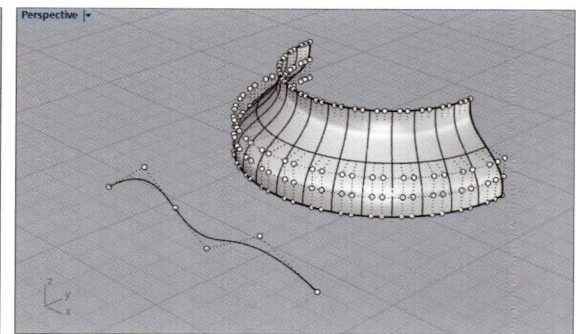

Point Off

- Main Toolbar〉 Show Object Control Points (🖱)　　단축키 : F11
- Main Toolbar〉 Surface Tools Toolbar〉 Show Object Control Points (🖱)
- Edit Menu〉 Control Points〉 Control Point Off

커브나 서피스의 제어점(Control Point)을 끈다. Show Object Control Points 버튼을 오른쪽 마우스 버튼으로 클릭한다.

8 Offset Surface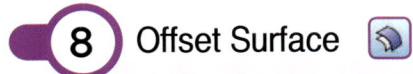

Main Toolbar〉Surface Tools Toolbar〉Offset Surface
Surface Menu〉Offset Surface

원본 서피스로부터 지정한 간격만큼 띄운 서피스를 만든다.

예제 1-4 Surface〉2 Surface Editing〉Offset Surface 파일을 연다.

1 Main Toolbar〉Surface Tools Toolbar〉Offset Surface 버튼을 클릭한다.

2 서피스 **A**를 클릭하고 Enter 키를 누른다. 오른쪽 그림처럼 서피스의 노멀 디렉션(Normal Direction) 화살표가 표시된다. 흰색 화살표로 표시되는 서피스의 노멀 디렉션(Normal Direction) 쪽으로 오프셋한다.

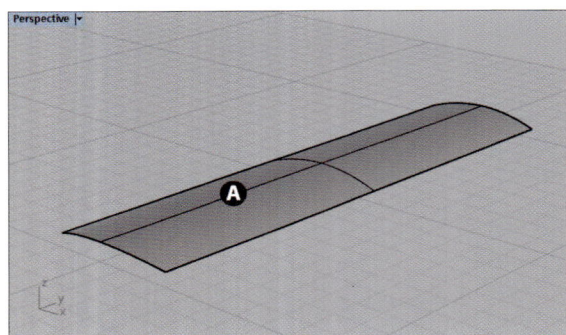 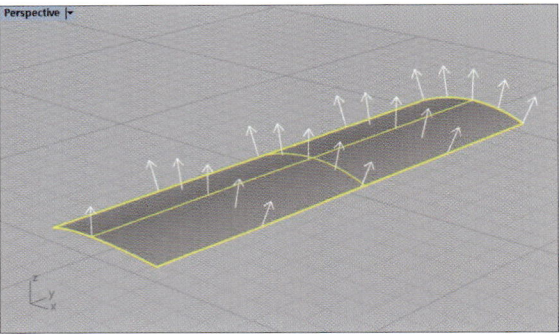

3 옵션에서 "Distance=15", "Solid=No"로 설정하고 Enter 키를 누른다. 오른쪽 그림처럼 오프셋을 실행한다.

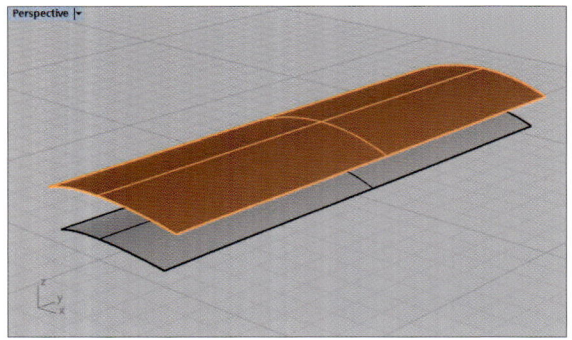

> **Options**
>
> - **Flip All** : 선택한 서피스의 Normal Direction을 반대 방향으로 뒤집는다.
> - **Solid** : 서피스를 오프셋하여 솔리드(Solid)를 만든다.
> - **Both Sides** : 서피스를 양쪽 방향으로 오프셋한다.

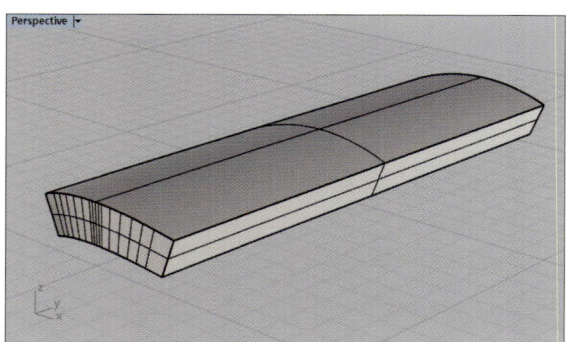

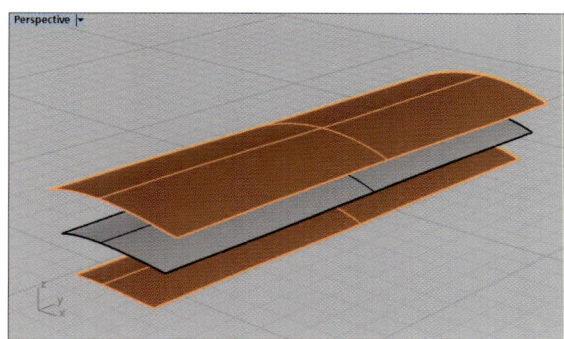

9 Match Surface

Main Toolbar〉Surface Tools Toolbar〉Match Surface
Surface Menu〉Surface Edit Tools 〉Match

서피스의 에지를 다른 서피스와 위치(Position), 탄젠트(Tangent), 또는 곡률(Curvature) 연속성(Continuity)을 유지하면서 일치시킨다. 변경할 서피스의 에지는 트림하지 않은 에지를 선택해야 한다.

예제 1-4 Surface〉2 Surface Editing〉Match Surface 파일을 연다.

1 Main Toolbar〉Surface Tools Toolbar〉Match Surface 버튼을 클릭한다.

2 변경할 서피스의 에지를 지정하기 위해, 서피스의 에지 **A**를 클릭한다. 매치시킬 기준 에지를 지정하기 위해, 회색 서피스의 에지 **B**를 클릭하고 Enter↵ 키를 누른다.

3 오른쪽 그림처럼 Match Surface 창이 표시된다. 옵션을 그림처럼 설정하고 OK 버튼을 클릭한다.

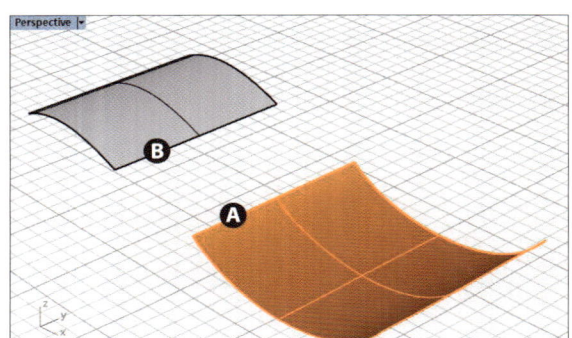
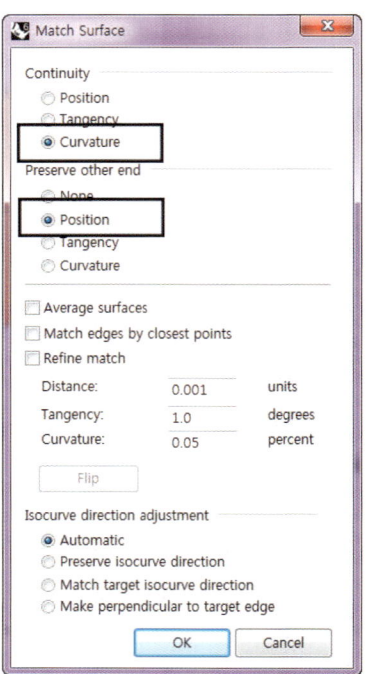

4 오른쪽 그림처럼 첫 번째 지정한 서피스를 변경하여 두 번째 지정한 서피스에 매치(Match)시킨다.

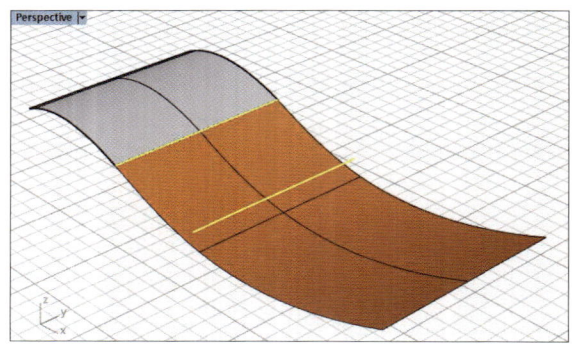
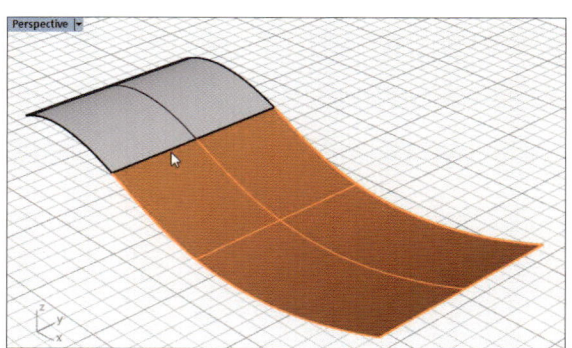

Options

- **Multiple Matches** : 2개 이상의 에지를 매치(Match)시킨다.

> **Match Surface의 주의사항**
> - 변경할 에지(Edge To Change)는 트림하지 않은 에지여야 한다. 두 번째 선택하는 타켓 에지(Target Edge)는 트림 여부와 관계없다.
> - 닫힌 에지(Closed Edge)는 열린 에지(Open Edge)와 매치시킬 수 없다.
> - 동일 서피스의 에지들끼리는 Match Surface 명령을 사용할 수 없다.
> - Match Surface는 서피스들이 이미 거의 일치되어 있는 상태에서, 약간만 변경함으로써 정확하게 일치시키기 위해 사용하는 것이 가장 좋다.

10 Merge Surface

Main Toolbar〉Surface Tools Toolbar〉Merge Surface
Surface Menu〉Surface Edit Tools〉Merge

2개의 트림하지 않은 에지를 공유하는 서피스를 1개의 단일 서피스(Single Surface)로 병합(Merge)시킨다. 병합시킨 서피스는 다시 분해할 수 없다.

예제 1-4 Surface〉2 Surface Editing〉Merge Surface 파일을 연다. 서피스 Ⓐ와 Ⓑ는 탄젠트로 연속되는 서피스들이다.

1 Main Toolbar〉Surface Tools Toolbar〉Merge Surface 버튼을 클릭한다.

2 병합시킬 한 쌍의 서피스를 지정하기 위해, 왼쪽 그림에서 서피스 Ⓐ와 Ⓑ를 클릭한다. 오른쪽 그림처럼 선택한 2개의 서피스를 1개의 서피스로 병합시킨다.

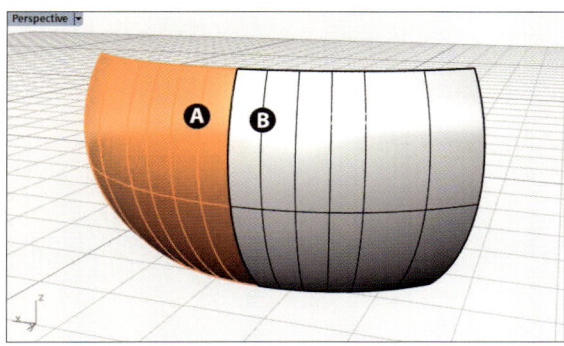 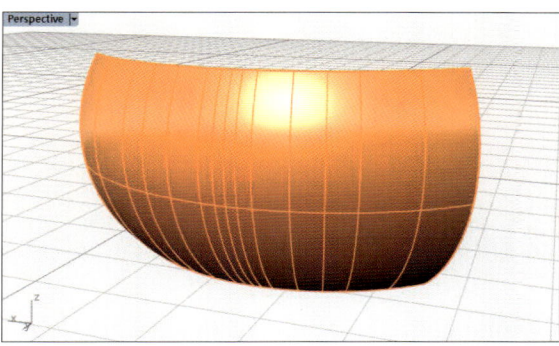

Options

- **Smooth** : 제어점(Control Point)으로 편집하기에 더 적합한 서피스를 만든다. 양쪽 서피스의 모양을 약간 변경할 수도 있다.
- **Tolerance** : 공차를 설정한다. 기본 설정은 Unit 옵션에서 설정한 절대공차를 사용한다.
- **Roundness** : 탄젠트가 연속되지 않는 2개의 곡면을 병합시킬 때의 둥글기(Roundness)를 설정한다. " 0 – 1 " 사이의 값을 설정할 수 있고, 기본 설정은 " 1 "이다. " 1 "은 병합시킬 부분을 완전히 둥글게(Full Smoothing) 만들고, " 0 "은 각진(Sharp) 상태로 만든다. Smooth=Yes로 설정해야 사용할 수 있다.

Merge Surface의 주의사항

- Merge Surface는 트림하지 않은 상태의 2개의 에지를 공유하는 서피스를 1개의 단일 서피스로 병합시킨다.
- Merge Surface를 적용하려면, 2개의 서피스의 공유하는 에지가 U, V–방향을 따라 정확히 일치하여야 한다. 또한 양쪽 에지의 끝점을 공유하여야 한다.
- 일반적으로 Merge Surface는 Loft나 Sweep 1, 2 Rails로 만든, 에지를 공유하는 트림하지 않은 서피스들을 단일 서피스(Single Surface)로 만들 때 사용한다.

11 Tween Between Two Surfaces

Main Toolbar〉 Surface Tools Toolbar〉 Tween Between Two Surfaces
Surface Menu〉 Tween Surfaces
2개의 서피스 사이에 지정한 개수만큼의 중간 서피스를 만든다.

12 Rebuild Surface

Main Toolbar〉 Surface Tools Toolbar〉 Rebuild Surface
Edit Menu 〉 Rebuild
서피스의 차수(Degree)와 제어점(Control Point)의 개수를 재설정하여 서피스를 수정한다.

예제 1-4 Surface〉2 Surface Editing〉Rebuild Surface 파일을 연다.

1 Main Toolbar〉Surface Tools Toolbar〉Rebuild Surface 버튼을 클릭한다.

2 서피스 **A**를 클릭하고 Enter 키를 누른다. 오른쪽 그림처럼 Rebuild Surface 창이 도시된다. 괄호 안에 서피스의 현재 상태를 표시한 숫자들이 보인다. 창의 옵션을 그림처럼 설정하고 Enter 키를 누른다.

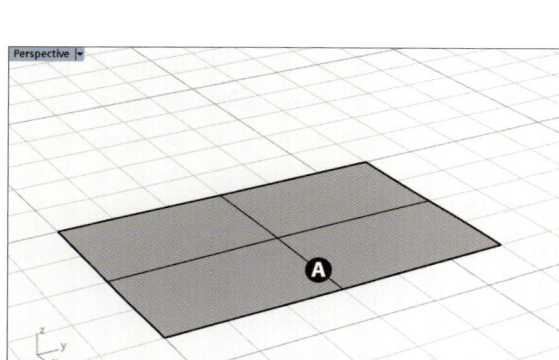
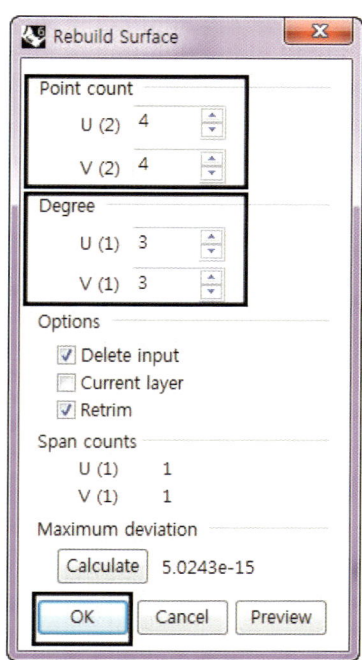

3 왼쪽 그림처럼 서피스의 차수와 제어점을 Rebuild Surface 창에서 설정한 상태로 수정하였다. 오른쪽 그림은 수정한 서피스의 제어점을 이동하여 서피스를 변경한 그림이다.

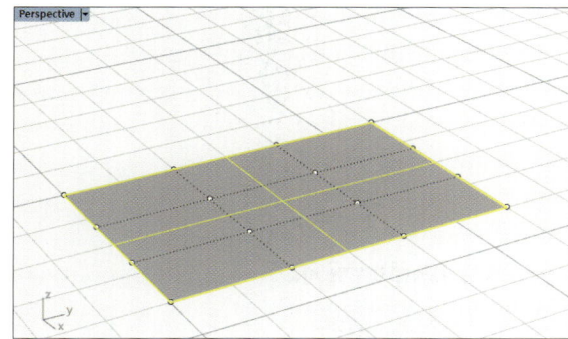
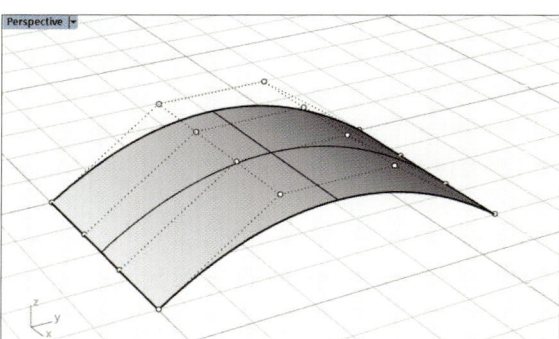

Rebuild Surface 창의 옵션들

- **Point Count** : 서피스의 U, V 방향의 제어점(Control Point)의 개수를 설정한다.
- **Degree** : 서피스의 U, V 방향의 차수(Degree)를 설정한다. 높은 차수(Degree)의 커브를 그리려면, 제어점을 최소한 "차수(Degree)+1"개로 설정해야 한다.
- **Delete Input** : 원본 서피스를 지운다.
- **Current Layer** : 수정한 서피스를 현재 레이어에 배정한다.
- **Retrim** : 수정한 서피스를 원래의 트림 커브(Trim Curve)로 트림한다.
- **Maximum Deviation** : 원본 서피스와의 최대편차(Maximum Deviation)를 표시한다.

13 Rebuild Surface UV

Main Toolbar〉 Surface Tools Toolbar〉 Rebuild Surface UV
U 방향이나 V 방향의 제어점(Control Point)의 개수를 독립적으로 재설정한다.

예제 1-4 Surface〉 2 Surface Editing〉 Rebuild Surface UV 파일을 연다.

1 Main Toolbar〉 Surface Tools Toolbar〉 Rebuild Surface UV 버튼을 클릭한다. 아래 그림은 재설정하기 전의 서피스의 형태와 제어점을 표시한 그림이다.

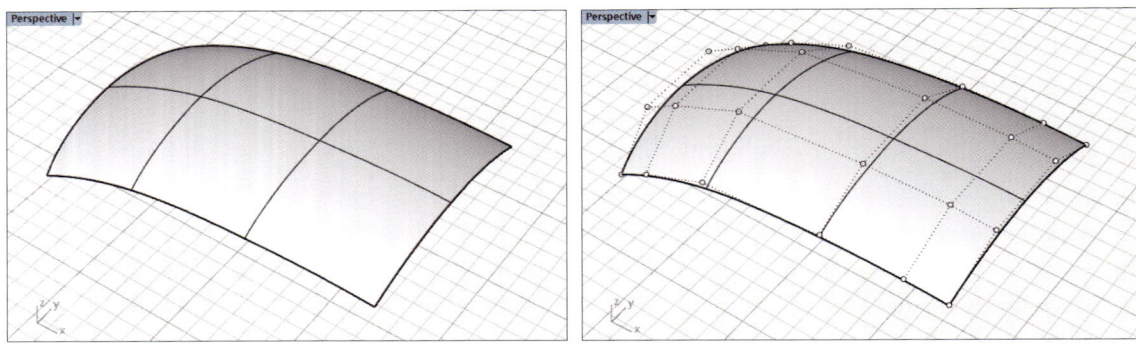

2 서피스 Ⓐ를 클릭하고 Enter 키를 누른다. 옵션을 "Direction=U", "Point Count=12", "Delete Input=Yes"로 설정하고 Enter 키를 누른다. 오른쪽 그림은 U 방향의 제어점의 개수를 재설정한 상태를 보여주는 그림이다.

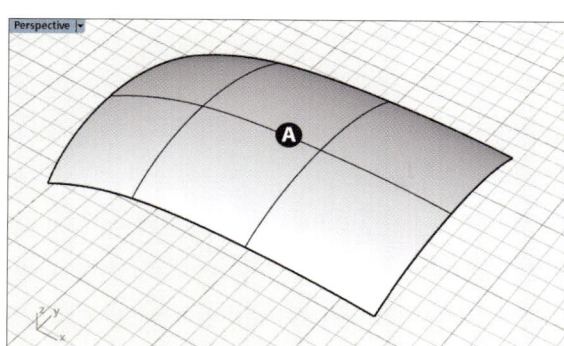 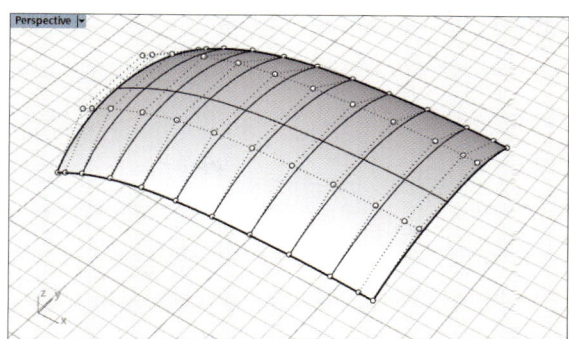

14. Refit Surface To Tolerance

Main Toolbar〉 Surface Tools Toolbar〉 Refit Surface To Tolerance
Surface Menu〉 Surface Edit Tools 〉 Refit To Tolerance

허용공차 안에서 서피스의 전체적인 형태를 유지하면서, 제어점(Control Point)의 개수를 줄인다. 제어점의 개수가 너무 많은 서피스의 제어점의 개수를 줄이기 위해 사용한다.

15. Change Surface Degree

Main Toolbar〉 Surface Tools Toolbar〉 Change Surface Degree
Edit Menu〉 Change Degree

커브나 서피스의 차수(Degree)를 변경한다. 나트(Knot) 구조를 유지하면서 나트 스팬(Knot Span) 사이에 제어점(Control Point)을 추가하거나 뺀다.

16. Split Edge

Main Toolbar〉 Surface Tools Toolbar〉 Split Edge
Surface〉 Edge Tools〉 Split Edge

서피스의 에지를 지정한 위치에서 분할한다.(제1부, 제7장 분석(Analyze) "Split Edge" 참조)

17 Untrim

Main Toolbar〉Surface Tools Toolbar〉Untrim

Surface Menu〉Surface Edit Tools〉Untrim

서피스의 트림(Trim) 작업을 취소시키고, 트림한 서피스를 복구한다.

예제 1-4 Surface〉2 Surface Editing〉Untrim 파일을 연다.

1 Main Toolbar〉Surface Tools Toolbar〉Untrim 버튼을 클릭한다.

2 서피스의 트림한 에지 **A**, **B**를 클릭한다. 오른쪽 그림처럼 트림한 에지의 서피스를 복구한다.

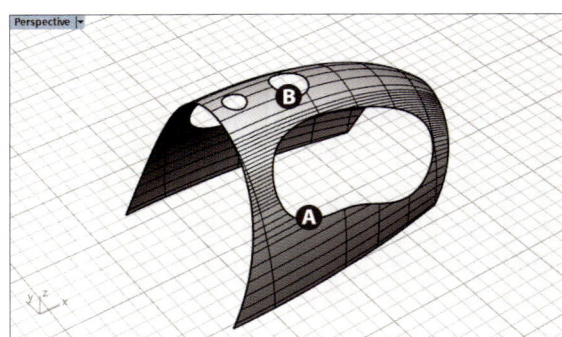 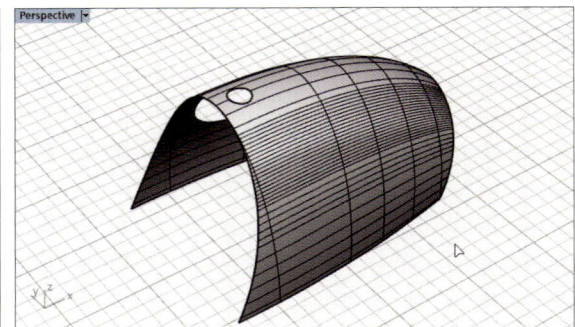

Options

- **Keep Trim Objects** : 원본 서피스의 트림 커브(Trim Curve)를 분리시켜서 보존한다.
- **All Similar** : 트림한 서피스에서 한 개의 트림한 에지를 선택하면, 모든 트림 커브(Trim Curve)를 제거한다. 한 개의 트림한 구멍의 에지를 선택하면, 동일 서피스의 모든 구멍을 제거한다.

Detach Trim

- Main Toolbar〉Surface Tools Toolbar〉Untrim (🖱)
- Surface Menu〉Surface Edit Tools 〉Detach Trim

서피스의 트림(Trim) 작업을 취소하는 동시에, 트림 작업에서 사용한 트림 커브(Trim Curve)도 같이 복구한다. Untrim 버튼을 오른쪽 마우스 버튼으로 클릭한다.

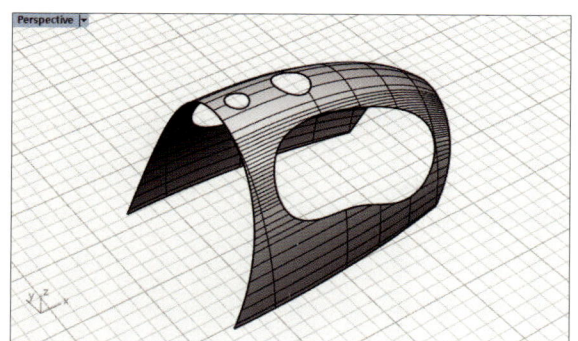
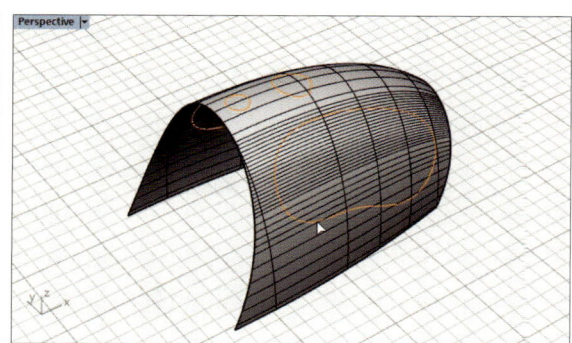

18 Shrink Trimmed Surface

Main Toolbar> Surface Tools Toolbar> Shrink Trimmed Surface
Surface Menu> Surface Edit Tools> Shrink Trimmed Surface

트림한 서피스의 제어점(Control Point)의 구조를, 트림한 상태에 맞게 축소시킨다. 트림한 서피스의 형태에는 변함이 없고, 제어점의 구조만 축소시킨다. 서피스를 트림해도 제어점의 구조는, 트림하기 이전의 바탕 서피스(Underlying Untrimmed Surface)의 제어점의 구조를 그대로 유지하고 있다.

예제 1-4 Surface> 2 Surface Editing> Shrink Trimmed Surface 파일을 연다.

1 Main Toolbar> Show Object Control Points 버튼을 클릭한다.

2 서피스 Ⓐ를 클릭하고 Enter↵ 키를 누른다. 오른쪽 그림처럼 서피스 Ⓐ의 제어점을 화면에 표시한다. 트림하기 전의 제어점의 구조를 그대로 유지하고 있다.

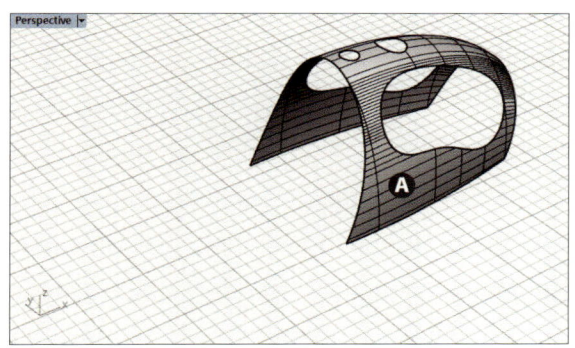
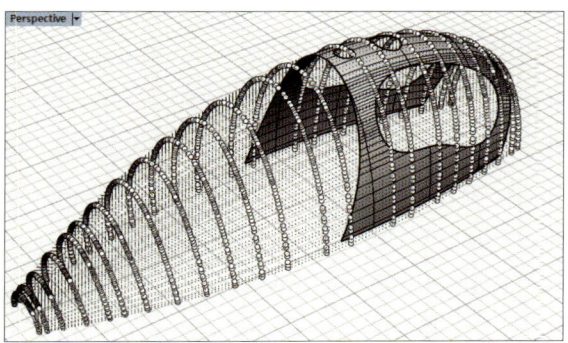

제2절 서피스 편집(Surface Editing)

3 Main Toolbar〉Surface Tools Toolbar〉Shrink Trimmed Surface 버튼을 클릭한다.

4 서피스 **A**를 클릭하고 [Enter↵] 키를 누른다. 오른쪽 그림처럼 서피스의 제어점의 구조를 트림한 상태에 맞게 축소시킨다.

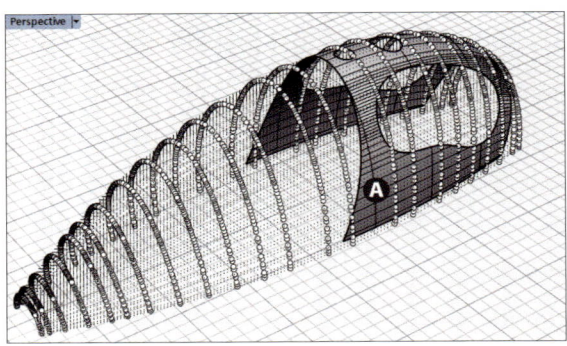
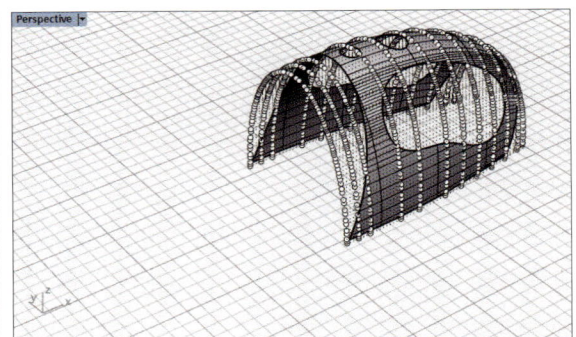

19 Make Uniform

Main Toolbar〉Surface Tools Toolbar〉Make Uniform

커브나 서피스의 제어점(Control Point)의 위치를 변경하지 않으면서, 오브젝트의 나트 벡터(Object Knot Vectors)를 균일(Uniform) 상태로 만든다. 오브젝트의 형태는 약간 변경된다.

20 Make Surface Periodic

Main Toolbar〉Surface Tools Toolbar〉Make Surface Periodic
Edit Menu〉Make Periodic

커브나 서피스의 킹크(Kink)를 제거한다. 순환 서피스는 제어점(Control Point)을 사용하여 각진 모서리 없이 부드럽게 편집할 수 있다.

Make Surface Non-Periodic

• Main Toolbar〉Surface Tools Toolbar〉Make Surface Periodic (🖱)

커브나 서피스의 시작지점이나 끝지점에 킹크(Kink)를 삽입한다. Make Surface Periodic 버튼을 오른쪽 마우스 버튼으로 클릭한다.

21 Adjust Closed Surface Seam

Main Toolbar> Surface Tools Toolbar> Adjust Closed Surface Seam
Surface Menu> Surface Edit Tools> Adjust Closed Surface Seam

닫힌 서피스(Closed Surface)의 시작 부분과 끝부분을 결합시킨 곳인 이은 자리(Seam)의 위치를 변경한다. 이은 자리(Seam)의 위치에서 Trim, Split 등의 작업을 실행하면, 불필요하게 어지가 분할되고 이것이 다음 작업을 곤란하게 만들 때가 있다. 이런 경우에는 가급적 이은 자리(Seam)의 위치를 다른 곳으로 옮기고 작업하는 것이 좋다.

예제 1-4 Surface> 2 Surface Editing> Adjust Closed Surface Seam 파일을 연다.

1 Main Toolbar> Analyze Toolbar> Show Edges 버튼을 클릭한다.

2 서피스 Ⓐ를 클릭하고 [Enter⏎] 키를 누른다. Edge Analysis 창이 표시된다. 오른쪽 그림처럼 "All Edges"를 체크한다. 서피스 Ⓐ의 모든 에지를 표시한다. 에지 "1"은 서피스 Ⓐ의 시작 부분과 끝부분을 결합시킨 곳인 이은 자리(Seam)이다.

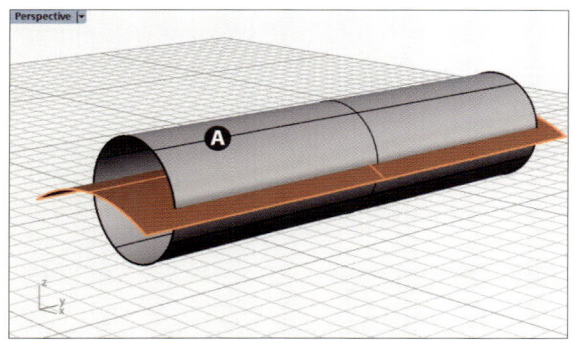 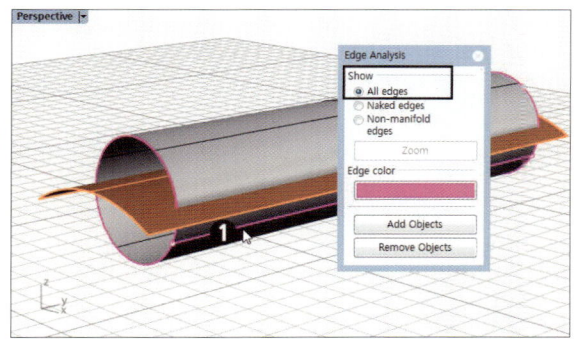

3 Main Toolbear> Surface Tools Toolbar> Adjust Closed Surface Seam 버튼을 클릭한다.

4 서피스 Ⓐ를 클릭한다. 오른쪽 그림처럼 이은 자리(Seam) "1"을 흰색으로 표시한다.

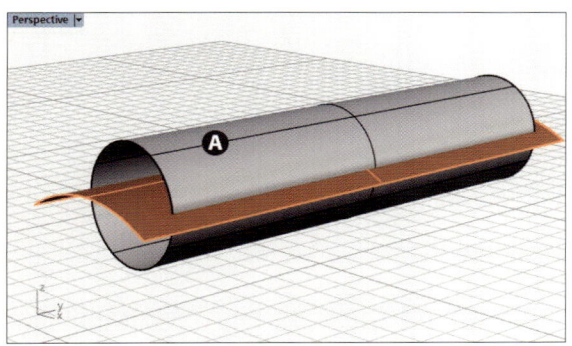 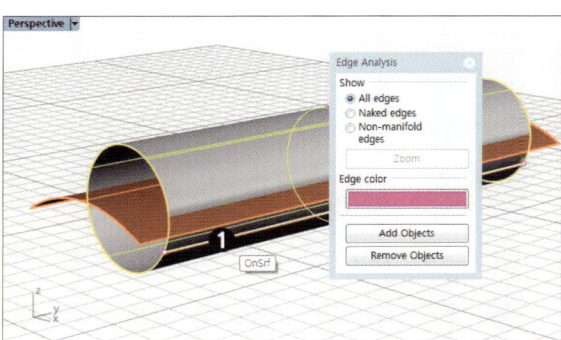

5 이은 자리(Seam)의 변경할 위치를 지정하기 위해, 사분점(Quad)인 점 2의 위치를 클릭한다. 오른쪽 그림처럼 서피스의 이은 자리(Seam)를 클릭한 지점으로 변경한다.

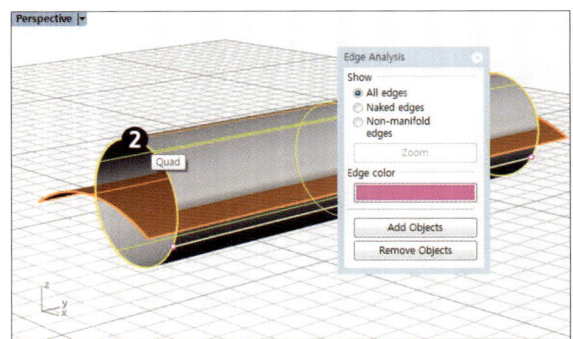
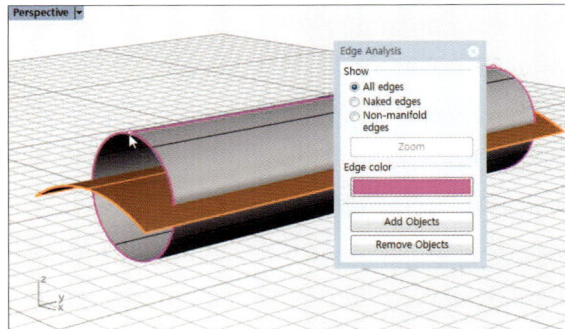

22 Unroll Developable Surface

Main Toolbar〉 Surface Tools Toolbar〉 Unroll Developable Surface
Surface Menu〉 Surface Flattening〉 Unroll Developable Surface

한 방향으로 휘어져있는 서피스를 작업평면(Construction Plane)의 원점을 기준으로 평면으로 전개한다. 구(Sphere), 원환체(Torus) 등과 같이 서피스가 2 방향으로 휘어져 있는 복곡면 서피스는 전개할 수 없다.

예제 1-4 Surface〉 2 Surface Editing〉 Unroll Developable Surface 파일을 연다.

1 Main Toolbar〉 Surface Tools Toolbar〉 Unroll Developable Surface 버튼을 클릭한다.

2 명령어 창에서 옵션을 "Explode=Yes, Labels=No"로 설정한다. 오브젝트 "**A**"를 클릭하고 Enter↵ 키를 누른다. 오른쪽 그림처럼 서피스를 전개한다.

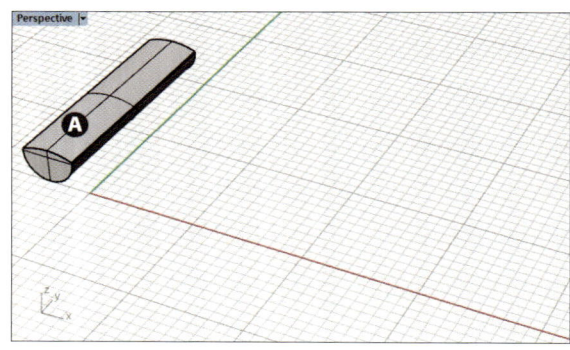
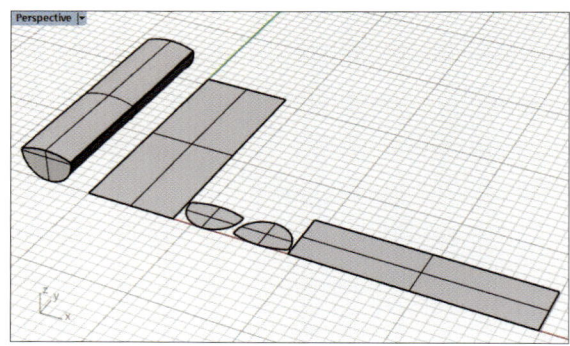

> **Options**
> - **Explode** : "Explode=Yes"로 설정하면, 전개한 서피스를 결합시키지 않는다.
> - **Labels** : 원본 폴리서피스의 에지와 전개한 서피스의 에지에 번호를 붙인다.

Flatten Surface

- Main Toolbar〉Surface Tools Toolbar〉Unroll Developable Surface ( )

서피스의 에지를 작업평면(Construction Plane) 위에 펼친 평면커브를 만든다. 펼칠 서피스에서 2개의 에지를 선택한다. Unroll Developable Surface 버튼을 오른쪽 마우스 버튼으로 클릭한다.

예제 1-4 Surface〉2 Surface Editing〉Flatten Surface 파일을 연다.

1 Main Toolbar〉Surface Tools Toolbar〉Unroll Developable Surface 버튼을 오른쪽 마우스 버튼으로 클릭한다.

2 전개할 서피스의 에지 **A**, **B**를 클릭하고 Enter 키를 누른다. 샘플 점의 간격(Sample Point Spacing)을 기본값으로 설정하기 위해 Enter 키를 한 번 더 누른다. 오른쪽 그림처럼 서피스를 평면에 펼친 커브를 만든다.

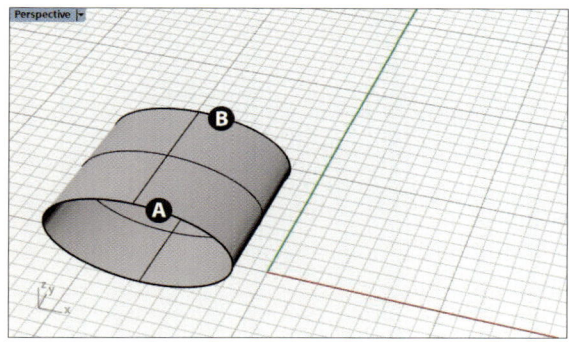 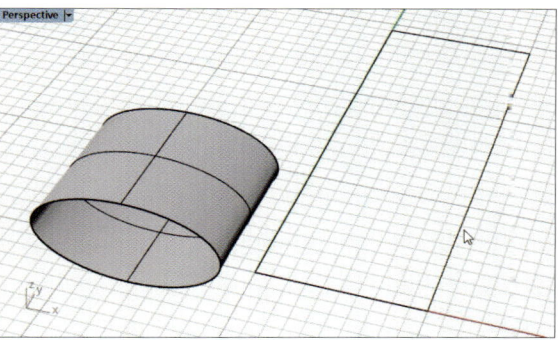

23 Smash

Main Toolbar〉Surface Tools Toolbar〉Smash
Surface Menu〉Surface Flattening〉Smash Double-Curved Surface

복합곡면을 2-D 평면에 대략적으로 펼친 서피스를 만든다. 펼친 서피스의 면적과 에지의 길이는 원본 서피스와 정확하게 일치하지는 않는다. 펼칠 서피스 위에 투상된 닫힌 커브가 있어야 펼칠 수 있다. 반구처럼 극심하게 휘어진 서피스는 펼치지 못한다. 고무처럼 탄력이 있는 물체의 패턴을 만들 때 유용하다.

예제 1-4 Surface〉2 Surface Editing〉Smash 파일을 연다.

1 Main Toolbar〉Surface Tools Toolbar〉Smash 버튼을 클릭한다.

2 명령어 창의 옵션을 "Explode=Yes, Labels=No"로 설정하고, 펼칠 서피스 **A**를 클릭하고 Enter 키를 누른다. 선택한 서피스 위의 커브 1을 클릭하고 Enter 키를 누른다. 오른쪽 그림처럼 원본 서피스와 펼칠 서피스와의 면적의 차이 등을 표시한 창이 뜬다. "Close" 버튼을 누른다.

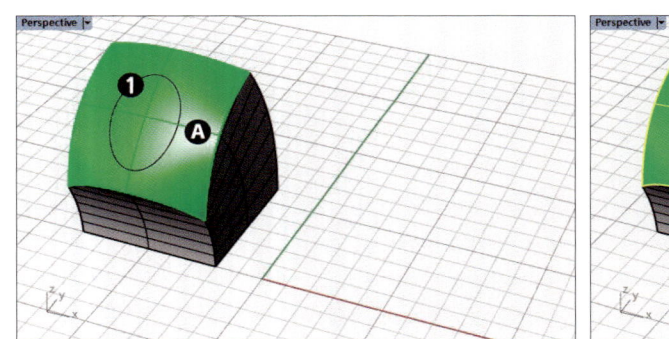
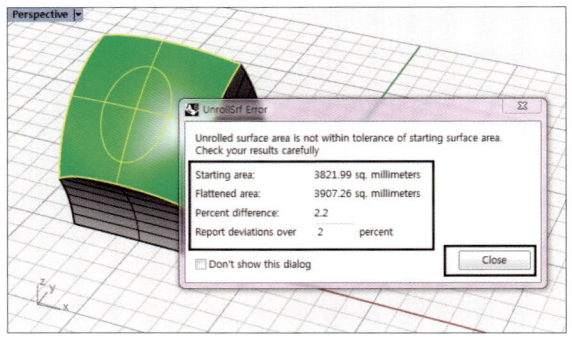

3 아래 그림처럼 선택한 서피스 **A**를 평면 위에 펼친 서피스를 만든다.

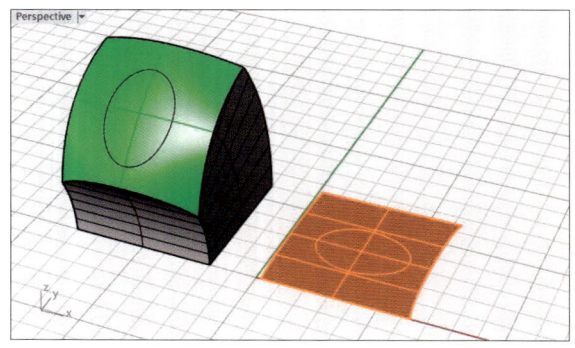

24 Curvature Analysis

Main Toolbar〉Surface Tools Toolbar〉Curvature Analysis
Analyze Menu〉Surface〉Curvature Analysis
컬러 매핑을 사용하여 서피스의 곡률을 시각적으로 평가한다.

25 Show Edges

Main Toolbar〉Surface Tools Toolbar〉Show Edges
Analyze Menu〉Edge Tools〉Show Edges
서피스나 폴리서피스의 에지(Edge)를 표시한다. 모든 에지를 다 표시하거나, 네이키드 에지(Naked Edge)들만 표시하거나 할 수 있다. 자세한 내용은(제1부, 제7장 분석(Analyze) "Show Edges" 참조)

26 Curvature Graph On

Main Toolbar〉Surface Tools Toolbar〉Curvature Graph On
Analyze Menu〉Curve〉Curvature Graph On
커브나 서피스의 곡률 그래프(Curvature Graph)를 표시하여 시각적으로 분석할 수 있도록 한다.(제1부, 제7장 분석(Analyze) "Curvature Graph On" 참조)

27 Show Object Direction

Main Toolbar〉Show Object Direction
Analyze Menu〉Direction
커브나 서피스의 방향(Direction)을 표시한다.(제1부, 제7장 분석(Analyze) "Analyze Direction" 참조)

NOTE

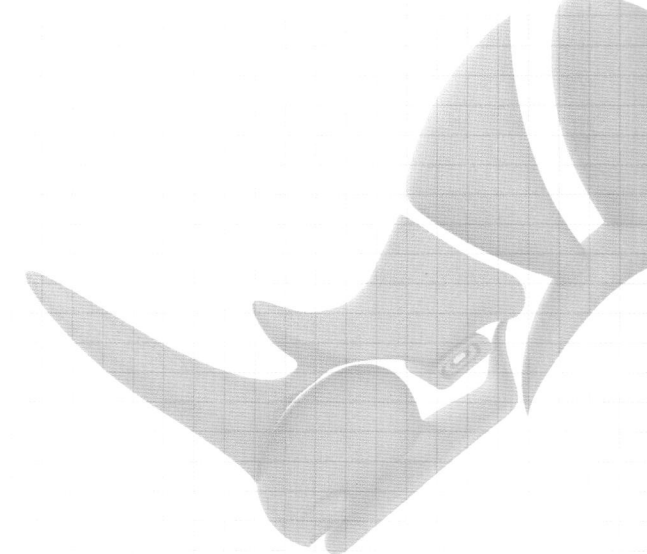

제5장 솔리드
Solid

라이노(Rhino)에서 솔리드(Solid)란 완전히 밀폐되어 체적(Volume)을 가진 서피스나 폴리서피스를 의미한다. 솔리드는 공(Sphere), 원환체(Torus), 타원체(Ellipsoid) 등과 같이 단일 서피스(Single Surface)로도 만들 수 있다. 단일 서피스로 만든 솔리드는 제어점(Control Point)을 표시하여 형태를 변경할 수 있다. 사면체(Pyramid), 원뿔(Cone) 등과 같이 2개 이상의 서피스로 만든 솔리드는 폴리서피스 솔리드(Polysurface Solid)이다.

1 솔리드 만들기
Create Solids

2 솔리드 편집
Solid Editing

제1부_라이노 인터페이스와 명령어 사용법

1 솔리드 만들기(Create Solids)

솔리드(Solid)는 크게 기본입체(Primitives) 솔리드와 비정형적인 솔리드로 구분할 수 있다. 라이노에서 만들 수 있는 기본입체(Primitives)는, 육면체(Box), 구(Sphere), 타원체(Ellipsoid), 원뿔(Cone), 사면체(Pyramid), 튜브(Tube), 파이프(Pipe), 원환체(Torus) 등이 있다. 간단하게 기본입체(Primitives)를 활용하여 표현할 수 있는 디자인도 있지만, 대부분의 디자인 형태는 기본입체를 변형시키거나 비정형적인 솔리드로 만든다.

기본적인 솔리드를 만들기 위해서는 Solid Toolbar를 사용한다.

Main Toolbar〉Box : Corner to Corner, Height 버튼을 누른 상태에서 잠시 기다리면, Solid Creation Toolbar가 표시된다.

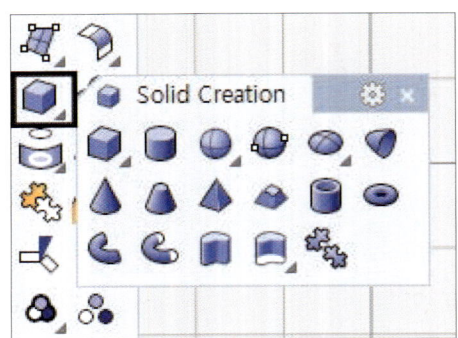

[Solid Creation Toolbar]

1 UseExtrusions

명령어 입력창〉 UseExtrusions

상자(Box), 원기둥(Cylinder), 파이프(Pipe), Extrude Curve 등과 같이 단면을 직선으로 돌출(Extrude)시켜서 오브젝트를 만들 때의 옵션을 설정한다. 자체로 오브젝트를 만드는 것은 아니고 돌출 방식만 설정한다. 명령어 창에서 키보드로 입력만 가능하다.

Extrusion

돌출(Extrude)시킨 서피스에서 아이소커브를 표시하지 않는다. 메모리를 적게 사용하고, 처리속도가 빠르다. 많은 수량의 단순한 오브젝트를 사용하는 모델링에서 설정한다.

Polysurface

아이소 커브가 표시된 일반적인 폴리서피스(Polysurface)를 만든다. 제품디자인에서는 폴리서피스로 설정하는 것이 보통이다.

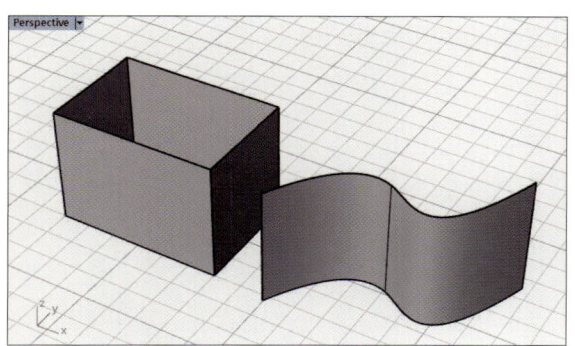
[Extrusion]

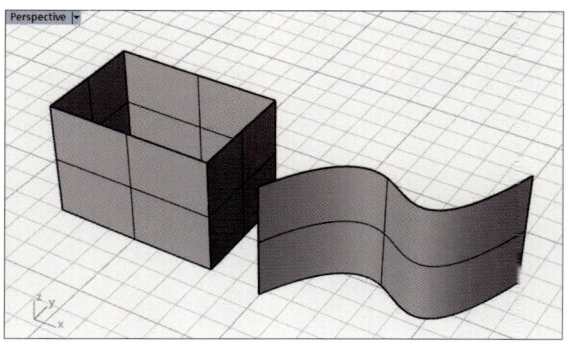
[Polysurface]

2 Box

6면체 상자(Box)를 만든다.

Main Toolbar〉 Solid Creation Toolbar〉 Box : Corner to Corner, Height 버튼을 누르고 잠시 기다리면 Box Toolbar가 표시된다.

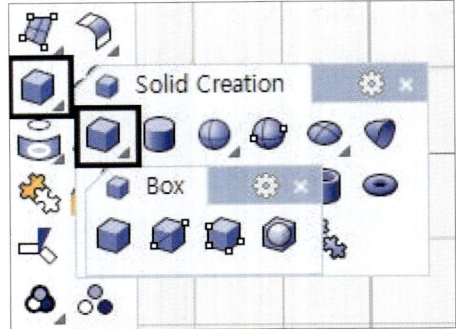

[Box Toolbar]

2.1 Box : Corner to Corner, Height

Main Toolbar〉 Box : Corner to Corner, Height

Solid Menu〉 Box〉 Corner to Corner, Height

밑면의 대각선 모서리 점 2개와 높이를 지정하여 6면체 상자(Box)를 만든다.

예제 1-5 Solid〉 1 Create Solid〉 Box 파일을 연다.

1 Main Toolbar〉 Box : Corner to Corner, Height 버튼을 클릭한다.

2 점 **Ⓐ**, **Ⓑ**, **Ⓒ**를 차례로 클릭한다. 오른쪽 그림처럼 상자를 만든다.

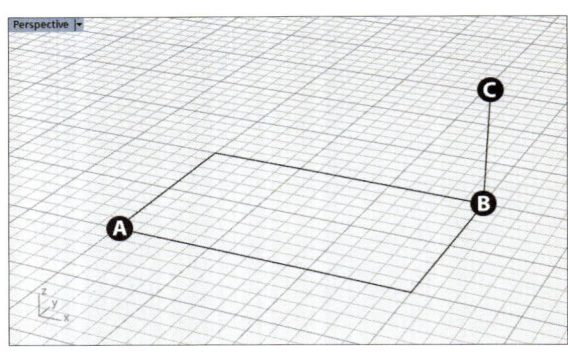 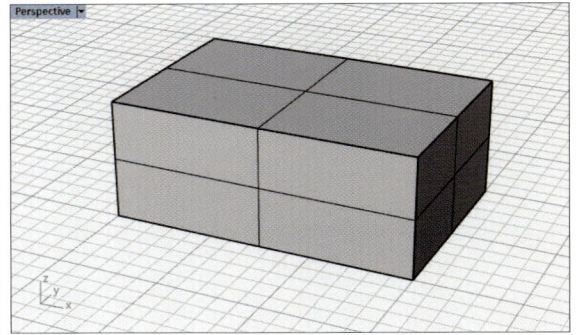

2.2 Bounding Box

Main Toolbar〉 Solid Creation Toolbar〉 Box Toolbar〉 Bounding Box

Analyze Menu〉 Bounding Box

선택한 오브젝트들을 꽉 차게 넣을 수 있는 경계상자(Bounding Box)를 만든다.

[예제] 1-5 Solid〉 1 Create Solid〉 Bounding Box 파일을 연다.

[1] **Main Toolbar〉 Solid Creation Toolbar〉 Box Toolbar〉 Bounding Box** 버튼을 클릭한다.

[2] "Ctrl + A"눌러서 모든 오브젝트를 선택하고 Enter 키를 누른다. 월드 좌표계를 기준으로 Bounding Box를 만들기 위해, 옵션에서 "Coordinate System=World"로 설정하고 Enter 키를 누른다. 오른쪽 그림처럼 경계상자(Bounding Box)를 만든다.

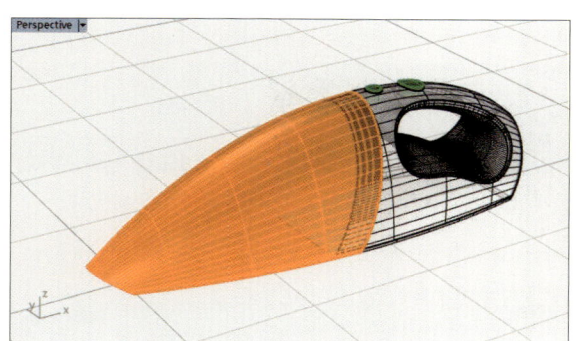 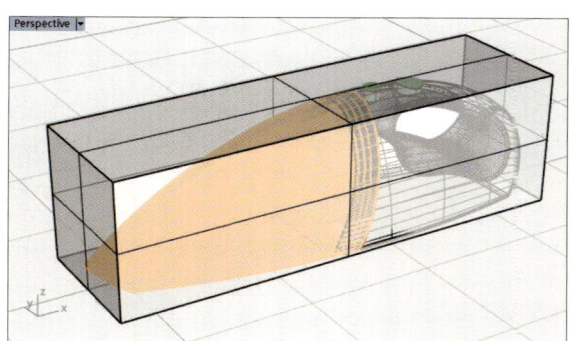

3 Cylinder

Main Toolbar〉 Solid Creation Toolbar〉 Cylinder
Solid Menu〉 Cylinder
원기둥(Cylinder)을 만든다.

[예제] 1-5 Solid〉 1 Create Solid〉 Cylinder 파일을 연다.

[1] **Main Toolbar〉 Solid Creation Toolbar〉 Cylinder** 버튼을 클릭한다.

[2] 원기둥의 바닥면의 중심점을 지정하기 위해 점 **A**를 클릭한다. 반지름을 지정하기 위해 점 **B**를 클릭한다. 높이를 지정하기 위해, 점 **C**를 클릭한다. 오른쪽 그림처럼 원기둥을 만든다.

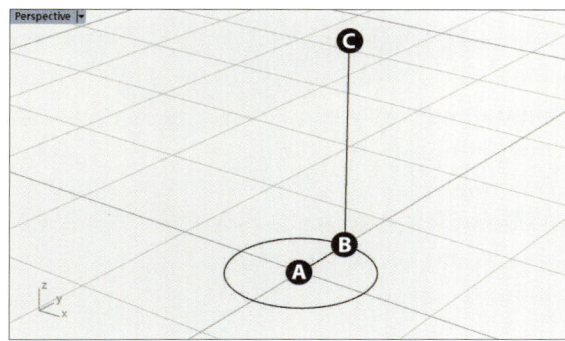 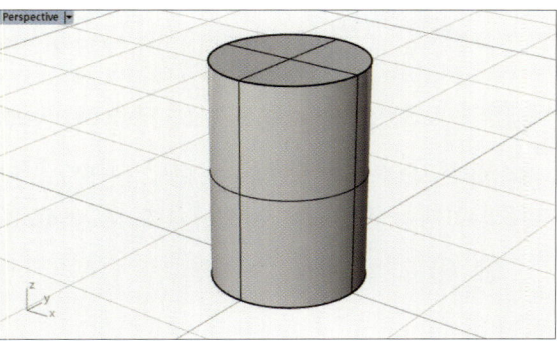

4 Sphere

Solid Creation Toolbar〉Sphere : Center, Radius

Solid Menu〉Sphere〉Center, Radius

구(Sphere)를 만든다.

예제 1-5 Solid〉1 Create Solid〉Sphere 파일을 연다.

1 Main Toolbar〉Solid Creation Toolbar〉Sphere : Center, Radius 버튼을 클릭한다.

2 구의 중심점을 지정하기 위해 점 **A**를 클릭한다. 반지름을 지정하기 위해 점 **B**를 클릭한다. 오른쪽 그림처럼 구를 만든다.

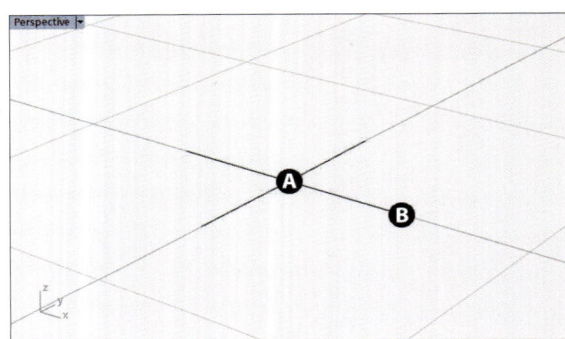
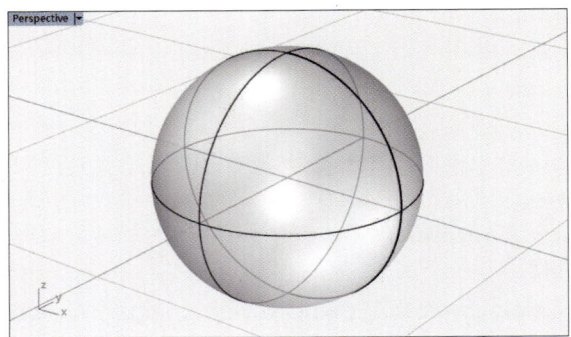

5 Ellipsoid

Main Toolbar〉Solid Creation Toolbar〉Ellipsoid : From Center

Solid Menu〉Ellipsoid〉From Center

타원체(Ellipsoid)를 만든다.

예제 1-5 Solid〉1 Create Solid〉Ellipsoid From Center 파일을 연다.

1 Main Toolbar〉Solid Creation Toolbar〉Ellipsoid : From Center 버튼을 클릭한다.

2 타원체의 중심점을 지정하기 위해 점 **A**를 클릭한다. 3개의 반지름을 지정하기 위해 점 **B**, **C**, **D**를 클릭한다. 오른쪽 그림처럼 타원체를 만든다.

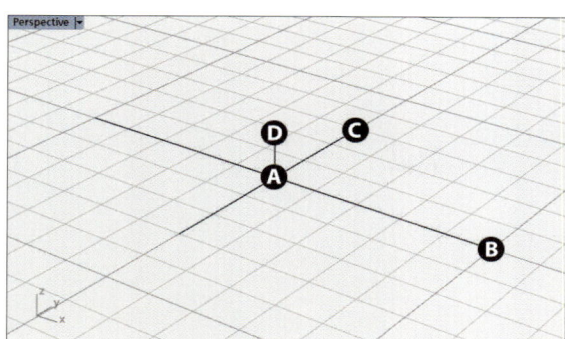 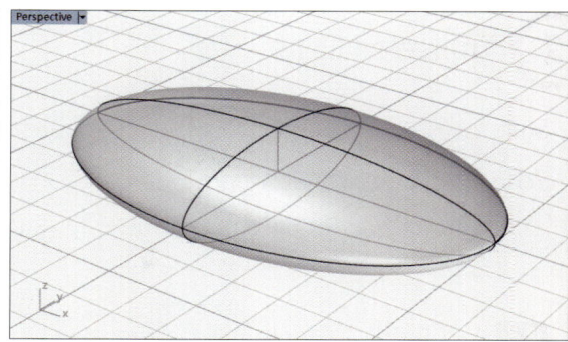

6 Cone

Main Toolbar〉Solid Creation Toolbar〉Cone
Solid Menu〉Cone
원뿔(Cone)을 만든다.

예제 1-5 Solid〉1 Create Solid〉Cone 파일을 연다.

1 Main Toolbar〉Solid Creation Toolbar〉Cone 버튼을 클릭한다.

2 원뿔의 바닥면의 중심점을 지정하기 위해 점 **A**를 클릭한다. 반지름을 지정하기 위해 점 **B**를 클릭한다. 원뿔의 꼭지점을 지정하기 위해 점 **C**를 클릭한다. 오른쪽 그림처럼 원뿔(Cone)을 만든다.

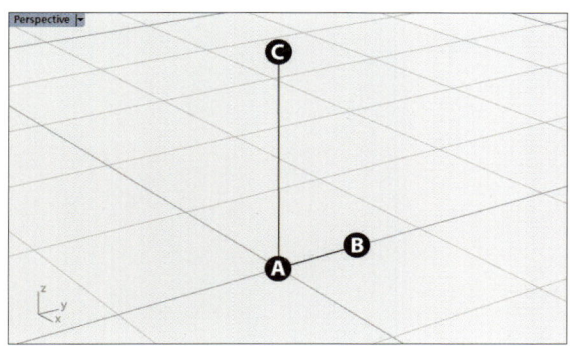 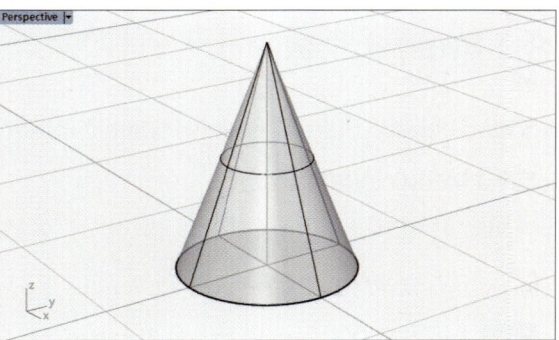

7 Truncated Cone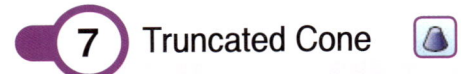

Main Toolbar〉Solid Creation Toolbar〉Truncated Cone
Solid Menu〉Truncated Cone

원뿔의 끝 부분을 평면으로 자른 솔리드(Truncated Cone)를 만든다.

예제 1-5 Solid〉1 Create Solid〉Truncated Cone 파일을 연다.

1 Main Toolbar〉Solid Creation Toolbar〉Truncated Cone 버튼을 클릭한다.

2 바닥면의 중심점을 지정하기 위해 점 **A**를 클릭하고, 바닥면의 반지름을 지정하기 위해 점 **B**를 클릭한다. 윗면의 중심점을 지정하기 위해 점 **C**를 클릭하고, 윗면의 반지름을 지정하기 위해 점 **D**를 클릭한다. 오른쪽 그림처럼 Truncated Cone을 만든다.

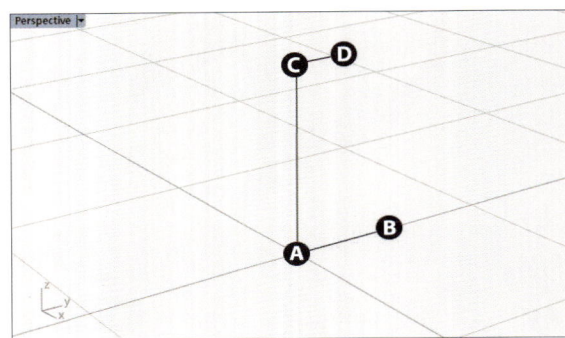 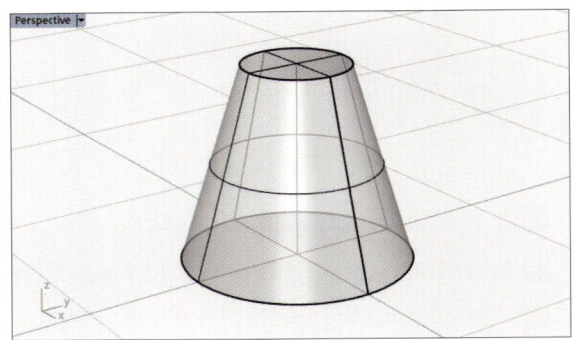

8 Pyramid

Main Toolbar〉Solid Creation Toolbar〉Pyramid
Solid Menu〉Pyramid

바닥면이 정다각형인 뿔 모양의 솔리드를 만든다.

예제 1-5 Solid〉1 Create Solid〉Pyramid 파일을 연다.

1 Main Toolbar〉Solid Creation Toolbar〉Pyramid 버튼을 클릭한다.

2 다각형이 내접할 원의 중심을 지정하기 위해 점 **A**를 클릭한다. 바닥면을 5각형으로 만들기 위해 옵션을 "NumSides=5"로 설정한다. 내접하는 원의 반지름을 지정하기 위해 점 **B**를 클

릭한다. 꼭지점을 지정하기 위해 점 **C**를 클릭한다. 오른쪽 그림처럼 바닥면이 5각형인 뿔을 만든다.

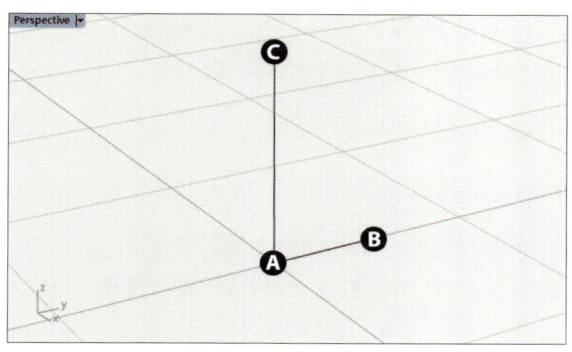
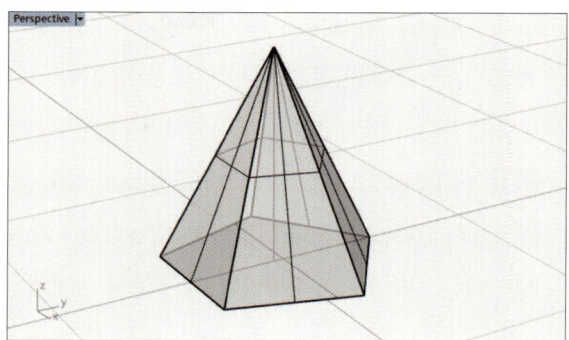

9 Tube

Main Toolbar〉Solid Creation Toolbar〉Tube
Solid Menu〉Tube
튜브(Tube)를 만든다.

예제 1-5 Solid〉1 Create Solid〉Tube 파일을 연다.

1 Main Toolbar〉Solid Creation Toolbar〉Tube 버튼을 클릭한다.

2 튜브의 중심점을 지정하기 위해 점 **A**를 클릭한다. 첫 번째 반지름을 지정하기 위해, 점 **B**를 클릭한다. 두께 반지름을 지정하기 위해, 점 **C**를 클릭한다. 튜브의 끝점을 지정하기 위해, 점 **D**를 클릭한다. 오른쪽 그림처럼 튜브를 만든다.

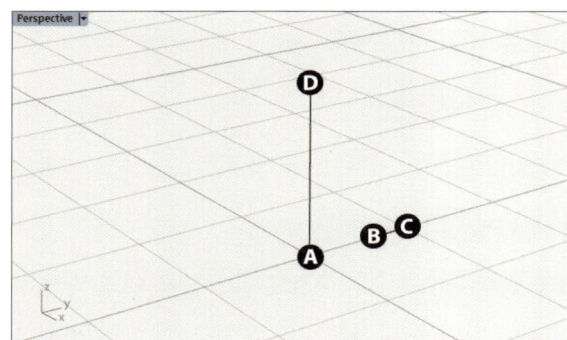
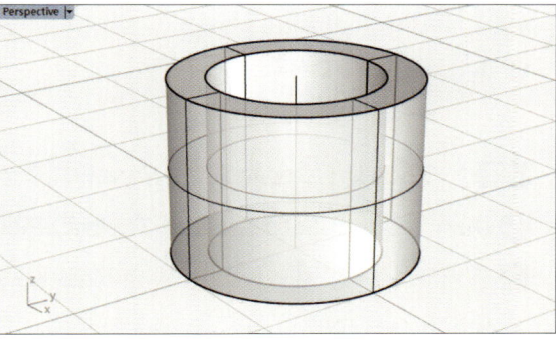

10 Torus

Main Toolbar〉Solid Creation Toolbar〉Torus
Solid Menu〉Torus
둥근 고리 형태의 원환체(Torus)를 만든다.

예제 1-5 Solid〉1 Create Solid〉Torus 파일을 연다.

1 Main Toolbar〉Solid Creation Toolbar〉Torus 버튼을 클릭한다.

2 왼쪽 그림에서 원환체(Torus)의 중심점을 지정하기 위해 점 **A**를 클릭한다. 반지름을 지정하기 위해 점 **B**를 클릭한다. 두께의 반지름을 지정하기 위해 점 **C**를 클릭한다. 오른쪽 그림처럼 원환체를 만든다.

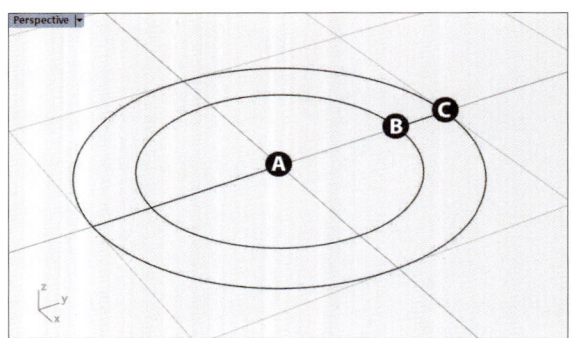 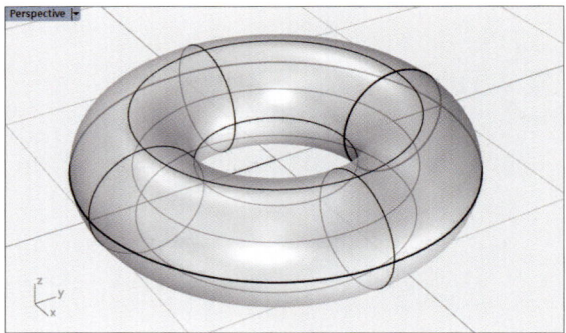

11 Pipe : Flat Caps

Main Toolbar〉Solid Creation Toolbar〉Pipe : Flat Caps
Solid Menu〉Pipe
끝이 평면인 파이프(Pipe)를 만든다.

예제 1-5 Solid〉1 Create Solid〉Pipe Flat Caps 파일을 연다.

1 Main Toolbar〉Solid Creation Toolbar〉Pipe : Flat Caps 버튼을 클릭한다.

2 파이프를 만들 커브를 지정하기 위해 커브 **A**를 클릭한다. 시작 지점의 반지름을 지정하기 위해 "20"을 입력하고 Enter 키를 누른다. 끝 지점의 반지름을 지정하기 위해 "20"을 입력하고

Enter⏎ 키를 누른다.

3 커브의 중간에 반지름을 추가하기 위해 점 **B**의 위치를 클릭한다. 점 **B**에서의 반지름을 지정하기 위해 "10"을 입력하고 Enter⏎ 키를 누른다. 더 이상 반지름을 추가할 필요가 없으므로 Enter⏎ 키를 눌러서 명령을 끝낸다. 오른쪽 그림처럼 파이프를 만든다.

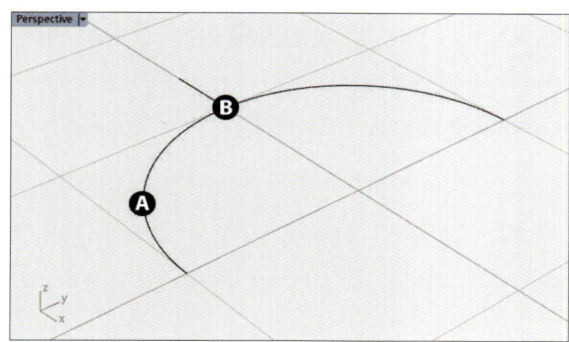 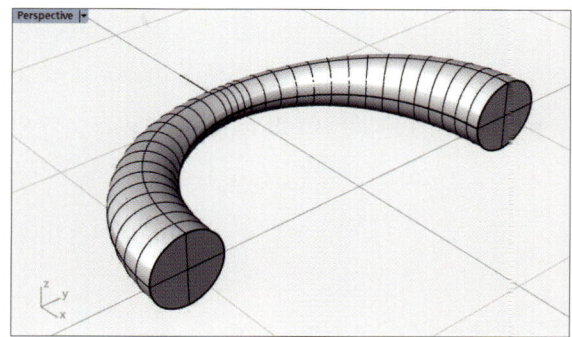

Options

- **Chain Edges** : 끝점이 일치하는 커브나 서피스의 에지를 여러 개 선택할 수 있다.
- **Multiple** : 1개 이상의 떨어져 있는 커브를 지정한다. 1개의 반지름만 지정할 수 있다.
- **Diameter** : 지름을 지정하여 파이프를 만든다.
- **Cap**
    - **None** : 파이프의 시작점과 끝점을 막지 않는다.
    - **Flat** : 파이프의 시작점과 끝점을 평면으로 막는다.
    - **Round** : 파이프의 시작점과 끝점을 반구(Hemisphere)로 막는다.
- **Fit Rail** : 여러 개의 직선과 호가 결합된 폴리커브(Polycurve)를 사용하여 파이프를 만들 경우에, "Yes"로 설정하면 단일 서피스(Single Surface)를 만든다. "No"로 설정하면 폴리서피스(Polysurface)를 만든다. 폴리서피스는 "Explode"로 분해할 수 있다.
- **Thick**
    - **No** : 속이 꽉 찬 봉을 만든다.
    - **Yes** : 속이 빈 파이프를 만든다. 두께를 주기 위해 반지름을 2개씩 지정한다.
- **Shape Blending** : 파이프에서 여러 개의 반지름을 블렌딩하는 방법을 설정한다.
    - **Local** : 파이프의 끝 부분에서는 반지름을 일정하게 유지하다가, 파이프의 중간에서 반지름을 많이 변경한다.
    - **Global** : 반지름의 크기를 선형으로 균일하게 블렌딩한다.

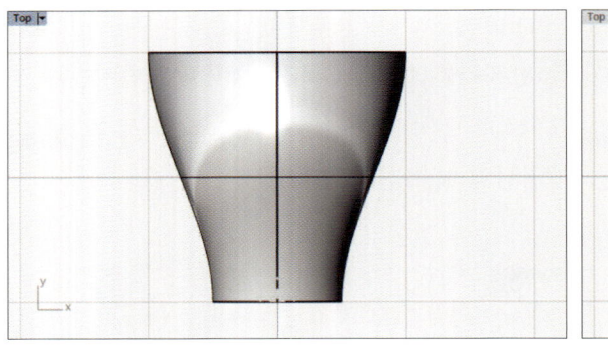
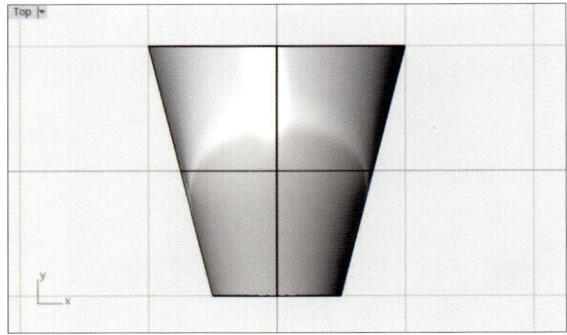

[Shape Blending=Local]　　　　　　　　　　[Shape Blending=Global]

12 Pipe : Round Caps

Main Toolbar〉Solid Creation Toolbar〉Pipe : Round Caps

파이프의 시작점과 끝점을 반구(Hemisphere)로 막은 파이프를 만든다.

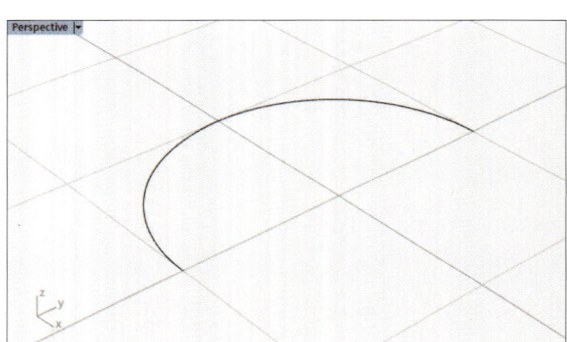
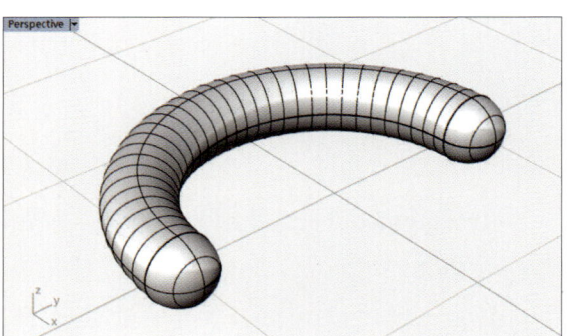

13 Extrude Closed Planar Curve

Main Toolbar〉Solid Creation Toolbar〉Extrude Closed Planar Curve

Solid Menu〉Extrude Planar Curve〉Straight

닫힌 평면 커브를 돌출(Extrude)시켜서 솔리드를 만든다.

예제 1-5 Solid〉1 Create Solid〉Extrude Closed Planar Curve 파일을 연다.

1 Main Toolbar〉Solid Creation Toolbar〉Extrude Closed Planar Curve 버튼을 클릭한다.

2 "Ctrl + A" 키를 눌러서 모든 커브를 선택하고 Enter 키를 눌러서 선택을 끝낸다. 돌출시킬 거리를 지정하기 위해 "50"을 입력하고 Enter 키를 누른다. 오른쪽 그림처럼 솔리드를 만든다.

14 Extrude Solid Toolbar

서피스를 돌출(Extrude)시켜서 솔리드를 만든다.

Main Toolbar〉Solid Creation Toolbar〉Extrude Surface를 누른 상태에서 잠시 기다리면, Extrude Solid Toolbar가 표시된다.

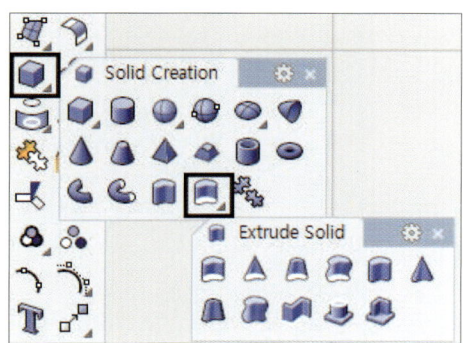

[Extrude Solid Toolbar]

14.1 Extrude Surface

Main Toolbar〉Solid Creation Toolbar〉Extrude Solid Toolbar〉Extrude Surface

Solid Menu〉Extrude Surface〉Straight

서피스를 돌출(Extrude)시켜서 솔리드를 만든다.

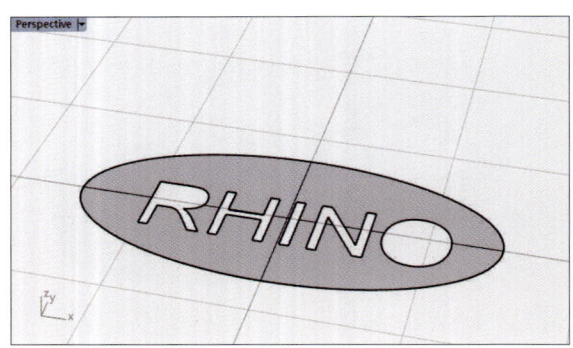 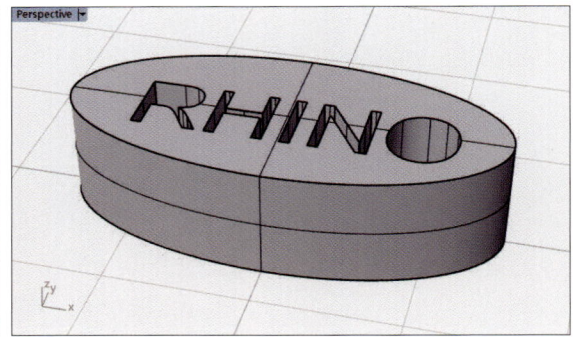

14.2 Extrude Surface to Point

Main Toolbar〉Solid Creation Toolbar〉Extrude Solid Toolbar〉Extrude Surface to Point

Solid Menu〉Extrude Surface〉To Point

서피스를 점까지 돌출(Extrude)시켜서, 뿔 모양의 솔리드를 만든다.

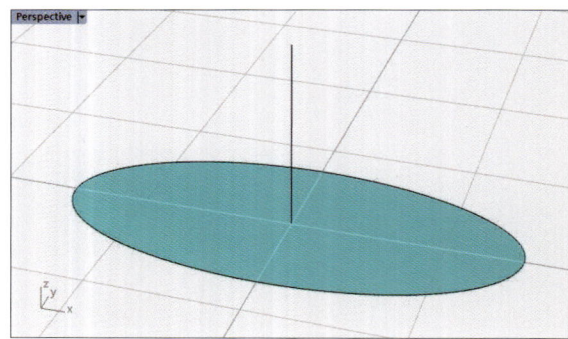 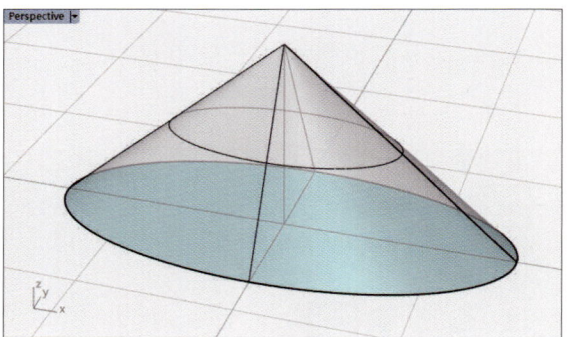

14.3 Extrude Surface Tapered

Main Toolbar〉Solid Creation Toolbar〉Extrude Solid Toolbar〉Extrude Surface Tapered

Solid Menu〉Extrude Surface〉Tapered

기울기(Draft Angle)를 적용하여 서피스를 돌출(Extrude)시킨 솔리드를 만든다.

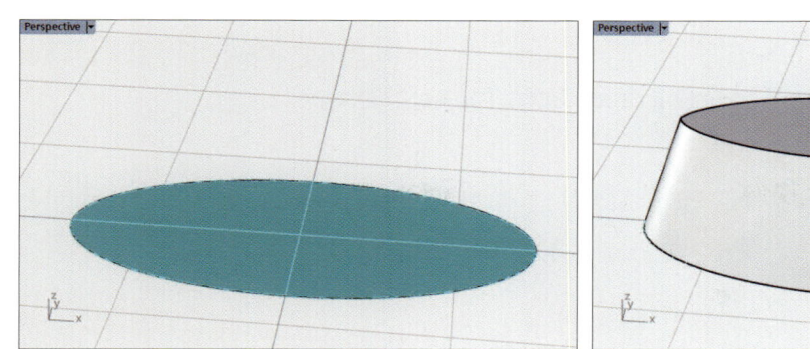
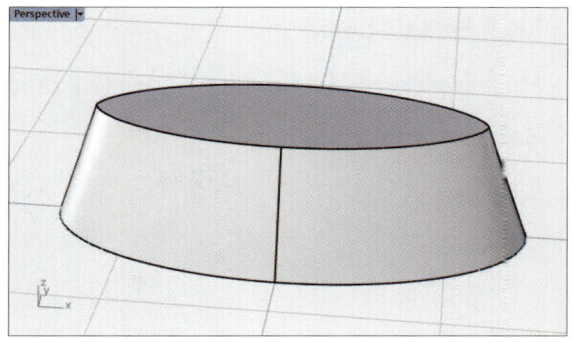

14.4 Slab from Polyline

Main Toolbar〉 Solid Creation Toolbar〉 Extrude Solid Toolbar〉 Slab from Polyline

Solid Menu〉 Slab

커브를 지정한 거리만큼 오프셋(Offset)시킨 서피스를 만들고, 이 서피스를 돌출(Extrude)시켜서 솔리드를 만든다.

예제 1-5 Solid〉 1 Create Solid〉 Slab From Polyline 파일을 연다.

1 Main Toolbar〉 Solid Creation Toolbar〉 Extrude Solid Toolbar〉 Slab from Polyline 버튼을 클릭한다.

2 커브 **A**를 클릭한다. 오프셋(Offset) 거리를 지정하기 위해, 명령어 창의 옵션 항목을 "Distance=20"으로 설정한다. 오프셋 방향을 지정하기 위해 점 **B** 방향을 클릭한다. 돌출(Extrude)시킬 높이를 지정하기 위해 "100"을 입력하고 Enter↲ 키를 누른다. 오른쪽 그림처럼 솔리드를 만든다.

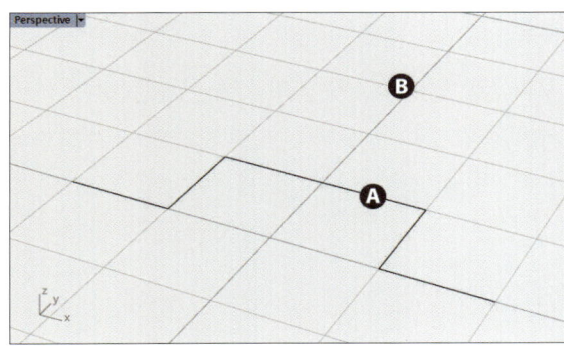
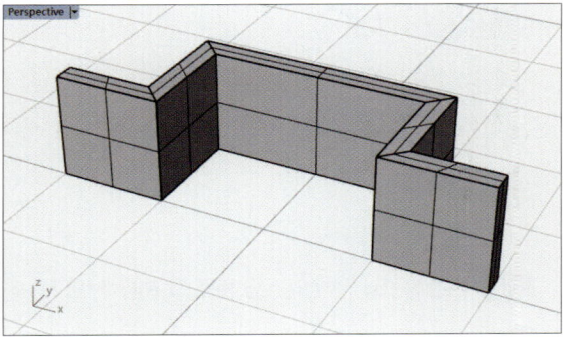

14.5 Boss

Main Toolbar〉Solid Creation Toolbar〉Extrude Solid Toolbar〉Boss
Solid Menu〉Boss

닫힌 평면 커브를 커브 평면에 수직으로, 지정한 경계 서피스까지 Extrude시킨 솔리드를 만든다. 돌출(Extrude)시킨 솔리드를 경계 서피스로 지정한 오브젝트와 결합시킨다.

예제 1-5 Solid〉1 Create Solid〉Boss 파일을 연다.

1 Main Toolbar〉Solid Creation Toolbar〉Extrude Solid Toolbar〉Boss 버튼을 클릭한다.

2 보스를 만들 닫힌 평면 커브를 지정하기 위해, 원 **A**를 클릭하고 [Enter↲] 키를 눌러서 선택을 끝낸다. 커브를 직선으로 돌출(Extrude)시키기 위해 옵션을 "Mode=Straight"로 설정한다. 경계를 지정하기 위해 서피스 **B**를 클릭한다. 오른쪽 그림처럼 보스를 만든다.

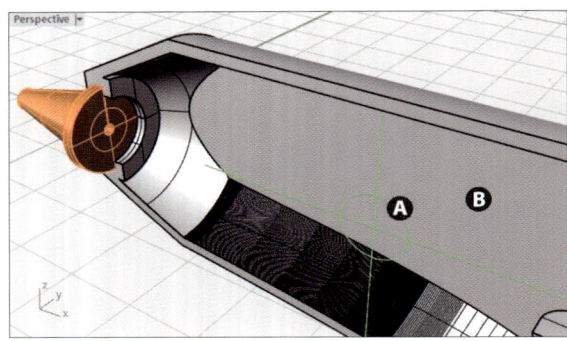 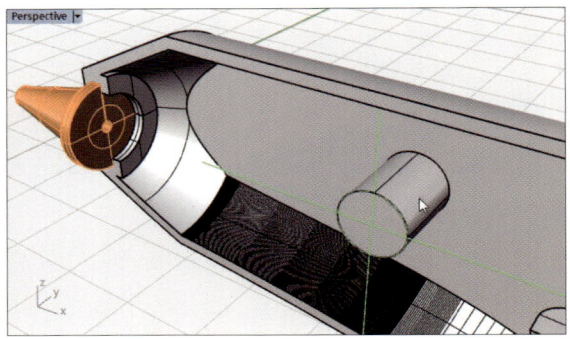

14.6 Rib

Main Toolbar〉Solid Creation Toolbar〉Extrude Solid Toolbar〉Rib
Solid Menu〉Rib

평면 커브를 커브 평면에서 오프셋(Offset)시킨 서피스를 만들고, 이 서피스를 지정한 경계 서피스까지 돌출(Extrude)시킨 솔리드를 만든다. 돌출시킨 솔리드를 경계 서피스로 지정한 오브젝트와 결합시킨다.

예제 1-5 Solid〉1 Create Solid〉Rib 파일을 연다.

1 Main Toolbar〉Solid Creation Toolbar〉Extrude Solid Toolbar〉Rib 버튼을 클릭한다.

2 리브(Rib)를 만들 평면 커브를 지정하기 위해, 커브 **A**를 선택하고 [Enter↲] 키를 눌러서 선택을 끝낸다. 커브를 직선으로 돌출(Extrude)시키기 위해, 옵션에서 "Mode=Straight"로 설정한

다. 리브의 두께를 지정하기 위해 "Distance=3"으로 설정한다.

3 경계를 지정하기 위해, 서피스 **B**를 클릭한다. 오른쪽 그림처럼 리브를 만든다.

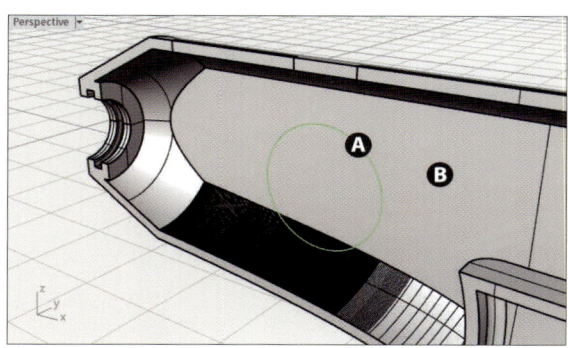 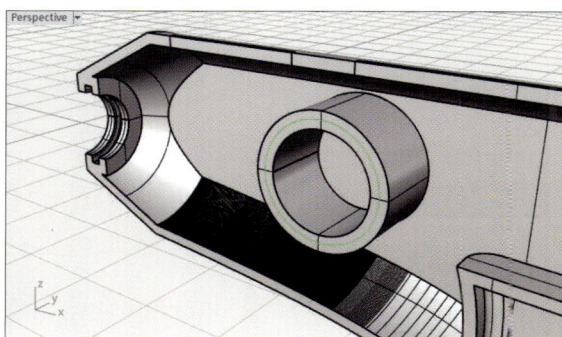

15 Text Object

Main Toolbar〉 Text Object
Solid Menu〉 Text

글자를 커브나 서피스, 솔리드 오브젝트로 만든다.

[예제] 1-5 Solid〉 1 Create Solid〉 Text 파일을 연다

1 Main Toolbar〉 Text Object 버튼을 클릭한다.

2 그림과 같이 Text Object 창이 표시된다. "Rhino"라고 글자를 입력한다. 옵션을 "Height=50, Font= Arial, Create Geometry=Surfaces"로 설정하고 "Group Objects"항목을 체크한다. OK 버튼을 클릭한다.

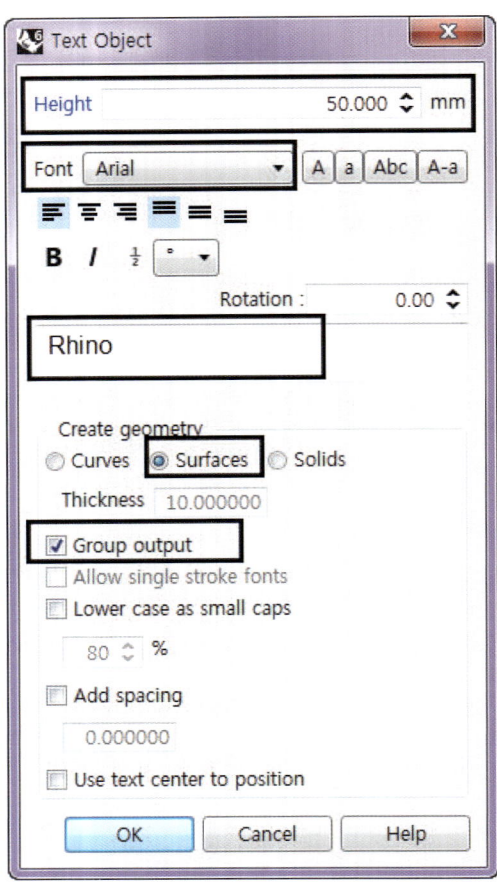

3 글자의 입력 위치를 지정하기 위해 점 Ⓐ를 클릭한다. 오른쪽 그림처럼 입력한 글자를 서피스로 만든다.

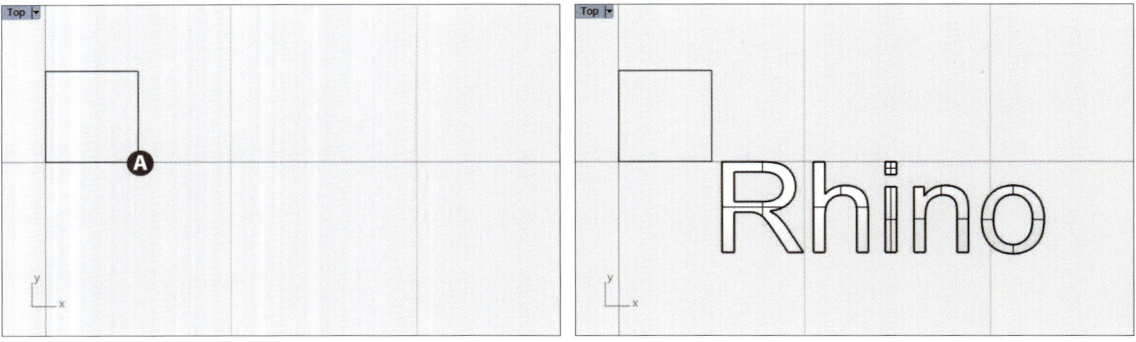

Text Object 창의 옵션들

- **Height** : 글자의 높이를 지정한다. 단위는 시스템에서 설정한 단위를 사용한다.
- **Font** : 글꼴과 스타일을 지정한다.
- **Create Geometry** : 글자로 만들 오브젝트의 종류를 지정한다.
    - **Curves** : 글자를 커브 오브젝트로 만든다.
    - **Surfaces** : 글자를 서피스 오브젝트로 만든다.
    - **Solids** : 글자를 솔리드 오브젝트로 만든다.
- **Thickness** : 글자를 솔리드(Solid)로 만들 경우에만 활성화된다. 글자의 두께를 지정한다.

제1부_라이노 인터페이스와 명령어 사용법

2 솔리드 편집(Solid Editing)

라이노에서 솔리드(Solid)란, 터진 곳이 한 곳도 없는 완벽하게 밀폐된 서피스, 또는 폴리서피스를 의미한다. 겉보기에는 솔리드처럼 보이지만 다른 에지와 결합하지 못한 네이키드 에지(Naked Edge)가 있으면, 솔리드 편집에 사용하는 명령을 적용할 수 없다. 솔리드 편집 명령이 적용되지 않는 경우나 부울 연산(Boolean Operation) 등의 복잡한 작업 후에는 네이키드 에지(Naked Edge)가 없는지 확인해 보는 것이 좋다.

Main Toolbar〉Boolean Union 버튼을 누른 상태에서 잠시 기다리면, Solid Tools Toolbar가 표시된다.

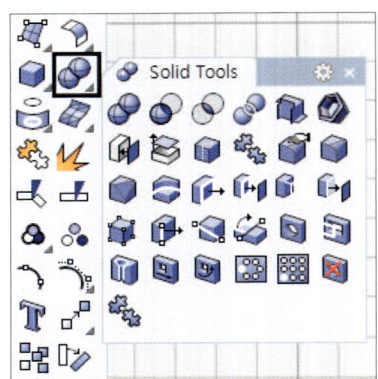

[Solid Tools Toolbar]

1 Boolean Union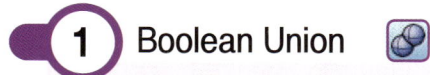

Main Toolbar〉Boolean Union

Solid Menu〉Union

겹친 부분이 있는 2개 이상의 솔리드들을 한 개의 오브젝트로 결합시킨다.

예제 1-5 Solid〉2 Solid Editing〉Boolean Union 파일을 연다.

1 Main Toolbar〉Boolean Union 버튼을 클릭한다.

2 오브젝트 **A**와 **B**를 선택하고 [Enter←] 키를 누른다. 오른쪽 그림처럼 선택한 오브젝트들을 한 개의 오브젝트로 결합시킨다.

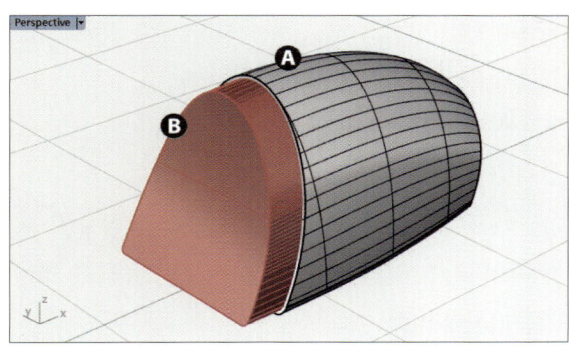 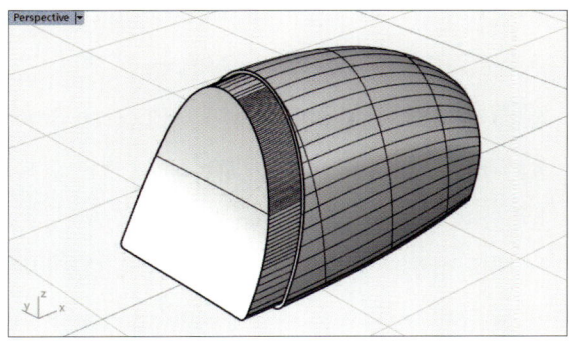

2 Boolean Difference

Main Toolbar〉Solid Tools Toolbar〉Boolean Difference

Solid Menu〉Difference

겹친 부분이 있는 2개 이상의 솔리드에서 다른 솔리드를 뺀다. 서피스로 솔리드를 잘라 버리기 위해서도 사용한다.

Boolean Difference : Solid - Solid

예제 1-5 Solid〉2 Solid Editing〉Boolean Difference 파일을 연다.

1 Main Toolbar〉Solid Tools Toolbar〉Boolean Difference 버튼을 클릭한다.

2 첫 번째 오브젝트 세트를 지정하기 위해, 오브젝트 **A**를 클릭하고 [Enter←] 키를 누른다. 옵션을

"DeleteInput=Yes"로 설정한다. 빼는 역할을 할 두 번째 오브젝트 세트를 지정하기 위해, 그룹 오브젝트 **B**를 클릭하고 Enter 키를 누른다. 오른쪽 그림처럼 오브젝트의 겹친 부분을 삭제한다.

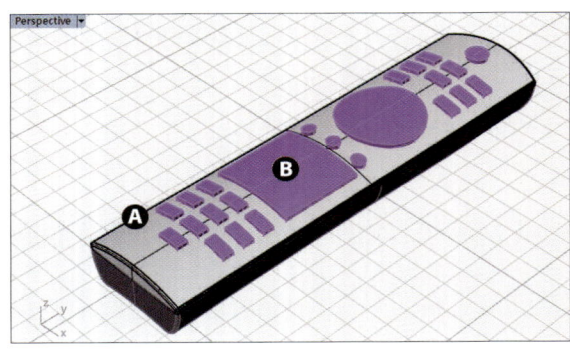 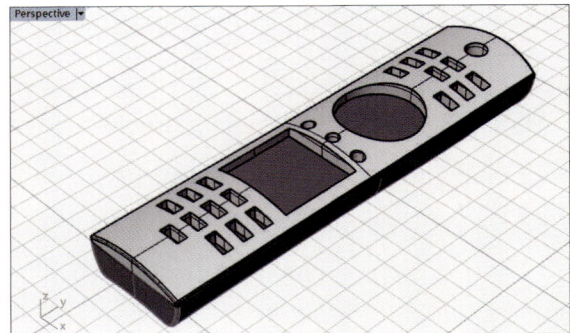

Boolean Difference With Surface

예제 1–5 Solid〉 2 Solid Editing〉 Boolean Difference With Surface 파일을 연다.

1 Main Toolbar〉 Analyze Direction 버튼을 클릭한다.

2 서피스 **B**를 클릭하고 Enter 키를 누른다. 오른쪽 그림처럼 Normal Direction 화살표가 아래쪽 방향으로 표시된다. 화살표가 향하는 방향이 연산 후에 남는다. Enter 키를 눌러서 명령을 끝낸다.(방향을 변경하려면, 옵션에서 "Flip"을 사용한다.)

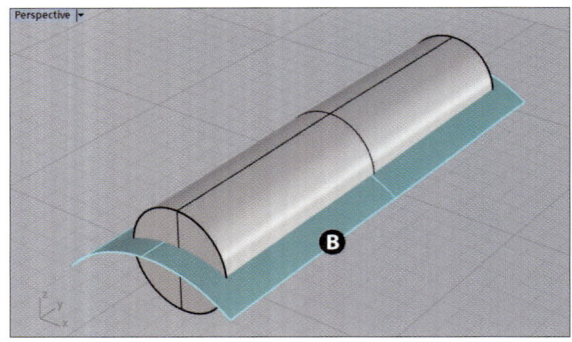 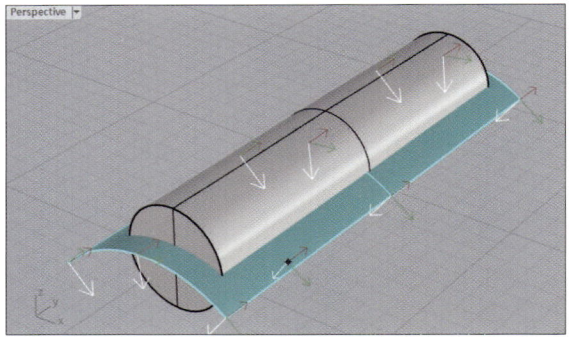

3 Main Toolbar〉 Solid Tools Toolbar〉 Boolean Difference 버튼을 클릭한다.

4 오브젝트 **A**를 클릭하고 Enter 키를 누른다. 옵션을 "DeleteInput=Yes"로 설정한다. 칼의 역할을 할 두 번째 오브젝트 세트를 지정하기 위해, 서피스 **B**를 클릭하고 Enter 키를 누른다. 오른쪽 그림처럼 솔리드의 위쪽을 삭제한다.

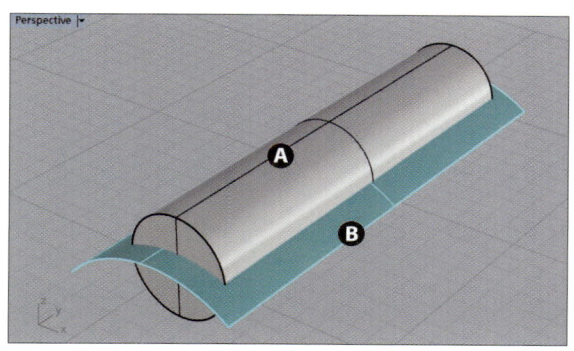 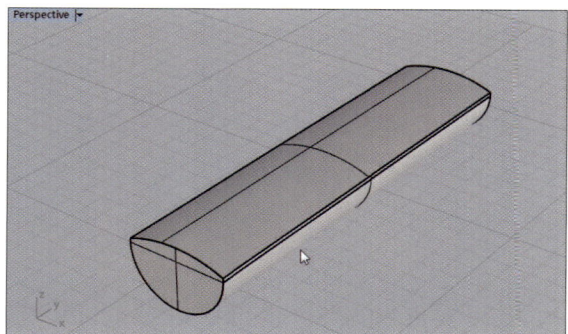

> **Options**
>
> **Delete Input** : "No"로 설정하면 원본 오브젝트를 삭제하지 않는다.

3 Boolean Intersection

Main Toolbar〉 Solid Tools Toolbar〉 Boolean Intersection

Solid Menu〉 Intersection

솔리드의 겹친 부분을 새로운 오브젝트로 만든다.

예제 1-5 Solid〉 2 Solid Editing〉 Boolean Intersection 파일을 연다.

1 Main Toolbar〉 Solid Tools Toolbar〉 Boolean Intersection 버튼을 클릭한다.

2 첫 번째 오브젝트 세트를 지정하기 위해, Ⓐ를 클릭하고 [Enter↵] 키를 누른다. 두 번째 오브젝트 세트를 지정하기 위해, 그룹 오브젝트 Ⓑ를 클릭하고 [Enter↵] 키를 누른다. 오른쪽 그림처럼 오브젝트의 겹친 부분만 버튼 모양의 새로운 오브젝트로 만든다.

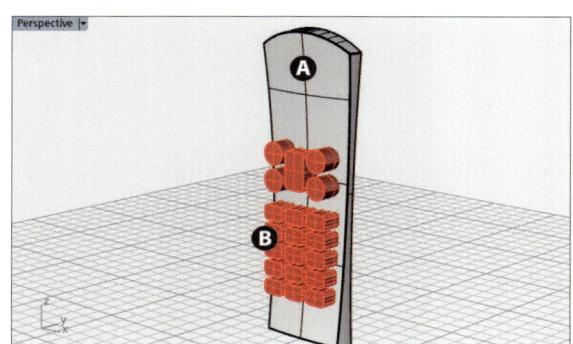 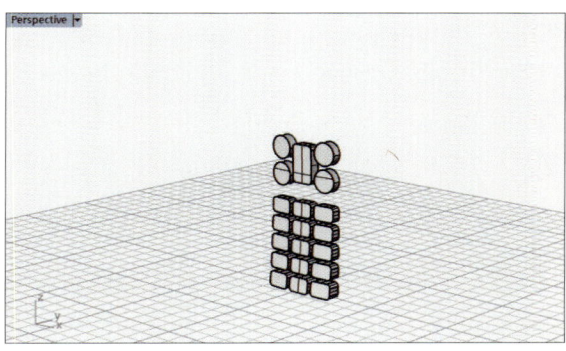

4 Boolean Split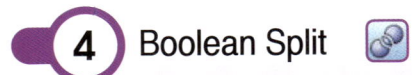

Main Toolbar〉Solid Tools Toolbar〉Boolean Split

Solid Menu〉Boolean Split

솔리드의 겹친 부분을 별개의 오브젝트로 분리시킨다.

예제 1-5 Solid〉2 Solid Editing〉Boolean Split 파일을 연다.

1 Main Toolbar〉Solid Tools Toolbar〉Boolean Split 버튼을 클릭한다.

2 옵션을 "Delete Input=Yes"로 설정하고, 분리할 오브젝트를 지정하기 위해 A를 클릭하고 [Enter↵] 키를 누른다. 칼로 사용할 오브젝트를 지정하기 위해, **B**와 **C**를 클릭하고 [Enter↵] 키를 누른다.

3 오른쪽 그림처럼 오브젝트들을 이동시키면, 겹친 부분들이 별도의 오브젝트로 분리되어 있는 것을 확인할 수 있다.

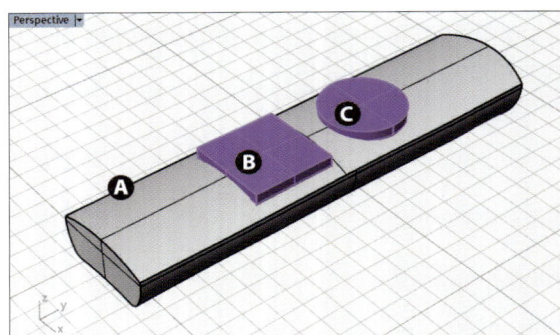
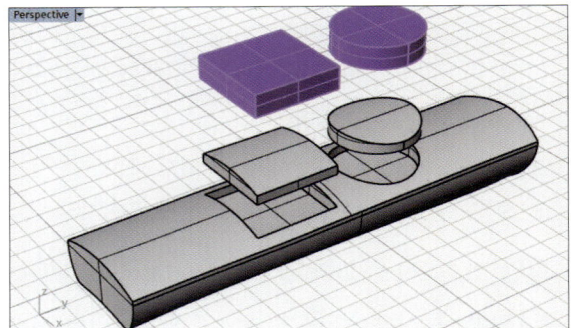

5 Create Solid

Main Toolbar〉Solid Tools Toolbar〉Create Solid

Solid Menu〉Create Solid

여러 개의 서피스에 의해 밀폐된 공간을 솔리드로 만든다. 밀폐된 공간 바깥의 서피스는 삭제한다.

예제 1-5 Solid〉2 Solid Editing〉Create Solid 파일을 연다.

1 Main Toolbar〉Solid Tools Toolbar〉Create Solid 버튼을 클릭한다.

2 "Ctrl + A" 키를 눌러 화면의 서피스를 모두 선택하고 Enter 키를 누른다. 오른쪽 그림처럼 여러 개의 서피스들에 의해 밀폐된 공간을 솔리드 오브젝트로 만든다.

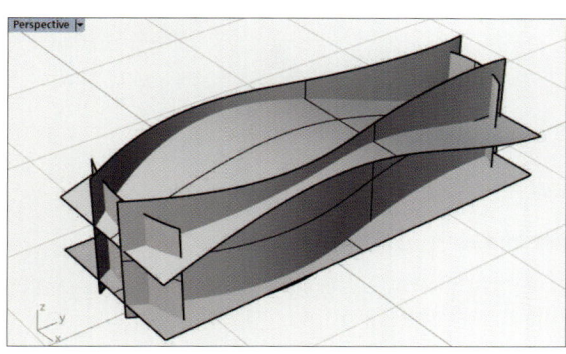
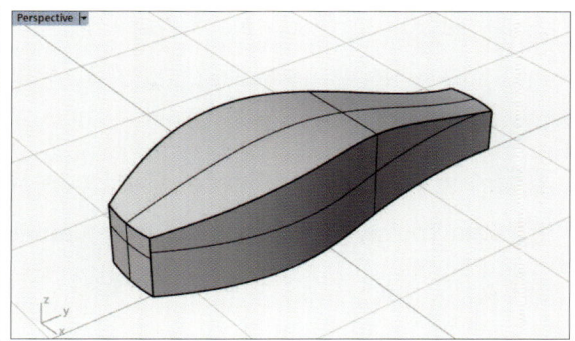

6 Shell Closed Polysurface

Main Toolbar> Solid Tools Toolbar> Shell Closed Polysurface
지정한 두께만 남기고 솔리드의 속을 파낸다.

예제 1-5 Solid> 2 Solid Editing> Shell Closed Polysurface 파일을 연다.

1 Main Toolbar> Solid Tools Toolbar> Shell Closed Polysurface 버튼을 클릭한다.

2 두께를 지정하기 위해 옵션을 "Thickness=3"으로 설정한다. 뚫을 면을 지정하기 위해 왼쪽 그림의 서피스 를 클릭하고 Enter 키를 누른다. 오른쪽 그림처럼 지정한 두께만 남기고 속을 파낸다.

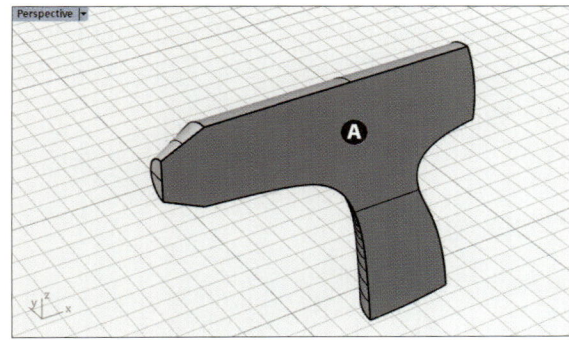
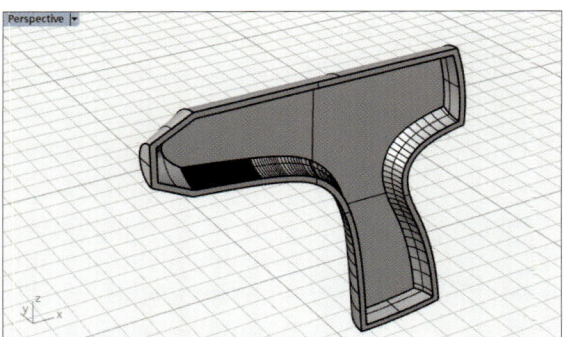

7 Cap Planar Holes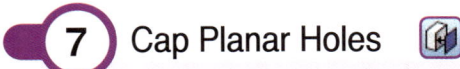

Main Toolbar〉Solid Tools Toolbar〉Cap Planar Holes
Solid Menu〉Cap Planar Holes

서피스나 폴리서피스에 있는 평면 구멍을 서피스로 막는다. 평면이 아닌 곡면 구멍은 막지 못한다.

예제 1-5 Solid〉2 Solid Editing〉Cap Planar Holes 파일을 연다.

1 Main Toolbar〉Solid Tools Toolbar〉Cap Planar Holes 버튼을 클릭한다.

2 평면 구멍이 뚫려 있는 오브젝트 Ⓐ를 클릭하고 Enter↵ 키를 누른다. 오른쪽 그림처럼 선택한 오브젝트의 평면 구멍을 서피스로 막는다.

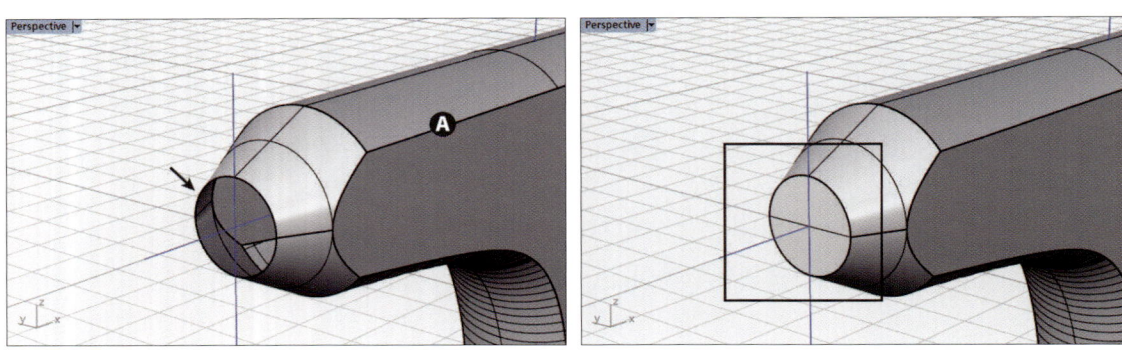

8 Extract Surface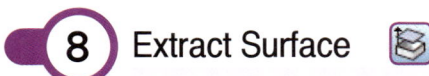

Main Toolbar〉Solid Tools Toolbar〉Extract Surface
Solid Menu〉Extract Surface

솔리드나 폴리서피스에서 원하는 서피스를 분리시킨다. 옵션을 사용하면 원본은 그대로 두고 필요한 서피스를 복사할 수도 있다.

예제 1-5 Solid〉2 Solid Editing〉Extract Surface 파일을 연다.

1 Main Toolbar〉Solid Tools Toolbar〉Extract Surface 버튼을 클릭한다.

2 분리시킬 서피스를 지정하기 위해, 왼쪽 그림의 서피스 Ⓐ를 클릭하고 Enter↵ 키를 누른다. 오른쪽 그림처럼 선택한 서피스를 분리한다.

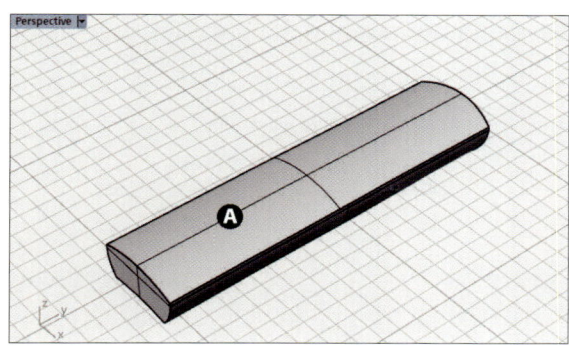 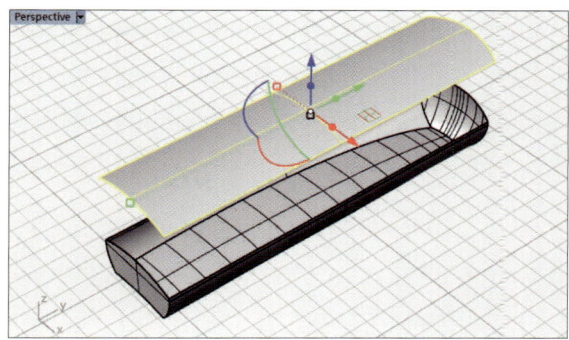

Options

- Copy : 서피스를 복사한다.

9 Merge Two Coplanar Faces

Main Toolbar〉Solid Tools Toolbar〉Merge Two Coplanar Faces
Solid Menu〉Solid Edit Tools〉Faces〉Merge Face

폴리서피스에서 동일 평면에 있는 2개의 서피스를 1개의 단일 서피스(Single Surface)로 병합(Merge)시킨다.

예제 1-5 Solid〉2 Solid Editing〉Merge Two Coplanar Face 파일을 연다.

1 Main Toolbar〉Analyze Toolbar〉Show Edges 버튼을 클릭한다.

2 왼쪽 그림의 오브젝트 **Ⓐ**를 클릭하고 Enter↲ 키를 누른다. 선택한 오브젝트의 모든 에지를 표시하기 위해, Edge Analysis 창의 옵션을 "Show=All Edges"로 설정한다. 오른쪽 그림처럼 오브젝트의 모든 에지를 표시한다. 원으로 표시한 부분에는 불필요하게 에지가 분할되어 있다.

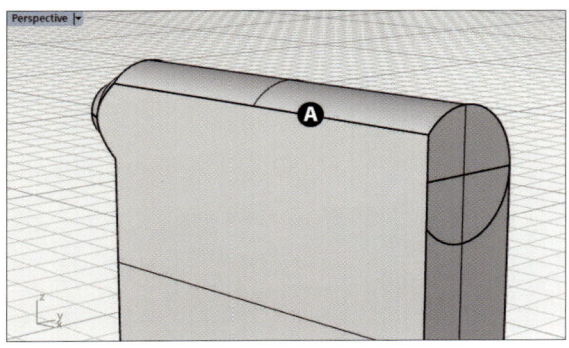 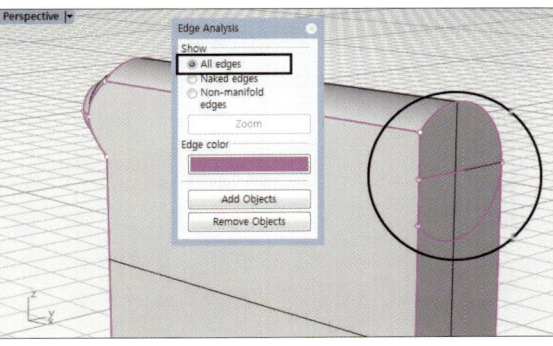

3 Main Toolbar〉Solid Tools Toolbar〉Merge Two Coplanar Face 버튼을 클릭한다.

4 병합시킬 서피스를 한 개씩 지정하기 위해, 옵션을 "Merge All Coplanar=No"로 설정한다. 왼쪽 그림의 서피스 Ⓐ와 Ⓑ를 클릭한다. 오른쪽 그림처럼 선택한 2개의 서피스를 한 개의 서피스로 병합시킨다.

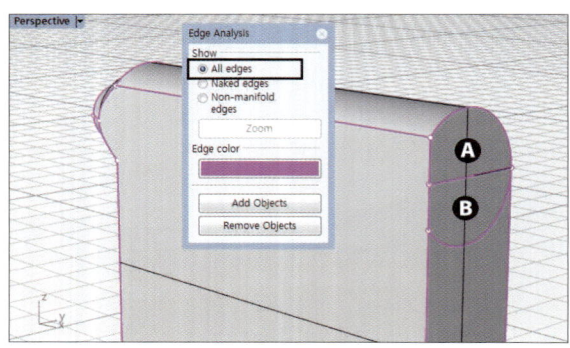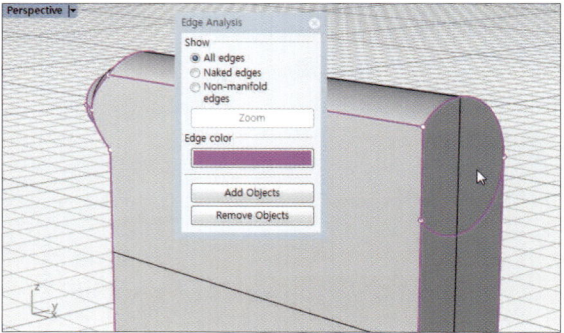

Merge All Coplanar Faces
Main Toolbar〉Solid Tools Toolbar〉Merge Two Coplanar Face (🖱)
Solid Menu〉Solid Edit Tools〉Faces〉Merge All Faces

폴리서피스에서, 동일 평면에 있는 모든 서피스를 1개의 단일 서피스(Single Surface)로 병합(Merge)시킨다. Merge Two Coplanar Faces 버튼을 오른쪽 마우스 버튼으로 클릭한다.

예제 1-5 Solid〉2 Solid Editing〉Merge All Coplanar Face 파일을 연다.

1 Main Toolbar〉Analyze Toolbar〉Show Edges 버튼을 클릭한다.

2 왼쪽 그림의 오브젝트 Ⓐ를 클릭하고 [Enter↲] 키를 누른다. 선택한 오브젝트의 모든 에지를 표시하기 위해, Edge Analysis 창의 옵션을 "Show=All Edges"로 설정한다. 왼쪽 그림처럼 평면에 불필요하게 에지가 많이 분할되어 있다.

3 Main Toolbar〉Solid Tools Toolbar〉Merge Two Coplanar Face 버튼을 오른쪽 마우스 버튼으로 클릭하여, Merge All Coplanar Face 명령을 실행한다.

4 오브젝트 Ⓐ를 클릭하고 [Enter↲] 키를 누른다. 오른쪽 그림처럼 선택한 오브젝트의 동일 평면에 있는 모든 서피스들을 병합시킨다.

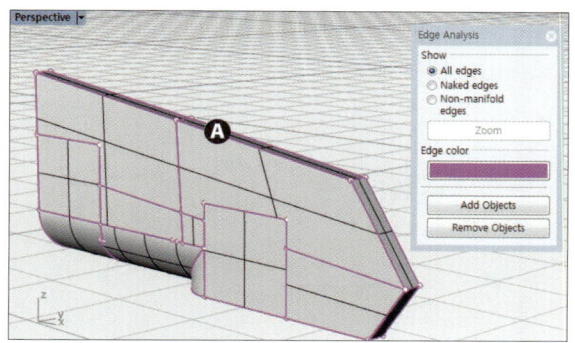 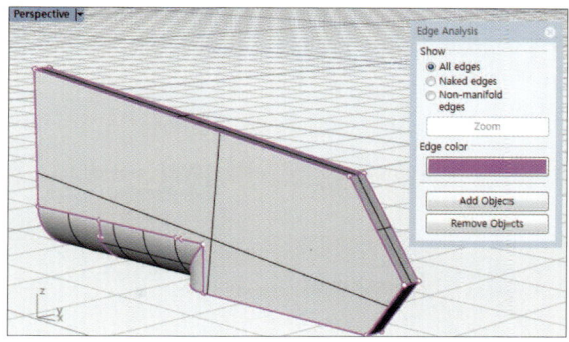

10 Unjoin Edge

Main Toolbar〉Solid Tools Toolbar〉Unjoin Edge

다른 서피스의 에지와 결합되어 있는 에지를 분리시켜서, 다른 에지와 결합하지 않은 상태의 네이키드 에지(Naked Edge)로 만든다.

예제 1-5 Solid〉2 Solid Editing〉Unjoin Edge 파일을 연다.

1 Main Toolbar〉Solid Tools Toolbar〉Unjoin Edge 버튼을 클릭한다.

2 분리시킬 에지를 지정하기 위해, 왼쪽 그림에서 오브젝트 **A**의 에지 **B**를 클릭하고 Enter↵ 키를 눌러서 명령을 끝낸다. 에지 **B**가 분리되었다.

3 분리된 네이키드 에지(Naked Edge)를 확인하기 위해, Main Toolbar〉Analyze Toolbar〉Show Edges 버튼을 클릭한다. 오브젝트 **A**를 선택한 후에 Enter↵ 키를 누른다. 화면에 표시되는 Edge Analysis 창의 옵션을 "Show=Naked Edges"로 설정한다. 오른쪽 그림처럼 에지 **B**가 네이키드 에지(Naked Edge)로 분리된 상태임을 확인할 수 있다.

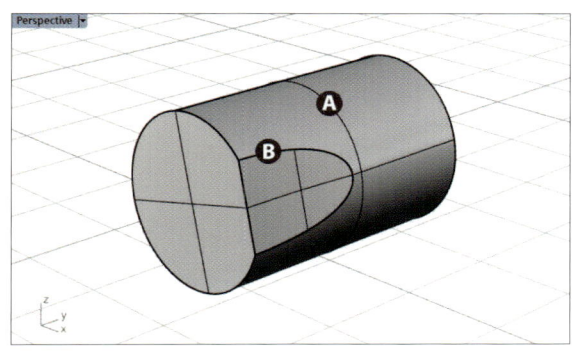 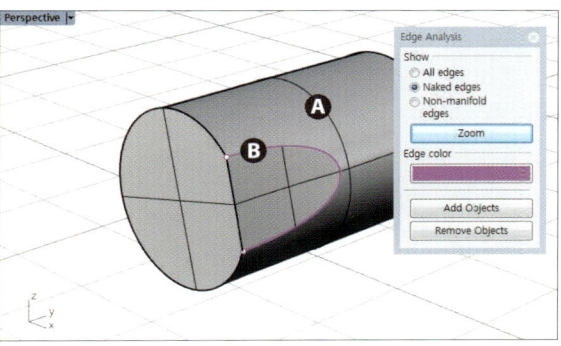

11 Edit Fillet Edge

Main Toolbar〉Solid Tools Toolbar〉Edit Fillet edge

필렛(Fillet)한 솔리드나 폴리서피스의 필렛(Fillet) 값을 재설정한다.

예제 1-5 Solid〉2 Solid Editing〉Edit Fillet edge 파일을 연다. 현재 보이는 모든 에지들은 "R=6" 으로 필렛(Fillet)한 상태이다.

1 Main Toolbar〉Solid Tools Toolbar〉Edit Fillet edge 버튼을 클릭한다. 필렛(Fillet) 값을 변경할 오브젝트 **Ⓐ**를 클릭하고 Enter 키를 누른다. 오른쪽 그림처럼 필렛이 적용된 에지들을 노란색으로 표시한다.

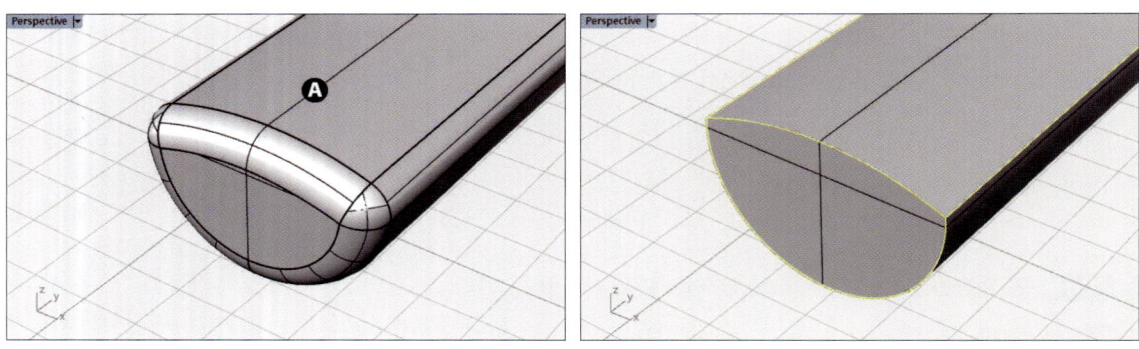

2 기존의 필렛(Fillet)을 취소하기 위해 " Ctrl "키를 누른 상태에서 에지 **❶**, **❷**, **❸**, **❹**를 클릭한다. 오른쪽 그림처럼 필렛(Fillet)이 적용되었던 에지들의 필렛을 취소하면서 선택을 해제한다.

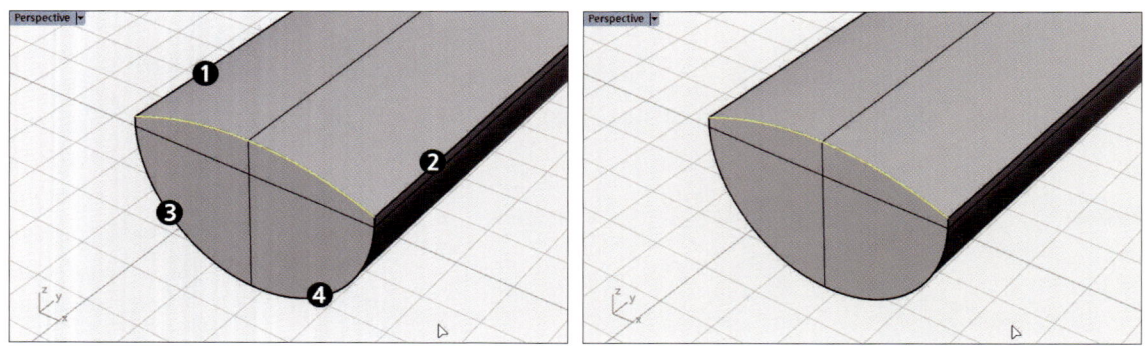

3 옵션에서 "Next Radius=2"로 설정하고 에지 **❶**, **❷**, **❸**, **❹**를 클릭하고 Enter 키를 누른다. 필렛 핸들(Fillet Handle)이 표시된다. Enter 키를 눌러서 명령을 끝낸다. 오른쪽 그림처럼 선택한 에지들의 필렛을 변경한다.

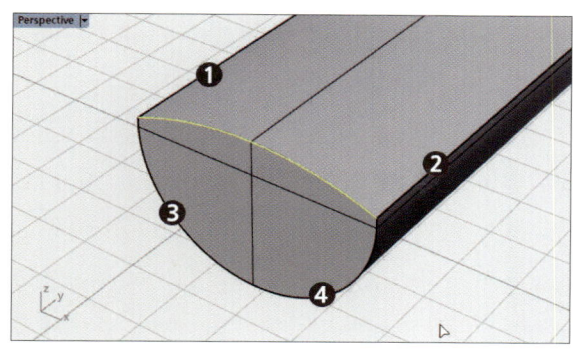
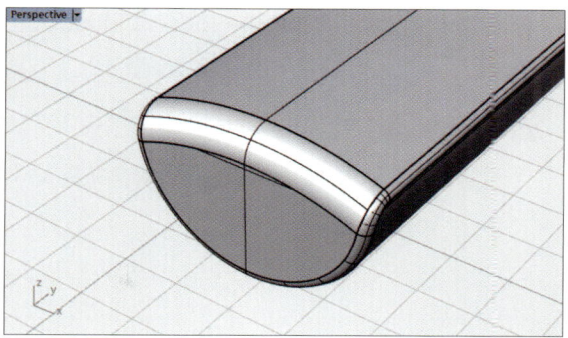

12 Fillet Edges

Main Toolbar> Solid Tools Toolbar> Fillet Edges
Solid Menu> Fillet Edge> Fillet Edge

솔리드나 폴리서피스의 에지를 필렛(Fillet)한다. 여러 개의 반지름을 지정하여 필렛할 수 있다.

단일 반지름 필렛(Fillet)

[예제] 1-5 Solid> 2 Solid Editing> Fillet Edges 파일을 연다.

1 Main Toolbar> Solid Tools Toolbar> Fillet Edges 버튼을 클릭한다.

2 Fillet 반지름을 지정하기 위해, 옵션에서 "Next Radius=20"으로 설정한다. 에지 **A**를 클릭하고 Enter 키를 누른다. 선택한 에지에 필렛 핸들(Fillet Handle)을 표시한다. Enter 키를 눌러서 명령을 끝낸다. 오른쪽 그림처럼 필렛을 실행한다.

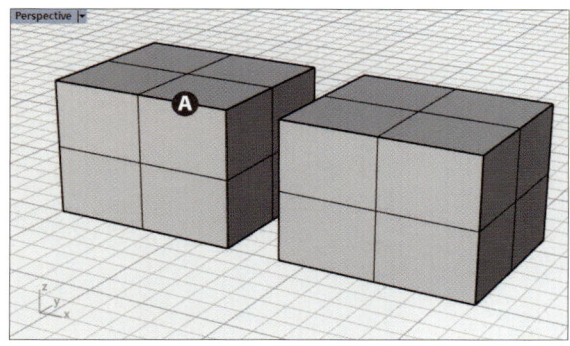
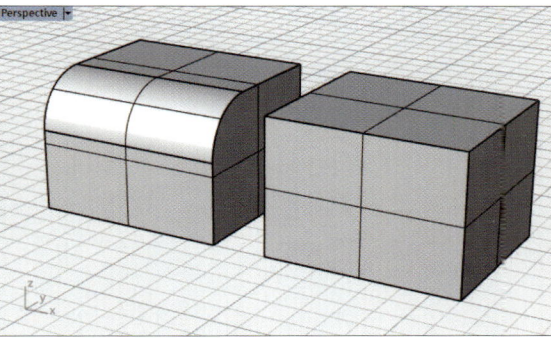

가변 반지름 필렛(Variable Radius Fillet)

3 Enter↵ 키를 눌러서 방금 실행한 "Fillet Edges" 명령을 다시 실행한다.

4 필렛 반지름을 지정하기 위해 "20"을 입력하고 Enter↵ 키를 누른다. 에지 **B**를 선택하고 Enter↵ 키를 눌러서 에지 선택을 끝낸다. 오른쪽 그림처럼 에지의 양 끝에 필렛 핸들(Fillet Handle)을 표시한다.

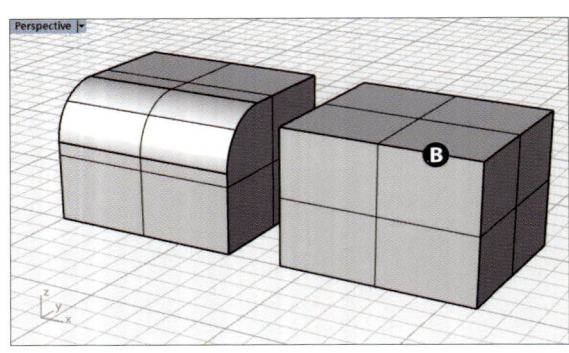
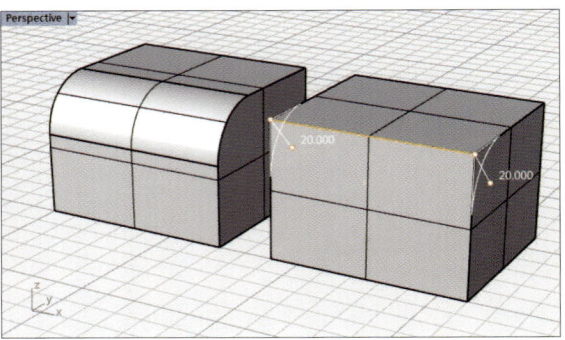

5 에지의 중간에 핸들을 추가하기 위해, 옵션 항목에서 "Add Handle"을 클릭한다. 에지 중간점 **C**를 클릭한다. 오른쪽 그림처럼 클릭한 위치에 핸들이 추가된다. Enter↵ 키를 눌러서 핸들 추가를 끝낸다.

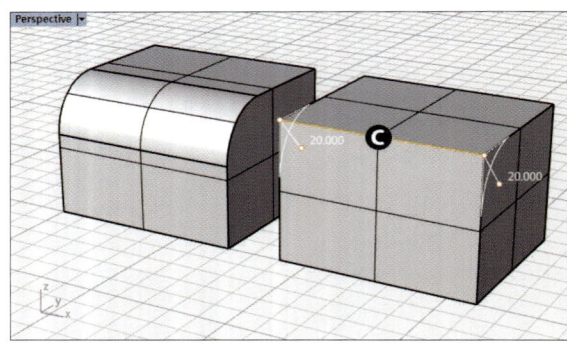
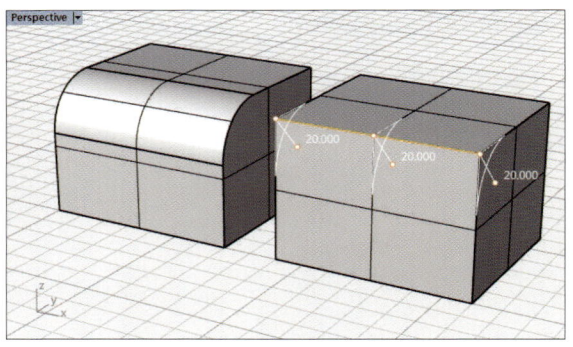

6 필렛 핸들(Fillet Handle)을 수정하기 위해, 점 **D**의 위치에 있는 핸들의 제어점(Control Point)을 클릭한다. 반지름을 변경하기 위해, " 10 "을 입력하고 Enter↵ 키를 누른다. 점 **D**의 위치에 있는 필렛 핸들(Fillet Handle)의 반지름을 10으로 변경하였다. Enter↵ 키를 눌러서 수정작업을 끝낸다. 오른쪽 그림처럼 필렛을 실행한다.

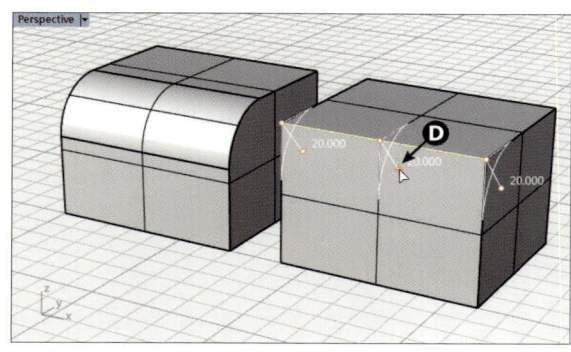 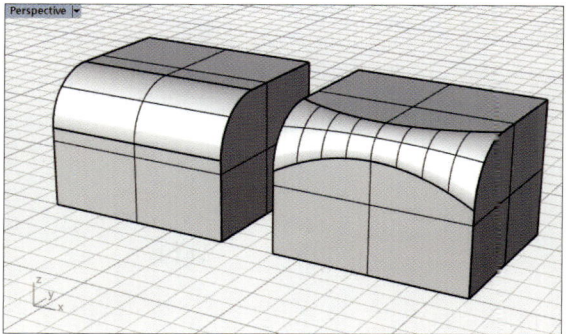

Options

- **Add Handle** : 에지에 핸들을 추가한다.
- **Copy Handle** : 핸들을 복사한다.
- **Remove Handle** : 추가한 핸들을 삭제한다. 에지의 양쪽 끝에 있는 기본 핸들은 이동하거나 삭제할 수 없다.
- **Set All** : 모든 핸들의 반지름을 동시에 지정한다.
- **Link Handles** : Link Handles=Yes로 설정하면, 한 개의 핸들의 반지름을 수정하면 모든 핸들의 반지름이 수정된다.
- **Rail Type**
  - **Rolling Ball** : 서피스와 구르는 공이 만나는 지점을 레일로 사용한다. 가장 일반적으로 사용하는 레일 방식이다.
  - **Dist From Edge** : 에지로부터의 거리를 레일로 사용한다.
  - **Dist Between Rails** : 레일 간의 간격을 레일로 사용한다.

Blend Edges

Main Toolbar〉 Solid Tools Toolbar〉 Blend Edges (🖱)
Solid Menu〉 Fillet Edge〉 Blend Edge

솔리드나 폴리서피스의 에지를, 곡률 연속성(G2 : Curvature Continuity)을 유지하면서 블렌드 한다. 여러 개의 반지름을 지정하여 블렌드 할 수 있다. Fillet Edges 버튼을 오른쪽 마우스 버튼으로 클릭한다.

13 Chamfer Edges

Main Toolbar> Solid Tools Toolbar> Chamfer Edges
Solid Menu> Fillet Edge> Chamfer Edge
솔리드나 폴리서피스의 에지를 모따기(Chamfer)한다.

단일 거리 Chamfer

예제 1-5 Solid> 2 Solid Editing> Chamfer Edges 파일을 연다.

1 Main Toolbar> Solid Tools Toolbar> Chamfer Edges 버튼을 클릭한다.

2 모따기 거리를 지정하기 위해, "20"을 입력하고 Enter 키를 누른다. 모따기할 에지를 지정하기 위해, 에지 Ⓐ를 클릭한다. 선택한 에지에 모따기 핸들(Chamfer Handle)을 표시한다. Enter 키를 눌러서 에지 선택을 끝낸다.

3 모따기 핸들(Chamfer Handle)을 추가하거나, 복사할 수 있는 화면이 표시된다. 추가하거나 수정할 핸들이 없으므로 Enter 키를 눌러서 명령을 끝낸다. 오른쪽 그림처럼 모따기를 실행한다.

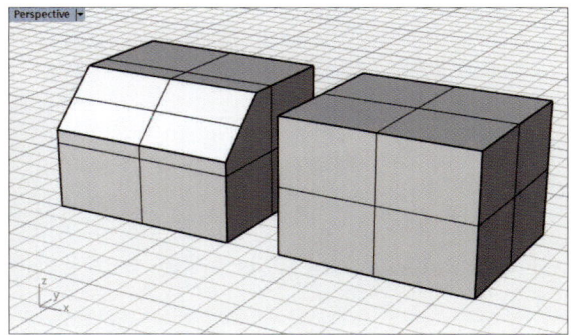

가변 Chamfer

4 Enter 키를 눌러서 방금 실행한 "Chamfer Edges" 명령을 다시 실행한다.

5 모따기 거리를 지정하기 위해 "Next Chamfer Distance=20"을 입력하고 Enter 키를 누른다. 에지 Ⓐ를 선택하고, Enter 키를 눌러서 에지 선택을 끝낸다. 오른쪽 그림처럼 모따기 핸들(Chamfer Handle)을 표시한다.

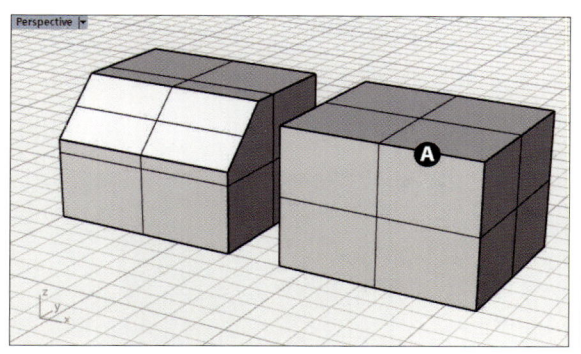 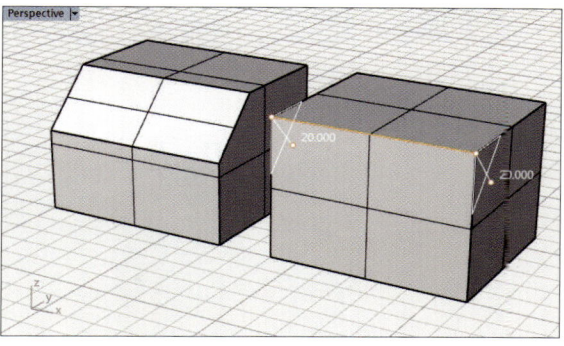

6 모따기 핸들(Chamfer Handle)을 추가하거나, 복사, 수정할 수 있는 상태이다. 모따기 값을 수정하기 위해, 오른쪽의 모따기 핸들의 제어점(Control Point) C를 클릭하고 "10"을 입력한다. Enter 키를 눌러서 핸들 수정을 끝낸다. Enter 키를 눌러서 수정작업을 끝낸다.

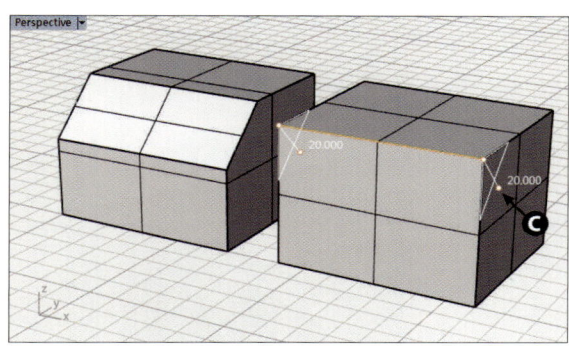 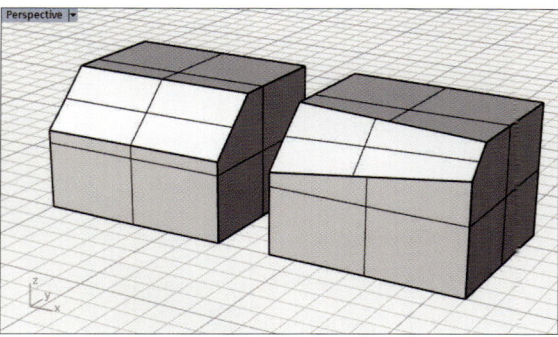

14 Wire Cut

Main Toolbar〉Solid Tools Toolbar〉Wire Cut
Solid Menu〉Solid Edit Tools〉Wire Cut
절삭커브(Cutting Curve)로 솔리드(Solid)를 자른다.

직선 방향으로 끝까지 절삭하기

[예제] 1-5 Solid〉2 Solid Editing〉Wire Cut 파일을 연다.

1 Main Toolbar〉Solid Tools Toolbar〉Wire Cut 버튼을 클릭한다.

2 절삭커브(Cutting Curve)를 지정하기 위해 커브 **A**를 선택한다. 잘릴 오브젝트를 지정하기

위해 **B**를 선택한다. 오른쪽 그림처럼 절삭 방향을 미리보기로 표시한다.(절삭방향은 바로 전에 작업한 Wire Cut 방향에 따라 다른 방향으로 표시될 수 있다.)

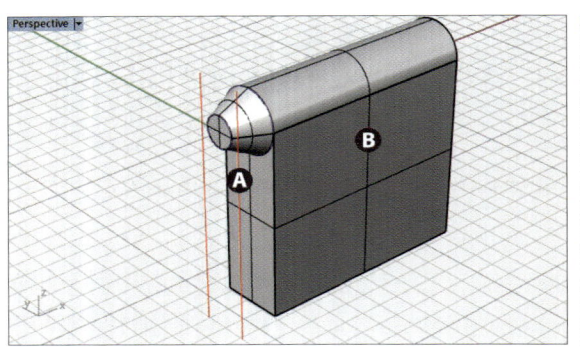 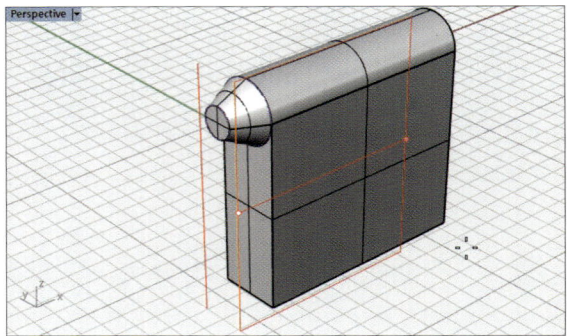

3 절삭 방향을 X축 방향으로 설정하기 위해, 옵션에서 "Direction=X"로 설정한다. 절삭 옵션을 "KeepAll=No"로 설정하고 Enter 키를 누른다. 왼쪽 그림처럼 절삭할 부분이 선택된다. Enter 키를 눌러서 명령을 끝낸다. 오른쪽 그림처럼 선택된 부분을 없애버린다.(버릴 부분은 "Invert"로 변경한다.)

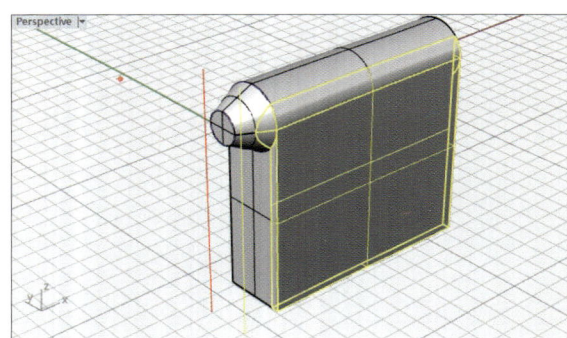 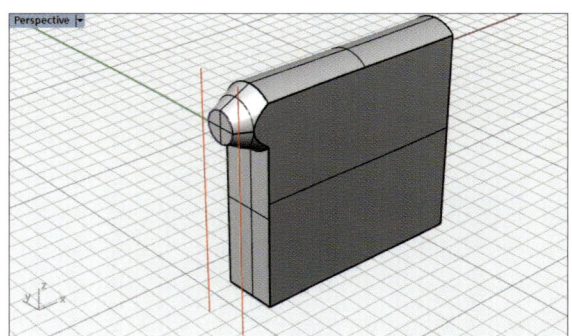

절삭깊이를 상대좌표로 지정하여 절삭하기

4 "Ctrl + Z" 키를 눌러 방금 실행한 Wire Cut 명령을 취소한다. **Main Toolbar〉 Solid Tools Toolbar〉 Wire Cut** 버튼을 클릭한다.

5 절삭커브(Cutting Curve)를 지정하기 위해, 커브 **A**를 선택한다. 잘릴 오브젝트를 지정하기 위해, **B**를 선택하고 Enter 키를 누른다. 오른쪽 그림처럼 절삭 방향을 미리보기로 표시한다.

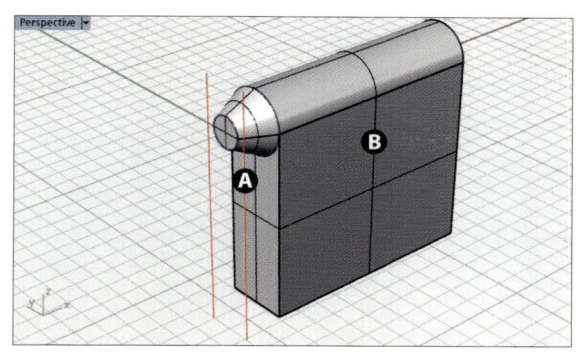 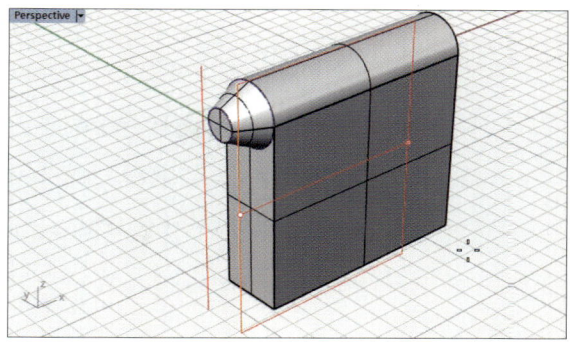

6 절삭 방향을 X축 방향으로 지정하는 동시에 상대좌표로 절삭깊이를 지정하기 위해, 명령어 창에서 "R80,0,0"을 입력하고 Enter 키를 누른다. 왼쪽 그림처럼 절삭방향과 깊이를 표시한다. Enter 키를 누른다. 절삭할 부분을 선택하고 Enter 키를 눌러서 명령을 끝낸다. 오른쪽 그림처럼 절삭커브의 현재 위치로부터 지정한 절삭깊이 만큼 삭제한다.

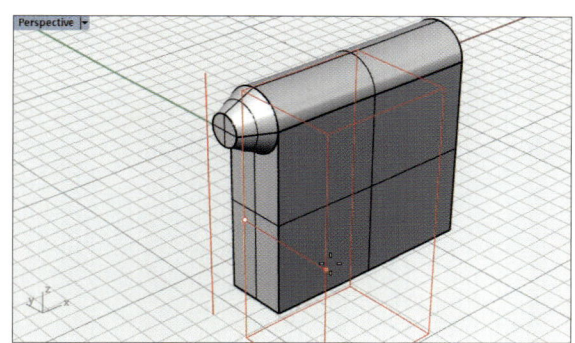 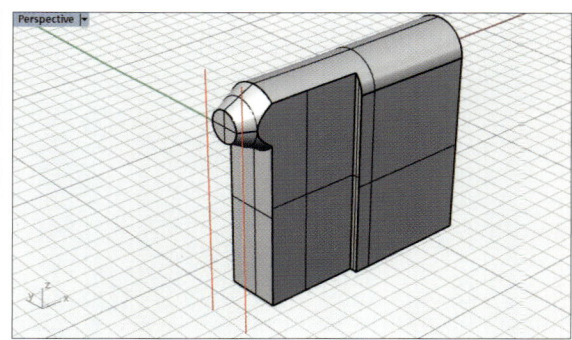

Options

- **Direction** : 절삭커브가 지나갈 방향을 설정한다.
    - **X/Y/Z** : 월드 좌표계의 X-축이나, Y-축, Z-축 방향으로 절삭한다.
    - **Normal To Curve** : 절삭커브의 평면에 직각으로 절삭한다.
    - **CPlane Normal** : 작업평면(Construction Plane)의 Z-축 방향으로 절삭한다.
    - **Pick** : 2개의 점을 클릭하여 절삭 방향을 지정한다.
- **Invert** : 선택한 절삭 부분을 반대로 변경한다.
- **Keep All** : "Yes"로 설정하면 절삭된 부분을 삭제하지 않고, 분리시키기만 한다.

15 Move Face

Main Toolbar〉Solid Tools Toolbar〉Move Face
Solid Menu〉Solid Edit Tools〉Faces〉Move Face

폴리서피스의 서피스를 이동시킨다. 이동시킬 서피스와 연결된 서피스들이 평면 서피스이거나 늘리기 쉬운 서피스들이어야 한다.

예제 1-5 Solid〉2 Solid Editing〉Move Face 파일을 연다.

1 Main Toolbar〉Solid Tools Toolbar〉Move Face 버튼을 누른다.

2 이동시킬 서피스를 지정하기 위해 서피스 **A**를 클릭하고, Enter↵ 키를 눌러서 선택을 끝낸다. 이동의 시작점을 지정하기 위해 임의의 점 **B**를 클릭한다. 이동거리를 상대좌표로 지정하기 위해, "R-50,0,0"을 입력하고 Enter↵ 키를 누른다. 오른쪽 그림처럼 선택한 서피스를 X축 방향으로 "-50"만큼 이동시킨다.

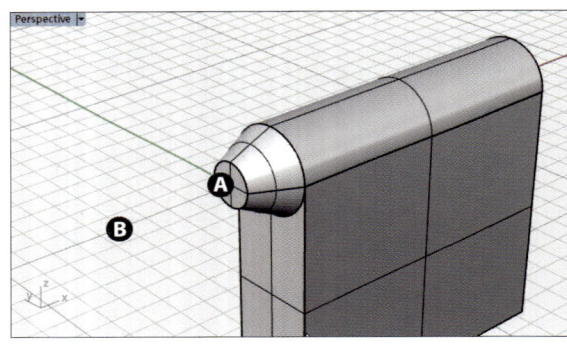 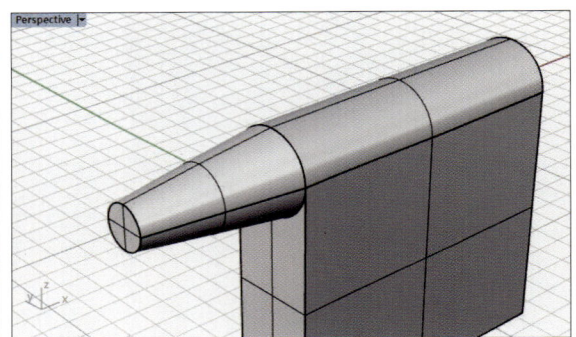

Options

Direction Constraint

- **None** : 서피스를 아무 방향으로나 이동시킬 수 있다.
- **Normal** : 이동시킬 서피스의 노멀 디렉션(Normal Direction)으로만 이동시킬 수 있다.

16 Move Face To A Boundary

Main Toolbar〉 Solid Tools Toolbar〉 Move Face to a Boundary
Solid Menu〉 Solid Edit Tools〉 Faces〉 Move Face to a Boundary

폴리서피스의 서피스를 지정한 경계(Boundary)까지 이동시킨다. 이동시킬 서피스와 연결된 서피스들이 평면 서피스이거나 늘리기 쉬운 서피스들이어야 한다. 경계로 지정하는 오브젝트가, 이동시킬 서피스보다 커야 원하는 결과를 얻을 수 있다.

[예제] 1-5 Solid〉 2 Solid Editing〉 Move Face To A Boundary 파일을 연다.

1 Main Toolbar〉 Solid Tools Toolbar〉 Move Face to a Boundary 버튼을 누른다.

2 이동시킬 서피스를 지정하기 위해 서피스 Ⓐ와 Ⓑ를 클릭하고 [Enter↲] 키를 눌러서 선택을 끝낸다. 경계를 지정하기 위해, 오브젝트 Ⓒ를 클릭한다. 오른쪽 그림처럼 선택한 서피스가 오브젝트 Ⓒ까지 이동한다.

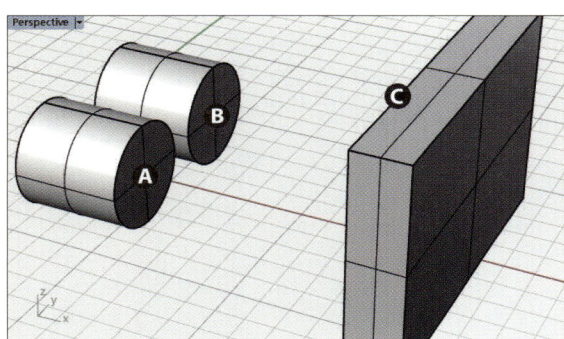 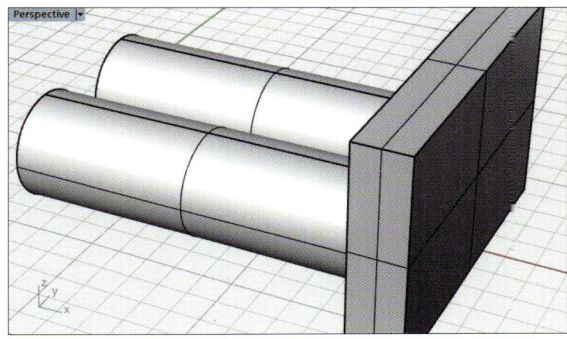

17 Extrude Face

Main Toolbar〉 Solid Tools Toolbar〉 Extrude Face
Solid Menu〉 Extrude Surface〉 Straight

폴리서피스의 서피스를 직선으로 돌출(Extrude)시킨다.

[예제] 1-5 Solid〉 2 Solid Editing〉 Extrude Face 파일을 연다.

1 Main Toolbar〉 Solid Tools Toolbar〉 Extrude Face 버튼을 누른다.

2 돌출(Extrude)시킬 서피스를 지정하기 위해, 서피스 Ⓐ를 클릭하고 Enter↵ 키를 눌러서 선택을 끝낸다. 옵션을 "Both Sides=No, Solid=Yes, Delete Input=Yes"로 설정한다. 돌출시킬 거리를 지정하기 위해, "15"를 입력하고 Enter↵ 키를 누른다. 오른쪽 그림처럼 지정한 서피스를 돌출시킨다.

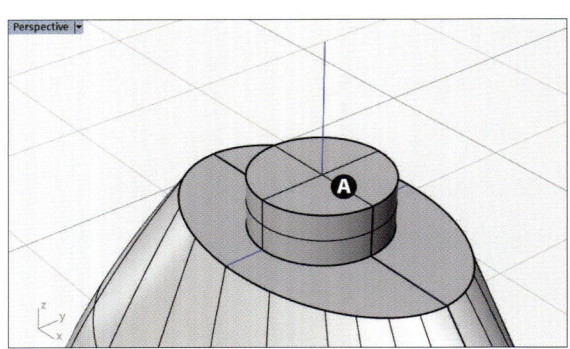 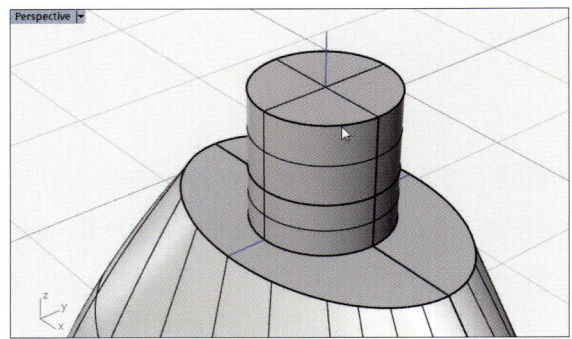

Options

- **Direction** : 2개의 점을 클릭하여 방향을 지정한다.
- **Bothsides** : 양쪽 방향으로 명령을 실행한다.
- **Solid** : 솔리드로 만든다.
- **Delete Input** : 원본 서피스를 삭제한다.
- **To Boundary** : 경계 서피스까지 돌출(Extrude)시킨다.

18 Turn on Solid Control Points

Main Toolbar〉 Solid Tools Toolbar〉 Turn on Solid Control Points
Solid Menu〉 Solid Edit Tools〉 Turn On Points

서피스나 폴리서피스, 솔리드의 에지의 끝부분에 편집점(Grip)을 표시한다. 이 편집점(Grip)들을 이동시키면 오브젝트의 형태를 변경할 수 있다.

예제 1-5 Solid〉 2 Solid Editing〉 Turn on Solid Control Points 파일을 연다.

1 Main Toolbar〉 Solid Tools Toolbar〉 Turn on Solid Control Points 버튼을 누른다.

2 오브젝트 Ⓐ를 클릭하고 Enter↵ 키를 눌러서 선택을 끝낸다. 오른쪽 그림처럼 에지의 끝부분

에 편집점(Grip)을 표시한다.

 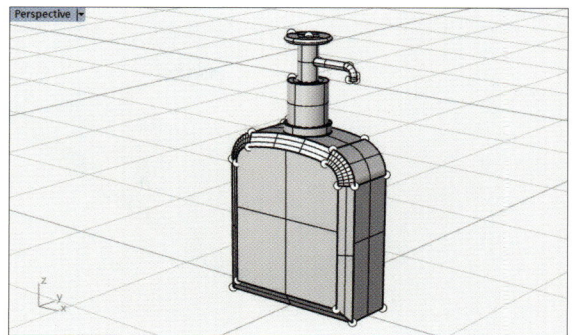

• "F11" 키를 누르면 화면에 표시된 편집점(Grip)들이 사라진다.

19 Move Edge

Main Toolbar〉 Solid Tools Toolbar〉 Move Edge
Solid Menu〉 Solid Edit Tools〉 Edges〉 Move Edge

폴리서피스의 에지를 이동시킨다. 이동시킬 에지와 연결된 서피스들은 평면 서피스이거나 늘리기 쉬운 서피스들이어야 한다.

예제 1-5 Solid〉 2 Solid Editing〉 Move Edge 파일을 연다.

1 Main Toolbar〉 Solid Tools Toolbar〉 Move Edge 버튼을 누른다.

2 점 Ⓐ를 클릭하고 Ⓑ쪽으로 드래그하여 윈도우 박스(Window Box)로 만들어서 사각형 안에 완전히 들어온 에지를 모두 선택하고 Enter↵ 키를 누른다.

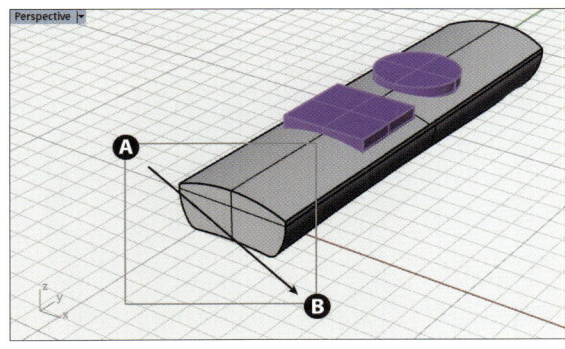 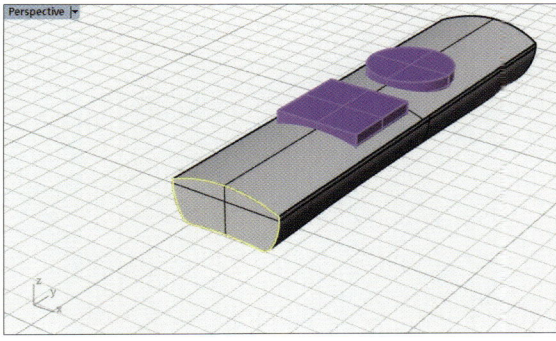

3 이동의 시작점을 지정하기 위해, 임의의 점 **C**를 클릭한다. 이동 거리를 상대좌표로 지정하기 위해, "R0,-45,0"을 입력하고 [Enter↵] 키를 누른다. 오른쪽 그림처럼 선택한 에지들을 Y-축 방향으로 "-45"만큼 이동한다.

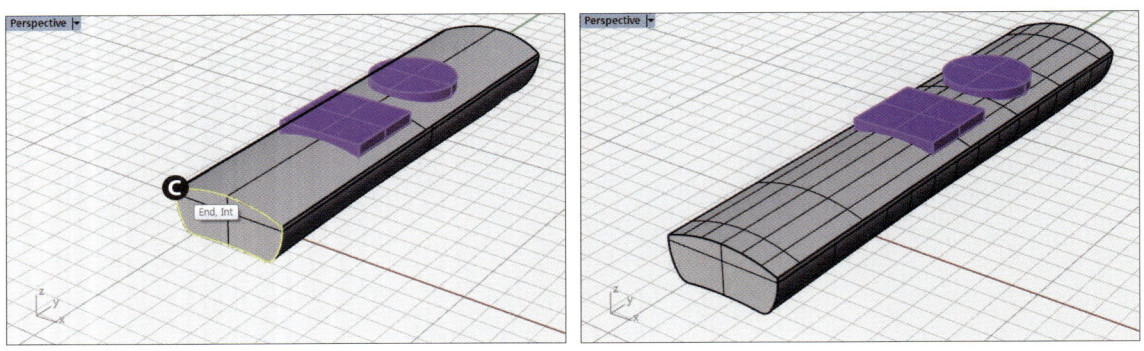

20 Round Hole

Main Toolbar〉Solid Tools Toolbar〉Round Hole
Solid Menu〉Solid Edit Tools〉Holes〉Round Hole
원형 구멍을 뚫는다.

예제 1-5 Solid〉2 Solid Editing〉Round Hole 파일을 연다.

1 Main Toolbar〉Solid Tools Toolbar〉Round Hole 버튼을 클릭한다.

2 구멍을 뚫을 서피스(Target Surface)를 지정하기 위해 서피스 **A**를 클릭한다. 옵션을 "Radius=20, Through=Yes"로 설정한다.

3 구멍의 중심점을 지정하기 위해 교차점 **B**를 클릭하고 [Enter↵] 키를 누른다. 오른쪽 그림처럼 관통하는 구멍을 뚫는다.

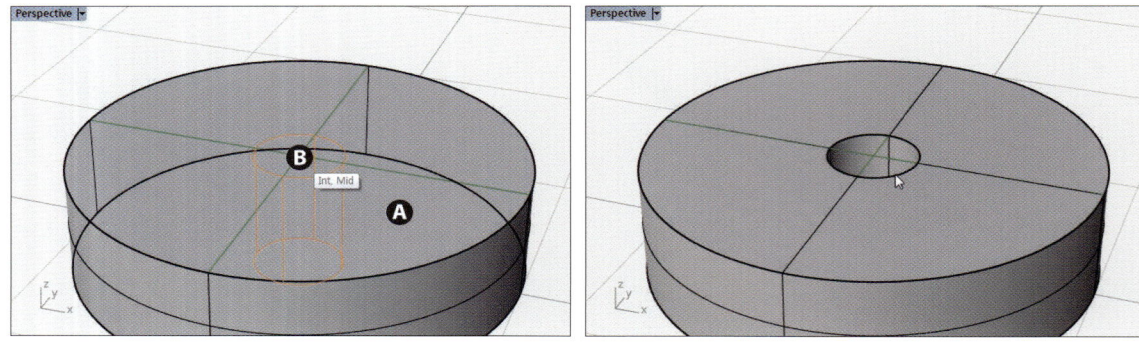

> **Options**
>
> - **Depth** : 구멍의 깊이를 지정한다.
> - **Radius** : 구멍의 반지름을 지정한다.
> - **Drill Point Angle** : 구멍의 바닥면의 각도를 지정한다. 180°로 지정하면 구멍의 바닥면이 평면으로 뚫린다.
> - **Through** : 오브젝트를 관통하는 구멍을 뚫는다. Drill Point Angle의 설정은 무시한다.
> - **Direction** : 구멍의 방향을 설정한다.
>   - **Surface Nornal** : 구멍을 서피에 직각인 서피스 노멀(surface Normal) 방향으로 뚫는가.
>   - **CPlnae Normal** : 구멍을 작업평면(Construction Plane)에 직각으로 뚫는다.
>   - **Pick** : 2개의 점을 클릭하여 구멍의 방향을 지정한다.
> - **Undo** : 마지막 작업을 취소한다.

21 Move Hole

Main Toolbar〉 Solid Tools Toolbar〉 Move Hole
Solid Menu〉 Solid Edit Tools〉 Holes〉 Move Hole
평면 서피스에 뚫려 있는 구멍을 이동시킨다.

예제 1-5 Solid〉 2 Solid Editing〉 Move Hole 파일을 연다.

1 Main Toolbar〉 Solid Tools Toolbar〉 Move Hole 버튼을 클릭한다.

2 이동시킬 구멍의 에지 **A**를 클릭하고 Enter↲ 키를 눌러서 선택을 끝낸다. 옵션을 "Copy=No"로 설정한다. 이동의 중심점을 지정하기 위해 구멍의 중심점 **B**를 클릭한다. 이동의 목표점을 지정하기 위해, 점 **C**를 클릭한다. 오른쪽 그림처럼 구멍을 이동한다.

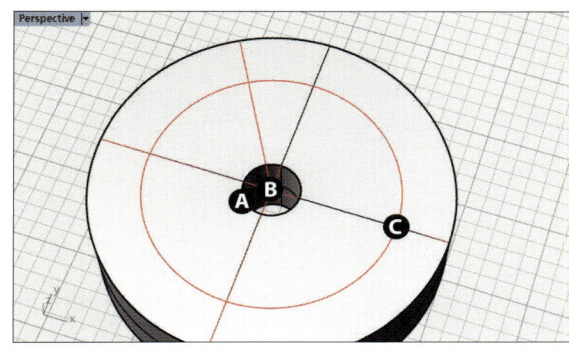 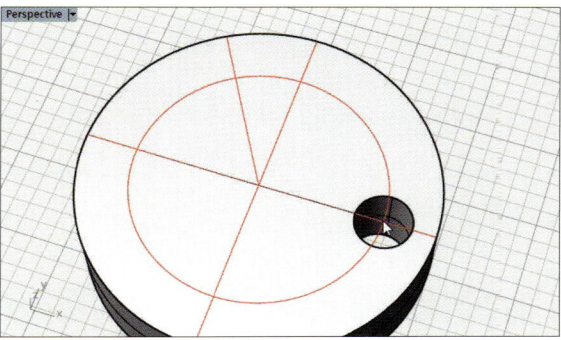

22 Rotate Hole

Main Toolbar〉Solid Tools Toolbar〉Rotate Hole
Solid Menu〉Solid Edit Tools〉Holes〉Rotate Hole
평면에 뚫려 있는 구멍을 회전시킨다.

예제 1-5 Solid〉2 Solid Editing〉Rotate Hole 파일을 연다.

1 Main Toolbar〉Solid Tools Toolbar〉Rotate Hole 버튼을 클릭한다.

2 회전시킬 구멍의 에지 **A**를 클릭한다. 옵션을 "Copy=No"로 설정한다. 회전의 중심점을 지정하기 위해 구멍의 중심점 **B**를 클릭한다. 회전각도를 지정하기 위해 "120"을 입력하고 Enter↵ 키를 누른다. 오른쪽 그림처럼 구멍을 120°회전시킨다.

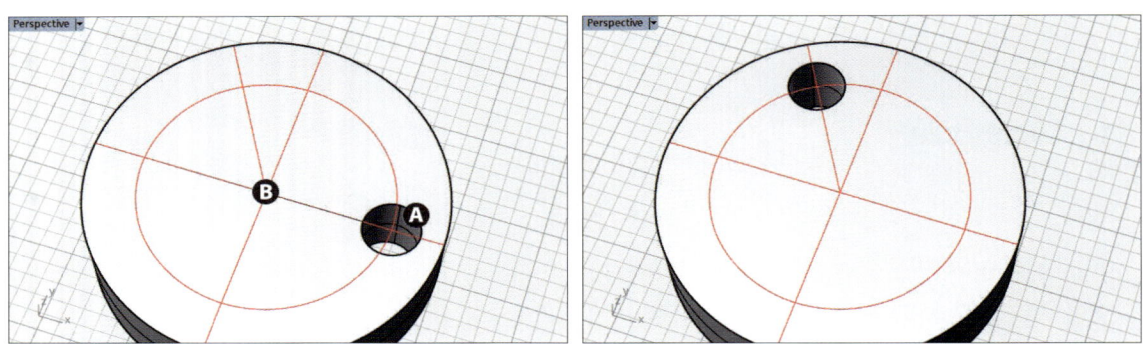

Options

- Copy : 구멍을 복사한다.

23 Array Hole Polar

Main Toolbar〉Solid Tools Toolbar〉Array Hole Polar
Solid Menu〉Solid Edit Tools〉Holes〉Array Hole Polar
평면에 뚫려 있는 구멍을 원형으로 배열(Array)한다.

예제 1-5 Solid〉2 Solid Editing〉Array Hole Polar 파일을 연다.

1 **Main Toolbar〉Solid Tools Toolbar〉Array Hole Polar** 버튼을 클릭한다.

2 회진시킬 구멍의 에지 Ⓐ를 클릭한다. 회전의 중심점 Ⓑ를 클릭한다. 구멍의 개수를 지정하기 위해 "10"을 입력하고 Enter↵ 키를 누른다. 각도를 지정하기 위해 "360"을 입력하고 Enter↵ 키를 누른다. 미리보기가 표시된다. Enter↵ 키를 눌러서 명령을 끝낸다.

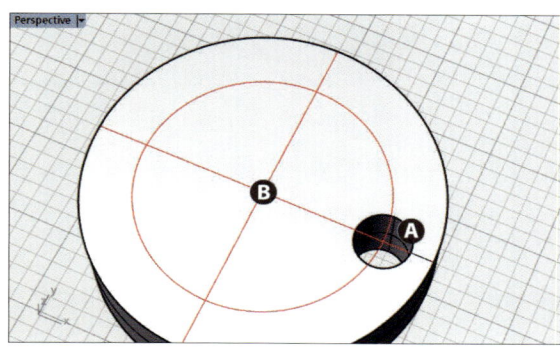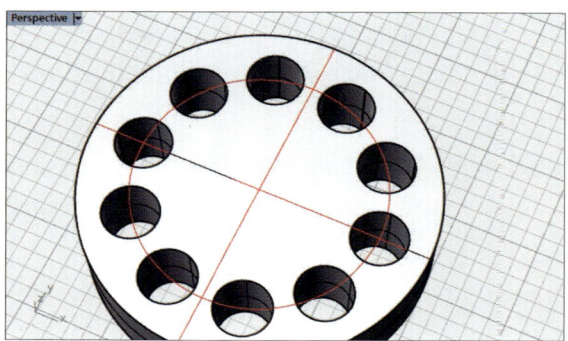

24 Array Hole

Main Toolbar〉Solid Tools Toolbar〉Array Hole
Solid Menu〉Solid Edit Tools〉Holes〉Array Hole

평면에 뚫려 있는 구멍을 사각형으로 배열(Array)한다.

예제 1-5 Solid〉2 Solid Editing〉Array Hole 파일을 연다.

1 **Main Toolbar〉Solid Tools Toolbar〉Array Hole** 버튼을 클릭한다.

2 배열(Array)할 구멍의 에지 Ⓐ 클릭한다. 첫 번째 방향의 구멍의 개수를 지정하기 위해, "3"을 입력하고 Enter↵ 키를 누른다. 두 번째 방향의 구멍의 개수를 지정하기 위해, "4"를 입력하고 Enter↵ 키를 누른다.

3 기준점(Base Point)을 지정하기 위해 오른쪽 그림처럼 구멍의 중심점 B를 클릭한다. 사각형으로 배열(Array)하기 위해 옵션을 "Rectangular=Yes"로 설정한다.

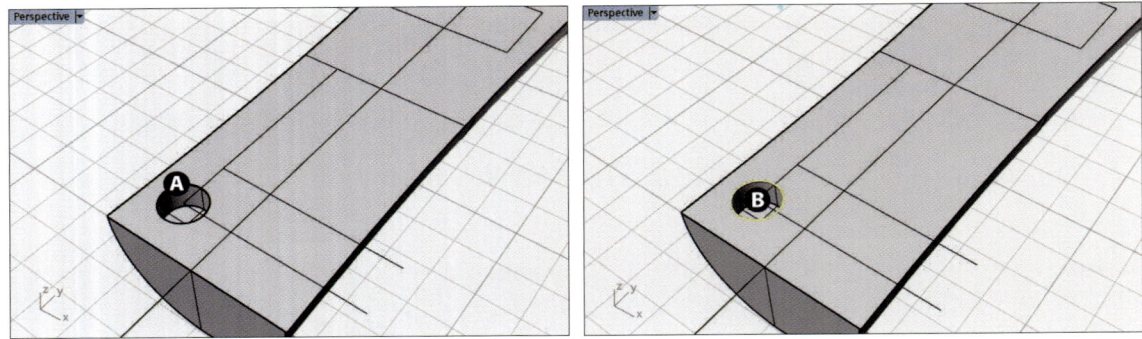

3 첫 번째 방향과 간격(A direction and distance)을 지정하기 위해, 점 **C**를 클릭한다. 두 번째 방향과 간격(A direction and distance)을 지정하기 위해 점 **D**를 클릭한다.

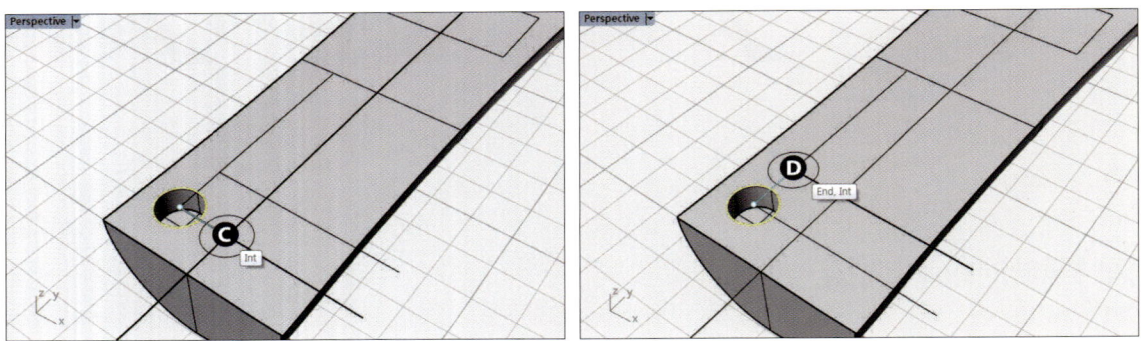

4 왼쪽 그림처럼 미리보기가 표시된다. 명령어 창의 괄호 안에 옵션들이 표시된다. 필요하면 간격 등의 옵션을 클릭하여 수정할 수 있다. Enter 키를 눌러서 명령을 끝낸다. 오른쪽 그림처럼 구멍을 사각형으로 배열한다.

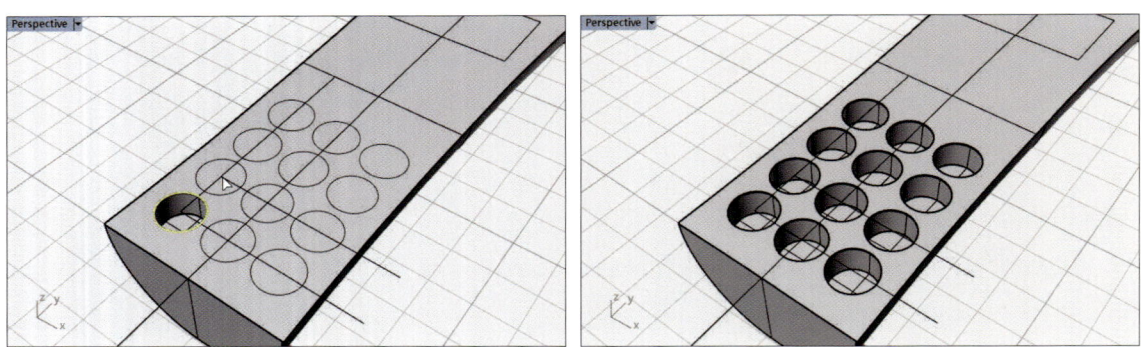

> **Options**
> - **A Direction** : 첫 번째 방향을 지정한다.
> - **A Number** : 첫 번째 방향의 구멍의 개수를 지정한다.
> - **A Spacing** : 첫 번째 방향의 구멍의 간격을 지정한다.
> - **B Number** : 두 번째 방향의 구멍의 개수를 지정한다.
> - **B Spacing** : 두 번째 방향의 구멍의 간격을 지정한다.
> - **Rectangular** : Rectangular=Yes로 설정하면, 첫 번째 방향과 두 번째 방향을 직각으로 배열(Array)한다. 이 옵션을 Rectangular=No로 설정하면, 첫 번째 방향과 두 번째 방향을 직각이 아닌 경사진 각도로 배열(Array)할 수도 있다.
> - **Use A Spacing** : 두 번째 방향의 간격을 첫 번째 방향의 간격과 같게 한다.

25 Untrim Holes

Main Toolbar〉Solid Tools Toolbar〉Untrim Holes
Solid Menu〉Solid Edit Tools〉Holes〉Delete Hole
뚫려 있는 구멍을 없앤다.

예제 1-5 Solid〉2 Solid Editing〉Untrim Hole 파일을 연다.

1 Main Toolbar〉Solid Tools Toolbar〉Untrim Hole 버튼을 클릭한다.

2 구멍의 에지 **A**, **B**, **C**, **D**를 클릭한다. 오른쪽 그림처럼 선택한 구멍들을 없앤다.

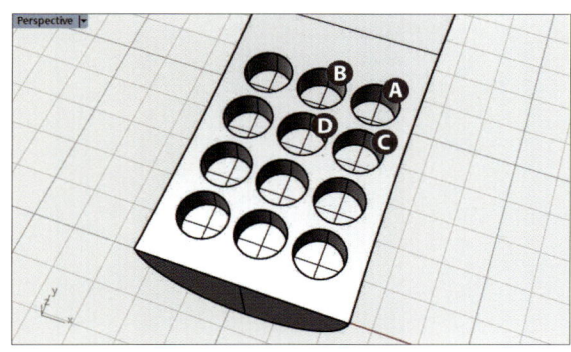
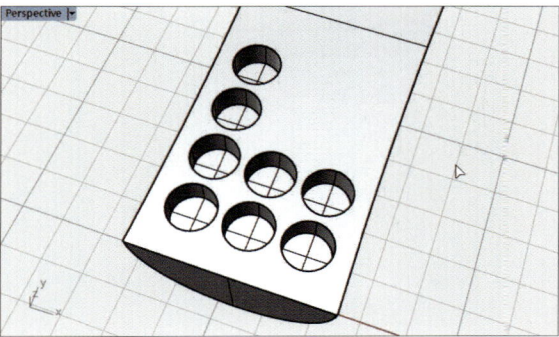

 Copy Hole

Solid Menu> Solid Edit Tools> Holes> Copy Hole

동일 평면 서피스에 뚫려 있는 구멍을 복사한다.

예제 1-5 Solid> 2 Solid Editing> Copy Hole 파일을 연다.

1 Solid Menu> Solid Edit Tools> Holes> Copy Hole 명령을 실행한다.

2 복사할 구멍의 에지 **A**를 클릭하고, Enter 키를 눌러서 선택을 끝낸다. 복사의 중심점을 지정하기 위해, 구멍의 중심점 **B**를 클릭한다. 복사의 목표점을 지정하기 위해, 점 **C**와 **D**를 클릭한다. 오른쪽 그림처럼 구멍을 복사한다.

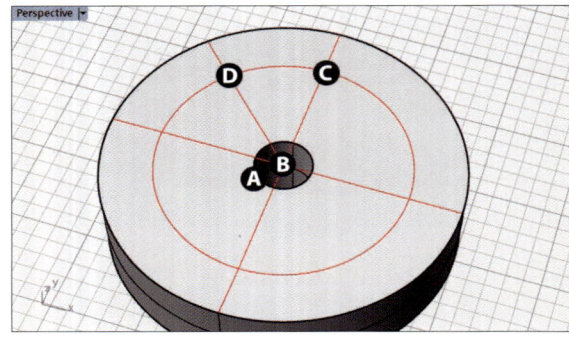 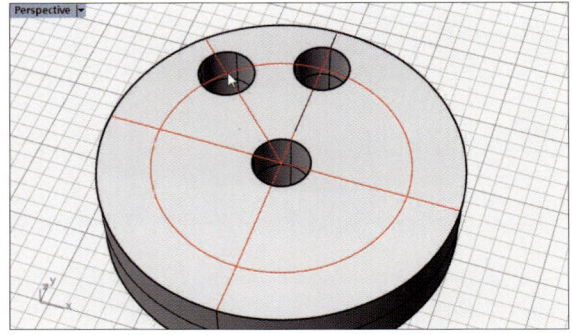

제6장 변형
Transform

변형(Transform)은 오브젝트를 조각내서 부수거나 오브젝트에 구멍을 내지 않으면서 오브젝트의 형태를 변경하는 것이다. 오브젝트의 위치(Location), 회전(Rotation), 수량(Number)을 변경하는 방법과 오브젝트의 모양 자체를 변경하는 방법이 있다. 히스토리(History)는 명령어의 입력물(Input Geometry)과 결과물과의 관계를 저장함으로서, 입력물을 변경하면 결과물을 업데이트한다.

1 변형
Transform

2 히스토리
History

제1부_라이노 인터페이스와 명령어 사용법

1 변형(Transform)

　변형(Transform)은, 오브젝트의 형태와 비례를 유지하는 변환(Transform)과 오브젝트의 형태 자체를 변경하는 변형(Deformation)을 모두 포함하는 포괄적인 의미로 사용한다. 오브젝트의 형태와 비례를 유지하는 변환(Transform)은 이동(Move), 복사(Copy), 회전(Rotate), 반사대칭(Mirror), 배열(Array) 등의 방법이다. 오브젝트의 형태 자체를 변경하는 방법인 변형(Deformation)은 비틀기(Twist), 구부리기(Bend), 케이지 편집(Cage Edit) 등이 있다.

　Main Toolbar〉Move 버튼을 누르고 잠시 기다리면, Transform Toolbar가 표시된다.

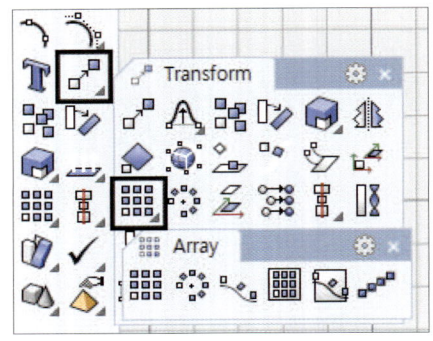

[Transform Toolbar]

1 Move

Main Toolbar > Move
Transform Menu > Move

오브젝트를 다른 위치로 이동시킨다.(제1부, 제1장 라이노 개요(Rhino Overview)> 4 공통 기본 명령어 "Move" 참조)

2 Soft Edit Curve

Main Toolbar > Transform Toolbar > Soft Edit Curve
Curve Menu > Curve Edit Tools > Soft Edit
선택한 기준점 주변의 커브 영역을 목표점까지의 거리에 따라 부드럽게 이동시킨다.

예제 1-6 Transform> Soft Edit Curve 파일을 연다.

1 Main Toolbar> Transform Toolbar> Soft Edit Curve 버튼을 클릭한다.

2 편집할 커브를 지정하기 위해 커브 **A**를 클릭한다. 편집의 기준점(Base Point)을 지정하기 위해, 점 **B**를 클릭하고, 목표점을 지정하기 위해 점 **C**를 클릭한다. 오른쪽 그림처럼 커브를 변경한다.

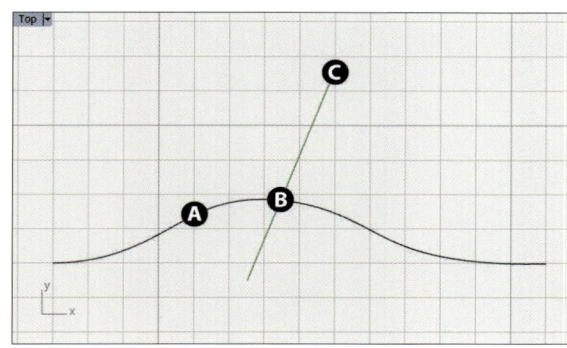 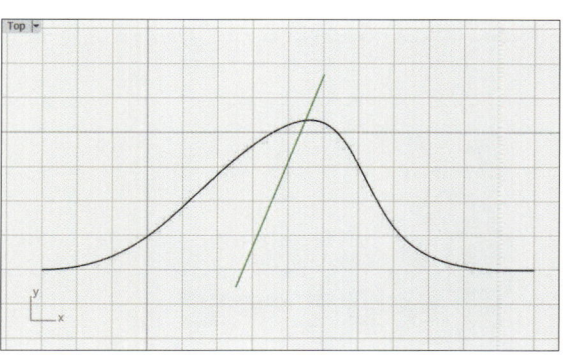

3 Copy

Main Toolbar〉Copy

Transform Menu〉Copy

오브젝트를 복사한다.(제1부, 제1장 라이노 개요(Rhino Overview)〉4 공통 기본 명령어 "Copy" 참조.)

4 Rotate

Main Toolbar〉Rotate 2-D

Transform Menu〉Rotate

오브젝트를 2차원 평면에서 회전시킨다.

(제1부, 제1장 라이노 개요(Rhino Overview)〉4 공통 기본 명령어 "Rotate" 참조.)

5 Scale Toolbar

오브젝트의 크기(Scale)를 변경한다.

Main Toolbar〉Scale 3-D 버튼을 누른 상태에서 잠시 기다리면, Scale Toolbar가 화면에 표시된다.

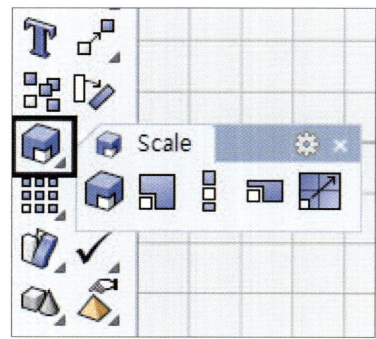

[Scale Toolbar]

5.1 Scale 3-D

Main Toolbar〉 Scale 3-D

Transform Menu〉 Scale〉 Scale 3-D

오브젝트의 크기를 3차원(3D)으로 변경한다.

예제 1-6 Transform〉 Scale 3D 파일을 연다.

1 Main Toolbar〉 Scale 3-D 버튼을 클릭한다.

2 크기를 변경할 오브젝트 **Ⓐ**를 클릭하고 Enter 키를 눌러서 선택을 끝낸다.

3 스케일의 기준점을 지정하기 위해 점 **Ⓑ**를 클릭한다. 배율(Scale Factor)을 지정하기 위해, "2"를 입력하고 Enter 키를 누른다. 오른쪽 그림처럼 크기를 변경한다.

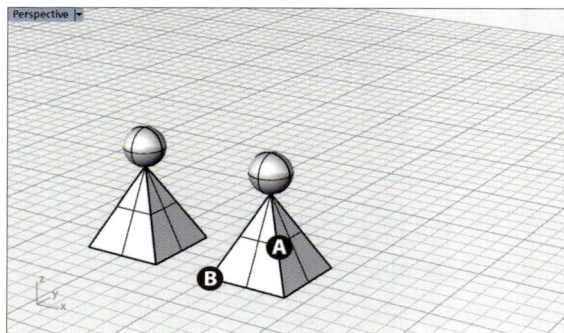 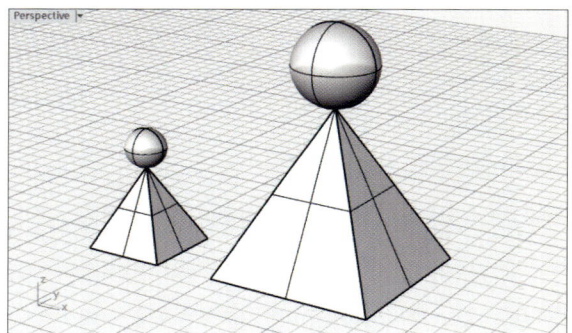

Options

- Copy : "Copy=Yes"로 설정하면, 원본은 그대로 두고 복사본을 만들어서 크기를 변경한다.

5.2 Scale 2-D

Main Toolbar〉 Scale Toolbar〉 Scale 2-D ( )

Transform Menu〉 Scale〉 Scale 2-D

오브젝트의 크기를 지정한 원점을 기준으로 2차원(2D)으로 변경한다. Scale 3-D 버튼을 오른쪽 마우스 버튼으로 클릭한다.

예제 1-6 Transform〉 Scale 2D 파일을 연다.

1 Main Toolbar〉 Scale Toolbar〉 Scale 2-D 버튼을 클릭한다.

2 크기를 변경할 오브젝트 **A**를 클릭하고 [Enter↵] 키를 눌러서 선택을 끝낸다.

3 크기의 기준점을 지정하기 위해 점 **B**를 클릭한다. 배율(Scale Factor)을 지정하기 위해, "2"를 입력하고 [Enter↵] 키를 누른다. 오른쪽 그림처럼 선택한 오브젝트를 X-Y 평면상에서만 2배 크게 만든다. Z-축 방향은 크기가 변하지 않는다.

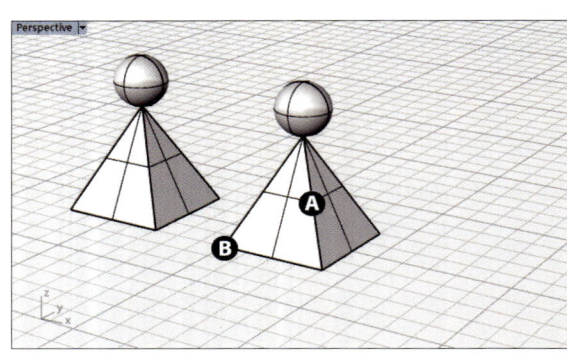
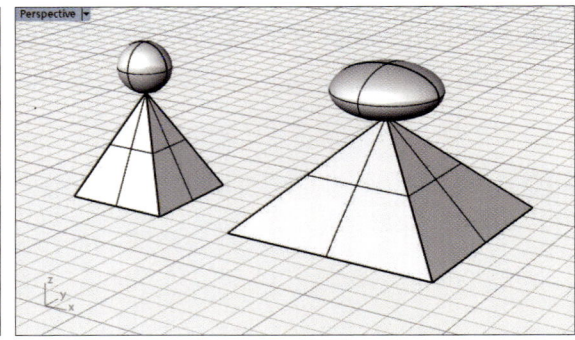

5.3 Scale 1-D

Main Toolbar〉 Scale Toolbar〉 Scale 1-D

Main Toolbar〉 Transform Toolbar〉 Scale Toolbar 〉 Scale 1-D

Transform Menu〉 Scale〉 Scale 1-D

오브젝트의 크기를 한 방향으로만 변경한다.

예제 1-6 Transform〉 Scale 1D 파일을 연다.

1 Main Toolbar〉 Scale Toolbar〉 Scale 1-D 버튼을 클릭한다.

2 크기를 변경할 오브젝트 **A**를 클릭하고 [Enter↵] 키를 눌러서 선택을 끝낸다.

3 크기변경의 기준점을 지정하기 위해 점 **B**를 클릭한다. 배율(Scale Factor)을 지정하기 위해, "2"를 입력하고 [Enter↵] 키를 누른다. 크기변경의 방향을 지정하기 위해, 점 **C**를 클릭한다. 오른쪽 그림처럼 지정한 방향으로만 2배 크게 만든다.

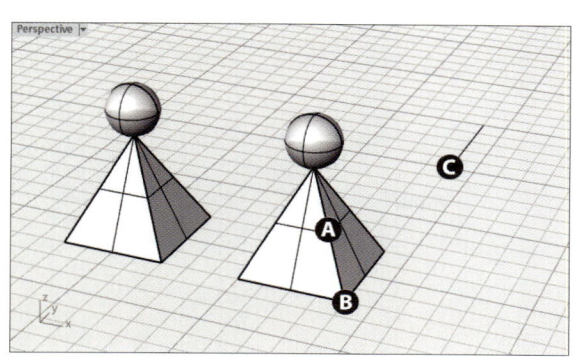 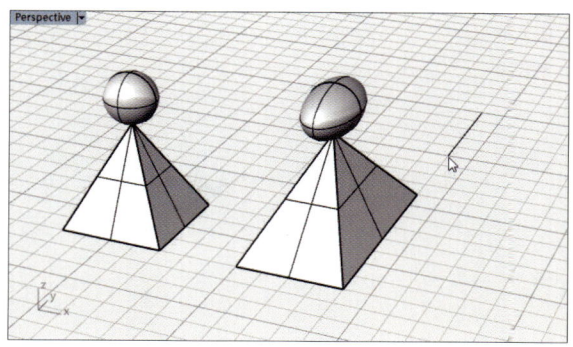

5.4 Non-Uniform Scale

Main Toolbar> Scale Toolbar> Non-uniform Scale

Transform Menu> Scale> Non-Uniform Scale

오브젝트를 X, Y, Z 3개의 축 방향으로 각각 다른 배율(Scale Factor)을 적용하여 크기를 변경한다.

6 Mirror

Main Toolbar> Transform Toolbar> Mirror

Transform Menu> Mirror

오브젝트를 직선을 기준으로 반사대칭 시켜서 복사한다.

[예제] 1-6 Transform> Mirror 파일을 연다.

1 Main Toolbar> Transform Toolbar> Mirror 버튼을 클릭한다.

2 반사대칭시킬 오브젝트를 선택하기 위해, 커브 **A**를 클릭한다. [Enter↵] 키를 눌러서 선택을 끝낸다.

3 반사대칭의 기준선을 지정하기 위해, 점 **B**와 **C**를 클릭한다. 오른쪽 그림처럼 선택한 오브젝트를 반사대칭 시켜서 복사한다.

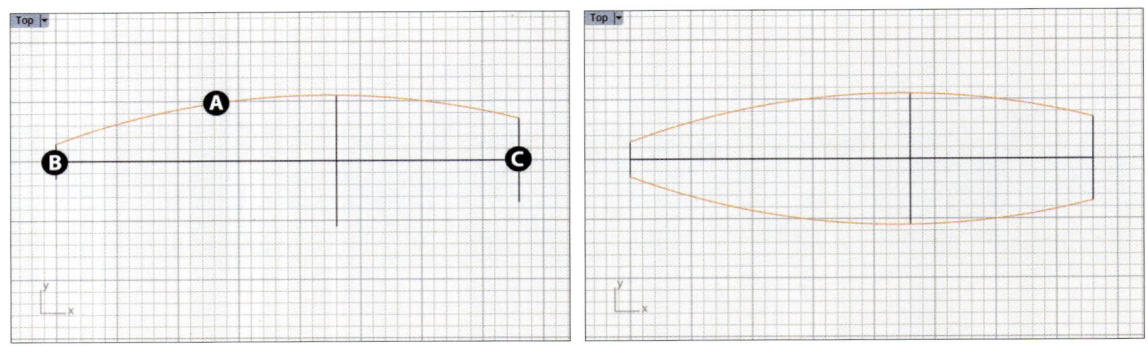

Options

- **3 Point** : 3점이 만드는 평면을 기준으로 반사대칭 시킨다.
- **Copy** : 오브젝트를 복사하여 Mirror시킨다. "Copy=Yes"가 기본 설정이다.
- **X Axis** : 작업평면(Construction Plane)의 X-축을 기준으로 반사대칭 시킨다.
- **Y Axis** : 작업평면(Construction Plane)의 Y-축을 기준으로 반사대칭 시킨다.

Mirror On 3-Point Plane
Main Toolbar〉 Transform Toolbar〉 Mirror ( )

동일 평면에 있는 3개의 점을 지정하여, 오브젝트를 반사대칭 시킨다. Mirror 버튼을 오른쪽 마우스 버튼으로 클릭한다.

예제 1-6 Transform〉 Mirror On 3 Point Plane 파일을 연다.

1 Main Toolbar〉 Transform Toolbar〉 Mirror 버튼을 오른쪽 마우스 버튼으로 클릭하여 Mirror On 3 Point Plane 명령을 실행한다.

2 반사대칭 시킬 오브젝트 **A**를 클릭하고 [Enter⏎] 키를 눌러서 선택을 끝낸다.

3 반사대칭 시키면서 오브젝트를 복사하기 위해, 옵션을 "Copy=Yes"로 설정한다. 반사대칭 평면의 3개의 점을 지정하기 위해, 점 **B**, **C**, **D**를 클릭한다. 오른쪽 그림처럼 3개의 점이 만드는 평면을 기준으로 오브젝트를 반사대칭 시킨다.

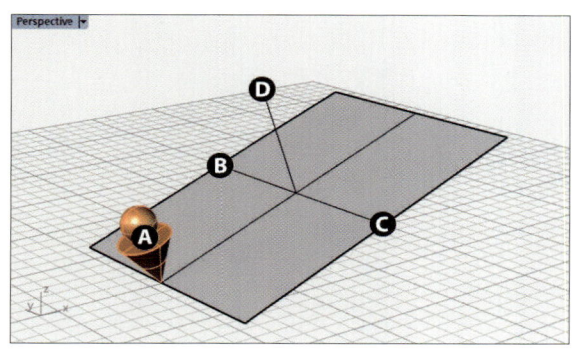
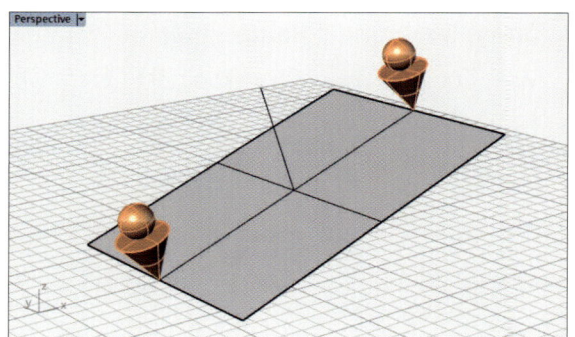

7. Orient Objects : 2 Points

Main Toolbar〉Transform Toolbar〉Orient Objects : 2 Points
Transform Menu〉Orient〉2 Points

선택한 오브젝트에 대한 이동(Move), 크기변경(Scale), 회전(Rotate) 명령을, 지정된 2개의 기준점(Reference Point)과 2개의 목표점(Target Point)에 의해 실행한다.

[예제] 1-6 Transform〉Orient Objects 2 Points 파일을 연다.

1 Main Toolbar〉Transform Toolbar〉Orient Objects: 2 Points 버튼을 클릭한다.

2 오리엔트 시킬 오브젝트를 지정하기 위해, 오브젝트 **A**를 클릭하고 [Enter↵] 키를 눌러서 선택을 끝낸다. 옵션을 "Copy=Yes", "Scale=3D"로 설정한다.

3 기준점 **B**와 **C**를 클릭한다. 목표점, **D**와 **E**를 클릭한다. 오른쪽 그림처럼 $\overline{BC} : \overline{DE}$의 비례만큼 크기를 변경하고, 위치를 이동시키고, 회전시킨다.

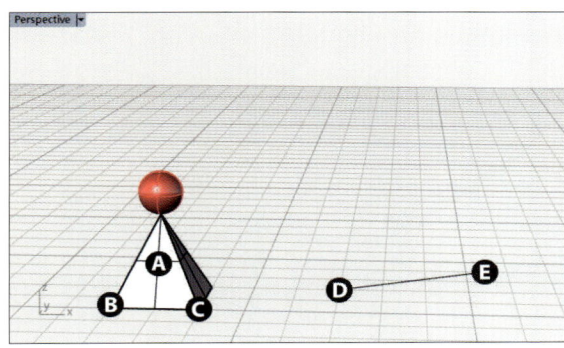
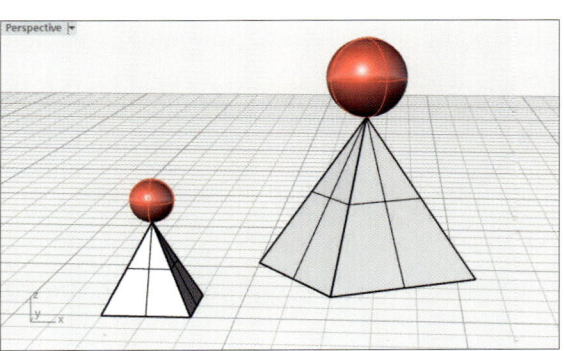

Orient Objects : 3 Points

Main Toolbar〉 Transform Toolbar〉 Orient Objects: 2 Points (🖱)

Transform Menu〉 Orient〉 3 Points

이동(Move), 크기변경(Scale), 회전(Rotate) 명령을, 지정된 3개의 기준점(Reference Point)과 3개의 목표점(Target Point)에 의해 실행한다. Orient: 2 Points 버튼을 오른쪽 마우스 버튼으로 클릭한다.

예제 1-6 Transform〉 Orient Objects 3 Points 파일을 연다.

1 Main Toolbar〉 Transform Toolbar〉 Orient Objects: 2 Points 버튼을 오른쪽 마우스 버튼으로 클릭한다.

2 오리엔트 시킬 오브젝트를 지정하기 위해, 오브젝트 Ⓐ를 클릭하고 Enter 키를 누른다. 3개의 기준점을 지정하기 위해, 1, 2, 3을 클릭한다. 옵션을 "Copy=Yes", "Scale=Yes"로 설정한다. 3개의 목표점을 지정하기 위해 점 4, 5, 6을 클릭한다. 오른쪽 그림처럼 오브젝트를 변경한다.

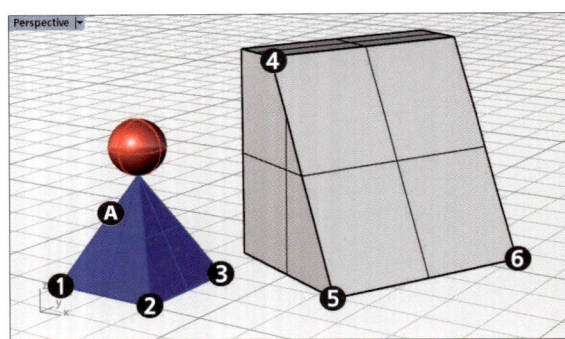 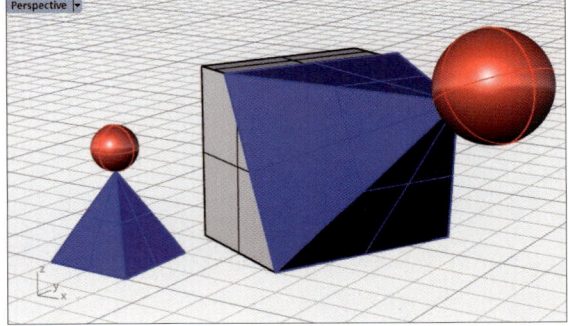

8 Box Edit

Main Toolbar〉 Transform Toolbar〉 Box Edit

Panels Menu〉 Box Edit

오브젝트를 꽉 차게 집어넣은 가상의 경계박스(Bounding Box)의 크기, 방향, 위치값을 변경시켜서 오브젝트를 수정한다.

[예제] **1-6 Transform〉Box Edit** 파일을 연다.

1 수정할 오브젝트 Ⓐ를 클릭한다.

2 **Main Toolbar〉Transform Toolbar〉Box Edit** 버튼을 클릭한다. Box Edit 창이 표시된다. 창의 설정값을 그림과 같이 입력하고, "Apply" 버튼을 클릭한다.

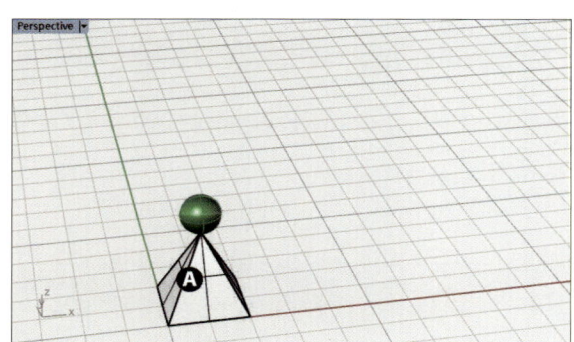

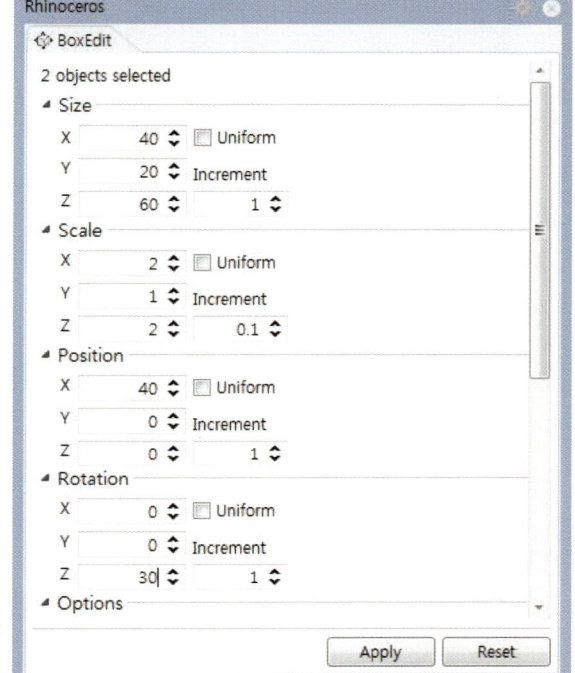

3 아래 그림처럼 오브젝트의 크기, 방향, 위치를 수정한다.

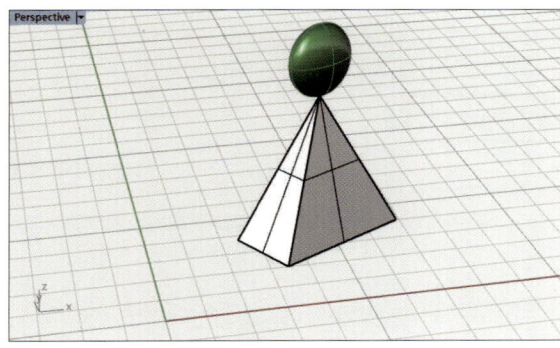

9 Orient Objects On Surface

Main Toolbar〉 Transform Toolbar〉 Orient Objects On Surface
Transform Menu〉 Orient〉 On Surface

오브젝트를 선택한 타겟 서피스의 곡면 위에 배치한다. 선택한 오브젝트의 작업평면(Construction Plane)의 Z-축 방향을 타겟 서피스의 수직방향(Normal Direction)과 일치시켜서 복사한다. 오리엔트 시킬 오브젝트에 지정하는 2개의 기준점(Reference Point)의 방향을 타겟 서피스의 U-방향과 일치시킨다.

예제 1-6 Transform〉 Orient Objects On Surface 파일을 연다.

1 Main Toolbar〉 Transform Toolbar〉 Orient Objects On Surface 버튼을 클릭한다.

2 오리엔트 시킬 오브젝트를 지정하기 위해, 그룹으로 만든 글자 오브젝트 **A**를 클릭하고 Enter 키를 누른다. 기준점을 지정하기 위해, 점 **B**와 **C**를 클릭한다.(첫 번째 기준점 **B**를 다음에 지정할 서피스 위의 점과 일치시킨다.) 오리엔트 시킬 서피스를 지정하기 위해 서피스 **D**를 클릭한다. 옵션 창이 표시된다. 그림과 같이 옵션 창에서 "Rigid" 옵션을 해제한다. 이 옵션이 체크되어 있으면, 오리엔트 시킬 오브젝트가 서피스를 따라 휘어지지 않는다.

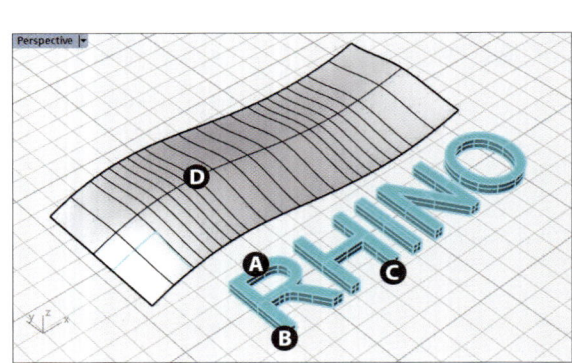
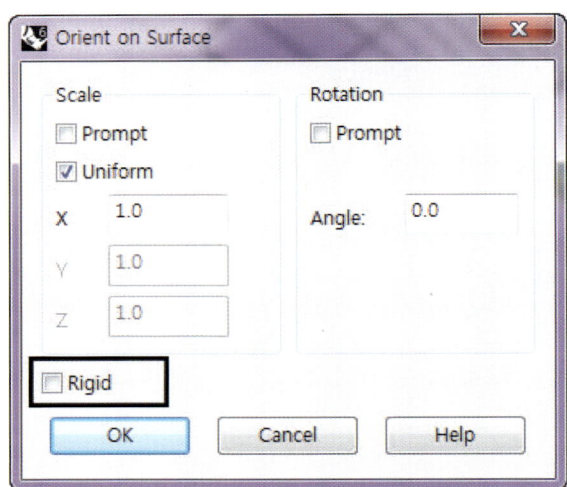

3 오브젝트를 복사하여 오리엔트 시키기 위해 옵션에서 "Copy=Yes"로 설정한다. 오리엔트 시킬 기준점을 지정하기 위해 점 **E**를 클릭한다. 오른쪽 그림처럼 서피스의 굴곡을 따라가면서 오브젝트를 복사한다. Enter 키를 눌러서 명령을 끝낸다.

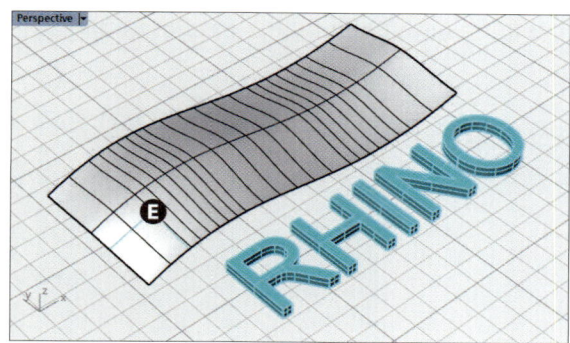 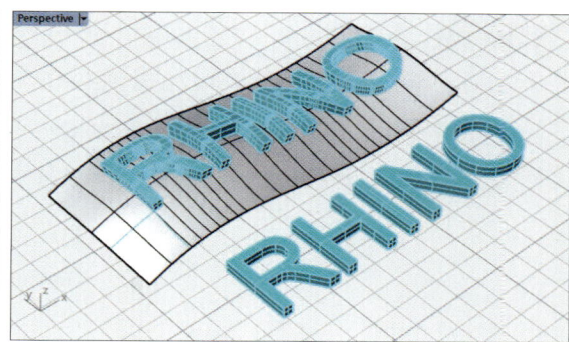

10 Orient Perpendicular To Curve

Main Toolbar〉Transform Toolbar〉Orient Perpendicular To Curve
Transform Menu〉Orient〉On Curve

오브젝트를 지정한 커브에 수직으로 정렬시킨다.

예제 1-6 Transform〉Orient Perpendicular To Curve 파일을 연다.

1 Main Toolbar〉Transform Toolbar〉Orient Perpendicular To Curve 버튼을 클릭한다.

2 오리엔트(Orient) 시킬 오브젝트 **A**를 클릭하고 Enter↵ 키를 누른다. 기준점(Base Point)을 지정하기 위해 모서리점 **B**를 클릭한다.

3 오리엔테이션 커브(Orientation Curve)를 지정하기 위해 커브 **C**를 클릭한다. 옵션을 "Copy=Yes"로 설정한다. 복사할 위치를 클릭한다. 오른쪽 그림처럼 선택한 오브젝트 **A**를 오리엔테이션 커브(Orientation Curve) **C**에 수직으로 정렬하면서 복사한다.

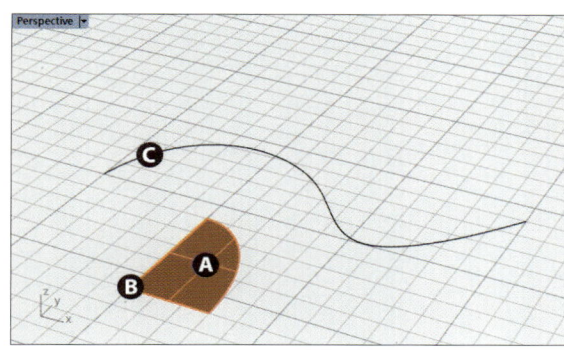 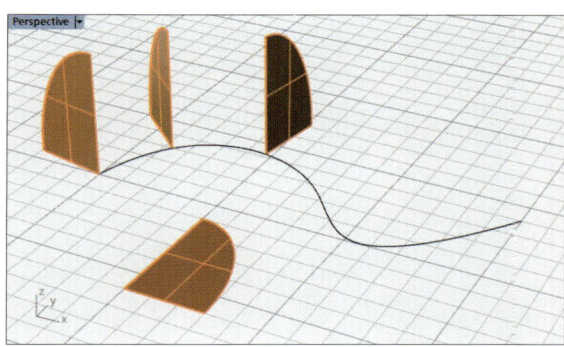

> **Options**
>
> - Copy : 오브젝트를 복사하여 오리엔트 시킨다.
> - X Flip/ Y Flip : X-축 또는 Y-축 방향을 반대로 뒤집는다.
> - Rotate : 오브젝트를 회전시킨다.

11 Orient Curve To Edge

> Main Toolbar〉Transform Toolbar〉Orient Curve to Edge
> Transform Menu〉Orient〉Curve To Edge
> 커브를 지정한 서피스의 에지에 직각이면서 서피스에 탄젠트로 배치한다.

예제 1-6 Transform〉Orient Curve to Edge 파일을 연다.

1 Main Toolbar〉Transform Toolbar〉Orient Curve to Edge 버튼을 클릭한다.

2 오리엔트 시킬 커브 **A**를 클릭한다. 목표 서피스 에지를 지정하기 위해, 서피스의 에지 **B**를 클릭한다. 옵션을 "Copy=Yes"로 설정한다.

3 커브를 오리엔트 시킬 위치인 에지의 중간점 **C**를 클릭한다. 오른쪽 그림처럼 선택한 커브 **A**를 에지 **B**에 직각으로 배치한다.

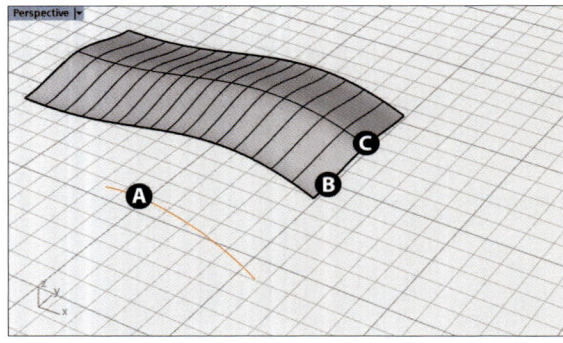 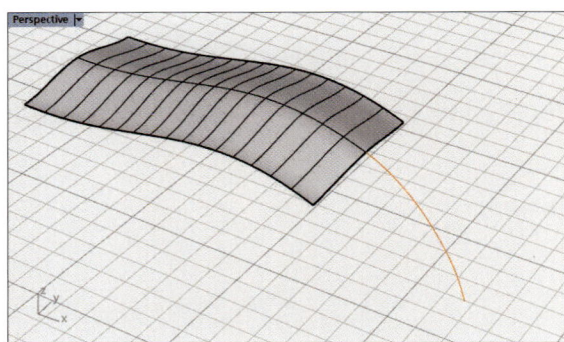

12 Array Toolbar

오브젝트를 여러 개로 복사하여 배열한다.

Main Toolbar〉Transform Toolbar〉Rectangular Array 버튼을 누르고 잠시 기다리면, Array Toolbar가 표시된다.

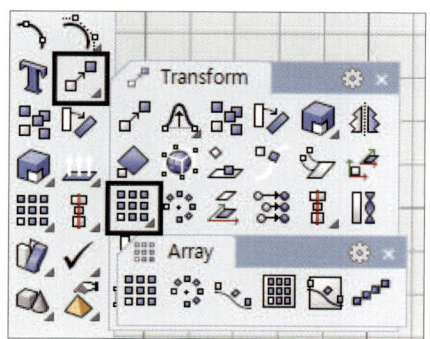

[Array Toolbar]

12.1 Rectangular Array

Main Toolbar〉Rectangular Array

Main Toolbar〉Transform Toolbar〉Rectangular Array

Transform Menu〉Array〉Rectangular

오브젝트를 X, Y, Z 방향으로 간격을 지정하여 3차원 공간에 사각형으로 배열한다.

예제 1-6 Transform〉Rectangular Array 파일을 연다.

1 Main Toolbar〉Transform Toolbar〉Rectangular Array 버튼을 클릭한다.

2 배열할 오브젝트(Objects to array)를 지정하기 위해, 오브젝트 Ⓐ를 클릭하고 [Enter↵] 키를 눌러서 선택을 끝낸다.

3 X축 방향의 개수를 지정하기 위해 "4"를 입력하고 [Enter↵] 키를 누른다. Y축 방향의 개수를 지정하기 위해 "3"을 입력하고 [Enter↵] 키를 누른다. Z축 방향의 개수를 지정하기 위해 "2"를 입력하고 [Enter↵] 키를 누른다.

4 X축 방향의 간격을 지정하기 위해 "60"을 입력하고 [Enter↵] 키를 누른다. Y축 방향의 간격을 지정하기 위해 "60"을 입력하고 [Enter↵] 키를 누른다. Z축 방향의 간격을 지정하기 위해 "60"을 입력하고 [Enter↵] 키를 누른다.

5 미리보기가 표시된다. Enter↵ 키를 눌러서 명령을 끝낸다. 오른쪽 그림처럼 선택한 오브젝트를 지정한 개수만큼 배열한다.

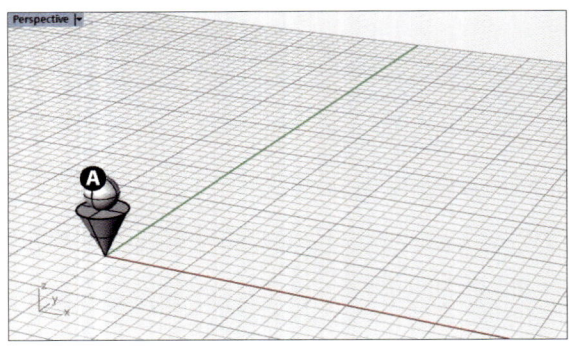 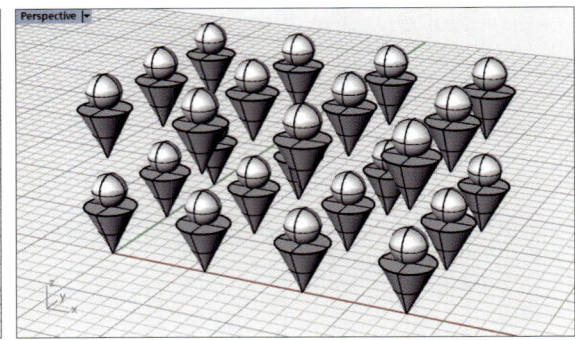

12.2 Polar Array

Main Toolbar〉Transform Toolbar〉Polar Array
Transform Menu〉Array〉Polar
오브젝트를 원형으로 배열한다.

예제 1-6 Transform〉Polar Array 파일을 연다.

1 Main Toolbar〉Transform Toolbar〉Polar Array 버튼을 클릭한다.

2 배열시킬 오브젝트 **A**를 클릭하고 Enter↵ 키를 눌러서 선택을 끝낸다. 배열의 중심점을 지정하기 위해 점 **B**를 클릭한다.

3 배열시킬 개수를 지정하기 위해 "9"를 입력하고 Enter↵ 키를 누른다. 채울 각도를 입력하기 위해 "360"을 입력하고 Enter↵ 키를 누른다. 미리보기가 표시된다. Enter↵ 키를 눌러서 명령을 끝낸다. 오른쪽 그림처럼 지정한 개수를, 지정한 각도 안에 배열한다.

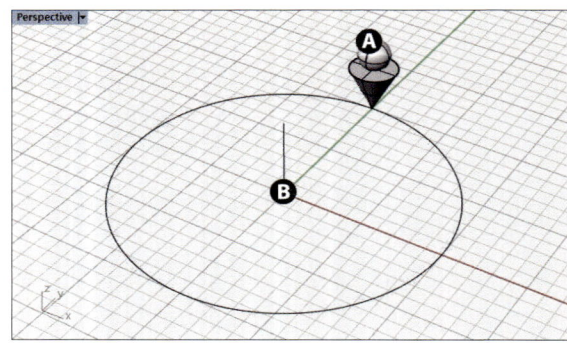 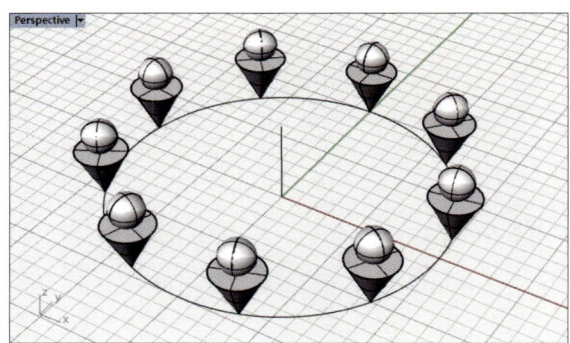

12.3 Array Along Curve

Main Toolbar〉Transform Toolbar〉Array Toolbar〉Array Along Curve
Transform Menu〉Array〉Along Curve

지정한 커브를 따라가면서 오브젝트를 배열한다.

예제 1-6 Transform〉Array Along Curve 파일을 연다.

1 Main Toolbar〉Transform Toolbar〉Array Toolbar〉Array Along Curve 버튼을 클릭한다.

2 배열시킬 오브젝트를 지정하기 위해, 오브젝트 **A**를 클릭하고 Enter← 키를 눌러서 선택을 끝낸다. 오브젝트의 기준점을 지정하기 위해, 옵션에서 "Base point"를 클릭한 다음 점 **B**를 클릭한다.

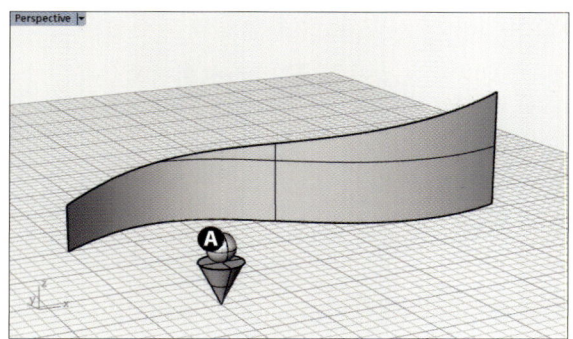 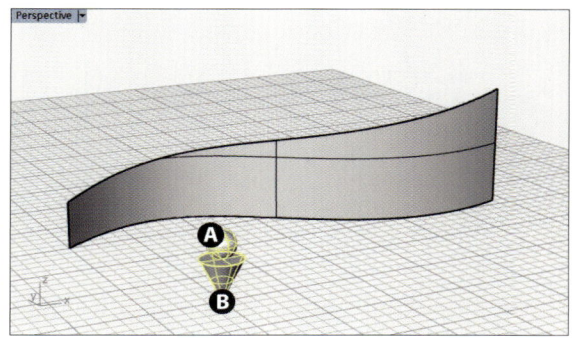

3 패스 커브를 지정하기 위해, 에지 **C**를 클릭한다. 옵션 창이 화면에 표시된다. 옵션항목을 왼쪽 그림처럼 "Number of Items=7", "Orientation=Freeform"으로 설정하고 OK 버튼을 클릭한다. 오른쪽 그림처럼 패스 커브를 따라가면서 오브젝트를 지정한 개수만큼 배열한다.

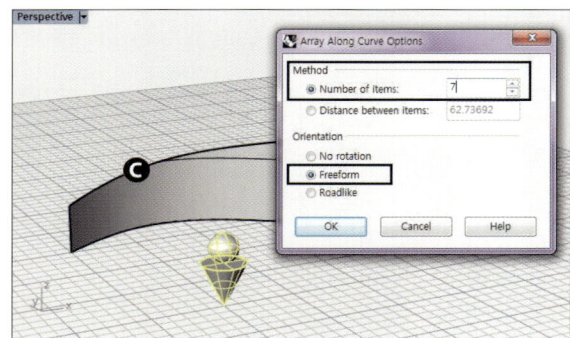 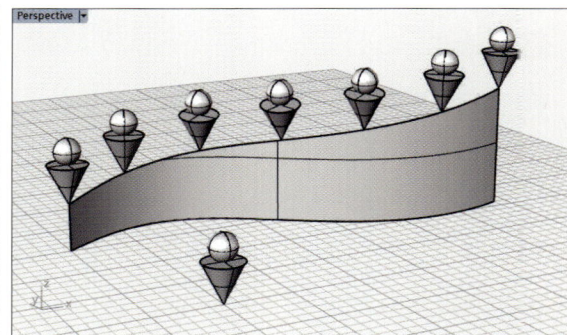

> **Options**

- **Base Point** : 패스 커브(Path Curve)로부터 떨어져 있는 오브젝트를 배열할 때는, 배열에 앞서 오브젝트를 커브로 이동시켜야 한다. 기준점(Base Point)은 패스 커브로 이동할 때의 기준위치이다.

> **Array Along Curve Options 창의 옵션들**

- **Method** : 배열 방법을 오브젝트의 개수로 지정할 것인지, 오브젝트의 간격으로 지정할 것인지를 설정한다.
    - **Number Of Items** : 배열할 오브젝트의 개수를 지정한다.
    - **Distance Between Items** : 배열할 오브젝트의 간격을 치수로 지정한다.
- **Orientation** : 오브젝트를 패스커브를 따라 배열할 때, 오브젝트가 회전되는 방법을 결정한다.
    - **No Rotation** : 오브젝트를 배열하면서, 회전시키지 않는다. 원래의 방향을 유지한다.
    - **Freeform** : 배열할 오브젝트를 패스 커브를 따라가면서, 3차원 공간에서 회전시킨다.
    - **Roadlike** : 도로 위에서 자동차가 달리는 것처럼, 오브젝트의 작업평면(Construction Plane)의 Z-축 방향을 유지하면서 2차원으로 회전시킨다.

12.4 Array on Surface

Main Toolbar〉 Transform Toolbar〉 Array Toolbar〉 Array On Surface
Transform Menu〉 Array〉 Along Surface

오브젝트를 서피스 위에 배열한다.

예제 1-6 Transform〉 Array On Surface 파일을 연다.

1 Main Toolbar〉 Transform Toolbar〉 Array Toolbar〉 Array On Surface 버튼을 클릭한다.

2 배열할 오브젝트를 지정하기 위해, 오브젝트 **Ⓐ**를 클릭하고 [Enter↵] 키를 눌러서 선택을 끝낸다. 배열할 오브젝트의 기준점을 지정하기 위해 끝점 **Ⓑ**를 클릭한다. 오브젝트의 기준 노말 방향(Reference Normal)을 지정하기 위해 끝점 **Ⓒ**를 클릭한다.

3 오브젝트를 배열할 타겟 서피스를 지정하기 위해, 서피스 **Ⓓ**를 클릭한다.

4 서피스의 U 방향의 개수를 지정하기 위해, "7"을 입력하고 [Enter↵] 키를 누른다. 서피스의 V 방향의 개수를 지정하기 위해, "3"을 입력하고 [Enter↵] 키를 누른다. 오른쪽 그림처럼 서피스의 U, V 방향으로 지정한 개수만큼 오브젝트를 배열한다.

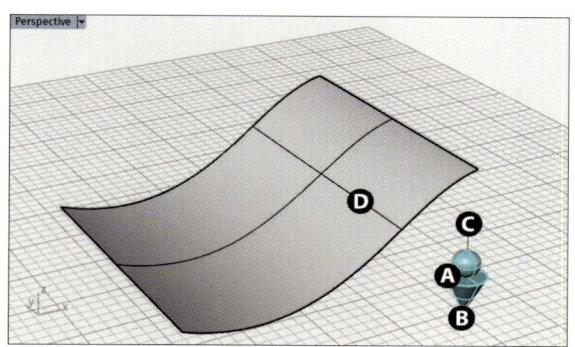 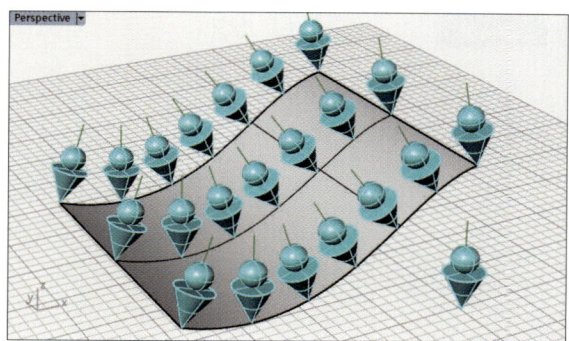

12.5 Array Along Curve On Surface

Main Toolbar〉 Transform Toolbar〉 Array Toolbar〉 Array Along Curve On Surface
Transform Menu〉 Array〉 Along Curve On Surface

서피스 위에 그려져 있는 커브를 따라가면서 오브젝트를 배열한다. Rectangular Array 버튼을 클릭하고 잠시 기다리면 Array Toolbar가 표시된다.

예제 1-6 Transform〉 Array Along Curve On Surface 파일을 연다.

1 Main Toolbar〉 Transform Toolbar〉 Array Toolbar〉 Array Along Curve On Surface 버튼을 클릭한다.

2 배열할 오브젝트를 지정하기 위해, 오브젝트 **A**를 클릭하고 [Enter↵] 키를 눌러서 선택을 끝낸다. 기준점을 지정하기 위해, 끝점 **B**를 클릭한다.

3 서피스 위에 그려져 있는 커브를 지정하기 위해, 커브 **C**를 클릭한다. 서피스를 지정하기 위해, 서피스 **D**를 클릭한다.

4 분할(Divide) 옵션을 사용하기 위해, 옵션 항목에서 "Divide"를 클릭한다. 커브를 분할할 개수를 지정하기 위해, "7"을 입력하고 [Enter↵] 키를 누른다. 오른쪽 그림처럼 오브젝트를 서피스 위에 그려져 있는 커브를 따라가면서 배열한다.

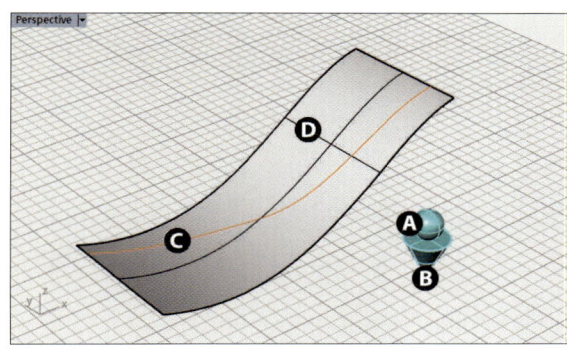 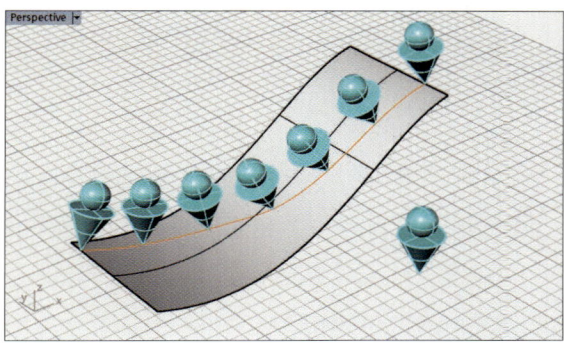

> **Options**
> - **Divide** : 분할할 개수를 지정하여 커브 위에 오브젝트를 배열한다.
> - **Multiple** : 오브젝트간의 간격을 지정하여 커브 위에 오브젝트를 배열한다.

13 Set XYZ Coordinates

Main Toolbar〉Transform Toolbar〉Set XYZ Coordinates
Transform Menu〉Set XYZ Coordinates

오브젝트의 위치를 정렬시킨다. X, Y, Z-축 중에서 원하는 축 1개를 선택할 수도 있고, 2개 또는 3개의 축을 동시에 지정하여 정렬시킬 수도 있다. 점(Point)이나 제어점(Control Point)에 대해 사용하는 것이 알기 쉽다. 커브나 서피스 오브젝트를 정렬하려면, 정렬(Align) 명령을 사용하는 것이 편리하다.

예제 1-6 Transform〉Set XYZ Coordinates 파일을 연다.

1 Main Toolbar〉Control Point On 버튼을 클릭한다.

2 왼쪽 그림처럼 빨간색 커브 Ⓐ를 선택하고, Enter↵ 키를 누른다. 오른쪽 그림처럼 선택한 커브의 제어점을 표시한다.

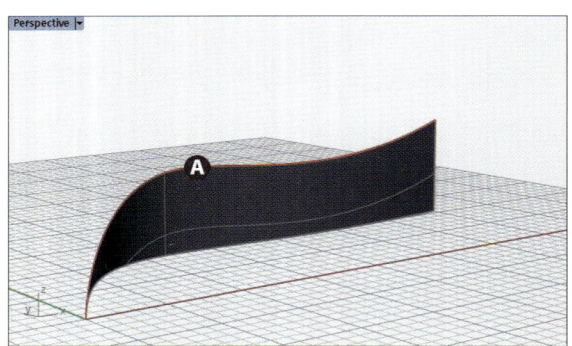 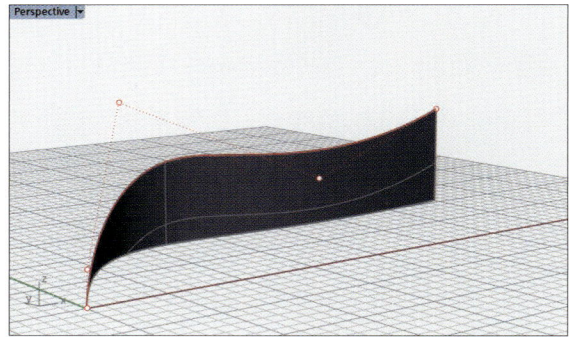

3 Main Toolbar〉Transform Toolbar〉Set XYZ Coordinates 버튼을 클릭한다.

4 변경할 오브젝트를 지정하기 위해, 왼쪽 그림처럼 마우스를 드래그하여 사각형 안의 5개의 제어점(Control Point)을 모두 선택하고 Enter↵ 키를 누른다. 옵션 창이 표시된다. 옵션을 그림과 같이 "Set Y"와 "Align to World" 항목만 체크하고 OK 버튼을 클릭한다.

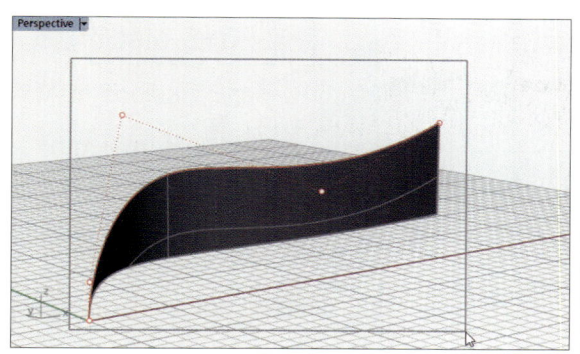 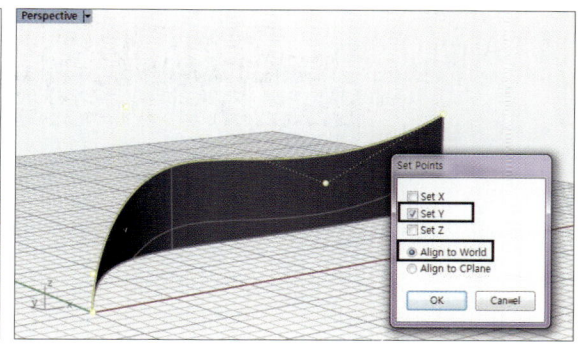

5 정렬시킬 점들의 Y-축의 기준위치를 지정하기 위해, 왼쪽 그림처럼 원점 **B**를 클릭한다. 오른쪽 그림처럼 선택한 5개의 제어점들의 Y-축의 위치를 같은 위치인 원점에 정렬한다. 정렬시킨 커브 **A**는 X-Z 평면 위에 그려진 평면커브로 변경되었다.

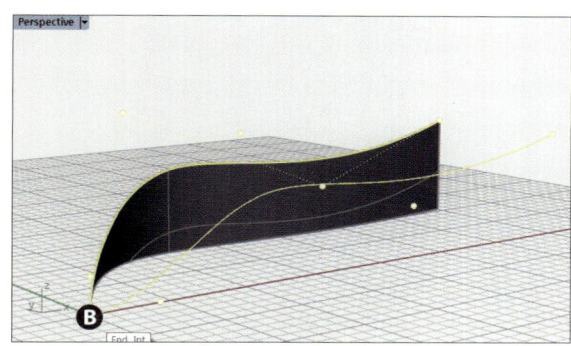 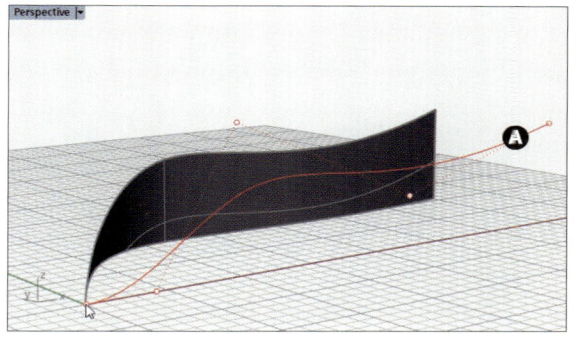

Options

- **Set X/ Y/ Z** : 선택한 축을 기준으로 오브젝트의 위치를 정렬한다.
- **Align to World** : 월드 좌표계를 기준으로 오브젝트의 위치를 정렬한다.
- **Align to CPlane** : 작업평면(Construction Plane)의 좌표계를 기준으로 오브젝트의 위치를 정렬한다.

14 Align Objects

Main Toolbar〉Align Objects

Transform Menu〉Align Objects

선택한 오브젝트들을 담을 수 있는 경계 상자들을 기준에 맞게 정렬한다. Align Objects 버튼을 클릭하고 잠시 기다리면 정렬 툴바(Align Toolbar)를 표시한다.

예제 1-6 Transform〉Align Objects 파일을 연다.

1 Main Toolbar〉Transform Toolbar〉Align Objects 버튼을 클릭한다.

2 화면의 오브젝트를 모두 선택하고 Enter↵ 키를 누른다. 오브젝트의 아래쪽을 정렬하기 위해, 명령어 창의 "Alignment Type"옵션에서 "Bottom"을 클릭한다. 정렬 기준점을 지정하기 위해 점 Ⓐ를 클릭한다. 오른쪽 그림처럼 오브젝트들의 아래쪽을 기준으로 정렬한다.

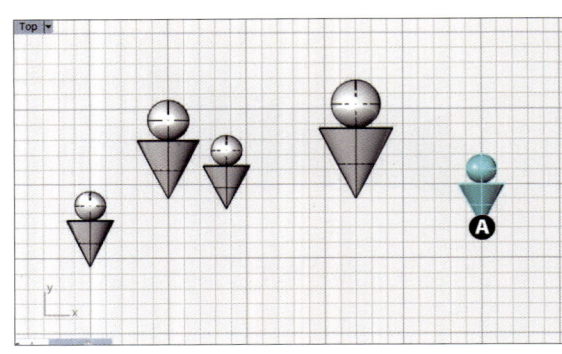
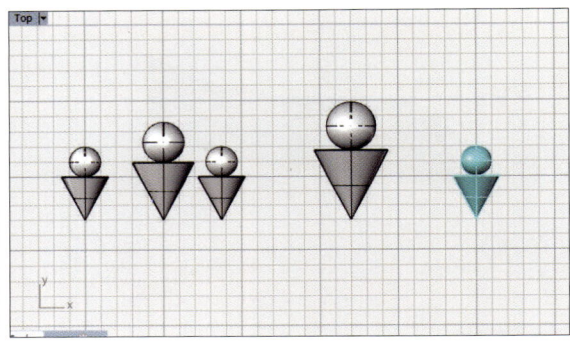

Options

- **Align to** : 정렬의 기준으로 사용할 좌표계를 선택한다.
    - **-CPlane** : 작업평면(Construction Plane)의 좌표계를 사용하여 오브젝트를 정렬한다.
    - **-World** : 월드 좌표계를 기준을 오브젝트를 정렬한다.
- **Bottom** : 오브젝트들의 가장 아래쪽 위치를 정렬한다.
- **Concentric** : 오브젝트들의 수직, 수평 중앙을 정렬한다.
- **HorizCenter** : 오브젝트들의 수평 중앙을 정렬한다.
- **Left** : 오브젝트들의 가장 왼쪽 위치를 정렬한다.
- **Right** : 오브젝트들의 가장 오른쪽 위치를 정렬한다.
- **Top** : 오브젝트들의 가장 위쪽 위치를 정렬한다.
- **VertCenter** : 오브젝트들의 수직 중앙 위치를 정렬한다.

15 Distribute Objects

Main Toolbar〉Transform Toolbar〉Align Toolbar〉Distribute Objects

오브젝트들을 동일한 간격으로 배분하여 정렬한다.

예제 1-6 Transform〉Distribute Objects 파일을 연다.

1 Main Toolbar〉Transform Toolbar〉Align Toolbar〉Distribute Objects 버튼을 클릭한다.

2 "CTRL + A" 키를 눌러서 화면의 오브젝트를 모두 선택하고 Enter↲ 키를 누른다. 명령어 창의 옵션에서 "X Axis"를 클릭한다. 오른쪽 그림처럼 X-축 방향을 동일한 간격으로 배분한다.

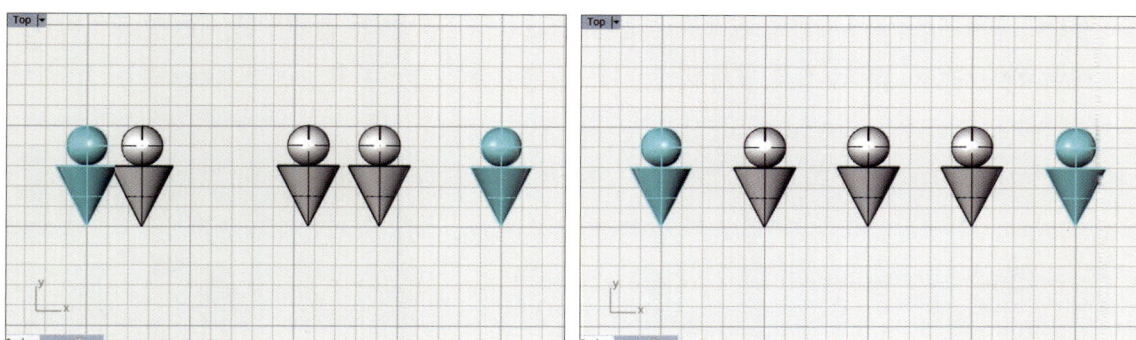

16 Twist

Main Toolbar〉Transform Toolbar〉Twist

Transform Menu〉Twist

오브젝트를 축을 중심으로 회전시키면서 비틀어서 변형시킨다.

예제 1-6 Transform〉Twist 파일을 연다.

1 Main Toolbar〉Transform Toolbar〉Twist 버튼을 클릭한다.

2 변형시킬 오브젝트를 지정하기 위해, 그룹 오브젝트 **Ⓐ**를 클릭하고 Enter↲ 키를 누른다. 변형 축의 시작점과 끝점을 지정하기 위해 점 **Ⓑ**와 **Ⓒ**를 클릭한다.

3 변형시킬 각도를 지정하기 위해, "60"을 입력하고 Enter↲ 키를 누른다. 오른쪽 그림처럼 그룹 오브젝트를 60° 만큼 회전시키면서 비틀어서 변형시킨다.

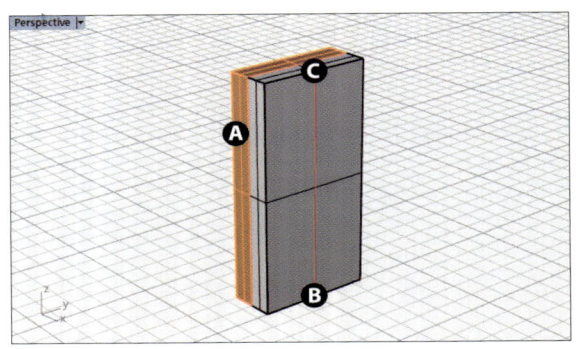
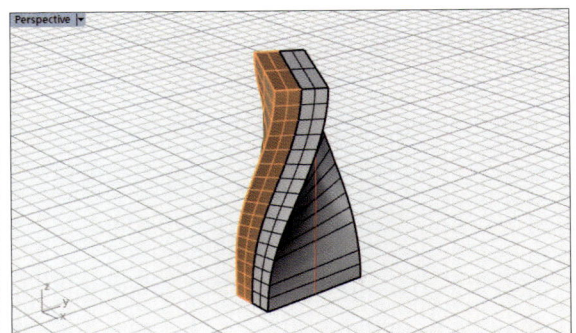

> **Options**

- **Copy** : 오브젝트를 복사한다.
- **Rigid** : Rigid=No로 설정해야 개별 오브젝트를 변형시킬 수 있다. Rigid=Yes로 설정하면 개별 오브젝트는 변형시키지 않는다.
- **Infinite**
  - **Yes** : 축의 길이가 오브젝트보다 짧은 경우에도, 오브젝트 전체를 일정하게 변형시킨다.
  - **No** : 축의 길이가 오브젝트보다 짧으면, 오브젝트를 축의 길이만큼만 변형시킨다.
- **Preserve Structure**
  - **Yes** : 변형 후에도 서피스의 제어점의 구조를 유지한다.
  - **No** : 필요한 만큼 제어점(Control Point)을 추가하면서 변형시킨다.

17 Bend

Main Toolbar〉 Transform Toolbar〉 Bend
Transform Menu〉 Bend
오브젝트를 스파인 아크(Spine Arc)를 따라가면서 구부려서 변형시킨다.

예제 1-6 Transform〉 Bend 파일을 연다.

1 Main Toolbar〉 Transform Toolbar〉 Bend 버튼을 클릭한다.

2 구부릴 오브젝트를 지정하기 위해, 왼쪽 그림처럼 그룹 오브젝트 **A**를 클릭하고 Enter 키를 눌러서 선택을 끝낸다.

3 구부릴 때의 스파인(Spine)의 시작점과 끝점을 지정하기 위해, 점 **B**, **C**를 클릭한다.

4 구부리면서 통과할 점을 지정하기 위해 직선의 끝점 **D**를 클릭한다. 오른쪽 그림처럼 오브젝트를 구부린다.

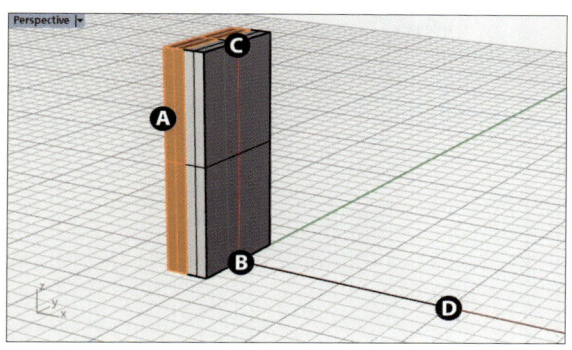 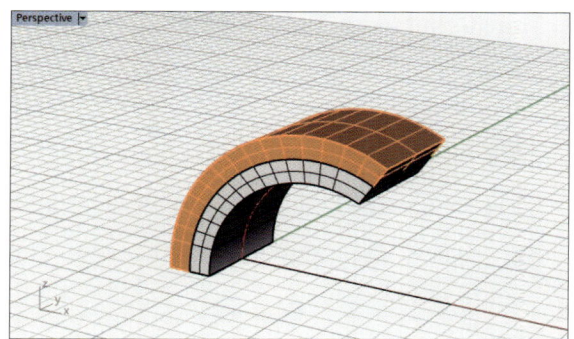

Options

- Copy : 오브젝트를 복사한다.

- Rigid
  - Yes : 위치가 변경되어도 개별 오브젝트는 변형시키지 않는다.
  - No : 위치가 변경되면 개별 오브젝트도 변형시킨다.

- Limit To Spine
  - Yes : Spine 커브가 오브젝트보다 짧으면, Spine 커브 영역만 구부린다.
  - No : Spine 커브가 짧아도 오브젝트 전체를 구부린다.

- Angle : 각도를 입력하여 오브젝트를 구부린다.

- Symmetric
  - Yes : 오브젝트의 중앙을 기준으로 대칭으로 구부린다.
  - No : 오브젝트의 한쪽 끝만 구부린다.

- Preserve Structure
  - Yes : 변형 후에도 서피스의 제어점의 구조를 유지한다.
  - No : 필요한 만큼 제어점(Control Point)을 추가하면서 변형시킨다.

18 Taper

Main Toolbar> Transform Toolbar> Taper
Transform Menu> Taper
지정한 축을 기준으로 오브젝트를 경사지게 만든다.

예제 1-6 Transform> Taper 파일을 연다.

1 Main Toolbar> Transform Toolbar> Taper 버튼을 클릭한다.

2 오브젝트 **A**를 선택하고 Enter↵ 키를 누른다. 기울기 축의 시작점과 끝점을 지정하기 위해, 빨간색 직선의 끝점 **B**와 **C**를 클릭한다.

3 옵션을 "Copy=No, Rigid=No, Flat=No, Infinite=Yes"로 설정한다. 기울기의 시작 거리를 지정하기 위해, 끝점 **D**를 클릭한다. 기울기의 끝거리를 지정하기 위해 끝점 **E**를 클릭한다. 오른쪽 그림처럼 오브젝트에 기울기를 적용한다.

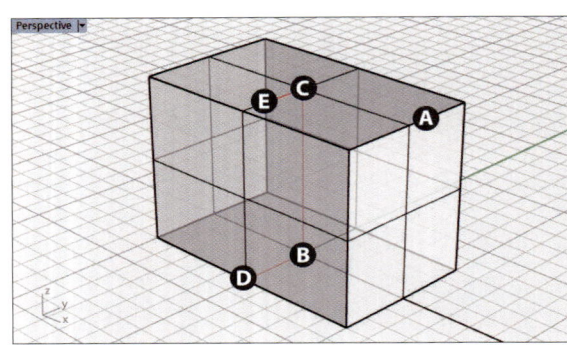 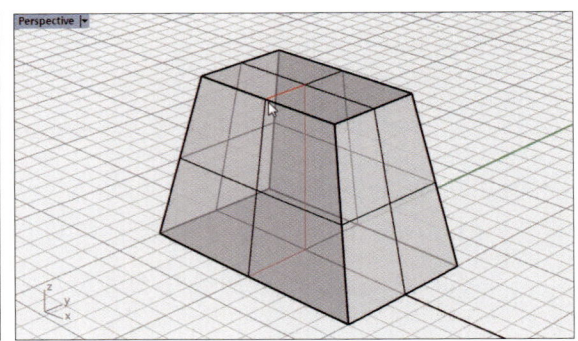

Options

- Copy : 오브젝트를 복사한다.
- Rigid
    - Yes : 위치가 변경되어도 개별 오브젝트는 변형시키지 않는다.
    - No : 위치가 변경되면 개별 오브젝트도 변형시킨다.
- Flat : 기울기(Taper)를 한쪽 방향으로만 적용한다.
- Infinite
    - Yes : 기울기 축의 길이가 짧아도 오브젝트 전체를 변형시킨다.
    - No : 기울기 축의 길이만큼만 변형시킨다.
- Preserve Structure
    - Yes : 변형 후에도 제어점(Control Point)의 구조를 유지한다.
    - No : 필요한 만큼 제어점(Control Point)을 추가하면서 변형시킨다.

19 Flow Along Curve

Main Toolbar〉 Transform Toolbar〉 Flow Along Curve
Transform Menu〉 Flow Along Curve

기준 커브(Base curve)를 타겟 커브(Target curve)로 변경시키는 것처럼 오브젝트를 변형시킨다.

예제 1-6 Transform〉 Flow Along Curve 파일을 연다.

1 Main Toolbar〉 Transform Toolbar〉 Flow Along Curve 버튼을 클릭한다.

2 그룹 오브젝트 ④를 클릭하고 Enter 키를 누른다. 기준 커브(Base curve)를 지정하기 위해 커브 ⑧의 오른쪽 끝점 근처인 점 ⑧를 클릭한다. 타겟 커브(Target curve)를 지정하기 위해, 커브의 오른쪽 끝점 근처인 점 ⓒ를 클릭한다. 오른쪽 그림처럼 그룹 오브젝트를 타겟 커브 ⓒ를 따라 변형시킨다.

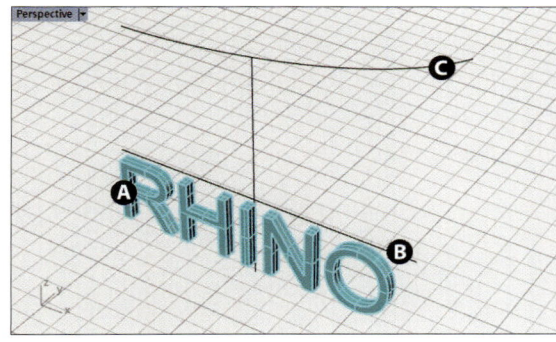 

Options

- Copy : 오브젝트를 복사한다.
- Rigid
    - Yes : 위치가 변경되어도 개별 오브젝트는 변형시키지 않는다.
    - No : 위치가 변경되면 개별 오브젝트도 변형시킨다.
- Line : 새로운 기준 커브(Base curve)용 선을 그린다.
- Local
    - Yes : 튜브를 그려서 튜브의 안쪽에 있는 부분만 변형시킨다.
    - No : 오브젝트 전체를 변형시킨다.
- Stretch
    - Yes : 오브젝트를 커브 방향으로 늘리거나 줄여서, 타겟 커브의 길이에 맞춘다.

- No : 타겟 커브의 방향을 따라가면서 오브젝트의 길이를 유지한다.
• Preserve Structure
- Yes : 변형 후에도 서피스의 제어점의 구조를 유지한다.
- No : 필요한 만큼 제어점(Control Point)을 추가하면서 변형시킨다.

 Flow Along Surface

Main Toolbar〉 Transform Toolbar〉 Flow Along Surface
Transform Menu〉 Flow along Surface

원본 서피스(Source Surface)를 타겟 서피스(Target Surface)에 모핑(Morphing)시켜서 오브젝트를 변형시킨다.

[예제] 1-6 Transform〉 Flow Along Surface 파일을 연다.

1 Main Toolbar〉 Transform Toolbar〉 Flow Along Surface 버튼을 클릭한다.

2 변경할 글자 오브젝트 **A**를 클릭하고 [Enter↵] 키를 눌러서 선택을 끝낸다.

3 기준 서피스(Base Surface)를 지정하기 위해, 서피스의 에지인 점 **B** 근처를 클릭한다. 타겟 서피스(Target Surface)를 지정하기 위해, 서피스의 에지인 점 **C** 근처를 클릭한다. 오른쪽 그림처럼 오브젝트를 변형시킨다.

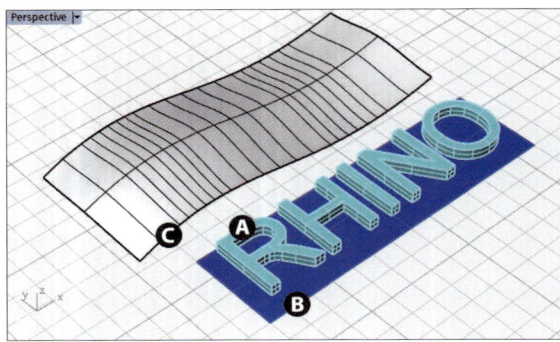 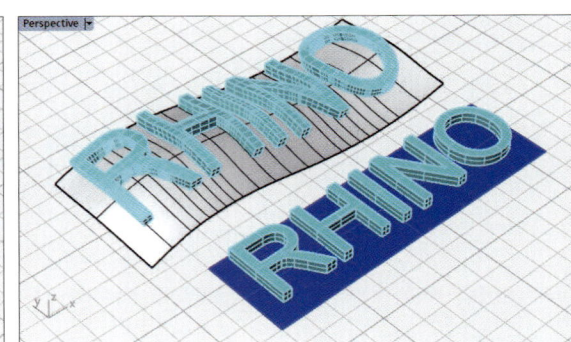

Options

- Copy : 오브젝트를 복사한다.
- Rigid
  - Yes : 위치가 변경되어도 개별 오브젝트는 변형시키지 않는다.
  - No : 위치가 변경되면 개별 오브젝트도 변형시킨다.
- Plane : 새로운 사각평면을 그려서 기준 서피스(Base Surface)를 지정한다.
- Constrain Normal
  - Yes : 작업평면(Construction Plane)에 상대적인 방향을 유지하면서 오브젝트를 타겟 서피스 위에 매핑한다.
  - No : 타겟 서피스의 노멀 디렉션(Normal Direction)을 사용하여 오브젝트를 매핑한다.
- Preserve Structure
  - Yes : 변형 후에도 서피스의 제어점의 구조를 유지한다.
  - No : 필요한 만큼 제어점(Control Point)을 추가하면서 변형시킨다.

21 Deformation Tools Toolbar

변형 도구(Deformation Tools) 툴바에 의한 변형은, 오브젝트를 비정형적인 형태로 변형시킬 때 많이 사용한다.

Main Toolbar〉 Transform Toolbar〉 Flow Along Surface 버튼을 누른 상태에서 잠시 기다리면, 변형 도구(Deformation Tools) 툴바가 표시된다.

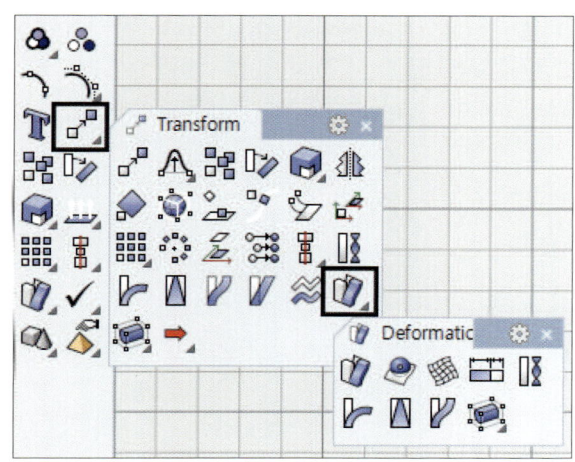

[Deformation Tools Toolbar]

21.1 Splop

Main Toolbar〉Transform Toolbar〉Deformation Tools Toolbar〉Splop

기준공과 목표공의 크기를 기준으로 오브젝트를 복사, 회전, 크기변경 작업을 하면서 서피스 위에 바르듯이 변형시킨다.

예제 1-6 Transform〉Splop 파일을 연다.

1 Main Toolbar〉Transform Toolbar〉Splop 버튼을 클릭한다.

2 변경할 오브젝트 **A**를 클릭하고 [Enter↵] 키를 눌러서 선택을 끝낸다. 기준 구(Reference sphere)의 중심점과 반지름을 지정하기 위해, 점 **B**와 **C**를 클릭한다. 변형에 사용할 서피스를 지정하기 위해 서피스 **D**를 클릭한다. 옵션 항목을 "Copy=Yes, Rigid=No, Flip=No"로 설정한다.

3 삽입점(Drop Point)과 반지름을 지정하기 위해, 서피스 위의 점 **E**와 **F**를 클릭한다. 오른쪽 그림처럼 오브젝트를 변형시킨다.

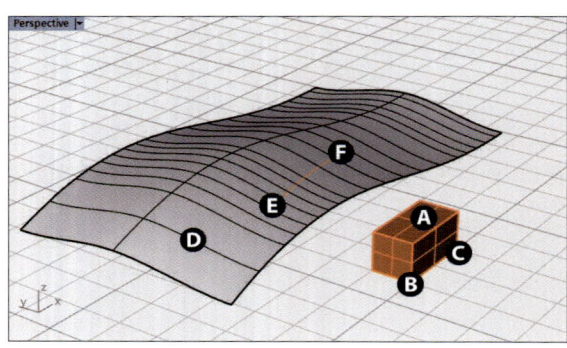 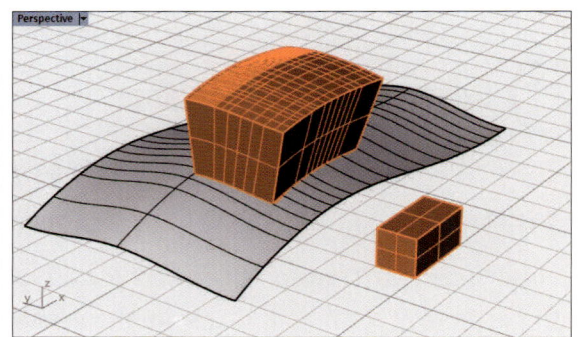

Options

- Copy : 오브젝트를 복사한다.
- Rigid
    - Yes : 위치가 변경되어도 개별 오브젝트는 변형시키지 않는다.
    - No : 위치가 변경되면 개별 오브젝트도 변형시킨다.
- Flip : 오브젝트의 방향을 반대로 뒤집는다.

21.2 Maelstrom

Main Toolbar〉 Transform Toolbar〉 Deformation Tools Toolbar〉 Maelstorm

오브젝트를 나선형(Spiral)으로 변형시킨다.

예제 1-6 Transform〉 Maelstorm 파일을 연다.

1 Main Toolbar〉 Transform Toolbar〉 Maelstorm 버튼을 클릭한다.

2 변형시킬 오브젝트 **A**를 선택하고 Enter 키를 누른다. 소용돌이의 중심점(Center of maelstrom)을 지정하기 위해 점 **B**를 클릭한다.

3 소용돌이 속에서 변형시키기 시작할 지점의 반지름을 지정하기 위해 점 **C**를 클릭한다. 변형이 끝나는 지점의 반지름을 지정하기 위해 점 **D**를 클릭한다. 명령어 창의 옵션을 "Copy=No, Rigid=No"로 설정한다.

4 코일각도(Coil Angle)를 지정하기 위해, "30"을 입력하고 Enter 키를 누른다. 오른쪽 그림처럼 오브젝트를 변형시킨다.

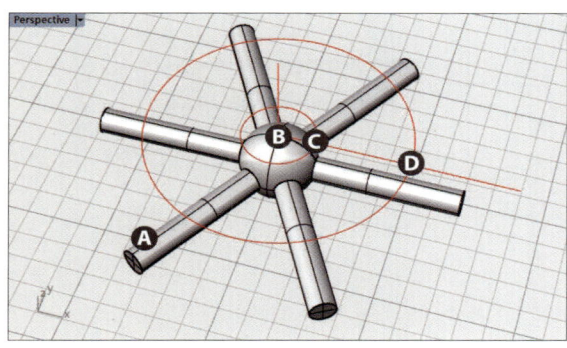 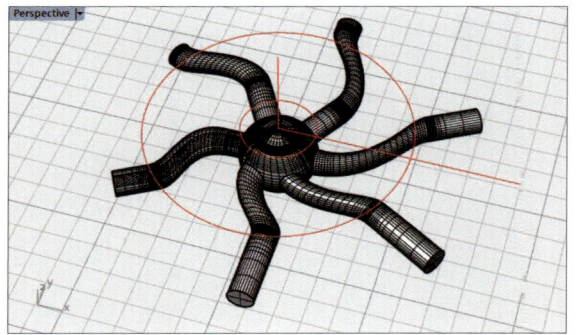

Options

- Copy : 오브젝트를 복사한다.
- Rigid
    - Yes : 위치가 변경되어도 개별 오브젝트는 변형시키지 않는다.
    - No : 위치가 변경되면 개별 오브젝트도 변형시킨다.

21.3 Stretch

Main Toolbar > Transform Toolbar > Deformation Tools Toolbar > Stretch

Transform Menu > Stretch

오브젝트의 지정한 부분을 지정한 배율로 늘리거나 줄여서 변형시킨다.

예제 1-6 Transform > Stretch 파일을 연다.

1 Main Toolbar > Transform Toolbar > Stretch 버튼을 클릭한다.

2 신축(Stretch)시킬 오브젝트를 지정하기 위해, 오브젝트 **A**를 클릭하고 Enter↵ 키를 누른다. 신축(Stretch) 축의 시작점과 끝점을 지정하기 위해 점 **B**와 **C**를 클릭한다.

3 옵션을 "Copy=No, Rigid=No"로 설정한다. 지정한 영역을 2배로 늘리기 위해 "2"를 입력하고 Enter↵ 키를 누른다. 오른쪽 그림처럼 지정한 부분을 2배로 늘린다.

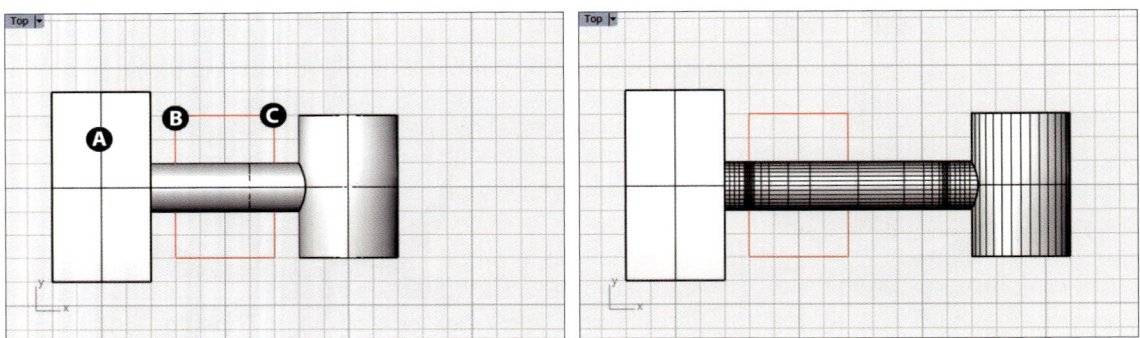

22 Cage Toolbar

제어점(Control Point)의 구조가 복잡한 오브젝트를, 제어점의 구조가 단순한 제어 오브젝트(Control Object)를 사용하여 부드럽게 변형시킨다. 제어 오브젝트(Control Object)로는 선, 사각형, 박스 등을 사용한다.

Main Toolbar > Transform Toolbar > Cage Edit 버튼을 누른 상태에서 잠시 기다리면, Cage Toolbar가 표시된다.

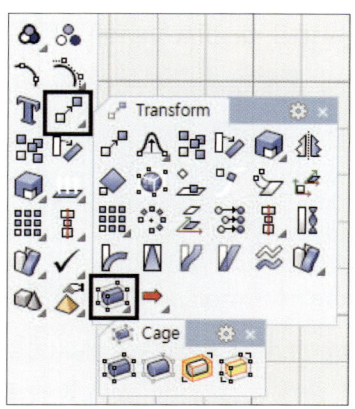

[Cage Toolbar]

22.1 Cage Edit

Main Toolbar〉 Transform Toolbar〉 Cage Edit

Transform Menu〉 Cage Editing〉 Cage Edit

2차원 또는 3차원의 제어 오브젝트(Control Object)를 사용하여 오브젝트를 부드럽게 변형시킨다.

예제 1-6 Transform〉 Cage Edit 파일을 연다.

1 Main Toolbar〉 Transform Toolbar〉 Cage Edit 버튼을 클릭한다.

2 변형시킬 포로 오브젝트(Captive Object)를 선택하기 위해, "CTRL + A" 키를 눌러서 화면의 오브젝트를 모두 선택한다. Enter↵ 키를 눌러서 선택을 끝낸다.

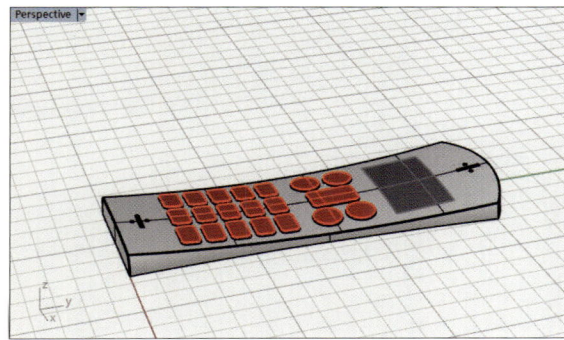
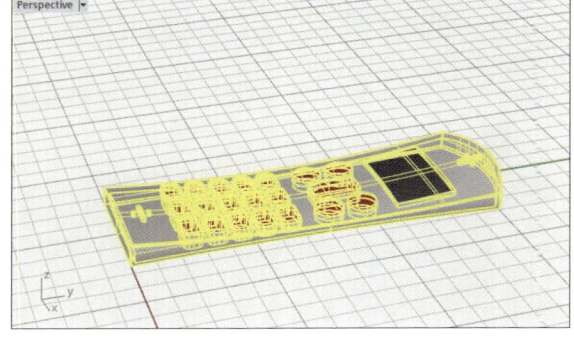

3 명령어 창의 옵션에서 제어 오브젝트(Control Object)를 지정하기 위해 "Bounding Box"를 클릭한다. 사용할 좌표계를 지정하기 위해, 옵션에서 "World"를 클릭한다.

4 제어 오브젝트의 X, Y, Z축 방향의 제어점(Control Point)의 개수와 커브의 차수(Degree)

를 지정하기 위해, 옵션을 "X Point Count=4, Y Point Count=4, Z Point Count=4, X Degree=3, Y Degree=3, Z Degree=3"으로 설정한다. 변형시킬 영역을 오브젝트 전체로 설정하기 위해, 옵션에서 "Global"을 클릭한다. 왼쪽 그림처럼 제어 오브젝트를 만들고 제어점(Control Point)들을 표시한다.

5 오른쪽 그림처럼 사각형 안에 있는 제어점들을 선택한다.

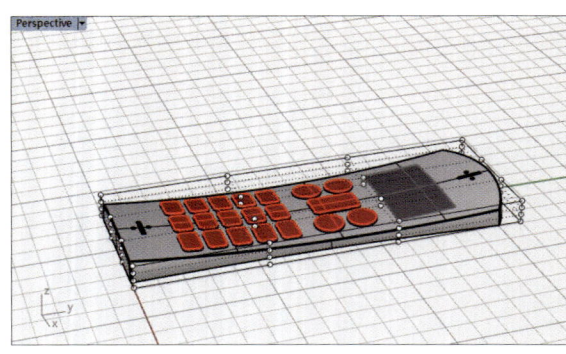
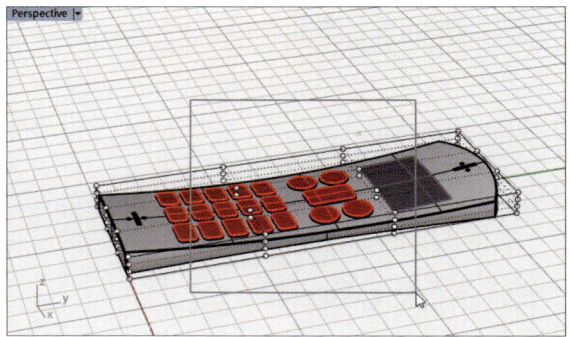

6 왼쪽 그림처럼 검볼(Gumball)을 사용하여 선택한 제어점들을 Z축 방향으로 드래그한다. 오른쪽 그림처럼 오브젝트(Captive Object)를 변형시킨다.

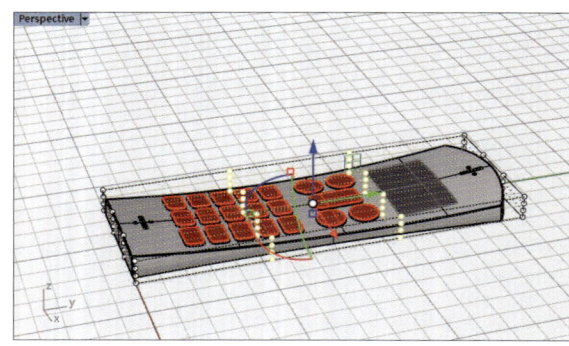
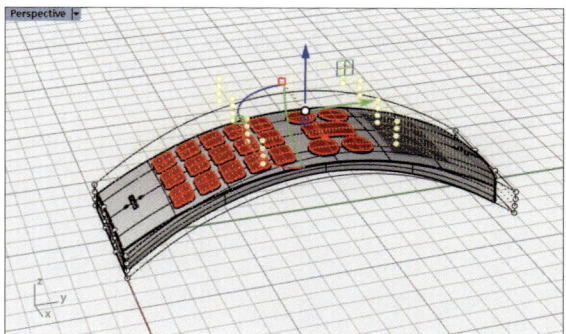

제어 오브젝트(Control Object)의 옵션들

- **Bounding Box** : 오브젝트가 꽉 차게 들어가는 상자를 제어 오브젝트(Control Object)로 만들어서 사용한다.
- **Line** : 직선을 그려서 제어 오브젝트(Control Object)로 사용한다.
- **Rectangle** : 사각형을 그려서 제어 오브젝트(Control Object)로 사용한다.
- **Box** : 상자를 제어 오브젝트(Control Object)로 사용한다.
- **Deformation**

- Accurate : 포로 오브젝트(Captive Object)를 변형시킬 때, 필요한 제어점을 충분히 사용하여 변형시키기 때문에 작업 속도가 늦다.
- Fast : 포로 오브젝트(Captive Object)를 변형시킬 때, 제어점을 적게 사용하기 때문에 정확도가 떨어진다.

22.2 Release Objects From Control Cage

Main Toolbar〉 Transform Toolbar〉 Cage Toolbar〉 Release Objects From Control Cage
포로 오브젝트(Captive Object)를 제어 오브젝트(Control Object)의 영향력으로부터 해방시킨다.

22.3 Select Controls

Main Toolbar〉 Transform Toolbar〉 Cage Toolbar〉 Select Controls
제어 오브젝트(Control Object)를 모두 선택한다.

22.4 Select Captives

Main Toolbar〉 Transform Toolbar〉 Cage Toolbar〉 Select Captives
포로 오브젝트(Captive Object)를 모두 선택한다.

2 히스토리(History)

입력 오브젝트(Input Geometry)와 결과물간의 관계를 저장하였다가, 입력 오브젝트가 변경되면 결과물도 따라서 업데이트한다. 예를 들어, 히스토리(History)를 켠 상태에서 로프트(Loft)로 서피스를 만든 후에 입력 커브를 변경하면, 서피스를 변경할 수 있다.

Main Toolbar> History Settings 버튼을 누른 상태에서 잠시 기다리면, 히스토리 툴바(History Toolbar)가 표시된다.

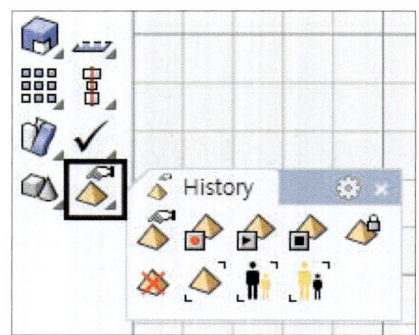

[History Toolbar]

히스토리(History)를 적용할 수 있는 명령어들은 다음과 같다.

ArcBlend	ExtrudeSrfTapered	Ribbon
Array	ExtrudeSrfToPoint	Rotate
ArrayCrv	FilletSrf	(Copy only)
ArrayCrvOnSrf	Flow	Rotate3D
ArrayPolar	Hatch	(Copy only)
ArraySrf	Helix	Scale
Bend	(AroundCurve only)	(Copy only)
(Copy only)	InterpCrvOnSrf	Scale1D
Blend	Intersect	(Copy only)
BlendCrv	Loft	Scale2D
BlendSrf	MatchSrf	(Copy only)
Bounce	Mirror	ScaleByPlane
ChamferSrf	(Copy only)	(Copy only)
Copy	MoveExtractedIsocurve	ScaleNU
Crv2View	NetworkSrf	(Copy only)
CSec	Offset	SetPt
CurveThroughPolyline	OffsetSrf	Shear
CurveThroughPt	Orient	(Copy only)
Dim	(Copy only)	Slab
DimAligned	OrientCrvToEdge	Spiral
DimAngle	(Copy only)	(AroundCurve only)
DimArea	OrientOnCrv	Stretch
DimCurveLength	(Copy only)	Sweep1
DimDiameter	OrientOnSrf	Sweep2
DimOrdinate	(Copy only)	Symmetry
DimRadius	Patch	Taper
DimRotated	Pipe	(Copy only)
Divide	PlanarSrf	TweenCurves
EdgeSrf	Project	TweenSurfaces
ExtractIsocurve	ProjectToCPlane	Twist
ExtrudeCrv	Pull	(Copy only)
ExtrudeCrvAlongCrv	RailRevolve	VariableBlendSrf
ExtrudeCrvTapered	RemapCPlane	VariableChamferSrf
ExtrudeCrvToPoint	(Copy only)	VariableFilletSrf
ExtrudeSrf	Revolve	
ExtrudeSrfAlongCrv		

1 History Settings

Main Toolbar〉History Toolbar〉History Settings

히스토리(History)와 관련된 옵션을 설정한다.

Options

- **Record** : 히스토리를 기록할 수 있는 명령의 히스토리를 기록한다. 일반적으로는 "Record=No"로 작업하다가, 필요할 때 선택적으로 상태바(Status Bar)에서 "Record History" 칸을 클릭하여 히스토리를 기록하는 것이 좋다.
- **Update** : 입력 오브젝트를 수정하면, 자동으로 결과물을 업데이트시킨다.
- **Lock** : 히스토리로 만든 자식 오브젝트(Child Object)를 직접 수정할 수 없도록 잠근다. 자식 오브젝트(Child Object)를 바로 편집하면, 부모 오브젝트(Parent Object)에 연결된 히스토리를 깬다.
- **Broken History Warning** : 히스토리가 깨질 상황이 발생하면 경고 창을 표시한다.

2 Record History

Main Toolbar〉History Toolbar〉Record History
Status Bar〉Record History

히스토리(History)를 기록한다. 또는 상태바(Status Bar)에서 "Record History" 칸을 클릭하여 히스토리를 기록한다.

3 Update History On Selected Objects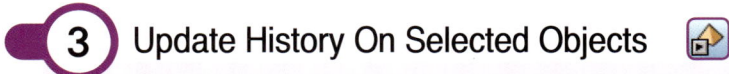

Main Toolbar〉History Toolbar〉Update History On Selected Objects (🖱)

선택한 오브젝트의 부모 오브젝트(Parent Object)의 히스토리 변경사항을 업데이트한다.

Update History on All Objects

Main Toolbar〉History Toolbar〉Update History On Selected Objects (🖱)

모든 자식 오브젝트(Child Object)의 히스토리 변경사항을 업데이트한다. Update History On Selected Objects 버튼을 오른쪽 마우스 버튼으로 클릭한다.

4 Stop History Recording

Main Toolbar〉History Toolbar〉Stop History Recording
히스토리(History) 기록을 중단한다.

5 Lock Objects With History

Main Toolbar〉History Toolbar〉Lock Objects With History
실수로 편집하는 것을 막기 위해, 자식 오브젝트(Child Object)를 따로 수정할 수 없도록 만든다.

Unlock Objects With History

Main Toolbar〉History Toolbar〉Lock Objects With History (🖱)

자식 오브젝트(Child Object)의 잠금(Lock)을 해제한다. Lock Objects With History 버튼을 오른쪽 마우스 버튼으로 클릭한다.

6 Purge History

Main Toolbar〉History Toolbar〉Purge History
자식 오브젝트(Child Object)의 히스토리 연결을 제거한다.

7 Select Objects With History

Main Toolbar〉History Toolbar〉Select Objects With History

Edit Menu〉Select Objects〉History〉Objects With History

히스토리(History)를 갖고 있는 자식 오브젝트(Child Object)를 모두 선택한다.

8 Select Children

Main Toolbar〉History Toolbar〉Select Children
Edit Menu〉Select Objects〉History〉Children

선택한 부모 오브젝트(Parent Object)의 자식 오브젝트(Child Object)를 모두 선택한다.

9 Select Parents

Main Toolbar〉History Toolbar〉Select Parents
Edit Menu〉Select Objects〉History〉Parents

선택한 자식 오브젝트(Child Object)의 부모 오브젝트(Parent Object)를 선택한다.

10 History 사용하기

몇 가지 방법을 통해서 히스토리(History) 기능을 사용해본다.

Rectangular Array

예제 1-6 Transform〉History 파일을 연다.

1 상태바(Status Bar)의 "Record History" 칸을 클릭하여, 히스토리(History)를 활성화시킨다. Record History가 활성화되면, 아래 그림처럼 굵게 표시된다.

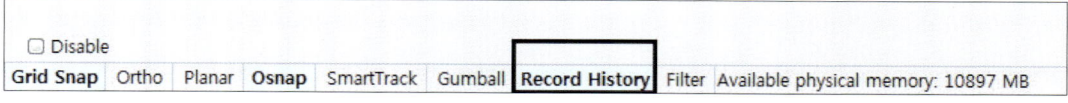

2 Main Toolbar〉Rectangular Array 버튼을 클릭한다.

3 배열할 오브젝트를 지정하기 위해, 오브젝트 Ⓐ를 클릭하고 [Enter↵] 키를 누른다. X-축으로 4개를 배열하기 위해 4를 입력하고 [Enter↵] 키를 누른다. Y-축으로 3개를 배열하기 위해 3을 입력하고 [Enter↵] 키를 누른다. Z-축으로 1개씩 배열하기 위해 1을 입력하고 [Enter↵] 키를 누른다.

X-축의 간격을 지정하기 위해 30을 입력하고 Enter 키를 누른다. Y-축의 간격을 지정하기 위해 30을 입력하고 Enter 키를 누른다. 미리보기가 표시된다. Enter 키를 눌러서 명령을 끝낸다.

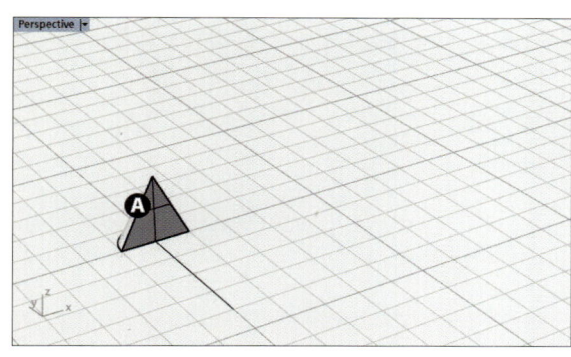 

- 원본 오브젝트인 Ⓐ는 부모 오브젝트(Parent Object)가 되고, 배열(Array)로 만든 오브젝트는 자식 오브젝트(Child Object)인, 히스토리(History) 관계가 만들어진다.

Rotate

4 Main Toolbar〉 Rotate 버튼을 클릭한다.

5 회전시킬 오브젝트를 지정하기 위해, 부모 오브젝트 Ⓐ를 클릭하고 Enter 키를 누른다. 회전의 중심점을 지정하기 위해 점 Ⓑ를 클릭한다. 회전각도를 지정하기 위해 "-60"을 입력하고 Enter 키를 누른다. 오른쪽 그림처럼 자식 오브젝트(Child Object)들도 같이 회전한다.

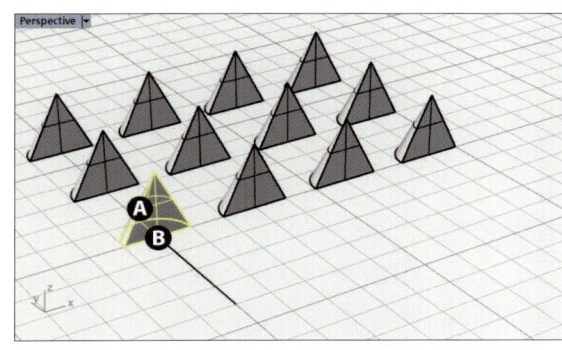 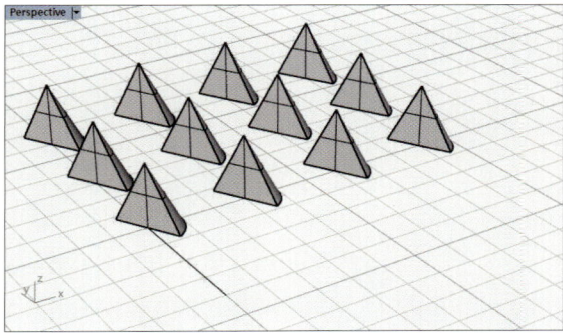

Purge History

6 Main Toolbar〉 History Toolbar〉 Purge History 버튼을 클릭한다.

7 히스토리를 제거할 오브젝트를 지정하기 위해, 자식 오브젝트(Child Object) Ⓒ를 클릭하고 Enter 키를 누른다. 오브젝트 Ⓒ의 히스토리를 제거하였다.

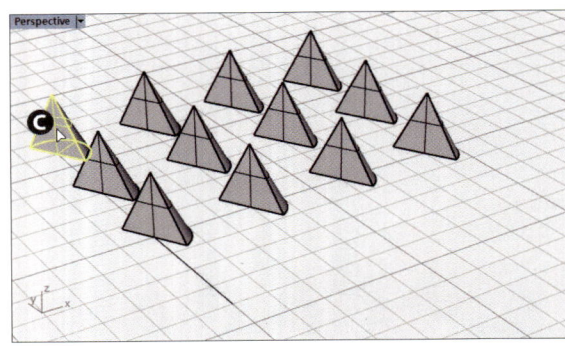

Move

8 Main Toolbar〉 Move 버튼을 클릭한다.

9 이동시킬 부모 오브젝트(Parent Object) **A**를 클릭하고 Enter 키를 누른다. 이동의 시작점을 지정하기 위해 점 **D**를 클릭한다. 이동의 목표점을 지정하기 위해 점 **E**를 클릭한다. 오른쪽 그림처럼 히스토리가 제거된 오브젝트 **C**는 이동하지 않는다.

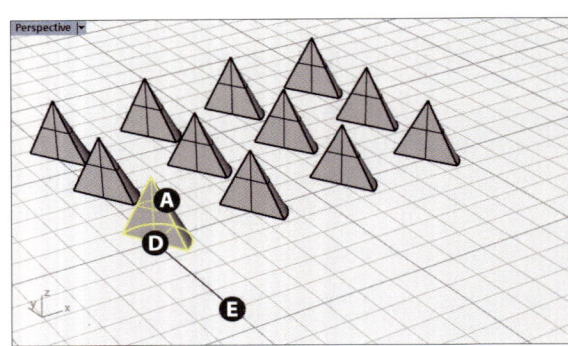

제7장 분석
analysis

분석(Analysis) 도구들은 점의 위치, 선의 길이, 두 점간의 거리, 호의 반지름 등과 같이 모델링을 진행하면서 필요한 정보를 알려주는 도구들이다. 모델링을 진행하는 동안 자주 이런 도구들을 활용하여 작업이 정확하게 진행되고 있는지를 확인하는 습관을 갖는 것이 좋다. 특히 커브나 서피스의 연속성(Continuity)을 분석하는 도구들과 네이키드 에지(Naked Edge)를 찾아내고 이를 제거하는 방법을 잘 알아두어야 한다.

연속성(Continuity)

2개의 커브(또는 2개의 서피스)가 만나는 지점의 조건이다.

위치 연속(G0 연속 : Position Continuity)

2개의 커브(또는 2개의 서피스)가 위치 연속이다. 만나는 지점의 위치(Position)만 일치하기 때문에 만나는 부분이 각이 진다.

탄젠트 연속(G1 연속 : Tangency Continuity)

2개의 커브(또는 2개의 서피스)가 탄젠트 연속이다. 만나는 지점에서, 위치(Position)와 탄젠트(Tangency)가 일치하기 때문에 만나는 부분이 둥글게 연속된다. 필렛(Fillet)한 커브(또는 서피스)는 G1 연속이다.

곡률 연속(G2 연속 : Curvature Continuity)

2개의 커브(또는 2개의 서피스)가 곡률 연속이다. 만나는 지점에서 위치(Position)와 탄젠트(Tangency), 곡률(Curvature)이 일치하기 때문에 만나는 부분이 매우 부드럽게 연속된다. 블렌드 서피스(Blend Surface), 매치 서피스(Match Surface)로 만든 서피스는 G2 연속이다.

커브의 제어점(Control Point)과 연속성(Continuity)

커브의 끝에서 첫 번째 제어점(Control Point)은 위치(Position), 두 번째 제어점은 탄젠트(Tangency), 세 번째 제어점은 곡률(Curvature)을 제어한다.

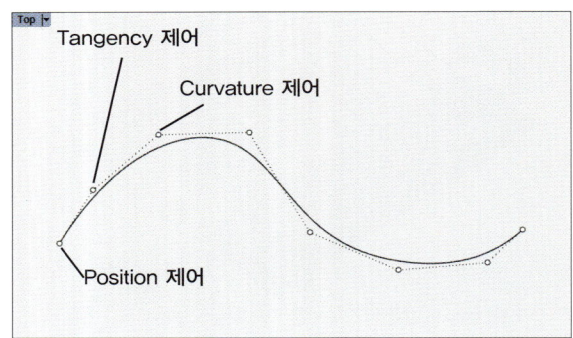

[제어점(Control Point)의 역할]

서피스(Surface)의 방향(Direction)

서피스의 방향은 U, V, Normal Direction으로 구분한다.

U 방향과 V 방향

사각형인 서피스에서 가로, 세로 방향을 표시한다. 서피스의 U, V 방향은 서피스 별로 다르며, U, V 방향을 서로 변경할 수 있다.

Normal Direction

서피스의 바깥쪽을 표시하는 화살표로서 서피스에 직각으로 표시한다. 서피스 노말(Surface Normal)이라고도 한다.

Naked Edge

다른 서피스의 에지와 결합하지 못한 상태의 에지이다.

Main Toolbar〉Analyze Direction 버튼을 누른 상태에서 잠시 기다리면, Analyze Toolbar가 표시된다.

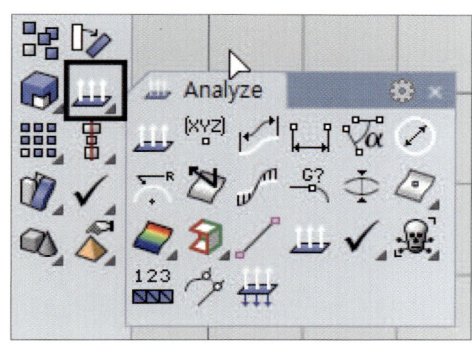

[Analyze Toolbar]

1 Analyze Direction

Main Toolbar〉Analyze Direction

Analyze Menu〉Direction

커브나 서피스의 방향(Direction)을 표시한다. 방향 표시를 반대 방향으로 변경할 수 있다.

예제 1-7 **Analyze〉Analyze Direction** 파일을 연다.

1 Main Toolbar〉Analyze Direction 버튼을 클릭한다.

2 커브 **Ⓐ**와 서피스 **Ⓑ**를 클릭하고 Enter↵ 키를 눌러서 선택을 끝낸다. 오른쪽 그림처럼 선택한 커브와 서피스의 방향을 표시한다.

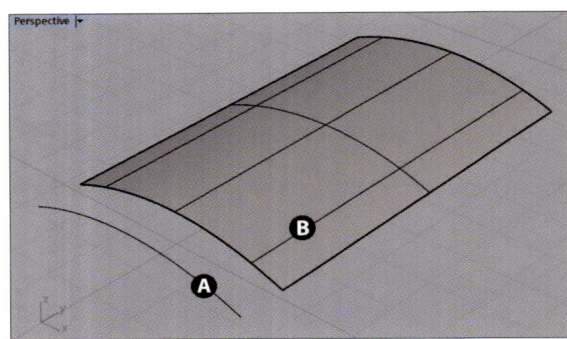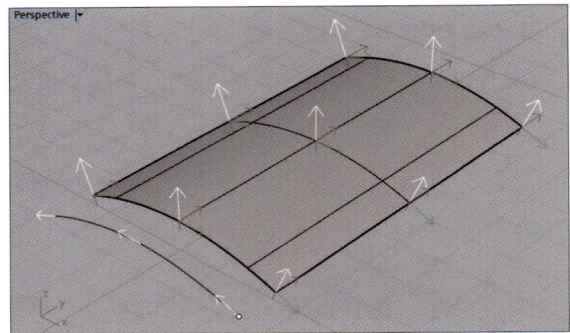

Options

- **U Reverse/ V Reverse** : 서피스의 U나 V방향을 반대로 변경한다.
- **Swap UV** : U와 V방향을 서로 바꾼다.
- **Flip** : 방향(Direction)을 반대로 변경한다.

2 Evaluate Point

Main Toolbar〉Analyze Toolbar〉Evaluate Point

Analyze Menu〉Point

선택한 점의 좌표값을 측정하여 표시한다. 월드 좌표(World Coordinates)와 현재의 작업평면(CPlane Coordinates) 좌표값을 X, Y, Z 순으로 표시한다.

예제 1-7 Analyze〉Evaluate Point 파일을 연다.

1 Analyze Toolbar〉Evaluate Point 버튼을 클릭한다.

2 위치를 측정할 점 Ⓐ를 클릭한다. 명령어 창에 점 Ⓐ의 위치를 X, Y, Z 순으로 표시한다.

Point in world coordinates = -24.917,-0.000,2.034

CPlane coordinates = -24.917,-0.000,2.034

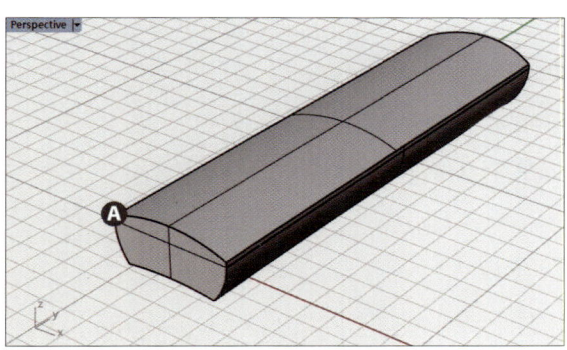

- 자세한 내용을 보려면, F2 키를 눌러서 명령어 히스토리(Command History) 창에서 확인한다.

3 Measure Length

Main Toolbar〉Analyze Toolbar〉Measure Length

Analyze Menu〉Length

커브나 에지의 길이를 측정한다.

예제 1-7 Analyze〉Measure Length 파일을 연다.

1 Main Toolbar〉Analyze Toolbar〉Measure Length 버튼을 클릭한다.

2 에지 Ⓐ를 클릭하고 Enter 키를 누른다. 명령어 창에 에지 Ⓐ의 길이를 표시한다.

Length = 51.143 millimeters

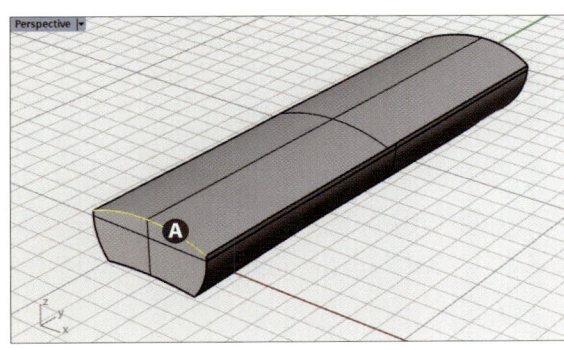

4 Measure Distance

Main Toolbar〉 Analyze Toolbar〉 Measure Distance

Analyze Menu〉 Distance

두 점 사이의 거리(Distance)를 측정한다.

예제 1-7 Analyze〉 Measure Distance 파일을 연다.

1 Main Toolbar〉 Analyze Toolbar〉 Measure Distance 버튼을 누른다.

2 점 **A**와 **B**를 클릭한다. 명령어 창에 점 **A**와 **B**의 거리를 표시한다.

　　Distance = 49.834 millimeters

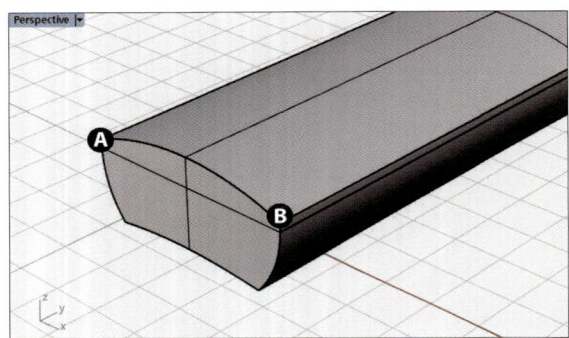

5 Angle

Main Toolbar〉 Analyze Toolbar〉 Angle

Analyze Menu〉 Angle

각도(Angle)를 측정한다.

예제 1-7 Analyze〉 Angle 파일을 연다.

1 Main Toolbar〉 Analyze Toolbar〉 Angle 버튼을 누른다.

2 첫 번째 선의 시작점과 끝점을 지정하기 위해, 점 **A**와 **B**를 클릭한다.

3 두 번째 선의 시작점과 끝점을 지정하기 위해, 점 **A**와 **C**을 클릭한다. 명령어 창에 $\overline{AB}$와 $\overline{AC}$ 사이의 각도를 표시한다.

　　Angle = 115.952

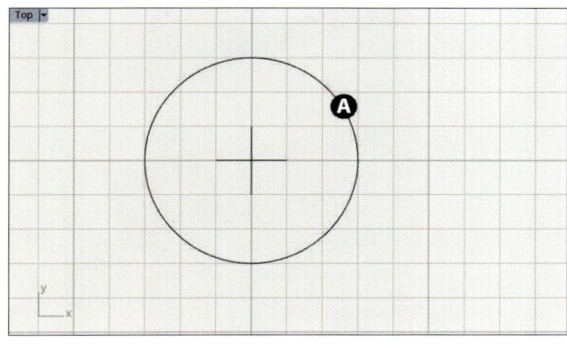

6 Radius

Main Toolbar〉 Analyze Toolbar〉 Radius

Analyze Menu〉 Radius

커브의 지름(Diameter)과 반지름(Radius)을 측정한다. 서피스의 에지도 측정한다.

예제 1-7 Analyze〉 Radius 파일을 연다.

1 Main Toolbar〉 Analyze Toolbar〉 Radius 버튼을 누른다.

2 원 Ⓐ를 클릭한다. 명령어 창에 선택한 원의 지름과 반지름 값을 표시한다.

Diameter = 60.000 millimeters

Radius = 30.000 millimeters

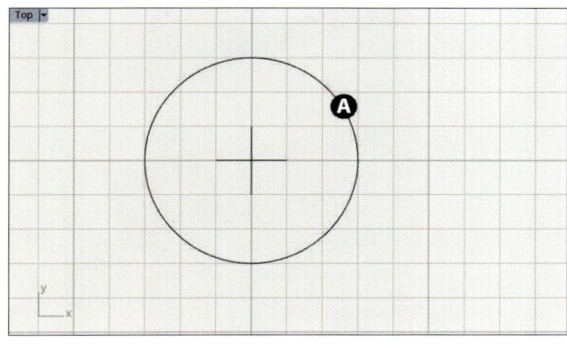

Curvature

Main Toolbar〉Analyze Toolbar〉Radius (🖱)

Analyze Menu〉Curvature Circle

커브나 서피스의 곡률(Curvature)을 측정한다. Radius 버튼을 오른쪽 마우스 버튼으로 클릭한다.

예제 1-7 Analyze〉Curvature 파일을 연다.

1 Main Toolbar〉Analyze Toolbar〉Radius 버튼을 오른쪽 마우스 버튼으로 클릭한다.

2 서피스 **Ⓐ**를 클릭한다. 옵션을 "Mark Curvature=Yes"로 설정한다. 곡률을 측정할 위치를 지정하기 위해, 서피스 **Ⓐ** 위의 교차점 **Ⓑ**를 클릭한다. 오른쪽 그림처럼 점 **Ⓐ**에서의 u 방향과 v 방향의 곡률을 표시한다.

3-D Point : (−4.44089e−16, 64.3025, 62.9767)

3-D Normal : (−8.83177e−17, −0.707107, 0.707107)

Maximum principal curvature : −0.00351563 (1, −3.05311e−16, −1.80411e−16)

Minimum principal curvature : −0.00351562 (3.43458e−16, 0.707107, 0.707107)

Gaussian curvature : 1.23596e−05

Mean curvature : −0.00351562

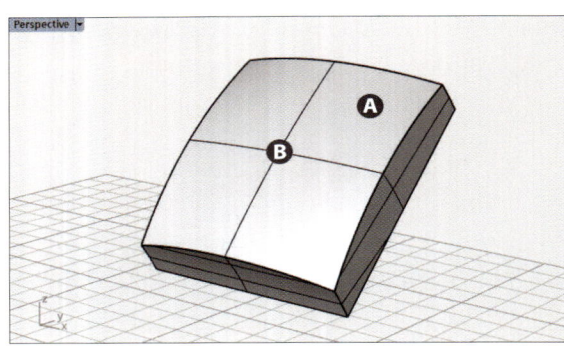 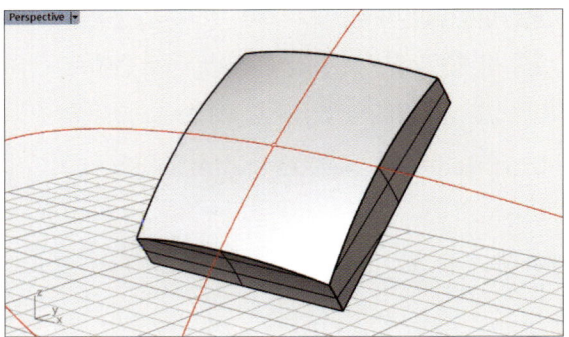

Options

Mark Curvature

곡률을 측정한 위치에 점과 곡률 커브를 오브젝트로 만든다.

7 Curvature Graph On

Main Toolbar〉 Analyze Toolbar〉 Curvature Graph On

Analyze Menu〉 Curve〉 Curvature Graph On

커브나 서피스의 곡률 그래프(Curvature Graph)를 화면에 표시한다.

예제 1-7 Analyze〉 Curvature Graph On 파일을 연다.

1 Main Toolbar〉 Analyze Toolbar〉 Curvature Graph On 버튼을 클릭한다.

2 커브 를 클릭하고 Enter↵ 키를 누른다. 오른쪽 그림처럼 곡률 그래프(Curvature Graph) 창이 표시된다. 표시 크기(Display Scale)와 밀도(Density)를 조절한다.

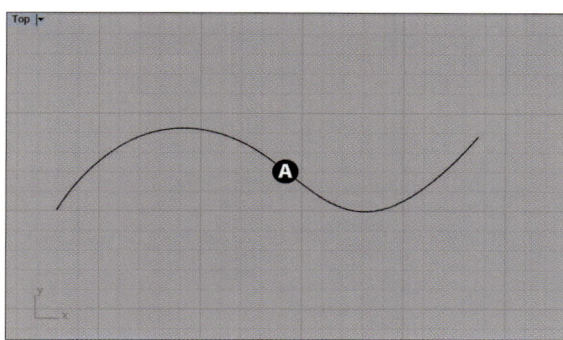
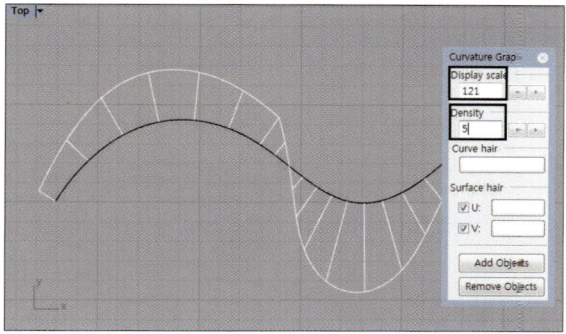

Curvature Graph Off

Main Toolbar〉 Analyze Toolbar〉 Curvature Graph On (🖱)

Analyze Menu〉 Curve〉 Curvature Graph Off

화면에 표시된 곡률 그래프를 끈다. Curvature Graph On 버튼을 오른쪽 마우스 버튼으로 클릭한다.

8 Geometric Continuity of 2 Curves

Main Toolbar〉 Analyze Toolbar〉 Geometric Continuity Of 2 Curves

Analyze Menu〉 Curve〉 Geometric Continuity

2개의 커브의 기하학적 연속성(Geometric Continuity)을 측정한다.

예제 1-7 Analyze〉Geometric Continuity 파일을 연다.

1 Main Toolbar〉Analyze Toolbar〉Geometric Continuity Of 2 Curves 버튼을 클릭한다.

2 커브 **Ⓐ**과 **Ⓑ**를 클릭한다. 명령어 창에 2개의 커브가 탄젠트가 연속하지 않고 위치만 일치하는, G0 연속(Position Continuity)임을 표시한다.

    Tangent difference in degrees = 21.342

    Curves are G0.

3 같은 방법으로 커브 **Ⓒ**와 **Ⓓ**, 커브 **Ⓔ**와 **Ⓕ**의 연속성(Continuity)을 측정한다. 커브 **Ⓒ**과 **Ⓓ**는 위치와 탄젠트가 연속하는 G1 연속(Tangent Continuity)이고, 커브 **Ⓔ**와 **Ⓕ**는 위치와 탄젠트, 곡률이 연속하는 G2 연속(Curvature Continuity)이다. 오른쪽 그림은 커브들의 제어점(Control Point)과 곡률 그래프(Curvature Graph)를 표시한 그림이다.

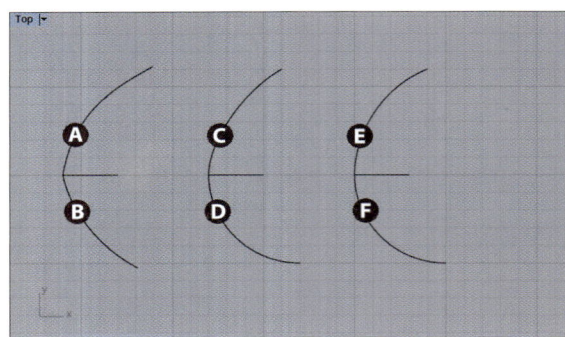
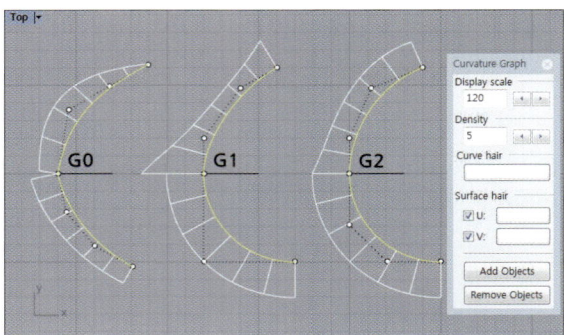

9 Analyze Curve Deviation

Main Toolbar〉Analyze Toolbar〉Analyze Curve Deviation

Analyze Menu〉Curve〉Deviation

2개의 커브간의 간격을 측정한다. 시작점 간의 간격, 끝점 간의 간격, 최소 간격, 최대 간격을 측정한다.

예제 1-7 Analyze〉Analyze Curve Deviation 파일을 연다.

1 Main Toolbar〉Analyze Toolbar〉Analyze Curve Deviation 버튼을 클릭한다.

2 커브 **Ⓐ**와 **Ⓑ**를 클릭한다. 옵션을 "Keep Marks=Yes"로 설정하고 [Enter↵] 키를 누른다. 오른쪽 그림처럼 선택한 2개의 커브간의 간격을 표시한다.

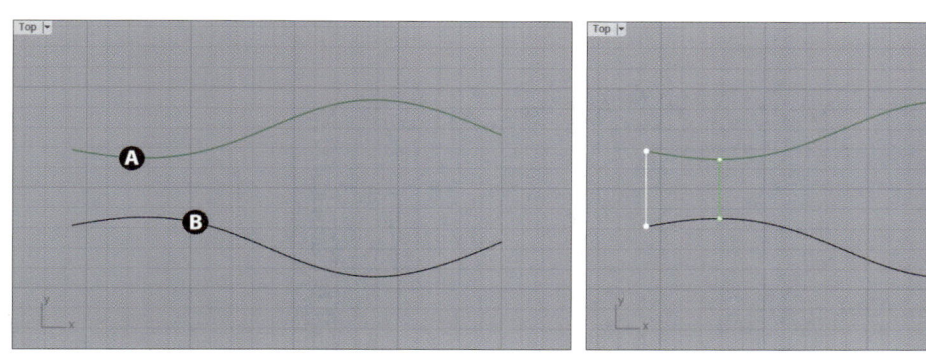

Options

- **Keep Marks** : Yes 로 설정하면, 간격을 표시한 점과 커브를 오브젝트로 만든다.

10 Mass Properties Toolbar

오브젝트의 면적, 체적, 체적의 중심점 등을 계산한다. **Analyze Toolbar> Area Centroid** 버튼을 누른 상태에서 잠시 기다리면, Mass Properties Toolbar가 표시된다.

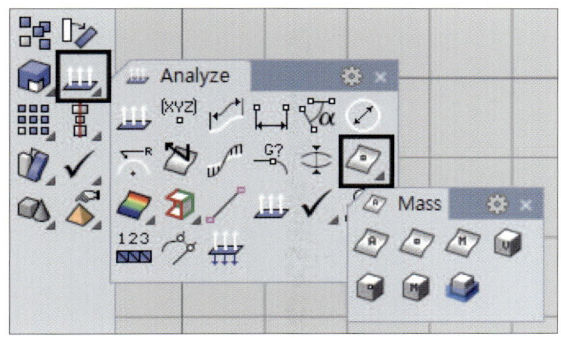

[Mass Properties Toolbar]

10.1 Area Centroid

Main Toolbar> Analyze Toolbar> Area Centroid

Analyze Menu> Mass Properties> Area Centroid

닫힌 커브나 서피스, 폴리서피스의 면적의 중심점(Area Centroid)의 좌표를 표시하고, 중심죤에 점을 만든다.

10.2 Area

Main Toolbar〉 Analyze Toolbar〉 Mass Properties Toolbar〉 Area

Analyze Menu〉 Mass Properties〉 Area

닫힌 커브 또는 서피스, 폴리서피스의 표면적을 계산한다.

예제 1-7 Analyze〉 Area 파일을 연다.

1 Main Toolbar〉 Analyze Toolbar〉 Analyze Toolbar〉 Mass Properties〉 Area Centroid 버튼을 클릭한다.

2 오브젝트 **A**를 클릭하고 Enter 키를 누른다. 명령어 창에 면적을 표시한다.

　　Area = 13194.6891 (+/- 1e-05) square millimeters

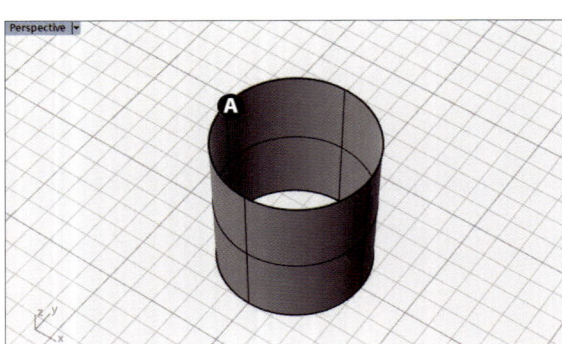

10.3 Volume

Main Toolbar〉 Analyze Toolbar〉 Mass Properties Toolbar〉 Volume

Analyze Menu〉 Mass Properties〉 Volume

닫힌 서피스나 폴리서피스의 체적(Volume)을 계산한다.

10.4 Volume Centroid

Main Toolbar〉 Analyze Toolbar〉 Mass Properties Toolbar〉 Volume Centroid

Analyze Menu〉 Mass Properties〉 Volume Centroid

닫힌 서피스나 폴리서피스의 체적의 중심점(Volume Centroid)의 좌표를 표시하고, 중심점에 점을 만든다.

11 Surface Analysis Toolbar

서피스의 곡률(Curvature), 연속성(Continuity), 서피스의 매끄러움 등을 분석한다.

Main Toolbar〉Analyze Toolbar〉Curvature Analysis 버튼을 클릭하고 잠시 기다리면, Surface Analysis Toolbar가 표시된다.

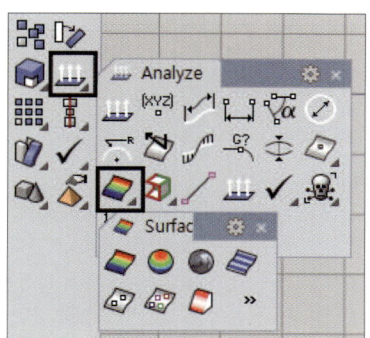

[Surface Analysis Toolbar]

11.1 Environment Map

Main Toolbar〉Analyze Toolbar〉Surface Analysis Toolbar〉Environment Map
Analyze Menu〉Surface〉Environment Map

서피스에 반사시킨 이미지를 통해서 서피스의 매끄러움을 시각적으로 평가한다.

예제 1-7 Analyze〉Environment Map 파일을 연다.

1 Main Toolbar〉Analyze Toolbar〉Surface Analysis Toolbar〉Environment Map 버튼을 클릭한다.

2 오브젝트 Ⓐ를 클릭하고 Enter 키를 누른다. EMap Options 창이 표시된다. 반사시킬 이미지를 선택하고, 서피스를 시각적으로 평가한다.

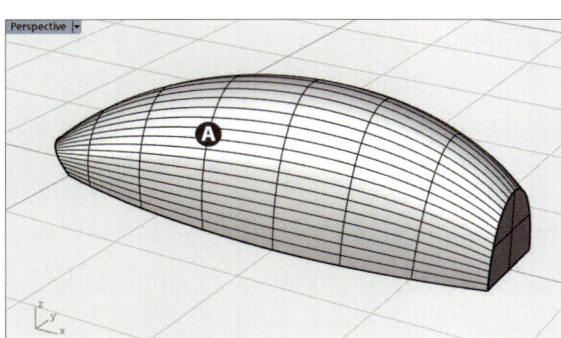
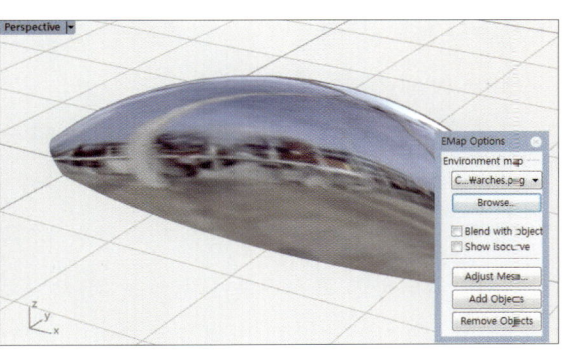

제7장 분석 319

Environment Map Off

Analyze Toolbar〉 Surface Analysis Toolbar〉 Environment Map ( )

환경맵(Environment Map) 명령을 종료한다. Environment Map 명령을 오른쪽 마우스 버튼으로 클릭한다.

11.2 Zebra Analysis

Main Toolbar〉 Analyze Toolbar〉 Surface Analysis Toolbar〉 Zebra Analysis

Analyze Menu〉 Surface〉 Zebra

서피스에 줄무늬를 표시해서 서피스의 부드러움과 연속성을 시각적으로 평가한다.

예제 1-7 Analyze〉 Zebra Analysis 파일을 연다.

1 Main Toolbar〉 Analyze Toolbar〉 Surface Analysis Toolbar〉 Zebra Analysis 버튼을 클릭한다.

2 왼쪽 그림의 6개의 서피스를 모두 선택하고 Enter 키를 누른다. 옵션을 오른쪽 그림처럼 설정한다. 서피스 Ⓐ와 Ⓑ는 G0 연속이다. 2개의 서피스의 줄무늬가 일치하지 않는다. 가운데의 서피스 Ⓒ와 Ⓓ는 G1 연속이다. 2개의 서피스의 줄무늬가 일치하지만 급격하게 방향이 꺾인다. 서피스 Ⓔ와 Ⓕ는 G2 연속이다. 2개의 서피스의 줄무늬가 일치하면서 부드럽게 연속된다.

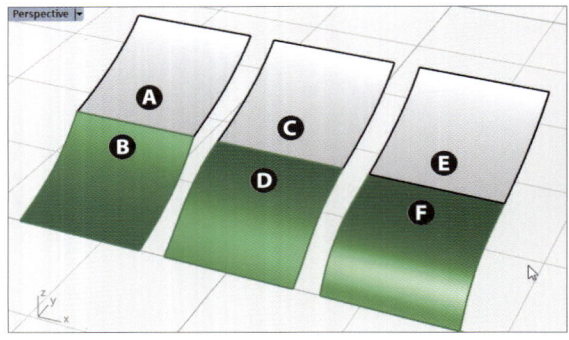 

Zebra Analysis의 주의사항

- Zebra Options 창에서, 줄무늬(Stripe)의 방향(Direction), 크기(Size), 색상(Color)을 상황에 맞게 설정해야 한다.
- 줄무늬를 충분히 표현할 메시가 부족한 경우에는, Zebra Options 창에서 "Adjust Mesh" 버튼을 클릭하면 표시되는 Polygon Mesh Detailed Options 창의 "Simple Control" 버튼을 누르면 표시되는 옵션 창에서 슬라이드 바로 조절한다.

Zebra Analysis Off

Main Toolbar〉Analyze Toolbar〉Surface Analysis Toolbar 〉Zebra Analysis ( )

Zebra Analysis 명령을 끝낸다. Zebra Analysis 버튼을 오른쪽 마우스 버튼으로 클릭한다.

12 Edge Tools Toolbar

서피스의 에지를 분할하거나, 병합시키는 작업 등을 진행한다.

Analyze Toolbar〉Show Edges 버튼을 누른 상태에서 잠시 기다리면, Edge Tools Toolbar가 표시된다.

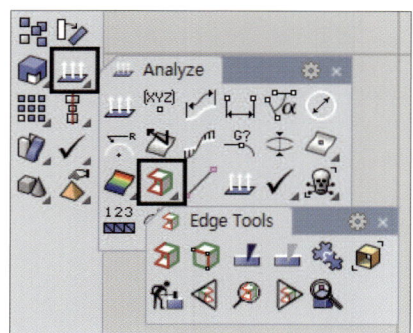

[Edge Tools Toolbar]

12.1 Show Edges

Main Toolbar〉Analyze Toolbar〉Show Edges
Analyze Menu〉Edge Tools〉Show Edges

서피스나 폴리서피스의 에지(Edge)를 표시한다.

예제 1-7 Analyze〉Show Edges 파일을 연다.

1 Main Toolbar〉Analyze Toolbar〉Edge Tools Toolbar〉Show Edges 버튼을 클릭한다.

2 에지를 표시할 오브젝트를 지정하기 위해, 화면의 서피스 **A**와 **B**를 클릭하고 Enter⏎ 키를 누른다.

3 오른쪽 그림처럼 Edge Analysis 창이 표시된다. 옵션을 "Show= All Edges"로 설정한다. 선택한 오브젝트의 모든 에지들이 화면에 표시하고, 에지의 끝에는 작은 사각형을 표시한다.

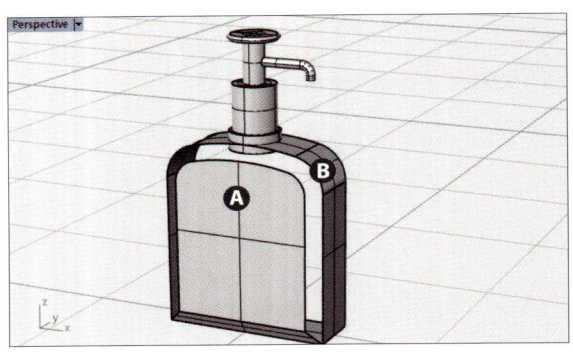
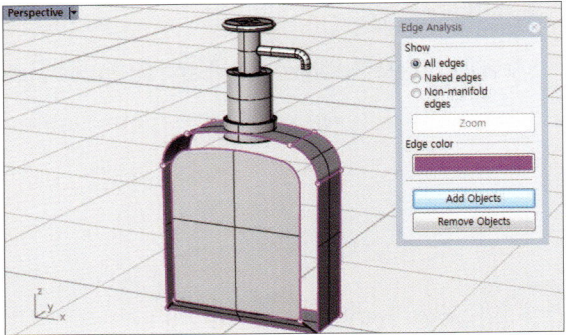

Turn Off Showing Curve Edges

Main Toolbar〉 Analyze Toolbar〉 Show Edges (🖱)

서피스의 에지 표시를 끈다. Show Edges 버튼을 오른쪽 마우스 버튼으로 클릭한다.

12.2 Split Edge

Main Toolbar〉 Analyze Toolbar〉 Edge Tools Toolbar〉 Split Edge

Analyze Menu〉 Edge Tools〉 Split Edge

서피스의 에지를 분할한다. Show Edges 명령으로 에지의 현재 상태를 표시한 상태에서 작업하는 것이 편리하다.

에지 표시하기

예제 1-7 Analyze〉 Split Edge 파일을 연다.

1 Main Toolbar〉 Analyze Toolbar〉 Edge Tools Toolbar〉 Show Edges 버튼을 클릭한다.

2 화면의 서피스 Ⓐ를 클릭하고 Enter↵ 키를 누른다. Edge Analysis 창의 옵션을 "Show= All Edges"로 설정한다. 오른쪽 그림처럼 선택한 서피스의 모든 에지를 표시한다.

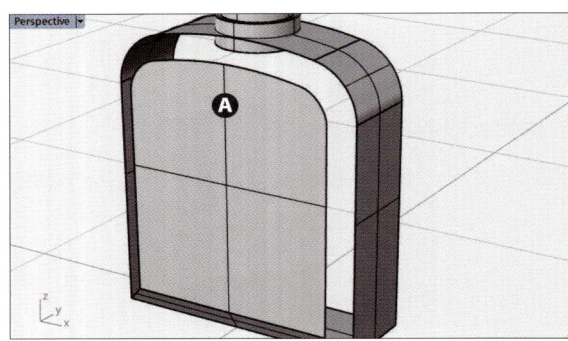
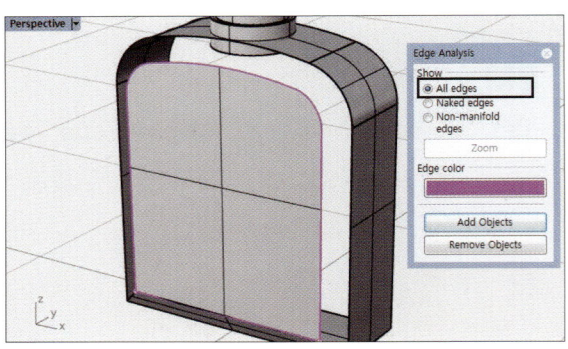

에지 분할하기

4 Main Toolbar〉Analyze Toolbar〉Edge Tools Toolbar〉Split Edge 버튼을 클릭한다.

5 분할할 에지 ❸를 클릭하여 선택하고, 분할할 위치를 지정하기 위해 점 ❹를 클릭하고 [Enter↵] 키를 누른다. 오른쪽 그림처럼 클릭한 위치에서 에지를 분할한다.

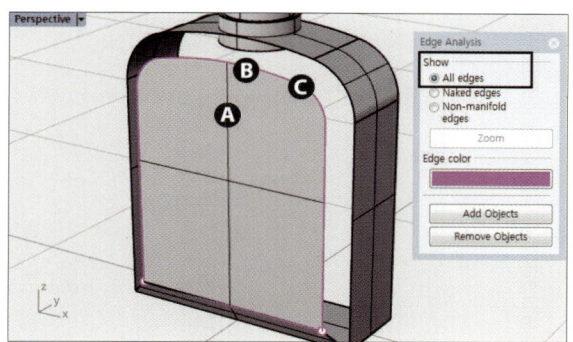 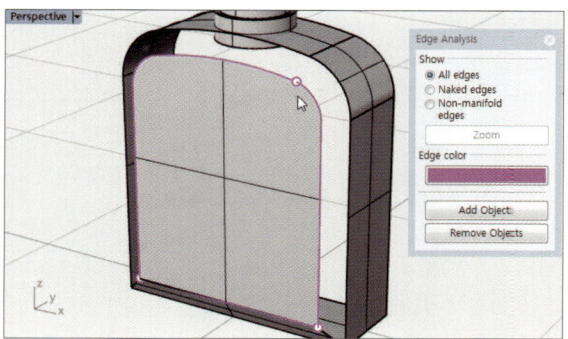

12.3 Merge Edge

Main Toolbar〉Analyze Toolbar〉Edge Tools Toolbar〉Split Edge
Analyze Menu〉Edge Tools〉Merge Edge

분리되어 있는 2개의 인접한 에지를, 한 개의 연속된 에지로 병합(Merge)시킨다.

에지 표시하기

[예제] 1-7 Analyze〉Merge Edge 파일을 연다.

1 Main Toolbar〉Analyze Toolbar〉Edge Tools Toolbar〉Show Edges 버튼을 클릭한다.

2 에지를 표시할 오브젝트를 지정하기 위해, 오브젝트 ❹를 클릭하고 [Enter↵] 키를 누른다. 오른쪽 그림처럼 Edge Analysis 창이 표시된다. 모든 에지를 표시하기 위해, 옵션을 "Show=All Edges"로 설정한다. 오른쪽 그림처럼 에지가 화살표 위치에서 분할된 상태이다.

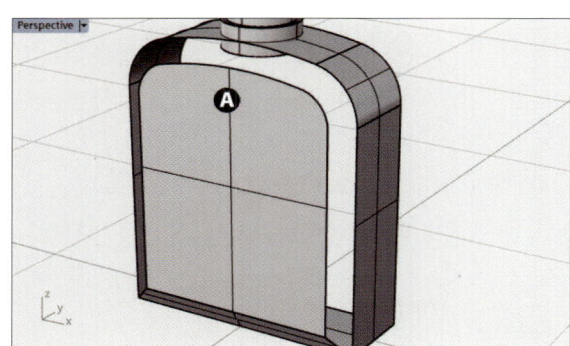 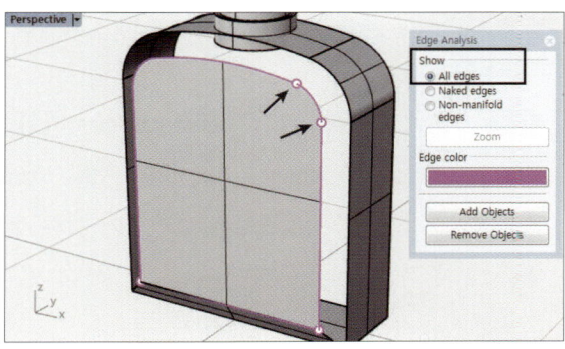

에지 병합시키기

3 Main Toolbar〉 Analyze Toolbar〉 Edge Tools Toolbar〉 Merge Edges 버튼을 클릭한다.

4 병합시킬 에지를 지정하기 위해, 점 **B**의 위치를 클릭한다. 왼쪽 그림처럼 풍선 메뉴가 뜬다. 풍선 메뉴에서 "Edge"를 클릭한다. 오른쪽 그림처럼 2개의 에지를 한 개의 에지로 병합한다.(화살표 위치에 있던 에지 분할점이 없어졌다.)

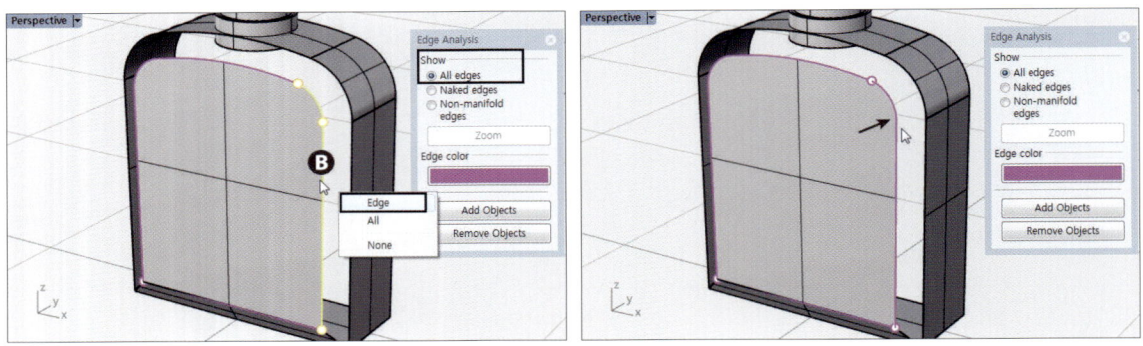

Merge Edge 주의사항

- 병합시킬 네이키드 에지(Naked Edge)들은 같은 서피스의 분할된 에지들이어야 하고, 병합시킬 위치에서 G1 연속 이상으로 연결되어 있어야 한다.
- 서피스를 병합시킬 때는 가능하면 에지들을 1 : 1로 병합시키는 것이 좋다.

12.4 Join 2 Naked Edges

Main Toolbar〉 Analyze Toolbar〉 Edge Tools Toolbar〉 Join 2 Naked Edges
Analyze Menu〉 Edge Tools〉 Join 2 Naked Edges

2개의 네이키드 에지(Naked Edge)를 결합시킨다. 이 작업은 서피스의 형태를 변경하는 것이 아니기 때문에, 최종 작업으로 보존할 부분에는 사용하지 않는 것이 좋다. 결합(Join) 명령으로 결합시킬 수 없는 서피스들은, 새로 만들거나 허용공차를 높여야 한다.

에지 표시하기

예제 1-7 Analyze〉 Join 2 Naked Edges 파일을 연다.

1 Main Toolbar〉 Analyze Toolbar〉 Edge Tools Toolbar〉 Show Edges 버튼을 클릭한다.

2 에지를 표시할 오브젝트를 지정하기 위해, 화면의 오브젝트 **A**를 클릭하고 Enter 키를 누른다.

3 오른쪽 그림처럼 Edge Analysis 창이 표시된다. 네이키드 에지들만 표시하기 위해, 옵션을 "Show= Naked Edges"로 설정한다. 오른쪽 그림처럼 네이키드 에지 **B**가 표시된다.

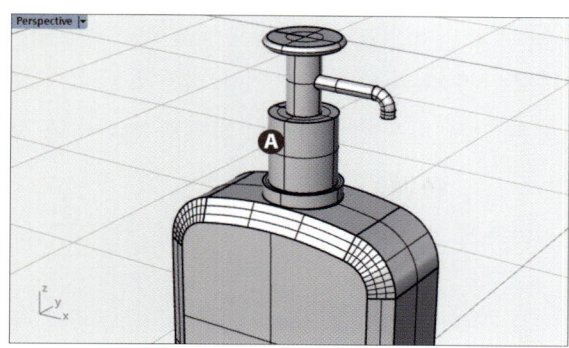
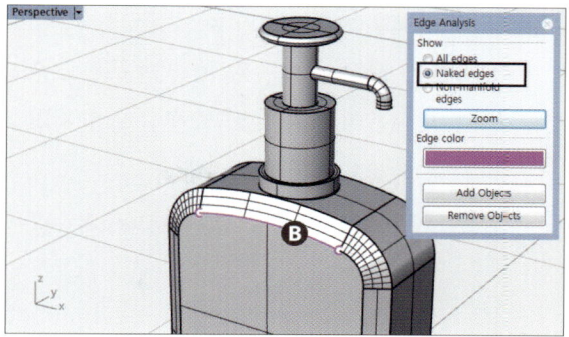

네이키드 에지(Naked Edge) 결합시키기

4 Main Toolbar〉Analyze Toolbar〉Edge Tools Toolbar〉Join 2 Naked Edges 버튼을 클릭한다.

5 네이키드 에지 **B**를 클릭한다. 2개의 네이키드 에지들이 포개진 상태이기 때문에 왼쪽 그림처럼 선택 창이 표시된다. 선택창에서 위의 에지를 마우스로 클릭하여 한 개의 에지를 선택한다.

6 다시 한 번 에지 **B**를 클릭한다. 오른쪽 그림처럼 Edge Joining 창이 표시된다. 2개의 에지 사이의 거리가 1/1000 mm 이하인데 결합시킬 것인가를 묻고 있다. Yes 버튼을 클릭한다.

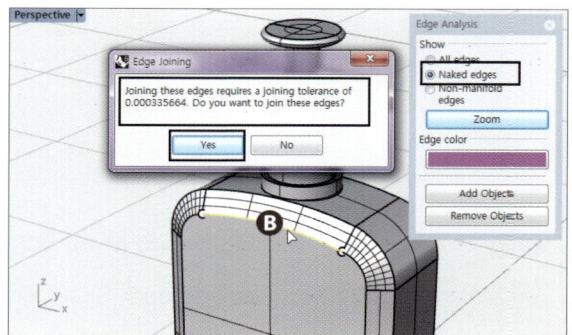

7 2개의 네이키드 에지들을 결합시켰다. Show Edges 명령으로 확인해보면, 표시한 부분의 네이키드 에지가 사라진 것을 알 수 있다.

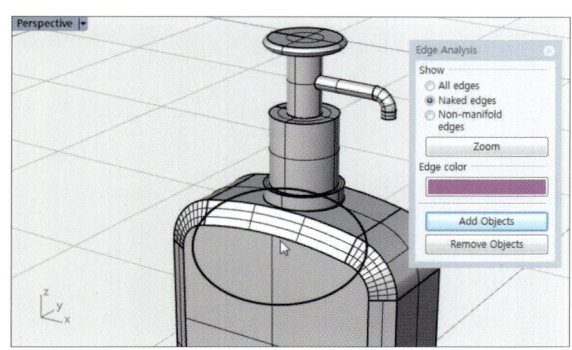

Join 2 Naked Edges의 주의사항

- 이 작업은 서피스 사이의 틈을 메꾸는 것이 아니다. 서피스의 에지들이 아주 가깝게 근접해 있는 경우에는 아무 문제도 발생하지 않지만, 그렇지 않은 경우에는 나중에 모델링 데이터를 사용할 때 문제가 발생할 수 있다.
- "Join"으로 결합시킬 수 없는 서피스는, 좀 더 정확하게 만들어야 한다.

12.5 Rebuild Edges

Main Toolbar〉 Analyze Toolbar〉 Edge Tools Toolbar〉 Rebuild Edges
Analyze Menu〉 Edge Tools〉 Rebuild Edges

수정작업을 하다가 서피스로부터 강제로 떨어진 에지들을, 원래의 3-D 서피스 에지로 복구한다. 한 개의 폴리서피스를 분리된 서피스들로 분해한 후에 서피스의 원래의 3-D 에지로 복구하는 데 유용하다.

12.6 Remove Naked Micro Edges

Main Toolbar〉 Analyze Toolbar〉 Edge Tools Toolbar〉 Remove Naked Micro Edges

다른 에지와 결합하지 못한 아주 작은 단일 네이키드 에지(Very Small Single Naked Edges)를 제거한다.

예제 1-7 Analyze〉 Remove Naked Micro Edges 파일을 연다.

1 **Main Toolbar〉 Analyze Toolbar〉 Show Edges** 버튼을 클릭한다. "CTRL + A" 키를 눌러서 화면의 모든 오브젝트를 선택하고 Enter 키를 누른다. Edge Analysis 창의 옵션을 "Show= Naked Edges"로 설정한다. 명령어 창에 8개의 네이키드 에지(Naked Edges)가 있다는 메시지를 표시한다. 오른쪽 그림처럼 확대해 보면 점으로 표시되는 극히 짧은 네이키드 에지들이다.

Found 956 edges total: 8 naked edges, no non-manifold edges.

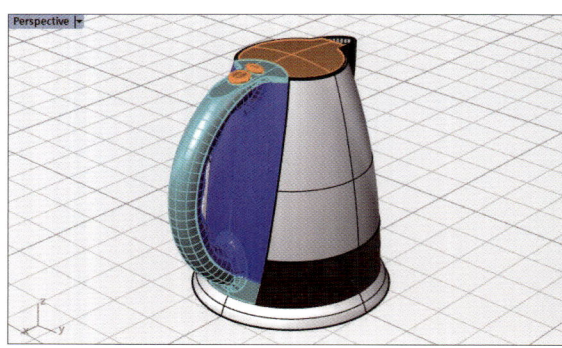
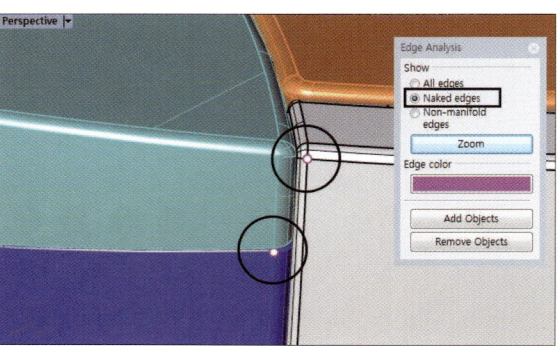

4 Main Toolbar〉 Analyze Toolbar〉 Edge Tools Toolbar〉 Remove Naked Micro Edges 버튼을 클릭한다. "CTRL + A" 키를 눌러서 화면의 모든 오브젝트를 선택하고 [Enter↵] 키를 누른다. 오른쪽 그림처럼 모든 네이키드 에지를 제거한다. 명령어 창에 8개의 에지를 제거했다는 메시지를 표시한다.

Removed 8 edges from 3 polysurfaces.

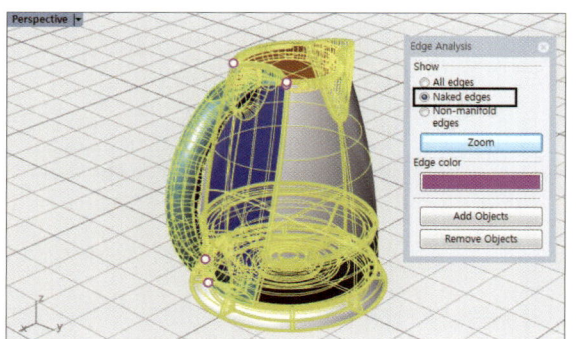
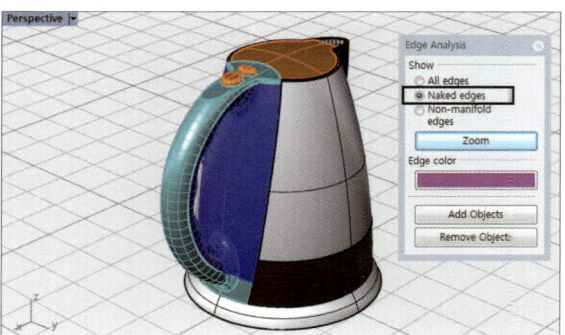

13 Check Objects

Main Toolbar〉 Analyze Toolbar〉 Check Objects
Analyze Menu〉 Diagnostics〉 Check

선택한 오브젝트의 데이터 구조의 결함을 알려준다. 체크(Check) 명령은 주로 기하학적인 결함을 진단하기 위한 도구로서, 오브젝트의 전반적인 구조를 체크한다. 체크 명령을 통과하지 못하는 오브젝트는 삭제하거나, 다시 만드는 것이 좋다.

[예제] 1-7 Analyze〉 Check Objects 파일을 연다.

1 Main Toolbar〉 Analyze Toolbar〉 Check Objects 버튼을 클릭한다.

2 그룹 오브젝트 를 클릭하고 [Enter↵] 키를 누른다. Check 창에 선택한 폴리서피스가 유효(Valid)한 오브젝트라는 메시지를 표시한다.

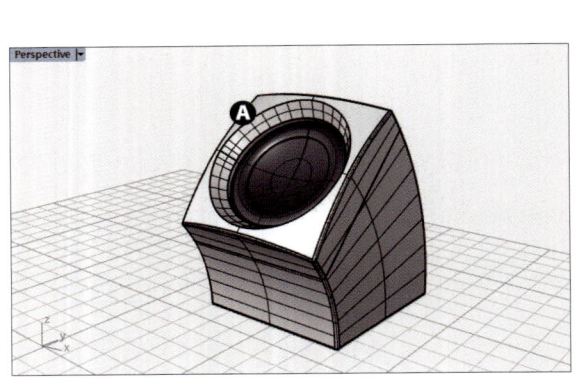
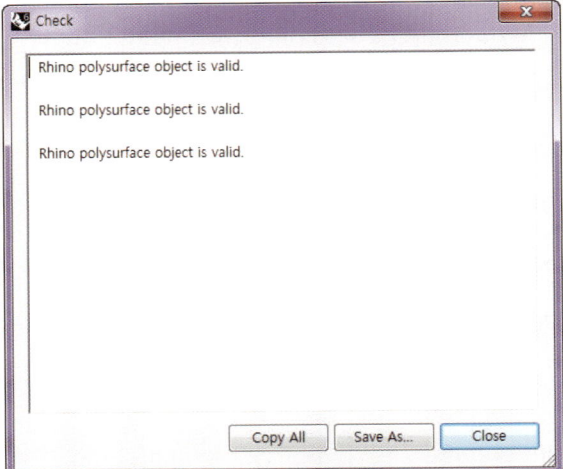

14 Select Bad Objects

Main Toolbar〉Analyze Toolbar〉Select Bad Objects
Analyze Menu〉Diagnostics〉Select Bad Objects

체크(Check) 명령을 통과하지 못하는, 결함이 있는 오브젝트들을 모두 선택한다. 이 명령으로 선택된 오브젝트는 삭제하거나 다시 만드는 것이 좋다.

제2부 초급 모델링 예제
Tutorial Level 1

제1장 알람시계
제2장 오디오 리모콘
제3장 무선 전화기

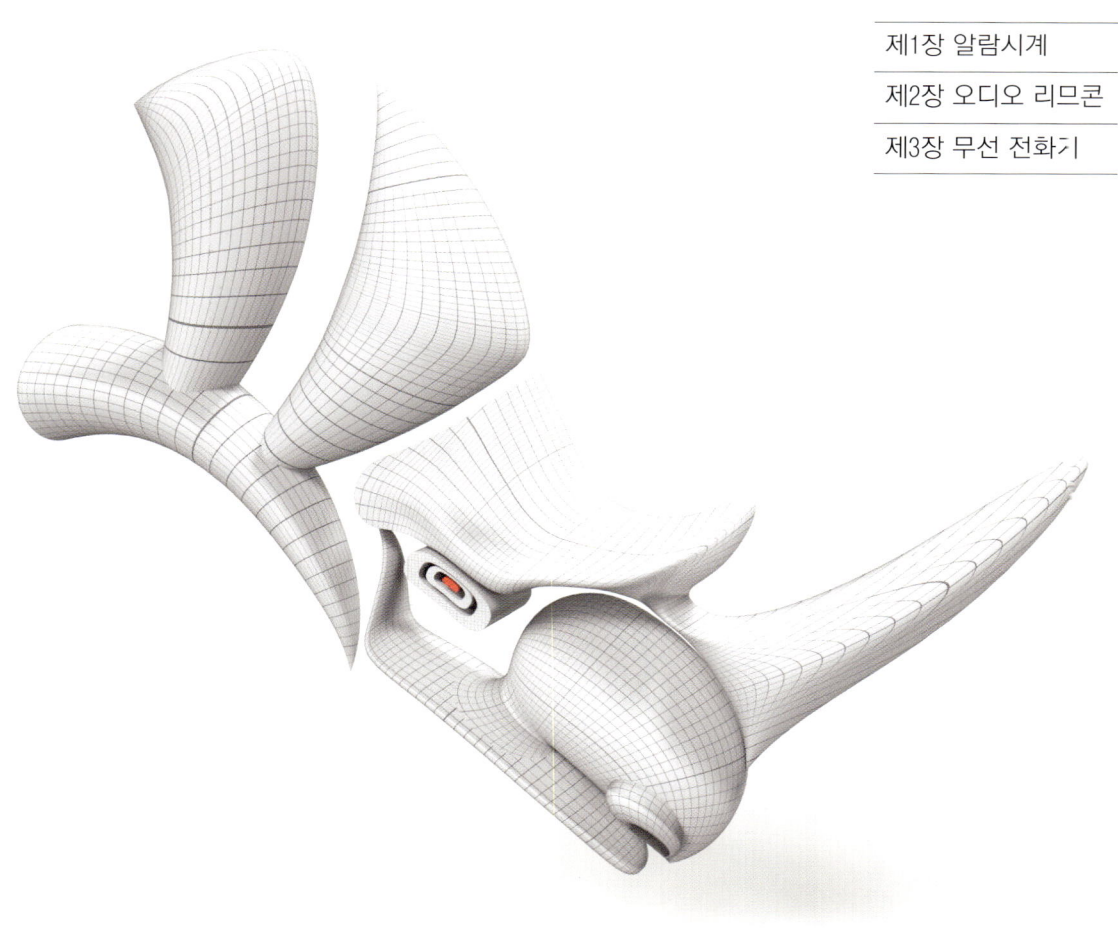

제1장 알람 시계
Alarm Clock

알람시계

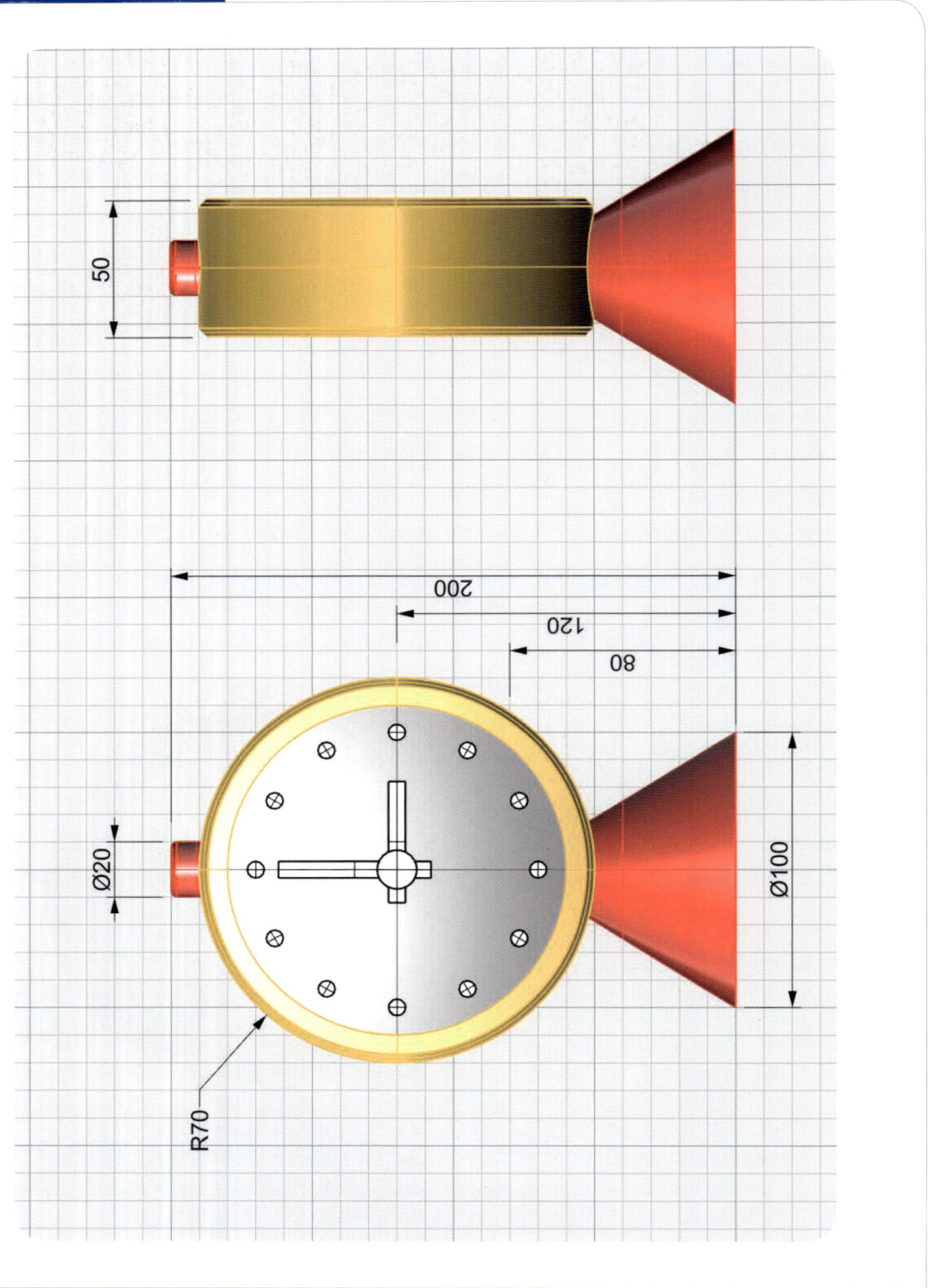

 **눈금**

예제 2-1 알람시계〉 알람시계-A 파일을 연다.

오브젝트 스냅(Object Snap)과 검볼(Gumball) 설정

1 화면 하단의 "Osnap" 툴바에서 "End"와 "Int"를 체크한다. ("Osnap" 툴바가 보이지 않으면, 화면 하단의 상태바(Status Bar)에서 "Osnap" 칸을 클릭하여 툴바를 표시한다.)

2 화면 하단의 상태바(Status Bar)에서 "Gumball" 칸을 체크하여 활성화시킨다.

1.1 Circle : Center, Radius

원을 그린다.

1 Main Toolbar〉 Circle: Center, Radius 버튼을 클릭한다.

2 중심점을 지정하기 위해 점 Ⓐ를 클릭한다. 반지름을 지정하기 위해 "60"을 입력하고 Enter↵ 키를 누른다. 오른쪽 그림처럼 원을 그린다.

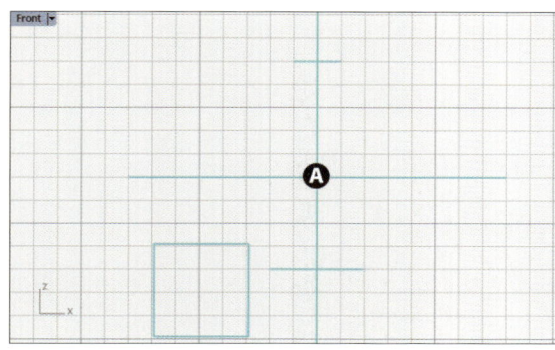
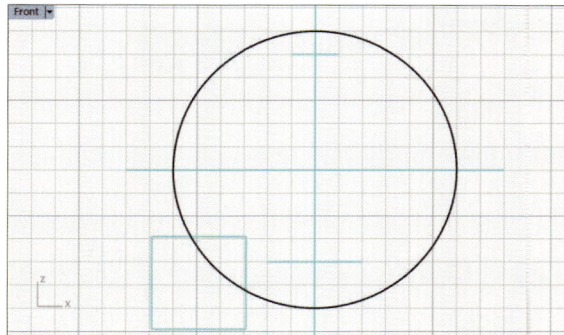

1.2 Circle : Center, Radius

눈금으로 사용할 원을 그린다.

1 Main Toolbar〉 Circle: Center, Radius 버튼을 클릭한다.

2 중심점을 지정하기 위해 점 Ⓐ를 클릭한다. 반지름을 지정하기 위해 "3"을 입력하고 Enter↵ 키를 누른다. 오른쪽 그림처럼 눈금으로 사용할 원을 그린다.

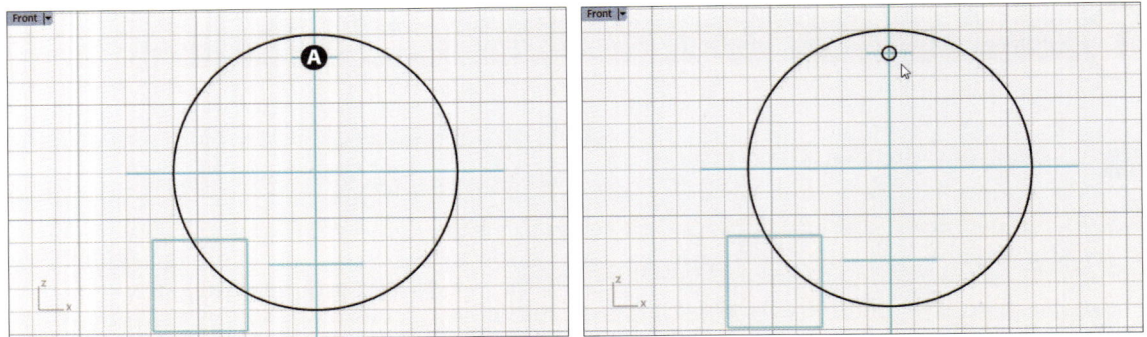

1.3 Extrude Straight

눈금으로 사용할 원을 돌출(Extrude)시킨다.

1 **Main Toolbar〉Surface From 3 Or 4 Corner Points** 버튼을 클릭하고 잠시 기다리면 Surface Toolbar가 표시된다. Surface Toolbar에서 Extrude Straight 버튼을 클릭한다.

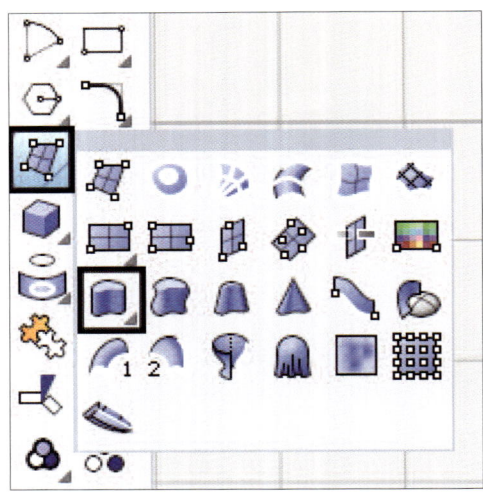

2 원 **A**를 클릭하고 Enter 키를 눌러서 선택을 끝낸다. 명령어 창에서 옵션을 "Bothsides=No, Solid=Yes"로 설정한다.

3 오른쪽 그림처럼 돌출(Extrude)시킬 방향인 왼쪽으로 마우스를 이동한다.

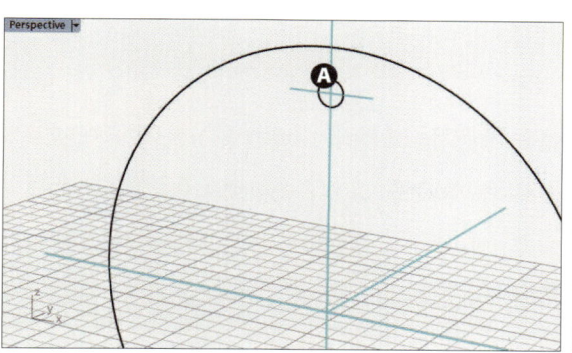 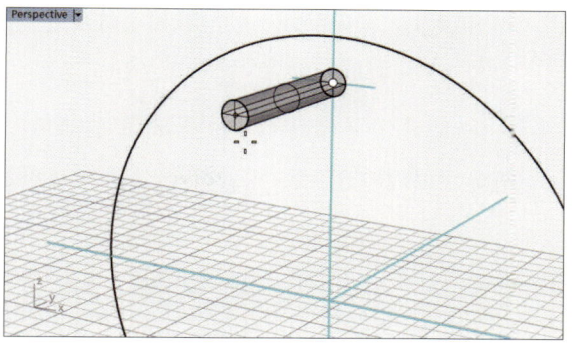

4 돌출(Extrude)시킬 거리 "3"을 입력하고 [Enter↵] 키를 누른다. 아래 그림처럼 눈금을 만든다.

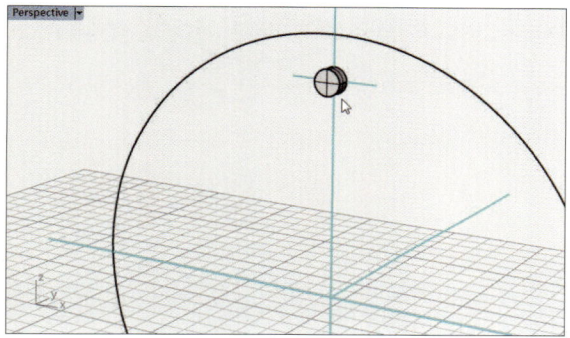

1.4 Polar Array

눈금을 원형으로 12개 복사한다.

1 **Main Toolbar〉Rectangular Array** 버튼을 클릭하고 잠시 기다리면 Array 툴바가 표시된다. Array 툴바에서 Polar Array 버튼을 클릭한다.

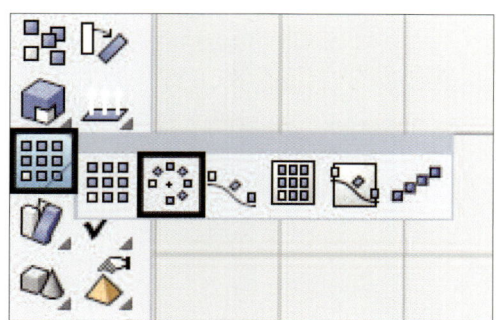

2 배열(Array) 시킬 오브젝트 **A**를 클릭하고 [Enter↵] 키를 누른다. 배열의 중심점을 지정하기 위

해 점 **B**를 클릭한다. 개수를 지정하기 위해 "12"를 입력하고 [Enter↵] 키를 누른다. 채울 각도를 지정하기 위해 "360"을 입력하고 [Enter↵] 키를 누른다.

3 미리보기가 표시된다. [Enter↵] 키를 눌러서 작업을 끝낸다. 오른쪽 그림처럼 12개의 눈금을 원형으로 배열하였다.

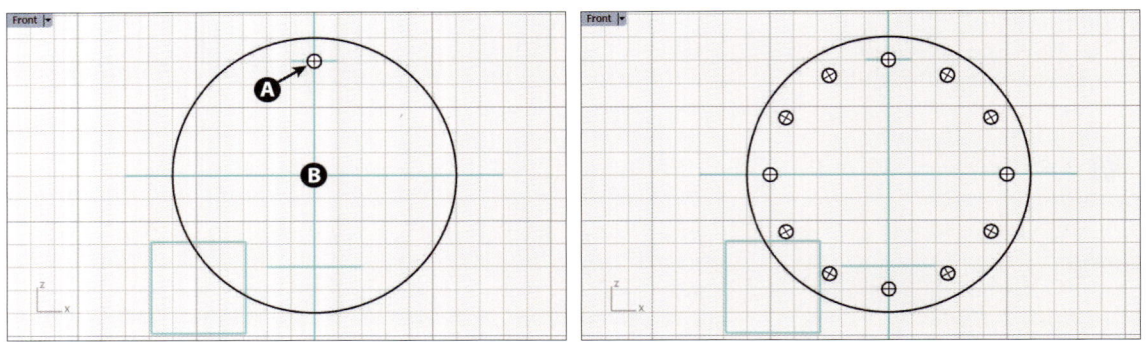

2 시계바늘

2.1 Rectangle: Center, Corner

시침용 사각형을 그린다.

1 **Main Toolbar> Rectangle: Corner To Corner** 버튼을 클릭하고 잠시 기다리면 Rectangle 툴바가 표시된다. Rectangle 툴바에서 Rectangle: Center, Corner 버튼을 클릭한다.

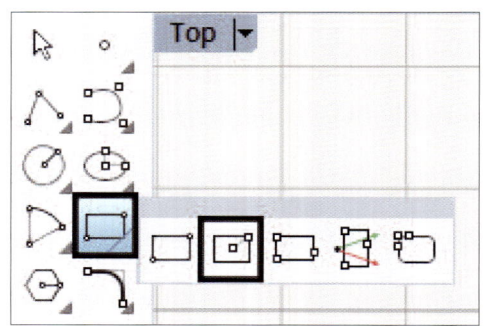

2 사각형의 중심점 **A**를 클릭한다. 중심점으로부터 모서리점까지의 거리를 상대좌표로 지정하기 위해 "R22,3"을 입력하고 [Enter↵] 키를 누른다. 오른쪽 그림처럼 사각형을 그렸다.

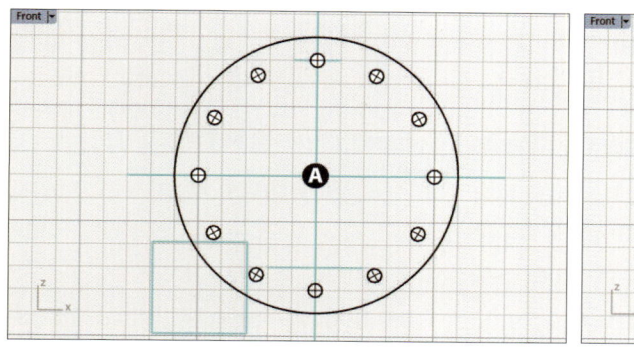 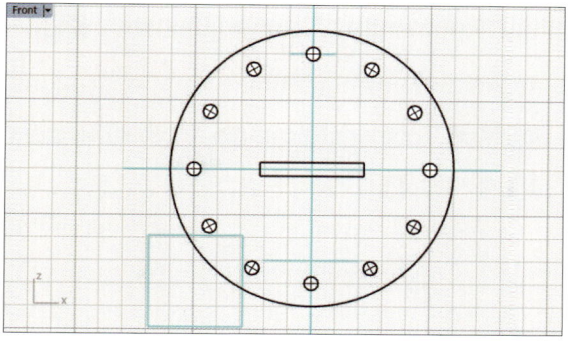

3 사각형 **B**를 클릭한다. 왼쪽 그림처럼 선택한 사각형의 중심에 검볼(Gumball)이 표시된다. 사각형을 오른쪽으로 이동하기 위해, 검볼(Gumball)의 X-축 방향의 이동 핸들(Move Handle)인 빨간색 화살표를 클릭한다. 오른쪽 그림처럼 치수를 입력할 수 있는 사각형이 표시된다. 사각형 안에 "10"을 입력하고 Enter 키를 누른다.

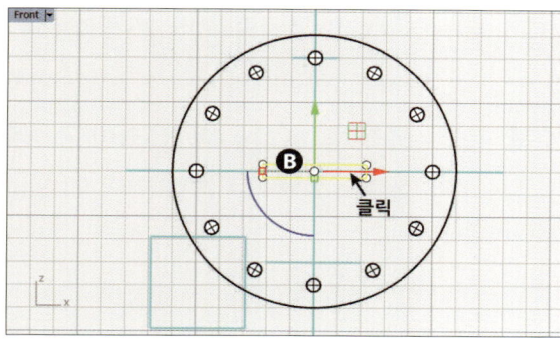 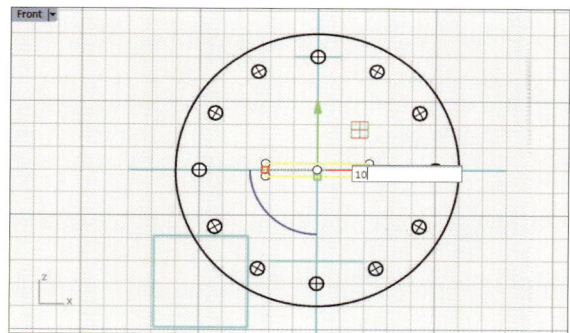

4 아래 그림처럼 사각형을 X-축 방향으로 "10"만큼 이동시켰다.

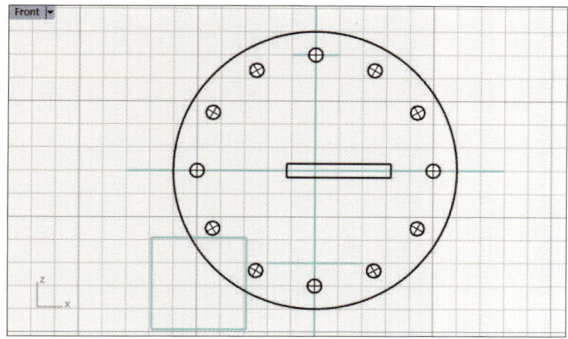

2.2 Rectangle: Center, Corner

분침용 사각형을 그린다.

1 Main Toolbar〉Rectangle Toolbar〉Rectangle: Center, Corner 버튼을 클릭한다.

2 중심점 **A**를 클릭한다. 중심점으로부터 모서리점까지의 거리를 상대좌표로 지정하기 위해 "R3,27"을 입력하고 Enter↵ 키를 누른다. 오른쪽 그림처럼 사각형을 그렸다.

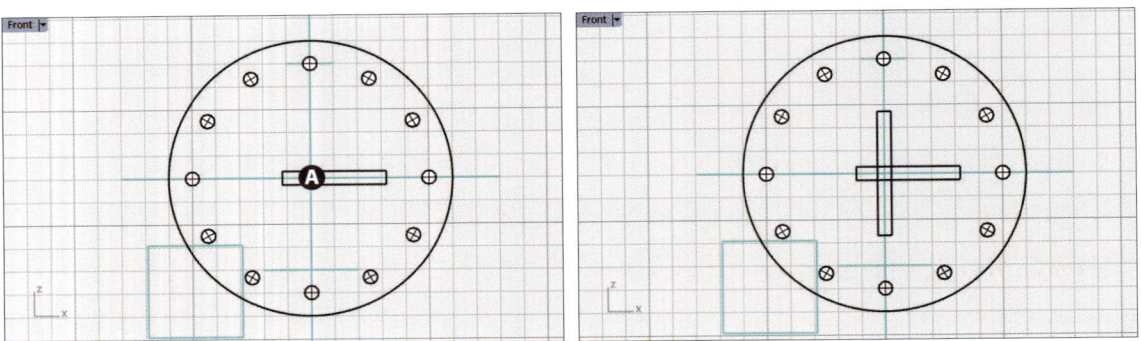

3 사각형 **C**를 클릭한다. 선택한 사각형의 중심에 검볼(Gumball)이 표시된다. 사각형을 위쪽으로 이동하기 위해, 검볼(Gumball)의 Y-축 방향의 이동 핸들(Move Handle)인 녹색 화살표를 클릭한다. 치수를 입력할 수 있는 사각형이 표시된다. 사각형 안에 "15"를 입력하고 Enter↵ 키를 누른다.

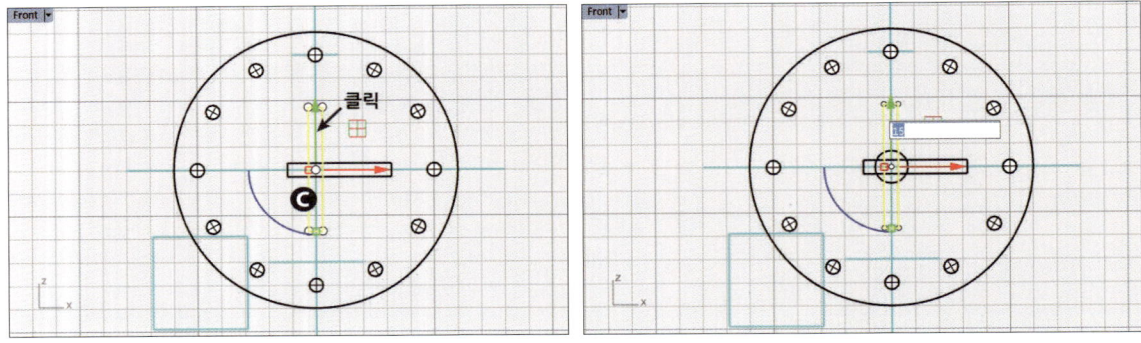

4 오른쪽 그림처럼 사각형을 Y-축 방향으로 "15"만큼 이동시켰다.

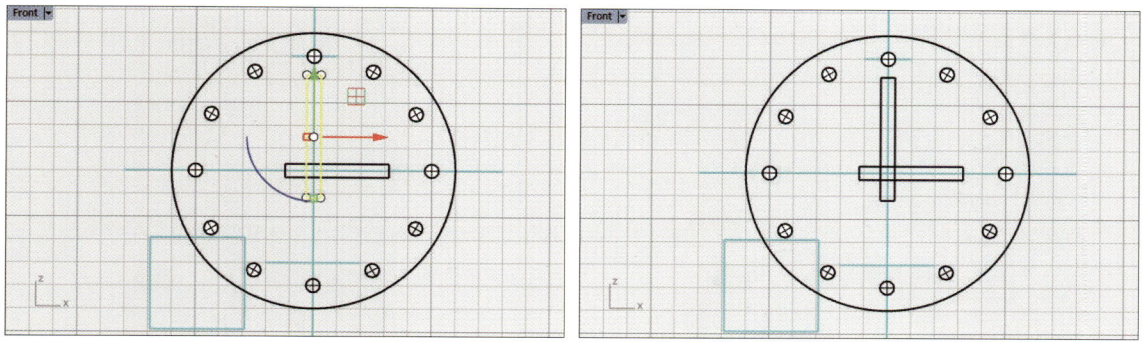

2.3 Circle: Center, Radius

시침과 분침을 고정시킬 고정핀으로 사용할 원을 그린다.

1 Main Toolbar〉Circle: Center, Radius 버튼을 클릭한다.

2 중심점을 지정하기 위해 점 **A**를 클릭한다. 반지름을 지정하기 위해 "7"을 입력하고 [Enter⏎] 키를 누른다. 오른쪽 그림처럼 고정핀으로 사용할 원을 그렸다.

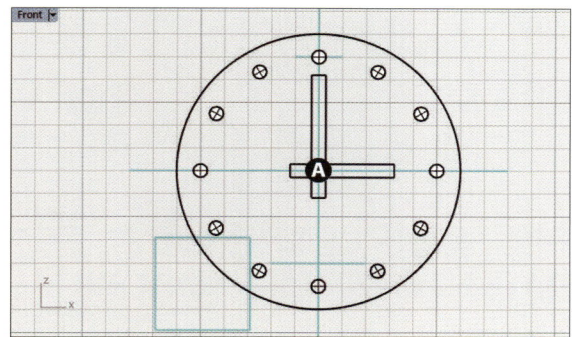
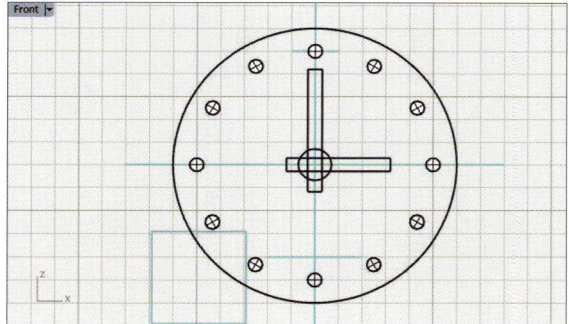

2.4 Extrude Straight

시침과 분침 및 고정핀으로 사용할 사각형과 원을 돌출(Extrude)시킨다.

1 Main Toolbar〉Surface From 3 Or 4 Corner Points 버튼을 클릭하고 잠시 기다리면 Surface Toolbar가 표시된다. Surface Toolbar에서 Extrude Straight 버튼을 클릭한다.

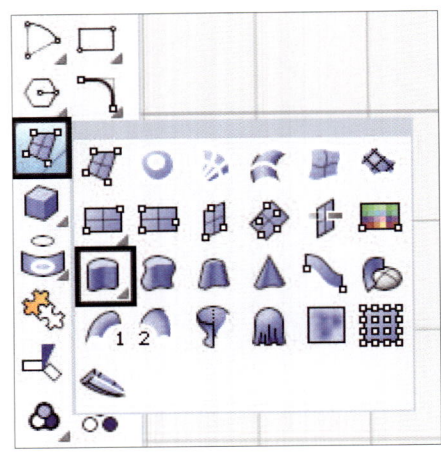

2 원 **A**와 사각형 **B**, **C**를 클릭하고 Enter 키를 눌러서 선택을 끝낸다.

3 명령어 창에서 옵션을 "Both sides=No, Solid=Yes"로 설정한다. 오른쪽 그림처럼 돌출(Extrude) 시킬 방향인 왼쪽으로 마우스를 이동한다.

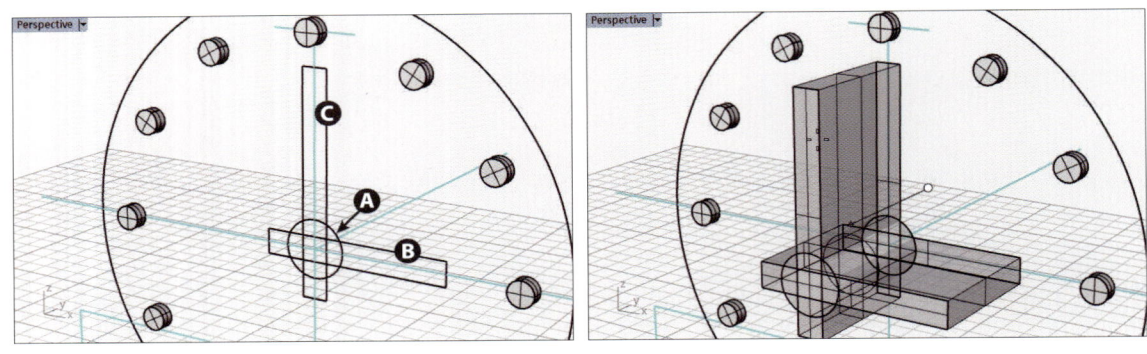

4 돌출(Extrude)시킬 거리 "1"을 입력하고 Enter 키를 누른다. 아래 그림처럼 3개의 커브를 Y-축 방향으로 "-1"만큼 돌출시켰다.

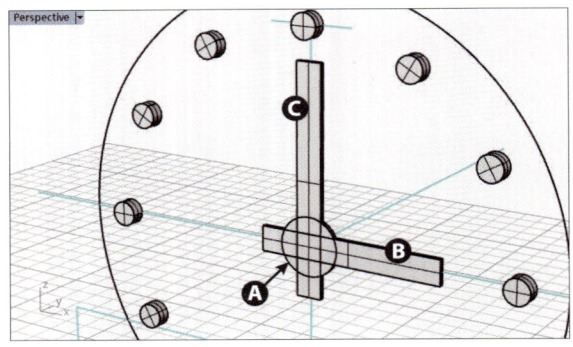

340 제2부_초급 모델링 예제

2.5 Move With Gumball

시침과 분침 및 고정핀을 Y-축 방향으로 "-2"만큼 이동시킨다.

1 [Shift] 키를 누른 상태에서 돌출(Extrude) 시킨 오브젝트 **A**, **B**, **C**를 클릭하여 선택한다. 검볼(Gumball)이 표시된다.

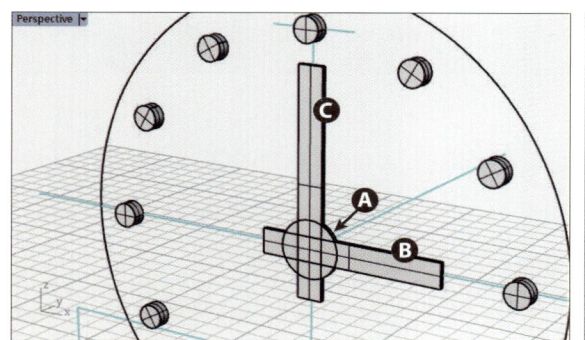 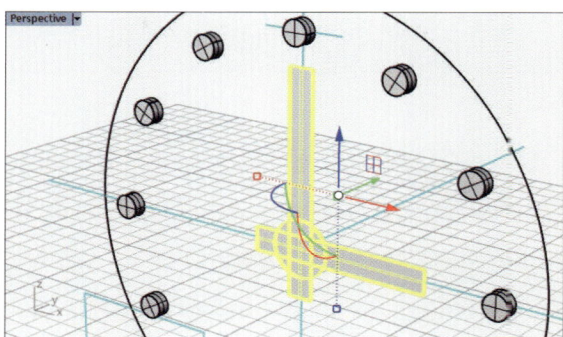

2 Y-축 방향의 이동 핸들(Move Handle)인 녹색 화살표를 클릭한다. 치수를 입력할 수 있는 사각형이 표시된다. 사각형 안에 "-2"를 입력하고 [Enter↵] 키를 누른다. 오른쪽 그림처럼 3개의 오브젝트들을 Y-축 방향으로 "-2"만큼 이동시켰다.

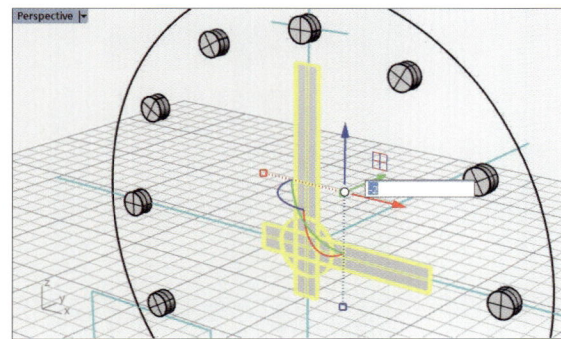 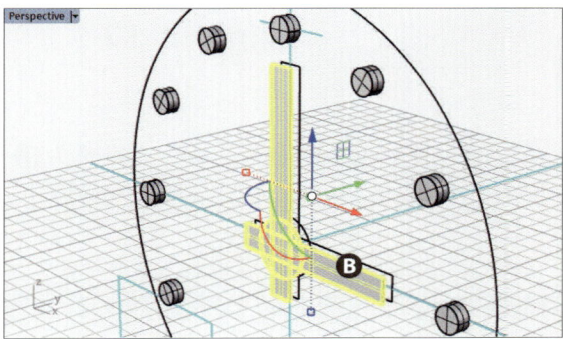

3 [Ctrl] 키를 누른 상태에서 시침 오브젝트 **B**를 클릭한다. 오른쪽 그림처럼 시침 **B**를 선탁에서 제외시킨다.

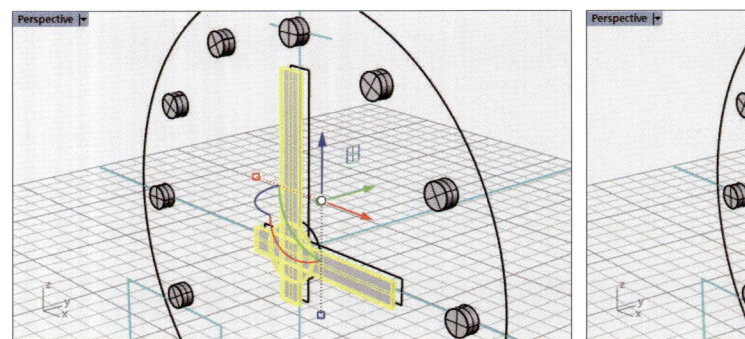
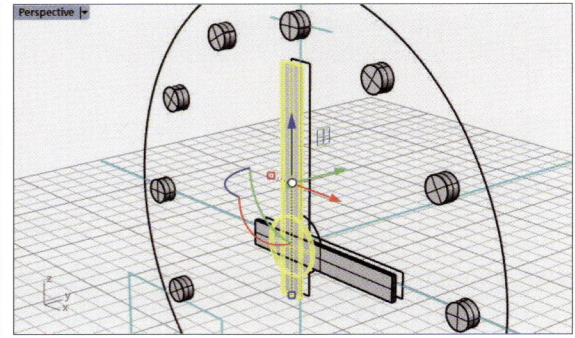

4 Y-축 방향의 이동 핸들(Move Handle)인 녹색 화살표를 클릭한다. 치수를 입력할 수 있는 사각형이 표시된다. 사각형 안에 "-2"를 입력하고 Enter 키를 누른다. 오른쪽 그림처럼 2개의 오브젝트들을 Y-축 방향으로 "-2"만큼 이동시켰다.

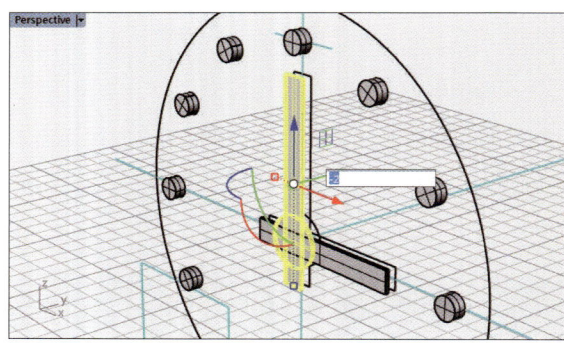
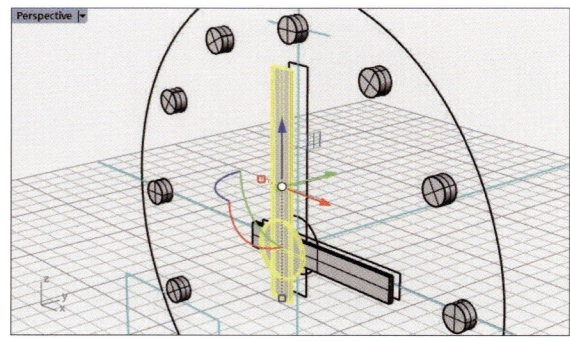

5 Ctrl 키를 누른 상태에서 분침 오브젝트 **C**를 클릭하여 분침 **C**를 선택에서 제외시킨다. 위에서 사용한 방법과 같은 방법으로 고정핀 오브젝트 A를 Y-축 방향으로 "-2"만큼 이동시킨다.

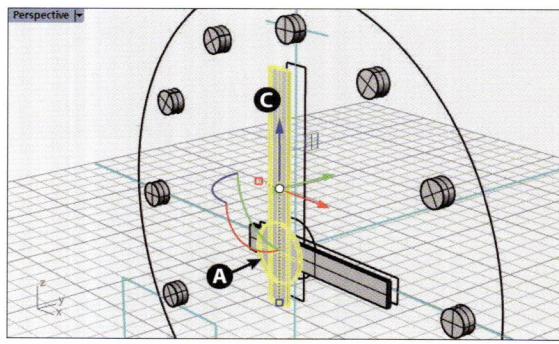
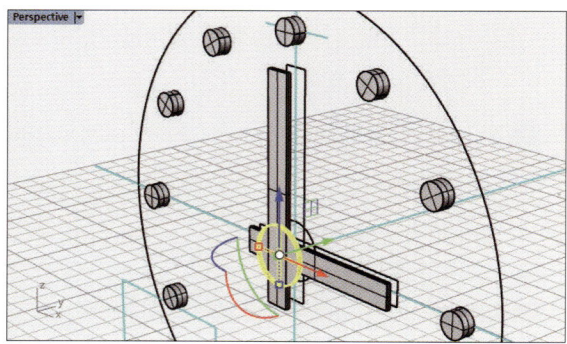

3 무브먼트

3.1 Rectangle: Corner To Corner

1 Main Toolbar〉 Rectangle: Corner To Corner 버튼을 클릭한다.

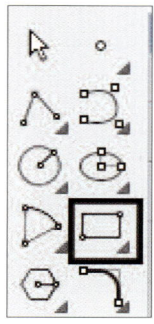

2 점 Ⓐ를 클릭한다. 대각선 꼭지점을 상대좌표로 지정하기 위해 "R58,58"을 입력하고 Enter↵ 키를 누른다. 오른쪽 그림처럼 사각형을 그린다.

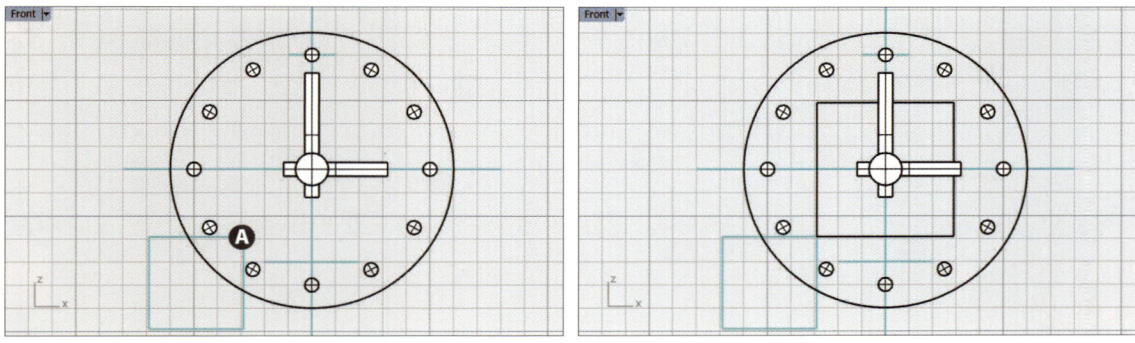

3.2 Extrude Straight

무브먼트로 사용할 사각형을 돌출(Extrude)시킨다.

1 Main Toolbar〉 Surface From 3 Or 4 Corner Points 버튼을 클릭하고 잠시 기다리면 Surface Toolbar가 표시된다. Surface Toolbar에서 Extrude 버튼을 클릭한다.

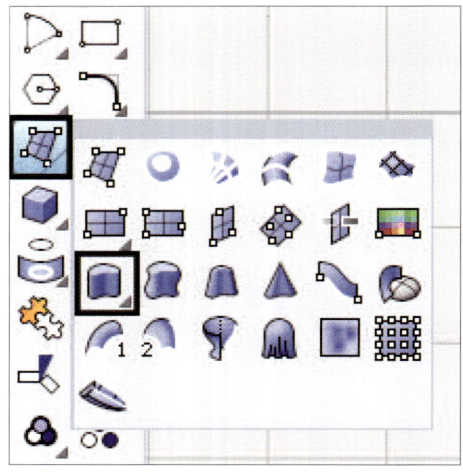

2 사각형 **A**를 클릭하고 Enter 키를 눌러서 선택을 끝낸다. 명령어 창에서 옵션을 "Bothsides=No, Solid=Yes"로 설정한다.

3 오른쪽 그림처럼 돌출(Extrude)시킬 방향인 오른쪽으로 마우스를 이동한다.

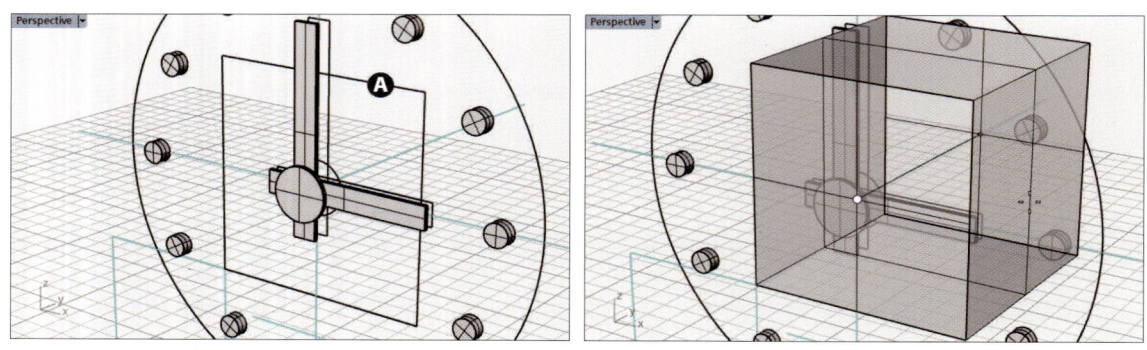

4 돌출(Extrude) 시킬 거리 "16"을 입력하고 Enter 키를 누른다. 오른쪽 그림처럼 무브먼트로 사용할 오브젝트를 만들었다.

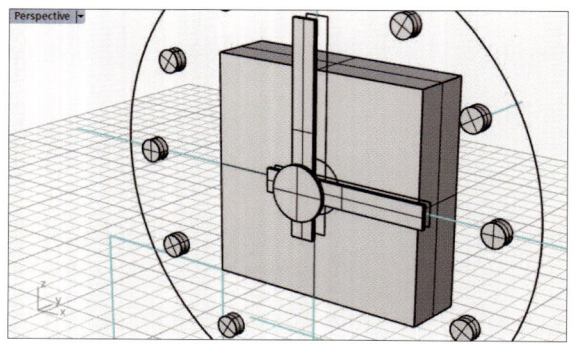

3.3 Move With Gumball

1 검볼(Gumball)을 사용하여 무브먼트 오브젝트 A를 Y-축 방향으로 "3"만큼 이동시키도록 한다.

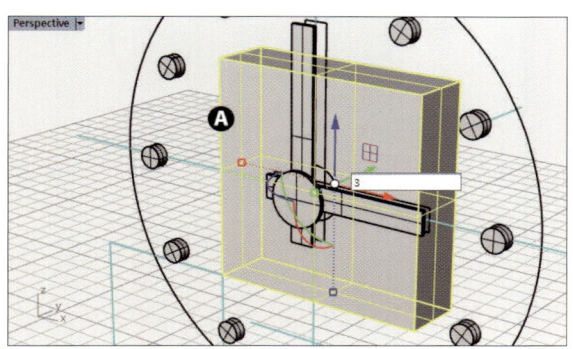 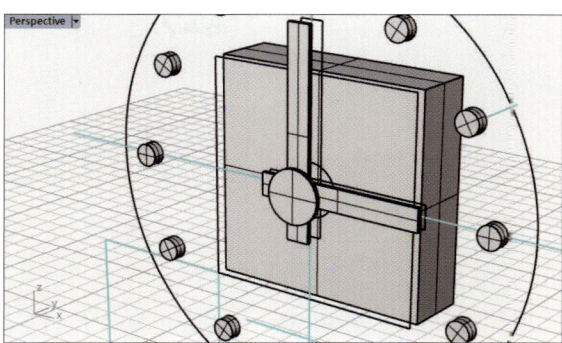

4 몸체

4.1 Offset Curve

1 Main Toolbar〉 Fillet Curves 버튼을 클릭하고 잠시 기다리면 Curve Tools 툴바가 표시된다. Curve Tools 툴바에서 Offset Curve 버튼을 클릭한다.

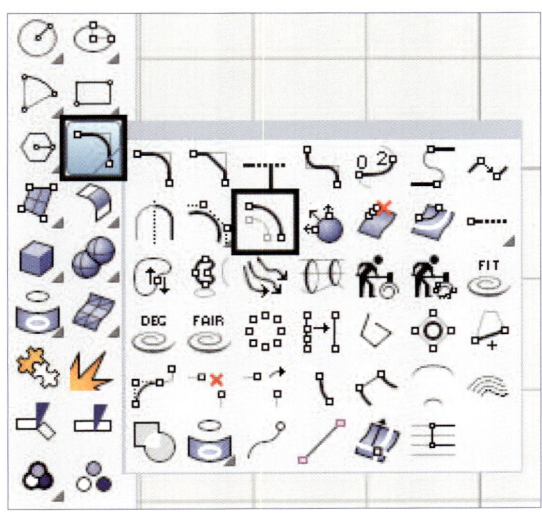

2 명령어 창에서 "Distance" 옵션을 클릭한다. "10"을 입력하고 Enter 키를 누른다. 원 **A**를 클릭하고 선택한 원의 바깥쪽을 클릭한다. 오른쪽 그림처럼 원 **A**를 바깥쪽으로 복사하였다.

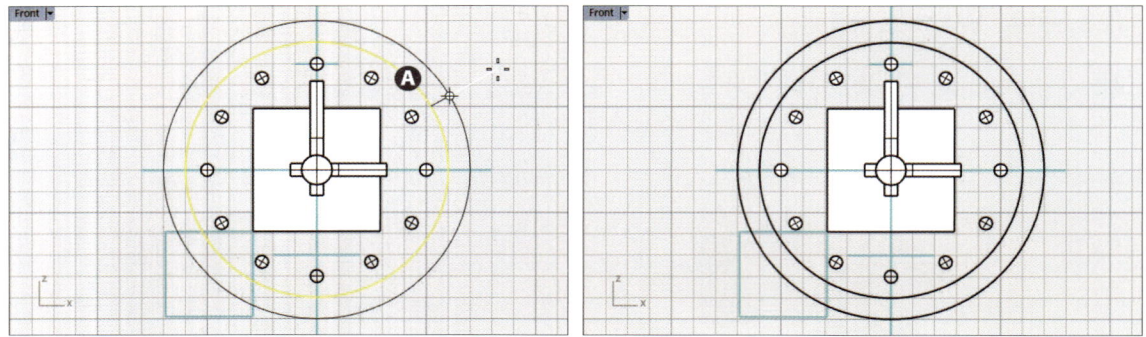

4.2 Extrude Straight

몸체로 사용할 2개의 원을 돌출(Extrude)시킨다.

1 Main Toolbar〉 Surface From 3 Or 4 Corner Points 버튼을 클릭하고 잠시 기다리면 Surface Toolbar가 표시된다. Surface Toolbar에서 Extrude Straight 버튼을 클릭한다.

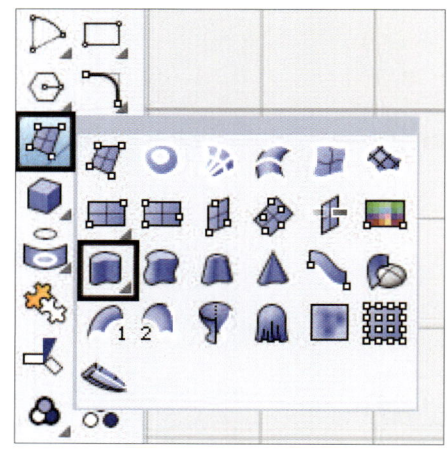

2 원 **A**, **B**를 클릭하고 Enter↵ 키를 눌러서 선택을 끝낸다. 명령어 창에서 옵션을 "Bothsides=No, Solid=Yes"로 설정한다.

3 오른쪽 그림처럼 돌출(Extrude)시킬 방향인 오른쪽으로 마우스를 이동한다.

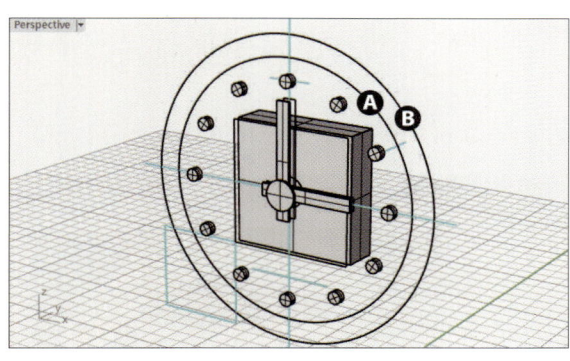
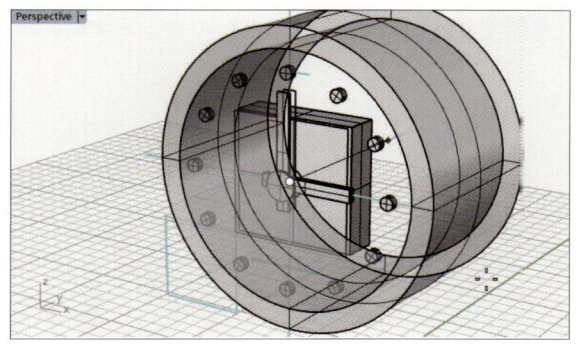

4 돌출시킬 거리 "50"을 입력하고 Enter 키를 누른다. 오른쪽 그림처럼 몸체로 사용할 원형 오브젝트를 만든다.

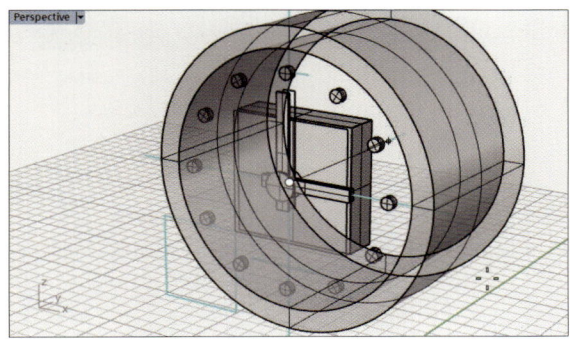
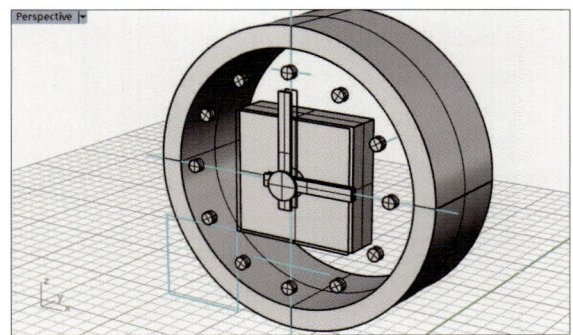

4.3 Change Object Color

오브젝트의 색상을 변경한다.

1 색상을 변경할 오브젝트 Ⓐ를 클릭한다.

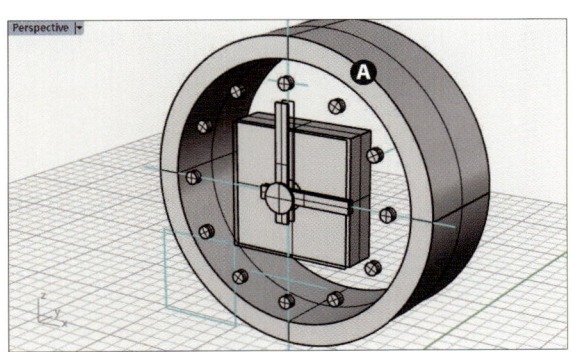

2 **Properties 패널〉Display Color〉Other**를 클릭한다. Select Color 창이 표시된다. "Gold"를 클릭하고 OK버튼을 누른다.

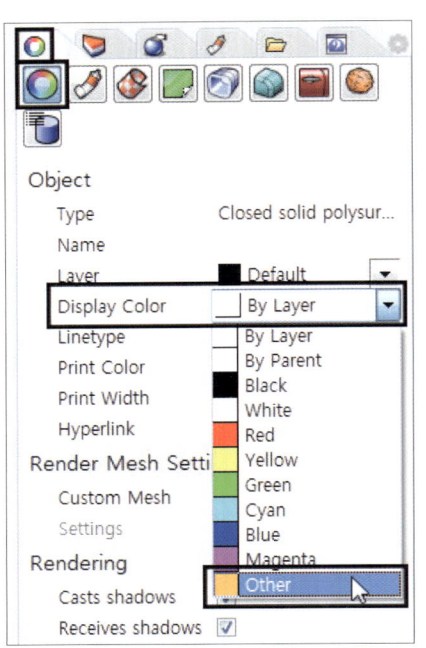 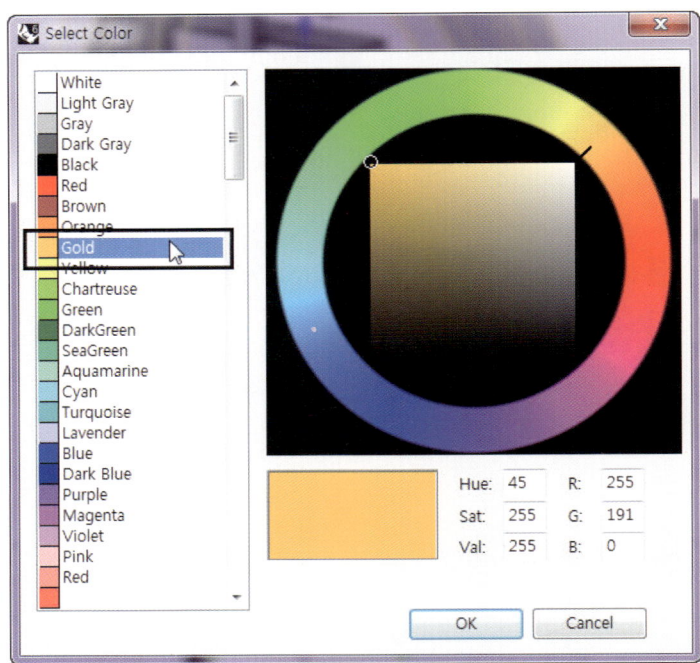

3 오브젝트 **Ⓐ**의 색상이 변경되었다.

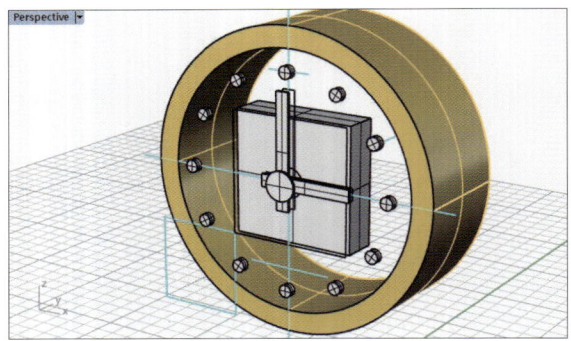

4.4 Move With Gumball

1 검볼(Gumball)을 사용하여 몸체 오브젝트 **Ⓐ**를 Y-축 방향으로 "-10"만큼 이동시키도록 한다.

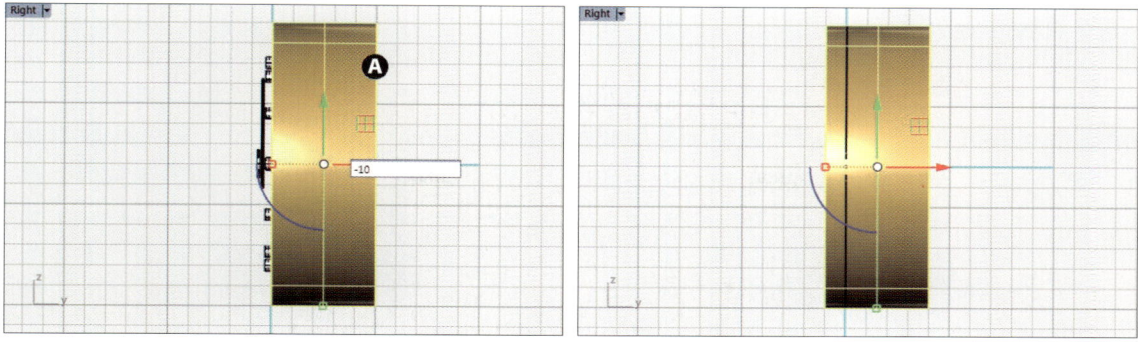

5 받침대

5.1 Polylines

1 Main Toolbar〉Polylines 버튼을 클릭한다.

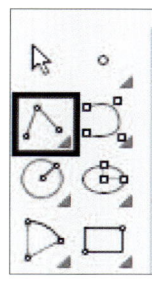

2 점 Ⓐ, Ⓑ, Ⓒ를 클릭하여 선을 그린다. Enter↵ 키를 눌러서 명령을 끝낸다.

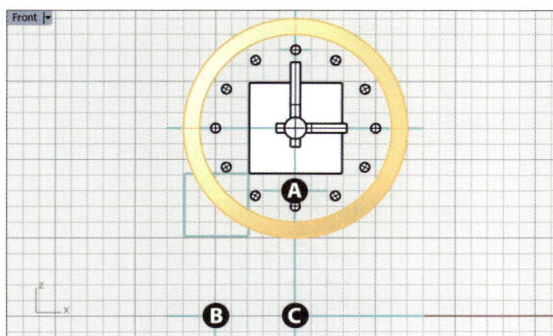
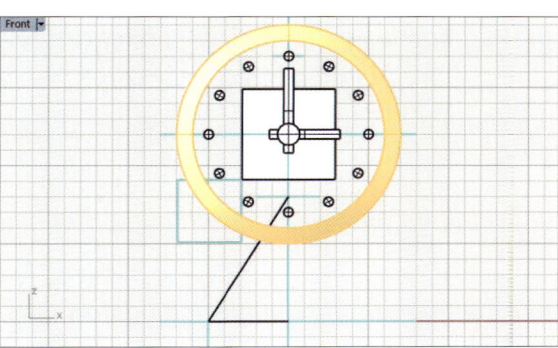

5.2 Revolve

단면커브를 회전시켜서 서피스를 만든다.

1 **Main Toolbar〉 Surface From 3 Or 4 Corner Points** 버튼을 클릭하고 잠시 기다리면 Surface Toolbar가 표시된다. Surface Toolbar에서 Revolve 버튼을 클릭한다.

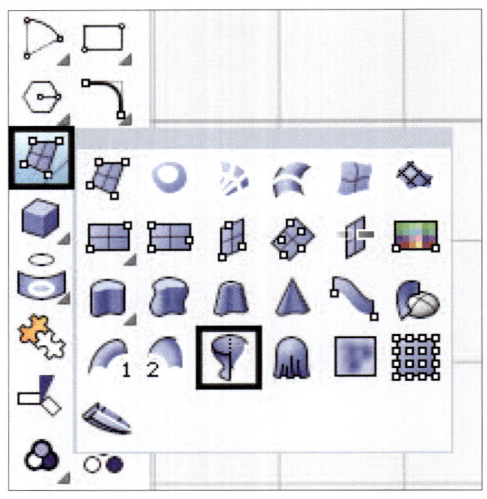

2 회전시킬 단면커브 Ⓐ를 클릭하고 Enter 키를 눌러서 선택을 끝낸다. 회전축의 시작점과 끝점을 지정하기 위해 점 Ⓑ, Ⓒ를 클릭한다. 명령어 창의 옵션에서 "Full Circle"을 클릭한다. 오른쪽 그림처럼 커브 Ⓐ를 360°회전시킨 오브젝트를 만들었다.

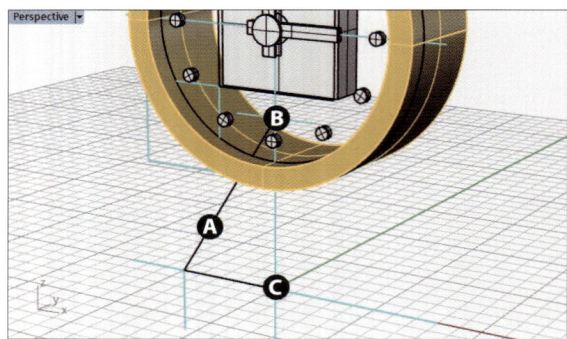 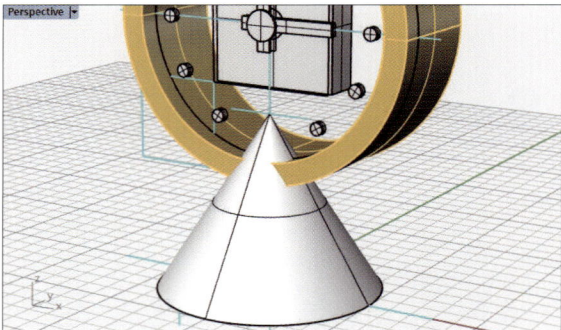

5.3 Move With Gumball

1 검볼(Gumball)을 사용하여 받침대 오브젝트 **Ⓐ**를 Y-축 방향으로 "15"만큼 이동시킨다.

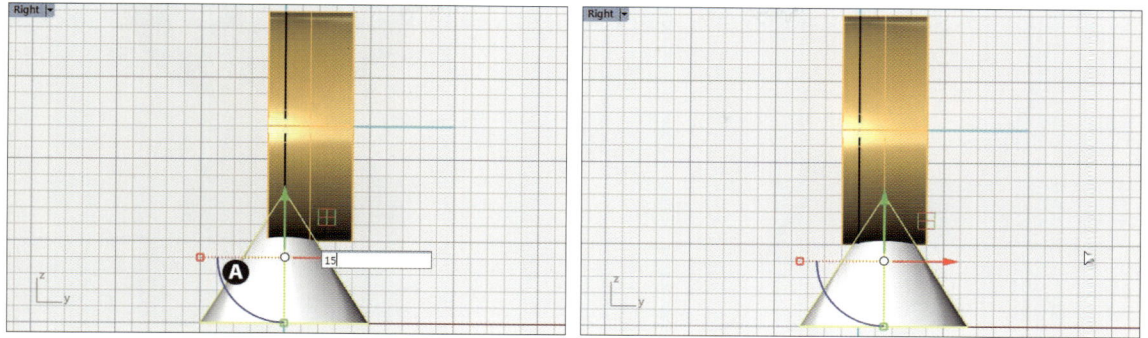

5.4 Change Object Color

받침대 오브젝트의 색상을 변경한다.

1 색상을 변경할 오브젝트 A를 클릭한다.

2 **Properties 패널〉Display Color〉Red**를 클릭한다.

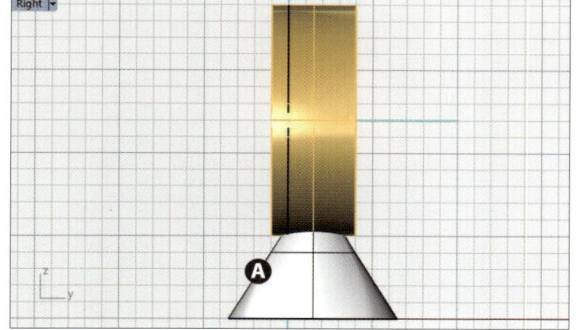
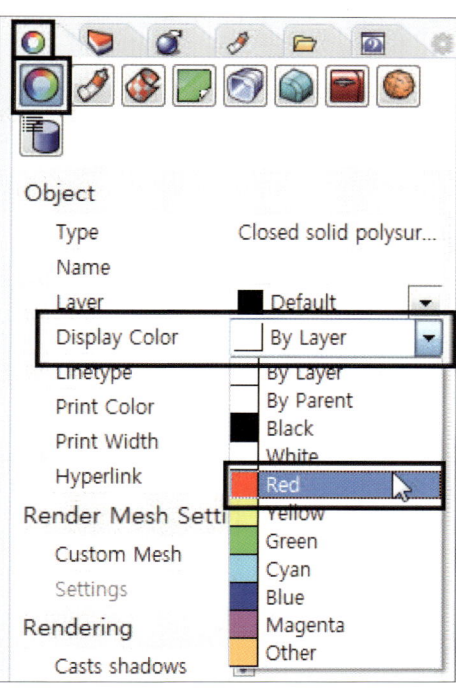

3 아래 그림처럼 받침대 오브젝트 A의 색상을 변경하였다.

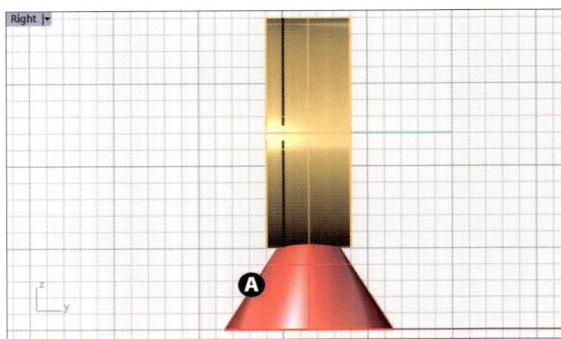

6 눈금판

6.1 Extrude Straight

눈금판으로 사용할 원을 돌출(Extrude)시킨다.

1 **Main Toolbar〉Surface From 3 Or 4 Corner Points** 버튼을 클릭하고 잠시 기다리면 Surface Toolbar가 표시된다. Surface Toolbar에서 Extrude Straight 버튼을 클릭한다.

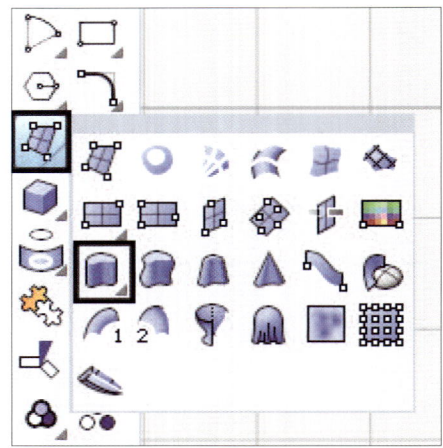

2 왼쪽 그림에서 원 A를 클릭하고 Enter 키를 눌러서 선택을 끝낸다. 명령어 창에서 옵션을 "Bothsides=No, Solid=Yes"로 설정한다.

3 오른쪽 그림처럼 돌출시킬 방향인 오른쪽으로 마우스를 이동한다.

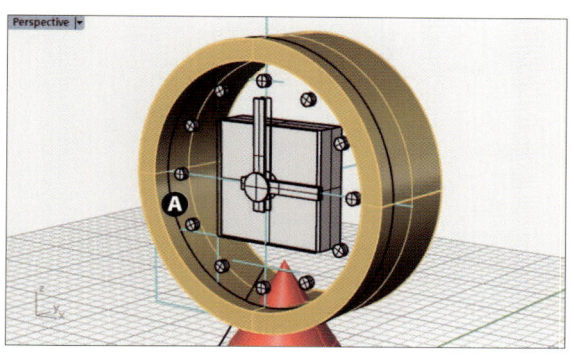 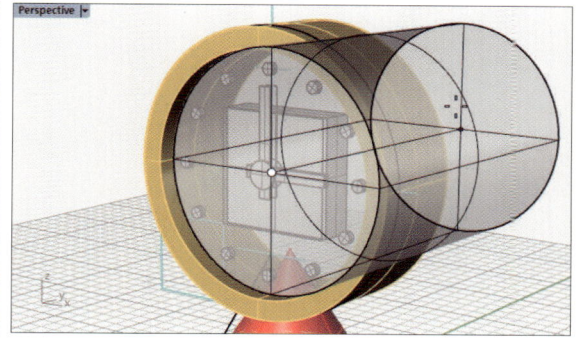

4 돌출(Extrude) 시킬 거리 "1"을 입력하고 Enter 키를 누른다. 원을 Y-축 방향으로 "1" 만큼 돌출시켰다.

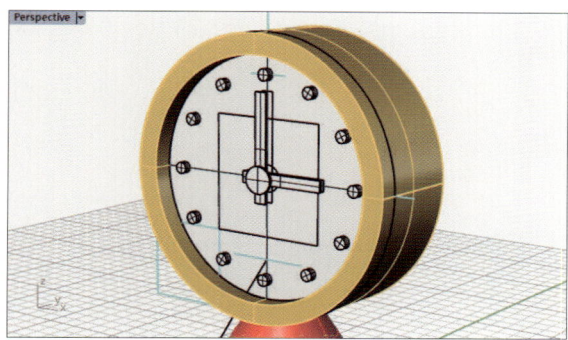

6.2 Change Object Layer

오브젝트의 레이어를 변경한다.

1 방금 만든 눈금판 오브젝트 Ⓐ를 클릭한다.

2 레이어 패널에서 "눈금판" 레이어를 오른쪽 마우스 버튼으로 클릭한다. 플라이 아웃(Flyout) 메뉴에서 "Change Object Layer" 항목을 클릭한다.

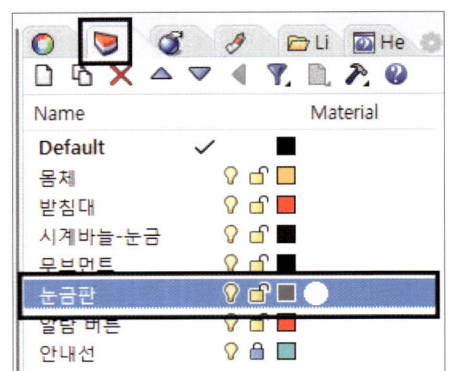
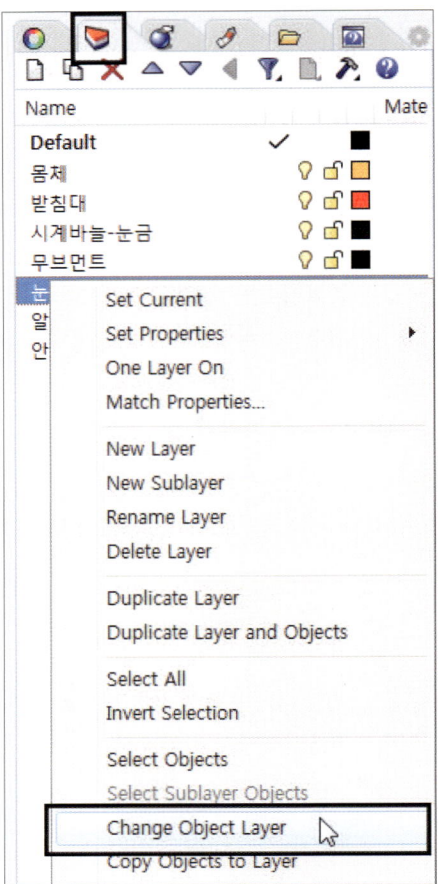

3 아래 그림처럼 눈금판 오브젝트 Ⓐ의 색상을 레이어의 색상인 진한 회색으로 변경하였다.

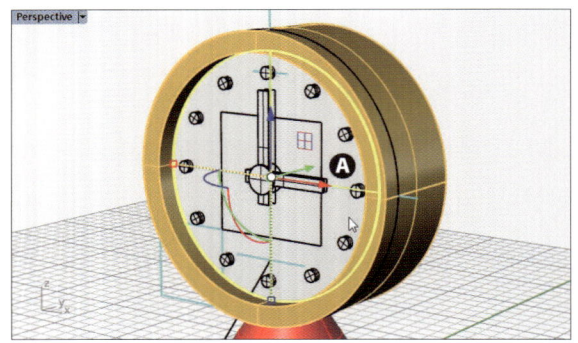
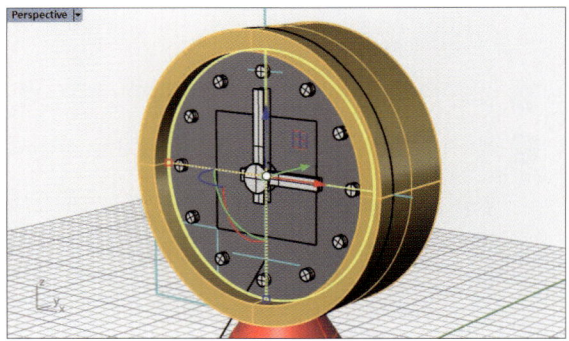

7 알람 버튼

알람 버튼으로 사용할 원기둥을 만들고, 몸체로부터 알람 버튼이 들어갈 자리를 파낸다.

7.1 Cylinder

1 **Main Toolbar〉 Box: Corner To Corner, Height** 버튼을 클릭하고 잠시 기다리면, Solid Creation 툴바가 표시된다. Solid Creation 툴바에서 Cylinder 버튼을 클릭한다.

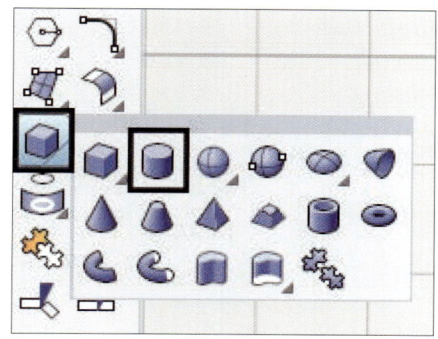

2 원기둥의 중심점으로 사용할 점 **A**를 클릭한다. 반지름을 지정하기 위해 "10"을 입력하고 Enter 키를 누른다. 원기둥의 끝을 아래쪽으로 지정하기 위해 "-18"을 입력하고 Enter 키를 누른다. 오른쪽 그림처럼 원기둥을 만들었다.

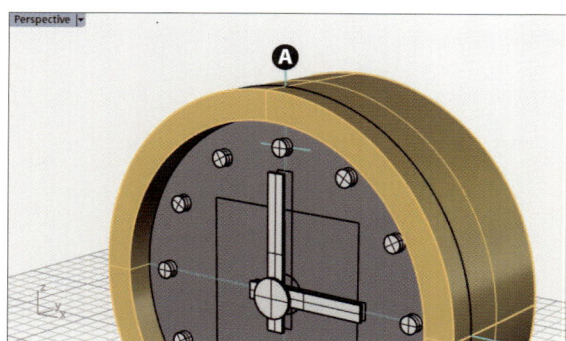

7.2 Change Object Color

버튼 오브젝트의 색상을 변경한다.

1 색상을 변경할 버튼 오브젝트 **A**를 클릭한다.

2 Properties 패널〉Display Color〉Red를 클릭한다.

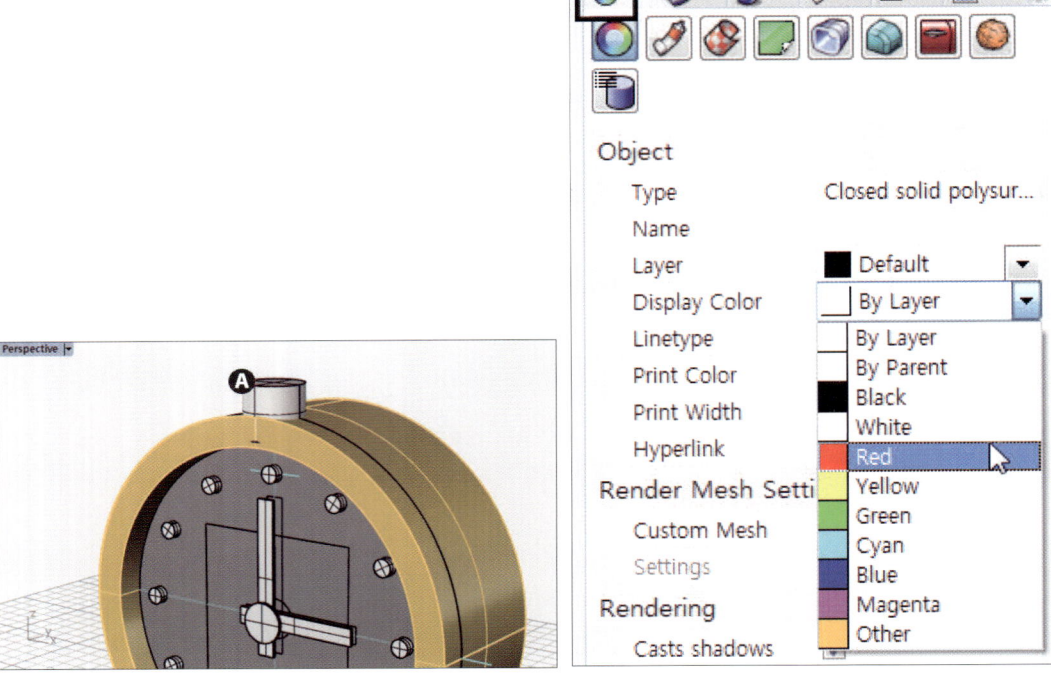

3 아래 그림처럼 버튼 오브젝트 Ⓐ의 색상이 변경된다.

7.3 Move With Gumball

1 검볼(Gumball)을 사용하여 버튼 오브젝트 Ⓐ를 Y-축 방향으로 "15"만큼 이동시키도록 한다.

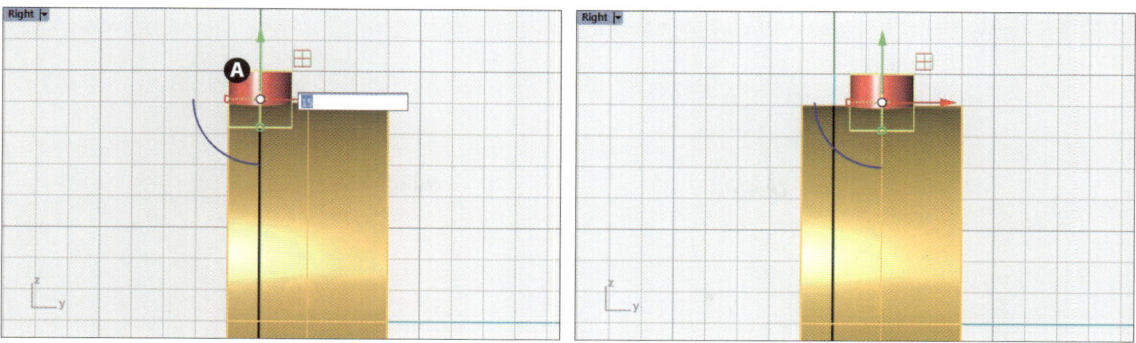

7.4 Boolean Difference

오브젝트로부터 겹친 부분을 제거한다.

1 **Main Toolbar〉Boolean Union** 버튼을 클릭하고 잠시 기다리면, Solid Tools 툴바를 표시한다. Solid Tools 툴바에서 Boolean Difference 버튼을 클릭한다.

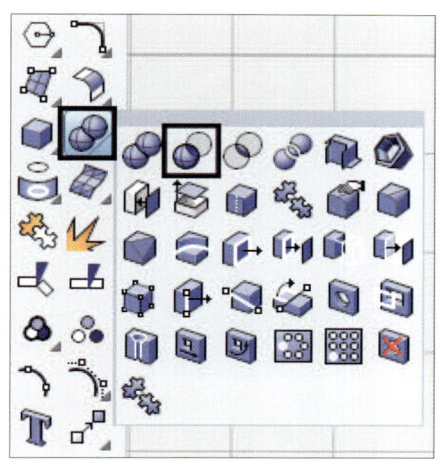

2 몸체 오브젝트 **A**를 클릭하고 [Enter] 키를 누른다. 명령어 창에서 옵션을 "Delete Input=No"로 설정한다. 오브젝트 **B**와 **C**를 클릭하고 [Enter] 키를 누른다. 왼쪽 그림과 차이가 없어 보이지만 오브젝트 **B**와 **C**가 들어갈 홈을 만든 상태이다.

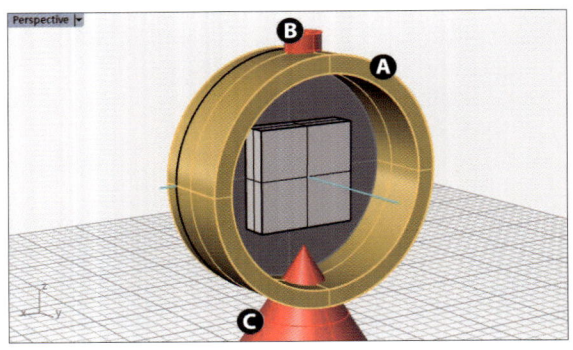 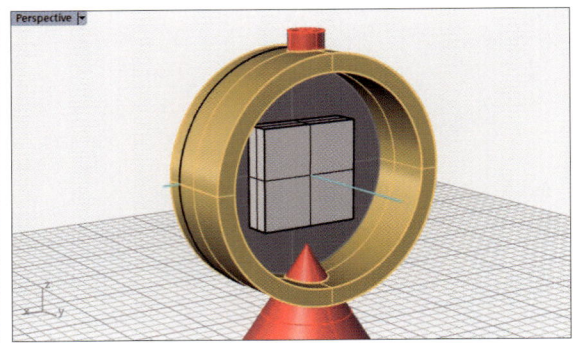

3 Standard Toolbar Group〉Standard Toolbar〉Hide Objects 버튼을 클릭한다. 오브젝트 **B**와 **C**를 클릭하고 Enter 키를 누른다. 오른쪽 그림처럼 오브젝트 A로부터 겹친 부분을 제거한 것을 확인할 수 있다.

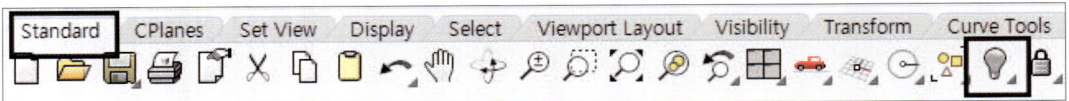

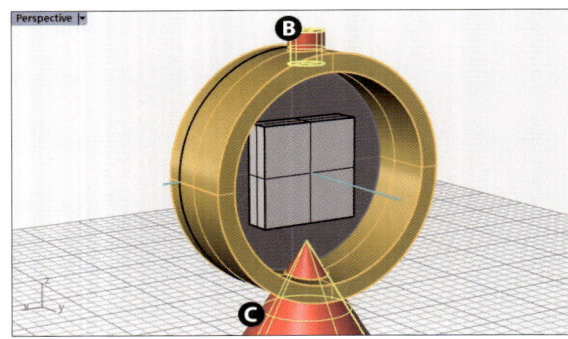 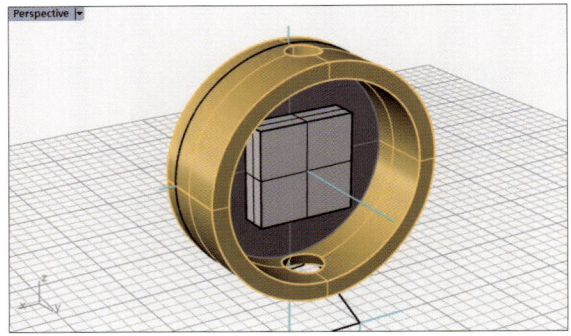

4 Standard Toolbar Group〉Standard Toolbar〉Hide Objects 버튼을 오른쪽 마우스 버튼으로 클릭한다. 숨긴 오브젝트들을 모두 화면에 표시한다.

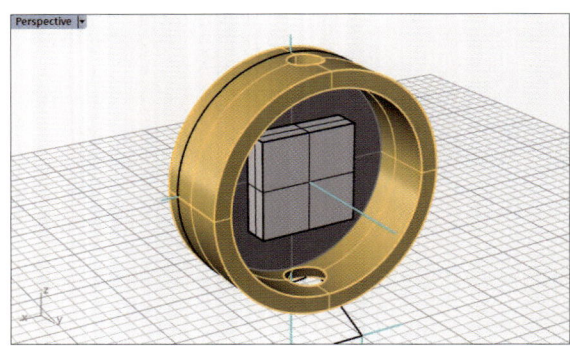 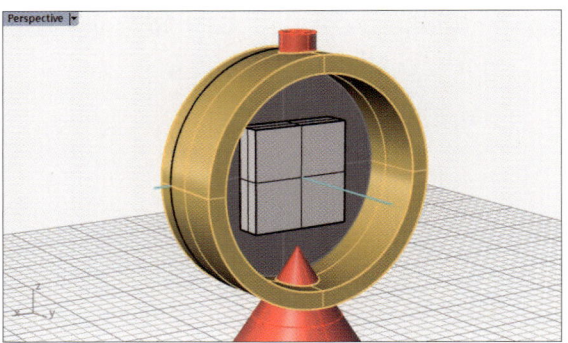

8 마무리

8.1 Chamfer Edges

1 **Main Toolbar > Boolean Union** 버튼을 클릭하고 잠시 기다리면, Solid Tools 툴바를 표시한다. Solid Tools 툴바에서 Chamfer Edges 버튼을 클릭한다.

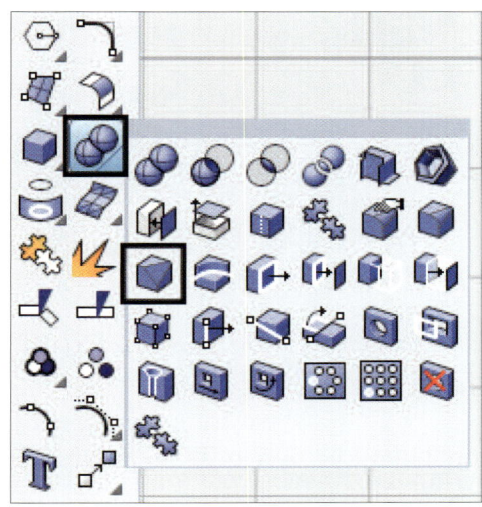

2 명령어 창의 옵션에서 "Next Chamfer Distance=3"으로 설정한다. 에지 Ⓐ와 Ⓑ를 클릭하고 Enter 키를 누른다. Chamfer Handle을 표시한다. 다시 한 번 Enter 키를 누른다. 오른쪽 그림처럼 선택한 에지들을 "C=3"으로 모따기(Chamfer)하였다.

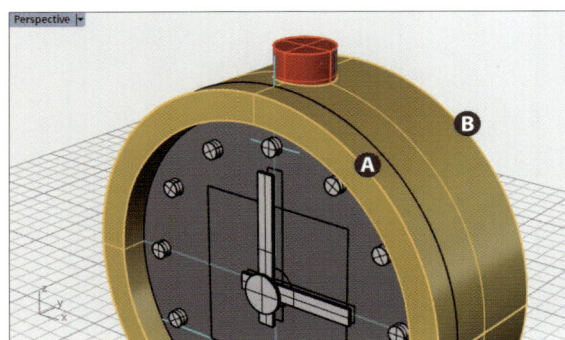 

8.2 Fillet Edges

1 **Main Toolbar〉Boolean Union** 버튼을 클릭하고 잠시 기다리면, Solid Tools 툴바를 표시한다. Solid Tools 툴바에서 Fillet Edges 버튼을 클릭한다.

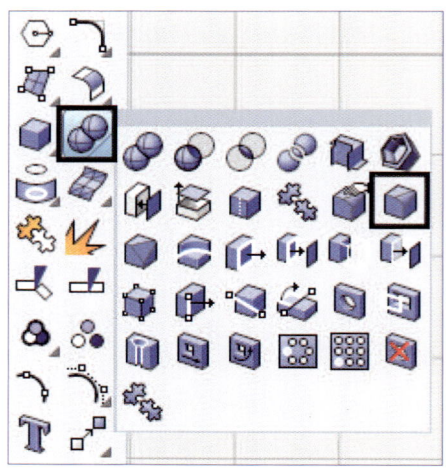

2 명령어 창의 옵션에서 "Next Radius=2"로 설정한다. 버튼의 에지 **Ⓐ**를 클릭하고 Enter 키를 누른다. 필렛 핸들(Fillet Handle)을 표시한다. 다시 한 번 Enter 키를 누른다. 오른쪽 그림처럼 선택한 에지를 "R=2"로 필렛(Fillet) 하였다.

 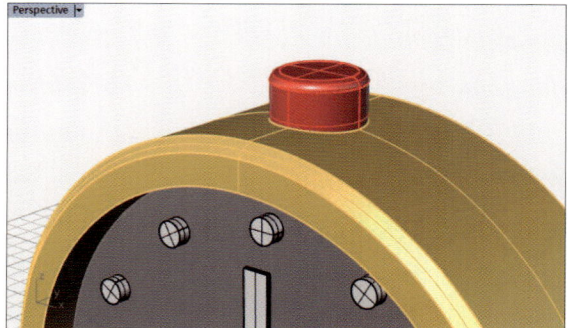

8.3 Select Curves

1 **Standard Toolbar Group〉Standard Toolbar〉Select All** 버튼을 클릭하고 잠시 기다리면 Select 툴바를 표시한다. Select 툴바에서 Select Curves 버튼을 클릭한다. 아래 오른쪽 그림처럼 화면의 모든 커브를 선택한다.(청색의 안내선들은 레이어가 잠긴 상태이기 때문에 선택되지 않는다.)

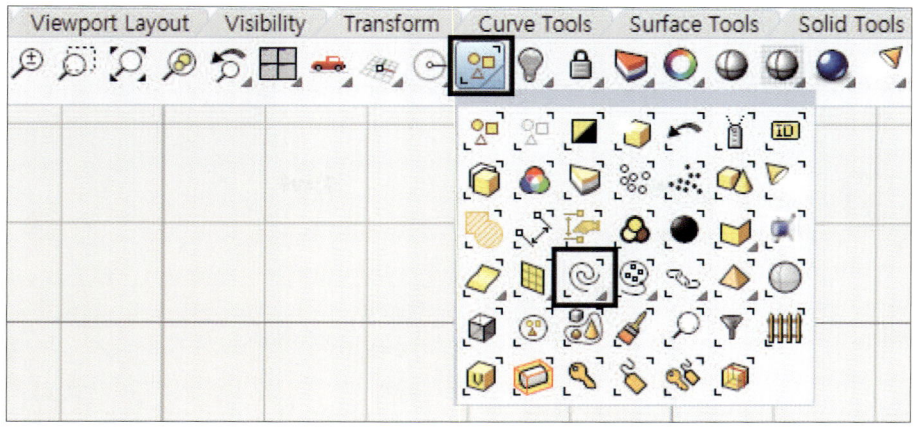

 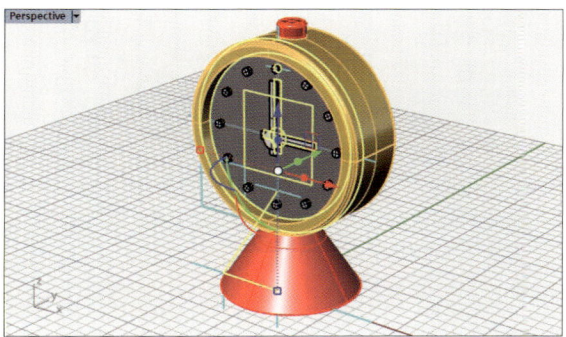

2 Standard Toolbar Group〉 Standard Toolbar〉 Hide Objects 버튼을 클릭한다. 선택한 모든 커브들을 화면에서 숨긴다.

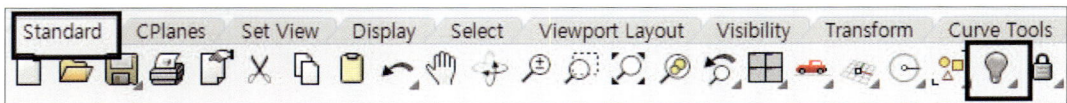

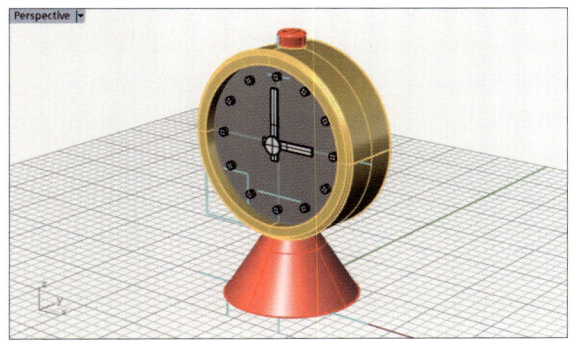

8.4 레이어 설정

1 "레이어 패널〉안내선" 레이어 오른쪽의 노란색 백열등처럼 생긴 버튼을 클릭한다.

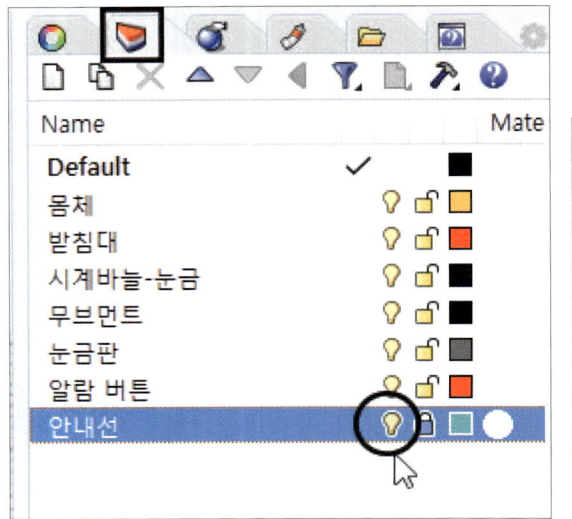
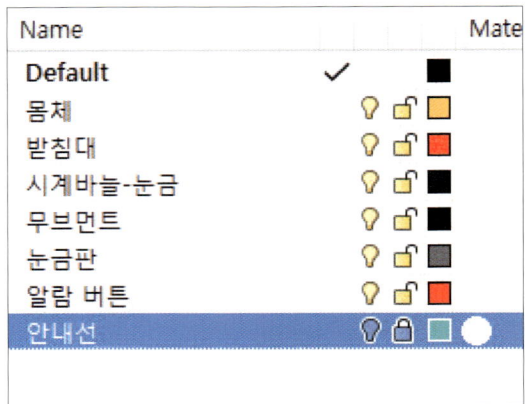

2 "안내선" 레이어에 속해 있던 커브들이 화면에서 사라진다. 모델링이 완성되었다.

제2장 오디오 리모콘
Audio Remocon

오디오 리모콘

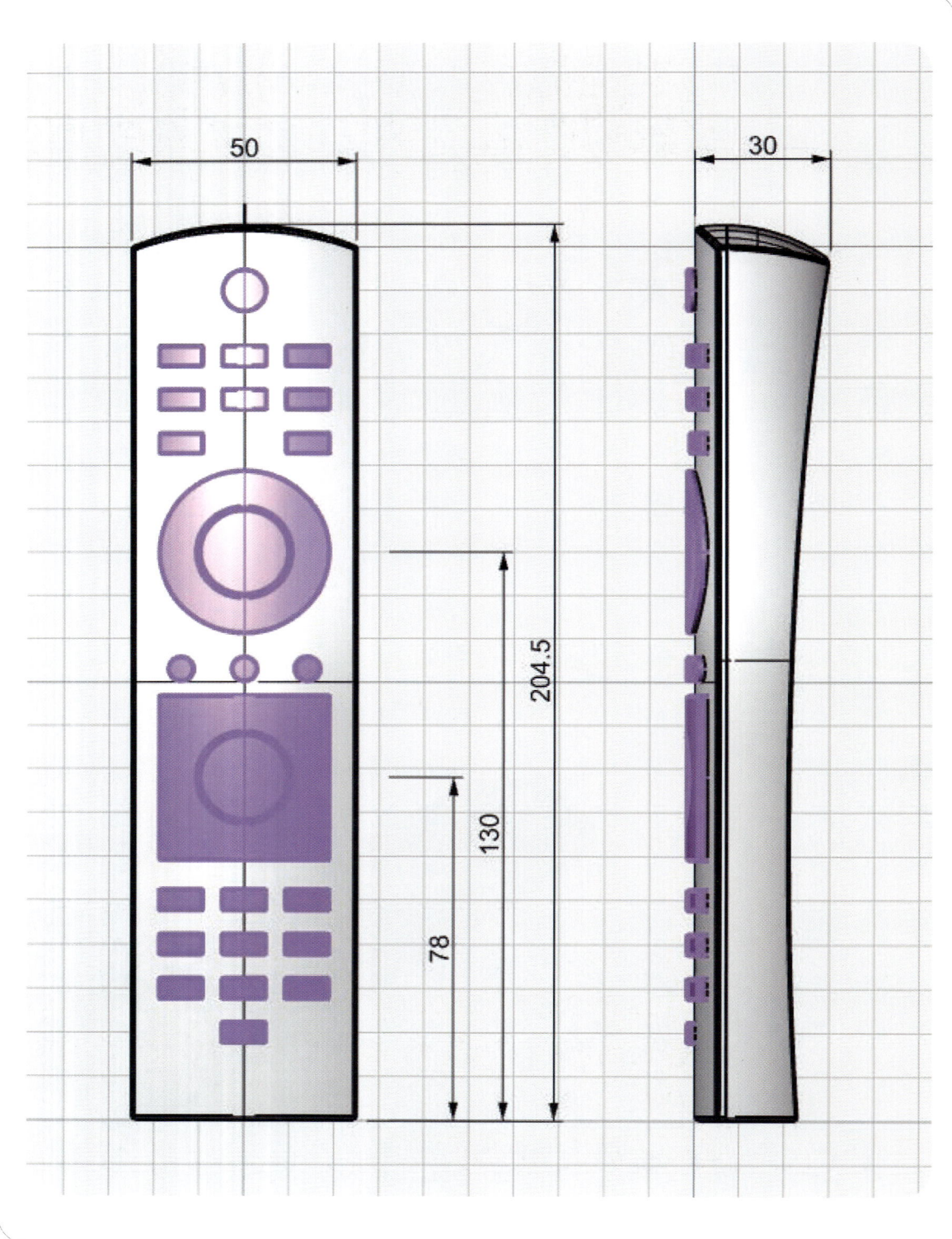

 몸체

예제 2-2 오디오 리모콘〉 리모콘-A 파일을 연다.

오브젝트 스냅(Object Snap)과 검볼(Gumball) 설정

1 화면 하단의 "Osnap" 툴바에서 "End"와 "Int"를 체크한다.("Osnap" 툴바가 보이지 않으면, 화면 하단의 상태바(Status Bar)에서 "Osnap" 칸을 클릭하여 툴바를 표시한다.)

2 화면 하단의 상태바(Status Bar)에서 "Gumball"을 비활성화시킨다.(본 **예제** 에서는 검볼을 사용하지 않는다.)

1.1 Extrude Straight

1 Main Toolbar〉 Surface Creation Toolbar〉 Extrude Straight 버튼을 클릭한다.

2 왼쪽 그림의 커브 Ⓐ를 클릭하고, 오른쪽 그림처럼 마우스를 Y축 방향으로 이동한다. 명령어 창의 옵션을 "Both Sides=No, Solid=Yes, Delete Input=No"로 설정한다.

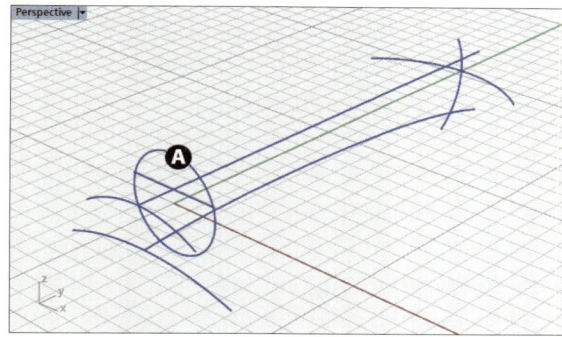 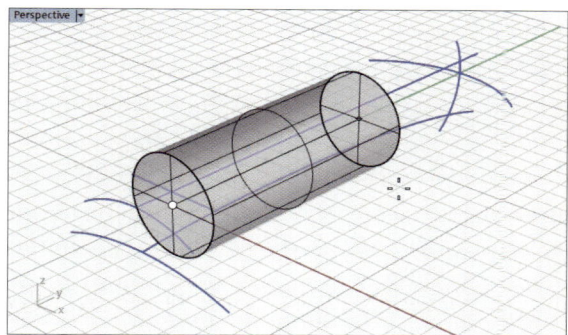

3 길이를 지정하기 위해 "210"을 입력하고 Enter 키를 누른다. 아래 그림처럼 원기둥을 만든다.

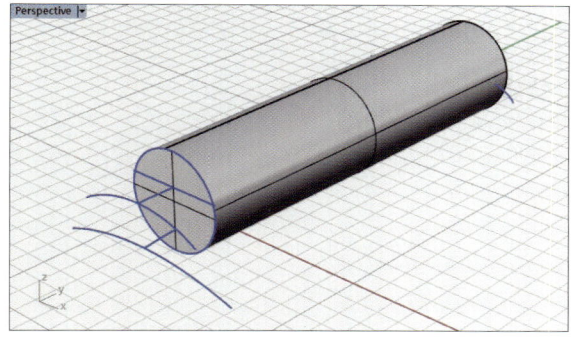

1.2 Sweep 1 Rail

1 Main Toolbar〉Surface Creation Toolbar〉Sweep 1 Rail 버튼을 클릭한다.

2 레일 커브로 사용할 직선 **A**를 클릭한다. 단면 커브로 사용할 커브 **B**를 클릭하고 Enter 키를 누른다. 옵션 창이 표시된다. 옵션 창의 "OK"버튼을 클릭한다. 오른쪽 그림처럼 서피스를 만들었다.

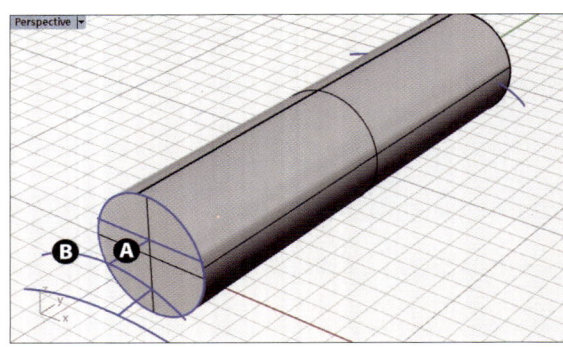 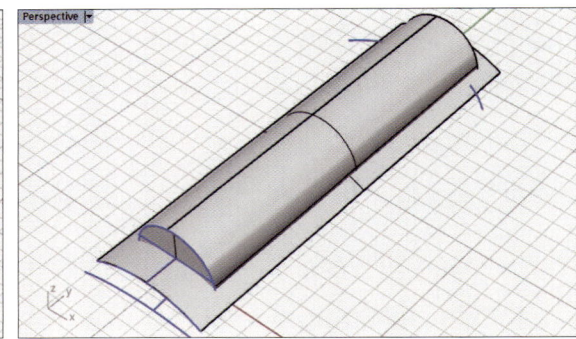

1.3 Analyze Direction

1 Main Toolbar〉Analyze Direction 버튼을 클릭한다.

2 서피스 **A**를 클릭하고 Enter 키를 누른다. 오른쪽 그림처럼 방향 화살표가 아래쪽을 향하고 있다. 원하는 방향이므로 Enter 키를 눌러서 작업을 끝낸다.

(만약 방향 화살표가 위쪽을 향하고 있는 경우에는 옵션에서 "Flip"을 클릭하여 방향을 아래쪽으로 설정한다.

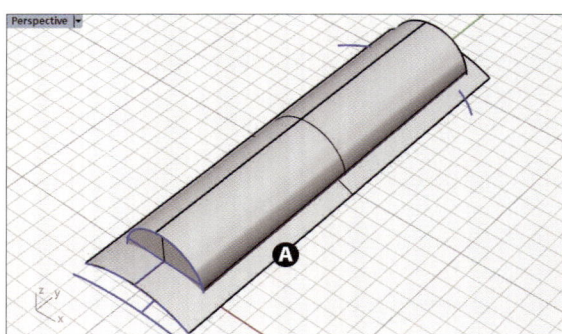 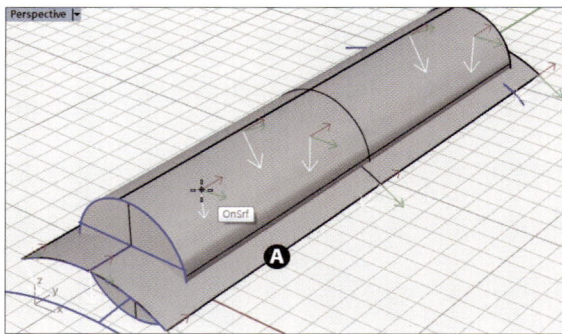

1.4 Boolean Difference

1 Main Toolbar〉 Solid Tools Toolbar〉 Boolean Difference 버튼을 클릭한다.

2 왼쪽 그림의 솔리드 오브젝트 **B**를 클릭하고 Enter 키를 누른다. 명령어 창에서 옵션을 "Delete Input=Yes"로 설정한다. 서피스 **A**를 클릭하고 Enter 키를 누른다. 오른쪽 그림처럼 서피스의 방향 화살표가 향했던 부분을 남기고 반대쪽인 위쪽을 삭제하였다.

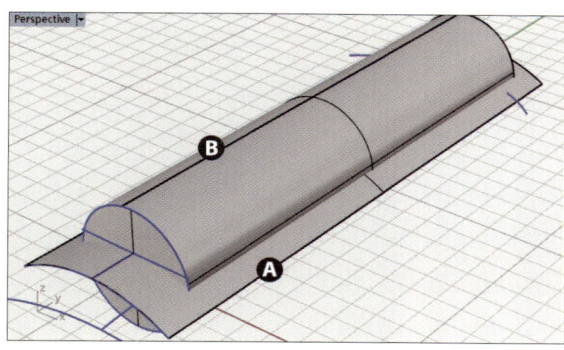
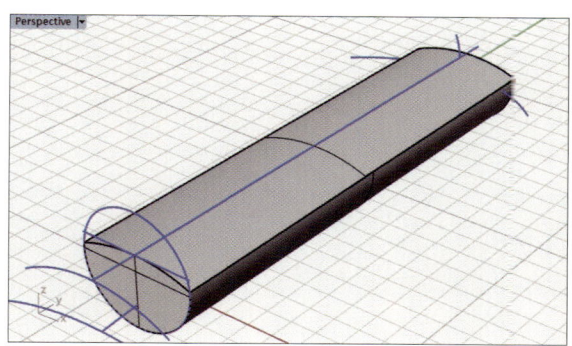

1.5 Ghosted Display Mode

1 퍼스펙티브 뷰포트(Perspective Viewport)의 제목을 오른쪽 마우스 버튼으로 클릭한다. 플라이 아웃 메뉴에서 "Ghosted"를 클릭한다. 오른쪽 그림처럼 화면이 반투명하게 표시된다.

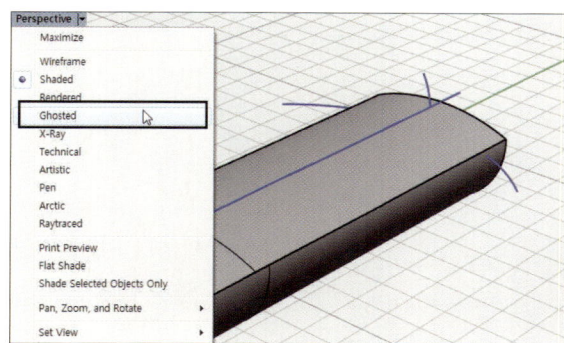
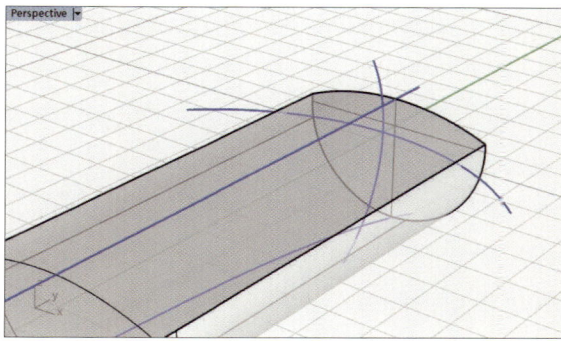

1.6 Sweep 1 Rail

1 Main Toolbar〉Surface Creation Toolbar〉Sweep 1 Rail 버튼을 클릭한다.

2 레일 커브로 사용할 커브 Ⓐ를 클릭한다. 단면 커브로 사용할 커브 Ⓑ를 클릭한다. 오른쪽 그림처럼 서피스를 만들었다.

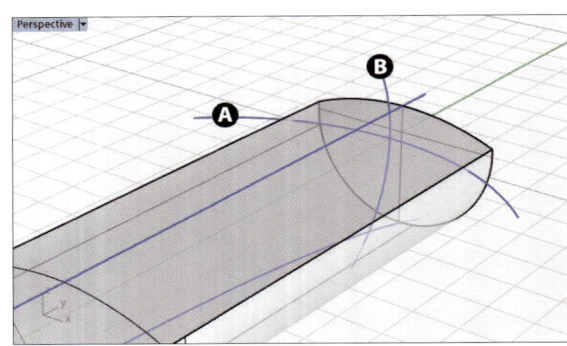 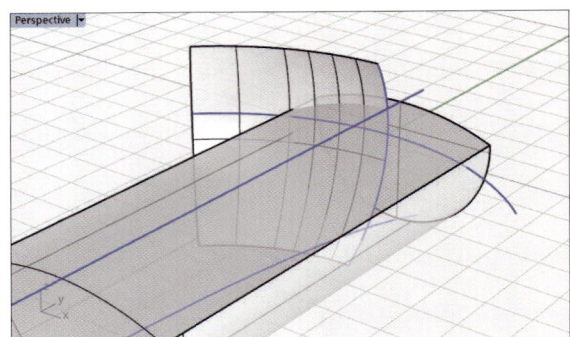

1.7 Sweep 1 Rail

1 Main Toolbar〉Surface Creation Toolbar〉Sweep 1 Rail 버튼을 클릭한다.

2 레일 커브로 사용할 커브 Ⓐ를 클릭한다. 단면 커브로 사용할 커브 Ⓑ를 클릭한다. 오른쪽 그림처럼 서피스를 만들었다.

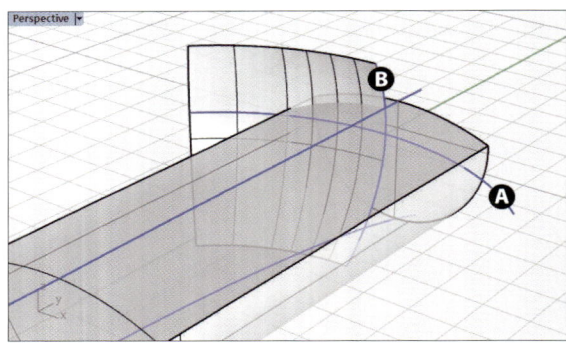 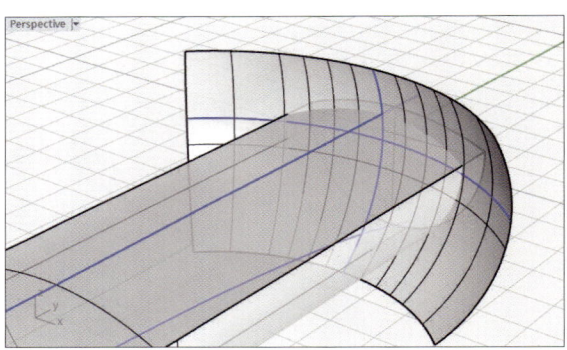

1.8 Shaded Display Mode

1 퍼스펙티브 뷰포트(Perspective Viewport)의 제목을 오른쪽 마우스 버튼으로 클릭한다.

2 플라이 아웃 메뉴에서 "Shaded"를 클릭한다. 오른쪽 그림처럼 화면을 음영상태로 표시한다.

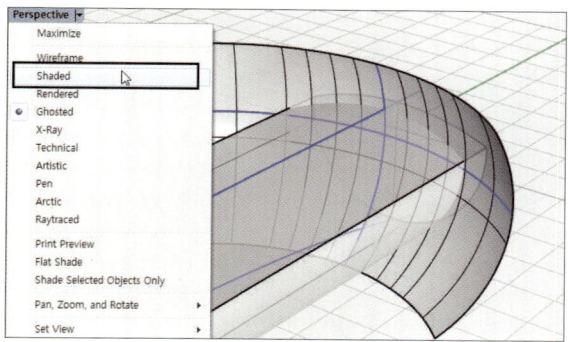 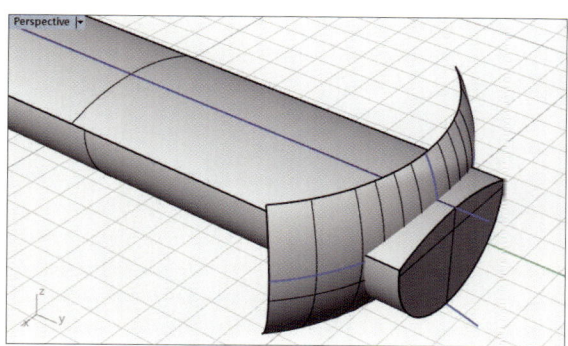

1.9 Merge Surfaces

1 Main Toolbar〉 Surface Tools Toolbar〉 Merge Surfaces 버튼을 클릭한다.

2 서피스 **A**와 **B**를 클릭한다. 2개의 서피스를 한 개의 서피스로 병합시킨다.(Merge로 병합시킨 서피스는 Explode로 분해할 수 없다.)

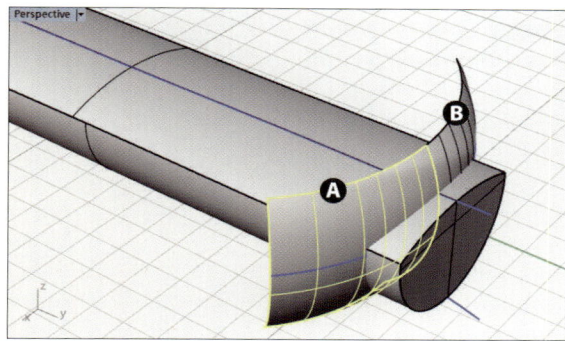 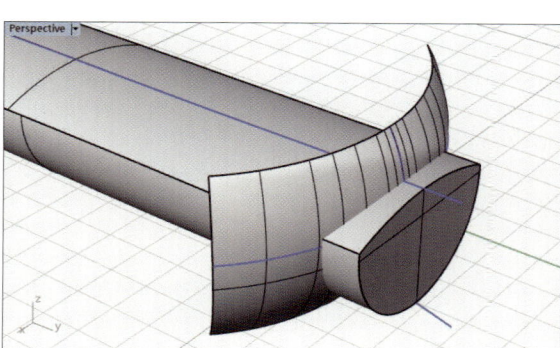

1.10 Analyze Direction

1 **Main Toolbar〉Analyze Direction** 버튼을 클릭한다.

2 서피스 **A**를 클릭하고 Enter 키를 누른다. 오른쪽 그림처럼 방향 화살표가 오른쪽을 향하고 있다.

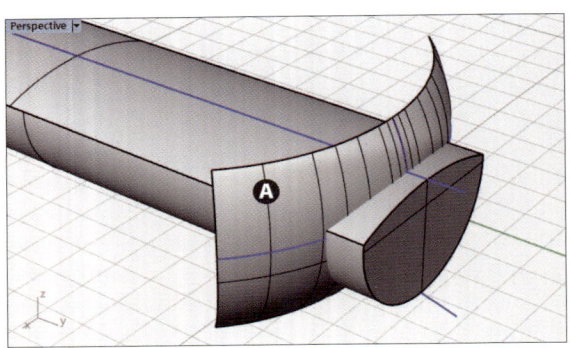
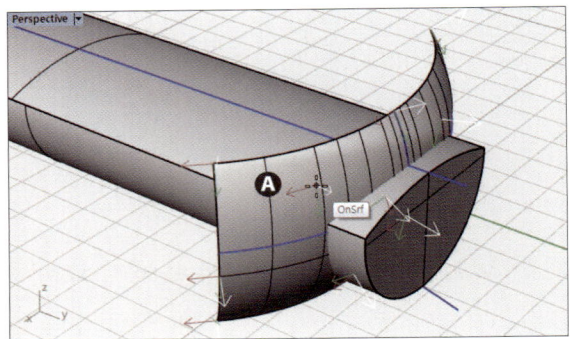

3 명령어 창의 옵션에서 "Flip"을 클릭한다. 오른쪽 그림처럼 서피스 **A**의 방향 화살표가 왼쪽을 향하도록 변경된다. Enter 키를 눌러서 작업을 끝낸다.

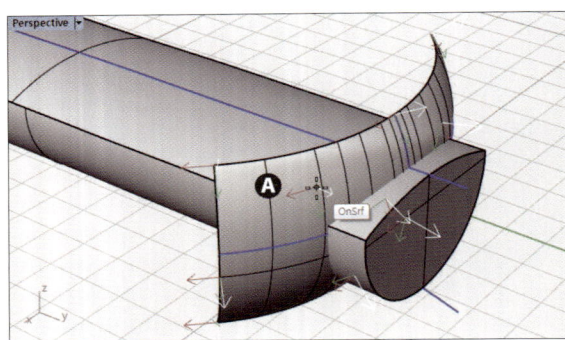
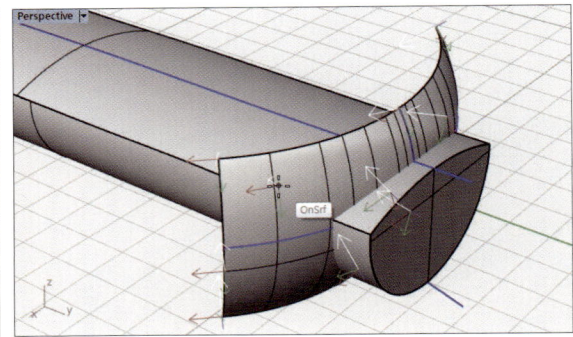

1.11 Boolean Difference

1 **Main Toolbar〉Solid Tools Toolbar〉Boolean Difference** 버튼을 클릭한다.

2 왼쪽 그림의 솔리드 오브젝트 **A**를 클릭하고 Enter 키를 누른다. 명령어 창에서 옵션을 "Delete Input=Yes"로 설정한다. 서피스 **B**를 클릭하고 Enter 키를 누른다. 오른쪽 그림처럼 서피스의 방향 화살표가 향했던 부분을 남기고 반대쪽인 오른쪽을 삭제하였다.

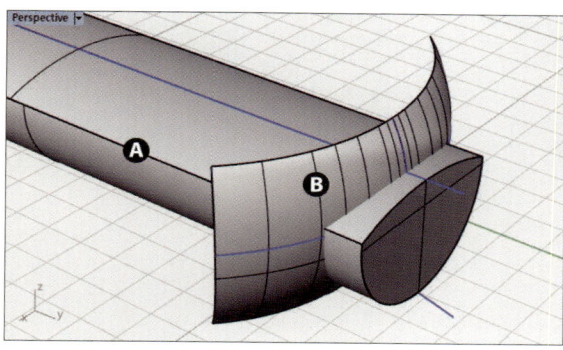 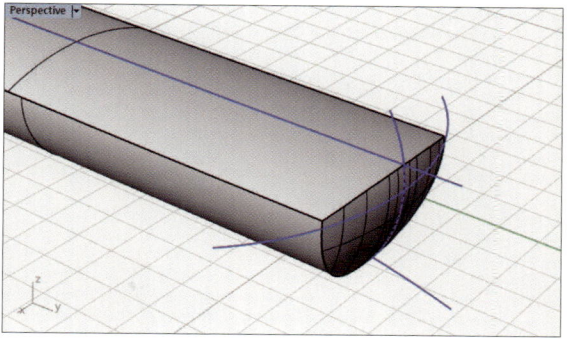

1.12 Sweep 1 Rail

1 Main Toolbar〉Surface Creation Toolbar〉Sweep 1 Rail 버튼을 클릭한다.

2 레일 커브로 사용할 커브 Ⓐ를 클릭한다. 단면 커브로 사용할 커브 Ⓑ를 클릭한다. 오른쪽 그림처럼 서피스를 만든다.

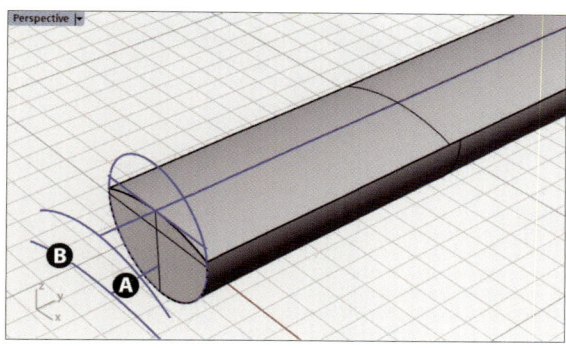 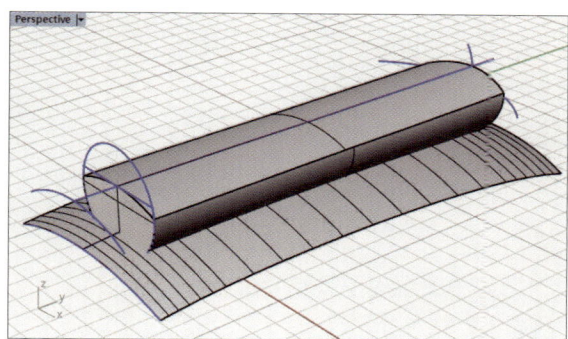

1.13 Analyze Direction

1 Main Toolbar〉Analyze Direction 버튼을 클릭한다.

2 서피스 Ⓐ를 클릭하고 [Enter] 키를 누른다. 오른쪽 그림처럼 방향 화살표가 아래쪽을 향하고 있다.

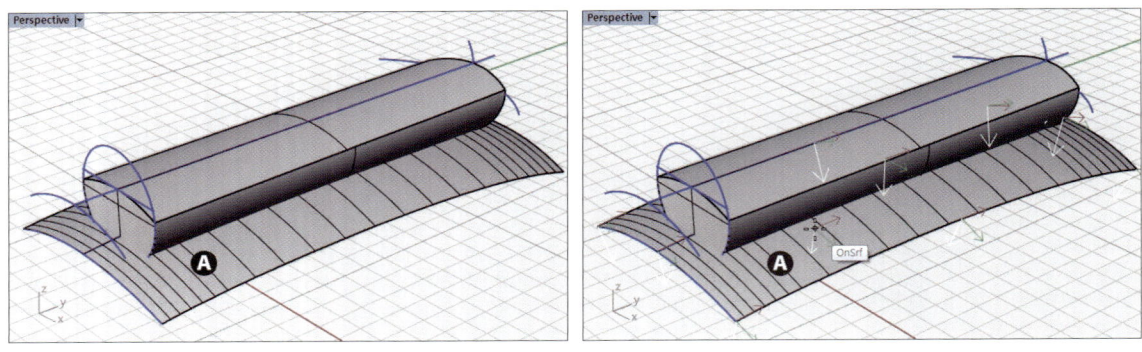

3 명령어 창의 옵션에서 "Flip"을 클릭한다. 오른쪽 그림처럼 서피스 Ⓐ의 방향 화살표가 위쪽을 향하도록 변경된다. `Enter` 키를 눌러서 작업을 끝낸다.

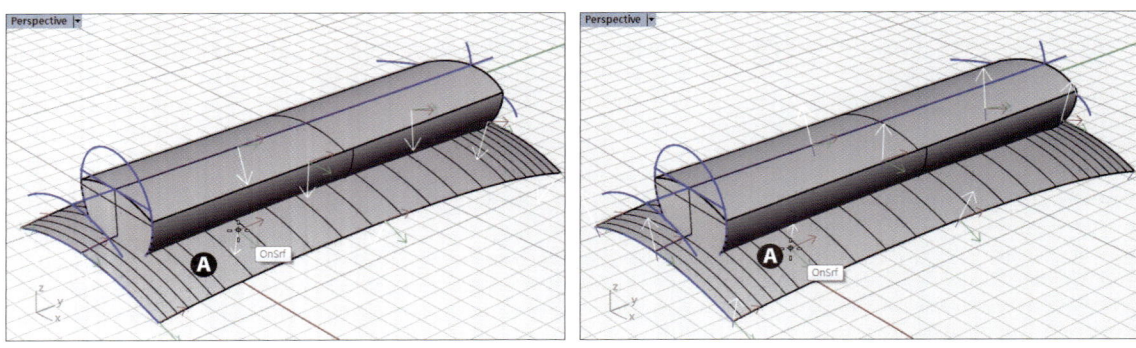

1.14 Boolean Difference

1 **Main Toolbar〉Solid Tools Toolbar〉Boolean Difference** 버튼을 클릭한다.

2 왼쪽 그림의 솔리드 오브젝트 Ⓐ를 클릭하고 `Enter` 키를 누른다. 명령어 창에서 옵션을 "Delete Input=Yes"로 설정한다. 서피스 Ⓑ를 클릭하고 `Enter` 키를 누른다. 오른쪽 그림처럼 서피스의 방향 화살표가 향했던 부분을 남기고 반대쪽인 아래쪽을 삭제하였다.

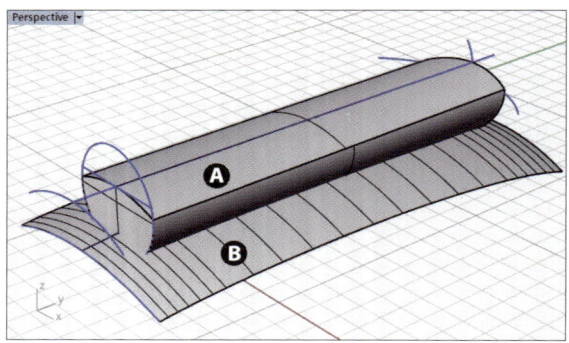 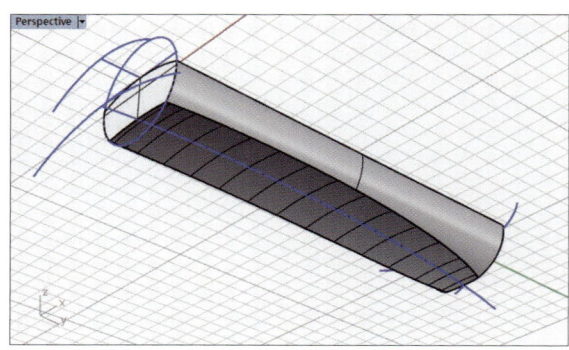

1.15 Layer 설정

1 "레이어 패널〉Body Curves" 레이어 오른쪽의 노란색 백열등처럼 생긴 버튼을 클릭하여 레이어를 끈다.

2 "Body Curves" 레이어 속해 있던 커브들이 화면에서 사라진다.

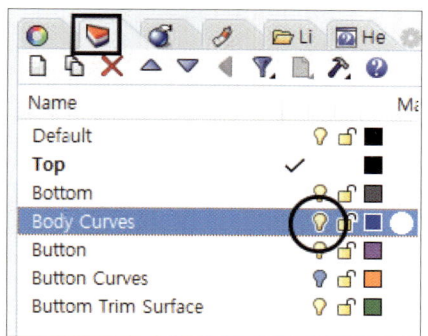 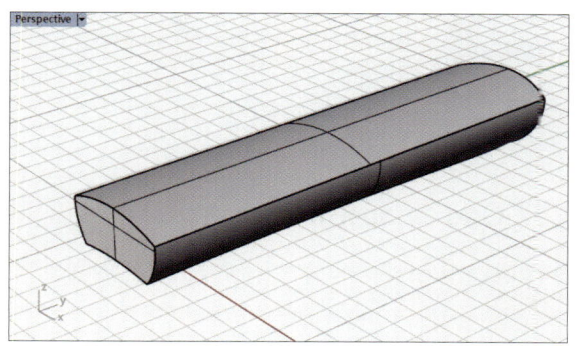

1.16 Fillet Edges

1 **Main Toolbar〉Solid Tools Toolbar〉Fillet Edges** 버튼을 클릭한다.

2 명령어 창의 옵션에서 "Next Radius=1"로 설정한다. A에서 B로 드래그하여 모든 에지를 선택하고 Enter 키를 누른다. 오른쪽 그림처럼 필렛 핸들(Fillet Handle)을 표시한다.

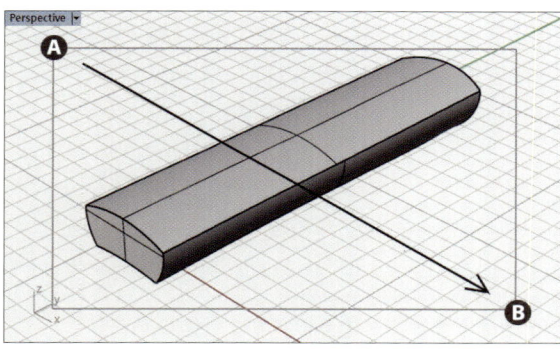 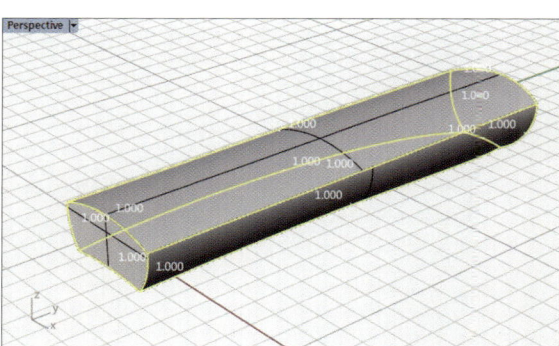

3 다시 한 번 Enter 키를 누른다. 아래 그림처럼 선택한 에지를 "R=1"로 필렛(Fillet)한다. 오른쪽은 필렛 부분을 확대한 그림이다.

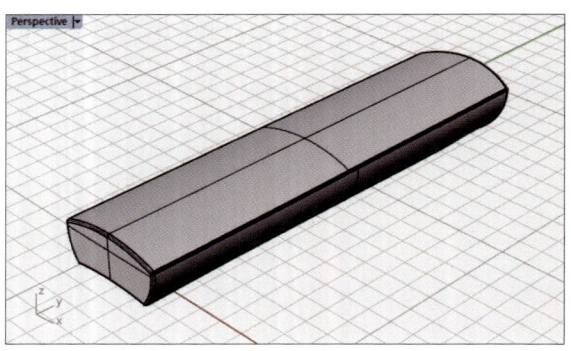 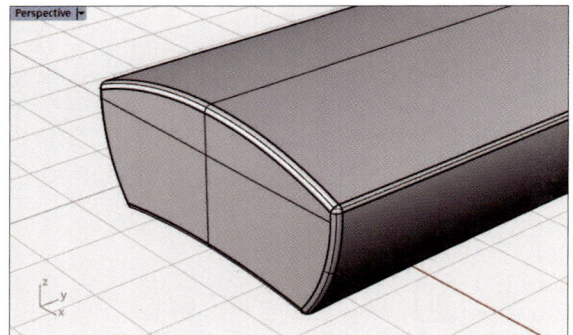

1.17 Grid Snap On

화면 하단의 상태바에서 "Grid Snap"칸을 클릭하여 그리드 스냅을 활성화시킨다.

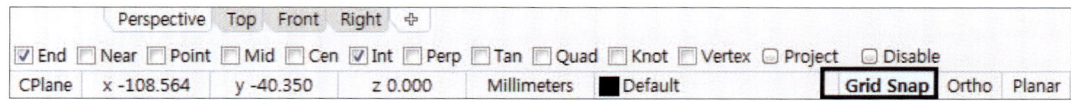

1.18 Polyline

아래 그림처럼 Right 뷰포트에서 Y-축과 일치하는 직선을 오브젝트 **A**보다 길게 그린다.

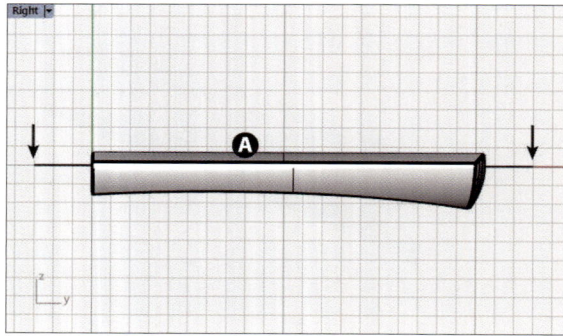

1.19 Wire Cut

1. **Main Toolbar> Solid Tools Toolbar> Wire Cut** 버튼을 클릭한다.
2. 왼쪽 그림처럼 칼로 사용할 절삭 커브(Cutting Curve)를 지정하기 위해, 직선 **A**를 클릭한

다. 잘릴 오브젝트를 지정하기 위해, 몸체 **B**를 선택하고 Enter 키를 누른다. 절삭 방향을 X-축 방향으로 설정하기 위해, 명령어 창의 옵션에서 "Direction=X"로 설정한다. 오른쪽 그림처럼 절삭방향을 X축 방향으로 표시한다.

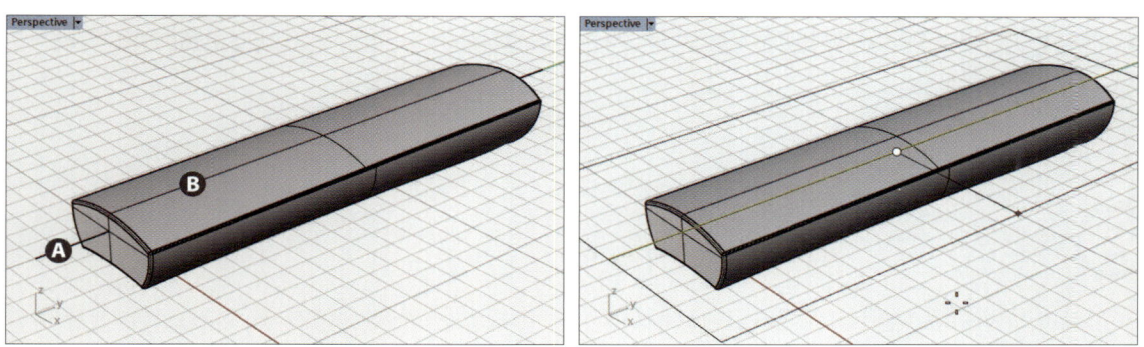

3 분할한 양쪽을 모두 사용하기 위해, 절삭 옵션을 "Keep All=Yes"로 설정한다. Enter 키를 눌러서 명령을 끝낸다. 오브젝트를 이동시켜 보면, 오른쪽 그림처럼 상, 하로 분리되어 있다.

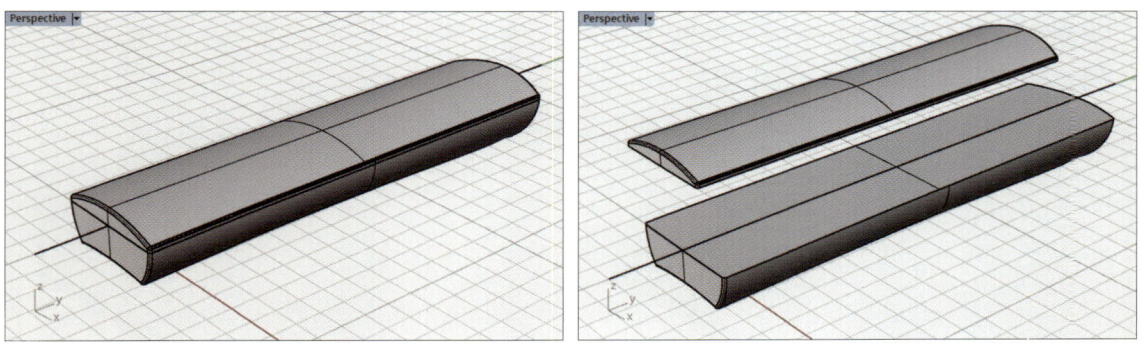

- Keep All=No로 설정하면 선택된 부분을 삭제한다. 분할한 양쪽 부분을 모두 사용하려면 Keep All=Yes로 설정한다.
- 만일 Wirecut이 실행되지 않을 경우에는 "예제 2-2 오디오 리모콘> 리모콘-A-1" 파일을 불러와서 "1.19 Wirecut"을 실행한다.
(컴퓨터 시스템에 따라 Naked Edge가 발생하는 경우가 있다. Naked Edge는 "제1부, 제7장 분석, Join 2 Naked Edge"를 참조할 것)

1.20 Grid Snap Off

화면 하단의 상태바에서 굵게 표시된 "Grid Snap" 칸을 클릭하여 그리드 스냅을 끈다.

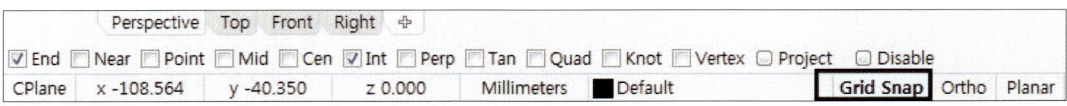

2 버튼

지금까지 작업한 파일을 다른 이름으로 저장하고 모델링을 계속 진행한다. 만약, 지금까지의 모델링을 정확하게 진행하지 못한 독자들은 "예제 **2-2 오디오 리모콘〉 리모콘-B**" 파일을 열어서 다음 작업을 진행한다.

2.1 Hide Objects

1 Standard Toolbar Group〉 Standard Toolbar〉 Hide Objects 버튼을 클릭한다.

2 절단한 위쪽 몸체 ④와 직선 ⑤를 클릭하고 Enter 키를 누른다. 오른쪽 그림처럼 선택한 오브젝트를 화면에서 숨긴다.

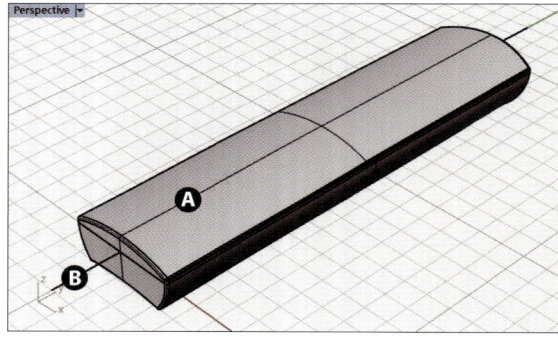
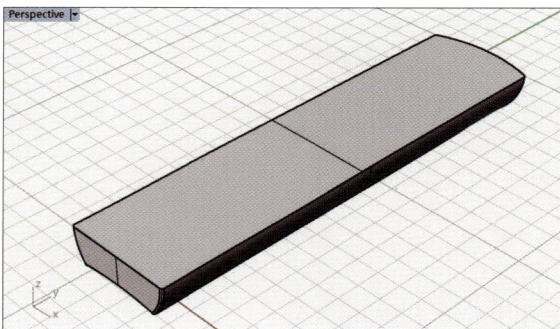

2.2 레이어 설정

1 "Button" 레이어를 더블 클릭하여 현재 레이어로 설정한다.(레이어 이름 오른쪽에 체크 표시(✔)가 생긴다.)

2 "Button Curves" 레이어의 레이어 이름 오른쪽에 있는 회색 전구 모양의 아이콘을 클릭하여 레이어를 켠다. 숨겨져 있던 버튼 커브들을 화면에 표시한다.

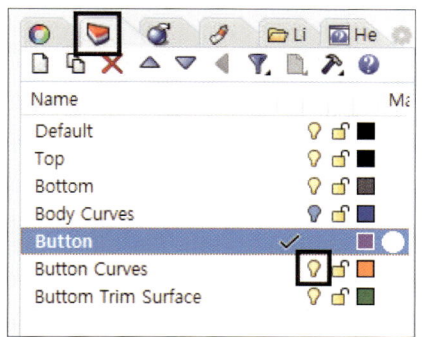 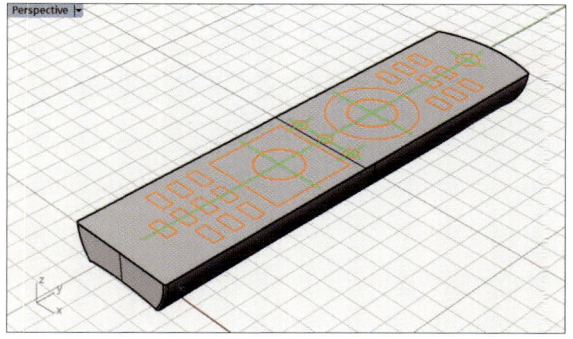

2.3 Select By Color

1 Standard Toolbar Group> Standard Toolbar> Select All 버튼을 클릭하고 잠시 기다리면 Select 툴바를 표시한다. Select 툴바에서 "Select By Color" 버튼을 클릭한다.

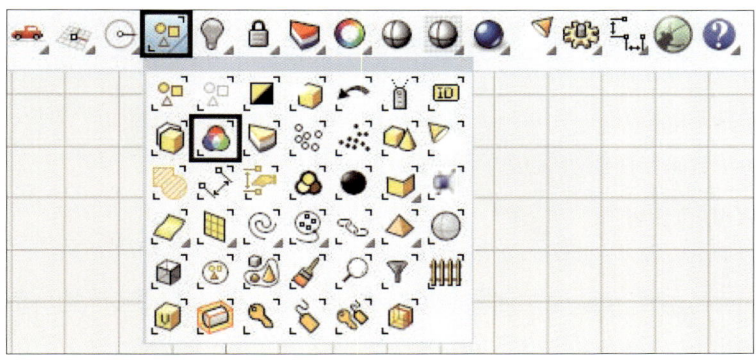

2 왼쪽 그림의 주황색 원 **A**를 클릭하고 Enter 키를 누른다. 오른쪽 그림처럼 주황색 커느를 모두 선택한다.

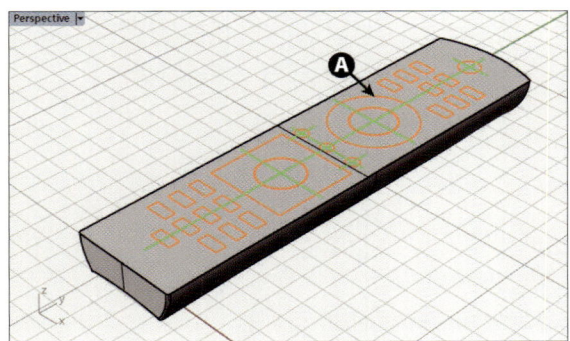 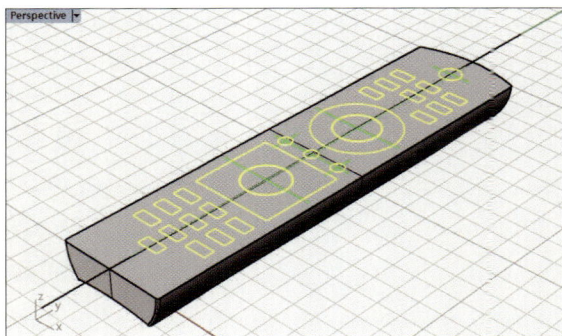

2.4 Extrude Straight

1 Main Toolbar〉Surface Creation Toolbar〉Extrude Straight 버튼을 클릭한다.

2 오른쪽 그림처럼 마우스를 위쪽인 Z-축 방향으로 이동한다. 명령어 창의 옵션을 "Both Sides=No, Solid=Yes, Delete Input=No"로 설정한다.

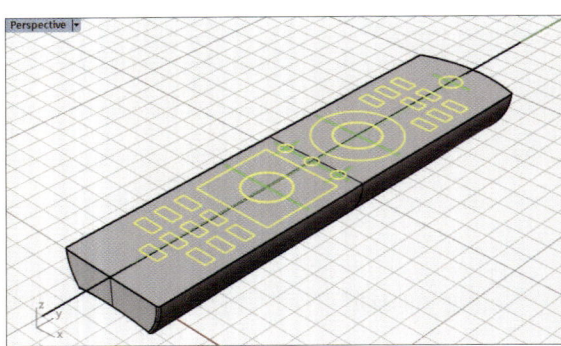 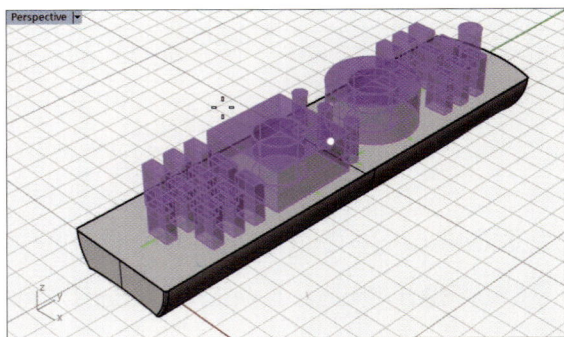

3 돌출(Extrude) 길이를 지정하기 위해 "10"을 입력하고 Enter 키를 누른다. 아래 그림처럼 버튼용 커브들을 돌출시켰다.

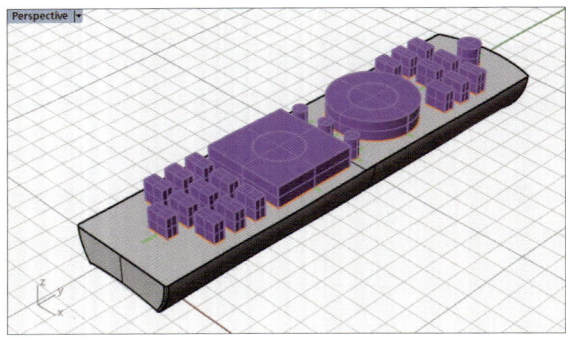

2.5 Select Polysurfaces

1 Standard Toolbar Group〉Standard Toolbar〉Select All 버튼을 클릭하고 잠시 기다리면 Select 툴바를 표시한다. Select 툴바에서 "Select Polysurfaces" 버튼을 클릭한다.

2 왼쪽 그림처럼 모든 폴리서피스(Polysurface)들을 선택한다. Ctrl 키를 누른 상태에서 몸체 **A** 를 클릭하여 선택에서 제외시킨다.

3 **Main Toolbar〉Group Objects** 버튼을 클릭한다. 선택한 버튼 오브젝트들을 한 개의 그룹으로 만들었다.

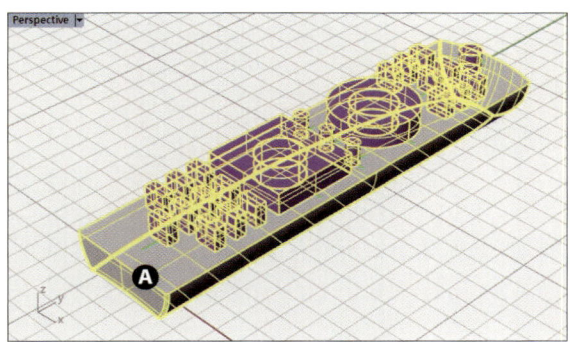 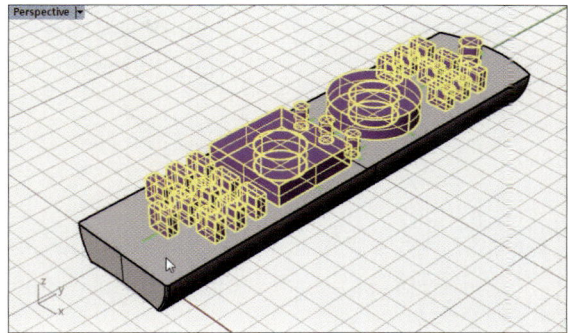

2.6 Layer

왼쪽 그림처럼 레이어를 설정한다.

1 "Button Trim Surfaces" 레이어를 더블 클릭하여 현재 레이어로 설정한다.(레이어 이름 오른쪽에 체크 표시(✔)가 생긴다.)

2 "Button Curves" 레이어의 레이어 이름 오른쪽에 있는 노란색 전구 모양의 아이콘을 클릭하여 레이어를 끈다.

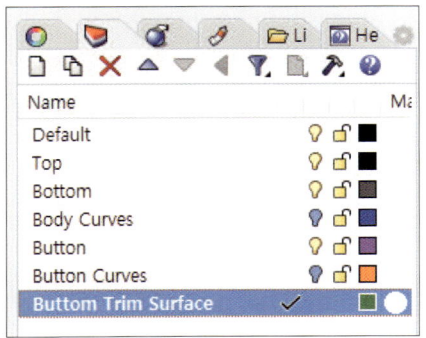 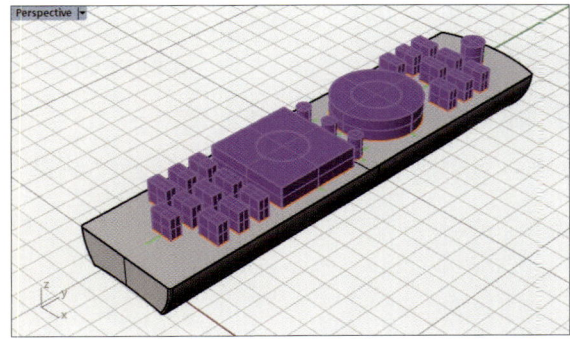

2.7 Show Selected Objects

1 Standard Toolbar Group〉 Standard Toolbar〉 Hide Objects 버튼을 클릭하고 잠시 기다리면 Visibility 툴바를 표시한다. Visibility 툴바에서 "Show Selected Objects" 버튼을 클릭한다.

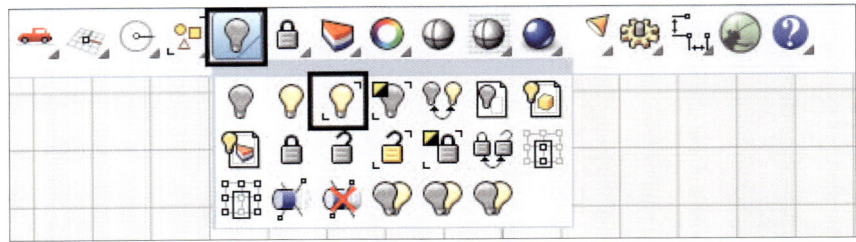

2 숨긴 오브젝트들만 화면에 표시한다. 상단 몸체 Ⓐ를 클릭하고 Enter 키를 누른다. 숨겨져 있던 오브젝트들 중에서 상단 몸체 Ⓐ만 화면에 표시한다.

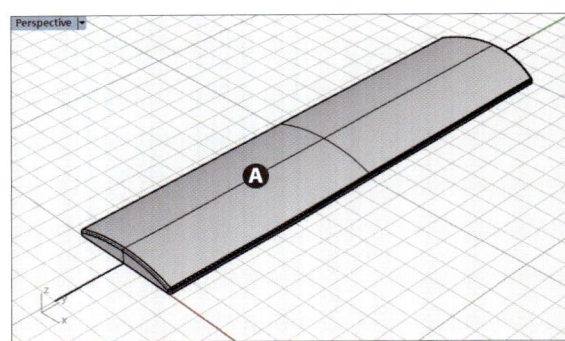
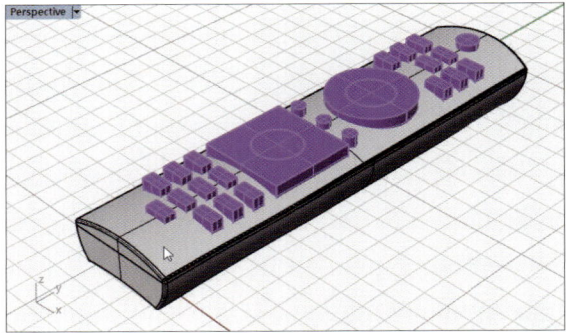

2.8 Offset Surface

1 Main Toolbar〉 Surface Tools Toolbar〉 Offset Surface 버튼을 클릭한다.

2 "Ctrl + Shift " 버튼을 클릭한 상태에서 서피스 Ⓐ를 클릭하고 Enter 키를 누른다. 오른쪽 그림처럼 클릭한 한 개의 서피스만 선택된다. 서피스의 방향 화살표는 위쪽을 향하고 있다.

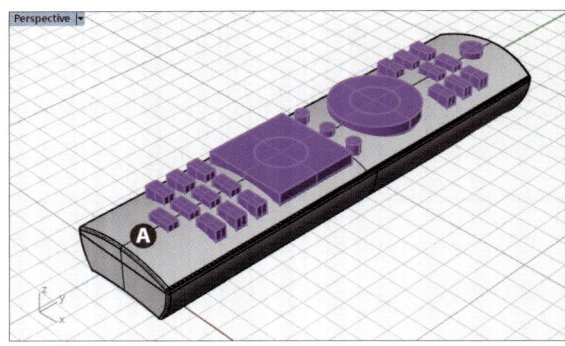
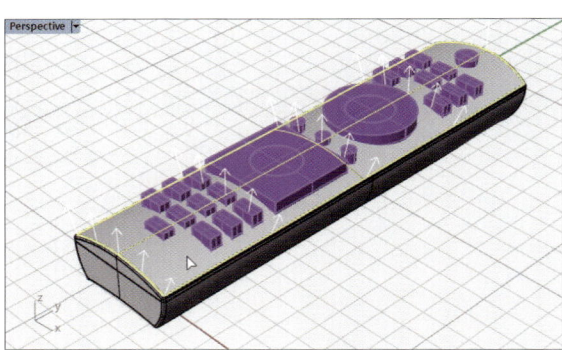

3 옵션에서 "Distance=2, Solid=No, Both Sides=No"로 설정하고 Enter 키를 누른다. 아래 그림처럼 선택한 서피스를 위쪽으로 2mm 만큼 오프셋 시켰다.

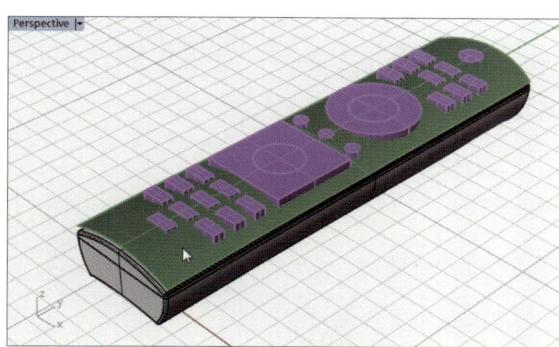

2.9 Analyze Direction

1 **Main Toolbar〉 Analyze Direction** 버튼을 클릭한다.

2 서피스 **A**를 클릭하고 Enter 키를 누른다. 오른쪽 그림처럼 방향 화살표가 위쪽을 향하고 있다.

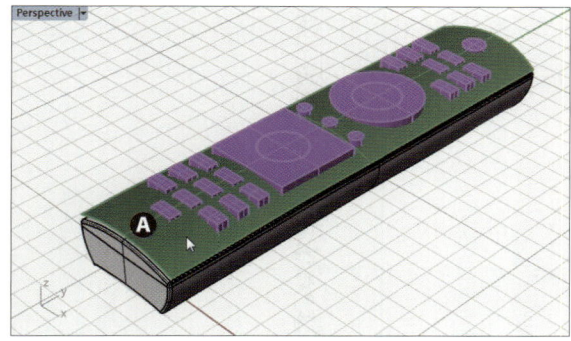 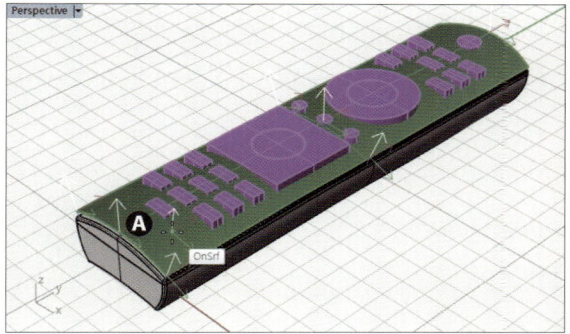

3 명령어 창의 옵션에서 "Flip"을 클릭한다. 오른쪽 그림처럼 서피스 **A**의 방향 화살표가 아래쪽을 향하도록 변경된다. Enter 키를 눌러서 명령을 끝낸다.

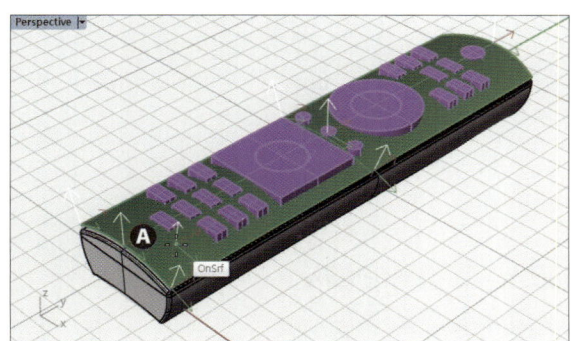 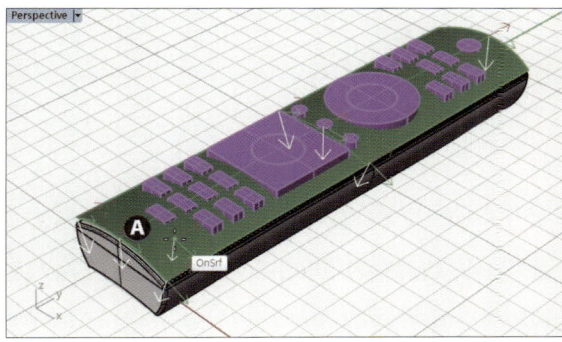

2.10 Boolean Difference

1 Main Toolbar〉Solid Tools Toolbar〉Boolean Difference 버튼을 클릭한다.

2 왼쪽 그림에서 그룹 오브젝트 **B**를 클릭하고 Enter 키를 누른다. 명령어 창에서 옵션을 "Delete Input=Yes"로 설정한다. 서피스 **A**를 클릭하고 Enter 키를 누른다. 오른쪽 그림처럼 서피스의 방향 화살표가 향했던 부분을 남기고 반대쪽인 버튼의 위쪽을 삭제하였다.

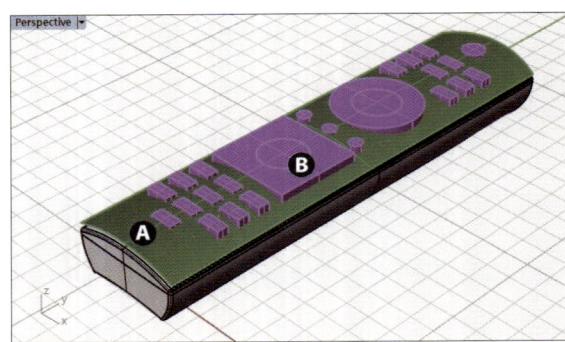 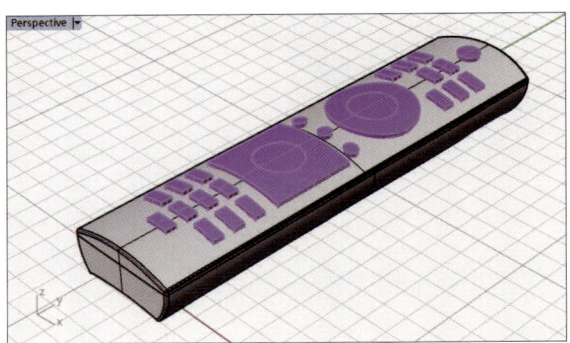

2.11 Hide Objects

1 Standard Toolbar Group〉Standard Toolbar〉Hide Objects 버튼을 클릭한다.

2 절단한 몸체 **A**와 **B**를 클릭하고 Enter 키를 누른다. 오른쪽 그림처럼 선택한 오브젝트를 화면에서 숨긴다.

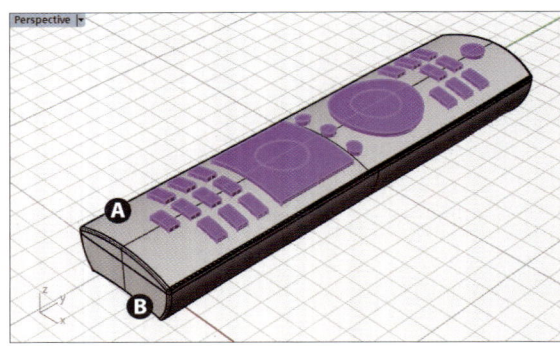 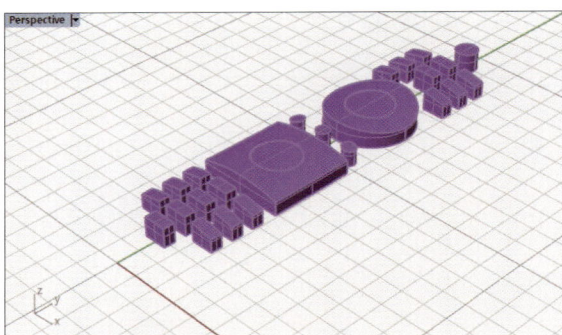

2.12 Fillet Edges

1 Main Toolbar〉Solid Tools Toolbar〉Fillet Edges 버튼을 클릭한다.

2 명령어 창의 옵션에서 "Next Radius=0.5"로 설정한다.

3 왼쪽 그림처럼 오른쪽에서 왼쪽으로 드래그하여 버튼의 바닥면 에지를 제외한 모든 에지를 선택한다.

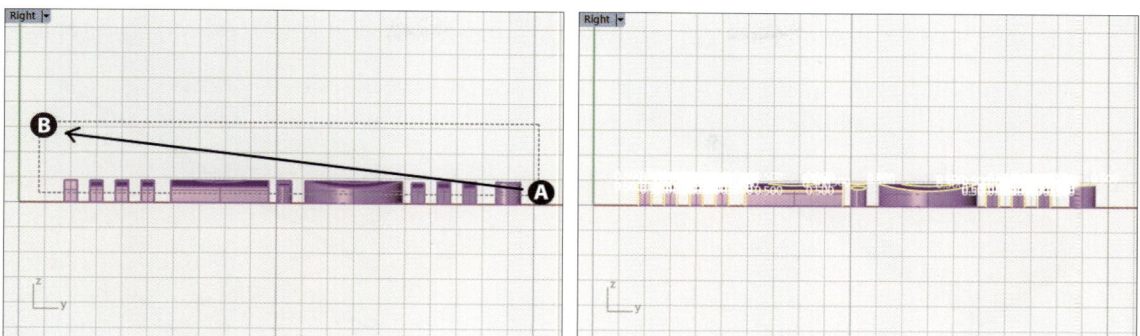

4 Enter 키를 누른다. 필렛 핸들(Fillet Handle)을 표시한다. 다시 한 번 Enter 키를 누른다. 오른쪽 그림처럼 선택한 모든 에지를 "R=0.5"로 필렛 처리하였다.

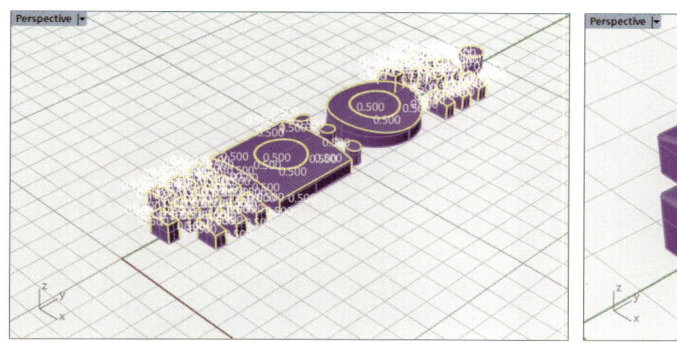
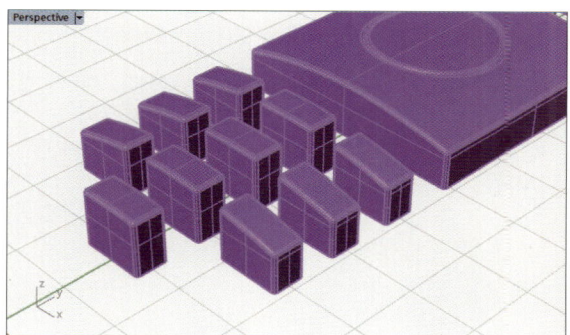

2.13 Show Selected Objects

1 **Standard Toolbar Group〉 Standard Toolbar〉 Hide Objects** 버튼을 클릭하고 잠시 기다리면 Visibility 툴바를 표시한다. Visibility 툴바에서 "Show Selected Objects" 버튼을 클릭한다.

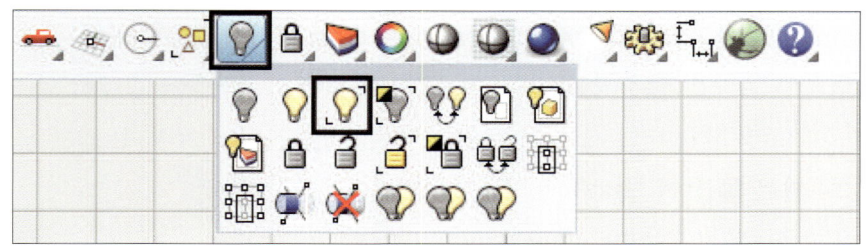

2 왼쪽 그림처럼 숨긴 오브젝트들만 화면에 표시한다. 상단 몸체 **A**를 클릭한고 Enter 키를 누른다. 오른쪽 그림처럼 숨겨져 있던 오브젝트들 중에서 선택한 상단 몸체 **A**만 화면에 표시한다.

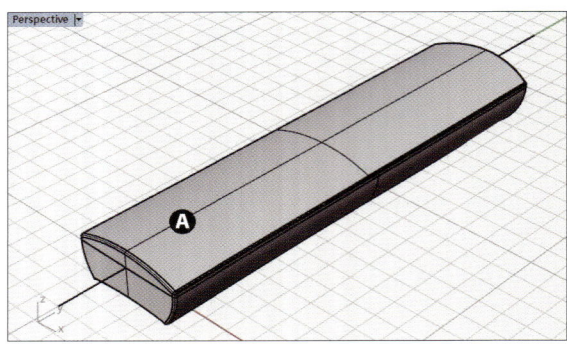 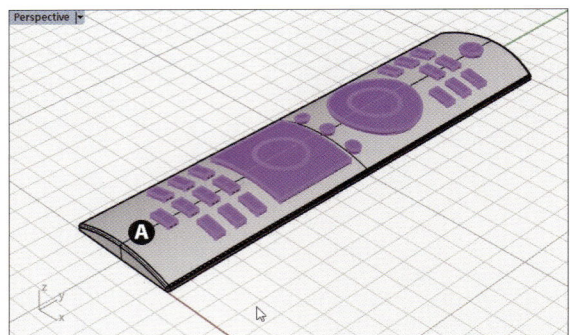

2.14 Shell Closed Polysurface

1 Main Toolbar〉Solid Tools Toolbar〉Shell Closed Polysurface 버튼을 클릭한다.

2 명령어 창의 옵션에서 "Thickness=2"로 설정하고, 바닥면 서피스 **A**를 클릭하고 Enter 키를 누른다. 오른쪽 그림처럼 살두께 "2"를 남기고 속을 파낸다.

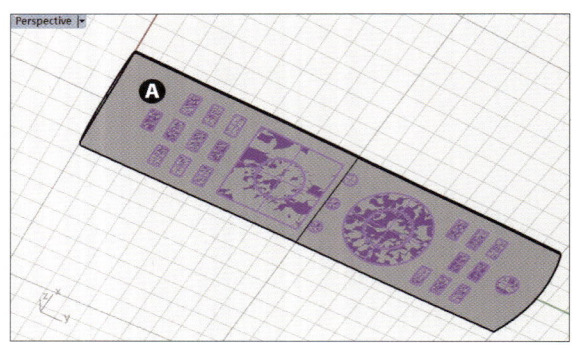 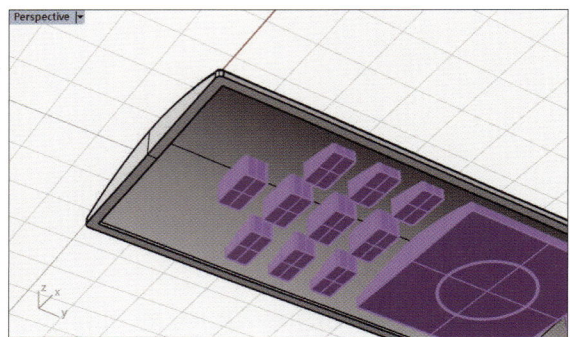

2.15 Boolean Difference

1 Main Toolbar〉Solid Tools Toolbar〉Boolean Difference 버튼을 클릭한다.

2 왼쪽 그림의 오브젝트 **A**를 클릭하고 Enter 키를 누른다. 명령어 창에서 옵션을 "Delete Input=No"로 설정한다. 버튼 오브젝트 B를 클릭하고 Enter 키를 누른다. 몸체 오브젝트 **A**에서 버튼 오브젝트 **B**를 뺀 상태이다.

3 Standard Toolbar Group〉 Standard Toolbar〉 Hide Objects 버튼을 클릭하고 [Enter↵] 키를 누른다. 버튼 오브젝트 **B**를 클릭하고 [Enter↵] 키를 누른다. 오른쪽 그림처럼 버튼용 구멍들이 파져 있다. 필요 없는 오브젝트 **C**, **D**를 지운다.

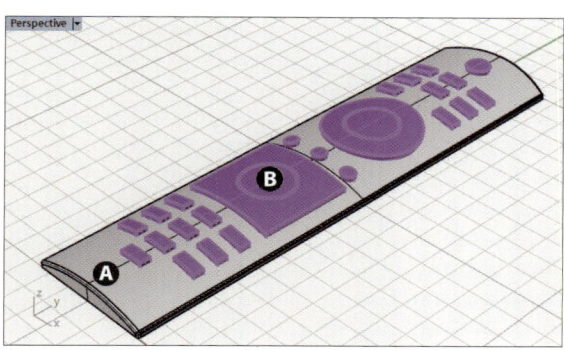 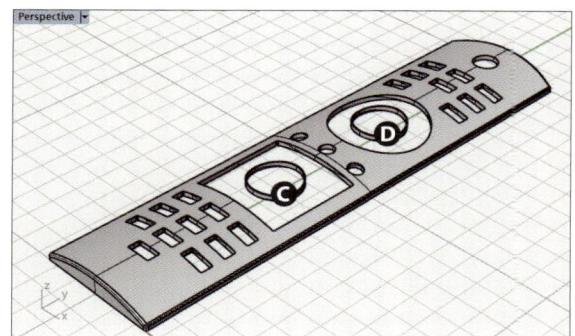

4 Standard Toolbar Group〉 Standard Toolbar〉 Hide Objects 버튼을 오른쪽 마우스 버튼으로 클릭한다. 오른쪽 그림처럼 숨겨 두었던 오브젝트를 모두 표시한다. 모델링이 완성되었다.

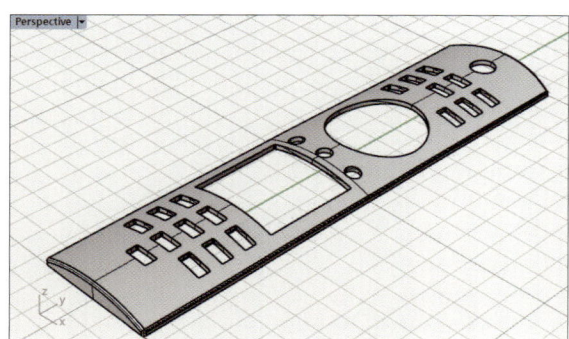 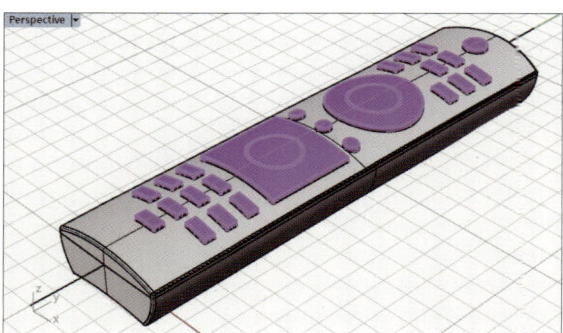

NOTE

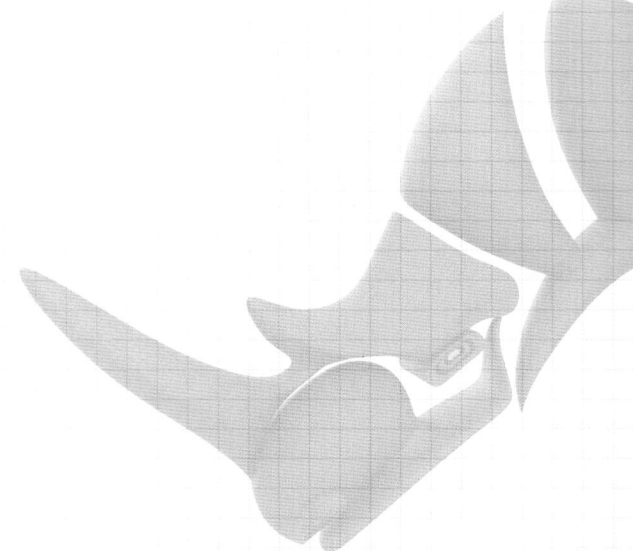

제3장 무선 전화기
Cordless Telephone

무선 전화기

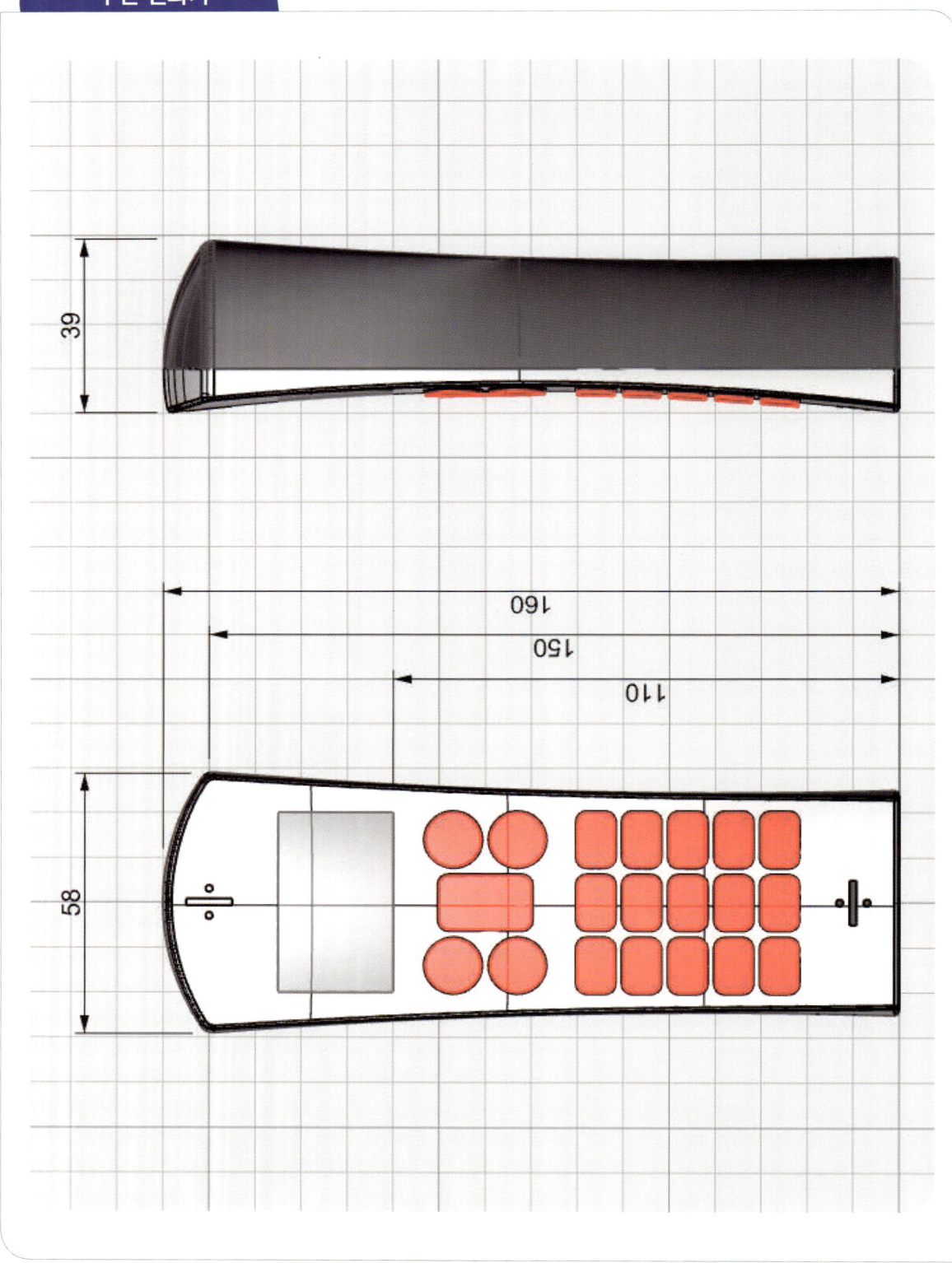

 **몸체**

예제 2-3 무선전화기〉무선전화기-A 파일을 연다.

오브젝트 스냅(Object Snap)과 검볼(Gumball) 설정

1 화면 하단의 "Osnap" 툴바에서 "End"와 "Int"를 체크한다.("Osnap" 툴바가 보이지 않으면, 화면 하단의 상태바(Status Bar)에서 "Osnap" 칸을 클릭하여 툴바를 표시한다.)

2 화면 하단의 상태바(Status Bar)에서 "Gumball"을 비활성화시킨다.(본 예제에서는 검볼을 사용하지 않는다.)

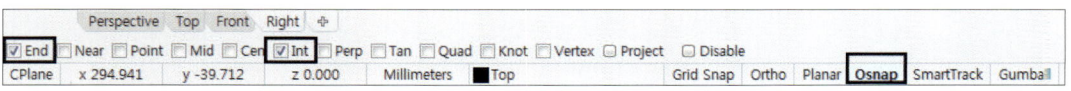

1.1 Sweep 1 Rail

1 Main Toolbar〉Surface Creation Toolbar〉Sweep 1 Rail 버튼을 클릭한다.

2 레일 커브로 사용할 커브 Ⓐ를 클릭한다. 단면 커브로 사용할 커브 Ⓑ를 클릭하고 Enter 키를 누른다. 옵션 창이 표시된다. 옵션 창의 "OK"버튼을 클릭한다. 오른쪽 그림처럼 서피스를 만들었다.

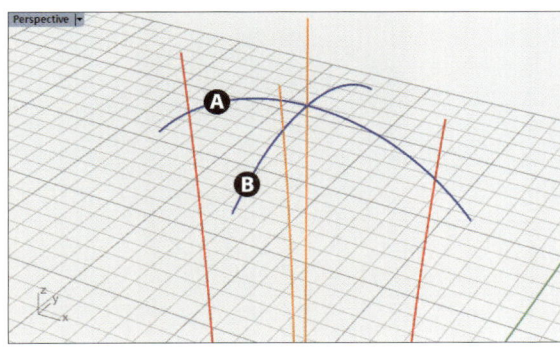
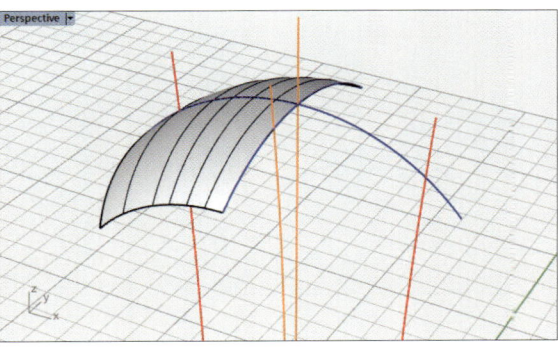

1.2 Sweep 1 Rail

1 Main Toolbar〉Surface Creation Toolbar〉Sweep 1 Rail 버튼을 클릭한다.

2 레일 커브로 사용할 커브 **A**를 클릭한다. 단면 커브로 사용할 커브 **B**를 클릭하고 [Enter↵] 키를 누른다. 옵션 창이 표시된다. 옵션 창의 "OK"버튼을 클릭한다. 오른쪽 그림처럼 서피스를 만들었다.

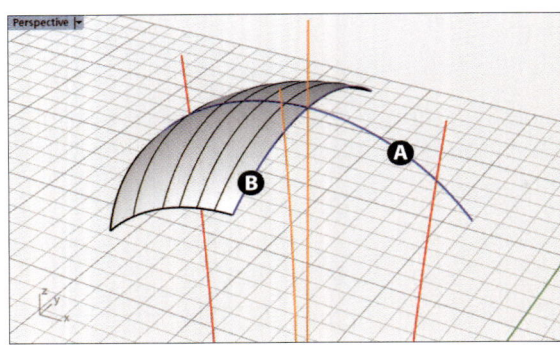 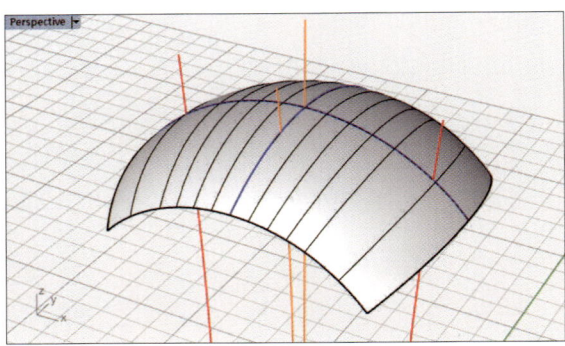

1.3 Merge Surfaces

1 Main Toolbar〉Surface Tools Toolbar〉Merge Surfaces 버튼을 클릭한다.

2 서피스 **A**와 **B**를 클릭한다. 2개의 서피스를 한 개의 서피스로 병합(Merge)시켰다.(병합시킨 서피스는 Explode로 분해할 수 없다.)

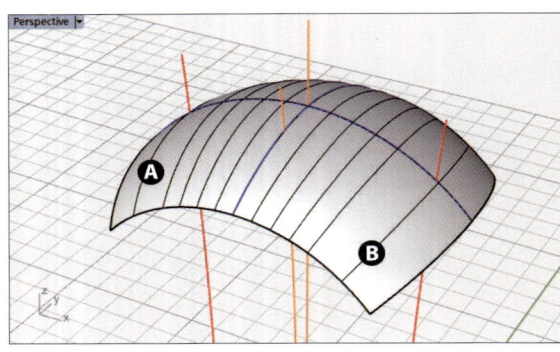 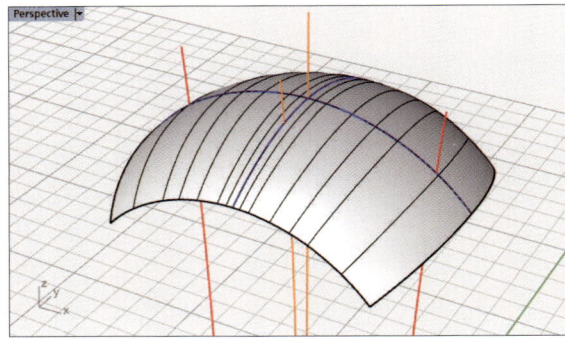

1.4 Sweep 2 Rails

1 Main Toolbar〉Surface Creation Toolbar〉Sweep 2 Rails 버튼을 클릭한다.

2 레일 커브로 사용할 커브 **A**, **B**를 클릭한다. 단면 커브로 사용할 원 **C**를 클릭하고 [Enter↵] 키

를 누른다. 화면에 심(Seam)을 표시한다. 엔터키를 누른다. 옵션 창이 표시된다. 옵션 창의 "OK"버튼을 클릭한다. 오른쪽 그림처럼 서피스를 만들었다.

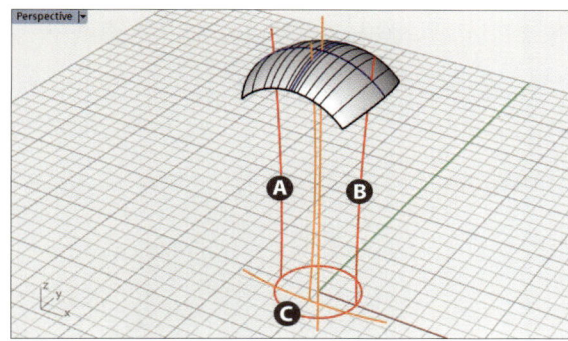 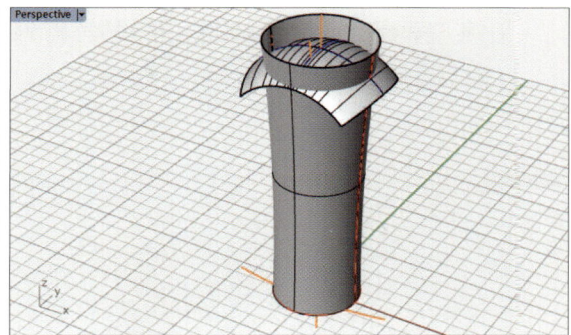

1.5 Cap Planar Holes

1. **Main Toolbar > Solid Tools Toolbar > Cap Planar Holes** 버튼을 클릭한다.
2. 서피스 Ⓐ를 클릭하고 Enter 키를 누른다. 오른쪽 그림처럼 서피스 Ⓐ의 위쪽과 아래쪽의 구멍을 평면서피스로 막는다.

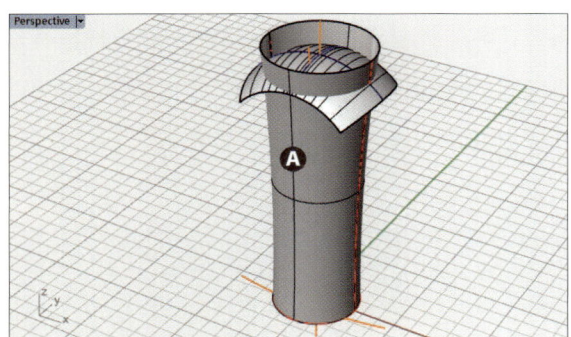 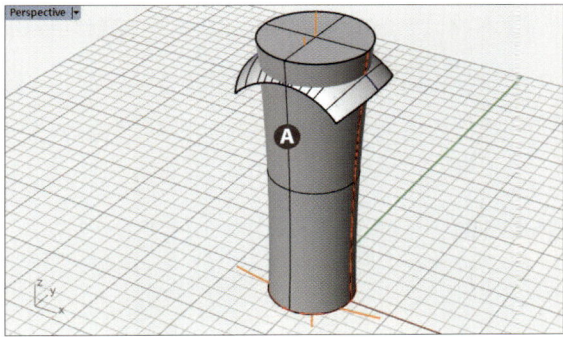

1.6 Analyze Direction

1 **Main Toolbar〉Analyze Direction** 버튼을 클릭한다.

2 서피스 Ⓐ를 클릭하고 Enter 키를 누른다. 오른쪽 그림처럼 방향 화살표가 아래쪽을 향하고 있다. 원하는 방향이므로 Enter 키를 눌러서 명령을 끝낸다.(만일 방향 화살표가 위쪽을 가리키면, 옵션에서 "Flip"을 클릭하여 아래쪽을 향하도록 변경한다.)

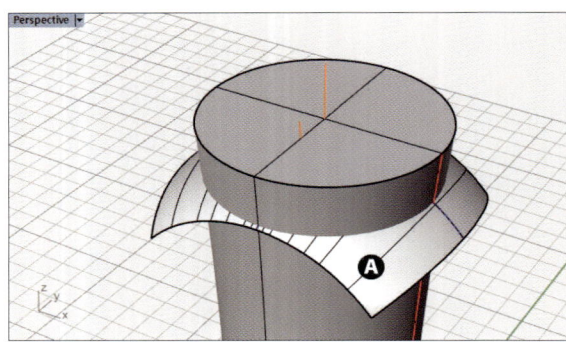 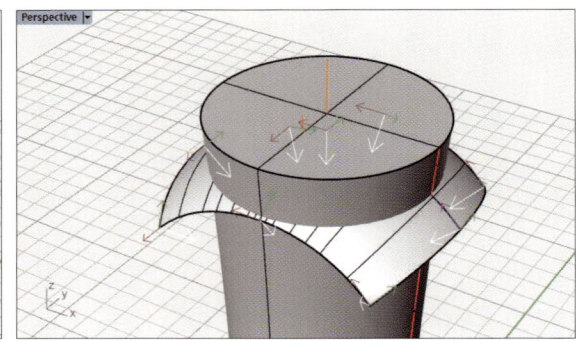

1.7 Boolean Difference

1 **Main Toolbar〉Solid Tools Toolbar〉Boolean Difference** 버튼을 클릭한다.

2 왼쪽 그림의 솔리드 오브젝트 Ⓑ를 클릭하고 Enter 키를 누른다. 명령어 창에서 옵션을 "Delete Input=Yes"로 설정한다. 서피스 Ⓐ를 클릭하고 Enter 키를 누른다. 오른쪽 그림처럼 서피스의 방향 화살표가 향했던 아래쪽을 남기고 반대쪽인 위쪽을 삭제하였다.

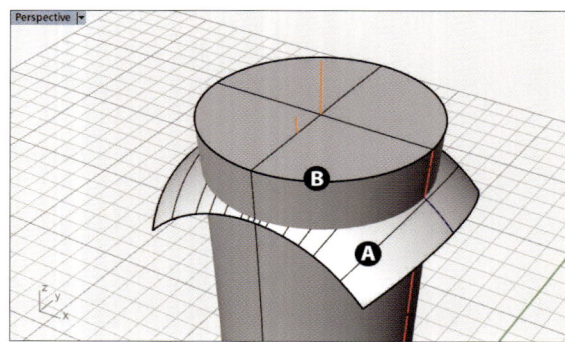 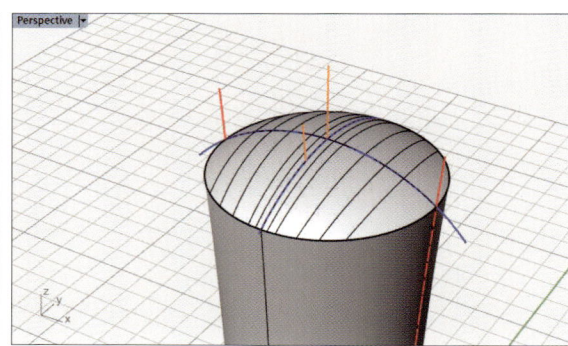

1.8 레이어 설정

1 "Front Curve" 레이어를 더블 클릭하여 현재 레이어로 설정한다.(레이어 이름 오른쪽에 체크 (✔)표시가 생긴다.)

2 "Body Curve"와 "Top Trim Curve" 레이어를 끈다. 화면이 아래 그림처럼 표시된다.

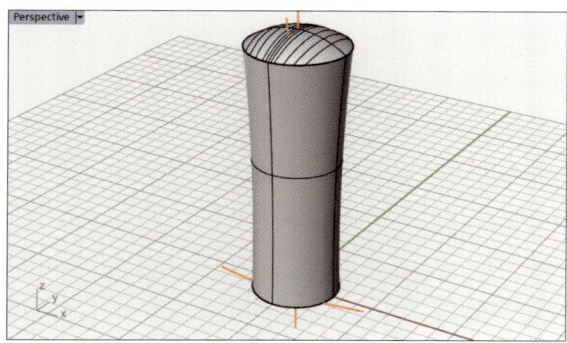

1.9 Hide Objects

1 **Standard Toolbar Group〉 Standard Toolbar〉 Hide Objects** 버튼을 클릭한다.

2 오브젝트 Ⓐ를 클릭하고 Enter↵ 키를 누른다. 오른쪽 그림처럼 선택한 오브젝트를 화면에서 숨긴다.

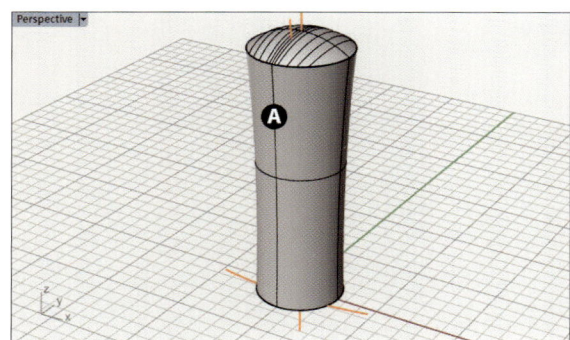
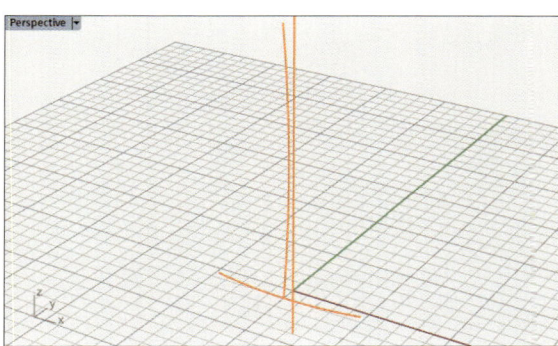

1.10 Sweep 1 Rail

1 Main Toolbar〉Surface Creation Toolbar〉Sweep 1 Rail 버튼을 클릭한다.

2 레일 커브로 사용할 커브 **A**를 클릭한다. 단면 커브로 사용할 커브 **B**를 클릭하고 Enter↵ 키를 누른다. 옵션 창이 표시된다. 옵션 창의 "OK"버튼을 클릭한다. 오른쪽 그림처럼 서피스를 만들었다.

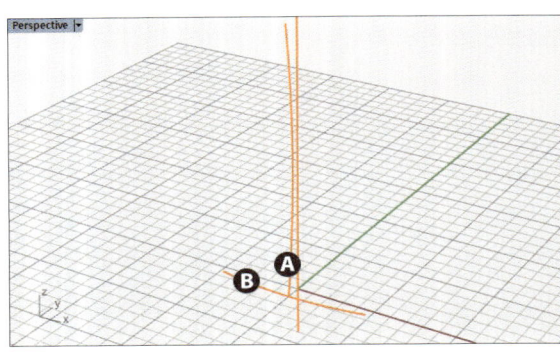 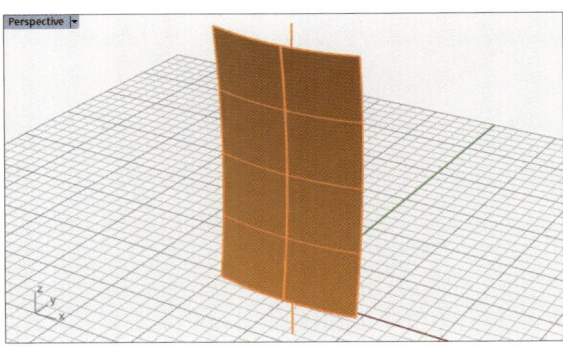

1.11 Show Objects

1 Standard Toolbar Group〉Standard Toolbar〉Hide Objects 버튼을 오른쪽 마우스 버튼으로 클릭한다.

2 오른쪽 그림처럼 숨겼던 오브젝트를 화면에 표시한다.

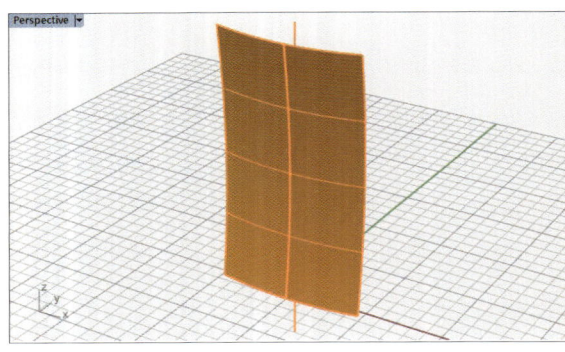 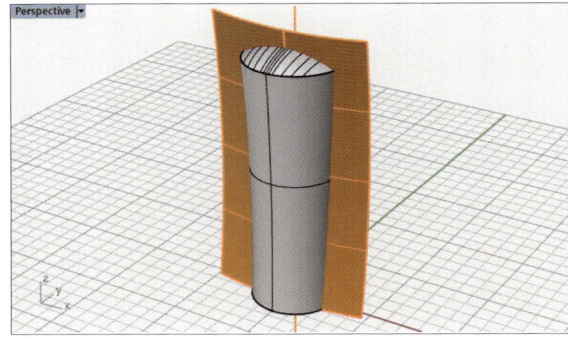

1.12 Analyze Direction

1 Main Toolbar〉Analyze Direction 버튼을 클릭한다.

2 서피스 **A**를 클릭하고 Enter↵ 키를 누른다. 오른쪽 그림처럼 방향 화살표가 Y-축의 "-" 방향을 향하고 있다.

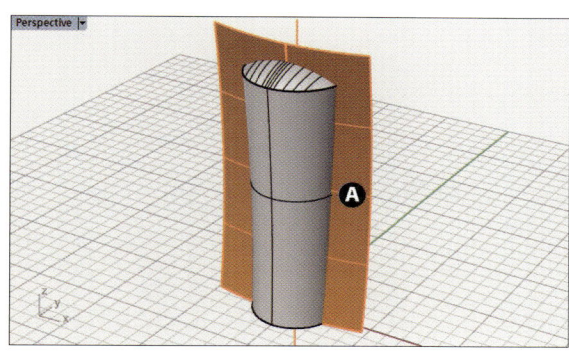 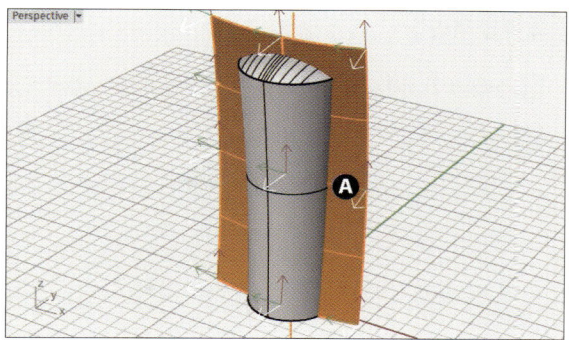

3 원하는 방향과 반대방향이므로 옵션에서 "Flip"을 클릭하고 Enter↵ 키를 눌러서 오른쪽 그림처럼 방향을 변경한다.

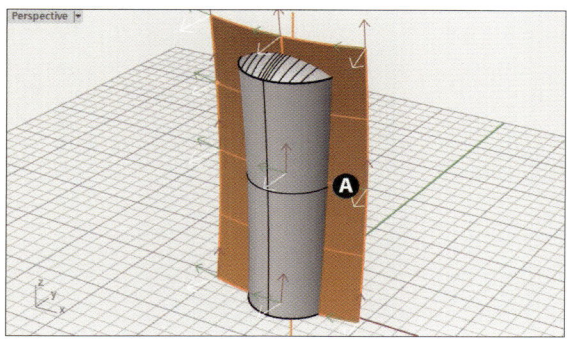 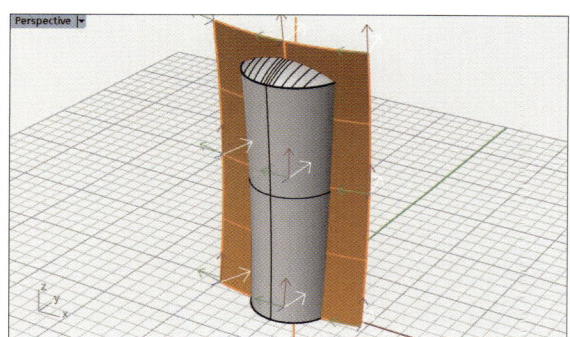

1.13 Boolean Difference

1 Main Toolbar〉Solid Tools Toolbar〉Boolean Difference 버튼을 클릭한다.

2 왼쪽 그림의 솔리드 오브젝트 **B**를 클릭하고 Enter↵ 키를 누른다. 명령어 창에서 옵션을 "Delete Input=Yes"로 설정한다. 서피스 **A**를 클릭하고 Enter↵ 키를 누른다. 오른쪽 그림처럼 서피스의 방향 화살표가 향했던 오른쪽을 남기고 반대쪽을 삭제하였다.

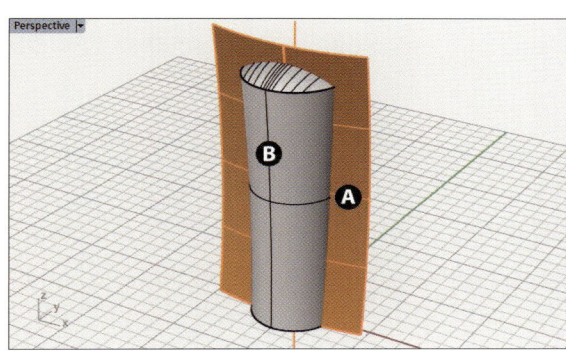 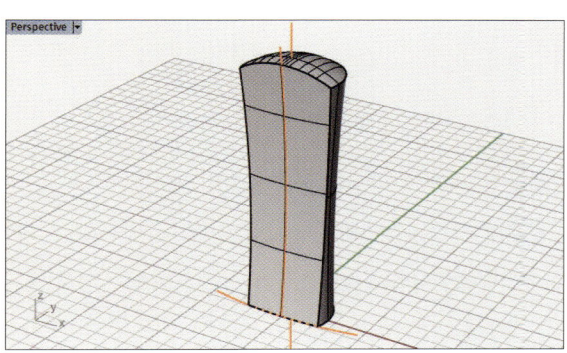

1.14 Wire Cut

1 **Main Toolbar〉Solid Tools Toolbar〉Wire Cut** 버튼을 클릭한다.

2 절삭 커브(Cutting Curve)를 지정하기 위해, 직선 **A**를 클릭한다. 잘릴 오브젝트를 지정하기 위해, 오브젝트 **B**를 선택하고 [Enter] 키를 누른다. 절삭 방향을 X-축 방향으로 설정하기 위해, 명령어 창의 옵션을 "Direction=X, Both sides=Yes"로 설정한다. 오른쪽 그림처럼 절삭 방향을 X축의 양쪽 방향으로 표시한다.

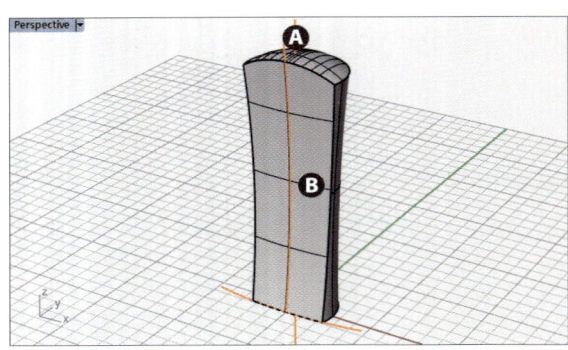 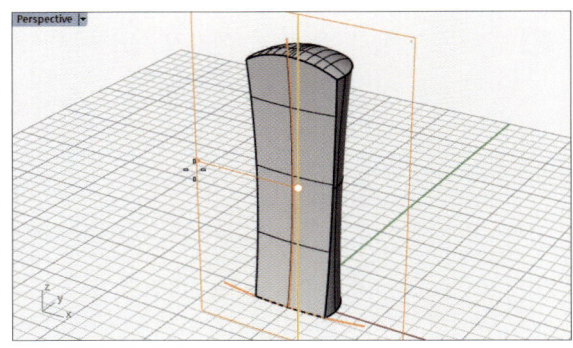

3 분할한 양쪽을 모두 사용하기 위해, 옵션을 "Keep All=Yes"로 설정한다. [Enter] 키를 눌러서 명령을 끝낸다. 오브젝트를 선택해 보면, 오른쪽 그림처럼 2개로 분리되어 있다.

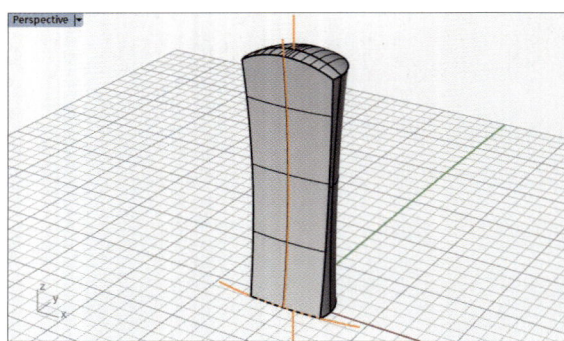 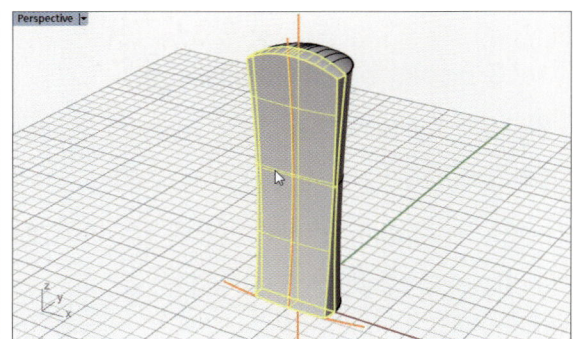

1.15 Change Object Layer

1 분할한 오브젝트 **A**를 클릭한다.

2 레이어 패널에서 "Back" 레이어를 오른쪽 마우스 버튼으로 클릭한다. 플라이 아웃(Flyout) 메뉴에서 "Change Object Layer" 항목을 클릭한다. 오른쪽 그림처럼 오브젝트의 색상이 레이어의 색상으로 변경된다.

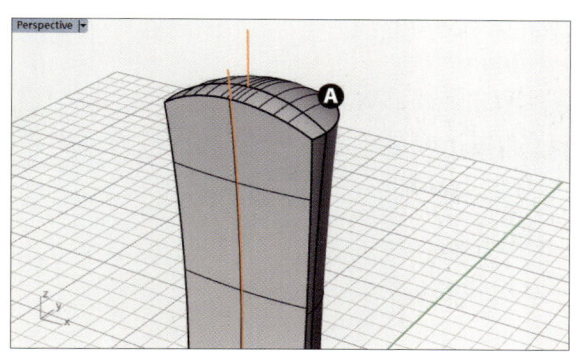 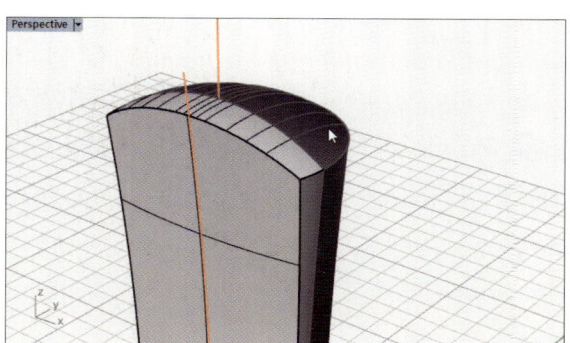

1.16 Hide Objects

1 Standard Toolbar Group〉 Standard Toolbar〉 Hide Objects 버튼을 클릭한다.

2 오브젝트 Ⓐ를 클릭하고 Enter↵ 키를 누른다. 오른쪽 그림처럼 선택한 오브젝트를 화면에서 숨긴다.

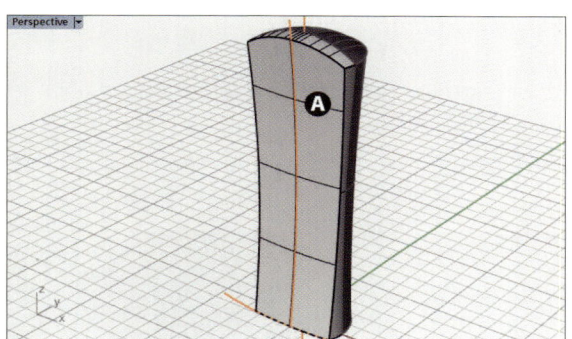 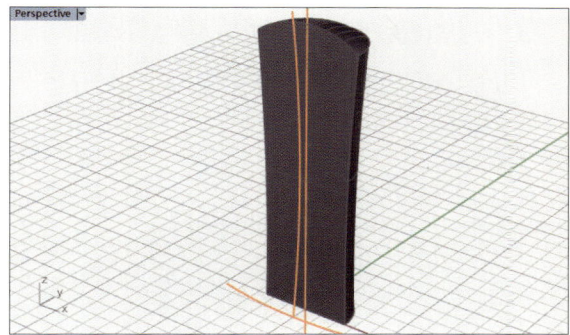

2 버튼

지금까지 작업한 파일을 다른 이름으로 저장하고 모델링을 계속 진행한다. 만약, 지금까지의 모델링을 정확하게 진행하지 못한 독자들은 **"예제〉 2-3 무선전화기〉 무선전화기-B"** 파일을 열어서 다음 작업을 진행한다.

2.1 Layer 설정

1 "Button Curve" 레이어를 더블 클릭하여 현재 레이어로 설정한다.

2 "Front Curve" 레이어를 끈다. 화면이 아래 그림처럼 표시된다.

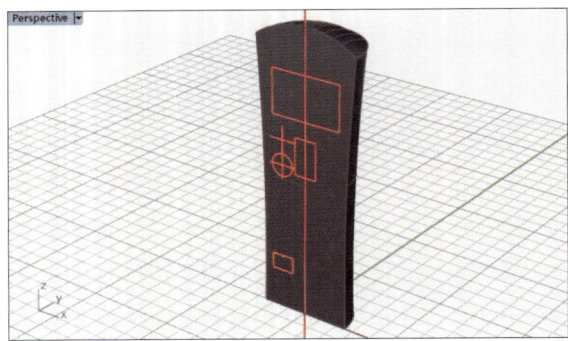

2.2 Extrude Straight

1 Main Toolbar〉Surface Creation Toolbar〉Extrude Straight 버튼을 클릭한다.

2 사각형 **A**, 원 **B**, 사각형 **C**를 클릭하고 Enter 키를 누른다. 오른쪽 그림처럼 마우스를 왼쪽 방향으로 이동한다. 명령어 창의 옵션을 "Both Sides=No, Solid=Yes, Delete Input=No"로 설정한다.

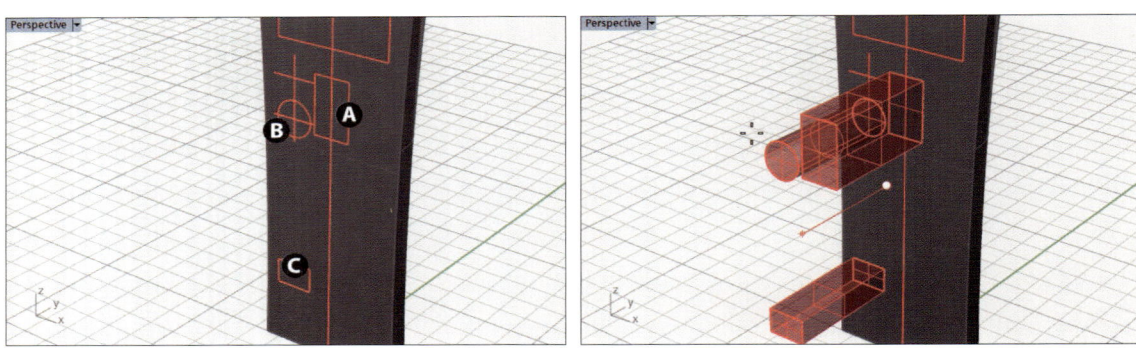

3 길이를 지정하기 위해 "25"를 입력하고 Enter 키를 누른다. 아래 그림처럼 버튼용 커브들을 돌출(Extrude)시킨 서피스를 만들었다.

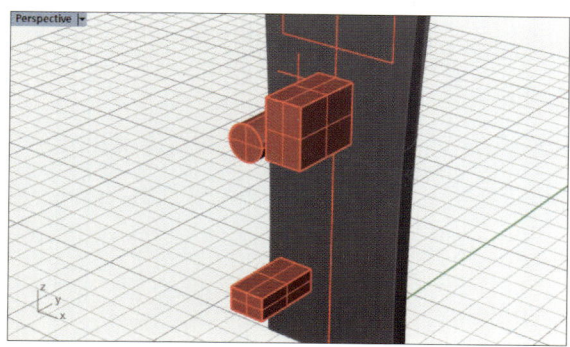

2.3 Fillet Edges

1 **Main Toolbar〉Boolean Union** 버튼을 클릭하고 잠시 기다리면, Solid Tools 툴바를 표시한다. Solid Tools 툴바에서 Fillet Edges 버튼을 클릭한다.

2 명령어 창의 옵션에서 "Next Radius=2.3"으로 설정한다. 왼쪽 그림처럼 2개의 사각형의 에지 8개를 클릭하고 Enter↲ 키를 누른다. 오른쪽 그림처럼 필렛 핸들(Fillet Handle)을 표시한다.

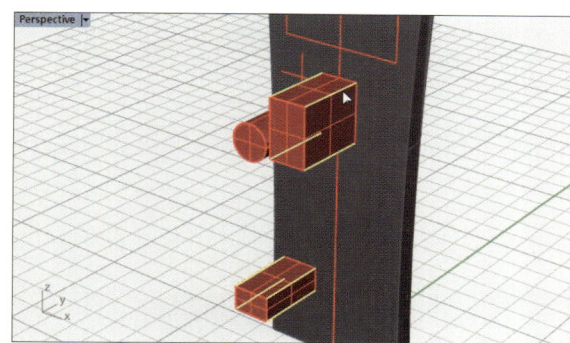 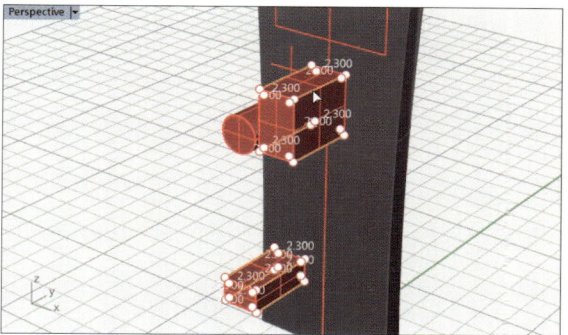

3 다시 한 번 Enter↲ 키를 누른다. 왼쪽 그림처럼 선택한 에지를 "R=2.3"으로 필렛(Fillet) 하였다. 오른쪽은 필렛 부분을 확대한 그림이다.

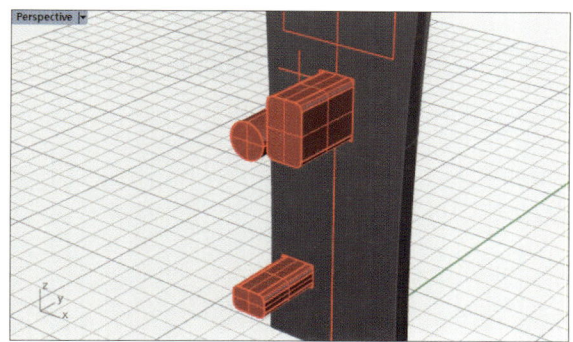 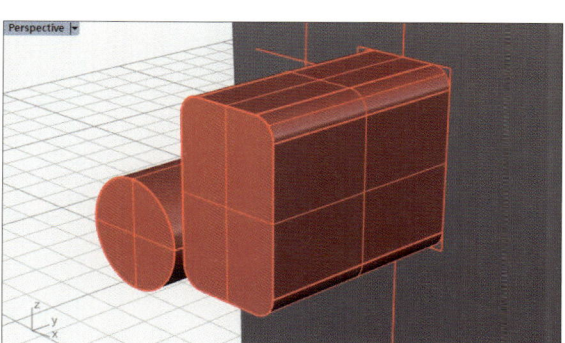

2.4 Rectangular Array

1 Main Toolbar〉Rectangular Array 버튼을 클릭한다.

2 배열할 오브젝트를 지정하기 위해, 오브젝트 Ⓐ를 클릭하고 Enter 키를 눌러서 선택을 끝낸다.

3 X축 방향의 개수를 지정하기 위해 "3"을 입력하고 Enter 키를 누른다. Y축 방향의 개수를 지정하기 위해 "5"를 입력하고 Enter 키를 누른다. Z축 방향의 개수를 지정하기 위해 "1"을 입력하고 Enter 키를 누른다.

4 X축 방향의 간격을 지정하기 위해 "14"를 입력하고 Enter 키를 누른다. Y축 방향의 간격을 지정하기 위해 "10"을 입력하고 Enter 키를 누른다. 오른쪽 그림처럼 미리보기가 표시된다.

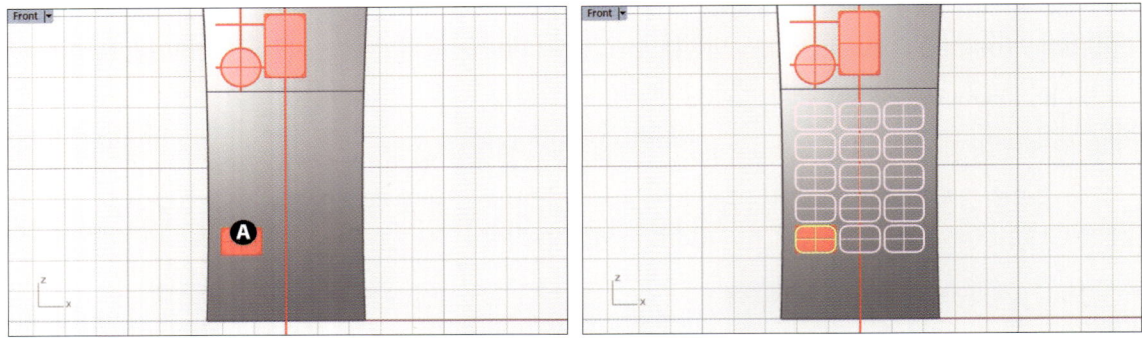

5 Enter 키를 눌러서 명령을 끝낸다. 아래 그림처럼 선택한 오브젝트를 지정한 개수만큼 배열하였다.

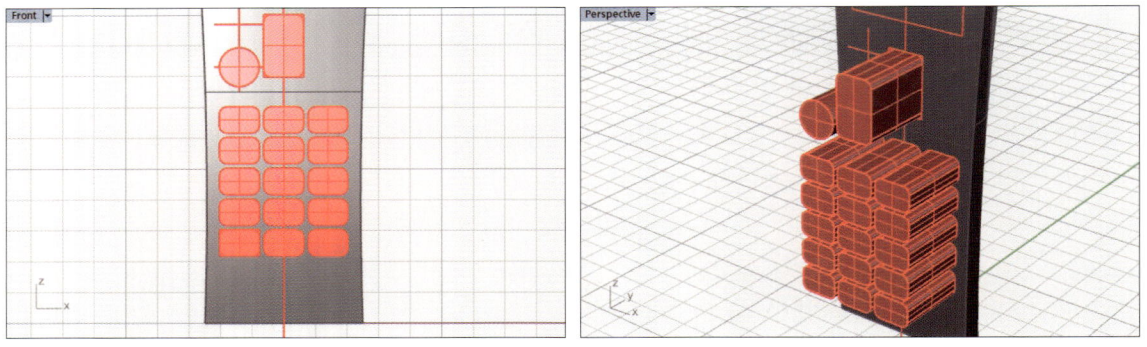

2.5 Copy

1 Main Toolbar〉Copy 버튼을 클릭한다.

2 복사할 오브젝트 **A**를 클릭하고, Enter 키를 눌러서 선택을 끝낸다. 복사의 기준점을 지정하기 위해, 임의의 점 **B**를 클릭한다. 복사의 목표점을 상대좌표로 지정하기 위해, "R0,14"를 입력하고 Enter 키를 누른다. 오른쪽 그림처럼 선택한 오브젝트를 복사한다. Enter 키를 눌러서 작업을 끝낸다.

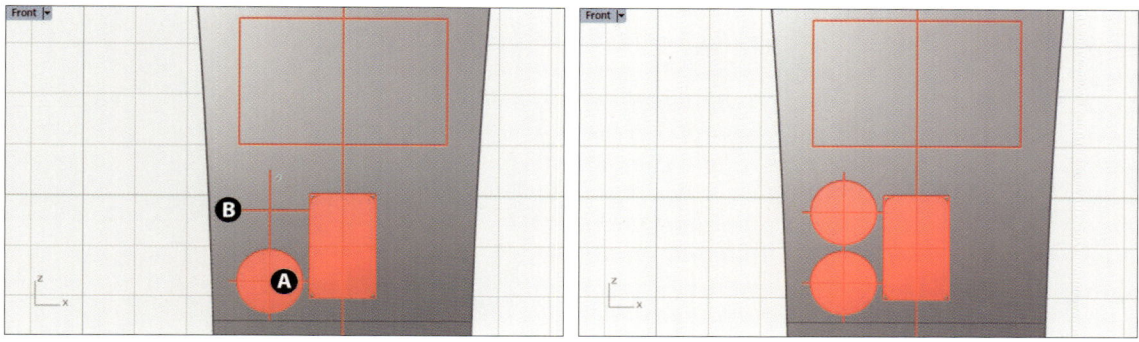

2.6 Mirror

1 Main Toolbar〉Transform Toolbar〉Mirror 버튼을 클릭한다.

2 반사대칭시킬 오브젝트를 선택하기 위해, 버튼 **A**와 **B**를 클릭한다. Enter 키를 눌러서 선택을 끝낸다. 명령어 창에서 옵션을 "Copy=Yes"로 설정한다.

3 반사대칭의 기준선을 지정하기 위해, 교차점 **C**와 **D**를 클릭한다. 오른쪽 그림처럼 선택한 오브젝트를 반사대칭 시켜서 복사한다.

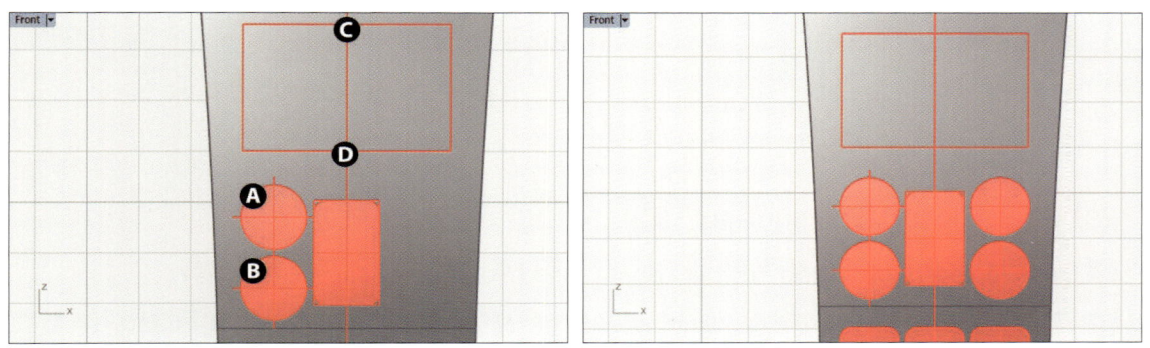

2.7 Show Objects

1 Standard Toolbar Group〉Standard Toolbar〉Hide Objects 버튼을 오른쪽 마우스 버튼으로 클릭한다.

2 오른쪽 그림처럼 숨겼던 전면 몸체 오브젝트를 화면에 표시한다.

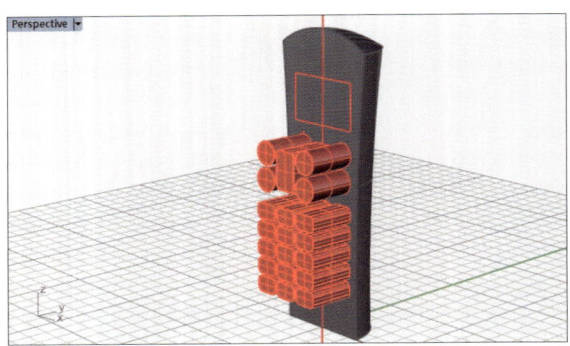
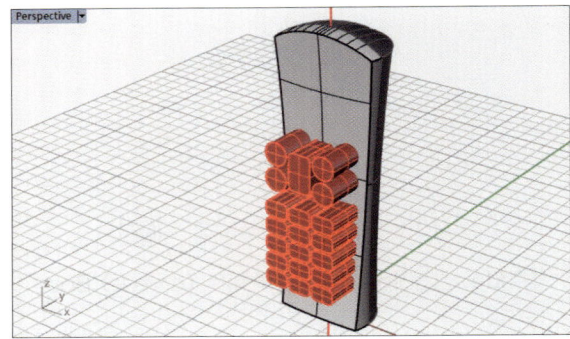

2.8 Hide Objects

1 Standard Toolbar Group〉Standard Toolbar〉Hide Objects 버튼을 클릭한다.

2 오브젝트 **A**를 클릭하고 [Enter↲] 키를 누른다. 오른쪽 그림처럼 선택한 오브젝트를 화면에서 숨긴다.

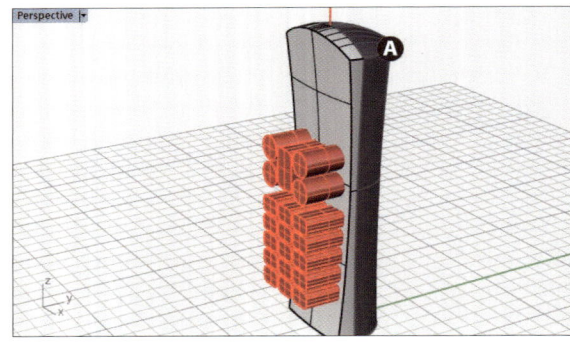
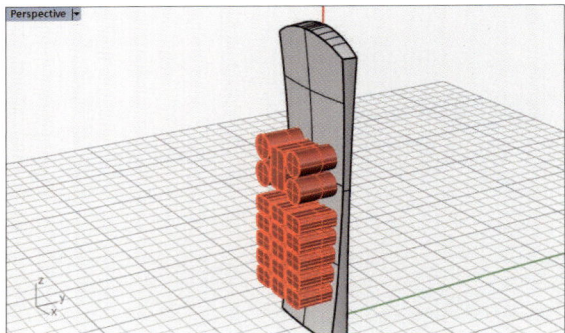

2.9 Shell Closed Polysurface

1 Main Toolbar〉Solid Tools Toolbar〉Shell Closed Polysurface 버튼을 클릭한다.

2 두께를 지정하기 위해 옵션을 "Thickness=2"로 설정한다. 뚫을 면을 지정하기 위해, 왼쪽 그림의 서피스 **A**를 클릭하고 [Enter↲] 키를 누른다. 오른쪽 그림처럼 지정한 두께만 남기고 속을 파낸다.

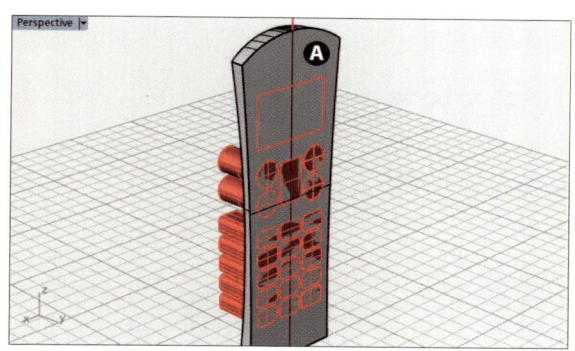 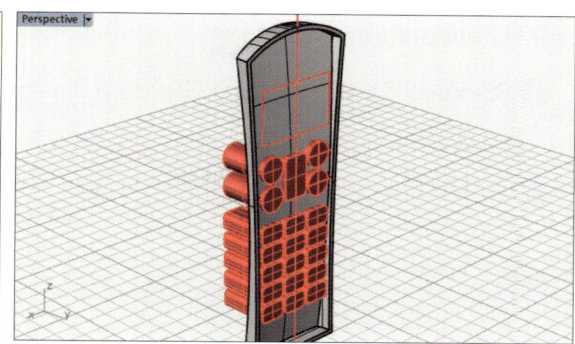

2.10 Boolean Difference

1 **Main Toolbar〉Solid Tools Toolbar〉Boolean Difference** 버튼을 클릭한다.

2 왼쪽 그림의 전면 몸체 오브젝트 Ⓐ를 클릭하고 Enter↵ 키를 누른다. 명령어 창에서 옵션을 "Delete Input=Yes"로 설정한다. 뺄 오브젝트인 버튼을 한꺼번에 선택하기 위해 오른쪽 그림처럼 Ⓑ에서 Ⓒ로 드래그한다.

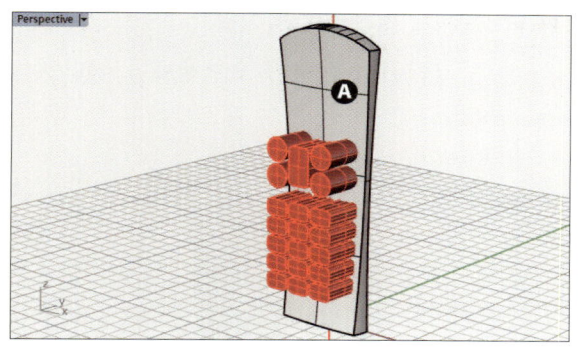 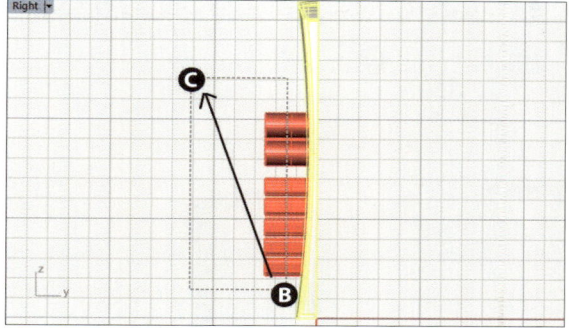

3 왼쪽 그림처럼 빨간색 오브젝트들을 모두 선택하였다. Enter↵ 키를 누른다. 오른쪽 그림처럼 버튼이 들어갈 구멍을 뚫었다.

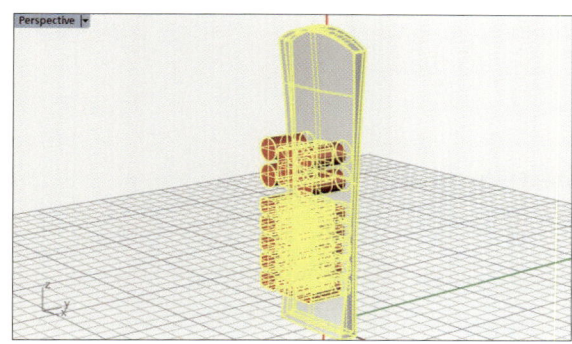 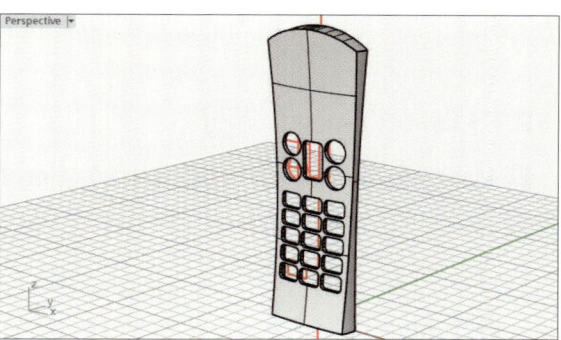

2.11 Show Objects

1 Standard Toolbar Group〉Standard Toolbar〉Hide Objects 버튼을 오른쪽 마우스 버튼으로 클릭한다.

2 오른쪽 그림처럼 숨겼던 뒷면 몸체 오브젝트를 화면에 표시한다.

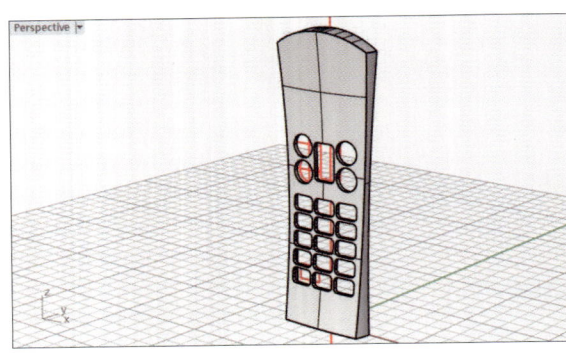 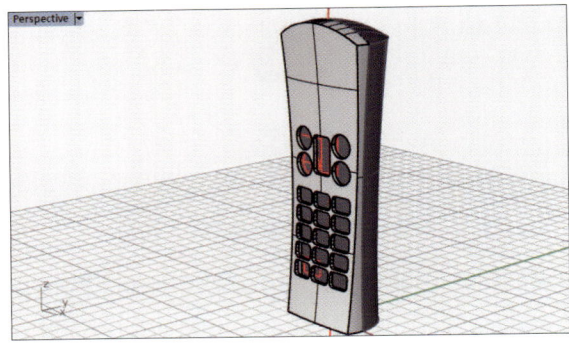

2.12 Hide Objects

1 Standard Toolbar Group〉Standard Toolbar〉Hide Objects 버튼을 클릭한다.

2 오브젝트 Ⓐ를 클릭하고 Enter 키를 누른다. 오른쪽 그림처럼 선택한 오브젝트를 화면에서 숨긴다.

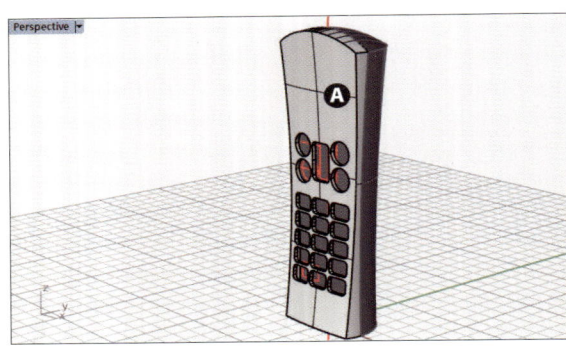 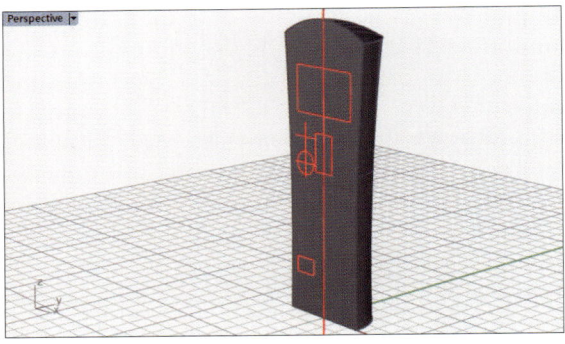

2.13 Offset Curve

1 Main Toolbar〉Curve Tools Toolbar〉Offset Curve 버튼을 클릭한다.

2 오프셋(Offset) 거리를 지정하기 위해, 옵션을 "Distance=0.3"으로 설정한다.
오프셋시킬 커브를 지정하기 위해, 사각형 Ⓐ를 클릭한다. 오프셋 방향을 지정하기 위해, 사각형 Ⓐ의 안쪽을 클릭한다. 오른쪽 그림처럼 오프셋 커브를 만든다.

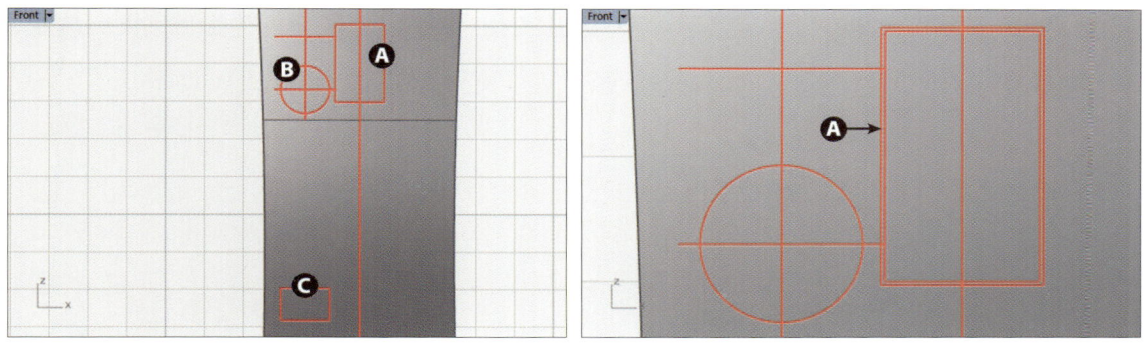

3 같은 방법으로 **B**, **C**를 안쪽으로 "0.3"씩 오프셋시킨다.

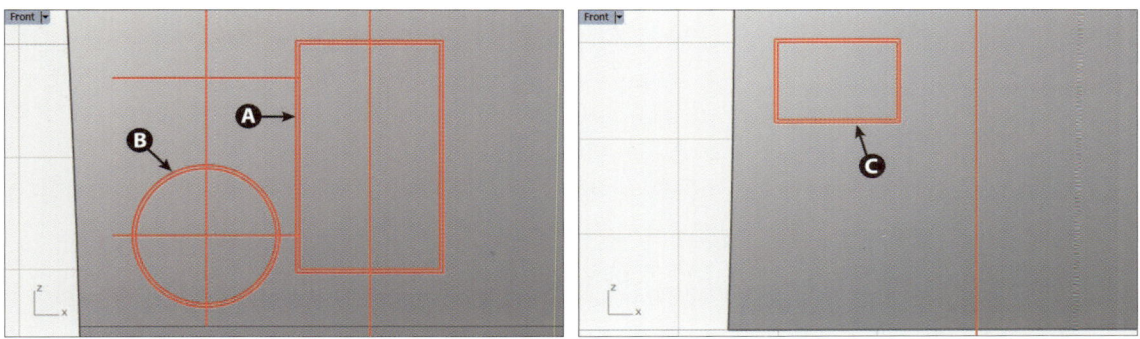

2.14 Extrude Straight

1 **Main Toolbar〉Surface Creation Toolbar〉Extrude Straight** 버튼을 클릭한다.

2 오프셋 시킨 안쪽의 사각형 **A**, 원 **B**, 사각형 **C**를 클릭하고 [Enter↵] 키를 누른다. 오른쪽 그림처럼 마우스를 왼쪽 방향으로 이동한다. 명령어 창의 옵션을 "Both Sides=No, Solid=Yes, Delete Input=No"로 설정한다.

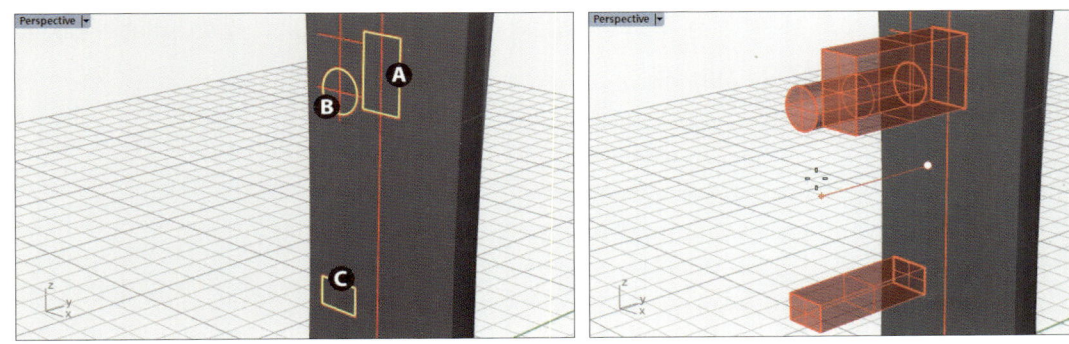

3 길이를 지정하기 위해 "25"를 입력하고 `Enter` 키를 누른다. 아래 그림처럼 버튼용 커브들을 돌출(Extrude)시켰다.

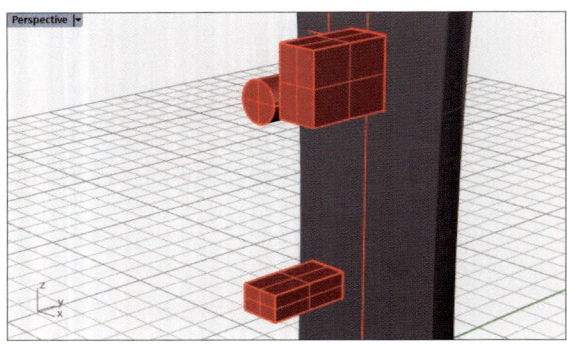

2.15 Fillet Edges

1 **Main Toolbar > Boolean Union** 버튼을 클릭하고 잠시 기다리면, Solid Tools 툴바를 표시한다. Solid Tools 툴바에서 Fillet Edges 버튼을 클릭한다.

2 명령어 창의 옵션에서 "Next Radius=2"로 설정한다. 왼쪽 그림처럼 2개의 사각형의 에지 8개를 클릭하고 `Enter` 키를 누른다. 필렛 핸들(Fillet Handle)을 표시한다.

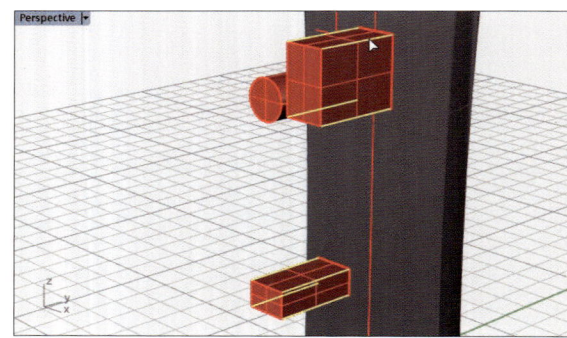 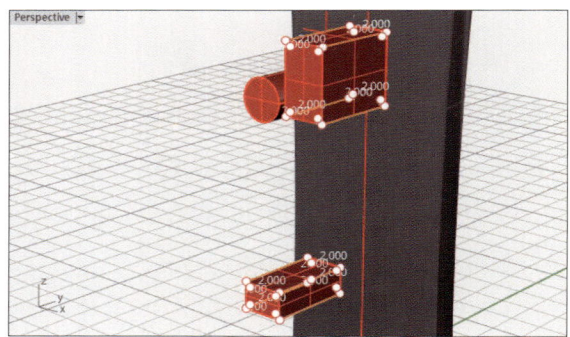

3 다시 한 번 `Enter` 키를 누른다. 왼쪽 그림처럼 선택한 에지를 "R=2"로 필렛(Fillet) 하였다. 오른쪽은 필렛 부분을 확대한 그림이다.

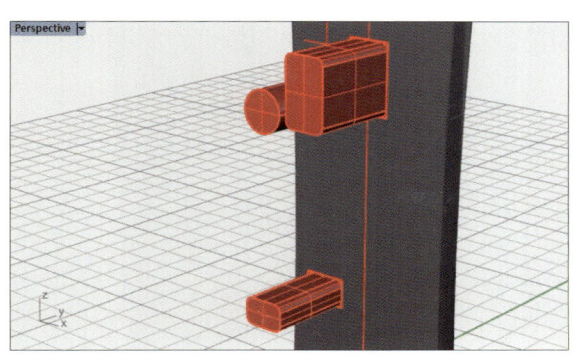 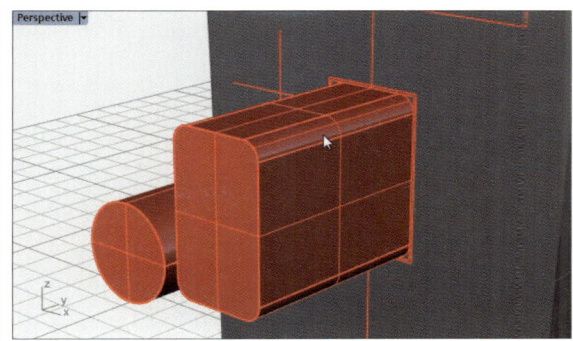

2.16 Rectangular Array

1 Main Toolbar〉Rectangular Array 버튼을 클릭한다.

2 배열할 오브젝트를 지정하기 위해, 버튼 오브젝트 Ⓐ를 클릭하고 [Enter↵] 키를 눌러서 선택을 끝낸다.

3 X축 방향의 개수를 지정하기 위해 "3"을 입력하고 [Enter↵] 키를 누른다. Y축 방향의 개수를 지정하기 위해 "5"를 입력하고 [Enter↵] 키를 누른다. Z축 방향의 개수를 지정하기 위해 "1"을 입력하고 [Enter↵] 키를 누른다.

4 X축 방향의 간격을 지정하기 위해 "14"를 입력하고 [Enter↵] 키를 누른다. Y축 방향의 간격을 지정하기 위해 "10"을 입력하고 [Enter↵] 키를 누른다. 오른쪽 그림처럼 미리보기가 표시된다.

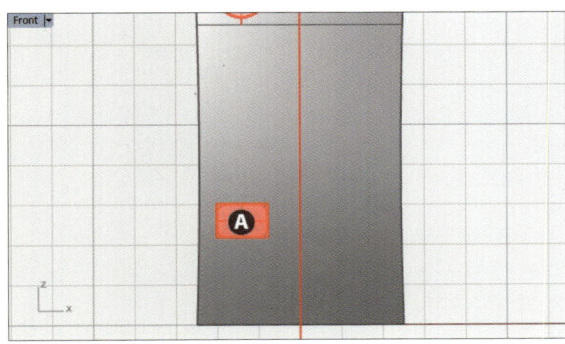 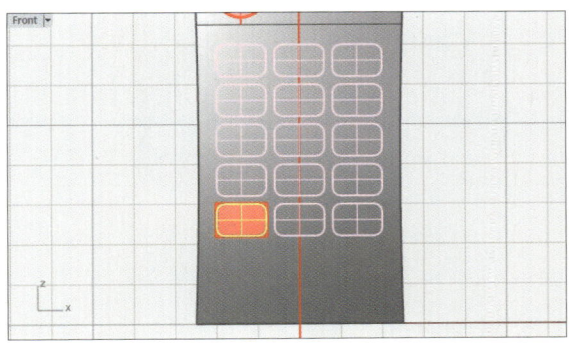

5 [Enter↵] 키를 눌러서 명령을 끝낸다. 아래 그림처럼 선택한 오브젝트를 지정한 개수단큼 배열한다.

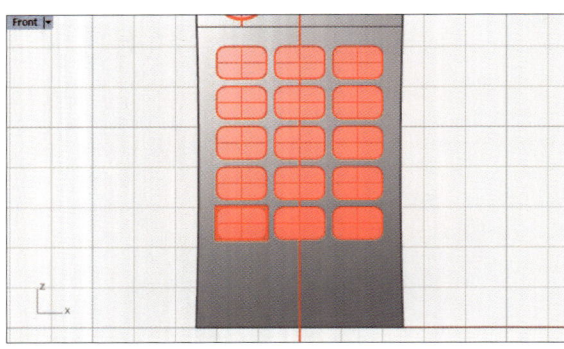
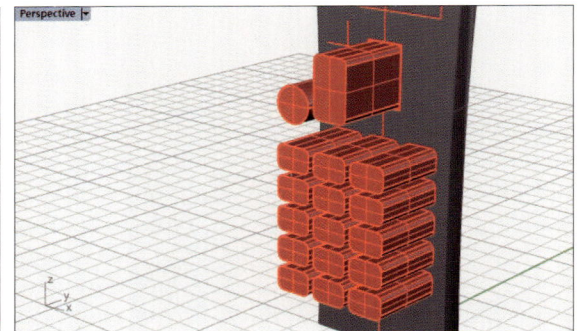

2.17 Copy

1 Main Toolbar〉Copy 버튼을 클릭한다.

2 복사할 오브젝트 **Ⓐ**를 클릭하고, Enter 키를 눌러서 선택을 끝낸다. 복사의 기준점을 지정하기 위해, 임의의 점 **Ⓑ**를 클릭한다. 복사의 목표점을 상대좌표로 지정하기 위해, "R0,14"를 입력하고 Enter 키를 누른다. 오른쪽 그림처럼 선택한 오브젝트를 복사한다. Enter 키를 눌러서 작업을 끝낸다.

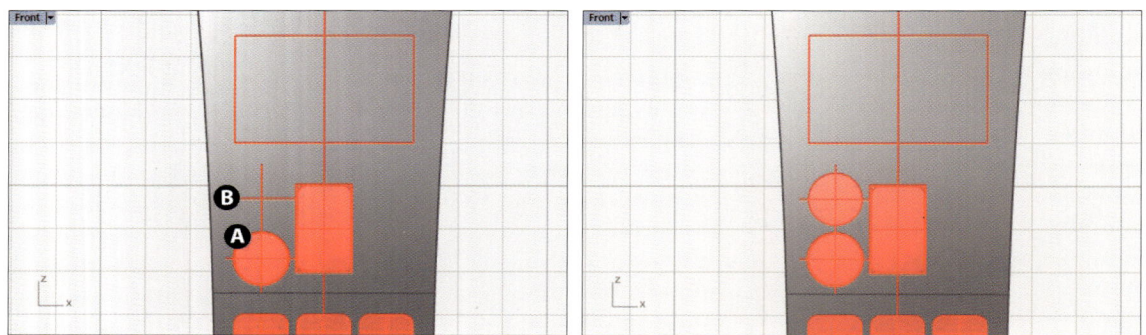

2.18 Mirror

1 Main Toolbar〉Transform Toolbar〉Mirror 버튼을 클릭한다.

2 반사대칭시킬 오브젝트를 선택하기 위해, 버튼 **Ⓐ**와 **Ⓑ**를 클릭한다. Enter 키를 눌러서 선택을 끝낸다. 명령어 창에서 옵션을 "Copy=Yes"로 설정한다.

3 반사대칭의 기준선을 지정하기 위해, 교차점 **Ⓒ**와 **Ⓓ**를 클릭한다. 오른쪽 그림처럼 선택한 오브젝트를 반사대칭 시켜서 복사하였다.

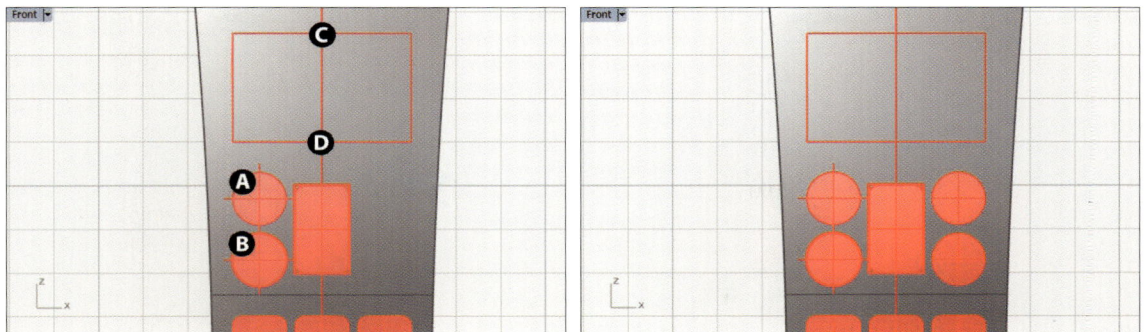

2.19 Show Objects

1 Standard Toolbar Group〉Standard Toolbar〉Hide Objects 버튼을 오른쪽 마우스 버튼으로 클릭한다.

2 오른쪽 그림처럼 숨겼던 전면 몸체 오브젝트를 화면에 표시한다.

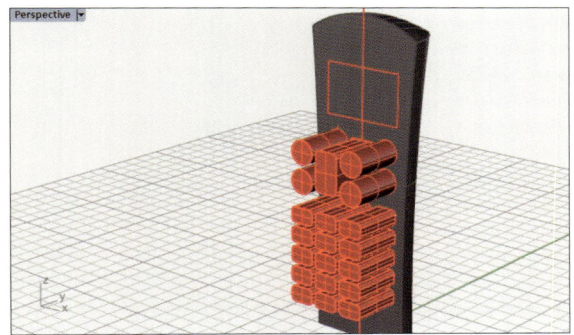
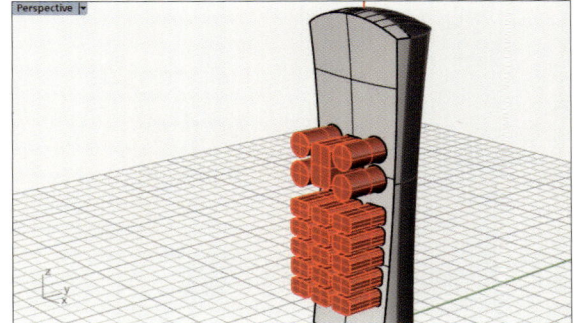

2.20 레이어 설정

"Button Trim Surface" 레이어를 더블 클릭하여 현재 레이어로 설정한다.(레이어 이름 오른쪽에 체크(✓)표시가 생긴다.)

2.21 Offset Surface

1 Main Toolbar〉Surface Tools Toolbar〉Offset Surface 버튼을 클릭한다.

2 "Ctrl + Shift"키를 누른 상태에서 서피스 Ⓐ를 클릭하고 Enter↵ 키를 누른다. 오른쪽 그림처럼 한 개의 서피스만 선택된다.

제3장 무선 전화기 **409**

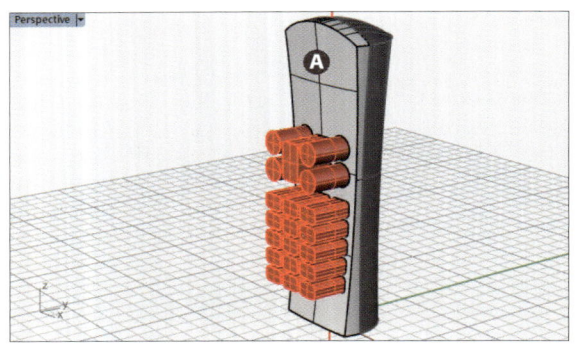 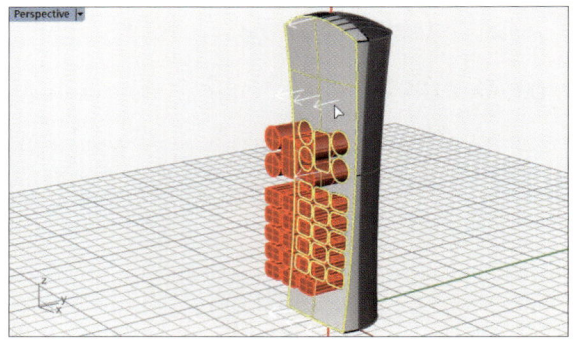

3 옵션에서 "Distance=1", "Solid=No", "Both Sides=No"로 설정하고 Enter 키를 누른다. 오른쪽 그림처럼 오프셋을 실행한다.

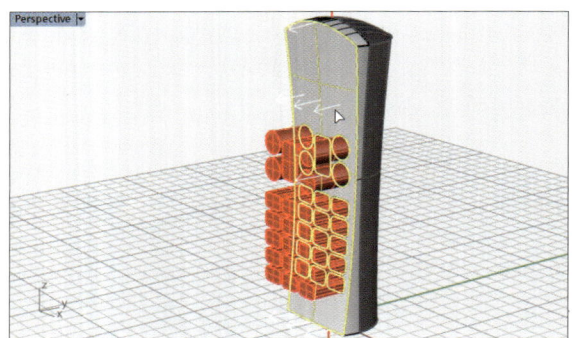 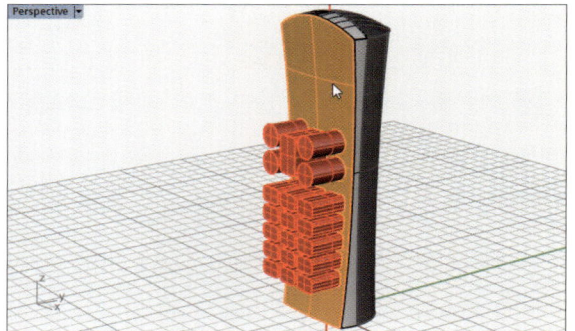

2.22 Isolate Objects

1 서피스 **Ⓐ**를 클릭하여 선택한다.

2 **Standard Toolbar Group〉Standard Toolbar〉Hide Objects** 버튼을 클릭하고 잠시 기다리면 Visibility Toolbar가 표시된다. **Visibility Toolbar에서 Isolate Objects** 버튼을 클릭한다. 오른쪽 그림처럼 선택한 서피스 **Ⓐ**만 남기고 다른 오브젝트는 모두 숨겨버린다.

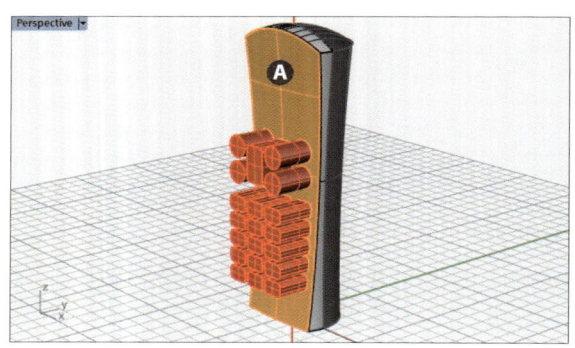 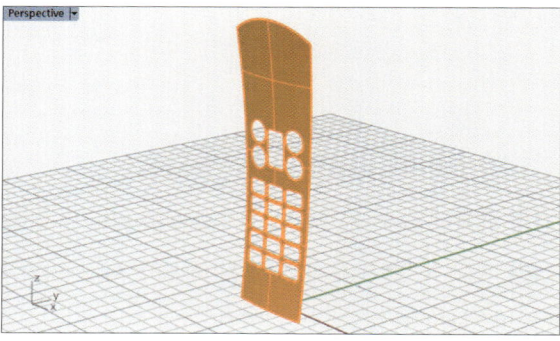

2.23 Untrim

1 **Main Toolbar〉Trim** 버튼을 오른쪽 마우스 버튼으로 클릭한다.

2 옵션을 "Keep Trim Objects=No, All Similar=Yes"로 설정한다. 구멍의 에지 **Ⓐ**를 클릭한다. 오른쪽 그림처럼 모든 구멍에 대해 트림(Trim)을 취소하였다.

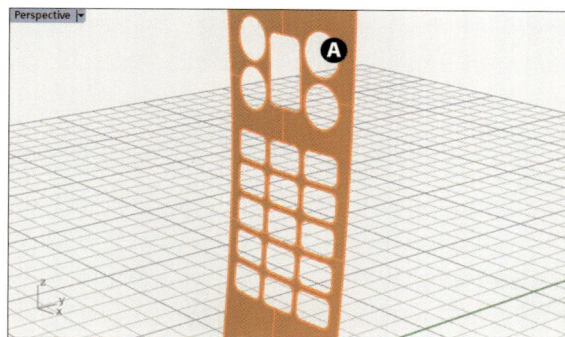
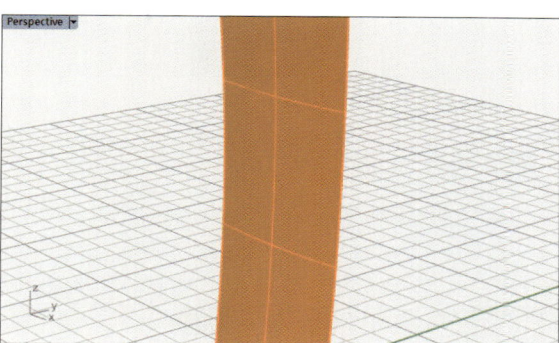

2.24 Show Objects

1 **Standard Toolbar Group〉Standard Toolbar〉Hide Objects** 버튼을 오른쪽 마우스 버튼으로 클릭한다.

2 오른쪽 그림처럼 숨겼던 오브젝트를 모두 화면에 표시한다.

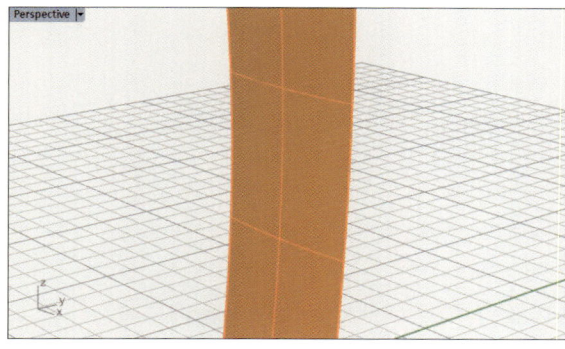
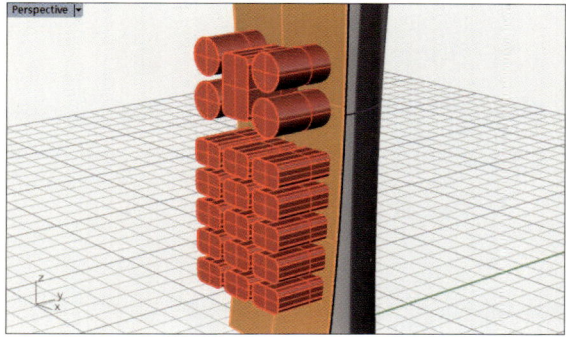

2.25 Analyze Direction

1 **Main Toolbar〉Analyze Direction** 버튼을 클릭한다.

2 서피스 **Ⓐ**를 클릭하고 Enter 키를 누른다. 오른쪽 그림처럼 방향 화살표가 Y-축의 "-" 방향을 향하고 있다.

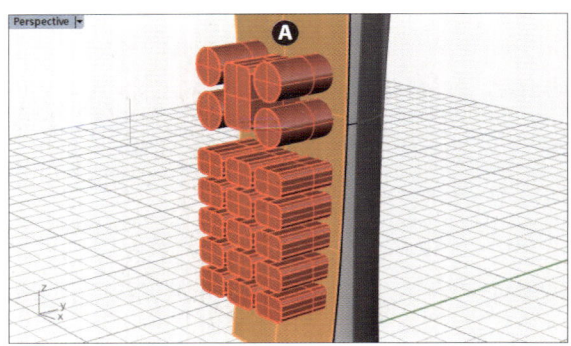 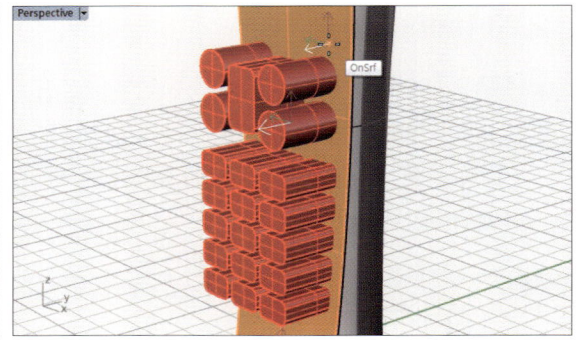

3 원하는 방향과 반대방향이므로 옵션에서 "Flip"을 클릭하고 [Enter↵] 키를 눌러서 오른쪽 그림처럼 서피스의 방향을 반대로 변경한다.

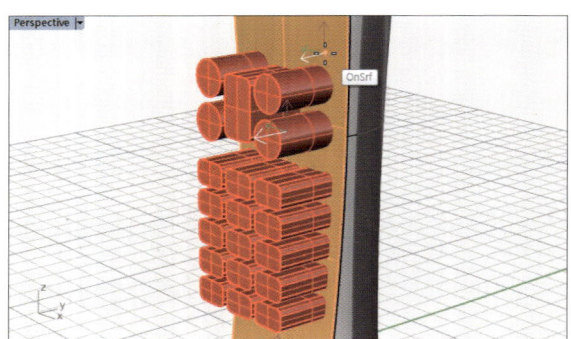 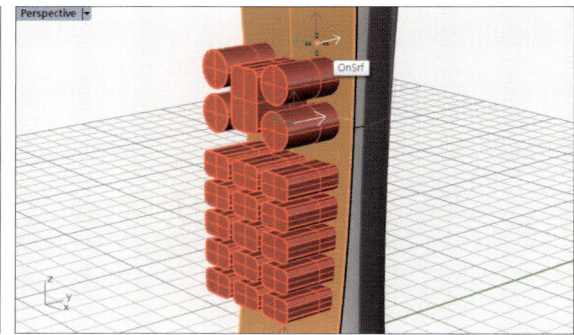

2.26 Boolean Difference

1 Main Toolbar〉 Solid Tools Toolbar〉 Boolean Difference 버튼을 클릭한다.

2 왼쪽 그림처럼 ⓐ에서 ⓑ로 드래그하여 사각형 안에 들어오는 버튼들을 모두 선택하고 [Enter↵] 키를 누른다.

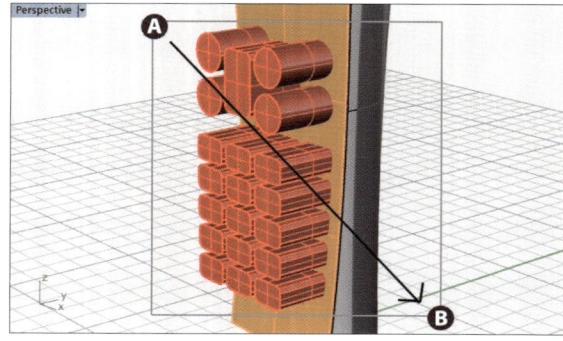 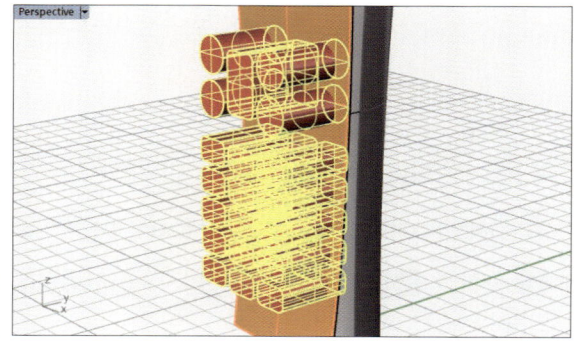

3 명령어 창에서 옵션을 "Delete Input=Yes"로 설정한다. 서피스 Ⓐ를 클릭하고 [Enter↵] 키를 누른다. 오른쪽 그림처럼 서피스의 방향 화살표가 향했던 오른쪽을 남기고 반대쪽인 왼쪽을 삭제한다.

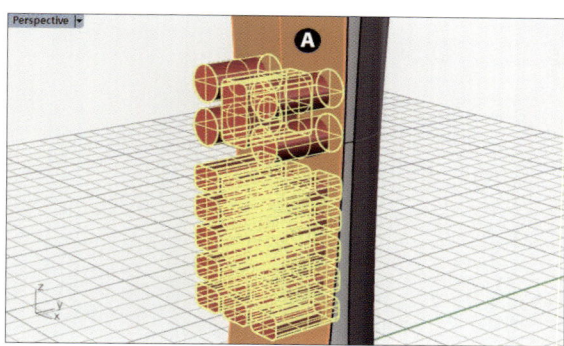 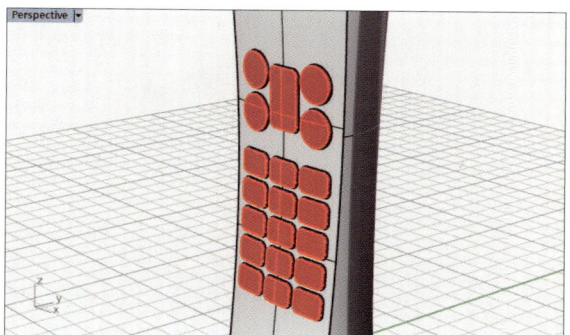

3 액정

3.1 Ghosted Display Mode

1 퍼스펙티브 뷰포트(Perspective Viewport)의 제목을 오른쪽 마우스 버튼으로 클릭한다.

2 플라이 아웃 메뉴에서 "Ghosted"를 클릭한다. 오른쪽 그림처럼 화면이 반투명하게 표시된다.

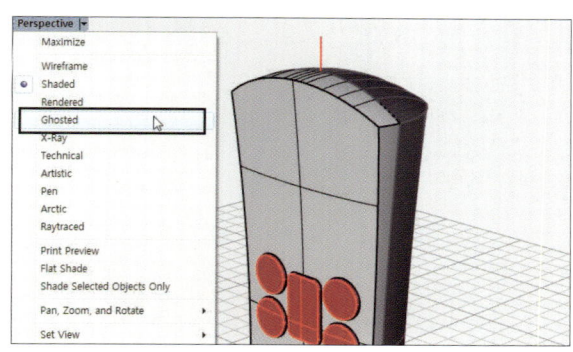 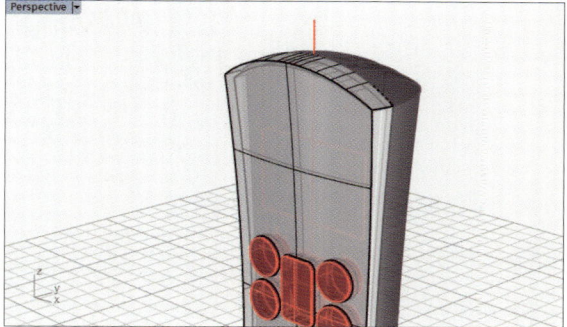

3.2 Wire Cut

1 Main Toolbar〉Solid Tools Toolbar〉Wire Cut 버튼을 클릭한다.

2 칼로 사용할 절삭 커브(Cutting Curve)를 지정하기 위해, 사각형 Ⓐ를 클릭한다. 잘릴 오브

젝트를 지정하기 위해, 전면 몸체 **B**를 선택하고 [Enter↵] 키를 누른다. 절삭 방향을 Y-축 방향으로 설정하기 위해, 명령어 창의 옵션에서 "Direction=Y"로 설정한다. 오른쪽 그림처럼 절삭 방향을 Y-축 방향으로 표시한다.

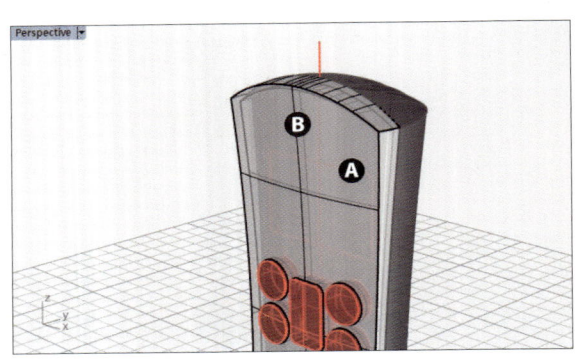 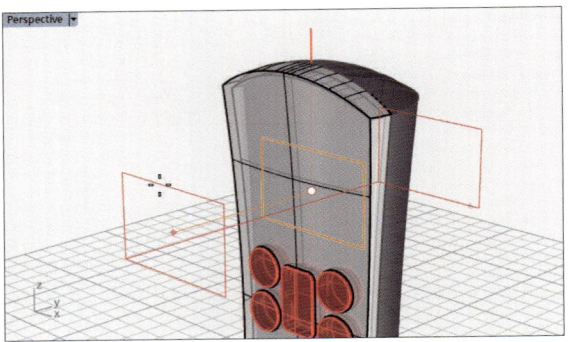

3 분할한 양쪽을 모두 사용하기 위해, 절삭 옵션을 "Keep All=Yes"로 설정한다. [Enter↵] 키를 눌러서 명령을 끝낸다. 오브젝트를 선택해 보면, 오른쪽 그림처럼 분리되어 있다.

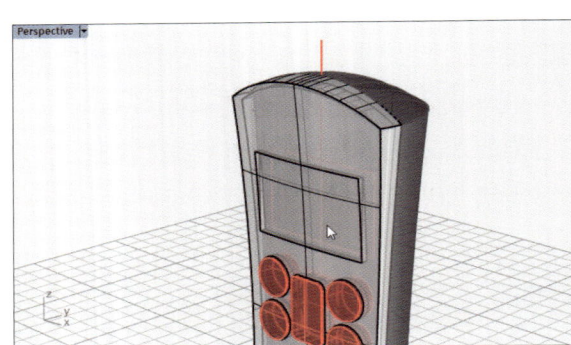 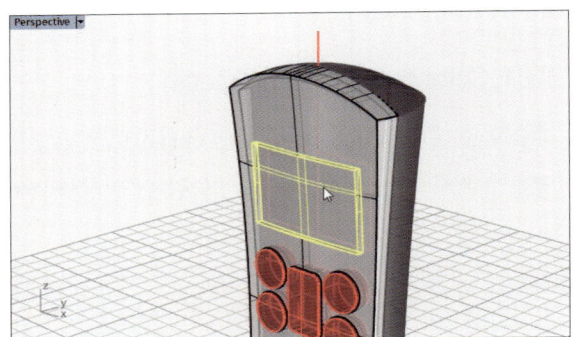

3.3 Change Object Layer

1 분할한 오브젝트 **A**를 클릭한다.

2 레이어 패널에서 "LCD" 레이어를 오른쪽 마우스 버튼으로 클릭한다. 플라이 아웃(Flyout) 메뉴에서 "Change Object Layer" 항목을 클릭한다. 오른쪽 그림처럼 오브젝트의 색상이 레이어의 색상으로 변경된다.

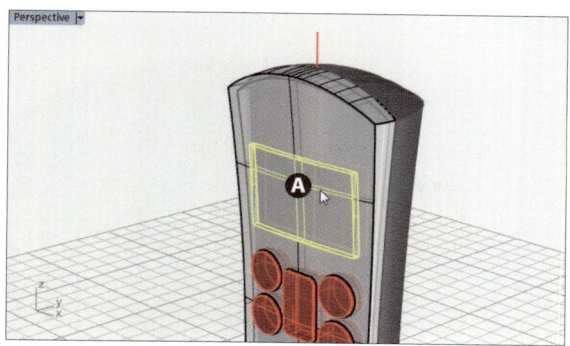 

4 마무리

4.1 레이어 설정

꺼져 있는 "Hole Curve" 레이어를 켠다. 몸체의 위쪽과 아래쪽에 작은 원과 직사각형을 표시한다.

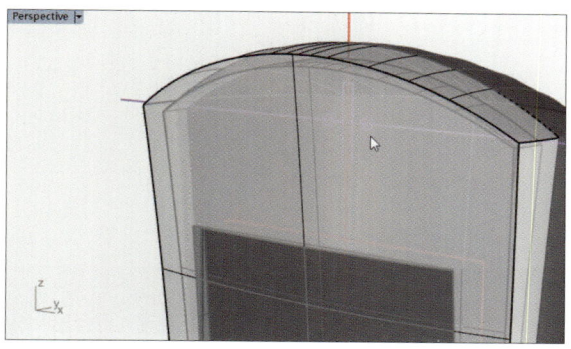

4.2 Extrude Straight

1 **Main Toolbar> Surface Creation Toolbar> Extrude Straight** 버튼을 클릭한다.

2 왼쪽 그림처럼 작은 원 2개와 직사각형 1개를 클릭하고 Enter 키를 누른다. 오른쪽 그림처럼 마우스를 왼쪽 방향으로 이동한다. 명령어 창의 옵션을 "Both Sides=No, Solid=Yes, Delete Input=No"로 설정한다.

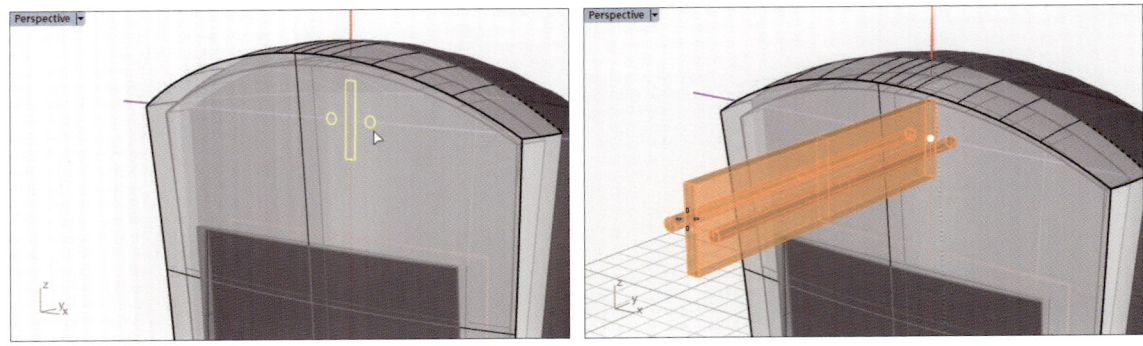

3 길이를 지정하기 위해 "20"을 입력하고 Enter 키를 누른다. 아래 그림처럼 커브들을 돌출(Extrude)시킨 서피스를 만들었다.

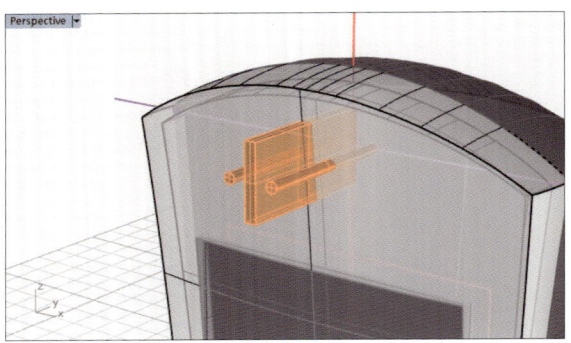

4.3 Boolean Difference

1 Main Toolbar〉Solid Tools Toolbar〉Boolean Difference 버튼을 클릭한다.

2 전면 몸체 **A**를 클릭하고 Enter 키를 누른다. 명령어 창에서 옵션을 "Delete Input=Yes"로 설정한다. 오브젝트 **B**, **C**, **D**를 클릭하고 Enter 키를 누른다. 오른쪽 그림처럼 구멍을 뚫었다.

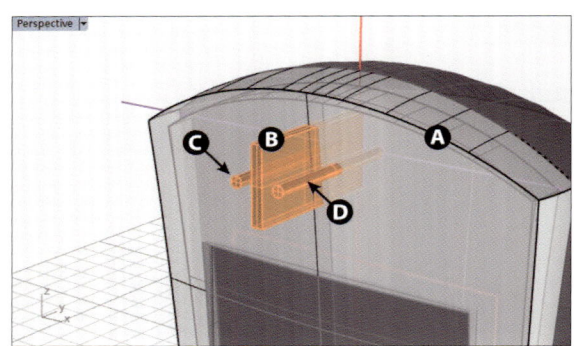 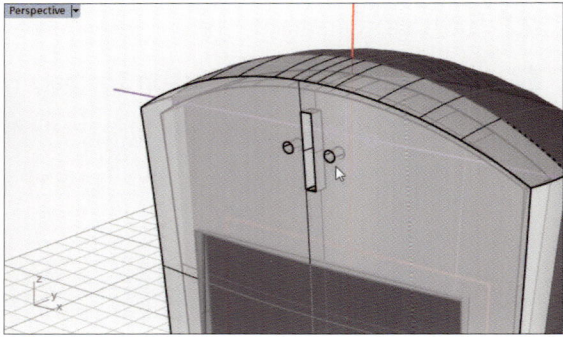

4.4 Extrude Straight

1 Main Toolbar〉Surface Creation Toolbar〉Extrude Straight 버튼을 클릭한다.

2 왼쪽 그림처럼 아래쪽의 작은 원 2개와 직사각형 1개를 클릭하고 Enter 키를 누른다. 오른쪽 그림처럼 마우스를 왼쪽 방향으로 이동한다. 명령어 창의 옵션을 "Both Sides=No, Solid=Yes, Delete Input=No"로 설정한다.

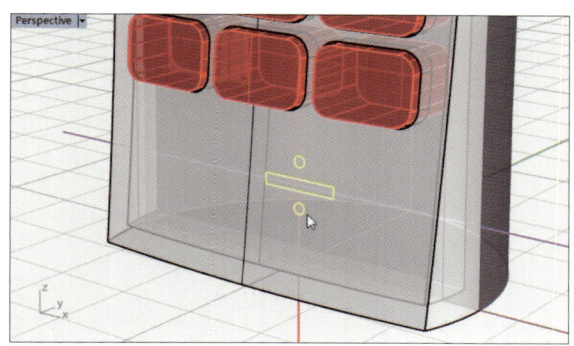 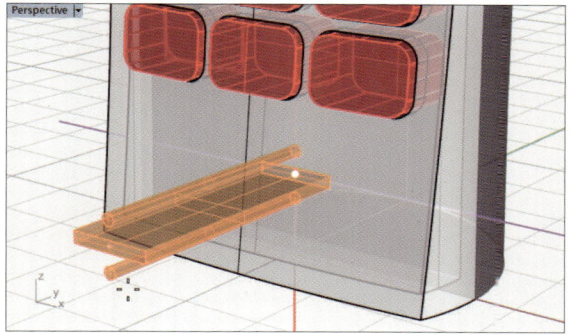

3 길이를 지정하기 위해 "20"을 입력하고 Enter 키를 누른다. 아래 그림처럼 커브들을 돌출(Extrude)시킨 서피스를 만들었다.

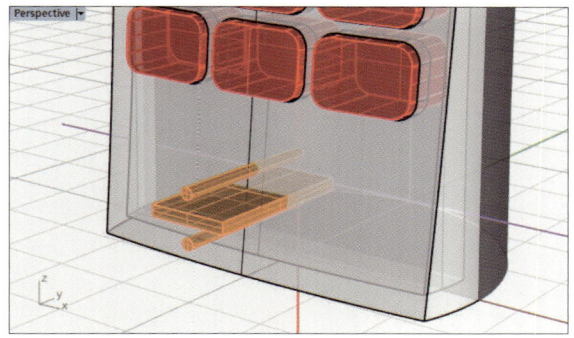

4.5 Boolean Difference

1 Main Toolbar〉Solid Tools Toolbar〉Boolean Difference 버튼을 클릭한다.

2 왼쪽 그림의 전면 몸체 **A**를 클릭하고 Enter 키를 누른다. 명령어 창에서 옵션을 "Delete Input=Yes"로 설정한다. 오브젝트 **B**, **C**, **D**를 클릭하고 Enter 키를 누른다. 오른쪽 그림처럼 구멍을 뚫었다.

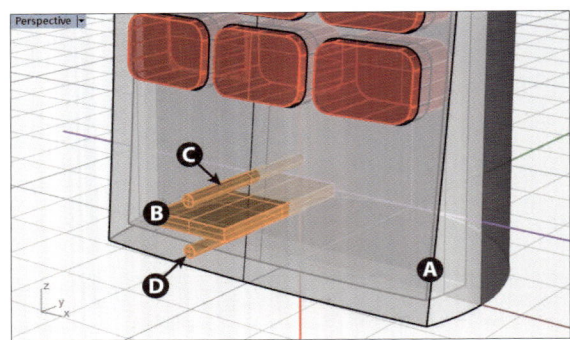 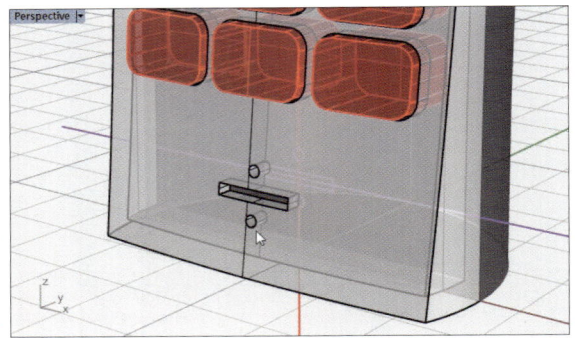

4.6 Shaded Display Mode

1 퍼스펙티브 뷰포트(Perspective Viewport)의 제목을 오른쪽 마우스 버튼으로 클릭한다.

2 플라이 아웃 메뉴에서 "Shaded"를 클릭한다. 오른쪽 그림처럼 화면이 음영상태로 표시된다.

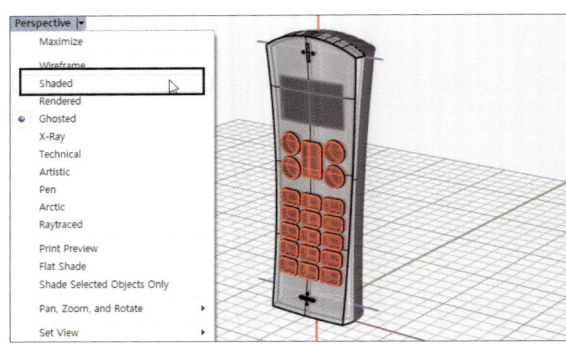 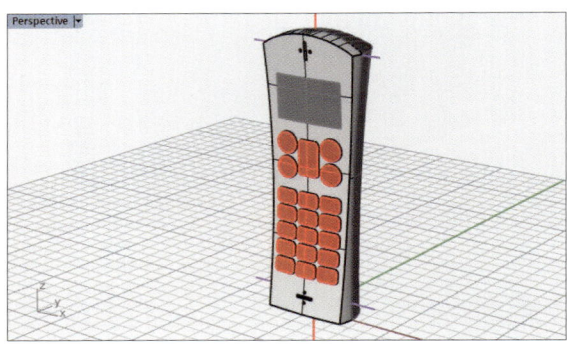

4.7 Select Curves

1 **Standard Toolbar Group〉 Standard Toolbar〉 Select All** 버튼을 클릭하고 잠시 기다리면 Select 툴바를 표시한다. Select 툴바에서 Select Curves 버튼을 클릭한다. 왼쪽 그림처럼 화면의 모든 커브를 선택한다.

2 **Standard Toolbar Group〉 Standard Toolbar〉 Hide Objects** 버튼을 클릭한다. 오른쪽 그림처럼 선택한 커브들을 화면에서 숨긴다. 모델링이 완성되었다. 필렛(Fillet) 작업은 각자 진행한다.

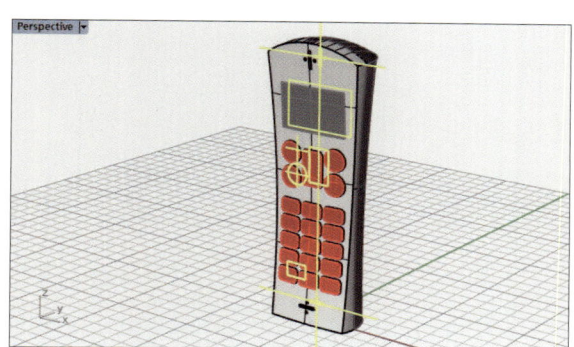 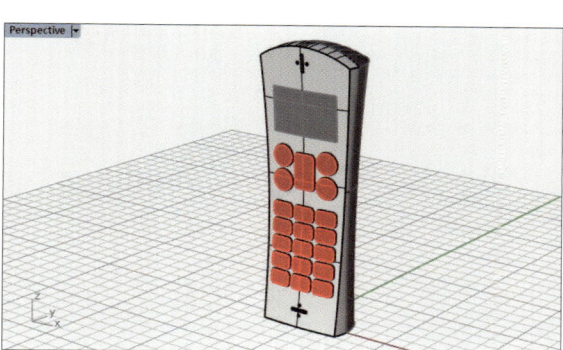

■ NOTE

제3부 중급 모델링 예제
Tutorial Level 2

제1장 글루건
제2장 USB 스피커
제3장 세제용기
제4장 진공청소기

제1장 글루건
Glue Gun

글루건

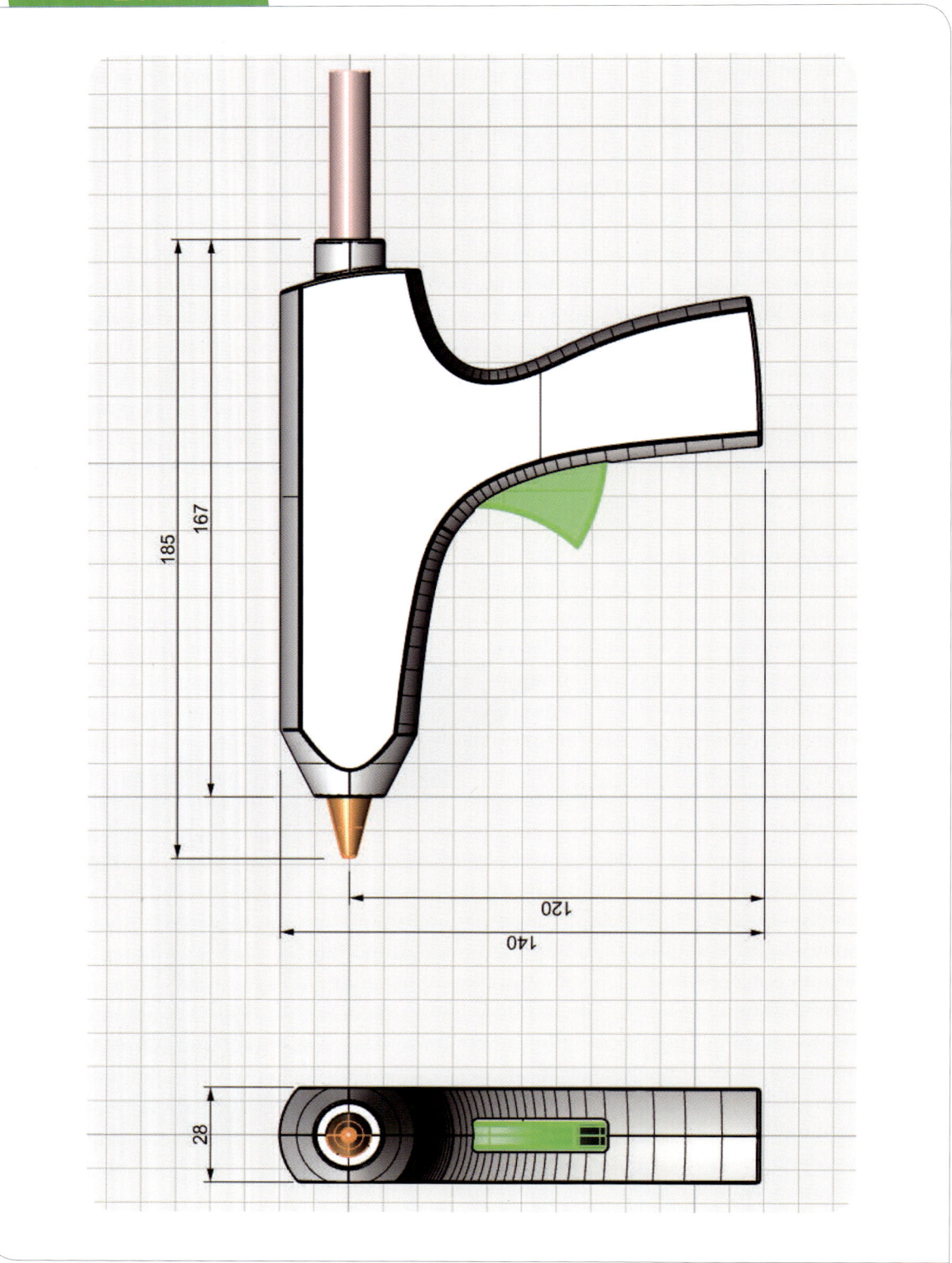

1 몸체

[예제] 3-1 글루건〉 글루건-A 파일을 연다.

1.1 Extrude Straight

1 Main Toolbar〉 Surface Creation Toolbar〉 Extrude Straight 버튼을 클릭한다.

2 옵션을 "Both Sides=No, Solid=No"로 설정하여, 원 **Ⓐ**를 화살표 방향인 X-축 방향으로 140만큼 돌출(Extrude)시킨다.

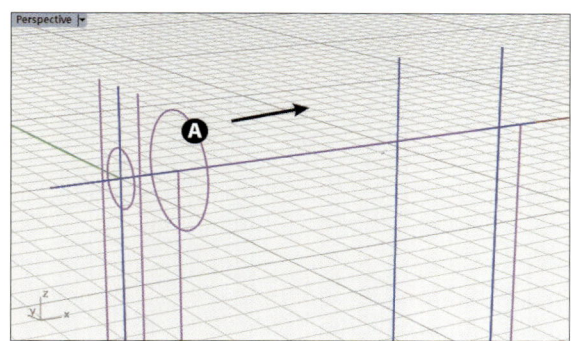
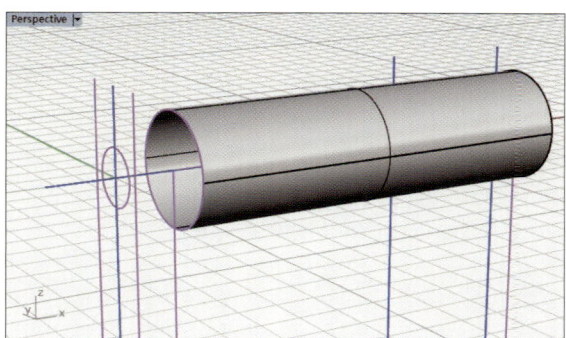

1.2 Loft

1 Main Toolbar〉 Surface Creation Toolbar〉 Loft 버튼을 클릭한다.

2 원 **Ⓐ**와 **Ⓑ**를 사용하여 오른쪽 그림처럼 서피스를 만든다.

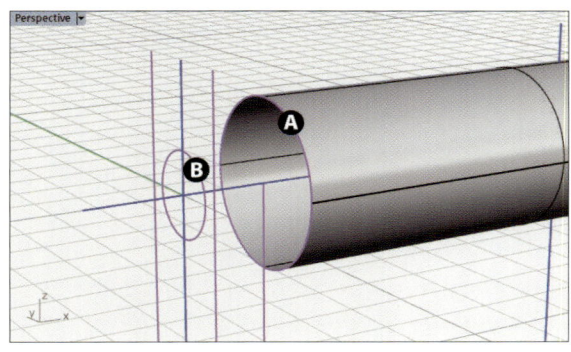
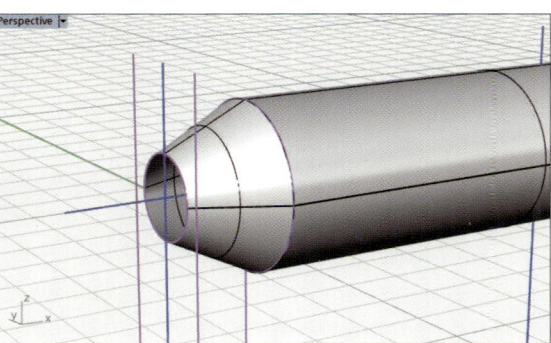

1.3 Join

1 Main Toolbar〉Join 버튼을 클릭한다.

2 서피스 Ⓐ와 Ⓑ를 결합시킨다.

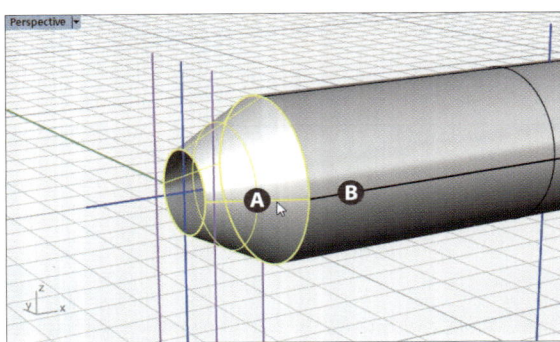 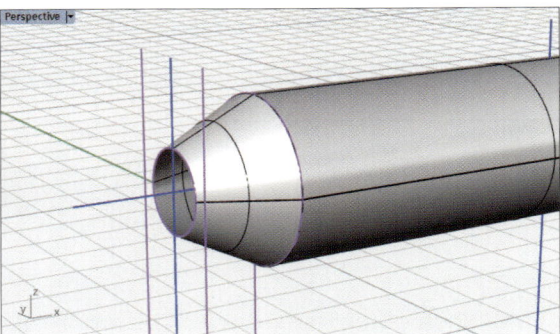

1.4 Cap Planer Holes

1 Main Toolbar〉Solid Tools Toolbar〉Cap Planer Holes 버튼을 클릭한다.

2 오브젝트의 Ⓐ의 양쪽 끝에 있는 구멍을 막는 서피스를 만든다.

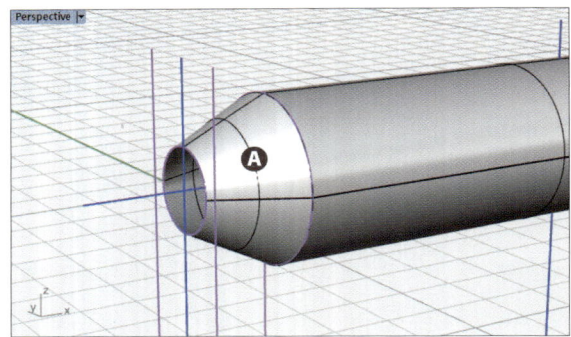 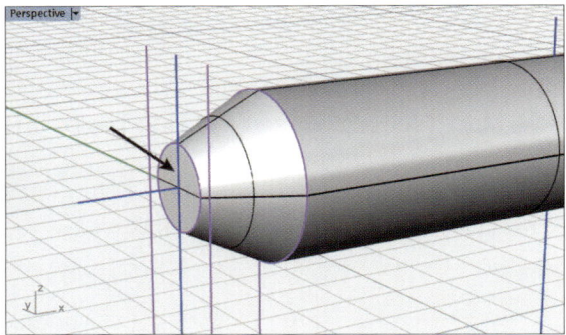

1.5 Extrude Straight

1 Main Toolbar〉Surface Creation Toolbar〉Extrude Straight 버튼을 클릭한다.

2 옵션을 "Both Sides=Yes, Solid=Yes, Delete Input=No"로 설정하여, 사각형 **A**를 Y-축의 양쪽 방향으로 20만큼 돌출(Extrude)시킨다.

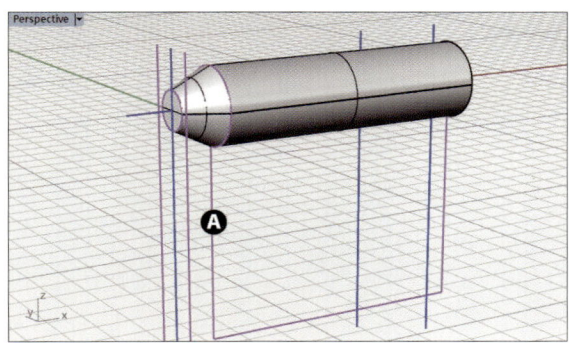
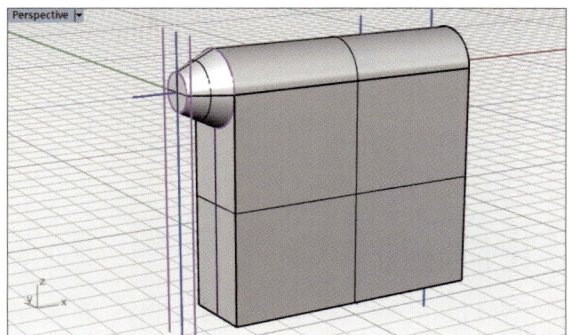

1.6 Boolean Union

1 Main Toolbar〉Boolean Union 버튼을 클릭한다.

2 오브젝트 **A**와 **B**를 한 개의 오브젝트로 결합시킨다.

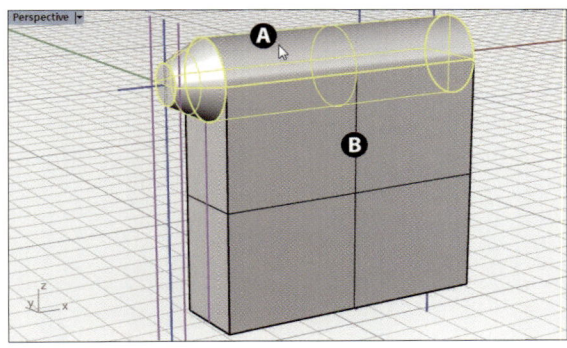
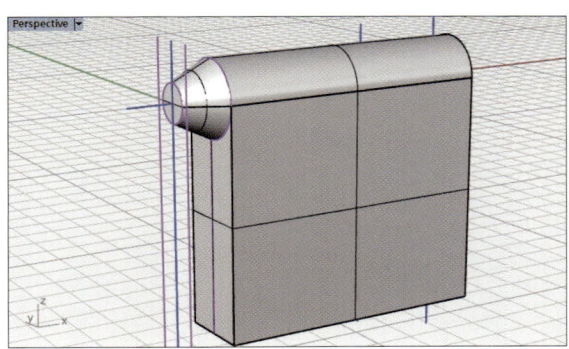

1.7 Wire cut

1. Main Toolbar〉Solid Tools Toolbar〉Wirecut 버튼을 클릭한다.
2. 커브 Ⓐ를 절삭커브로 사용하여 몸체 Ⓑ의 오른쪽을 잘라버린다.

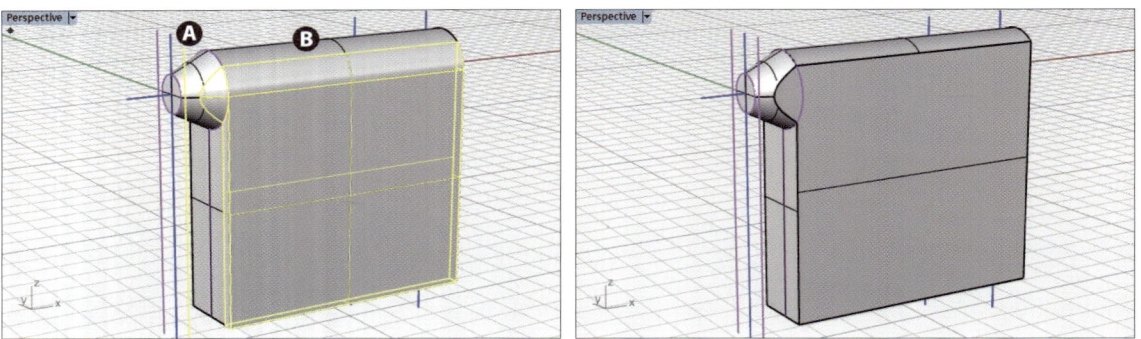

1.8 Wire cut

1. Main Toolbar〉Solid Tools Toolbar〉Wirecut 버튼을 클릭한다.
2. 커브 Ⓒ를 절삭커브로 사용하여 몸체 Ⓑ의 왼쪽을 잘라버린다.

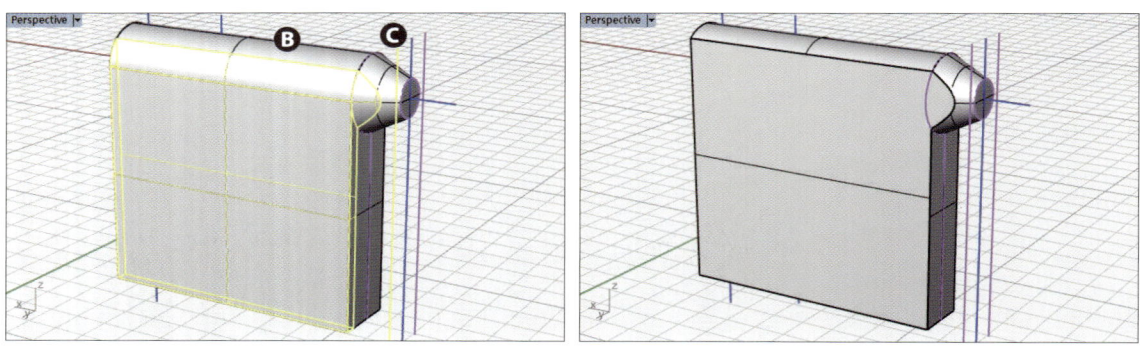

1.9 Merge All Coplaner Faces

1. Main Toolbar〉Analyze Toolbar〉Show Edges 버튼을 클릭한다.
2. 오브젝트 Ⓐ를 클릭하고 Enter↵ 키를 누른다. Edge Analysis 창의 옵션을 "All Edges"로 설정한다. 오른쪽 그림처럼 타원으로 표시한 곳에 불필요한 에지가 발생하였다. 이런 불필요한 에지들은 이후의 작업에서 문제를 발생시키는 원인이 되기도 하므로 가급적 제거하는 것이 좋다.

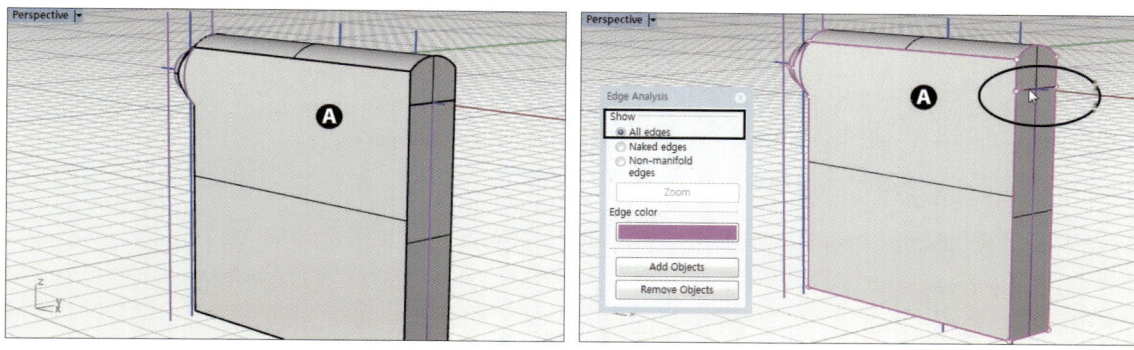

3 Main Toolbar〉Solid Tools Toolbar〉Merge Two Coplaner Faces 버튼을 오른쪽 마우스 버튼으로 클릭하여 Merge All Coplaner Faces 명령을 실행한다. 오브젝트 **A**를 클릭하고 Enter↲ 키를 누른다. 오른쪽 그림처럼 불필요한 에지를 제거하였다.

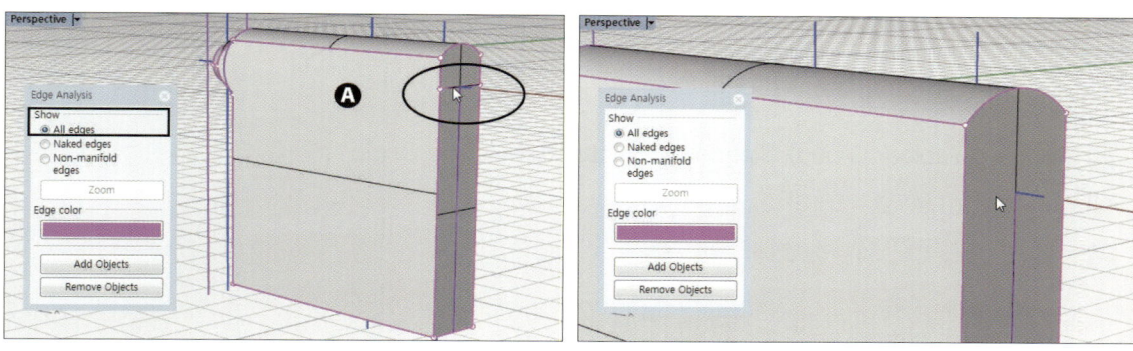

1.10 Viewport Display Mode

오른쪽 그림처럼 퍼스펙티브(Perspective)의 디스플레이 모드를 "Ghosted" 모드로 설정한다.

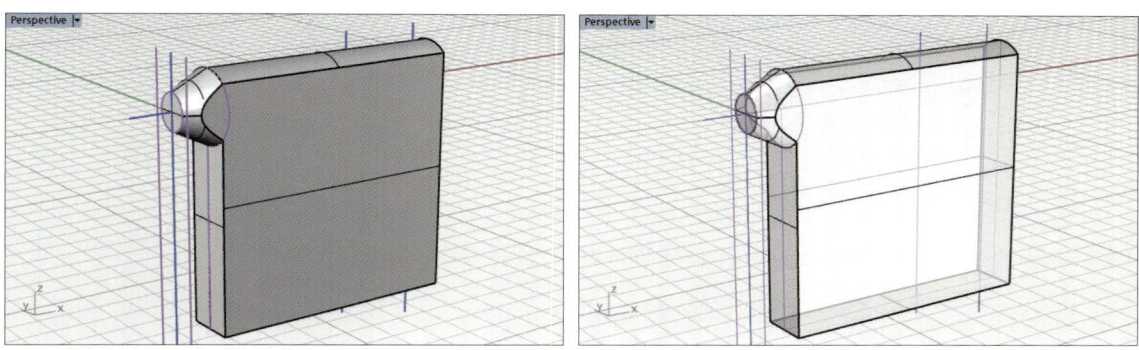

1.11 레이어 설정

1 "Body Trim Curves 1" 레이어를 현재 레이어로 설정한다.

2 "Body Curves" 레이어를 끈다. 화면이 아래 그림처럼 표시된다.

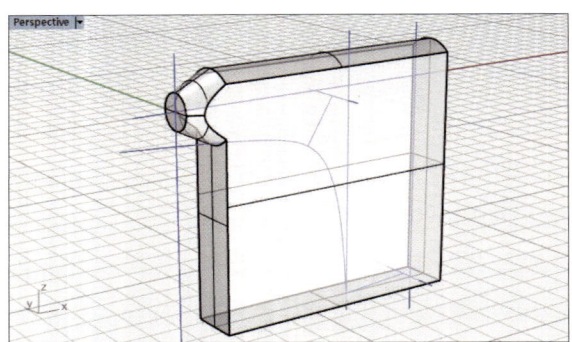

1.12 Set Cplane Origin

1 Standard Toolbar Group〉 Standard Toolbar〉 Set Cplane Origin 버튼을 클릭한다.

2 옵션을 "Curve"로 설정한다.

3 오른쪽 그림처럼 커브의 왼쪽 끝점 Ⓐ에 작업평면(Construction Plane)을 설정한다.

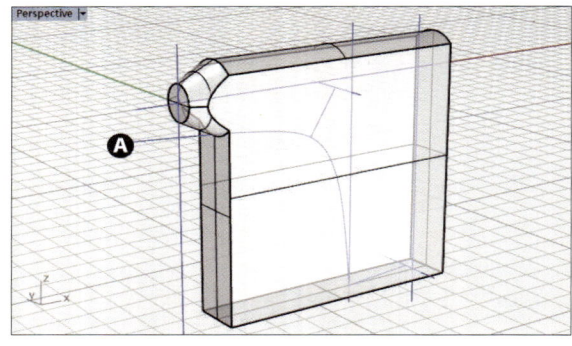 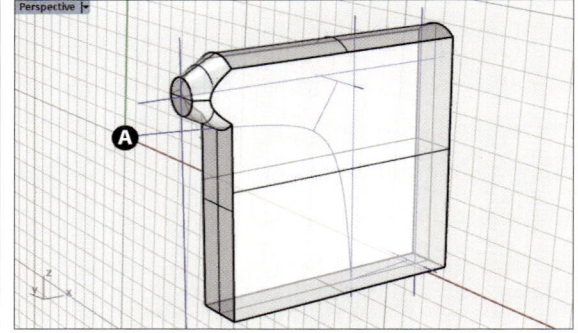

1.13 Circle Around Curve

1 Main Toolbar〉 Circle Toolbar〉 Circle Around Curve 버튼을 클릭한다.

2 커브의 왼쪽 끝점 Ⓐ에 "R=18"인 원을 그린다.

430 제3부_중급 모델링 예제

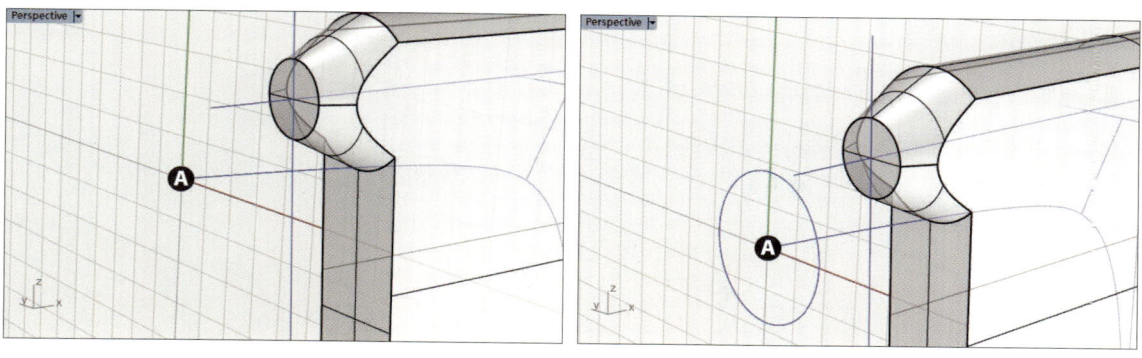

1.14 검볼(Gumball)

1 상태바(Status Bar)의 검볼(Gumball)을 체크하여 활성화시킨다.

2 원 **Ⓐ**를 작업평면(Construction Plane)의 Y-축 방향으로 "18"만큼 이동시킨다.

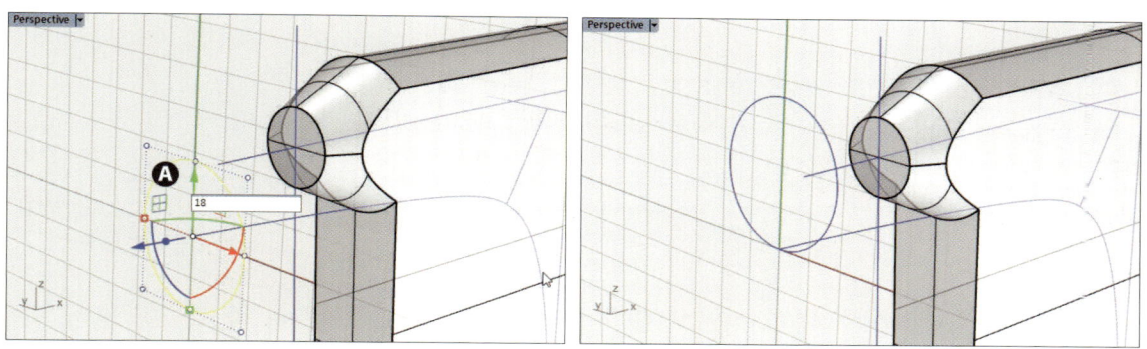

1.15 Polyline

1 Main Toolbar〉 Polyline 버튼을 클릭한다.

2 원의 사분점 **Ⓐ**와 **Ⓑ**를 연결하는 직선을 그린다.

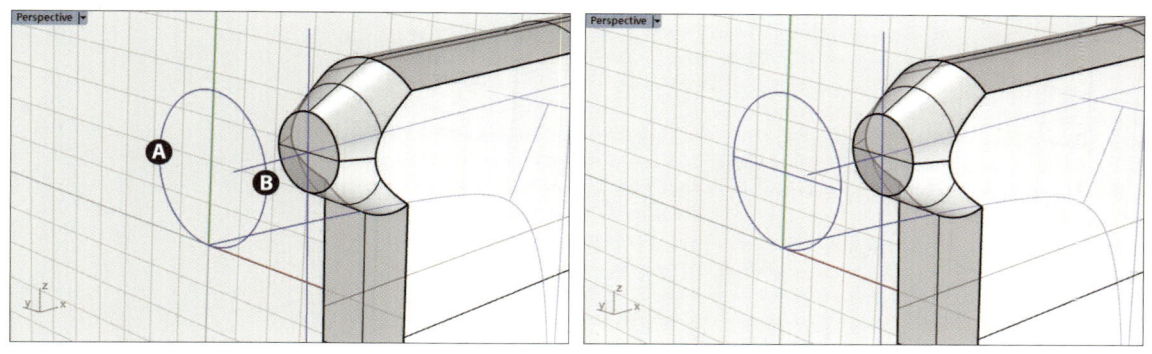

1.16 Trim

1 Main Toolbar〉Trim 버튼을 클릭한다.

2 직선 Ⓐ로 원 Ⓑ의 위쪽을 잘라버린다.

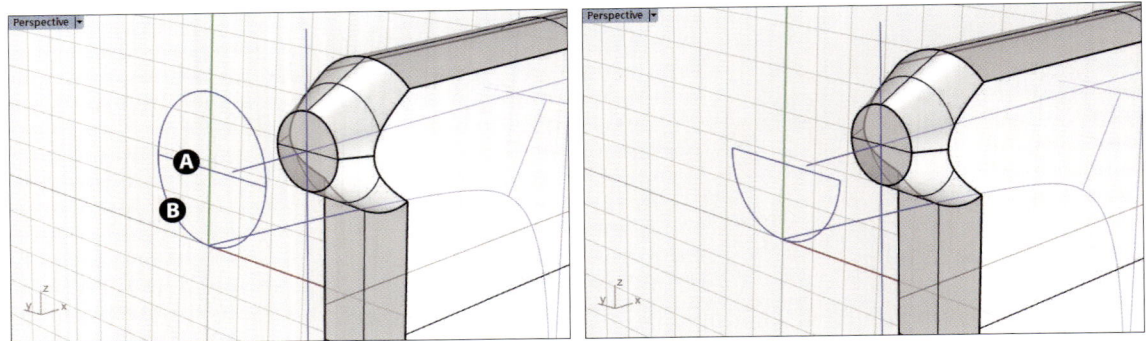

1.17 Arc

1 Main Toolbar〉Arc Toolbar〉Arc: Start, End, Point on Arc 버튼을 클릭한다.

2 점 Ⓐ, Ⓑ, Ⓒ를 연결하는 호를 그린다.

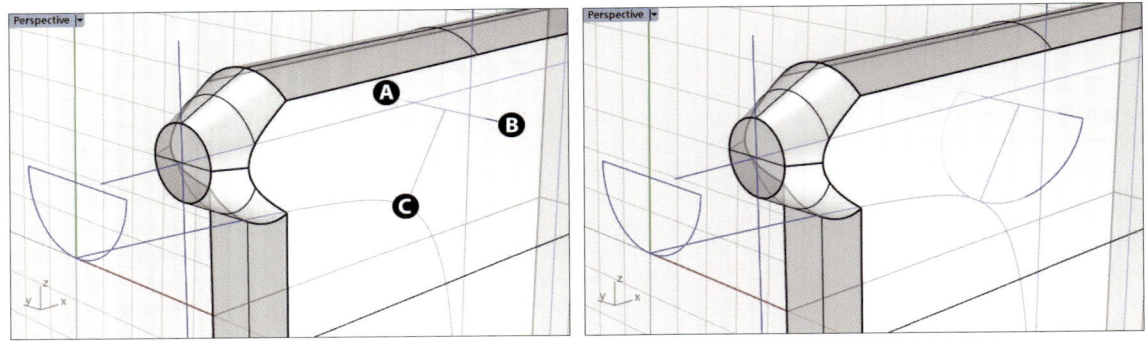

3 오른쪽 아래쪽의 점 Ⓓ, Ⓔ, Ⓕ를 연결하는 호를 그린다.

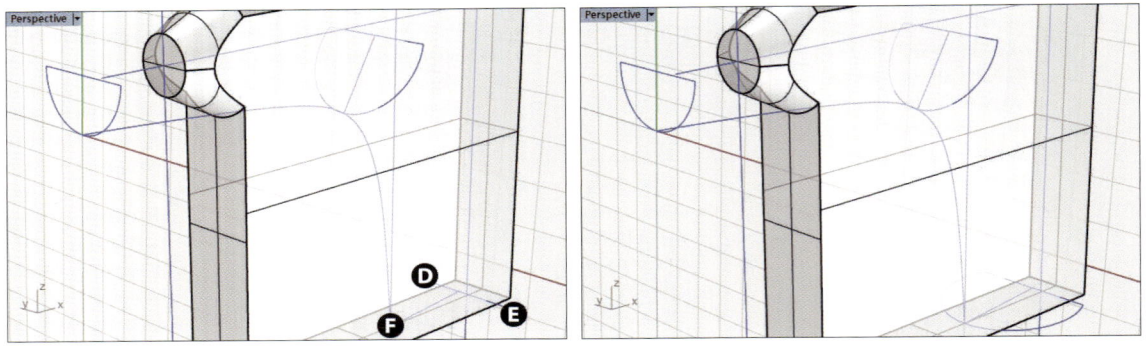

1.18 Sweep 1 Rail

1 Main Toolbar〉Surface Creation Toolbar〉Sweep 1 Rail 버튼을 클릭한다.

2 커브 **A**를 레일 커브로, 커브 **B**, **C**, **D**를 단면 커브로 사용하여 오른쪽 그림처럼 서피스를 만든다.

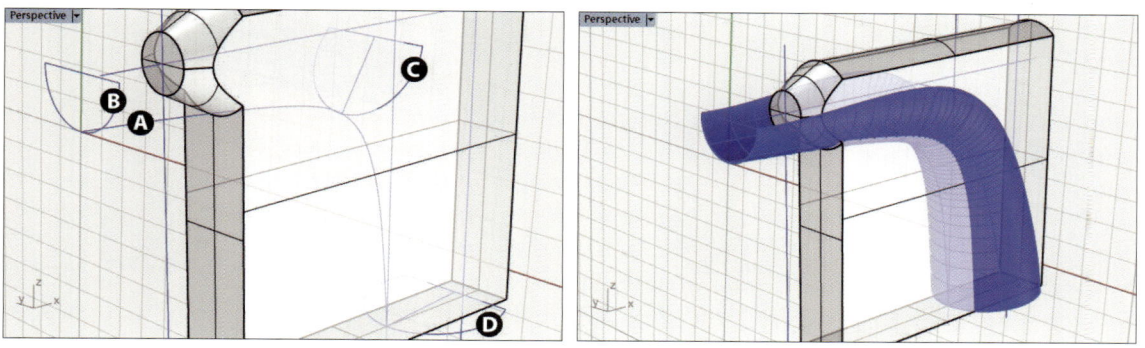

1.19 Extend Surface

1 Main Toolbar〉Surface Tools Toolbar〉Extend Surface 버튼을 클릭한다.

2 서피스 **A**의 오른쪽 아래 끝부분을 "10"만큼 연장시킨다.

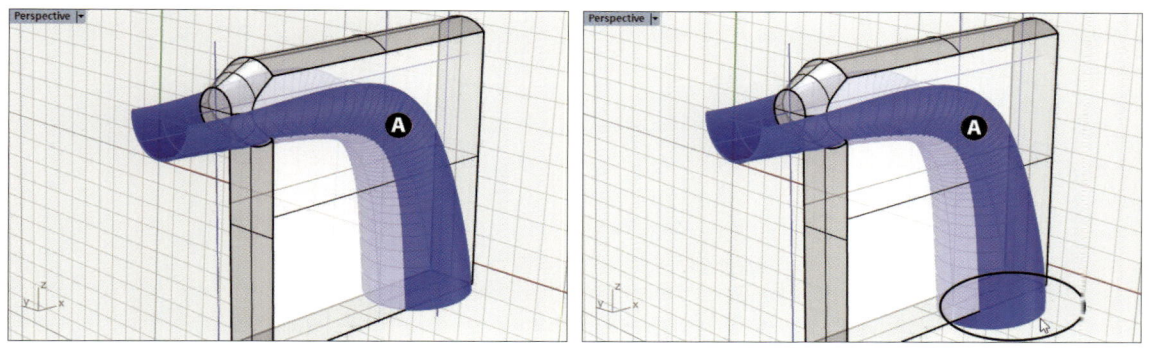

1.20 Analyze Direction

1 Main Toolbar〉 Analyze Direction 버튼을 클릭한다.

2 오른쪽 그림처럼 방향 화살표가 서피스 Ⓐ의 안쪽을 향하도록 만든다.

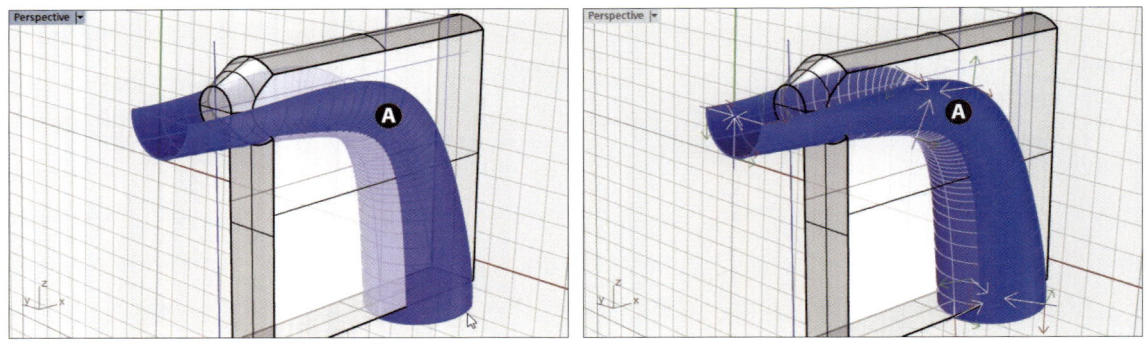

1.21 Boolean Difference

1 Main Toolbar〉 Solid Tools Toolbar〉 Boolean Difference 버튼을 클릭한다.

2 서피스 Ⓐ로 솔리드 Ⓑ의 왼쪽 아래 부분을 잘라버린다.

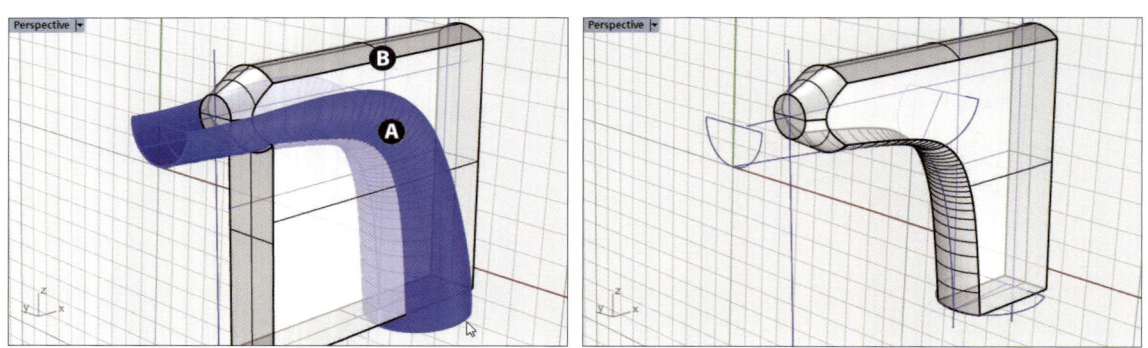

1.22 레이어 설정

1️⃣ "Body Trim Curves 2" 레이어를 현재 레이어로 설정한다.

2️⃣ "Body Trim Curves 1" 레이어를 끈다. 화면을 아래 그림처럼 표시한다.

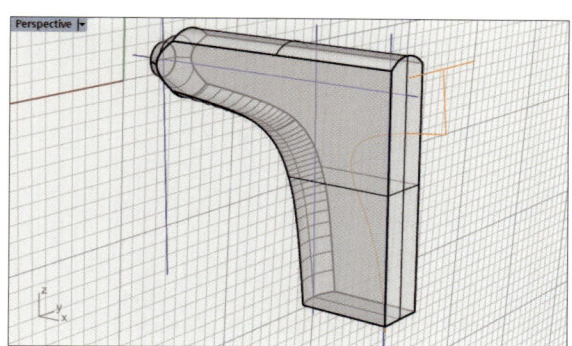

1.23 Arc

1️⃣ Main Toolbar〉 Arc Toolbar〉 Arc: Start, End, Point on Arc 버튼을 클릭한다.

2️⃣ 점 Ⓐ, Ⓑ, Ⓒ를 연결하는 호를 그린다.

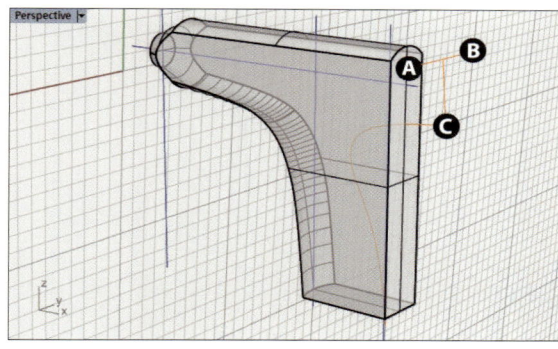
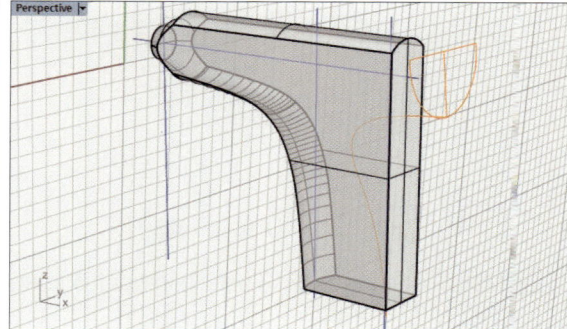

1.24 Set Cplane Origin

1️⃣ Standard Toolbar Group〉 Standard Toolbar〉 Set Cplane Origin 버튼을 클릭한다.

2️⃣ 옵션에서 "World"를 클릭한다. 옵션에서 "Top"을 클릭한다.

3️⃣ 오른쪽 그림처럼 기본 작업평면(Construction Plane)으로 설정되었다. 그리드의 눈금을 비교해보면 작업평면이 변경된 것을 알 수 있다.

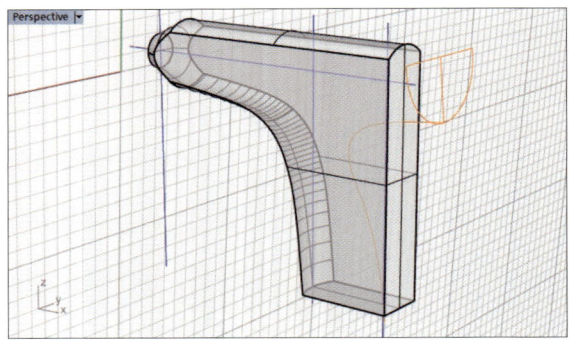 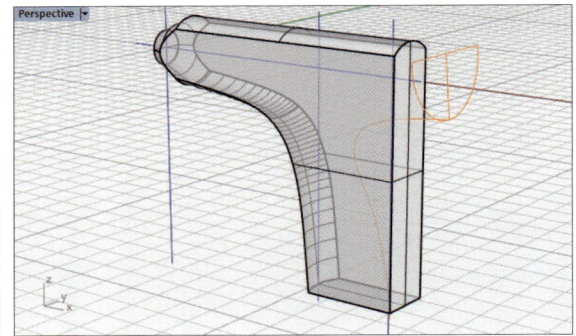

1.25 Sweep 1 Rail

1 Main Toolbar〉Surface Creation Toolbar〉Sweep 1 Rail 버튼을 클릭한다.

2 커브 Ⓐ를 레일 커브로, 커브 Ⓑ를 단면 커브로 사용하여 오른쪽 그림처럼 서피스를 만든다.

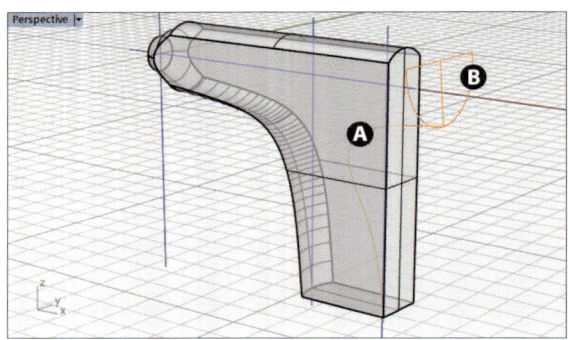 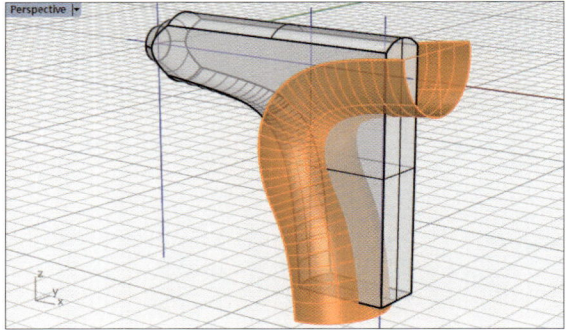

1.26 Boolean Difference

1 Main Toolbar〉Solid Tools Toolbar〉Boolean Difference 버튼을 클릭한다.

2 서피스 Ⓐ로 솔리드 Ⓑ의 오른쪽 아래 부분을 잘라버린다.

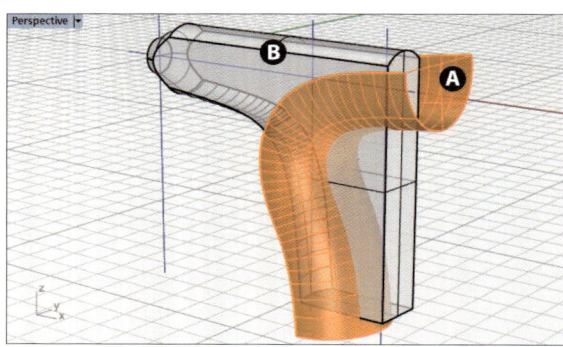 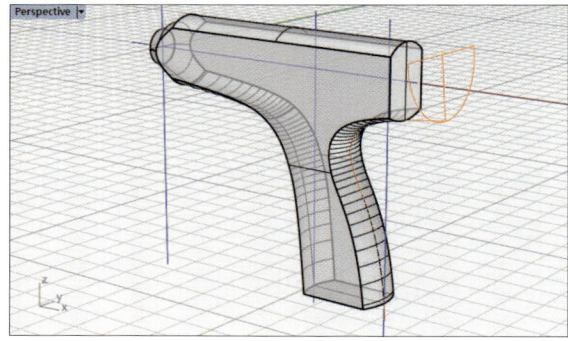

1.27 Viewport Display Mode

오른쪽 그림처럼 퍼스펙티브(Perspective)의 디스플레이 모드를 "Shaded" 모드로 설정한다.

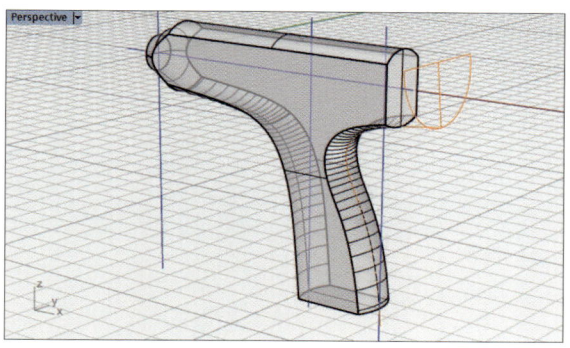 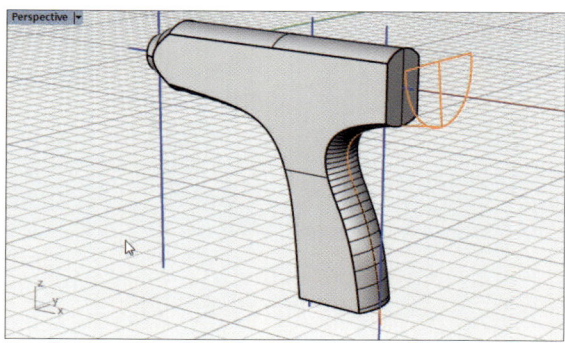

1.28 레이어 설정

1 "Body Trim Curves 3" 레이어를 현재 레이어로 설정한다.

2 "Body Trim Curves 2" 레이어를 끈다. 화면이 아래 그림처럼 표시된다.

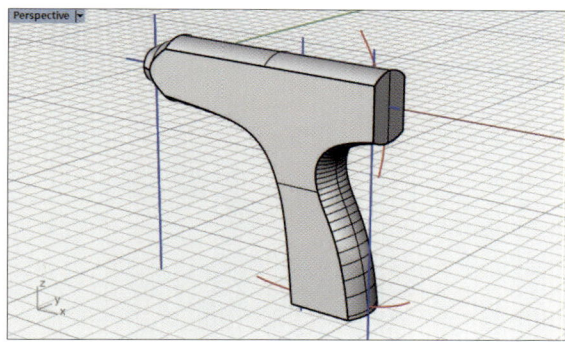

1.29 Wire cut

1 Main Toolbar〉Solid Tools Toolbar〉Wirecut 버튼을 클릭한다.

2 커브 **B**를 절삭커브로 사용하여 몸체 **A**의 손잡이 아랫부분을 잘라버린다.

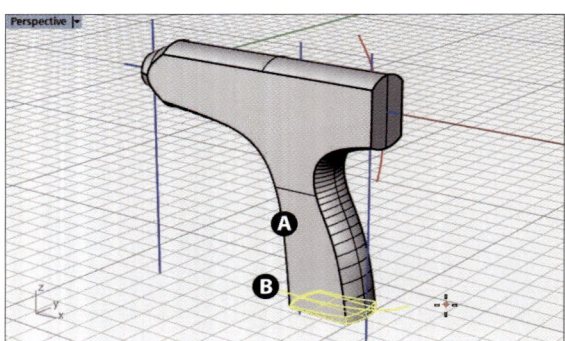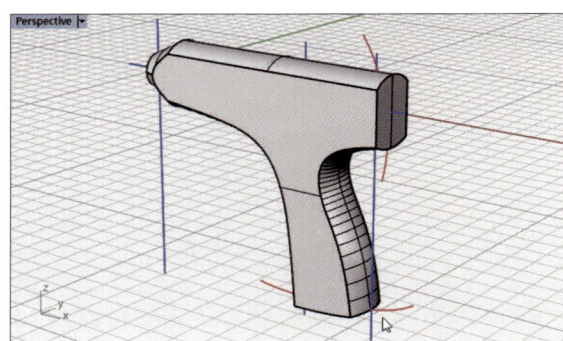

1.30 Wire cut

1 Main Toolbar〉Solid Tools Toolbar〉Wirecut 버튼을 클릭한다.

2 커브 **C**를 절삭커브로 사용하여 몸체 **A**의 오른쪽 끝부분을 잘라버린다.

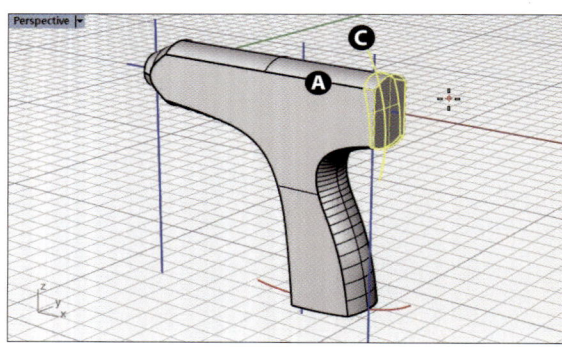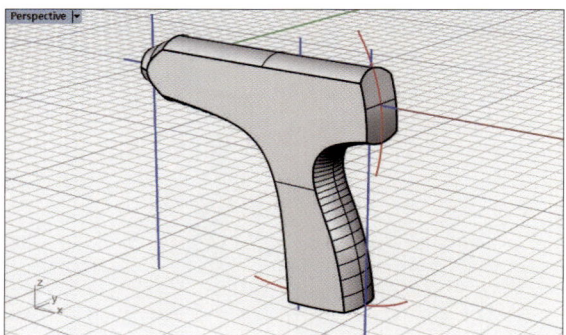

1.31 Circle Around Curve

1 Main Toolbar〉Circle Toolbar〉Circle Around Curve 버튼을 클릭한다.

2 커브 **A**의 왼쪽 끝점에 "R=10"인 원을 그린다.

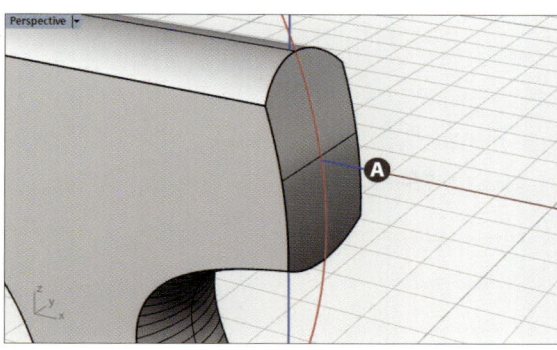 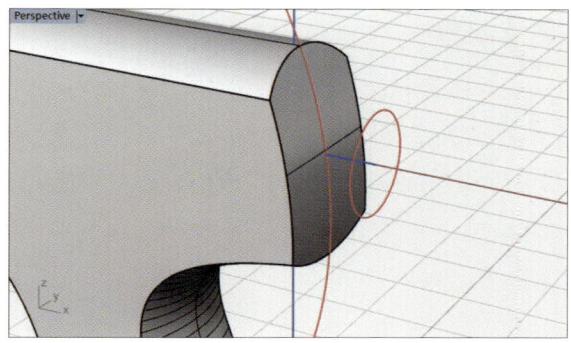

1.32 Extrude Straight

1 Main Toolbar〉Surface Creation Toolbar〉Extrude Straight 버튼을 클릭한다.

2 원 Ⓐ를 왼쪽 방향으로 20만큼 솔리드로 돌출(Extrude)시킨다.

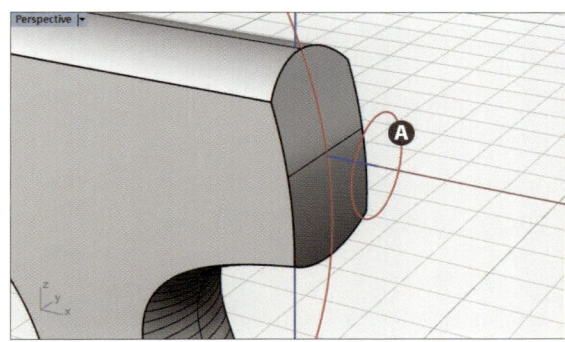 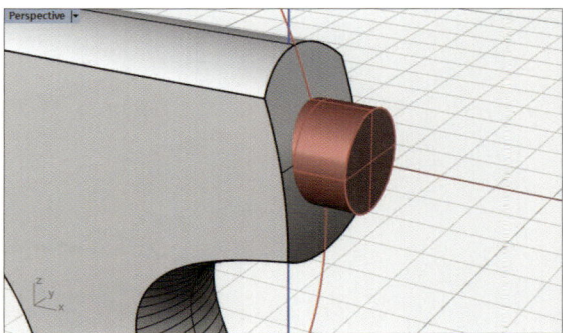

1.33 Boolean Union

1 Main Toolbar〉Solid Tools Toolbar〉Boolean Union 버튼을 클릭한다.

2 오브젝트 Ⓐ와 Ⓑ를 한 개의 오브젝트로 결합시킨다.

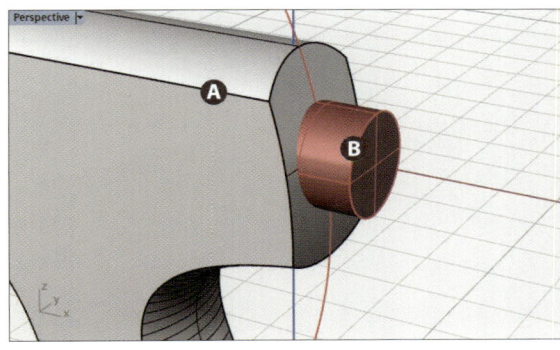 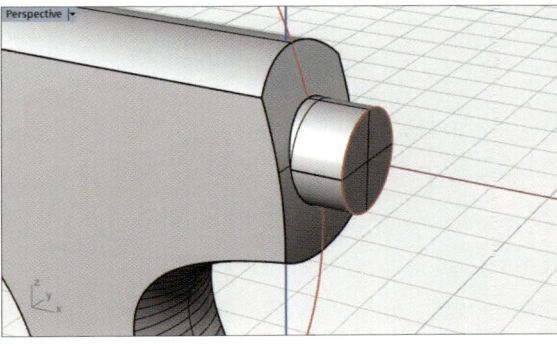

2 노즐

지금까지 작업한 파일을 다른 이름으로 저장하고 모델링을 계속 진행한다. 만약, 지금까지의 모델링을 정확하게 진행하지 못한 독자들은 "예제 3-1 글루건〉 글루건-B" 파일을 열어서 다음 작업을 진행한다.

2.1 레이어 설정

1 "Nozzle" 레이어를 현재 레이어로 설정한다.
2 "Nozzle Curves" 레이어를 켠다.
3 "Body Trim Curves 3" 레이어를 끈다. 왼쪽 노즐 부분을 확대한다. 화면을 아래 그림처럼 표시한다.

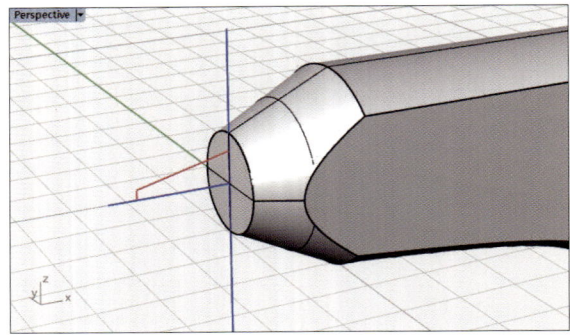

2.2 Hide Objects

1 **Standard Toolbar Group〉 Standard Toolbar〉 Hide Objects** 버튼을 클릭한다.
2 오브젝트 Ⓐ를 화면에서 숨긴다.

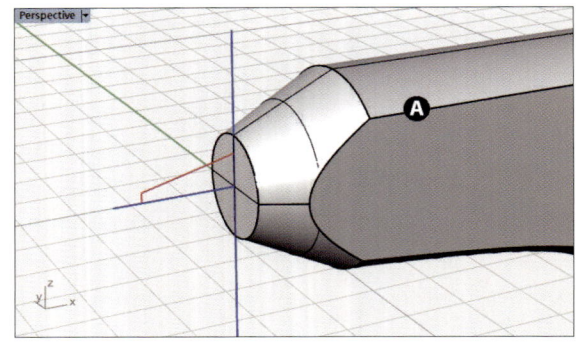
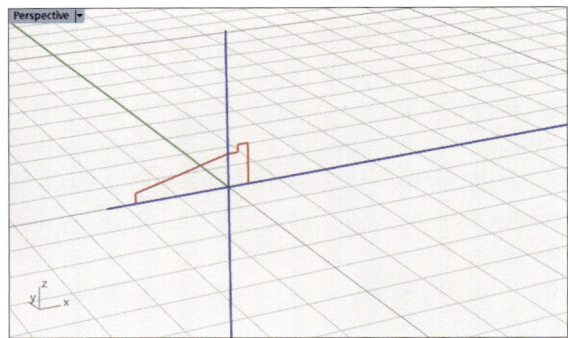

2.3 Revolve

1 Main Toolbar> Surface Toolbar> Revolve 버튼을 클릭한다.

2 단면커브 **A**를 점 **B**, **C**를 회전축으로 360°회전시킨 서피스를 만든다.

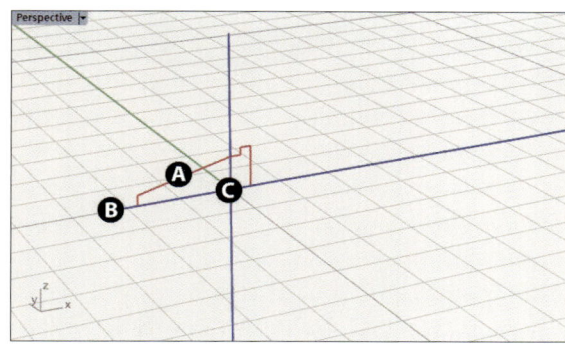 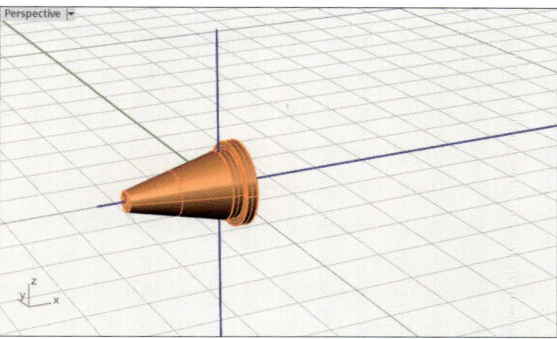

2.4 Show Objects

1 Standard Toolbar Group> Standard Toolbar> Hide Objects 버튼을 오른쪽 마우스 버튼으로 클릭한다.

2 오른쪽 그림처럼 숨겼던 몸체 오브젝트가 화면에 표시된다.

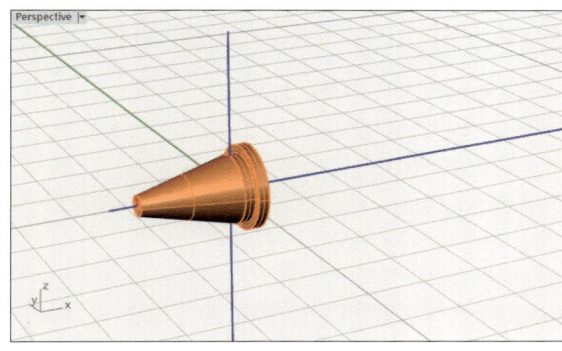 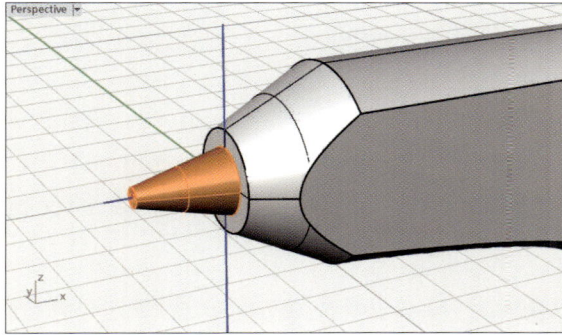

2.5 Boolean Difference

1 Main Toolbar> Solid Tools Toolbar> Boolean Difference 버튼을 클릭한다.

2 옵션을 "Delete Input=No"로 설정하고, 오브젝트 **A**에서 오브젝트 **B**를 뺀다.

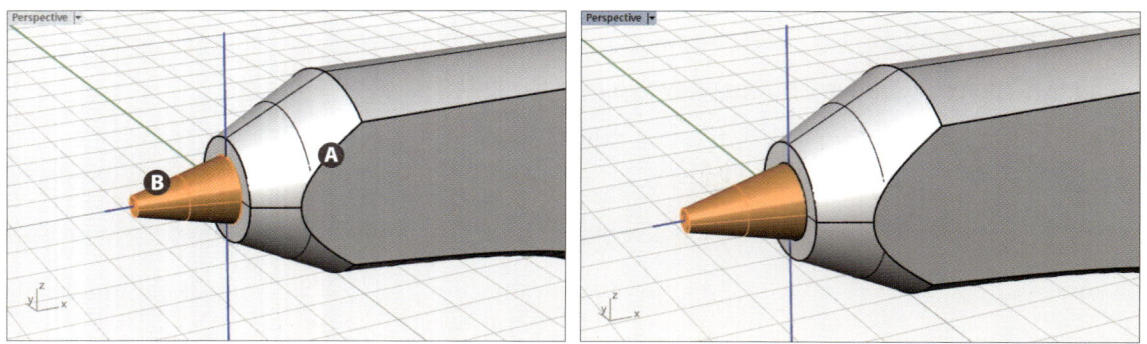

2.6 Hide Objects

1 Standard Toolbar Group> Standard Toolbar> Hide Objects 버튼을 클릭한다.

2 오브젝트 **B**를 화면에서 숨긴다. 오른쪽 그림처럼 오브젝트 **B**가 들어가는 구멍이 뚫려 있는 상태이다.

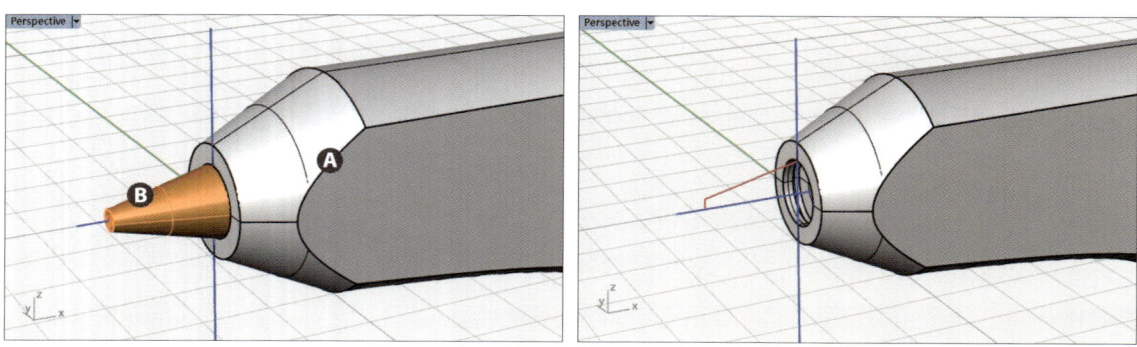

2.7 Show Objects

1 Standard Toolbar Group> Standard Toolbar> Hide Objects 버튼을 오른쪽 마우스 버튼으로 클릭한다.

2 오른쪽 그림처럼 숨겼던 오브젝트가 화면에 표시된다.

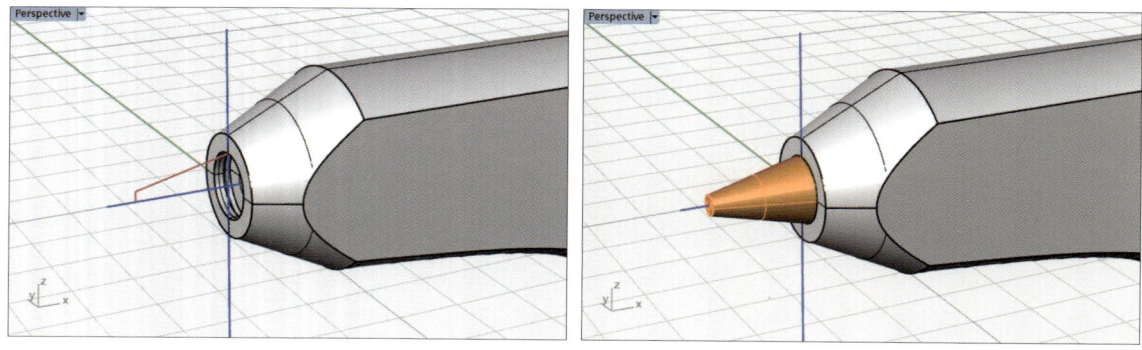

2.8 Round Hole

1 Main Toolbar〉Solid Tools Toolbar〉Round Hole 버튼을 클릭한다.

2 구멍을 뚫을 서피스 Ⓐ를 클릭한다. 명령어 창에서 옵션을 "Radius=1, Through=Yes, Direction=SrfNormal"로 설정한다. 구멍의 중심점 Ⓑ를 클릭하고 [Enter↵] 키를 누른다. 오른쪽 그림처럼 구멍을 뚫었다.

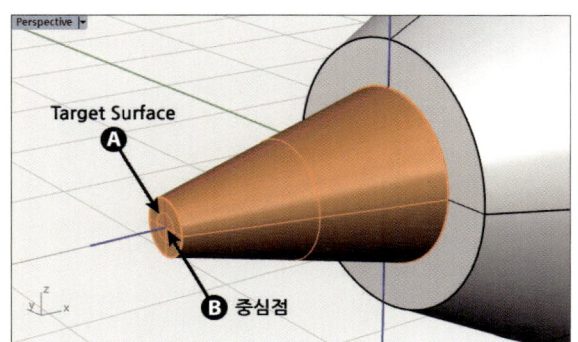
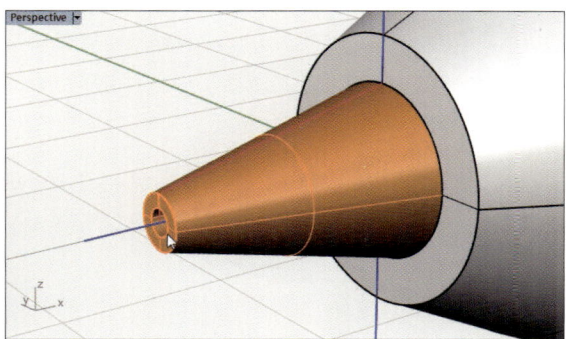

2.9 Round Hole

1 Main Toolbar〉Solid Tools Toolbar〉Round Hole 버튼을 클릭한다.

2 서피스 Ⓐ의 중앙에 "R=6.5"인 몸체를 관통하는 구멍을 뚫는다.

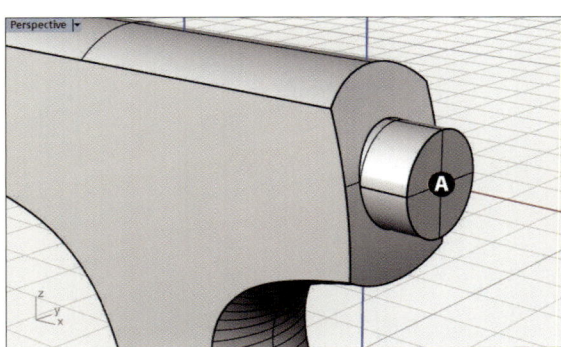
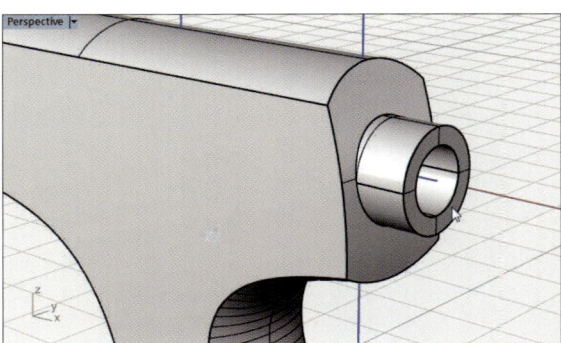

3 글루(Glue)

3.1 레이어 설정

1 "Glue" 레이어를 현재 레이어로 설정한다.

2 "Nozzle Curves" 레이어를 끈다. 화면을 아래 그림처럼 표시한다.

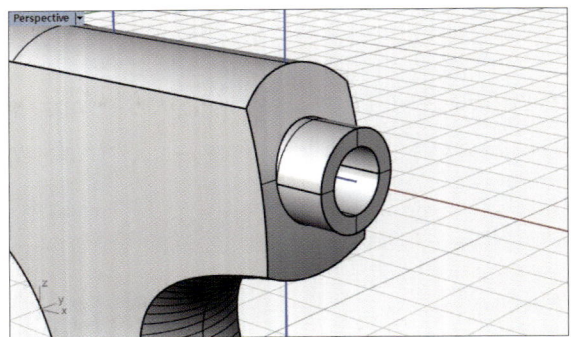

3.2 Circle Around Curve

1 Main Toolbar〉 Circle Toolbar〉 Circle Around Curve 버튼을 클릭한다.

2 직선의 끝점 **A**에 "R=6"인 원을 그린다.

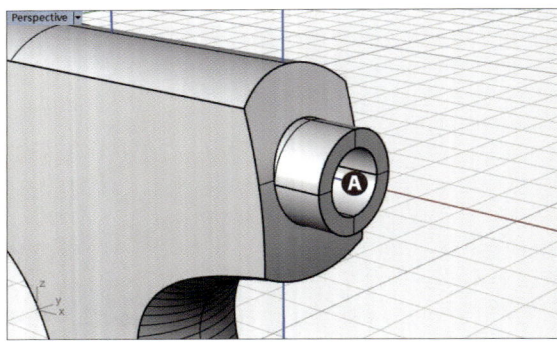
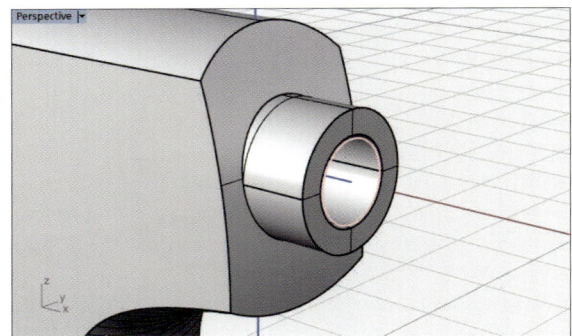

3.3 Extrude Straight

1 Main Toolbar〉 Surface Creation Toolbar〉 Extrude Straight 버튼을 클릭한다.

2 원 **A**를 X-축의 양쪽 방향으로 "50"만큼 돌출(Extrude)시킨 솔리드 기둥을 만든다.

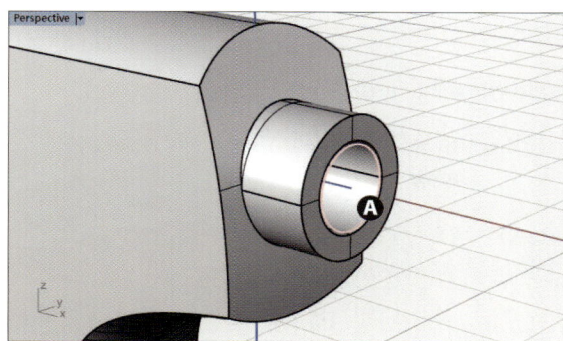 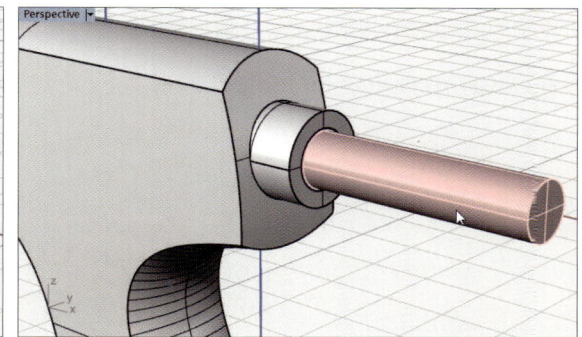

4 방아쇠(Trigger)

지금까지 작업한 파일을 다른 이름으로 저장하고 모델링을 계속 진행한다. 만약, 지금까지의 모델링을 정확하게 진행하지 못한 독자들은 "예제 3-1 글루건〉 글루건-C" 파일을 열어서 다음 작업을 진행한다.

4.1 레이어 설정

1. "Trigger" 레이어를 더블 클릭하여 현재 레이어로 설정한다.
2. "Trigger Curves" 레이어를 켠다.
3. "Nozzle Curves" 레이어를 끈다. 화면을 아래 그림처럼 표시한다.

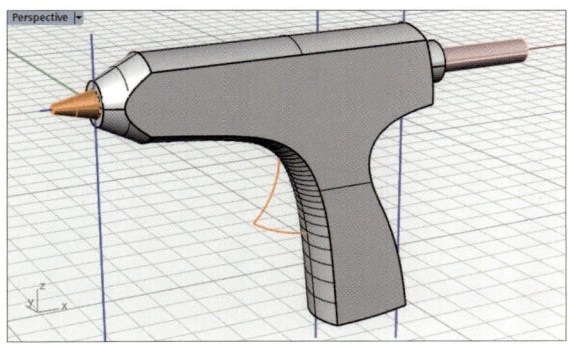

4.2 Extrude Straight

1 Main Toolbar〉Surface Creation Toolbar〉**Extrude Straight** 버튼을 클릭한다.

2 커브 **Ⓐ**를 Y-축의 양쪽 방향으로 "5"만큼 돌출(Extrude)시킨 솔리드를 만든다.

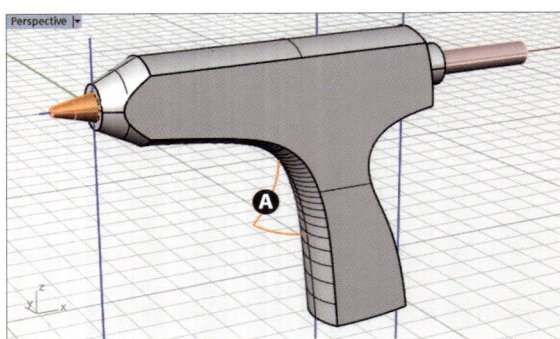
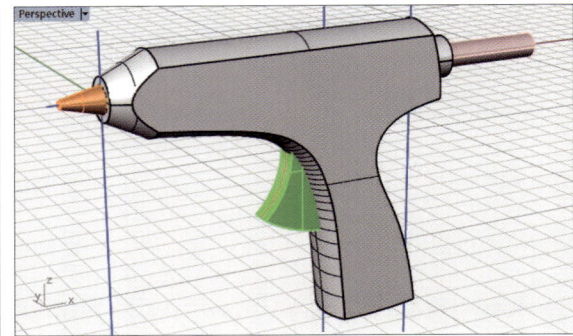

4.3 Fillet Edges

1 Main Toolbar〉Solid Tools Toolbar〉**Fillet Edges** 버튼을 클릭한다.

2 에지 **Ⓐ**, **Ⓑ**, **Ⓒ**, **Ⓓ**를 "R=2"로 필렛(Fillet)한다.

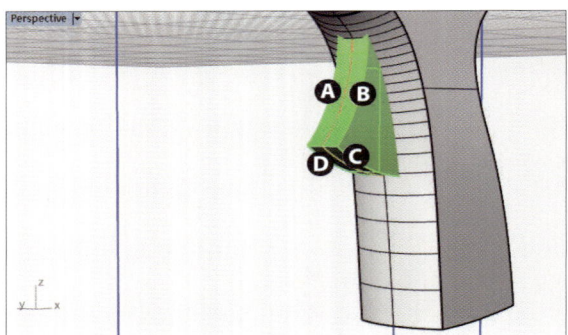
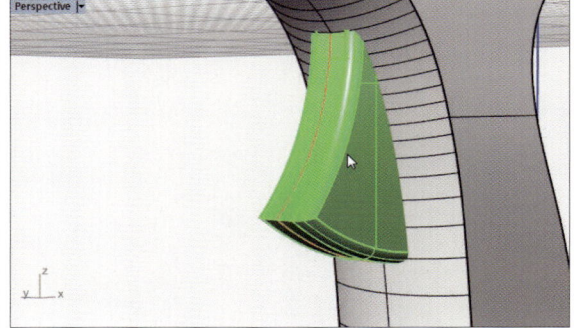

4.4 Boolean Difference

1 Main Toolbar〉Solid Tools Toolbar〉**Boolean Difference** 버튼을 클릭한다.

2 오브젝트 **Ⓐ**에서 오브젝트 **Ⓑ**를 뺀다.

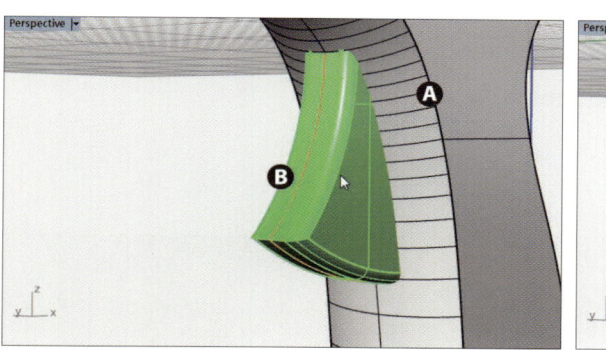 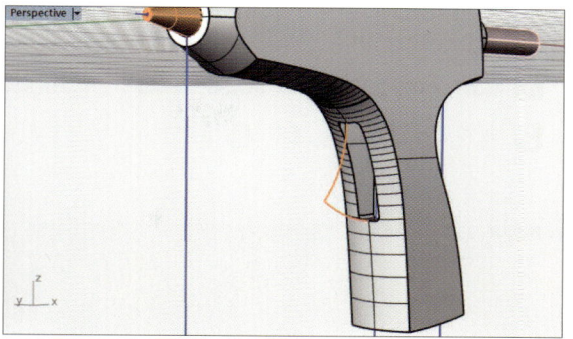

4.5 Offset Curve

1 Main Toolbar〉Curve Tools Toolbar〉Offset Curve 버튼을 클릭한다.

2 커브 Ⓐ를 안쪽으로 "1"만큼 오프셋 시킨다.

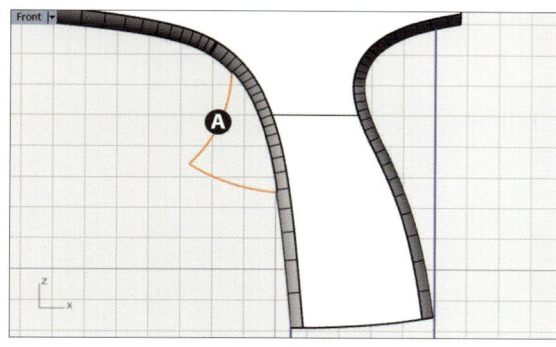 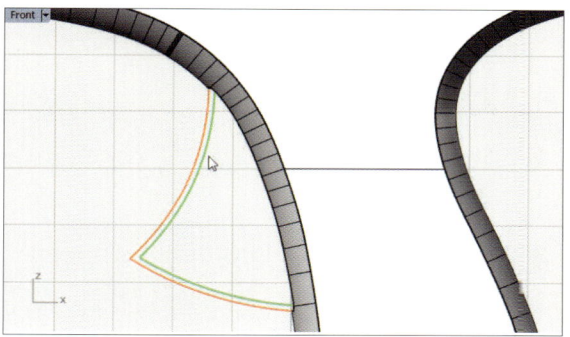

4.6 Extrude Straight

1 Main Toolbar〉Surface Creation Toolbar〉Extrude Straight 버튼을 클릭한다.

2 오프셋 시킨 커브 Ⓑ를 Y-축의 양쪽 방향으로 "4"만큼 돌출(Extrude)시킨 솔리드를 만든다.

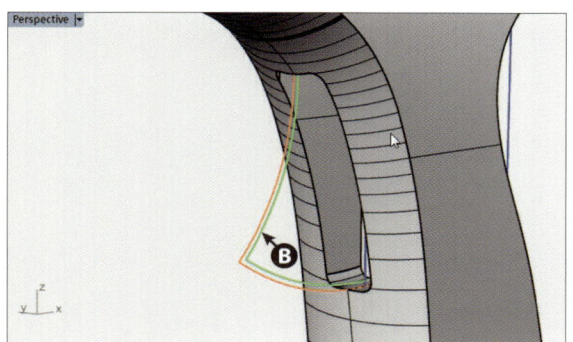 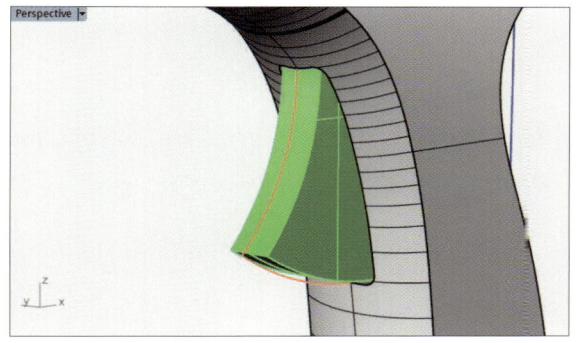

4.7 Fillet Edges

1 Main Toolbar〉Solid Tools Toolbar〉**Fillet Edges** 버튼을 클릭한다.

2 에지 **A**, **B**, **C**, **D**, **E**를 "R=1"로 필렛(Fillet)한다.

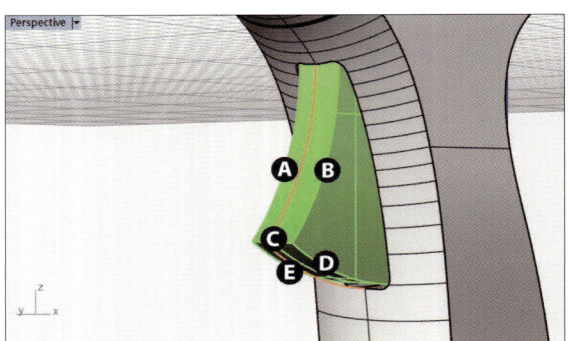 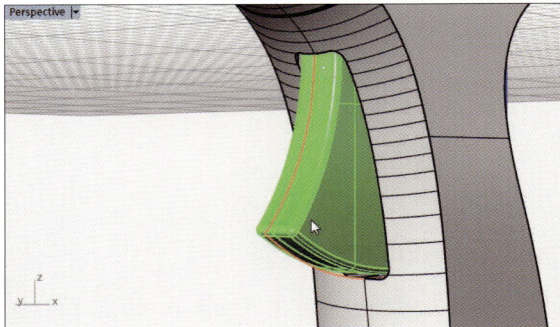

5 마무리

5.1 레이어 설정

1 "Body" 레이어를 현재 레이어로 설정한다.

2 "Trigger Curves" 레이어를 끈다. 화면을 아래 그림처럼 표시한다.

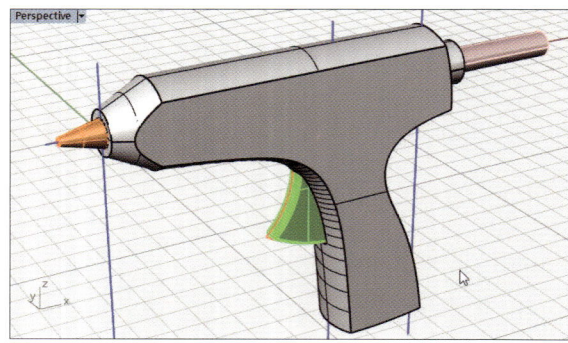

5.2 Wire Cut

1 Main Toolbar〉Solid Tools Toolbar〉Wire Cut 버튼을 클릭한다.

2 직선 Ⓐ를 절삭 커브로 사용하여 몸체 오브젝트 Ⓑ의 오른쪽 1/2을 삭제한다.

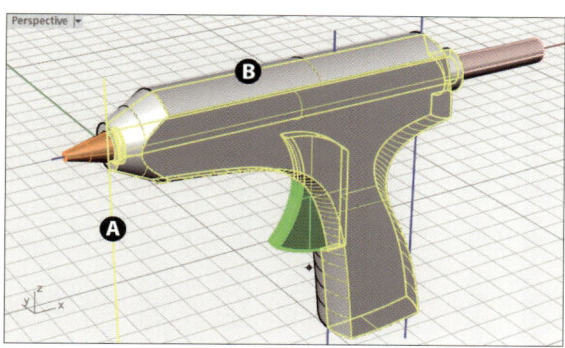 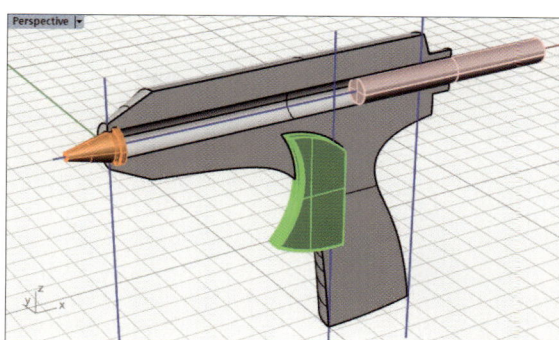

5.3 Fillet Edges

1 Main Toolbar〉Solid Tools Toolbar〉Fillet Edges 버튼을 클릭한다.

2 몸체 오브젝트 Ⓐ의 절단면을 제외한 모든 에지를 "R=1"로 필렛(Fillet)한다. 오른쪽 그림은 필렛 부분을 확대한 그림이다.

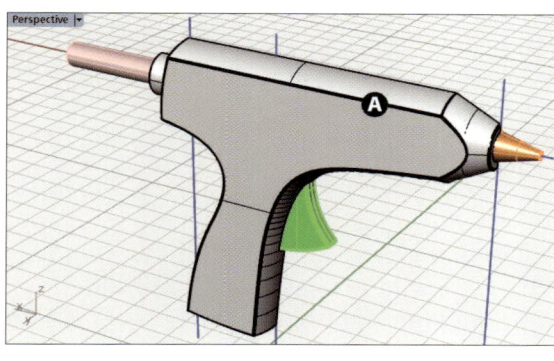 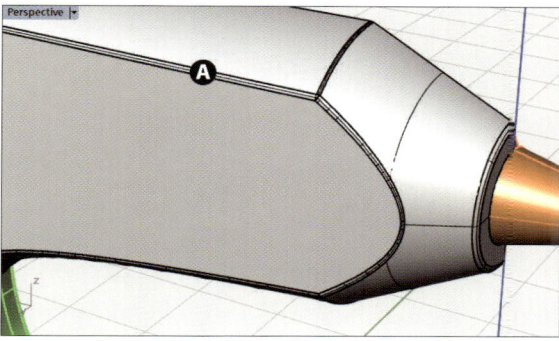

5.4 Show Edges

1 Main Toolbar〉Analyze Toolbar〉Show Edges 버튼을 클릭한다.

2 몸체 오브젝트 Ⓐ를 클릭하고 [Enter] 키를 누른다. 왼쪽 그림처럼 옵션 창에서 "Nεked Edges"를 체크한다. 명령어 창에 네이키드 에지(Naked Edges)가 없다는 메시지가 표시되는지 확인한다.

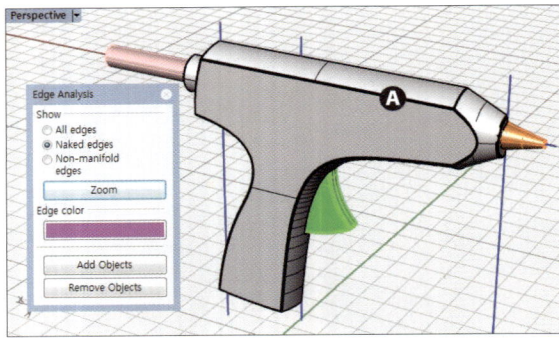

5.5 Mirror

1 Main Toolbar〉Transform Toolbar〉Mirror 버튼을 클릭한다.

2 오브젝트 A를 X-축을 기준으로 반사대칭 시켜서 복사한다.

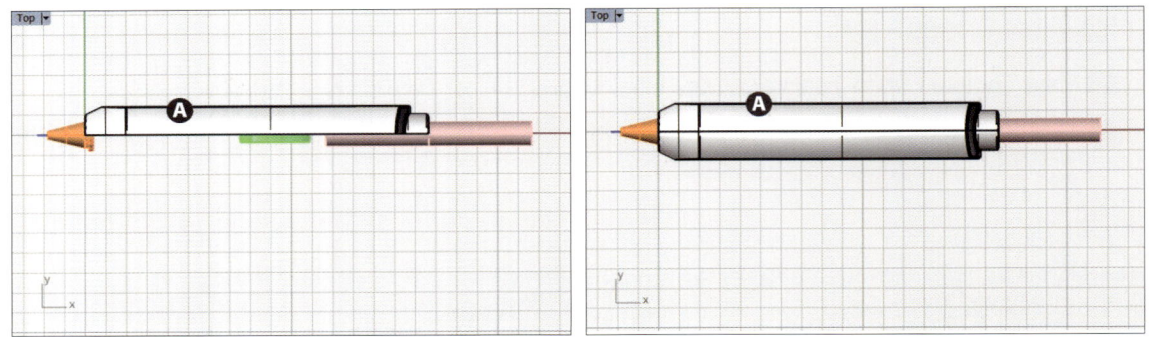

5.6 레이어 설정

"Guide Lines" 레이어를 끈다. 오른쪽 그림처럼 안내선이 사라진다. 모델링을 완성하였다.

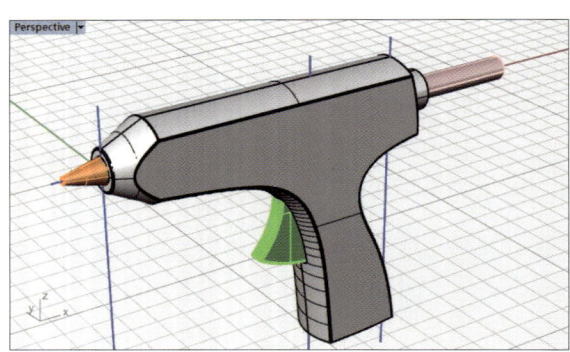
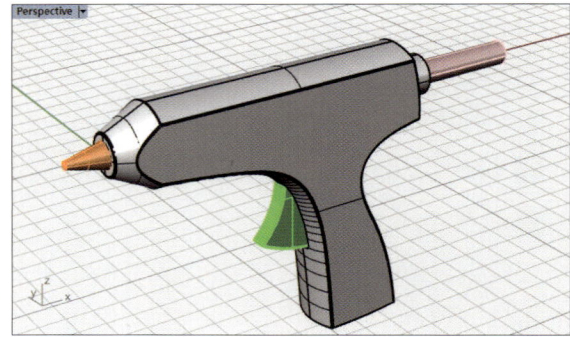

제2장 USB 스피커
USB Speaker

USB 스피커

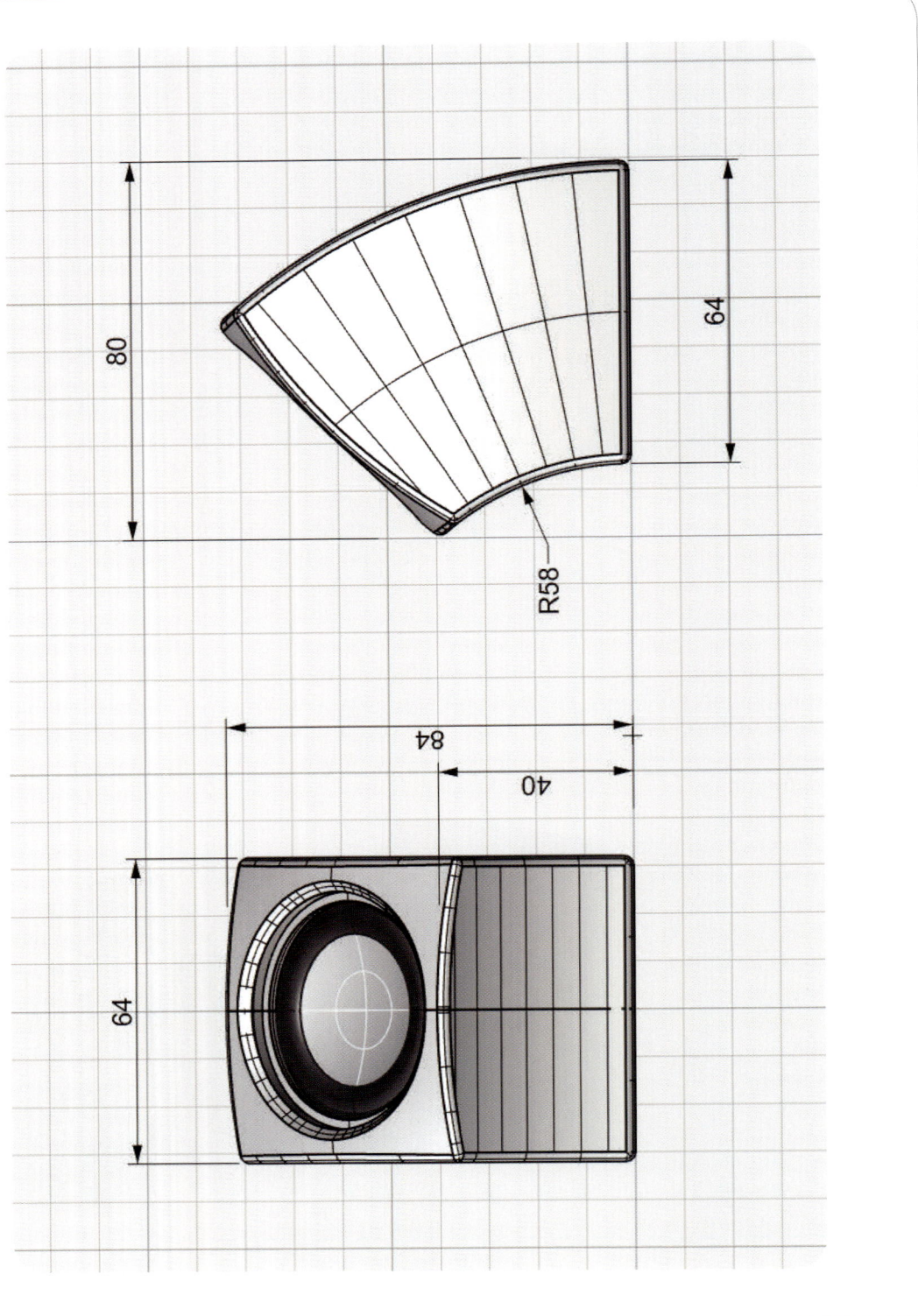

1 커브 그리기

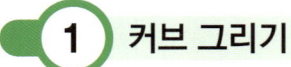 3-2 USB 스피커〉 스피커-A 파일을 연다.

1.1 Circle: Center, Radius

1 Main Toolbar〉 Circle: Center, Radius 버튼을 클릭한다.

2 Right 뷰포트에서 원점 **A**를 중심점으로 "반지름=90"인 원을 그린다.

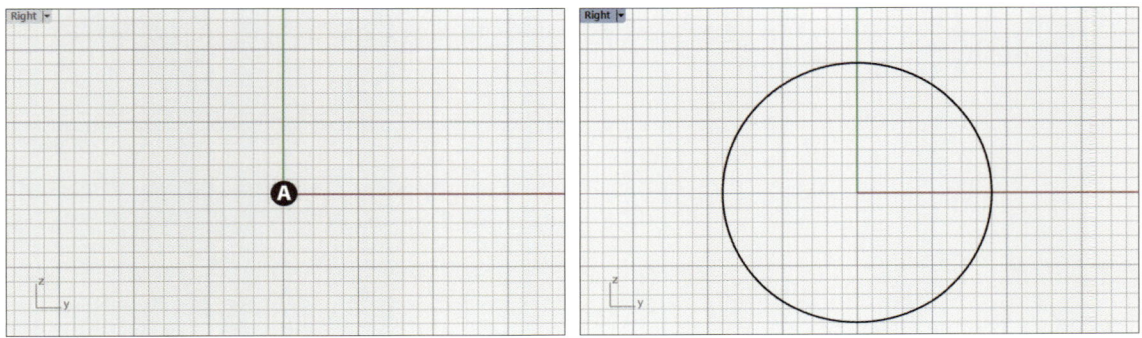

1.2 Polyline

1 Main Toolbar〉 Polyline 버튼을 클릭한다.

2 원점 **A**로부터 오른쪽 방향으로 길이가 "150"인 직선 **B**를 그린다.

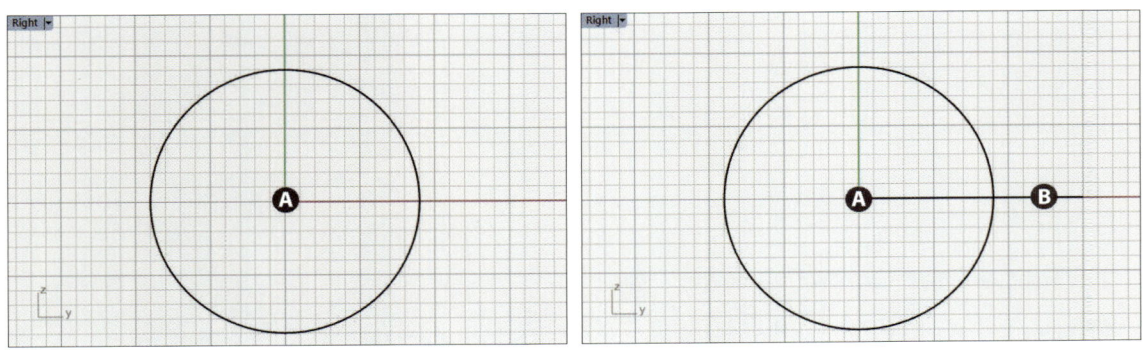

1.3 Rotate 2-D

1 Main Toolbar〉Rotate 2-D 버튼을 클릭한다.

2 원점 **A**를 기준으로 직선 **B**를 45°회전시키면서 복사한다.

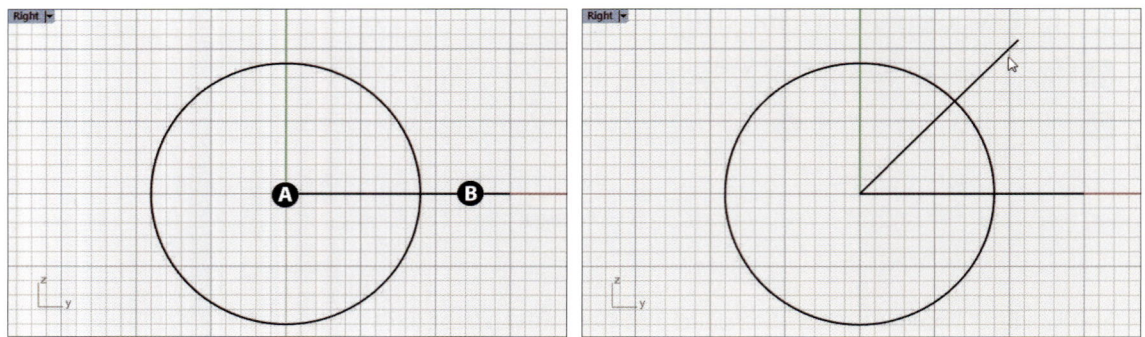

1.4 Trim

1 Main Toolbar〉Trim 버튼을 클릭한다.

2 오른쪽 그림처럼 원 **A**를 트림한다.

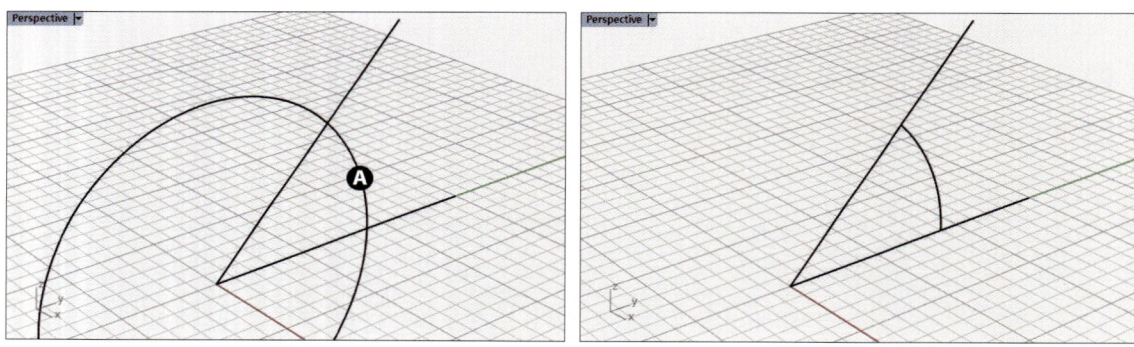

1.5 Rectangle: Center, Corner

1 Main Toolbar〉Rectangle Toolbar〉Rectangle: Center, Corner 버튼을 클릭한다.

2 정사각형의 중심점 **A**를 클릭한다. 변의 길이를 상대좌표로 지정하기 위해, "R32,32"를 입력하고 Enter 키를 누른다. 오른쪽 그림처럼 한 변의 길이가 "64"인 정사각형을 그렸다.

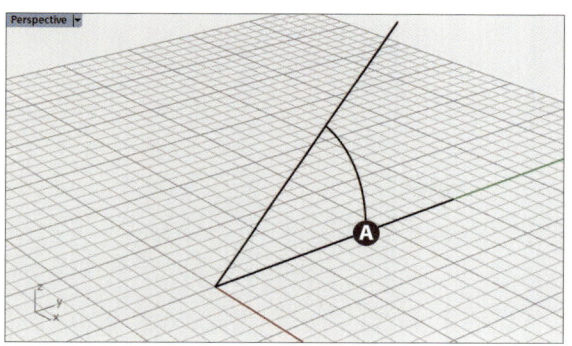 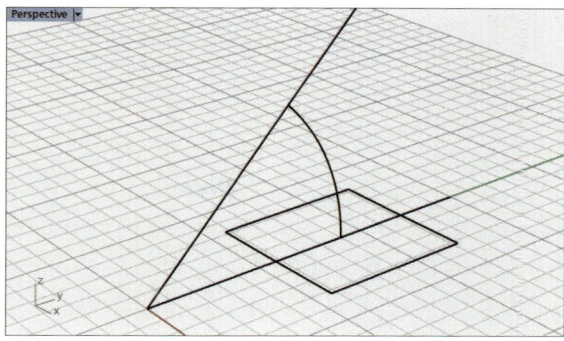

1.6 Set Cplane Origin

1 Standard Toolbar Group〉 Standard Toolbar〉 Set Cplane Origin 버튼을 클릭한다.

2 옵션에서 "Curve"를 클릭한다. 커브 Ⓐ를 클릭한다. 커브 Ⓐ의 끝점 Ⓑ를 클릭한다.

3 커브 Ⓐ의 위쪽 끝점 Ⓑ에 작업평면(Construction Plane)을 설정하였다.(원점의 위치와 그리드의 각도가 변경되었다.)

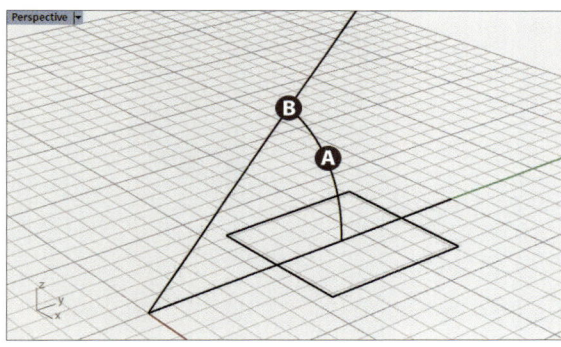 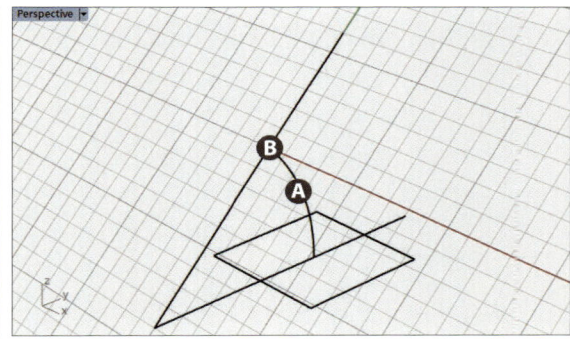

1.7 Rectangle: Center, Corner

1 Main Toolbar〉 Rectangle Toolbar〉 Rectangle: Center, Corner 버튼을 클릭한다.

2 새로 설정한 작업평면(Construction Plane)의 원점 Ⓐ를 클릭하여 정사각형의 중심점을 지정한다. 변의 길이를 상대좌표로 지정하기 위해, "R32,32"를 입력하고 Enter 키를 누른다. 오른쪽 그림처럼 정사각형을 그렸다.

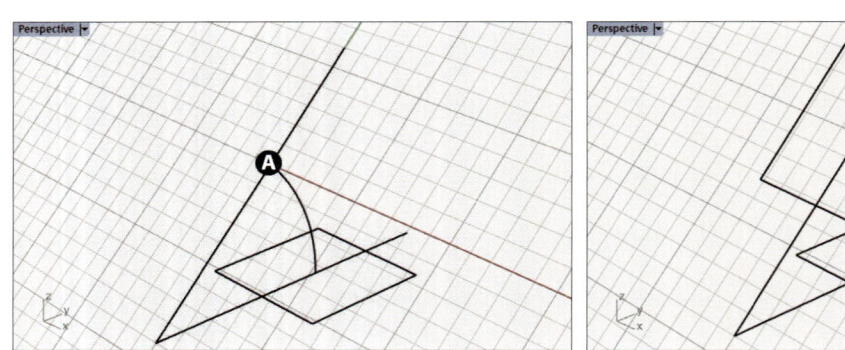

1.8 Sweep 1 Rail

1 Main Toolbar〉 Surface Creation Toolbar〉 Sweep 1 Rail 버튼을 클릭한다.

2 커브 **A**를 레일 커브로, 정사각형 **B**, **C**를 단면 커브로 사용하여 오른쪽 그림처럼 서피스를 만든다.

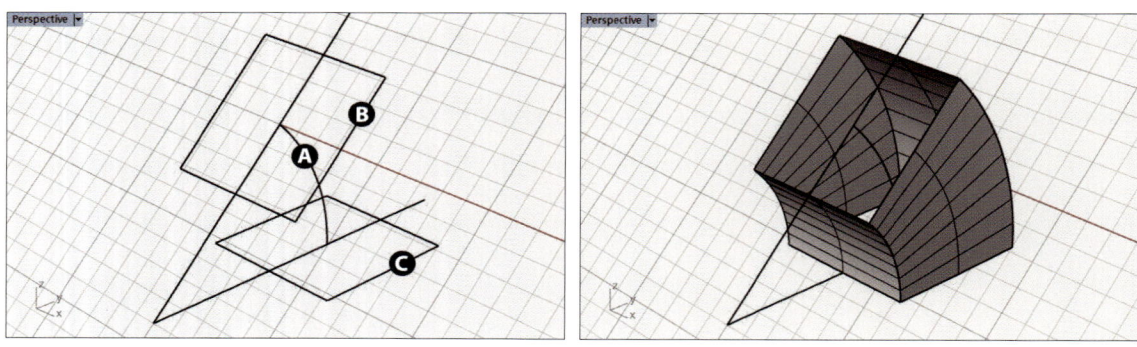

1.9 Cap Planer Holes

1 Main Toolbar〉 Solid Tools Toolbar〉 Cap Planer Holes 버튼을 클릭한다.

2 서피스 **A**의 양쪽 끝에 있는 구멍을 막는 서피스를 만든다.

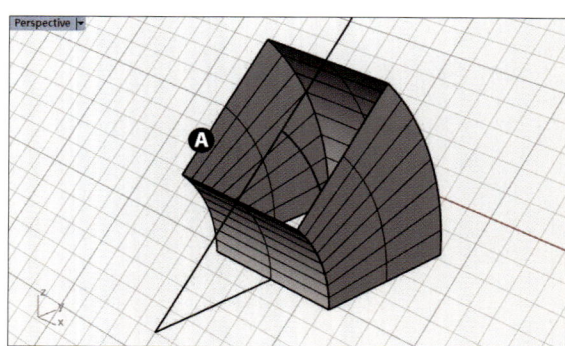
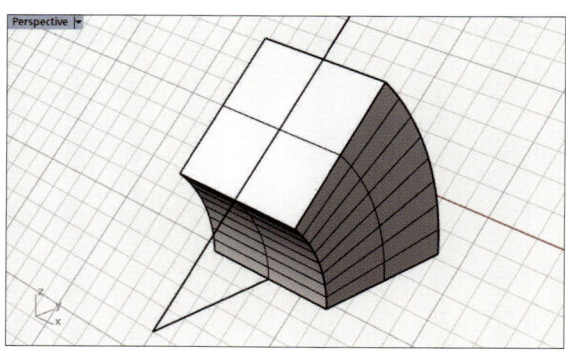

1.10 Change Object Layer

오브젝트 Ⓐ의 레이어를 "몸체" 레이어로 변경한다.

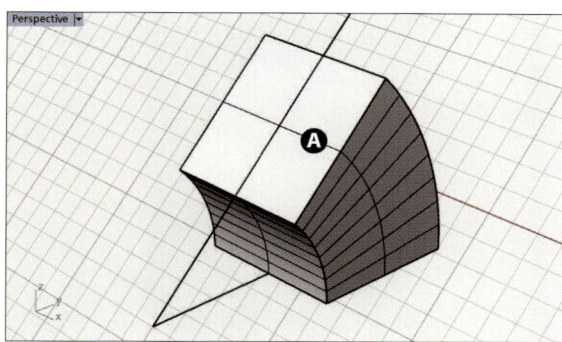

2 몸체

2.1 레이어 설정

"몸체 트림 서피스" 레이어를 현재 레이어로 설정한다.

2.2 Rectangle: Center, Corner

① Main Toolbar〉Rectangle Toolbar〉Rectangle: Center, Corner 버튼을 클릭한다.

② 작업평면(Construction Plane)의 원점 Ⓐ를 클릭하여 정사각형의 중심점을 지정한다. 변의 길이를 상대좌표로 지정하기 위해, "R42,42"를 입력하고 Enter↲ 키를 누른다. 오른쪽 그림처럼 정사각형을 그렸다.

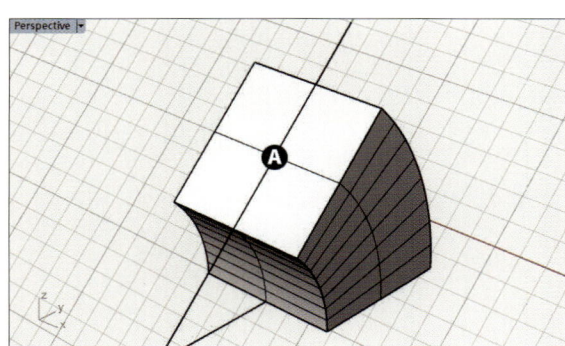
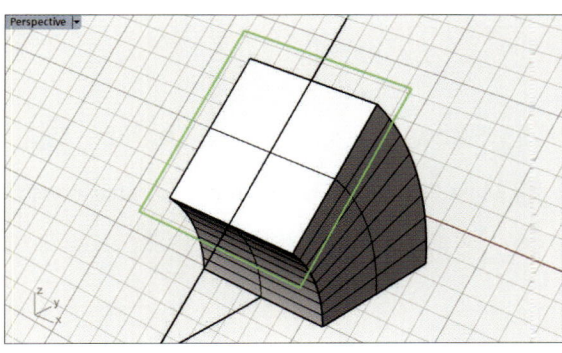

2.3 Surface From Planer Curves

1 Main Toolbar〉Surface Creation Toolbar〉Surface From Planer Curves 버튼을 클릭한다.

2 정사각형 Ⓐ를 사용하여 평면서피스를 만든다.

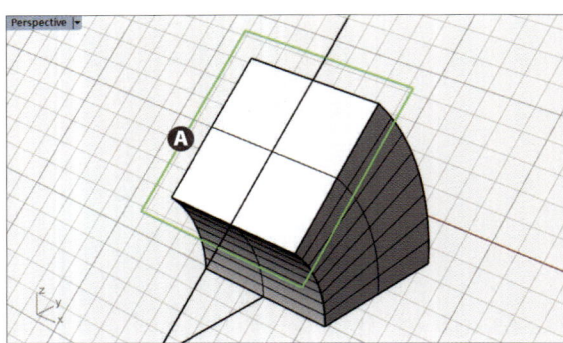 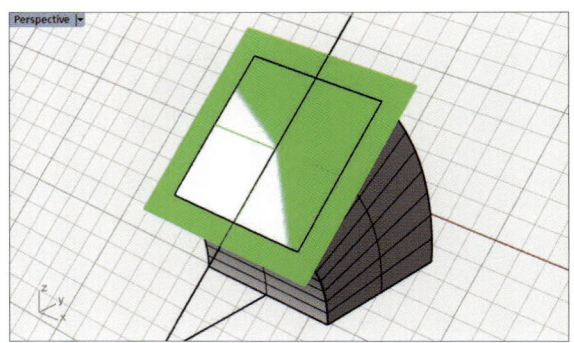

2.4 Rebuild Surface

1 Main Toolbar〉Surface Tools Toolbar〉Rebuild Surface 버튼을 클릭한다.

2 서피스 Ⓐ를 선택하고 엔터 키를 누른다. 옵션 창을 왼쪽 그림과 같이 설정하고 "OK"버튼을 클릭한다. 서피스의 차수(Degree)와 제어점(Control Point)의 개수를 변경하였다.

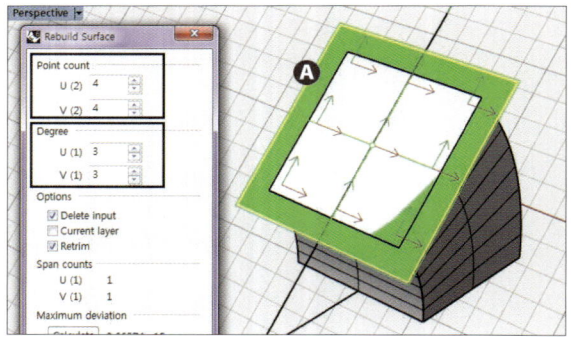 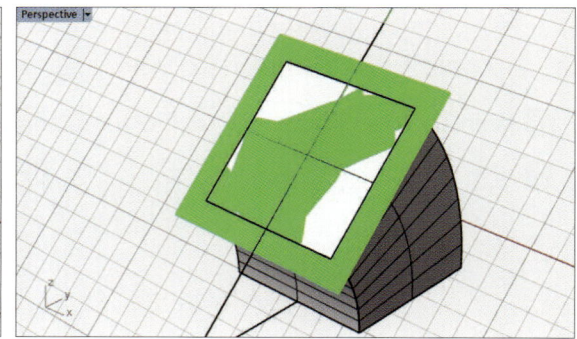

2.5 Show Object Control Points

1 Main Toolbar〉Show Object Control Points 버튼을 클릭한다.

2 서피스 Ⓐ의 제어점(Control Point)을 표시한다.

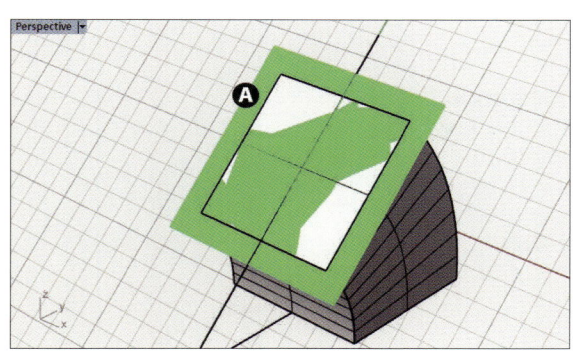
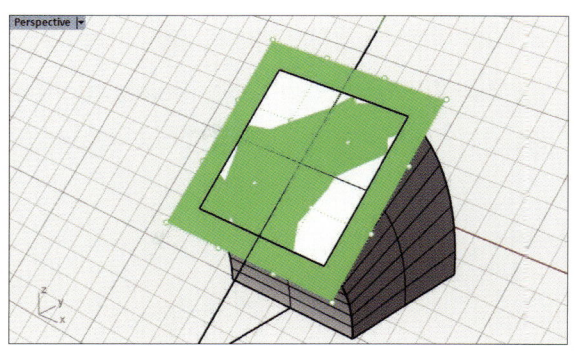

2.6 Move With Gumball

검볼(Gumball)을 사용하여 모서리의 4개의 제어점 **Ⓐ**, **Ⓑ**, **Ⓒ**, **Ⓓ**를 Z-축 방향으로 "-15"만큼 이동시킨다.

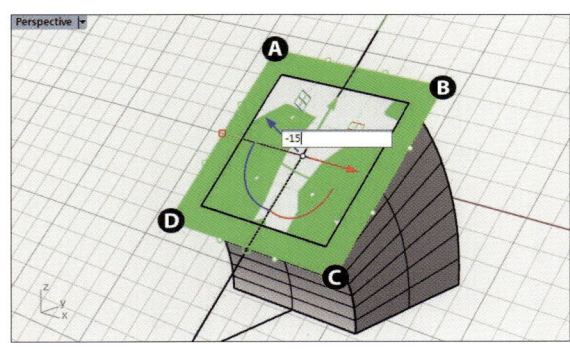
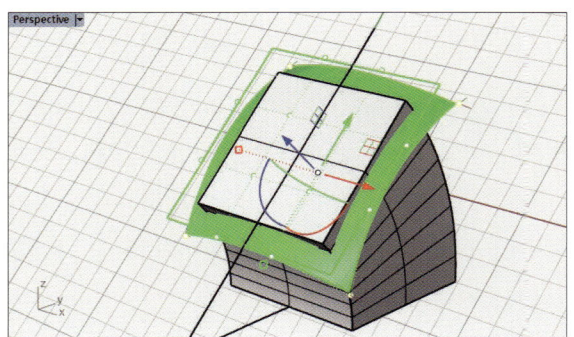

2.7 Analyze Direction

1 **Main Toolbar〉Analyze Direction** 버튼을 클릭한다.

2 오른쪽 그림처럼 서피스 **Ⓐ**의 방향 화살표가 아래쪽을 향하도록 설정한다.

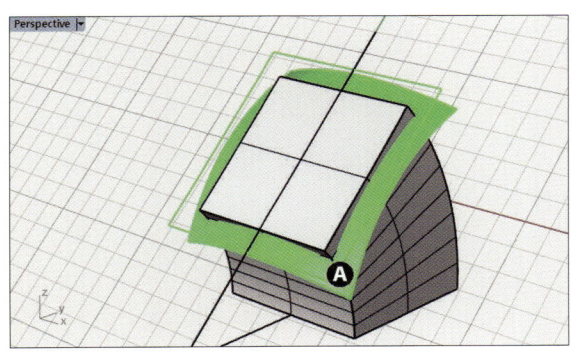
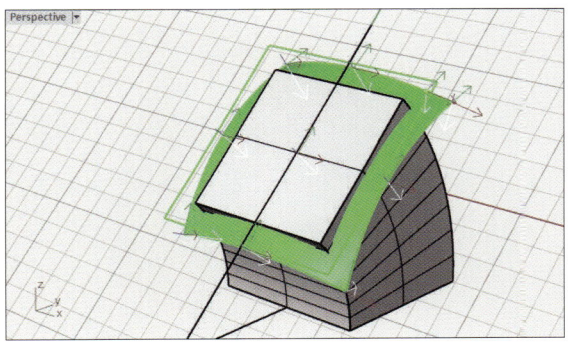

2.8 Boolean Difference

1 Main Toolbar〉Solid Tools Toolbar〉Boolean Difference 버튼을 클릭한다.

2 서피스 Ⓐ로 솔리드 Ⓑ의 위쪽을 잘라버린다.

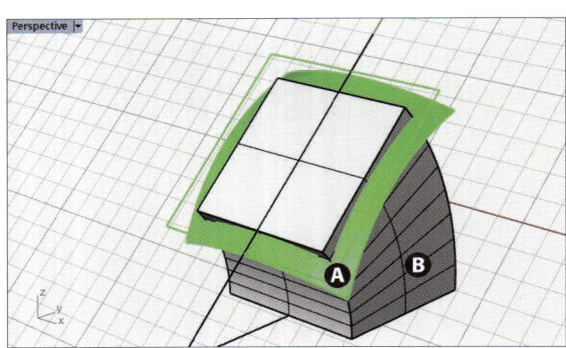 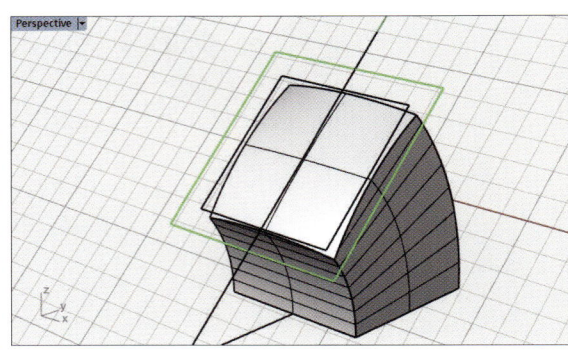

3 몸체 분리

지금까지 작업한 파일을 다른 이름으로 저장하고 모델링을 계속 진행한다. 만약, 지금까지의 모델링을 정확하게 진행하지 못한 독자들은 " 예제 3-2 USB 스피커〉스피커-B" 파일을 열어서 다음 작업을 진행한다.

3.1 레이어 설정

1 "커브 2" 레이어를 현재 레이어로 설정한다.

2 "몸체 트림 서피스" 레이어를 끈다. 화면이 아래 그림처럼 표시된다.

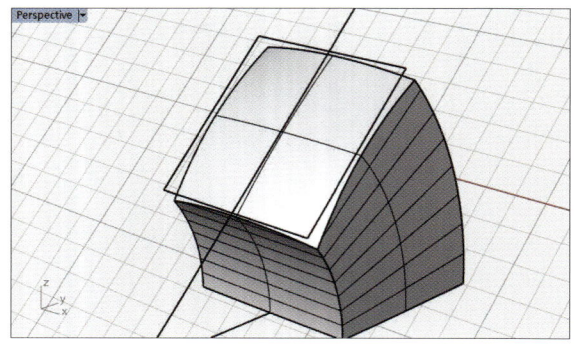

3.2 Circle: Center, Radius

1 Main Toolbar〉Circle: Center, Radius 버튼을 클릭한다.

2 원점 **A**를 중심점으로 "반지름=25"인 원을 그린다.

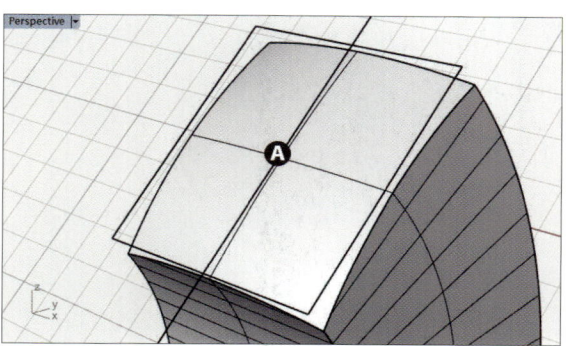
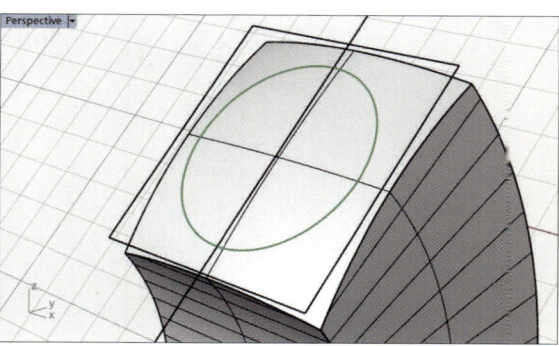

3.3 Wire cut

1 Main Toolbar〉Solid Tools Toolbar〉Wirecut 버튼을 클릭한다.

2 원 **A**를 클릭하고 오브젝트 **B**를 클릭한 다음 Enter 키를 누른다. 명령어 창에서 옵션을 "Direction=CPlane Normal, Delete Input=No, Both Sides=Yes, Keep All=No"로 설정한다. 절삭깊이를 "7"로 지정하기 위해 "R0,0,7"을 입력하고 Enter 키를 누른다.

3 오른쪽 그림처럼 원 **A**의 안쪽을 삭제하도록 한다.

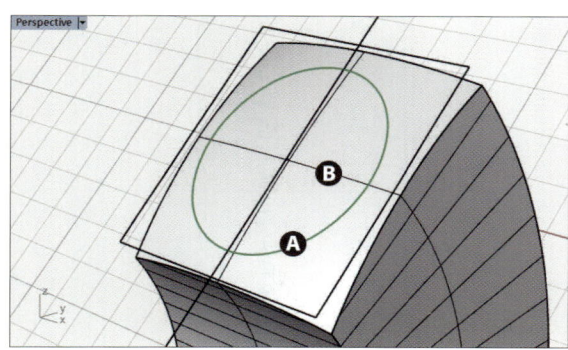
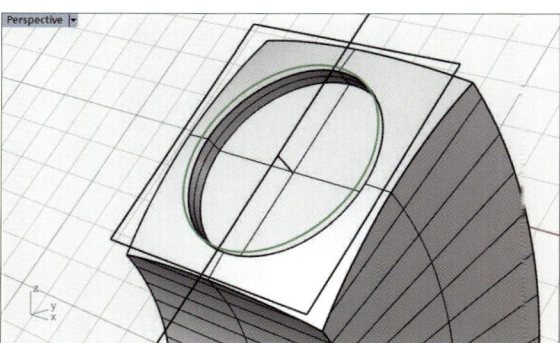

3.4 Chamfer Edges

1 Main Toolbar〉Solid Tools Toolbar〉Chamfer Edges 버튼을 클릭한다.

2 에지 Ⓐ를 "C=2"로 모따기(Chamfer)한다.

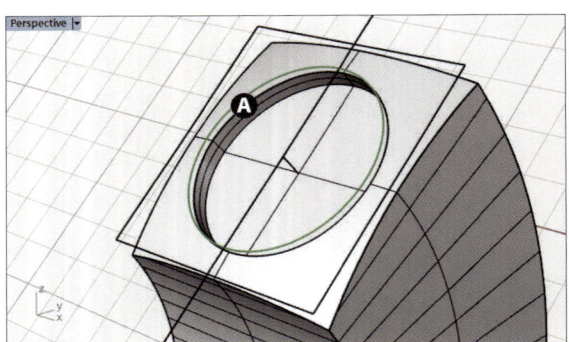 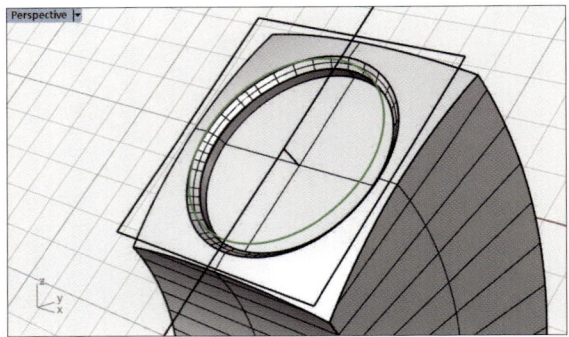

3.5 Wire cut

1 Main Toolbar〉Solid Tools Toolbar〉Wirecut 버튼을 클릭한다.

2 직선 Ⓐ로 오브젝트 Ⓑ의 오른쪽 1/2을 삭제한다.

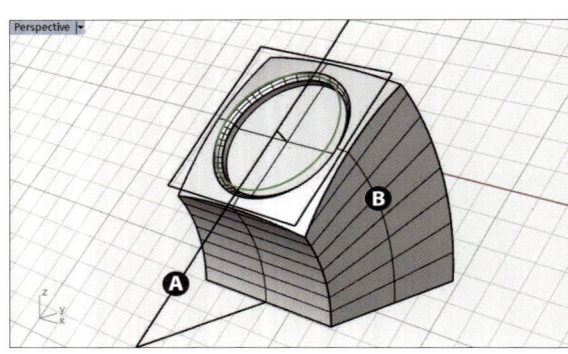 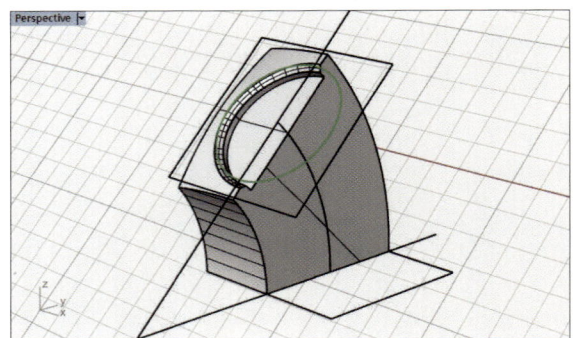

3.6 Shell Closed Polysurface

1 Main Toolbar〉Solid Tools Toolbar〉Shell Closed Polysurface 버튼을 클릭한다.

2 오른쪽 그림처럼 살두께 "2"만큼 남기고 오브젝트 Ⓐ의 속을 파낸다.

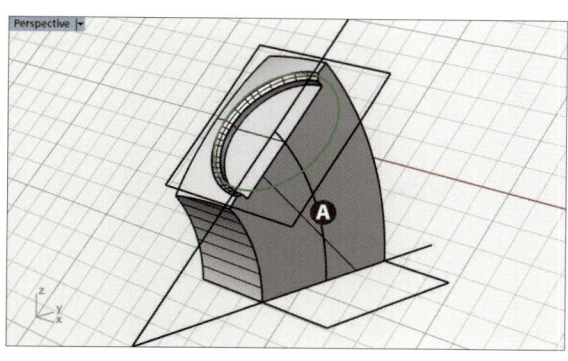 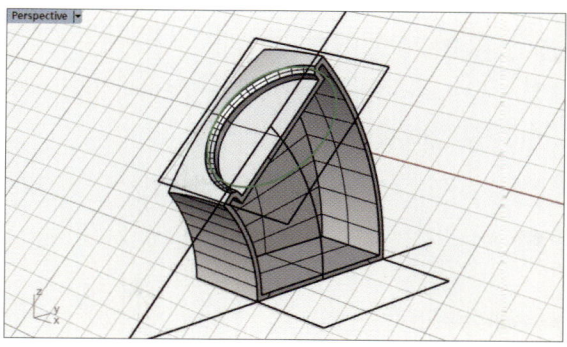

3.7 Round Hole

1 Main Toolbar〉Solid Tools Toolbar〉Round Hole 버튼을 클릭한다.

2 점 **A**를 중심점으로 "R=23"인 구멍을 뚫는다.

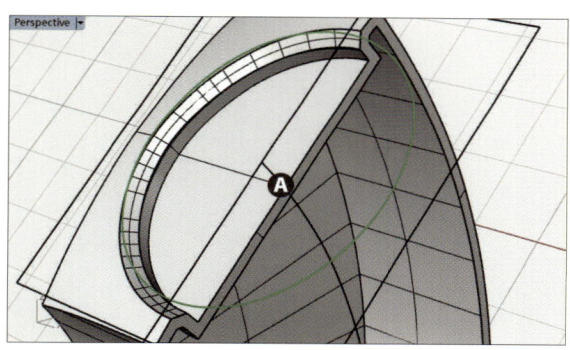 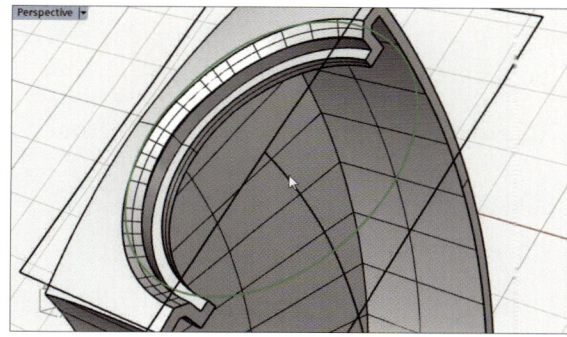

3.8 Show Edges

1 Main Toolbar〉Analyze Toolbar〉Show Edges 버튼을 클릭한다.

2 몸체 오브젝트 **A**를 클릭하고 Enter↵ 키를 누른다. 아래 그림처럼 옵션 창에서 "Nɛked Edges"를 체크한다. 명령어 창에 "Naked Edges"가 없다는 메시지가 표시되는지 확인한다.

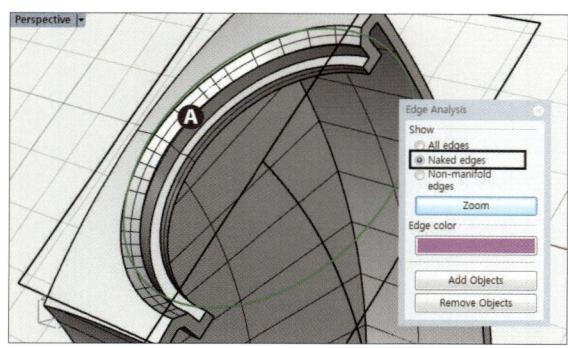

4 스피커 유니트

4.1 레이어 설정

1 "커브 3" 레이어를 현재 레이어로 설정한다.

2 "커브 1", "커브 2" 레이어를 끈다. 화면이 아래 그림처럼 표시된다.

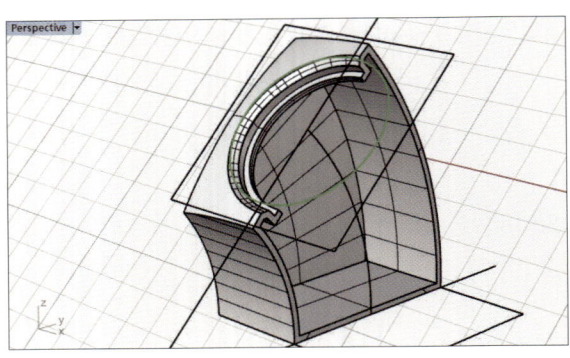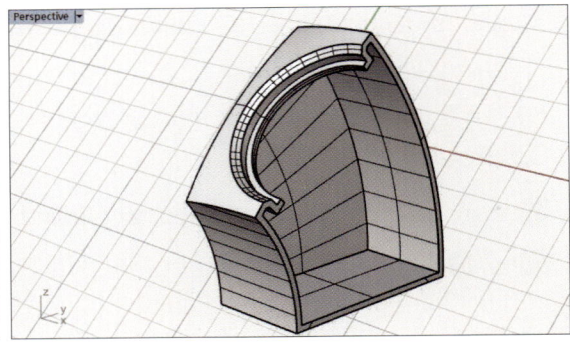

4.2 Polyline

1 Main Toolbar〉 Polyline 버튼을 클릭한다.

2 점 Ⓐ와 Ⓑ를 연결하는 직선을 그린다.

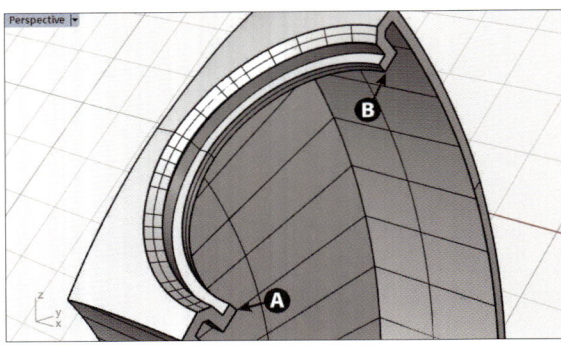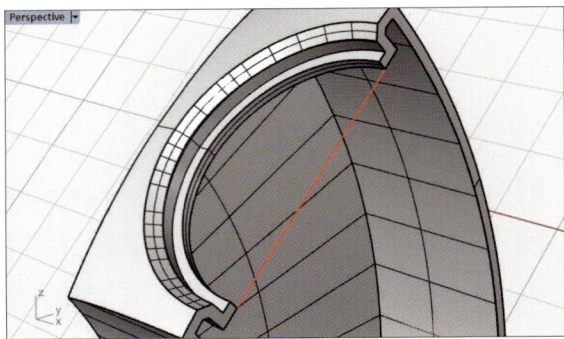

4.3 Insert

1 File〉 Insert 명령을 클릭한다.

2 Insert 옵션창의 Ⓐ 부분을 클릭한다. 예제파일 " 예제 3-2 USB 스피커〉 Speaker Unit " 파일을 지정한다. "Block Instance"를 체크한다.

3 Insert File Options 창에서 "Embeded"를 체크하고 OK 버튼을 클릭한다.

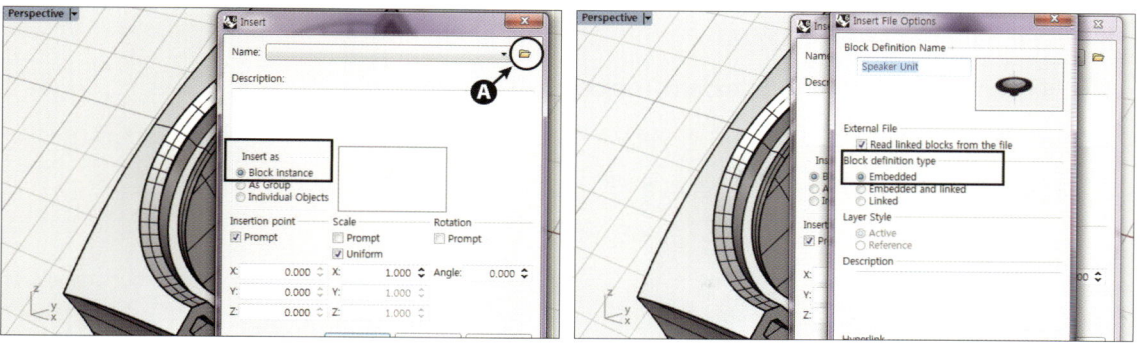

4 삽입(Insert)의 기준점을 지정하기 위해 빨간색 직선의 중간점 **B**를 클릭한다. 오른쪽 그림처럼 스피커 유니트를 삽입하였다.

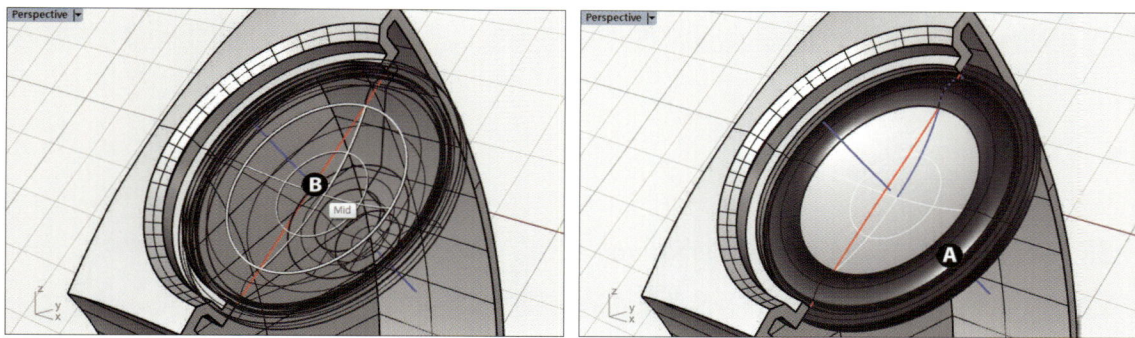

4.4 Explode

1 **Main Toolbar〉Explode** 버튼을 클릭한다.

2 삽입한 스피커 유니트 **A**를 클릭하고 Enter 키를 누른다. 블록 인스터스(Block Instance) 상태였던 스피커 유니트 **A**를 그룹 오브젝트로 변경하였다.

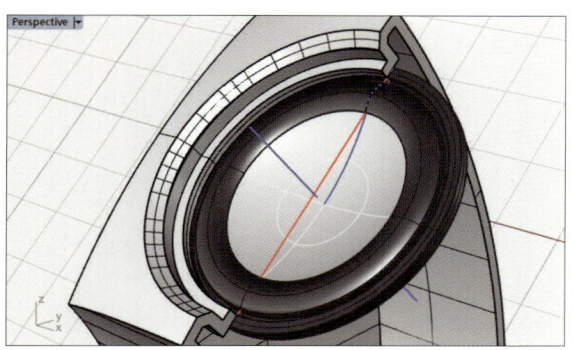

4.5 Set Cplane Origin

1 Standard Toolbar Group〉Standard Toolbar〉Set Cplane Origin 버튼을 클릭한다.

2 옵션에서 "World"를 클릭한다. 옵션에서 "Top"을 클릭한다. 원래의 작업평면(Construction Plane)으로 복귀하였다.

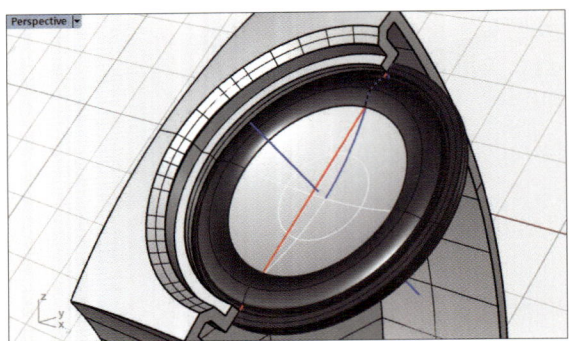
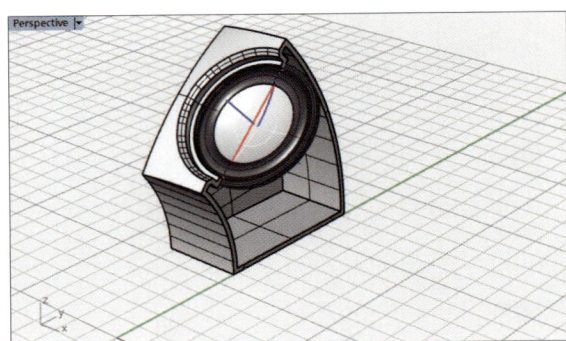

4.6 Mirror

1 Main Toolbar〉Transform Toolbar〉Mirror 버튼을 클릭한다.

2 절단한 몸체 Ⓐ를 Y-축을 기준으로 반사대칭시켜서 복사한다.

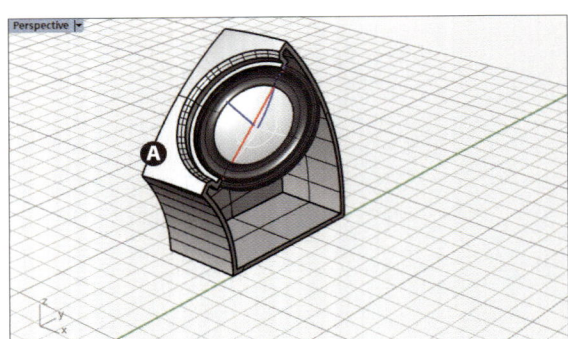
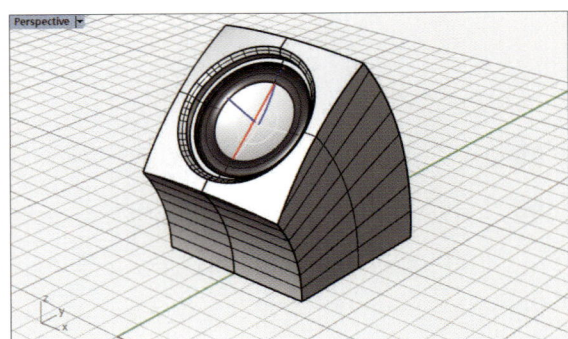

4.7 레이어 설정

1 "몸체" 레이어를 현재 레이어로 설정한다.

2 "커브 3", "Unit Curve" 레이어를 끈다. 화면이 아래 그림처럼 표시된다.

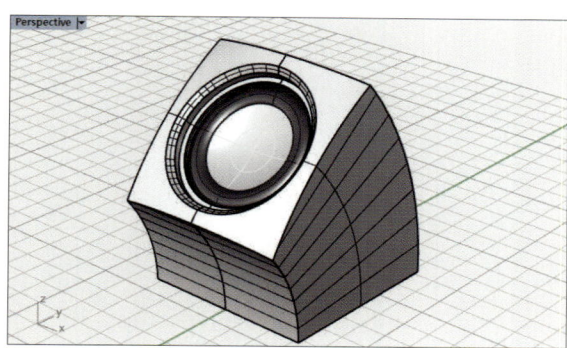

4.8 Fillet Edges

1 Main Toolbar〉 Solid Tools Toolbar〉 Fillet Edges 버튼을 클릭한다.

2 몸체 오브젝트 **A**와 **B**의 절단면을 제외한 모든 바깥쪽 에지를 "R=2"로 필렛(Fillet)한다. 모델링을 완성하였다.

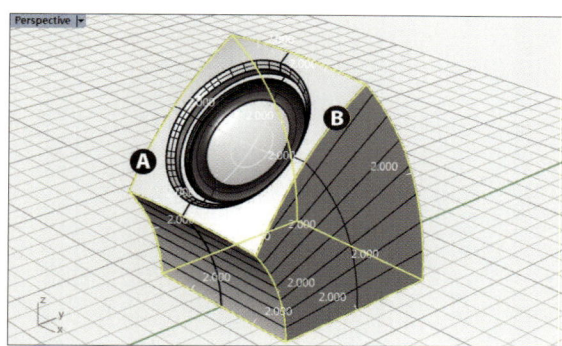
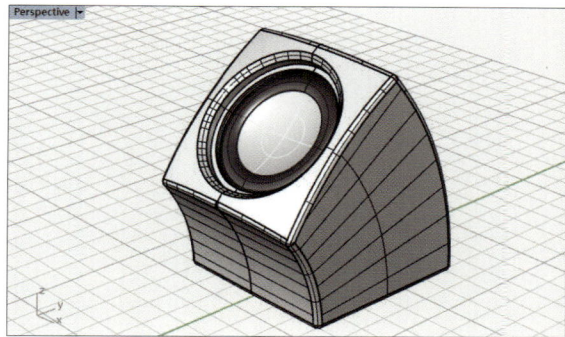

NOTE

제3장 세제용기
Cleanser Container

세제용기

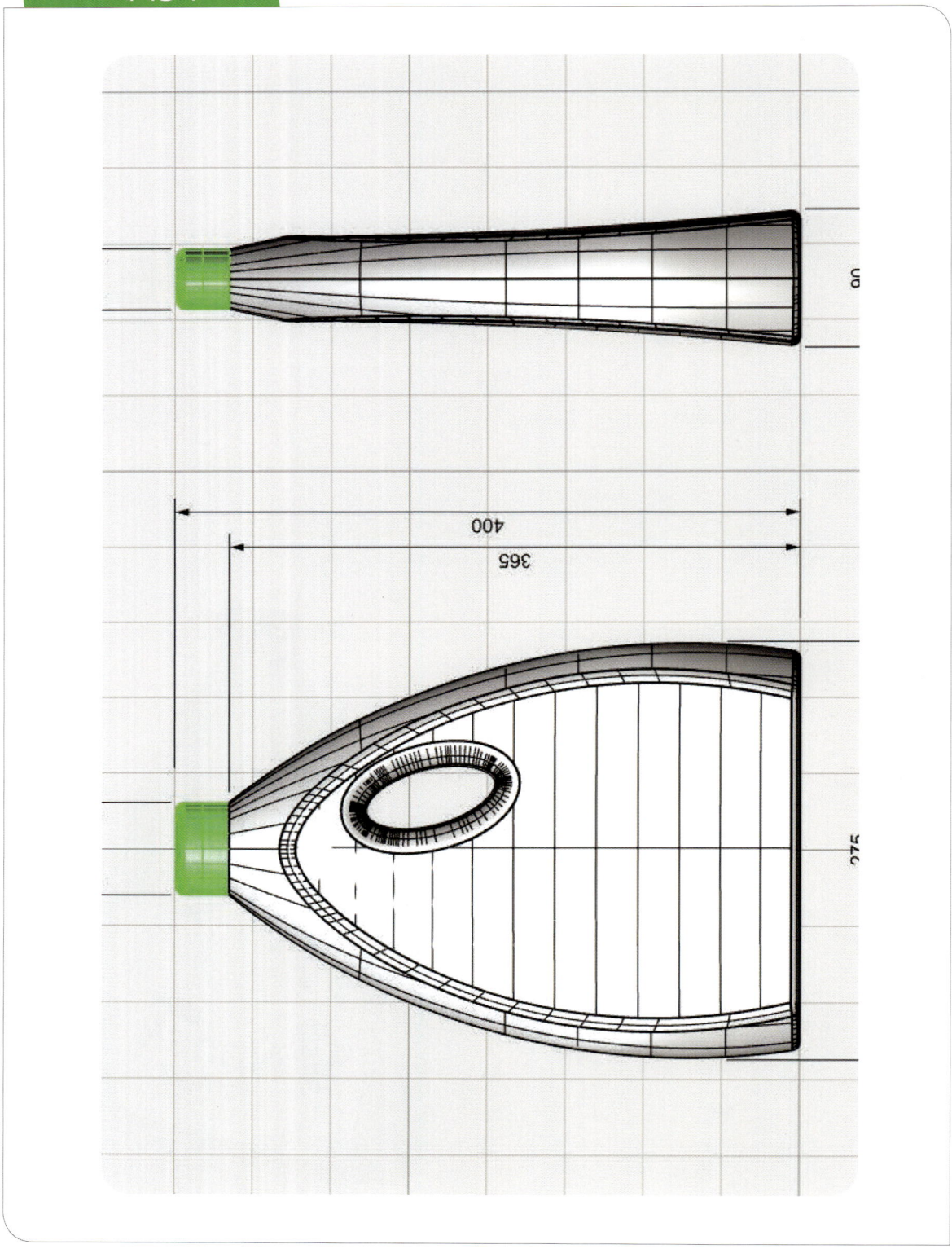

1 몸체

[예제] 3-3 세제용기〉세제용기-A 파일을 연다.

1.1 Arc: Start, End, Point on Arc

Front 뷰포트에서 작업한다.

1 Main Toolbar〉Arc Toolbar〉Arc: Start, End, Point on Arc 버튼을 클릭한다.

2 직선의 끝점을 **Ⓐ**, **Ⓑ**, **Ⓒ** 순서대로 클릭한다. 오른쪽 그림처럼 호를 그렸다.

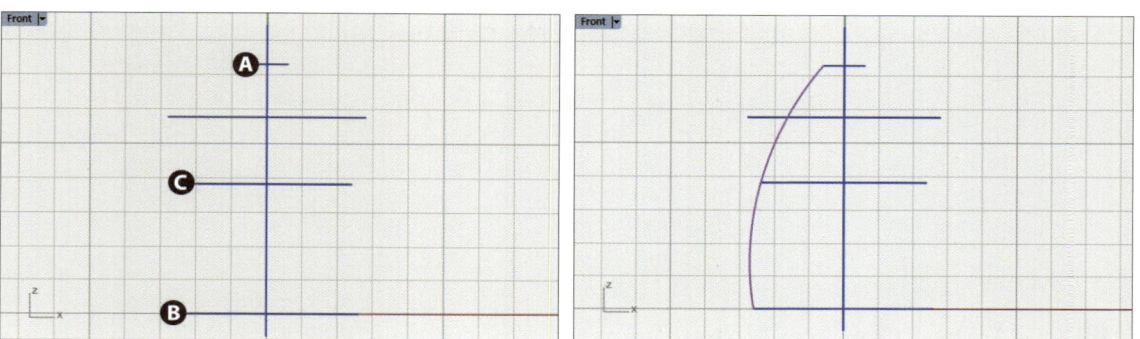

1.2 Mirror

1 Main Toolbar〉Transform Toolbar〉Mirror 버튼을 클릭한다.

2 호 **Ⓐ**를 점 **Ⓑ**와 **Ⓒ**를 기준으로 오른쪽으로 반사대칭 시켜서 복사한다.

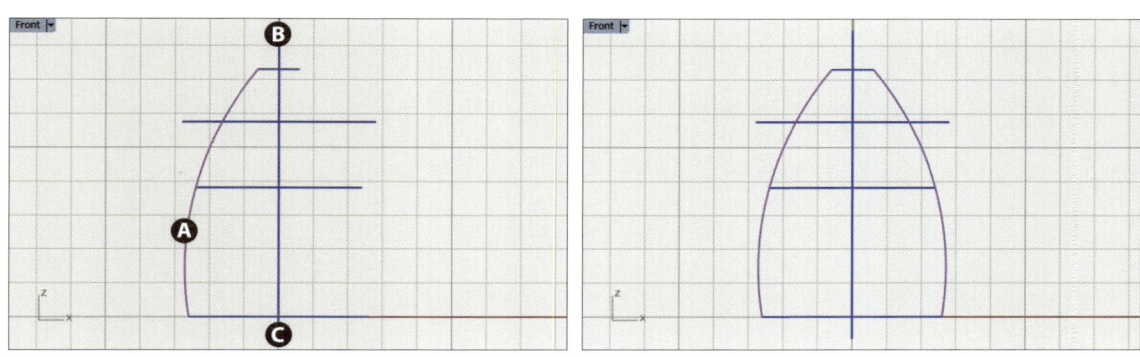

1.3 Arc: Start, End, Point on Arc

Right 뷰포트에서 작업한다.

1 Main Toolbar〉Arc Toolbar〉Arc: Start, End, Point on Arc 버튼을 클릭한다.

2 점 **D**, **E**, **F**를 통과하는 호를 그린다.

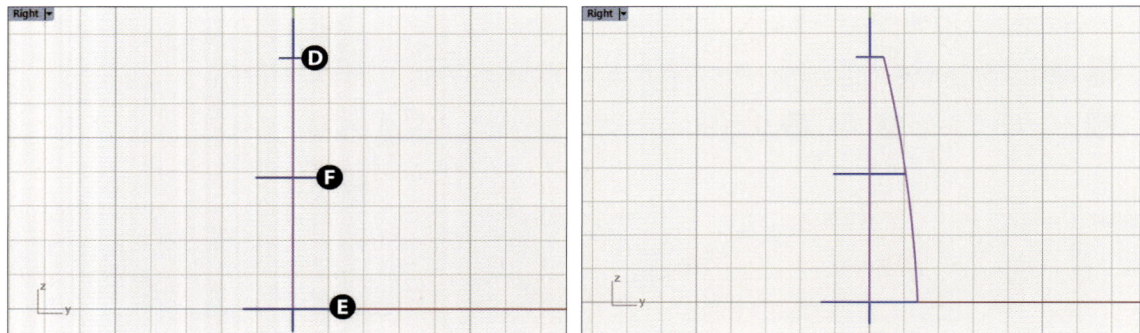

1.4 Mirror

1 Main Toolbar〉Transform Toolbar〉Mirror 버튼을 클릭한다.

2 호 **A**를 점 **B**와 **C**를 기준으로 왼쪽으로 반사대칭 시켜서 복사한다.

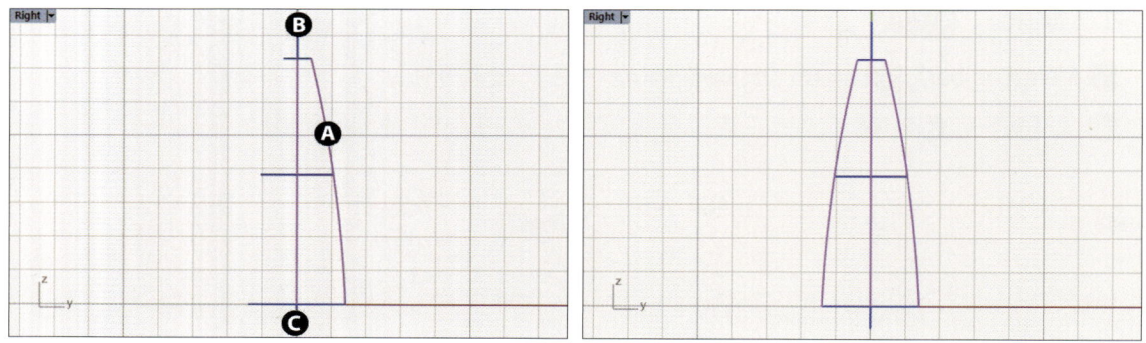

1.5 Ellipse: from Center

1 Main Toolbar〉Ellipse: From Center 버튼을 클릭한다.

2 점 **A**를 중심점으로 하면서 점 **B**와 **C**를 통과하는 타원을 그린다.

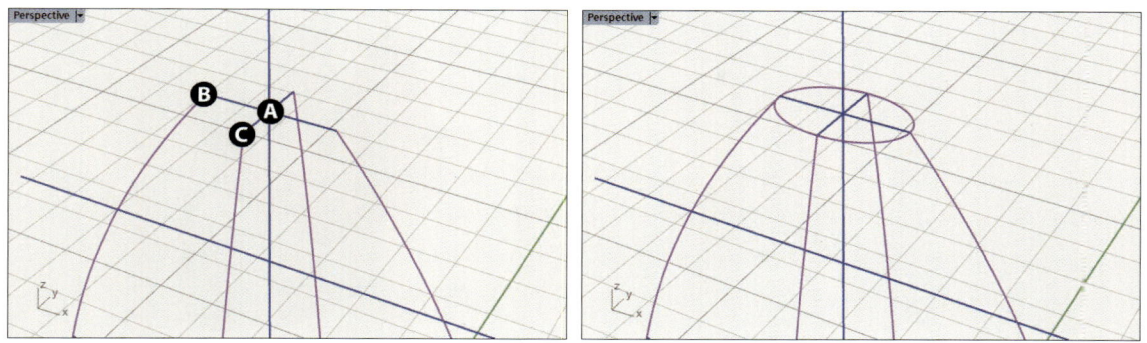

3 점 **D**를 중심점으로 하면서 점 **E**와 **F**를 통과하는 타원을 그린다.

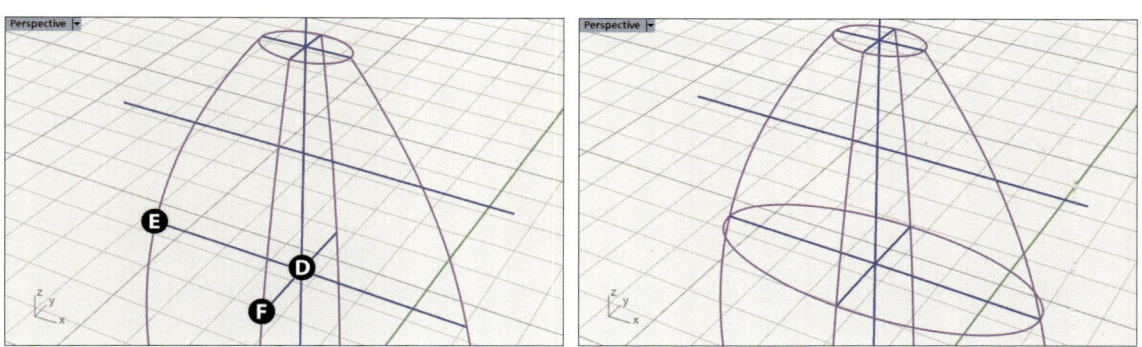

4 점 **G**를 중심점으로 하면서 점 **H**와 **I**를 통과하는 타원을 그린다.

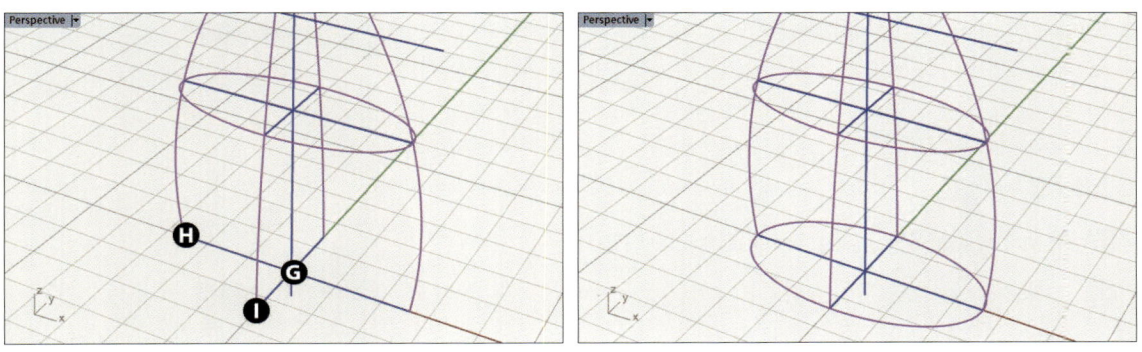

1.6 Surface From Network Of Curves

1 Main Toolbar〉Surface Creation Toolbar〉Surface from Network of Curves 버튼을 클릭한다.

2 커브 **A**, **B**, **C**, **D**와 타원 **E**, **F**, **G**를 사용하여 서피스를 만든다.

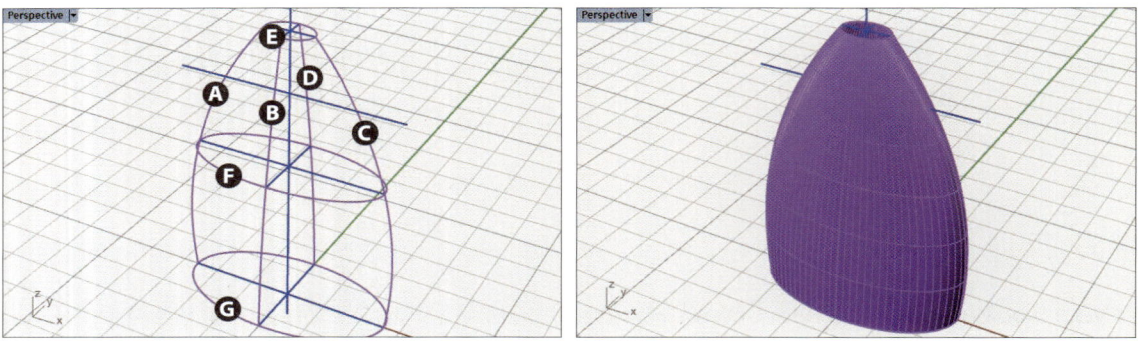

1.7 Show Object Control Points

1 Main Toolbar〉Show Object Control Points 버튼을 클릭한다.

2 서피스 **A**의 제어점(Control Point)을 표시한다. 오른쪽 그림처럼 제어점(Control Point)의 개수가 너무 많다.

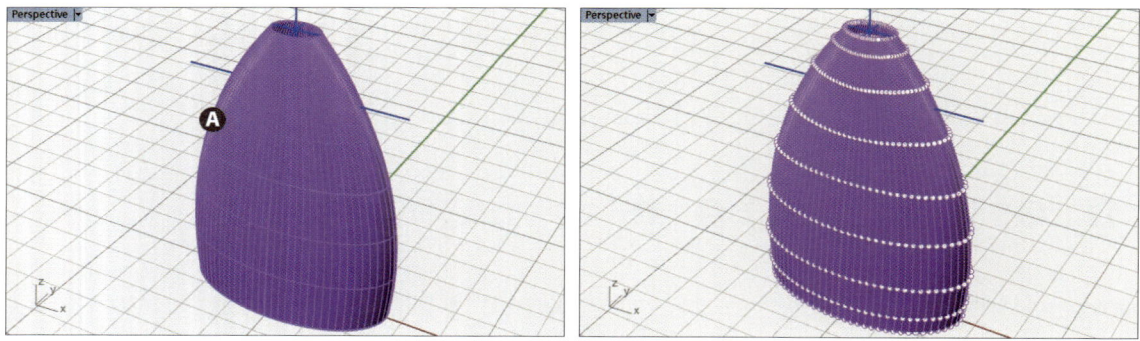

1.8 Fit

1 Main Toolbar〉Surface Tools Toolbar〉Fit 버튼을 클릭한다.

2 조정공차(Fitting Tolerance)를 적용할 서피스를 지정하기 위해 서피스 **A**를 클릭하고 Enter 키를 누른다. 조정공차(Fitting Tolerance) "0.1"을 입력하고 Enter 키를 누른다. 오른쪽 그림처럼 "0.1" 공차 내에서 제어점의 개수를 조정하였다.

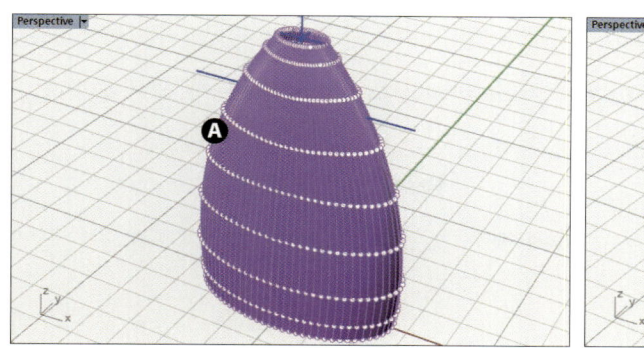
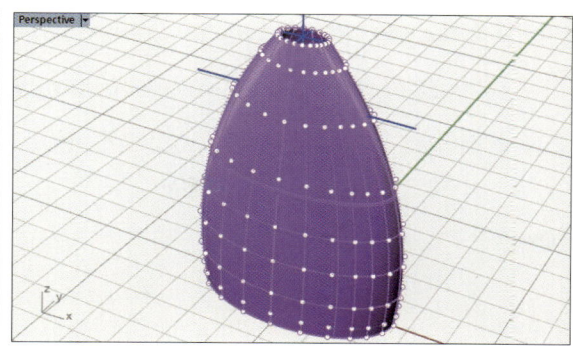

1.9 Points Off

Main Toolbar〉Show Object Control Points 버튼을 오른쪽 마우스 버튼으로 클릭하여 제어점(Control Point) 표시를 끈다.

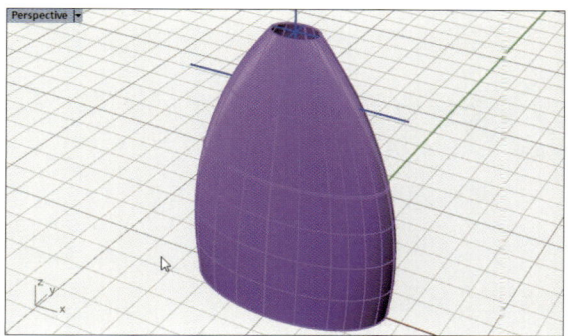

1.10 Cap Planar Holes

1 Main Toolbar〉Solid Tools Toolbar〉Cap Planar Holes 버튼을 클릭한다.

2 서피스 Ⓐ의 위와 아래에 난 구멍을 평면서피스로 막는다.

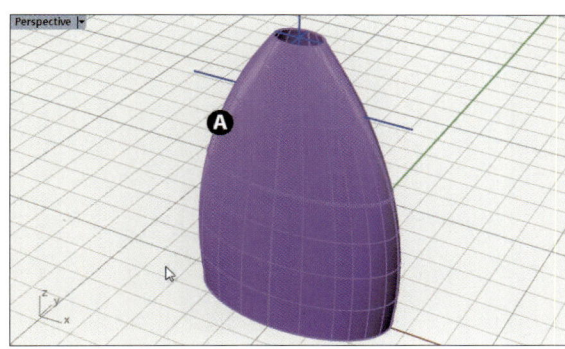
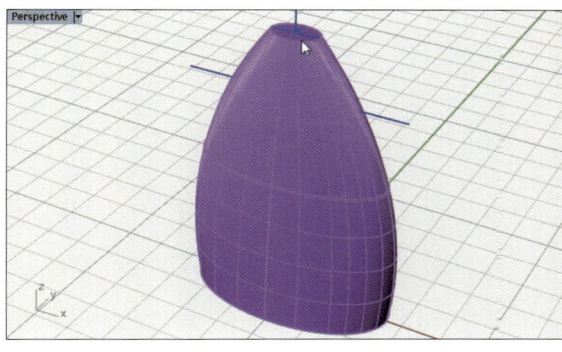

1.11 Change Object Layer

오브젝트 Ⓐ의 레이어를 "Body" 레이어로 변경한다. 오른쪽 그림처럼 오브젝트가 레이어의 색상으로 변경된다.

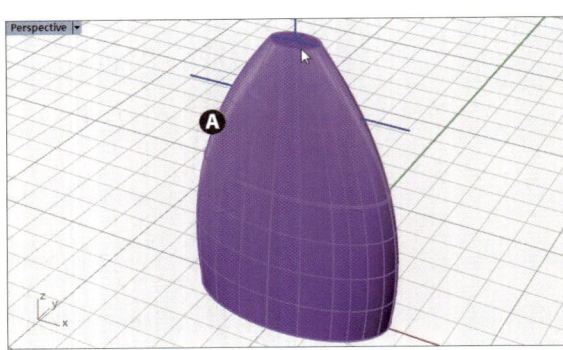
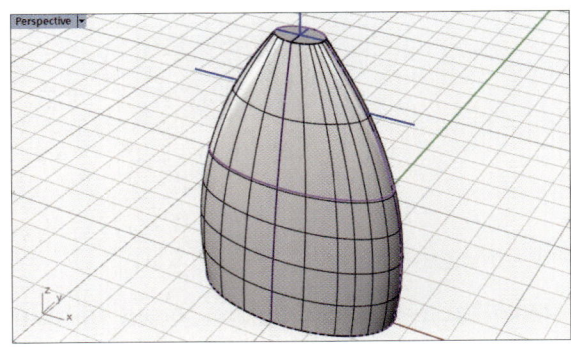

2 몸체 트림(Body Trim)

지금까지 작업한 파일을 다른 이름으로 저장하고 모델링을 계속 진행한다. 만약, 지금까지의 모델링을 정확하게 진행하지 못한 독자들은 "예제 3-3 세제용기〉 세제용기-B" 파일을 열어서 다음 작업을 진행한다.

2.1 레이어 설정

1 "Body Trim Curve"를 현재 레이어로 설정한다.
2 "Body Curve" 레이어를 끈다. 화면이 오른쪽 그림처럼 표시된다.

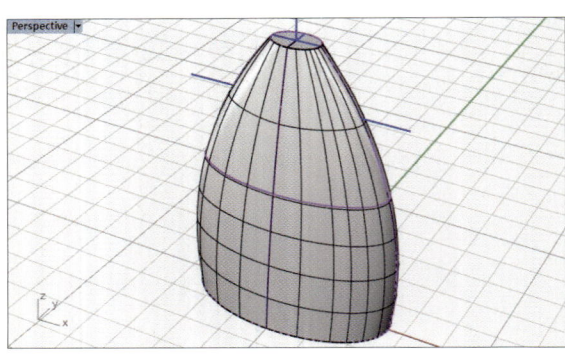
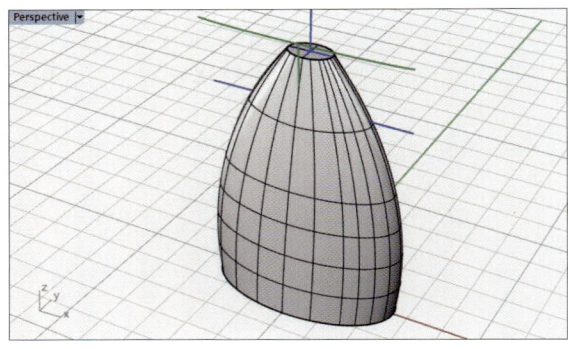

2.2 Sweep 1 Rail

1 Main Toolbar〉Surface Creation Toolbar〉Sweep 1 Rail 버튼을 클릭한다.

2 녹색커브 **A**를 레일커브로 커브 **B**를 단면커브로 사용하여 서피스를 만든다.

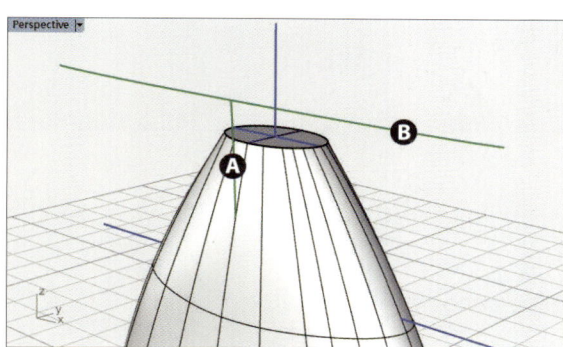
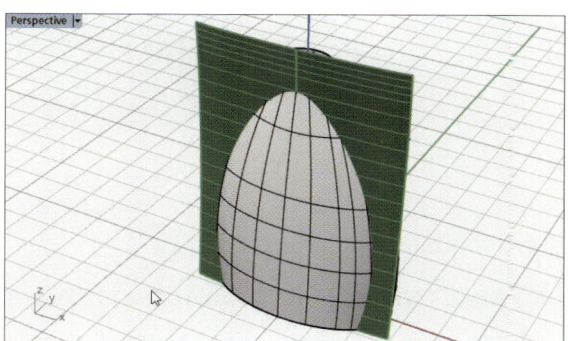

2.3 Extend Surface

1 Main Toolbar〉Surface Tools Toolbar〉Extend Surface 버튼을 클릭한다.

2 녹색 서피스의 아래쪽의 에지 **A**를 "20"만큼 연장시킨다.

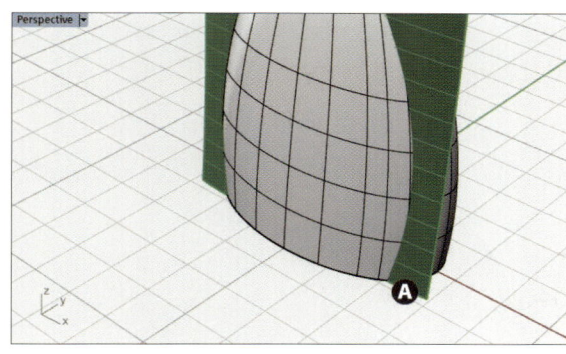
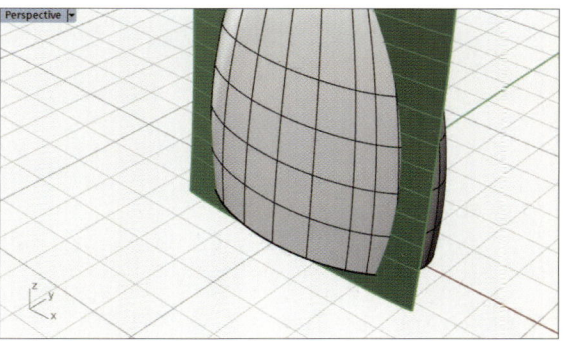

2.4 Analyze Direction

1 Main Toolbar〉Analyze Direction 버튼을 클릭한다.

2 서피스 **B**의 방향(Direction)이 오른쪽을 향하도록 설정한다. 방향(Direction)을 변경하려면, 명령어 창의 옵션에서 "Flip" 옵션을 사용한다.

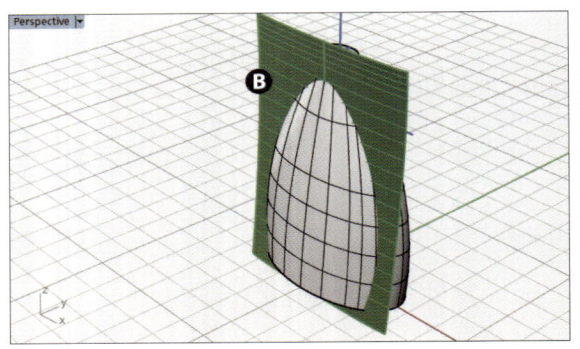
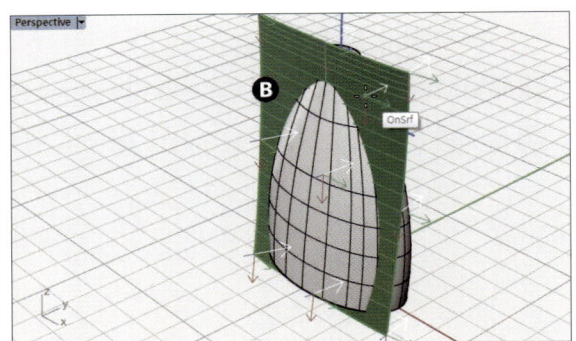

2.5 Boolean Difference

1 Main Toolbar〉Solid Tools Toolbar〉Boolean Difference 버튼을 클릭한다.

2 옵션을 "Delete Input=Yes"로 설정하고, 오브젝트 **A**로부터 서피스 **B**를 뺀다. 오른쪽 그림처럼 오브젝트 **A**의 왼쪽을 삭제한다.

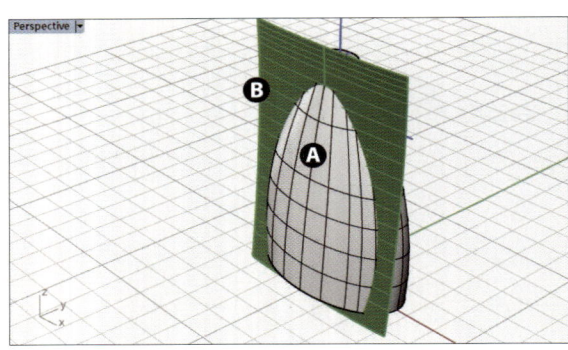
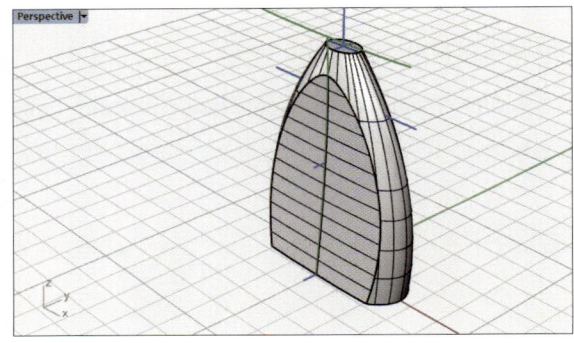

2.6 Trim

Right 뷰포트를 현재 뷰포트로 설정한다.

1 Main Toolbar〉Trim 버튼을 클릭한다.

2 청색 직선 **B**를 칼(Cutting Object)로 사용하여, 오브젝트 **A**의 오른쪽을 잘라 버린다.

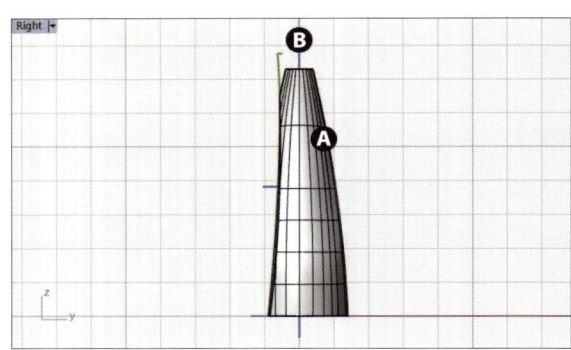
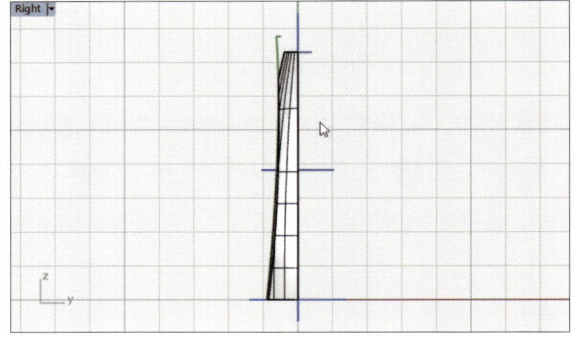

2.7 Explode

1 Main Toolbar〉Explode 버튼을 클릭한다.

2 오브젝트 "Ⓐ"를 개별 서피스로 분해한다.

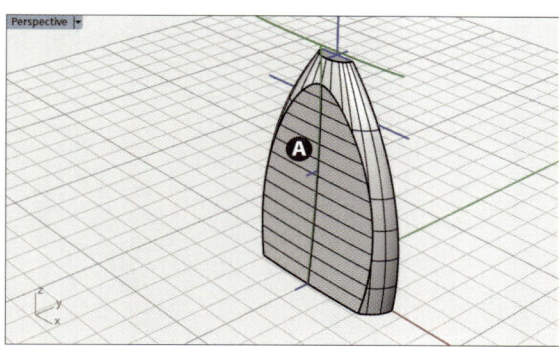 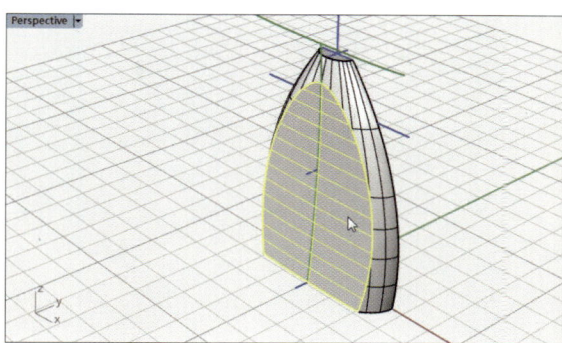

2.8 Pipe

1 Main Toolbar〉Solid Creation Toolbar〉Pipe: Flat Caps 버튼을 클릭한다.

2 옵션을 "Thick=No, Cap=None"으로 설정하고, 에지 Ⓐ를 경로 곡선으로 사용하는 반지름이 "5"인 파이프를 만든다.

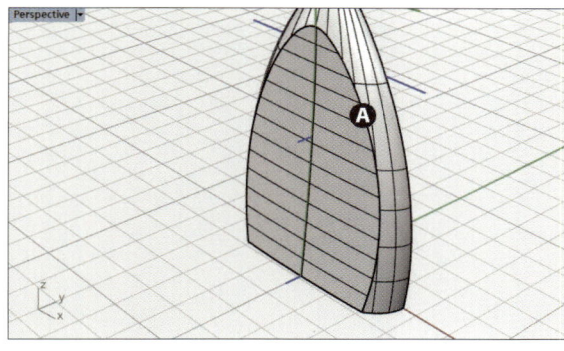 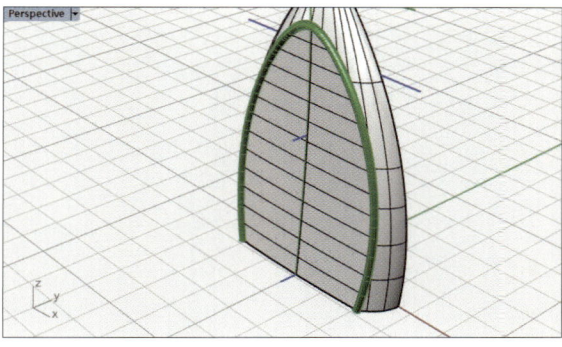

2.9 Extend Surface

1 Main Toolbar〉Surface Tools Toolbar〉Extend Surface 버튼을 클릭한다.

2 파이프의 양쪽 끝의 에지 **A**와 **B**를 "20"만큼씩 연장한다.

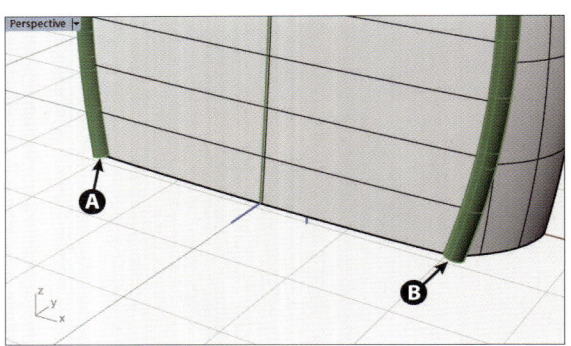 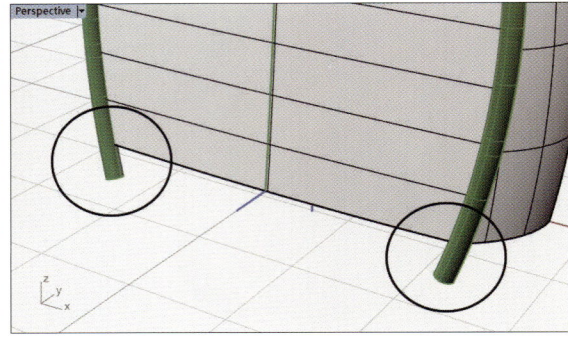

2.10 Split

1 Main Toolbar〉Split 버튼을 클릭한다.

2 분할할 오브젝트를 지정하기 위해 서피스 **A**와 **B**를 클릭하고 Enter 키를 누른다. 칼로 사용할 오브젝트를 지정하기 위해 파이프 서피스 **C**를 클릭하고 Enter 키를 누른다. 파이프 서피스 **C**를 경계로 서피스 **A**와 **B**를 분할하였다.

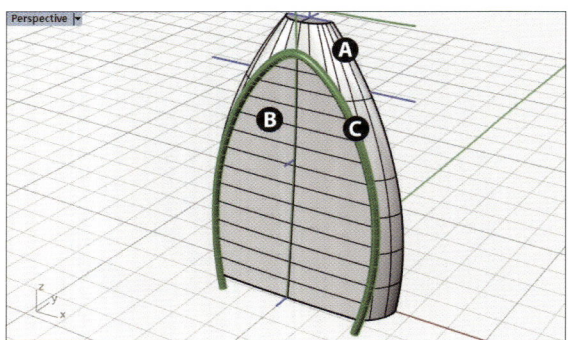

2.11 Delete

1 파이프 서피스 **C**를 삭제한다. 오른쪽 그림처럼 서피스가 분할되어 있다.

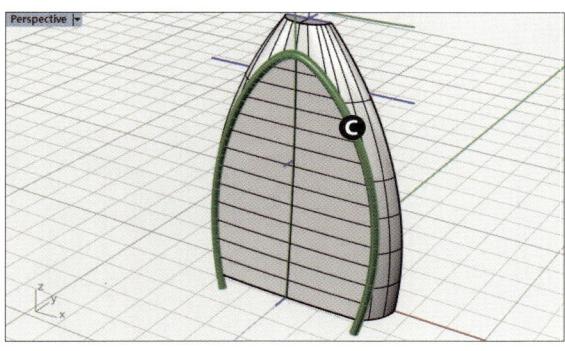
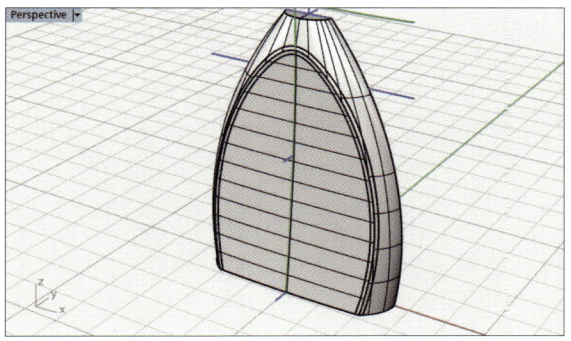

2 분할한 작은 서피스 **D**와 **E**를 삭제한다.

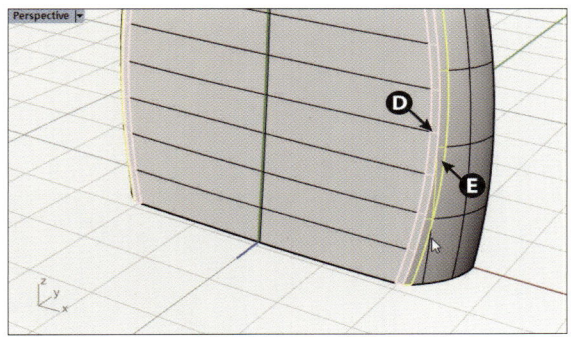
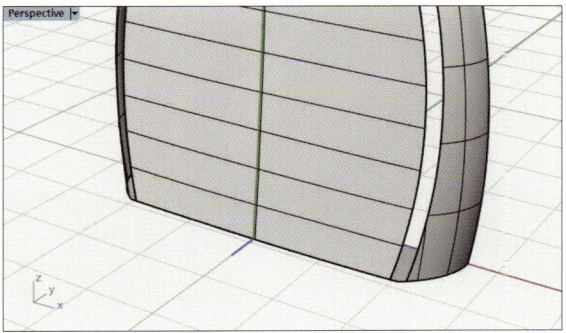

2.12 레이어 설정

1 "Blend Curve" 레이어를 현재 레이어로 설정한다.

2 "Body Trim Curve" 레이어를 끈다. 화면이 오른쪽 그림처럼 표시된다.

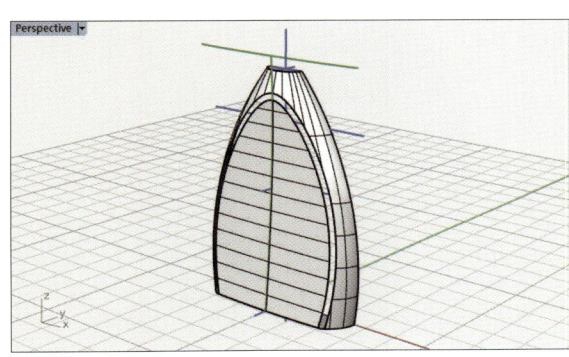
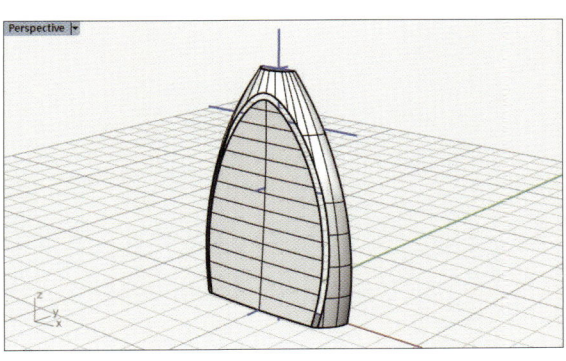

2.13 Quick Curve Blend

1 **Main Toolbar〉 Curve Tools Toolbar〉 Adjustable Curve Blend** 버튼을 오른쪽 마우스 버튼으로 클릭하여 Quick Curve Blend 명령을 실행한다.

2 오른쪽 그림은 왼쪽 그림에서 원으로 표시한 Ⓐ 부분을 확대한 그림이다.

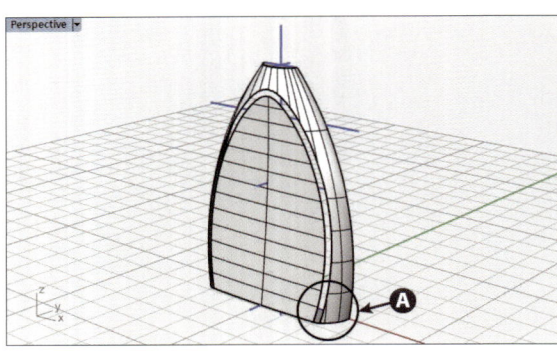
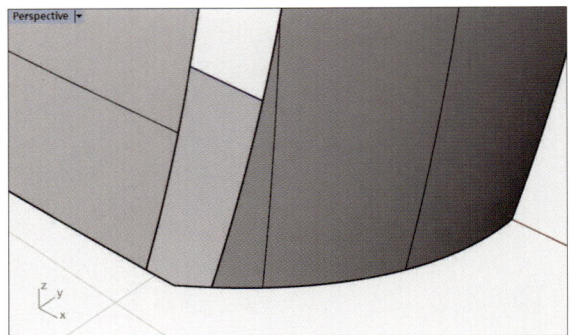

3 연속성을 "G1"으로 만들기 위해 옵션에서 "Continuity=Tangency"로 설정하고, 서피스의 에지 Ⓐ와 Ⓑ를 블렌드 시킨 커브를 만든다.

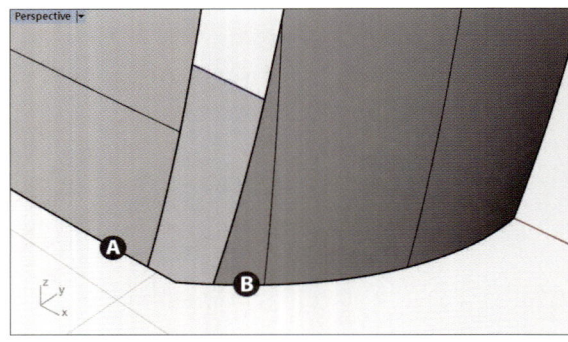
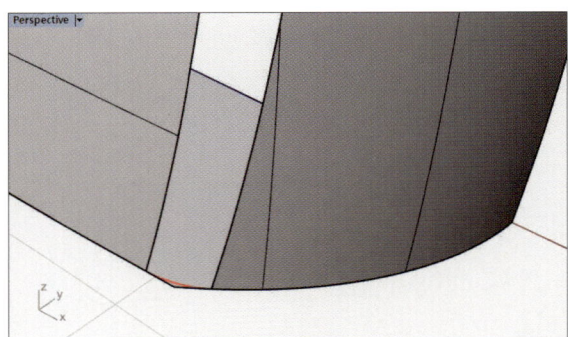

2.14 Trim

1 Main Toolbar〉Trim 버튼을 클릭한다.

2 블렌드 시킨 커브 **A**를 칼(Cutting Object)로 사용하여, 바닥면 서피스의 **B** 부분을 잘라 버린다.

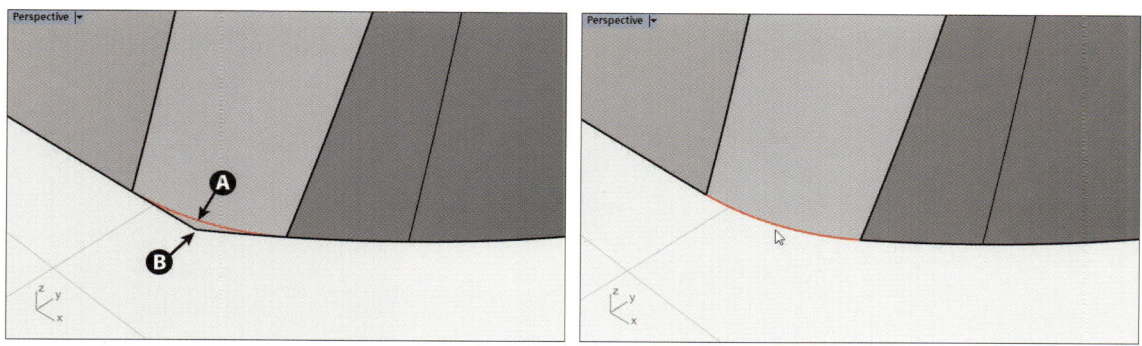

2.15 Quick Curve Blend

1 Main Toolbar〉Curve Tools Toolbar〉Adjustable Curve Blend 버튼을 오른쪽 마우스 버튼으로 클릭하여 Quick Curve Blend 명령을 실행한다.

2 오른쪽 그림은 왼쪽 그림에서 원으로 표시한 **E** 부분을 확대한 그림이다. 에지 **F**와 **G**를 블렌드 시킨 커브를 만든다.

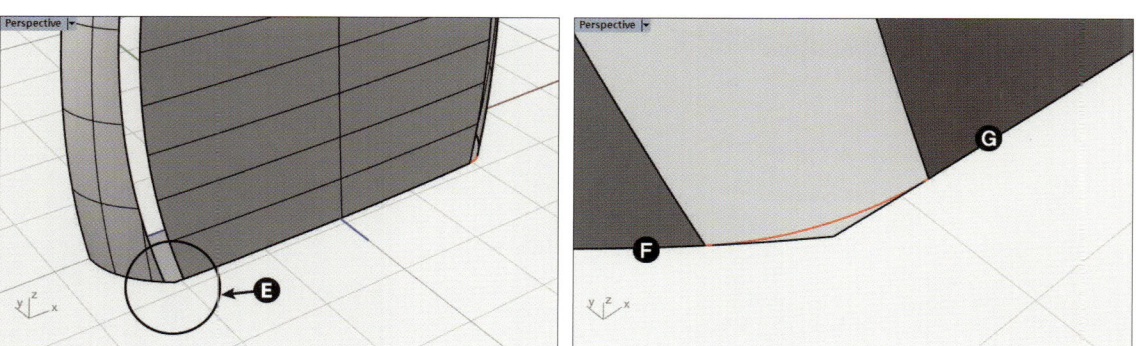

2.16 Trim

1 Main Toolbar> Trim 버튼을 클릭한다.

2 블렌드 시킨 커브 **C**를 칼(Cutting Object)로 사용하여, 바닥면 서피스의 **D** 부분을 잘라 버린다.

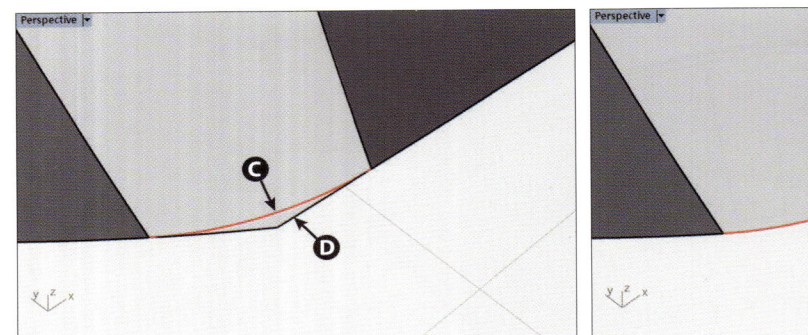

2.17 Show Edges

1 Main Toolbar> Analyze Toolbar> Show Edges 버튼을 클릭한다.

2 에지를 표시할 오브젝트를 지정하기 위해, 서피스 **A**와 **B**를 클릭하고 Enter↵ 키를 누른다. 오른쪽 그림처럼 선택한 서피스들의 에지를 표시한다. 2개의 에지가 분할된 곳이 없는 상태이다.

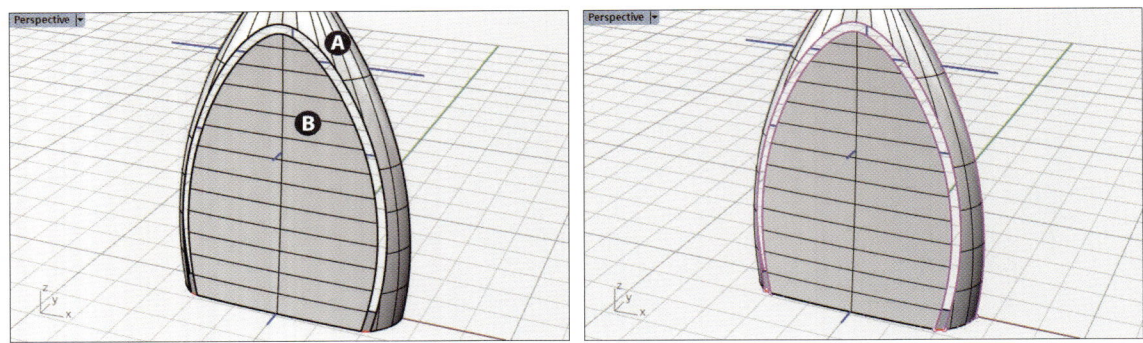

- 만약 에지가 분할되어 있으면, "Main Toolbar> Analyze Toolbar> Edge Toolbar> Merge Edge" 명령으로 에지를 결합시킨다.

2.18 Show Edges Off

Main Toolbar> Analyze Toolbar> Show Edges 버튼을 오른쪽 마우스 버튼으로 클릭한다. 오른쪽 그림처럼 에지 표시가 사라진다.

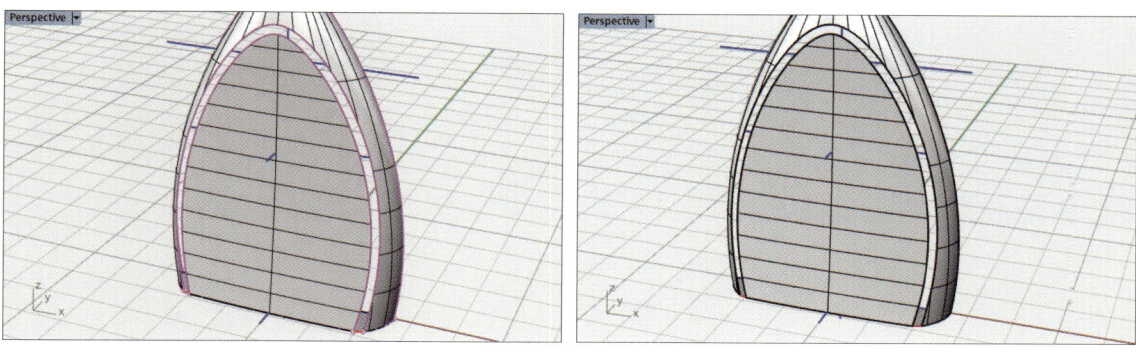

2.19 Sweep 2 Rails

1. **Main Toolbar> Surface Creation Toolbar> Sweep 2 Rails** 버튼을 클릭한다.
2. 에지 **A**와 **B**를 레일 커브로 사용하고 블렌드시킨 빨간색 커브 **C**와 **D**를 단면커브로 사용하여 서피스를 만든다.
3. 오른쪽 그림처럼 에지 **A**와 **B**의 연속성은 "Tangency"로 설정한다.

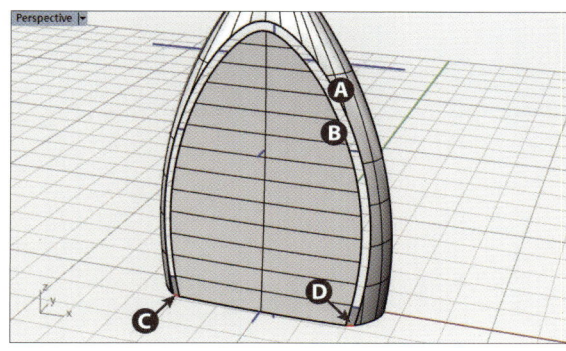
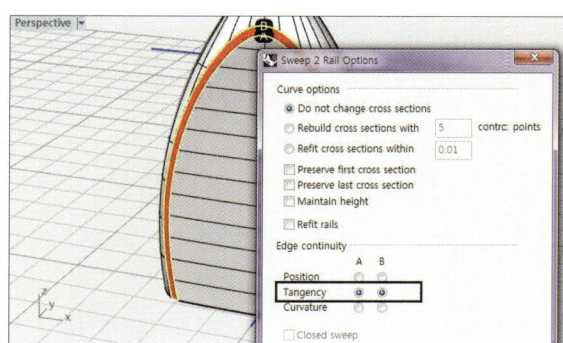

2.20 Join

1 Main Toolbar> Join 버튼을 클릭한다.

2 5개의 서피스들을 하나로 결합시킨다.

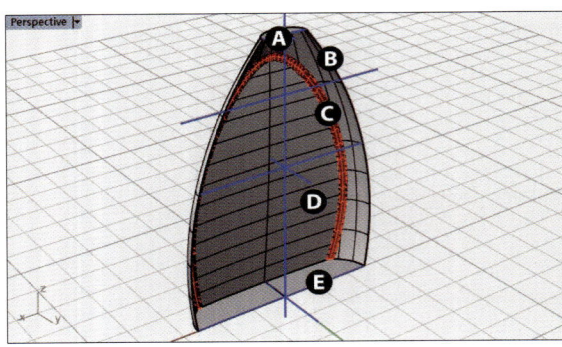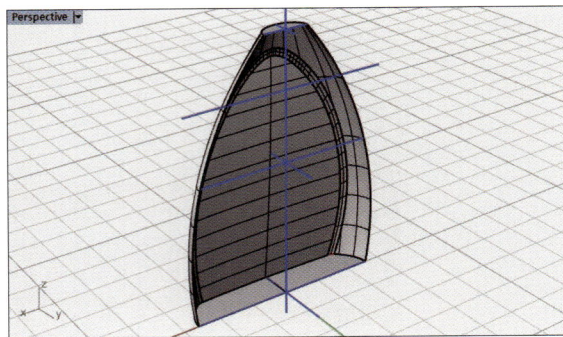

3 손잡이(Handle)

지금까지 작업한 파일을 다른 이름으로 저장하고 모델링을 계속 진행한다. 만약, 지금까지의 모델링을 정확하게 진행하지 못한 독자들은 " 예제 3-3 세제용기> 세제용기-C" 파일을 열어서 다음 작업을 진행한다.

3.1 레이어 설정

Front 뷰포트에서 작업한다.

1 "Handle Curve" 레이어를 현재 레이어로 설정한다.

2 "Blend Curve" 레이어를 끈다. 화면이 아래 그림처럼 표시된다.

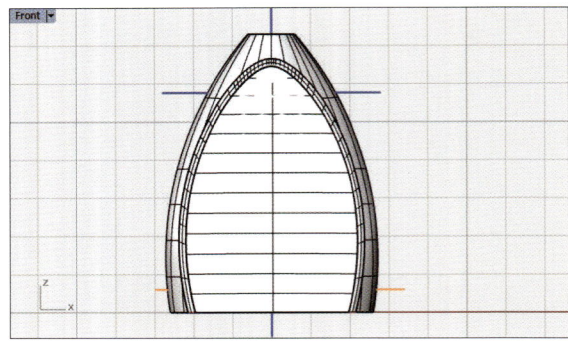

3.2 Ghosted 디스플레이 모드

"Front" 뷰포트를 "Ghosted" 모드로 설정한다.

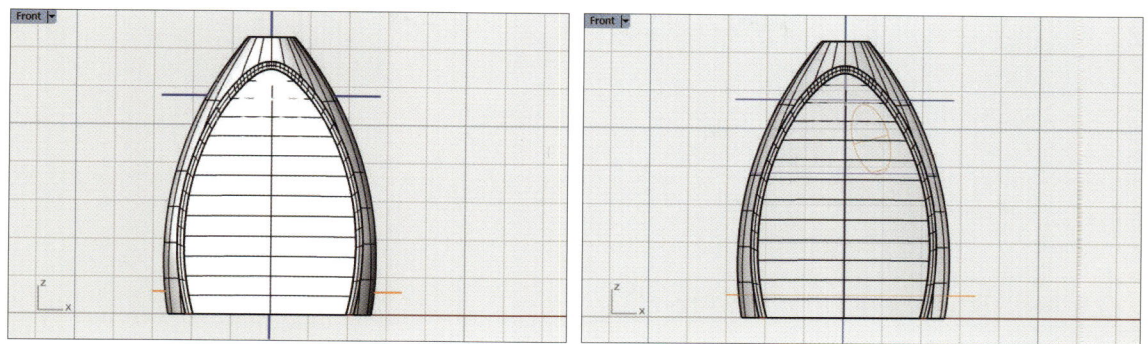

3.3 Trim

1. **Main Toolbar > Trim** 버튼을 클릭한다.
2. 타원 커브 **B**를 칼(Cutting Object)로 사용하여, 서피스 **A**의 안쪽 부분을 잘라 버린다.

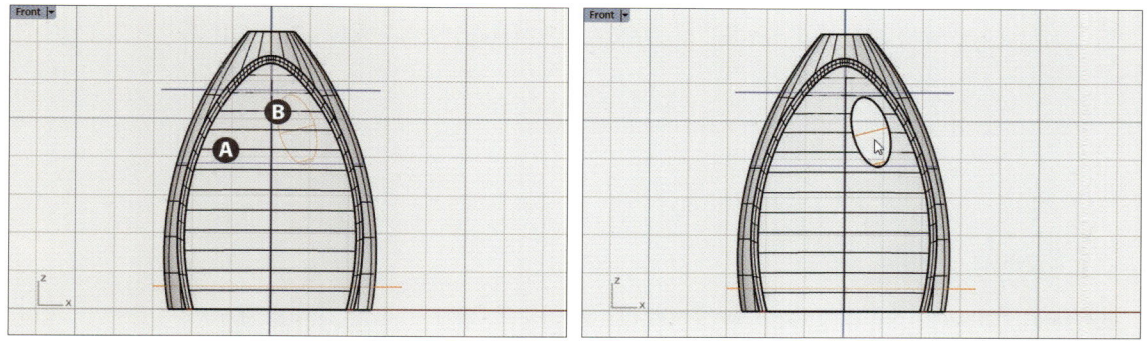

3.4 Mirror

1. **Main Toolbar > Transform Toolbar > Mirror** 버튼을 클릭한다.
2. 오브젝트 **A**를 점 **B**와 **C**를 기준으로 오른쪽으로 반사대칭 시켜서 복사한다.

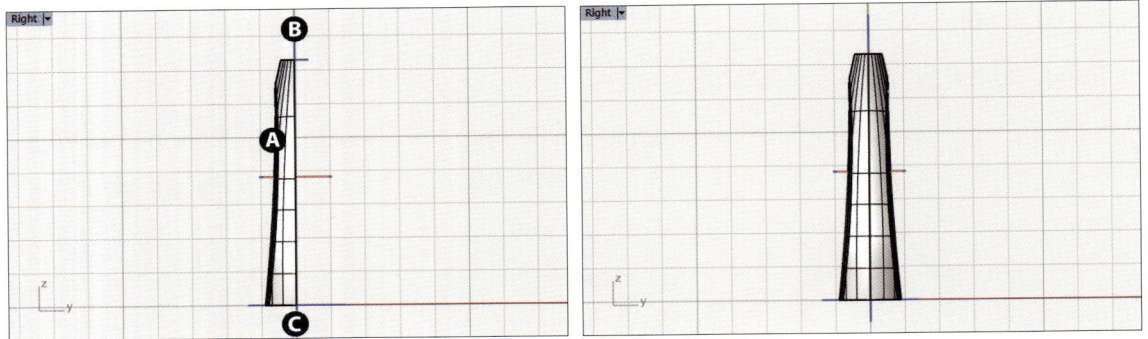

3.5 Arc: Start, End, Point on Arc

1 Main Toolbar〉Arc Toolbar〉Arc: Start, End, Point on Arc 버튼을 클릭한다.

2 점 **A**, **B**, **C**를 통과하는 호를 그린다.

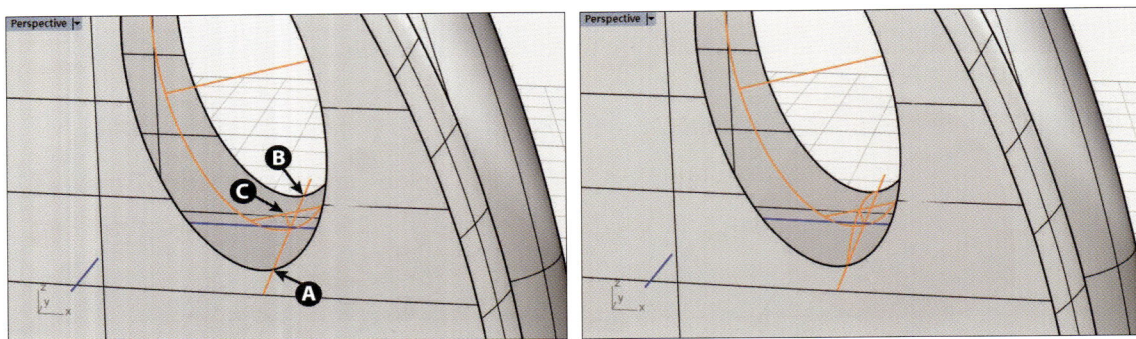

3.6 Sweep 2 Rails

1 Main Toolbar〉Surface Creation Toolbar〉Sweep 2 Rails 버튼을 클릭한다.

2 에지 **A**와 **B**를 레일 커브로 사용하고 커브 **C**를 단면커브로 사용하여 서피스를 만든다. 에지 **A**와 **B**의 연속성은 "Position"으로 설정한다.

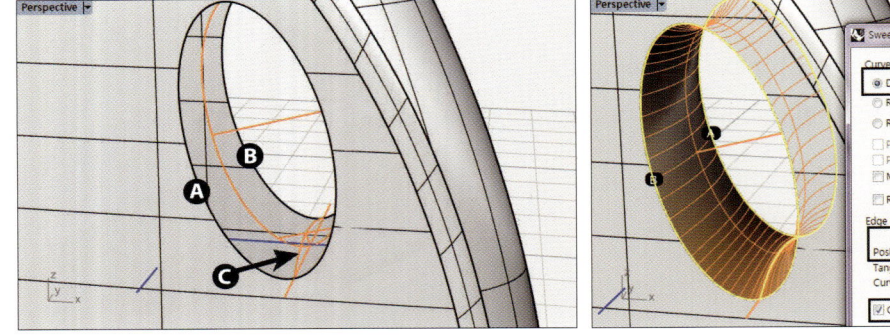

3.7 Join

1 Main Toolbar〉Join 버튼을 클릭한다.

2 Ⓐ, Ⓑ, Ⓒ 3개의 오브젝트들을 하나로 결합시킨다.

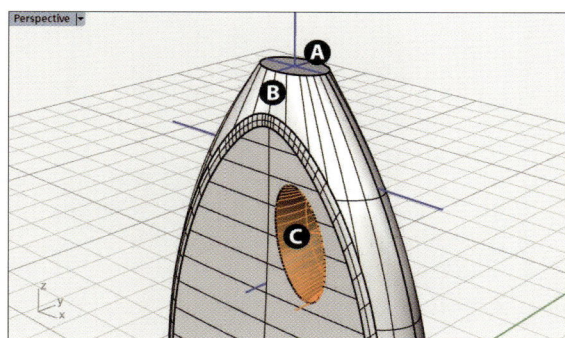 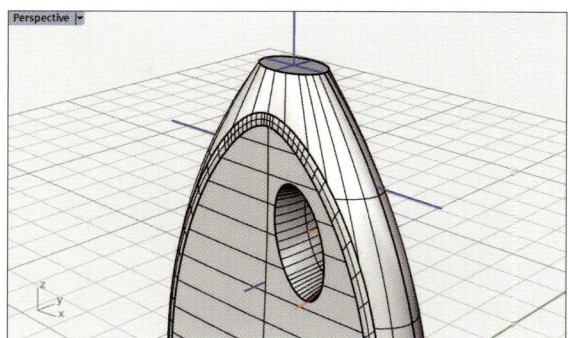

3.8 Fillet Edges

1 Main Toolbar〉Solid Tools Toolbar〉Fillet Edges 버튼을 클릭한다.

2 에지 Ⓐ와 Ⓑ를 "R=15"로 필렛(Fillet)한다.

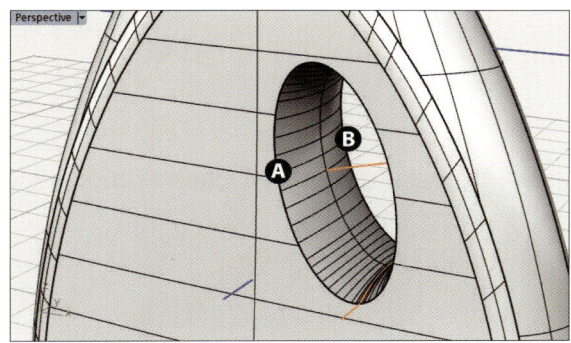 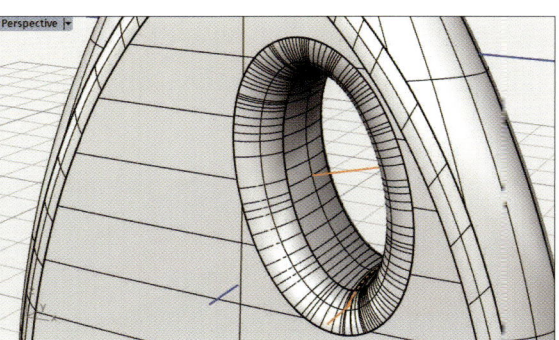

3.9 Fillet Edges

1 Main Toolbar〉Solid Tools Toolbar〉**Fillet Edges** 버튼을 클릭한다.

2 바닥면의 에지를 "R=5"로 필렛한다.

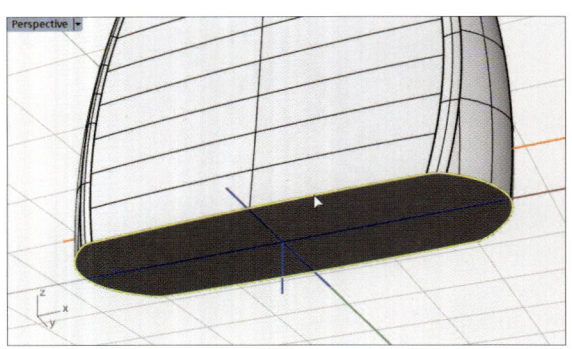 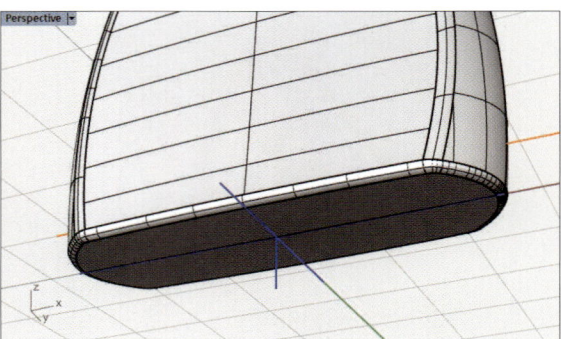

4 뚜껑

4.1 레이어 설정

1 "Cap" 레이어를 현재 레이어로 설정한다.

2 "Cap Curve" 레이어를 켠다. 화면이 아래 그림처럼 표시된다.

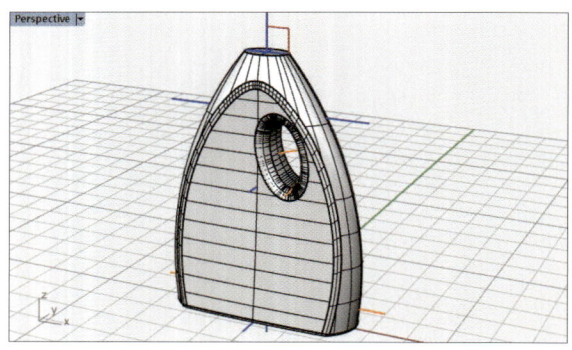

4.2 Circle: Center, Radius

1 Main Toolbar〉Circle: Center, Radius 버튼을 클릭한다.

2 점 **Ⓐ**를 중심점으로 "R=12"인 원을 그린다.

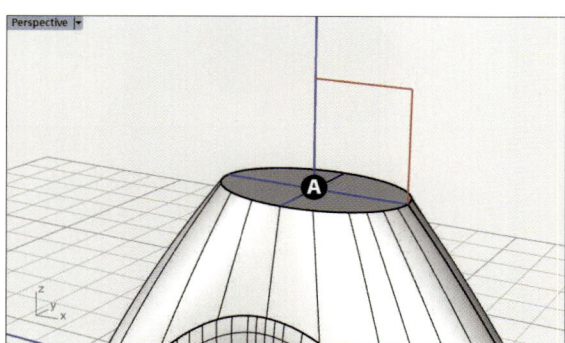 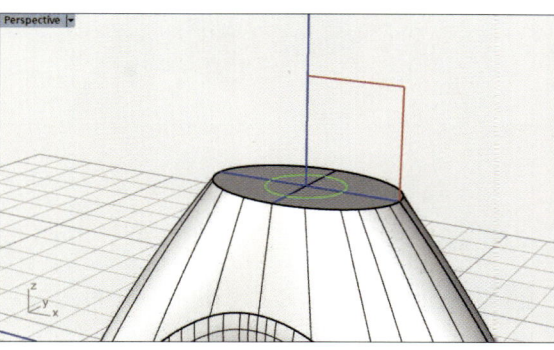

4.3 Extrude Straight

1 Main Toolbar〉Surface Creation Toolbar〉Extrude Straight 버튼을 클릭한다.

2 옵션을 "Both Sides=Yes, Solid=Yes, Delete Input=No"로 설정하고, 원 **Ⓐ**를 Z축의 양쪽 방향으로 "20" 만큼 돌출(Extrude)시킨다.

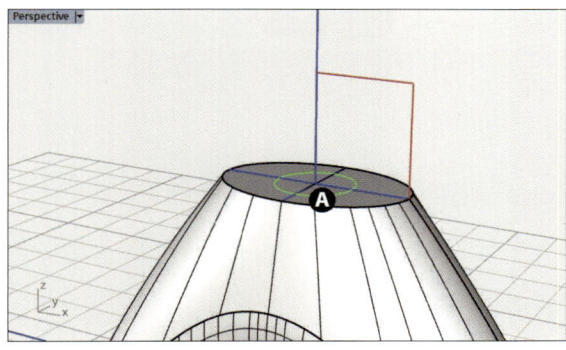 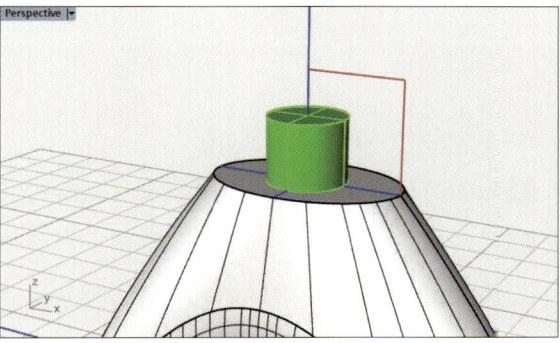

4.4 Duplicate Edge

1 Main Toolbar〉Curve From Object Toolbar〉Duplicate Edge 버튼을 클릭한다.

2 에지 **Ⓐ**와 **Ⓑ**를 복사한다.

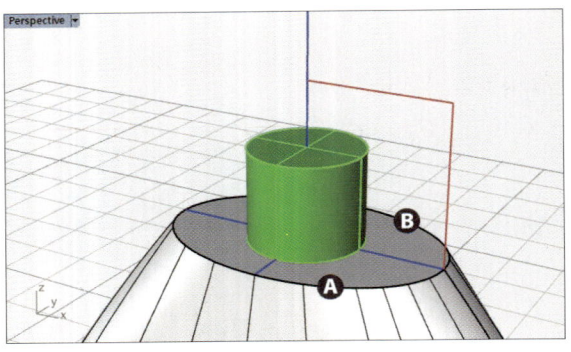 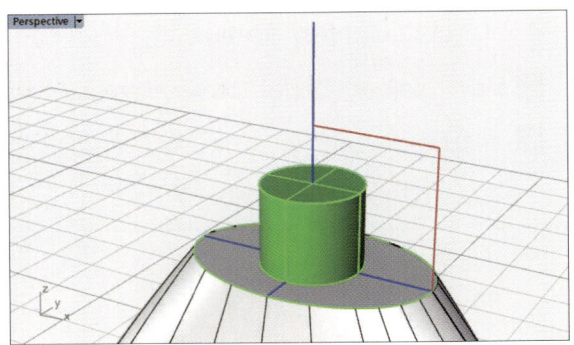

4.5 Join

1 Main Toolbar〉Join 버튼을 클릭한다.

2 에지를 복제한 Ⓐ와 Ⓑ를 한 개의 커브로 결합시킨다.

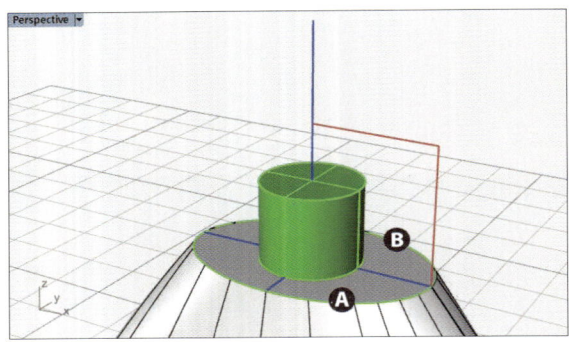

4.6 Rail Revolve

1 Main Toolbar〉Surface Creation Toolbar〉Revolve 버튼을 오른쪽 마우스 버튼으로 클릭한다.

2 윤곽선(Profile Curve) 커브 Ⓐ를 클릭한다. 레일 커브 Ⓑ를 클릭한다. 회전축의 시작점과 끝점 Ⓒ와 Ⓓ를 클릭한다. 오른쪽 그림처럼 서피스를 만든다.

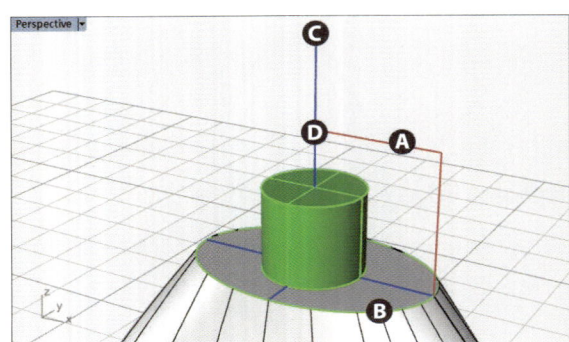 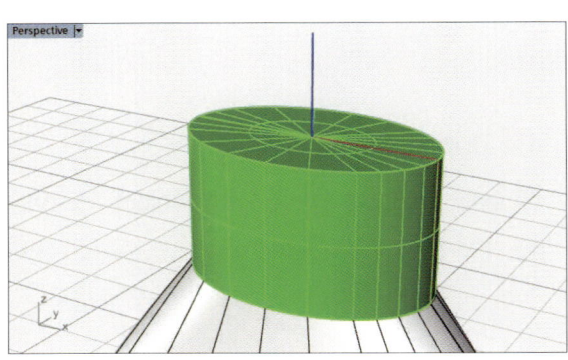

4.7 Hide Objects

1 Toolbar Group〉Standard Toolbar〉Hide Objects 버튼을 클릭한다.

2 오브젝트 Ⓐ를 화면에서 숨긴다.

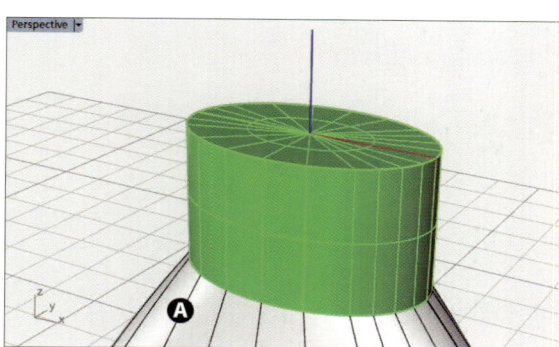 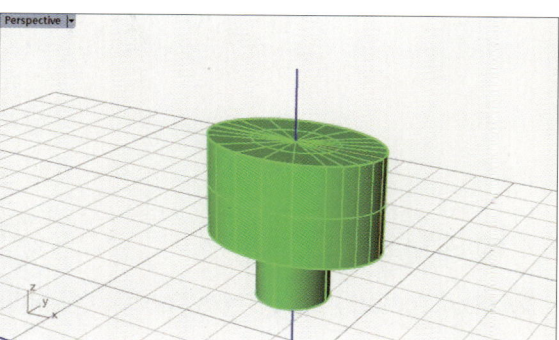

4.8 Cap Planar Holes

1 Main Toolbar〉Solid tools Toolbar〉Cap Planar Holes 버튼을 클릭한다.

2 서피스 Ⓐ의 아래에 난 구멍을 평면으로 막는다.

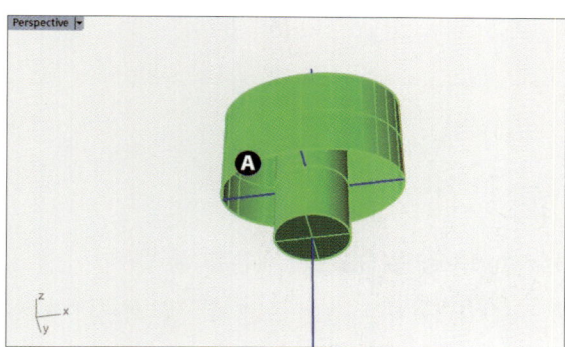 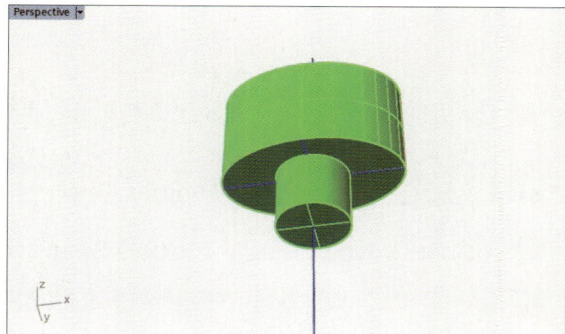

4.9 Boolean Difference

1 Main Toolbar〉Solid Tools Toolbar〉Boolean Difference 버튼을 클릭한다.

2 옵션을 "Delete Input=No"로 설정하고, 뚜껑 오브젝트 Ⓐ로부터 오브젝트 Ⓑ를 뺀다. 오브젝트 Ⓑ를 화면에서 숨기면, 오른쪽 그림처럼 뚜껑에 홈이 파져 있다.

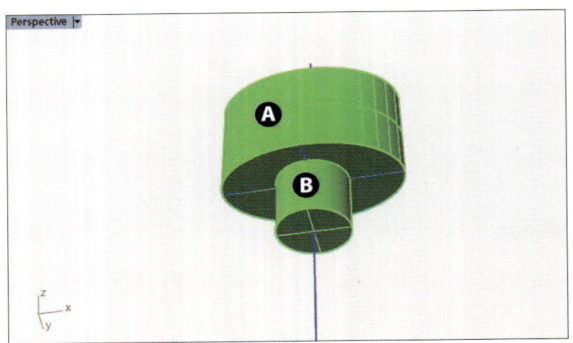 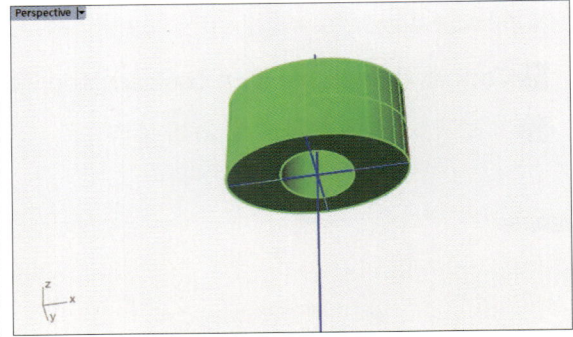

4.10 Fillet Edges

1 Main Toolbar〉Solid Tools Toolbar〉Fillet Edges 버튼을 클릭한다.

2 에지 **A**를 "R=5"로 필렛한다.

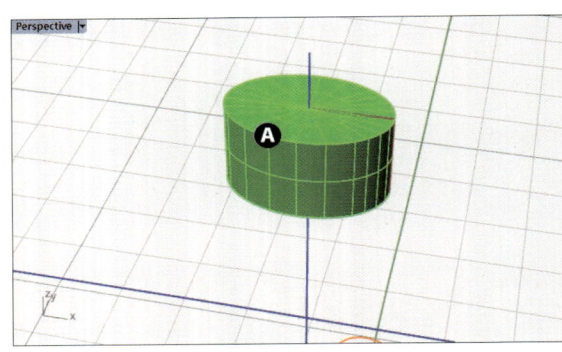 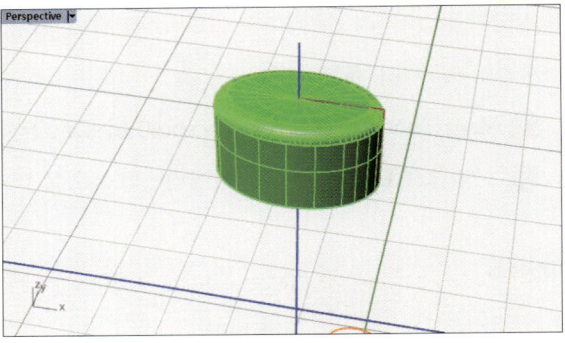

4.11 Swap Hidden And Visible Objects

1 Toolbar Group〉Visibility Toolbar〉Swap Hidden And Visible Objects 버튼을 클릭한다.

2 오른쪽 그림처럼 화면에 표시했던 오브젝트를 숨기고, 숨겨 두었던 오브젝트를 화면에 표시한다.

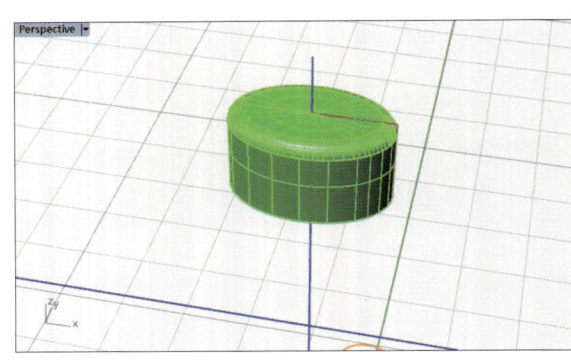 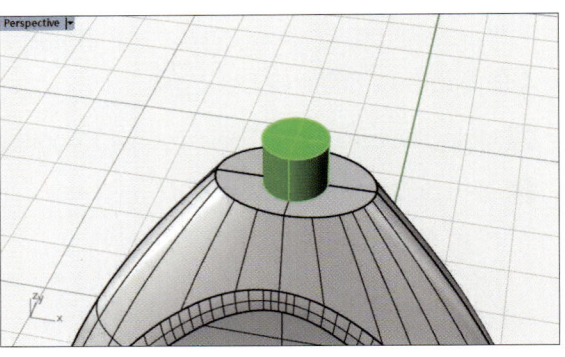

4.12 Boolean Union

1 Main Toolbar〉 Boolean Union 버튼을 클릭한다.

2 오브젝트 Ⓐ와 Ⓑ를 한 개의 오브젝트로 결합시킨다.

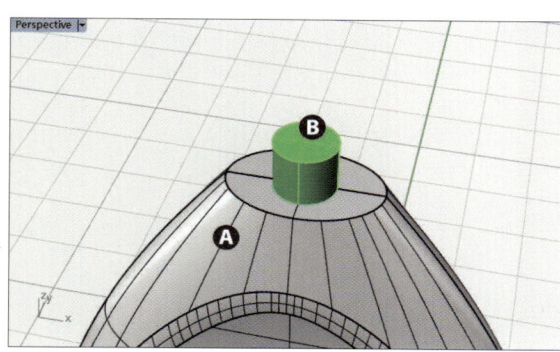
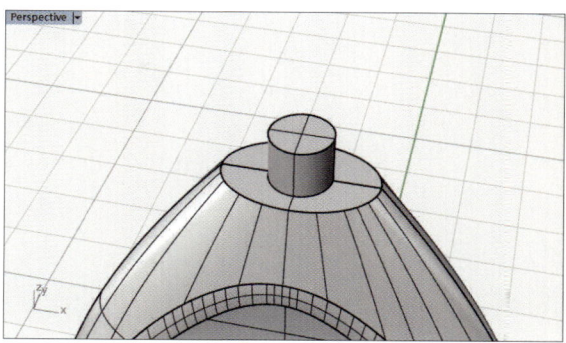

4.13 Show Edges

1 Main Toolbar〉 Analyze Toolbar〉 Show Edges 버튼을 클릭한다.

2 오브젝트 Ⓐ에 네이키드 에지(Naked Edge)가 있는지 확인한다. 명령어 창에서 "No naked edges"라는 메시지를 확인한다.

3 Main Toolbar〉 Analyze Toolbar〉 Show Edges 버튼을 오른쪽 마우스 버튼으로 클릭하여 에지 표시를 끈다.

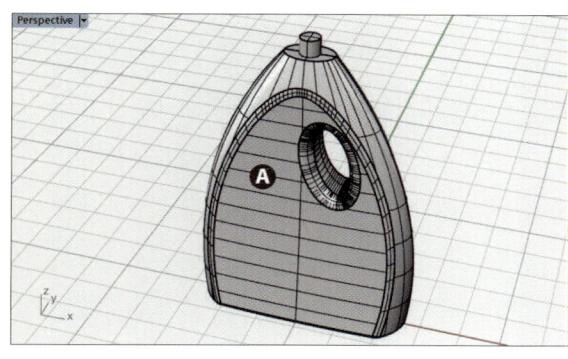
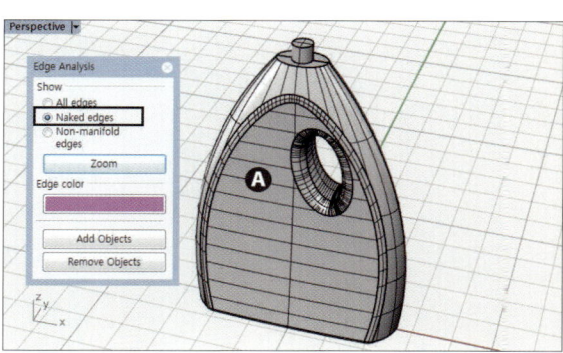

4.14 Show Objects

1 Toolbar Group〉Standard Toolbar〉Hide Objects 버튼을 오른쪽 마우스 버튼으로 클릭한다.

2 오른쪽 그림처럼 숨겨 두었던 뚜껑 오브젝트를 화면에 표시한다.

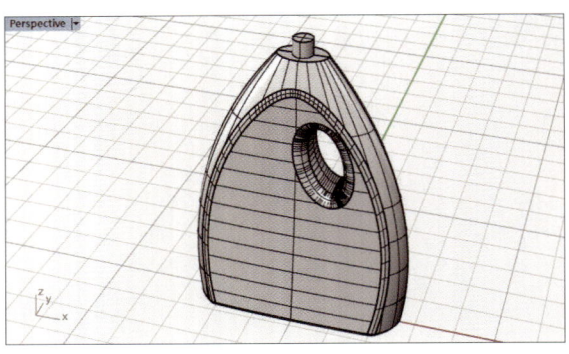 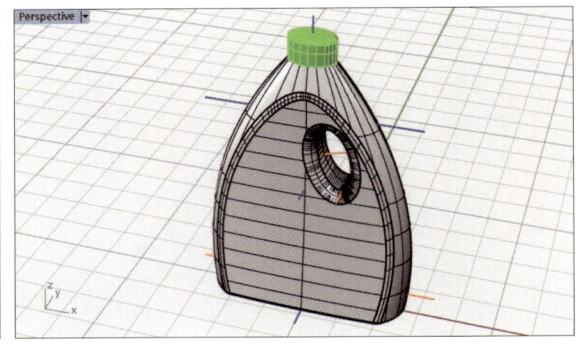

4.15 Select Curves

1 Toolbar Group〉Standard Toolbar〉Select Toolbar〉Select Curves 버튼을 클릭한다.

2 왼쪽 그림처럼 모든 커브들을 선택한다. 선택한 커브들을 화면에서 숨긴다. 모델링이 완성되었다.

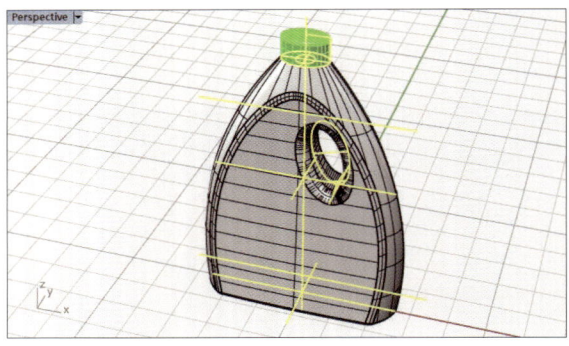 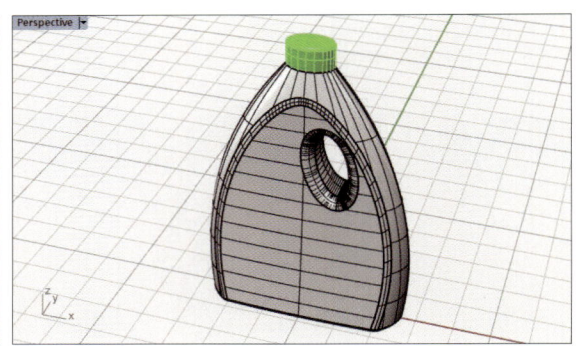

제4장 진공청소기
Vacuum Cleaner

진공청소기

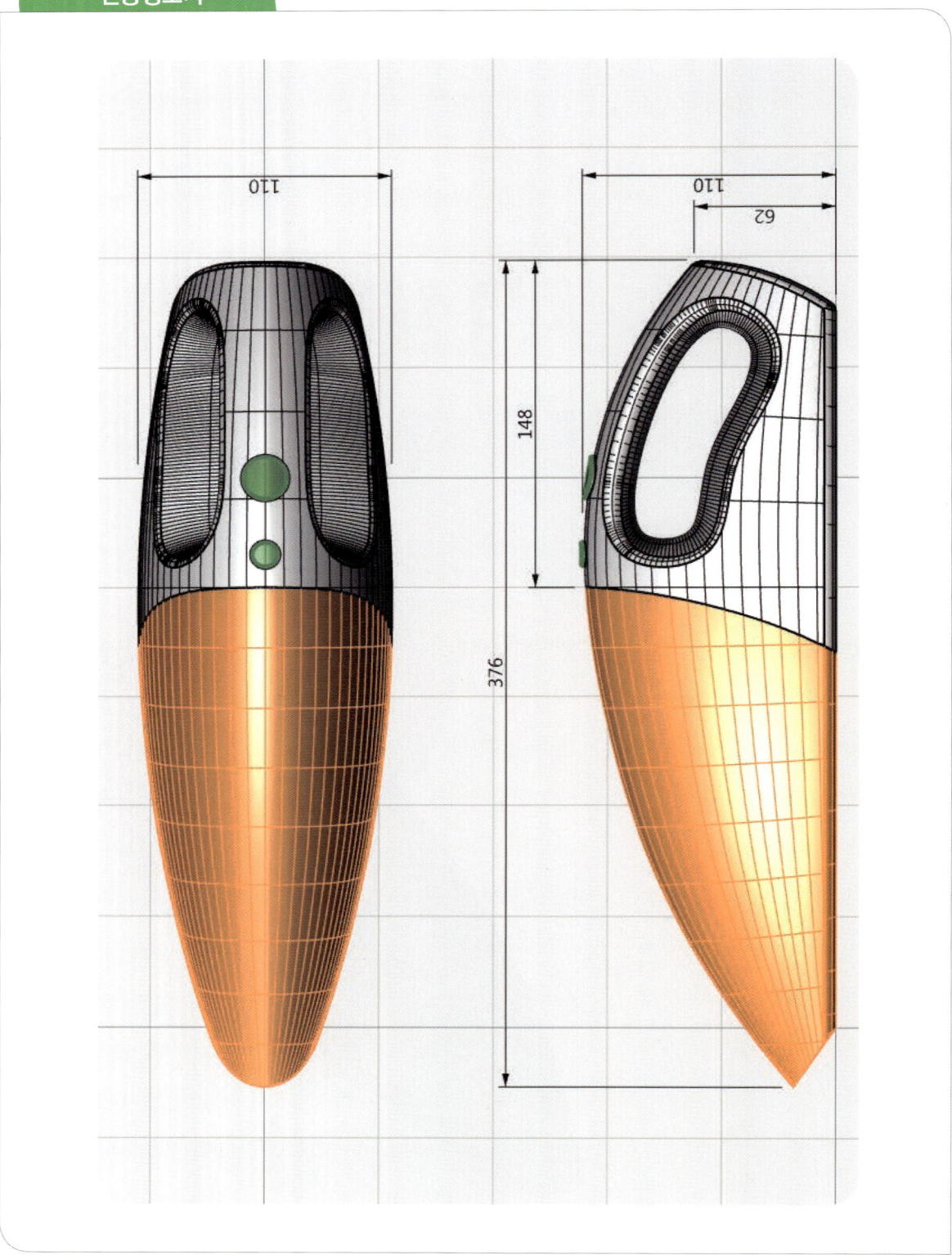

1 커브(Curve)

예제 3-4 진공청소기〉진공청소기-A 파일을 연다.

1.1 Control Point Curve

1 Main Toolbar〉 **Control Point Curve** 버튼을 클릭한다.

2 잠겨있는 안내선 Ⓐ와 일치하는 커브를 그린다. 처음에는 대략적으로 그린다. 지어점(Control Point)은 5개 정도를 사용한다.

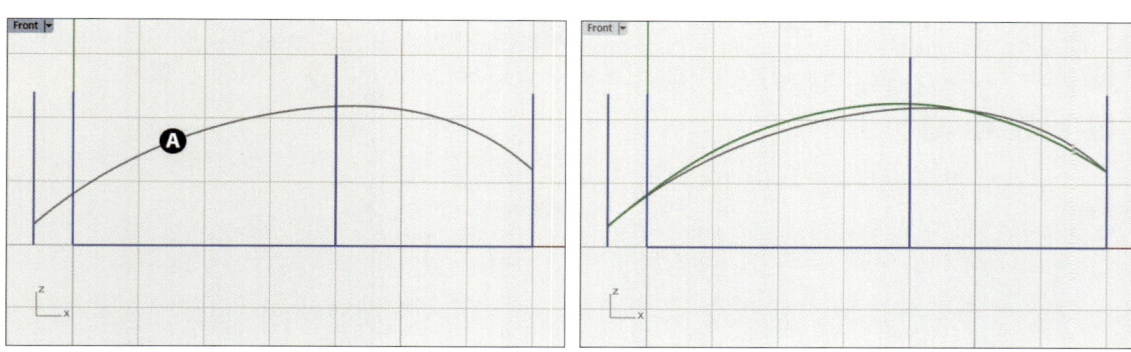

3 새로 그린 커브를 클릭하여 제어점(Control Point)을 표시한 다음, 잠겨 있는 안내선 커브와 정확하게 일치하도록 제어점을 조정한다. 제어점의 미세한 조정은 너지(Nudge), 즉 "Alt +화살표 키"를 사용한다.

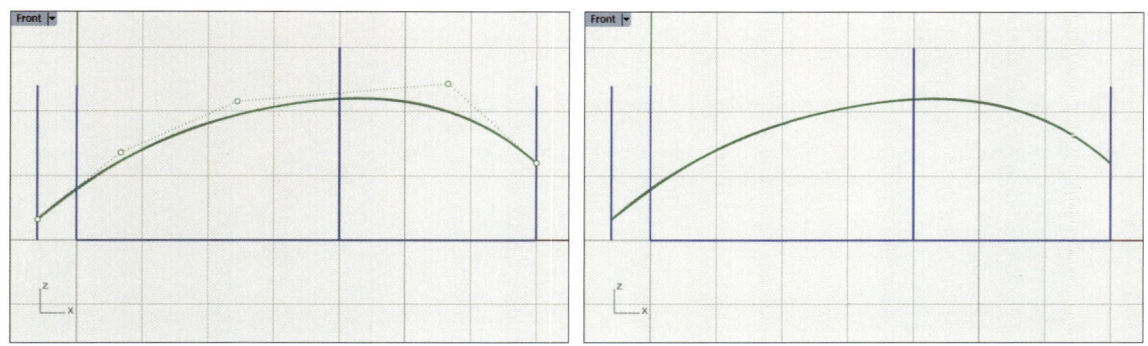

1.2 레이어 설정

"Body Curve Guide" 레이어를 끈다. 방금 그린 커브 아래쪽의 안내선이 사라진다.

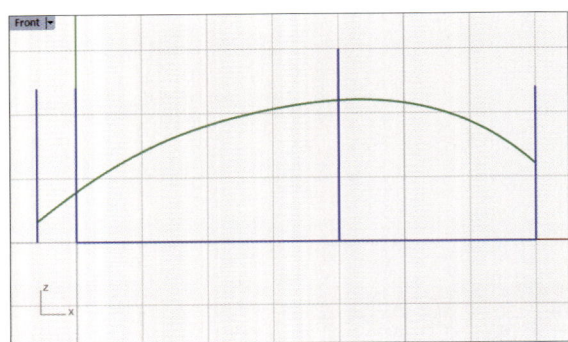

1.3 Arc: Start, End, Point On Curve

1 Main Toolbar〉Arc Toolbar〉Arc: Start, End, Point On Curve 버튼을 클릭한다.

2 점 **A**, **B**, **C**를 연결하는 호를 그린다.

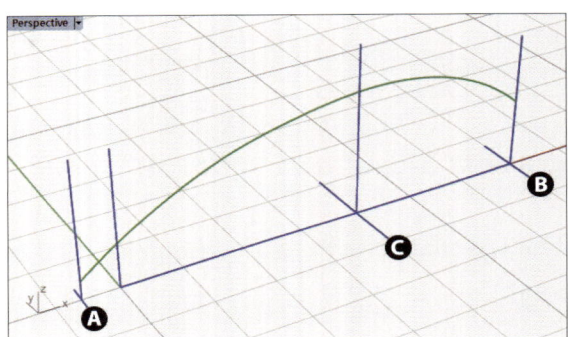
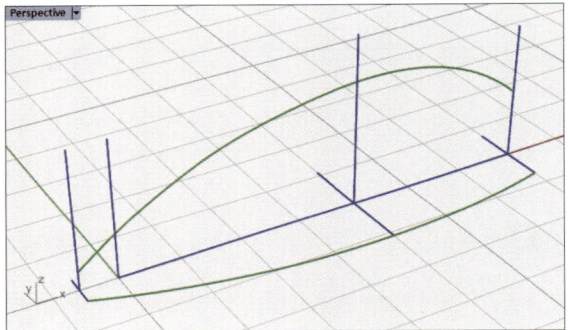

1.4 Mirror

1 Main Toolbar〉Transform Toolbar〉Mirror 버튼을 클릭한다.

2 커브 **A**를 X-축의 반대방향으로 반사대칭 시켜서 복사한다.

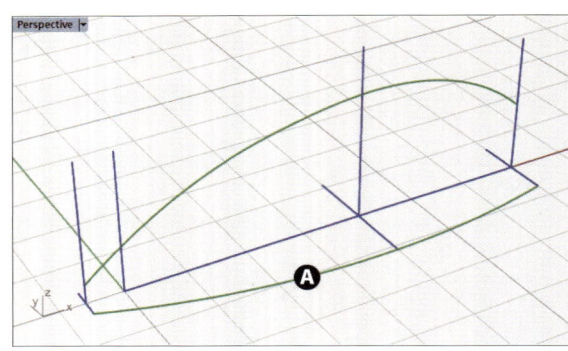
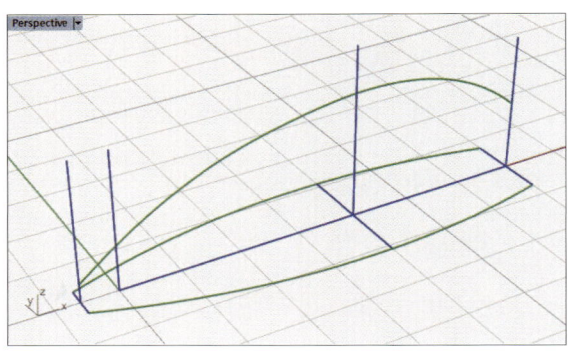

1.5 Ellipse: From, Center

1 Main Toolbar〉Ellipse: From, Center 버튼을 클릭한다.

2 점 **A**를 중심점으로 하면서 점 **B**, **C**를 통과하는 타원을 그린다.

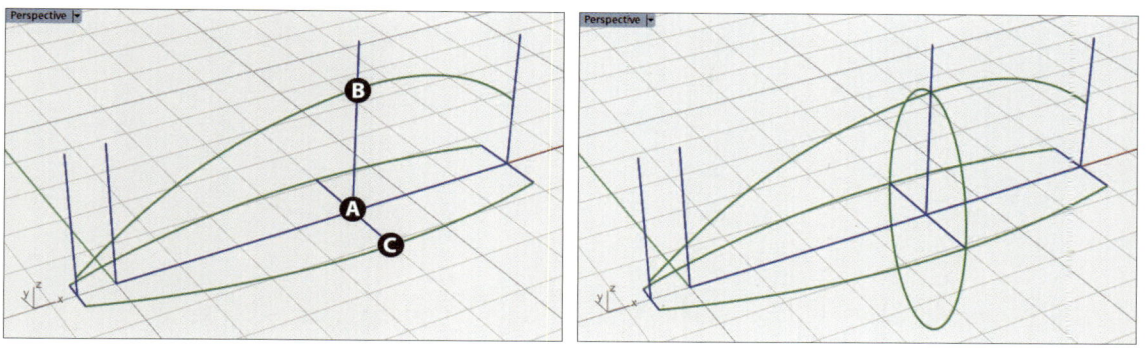

3 점 **D**를 중심점으로 하면서 점 **E**, **F**를 통과하는 타원을 그린다.

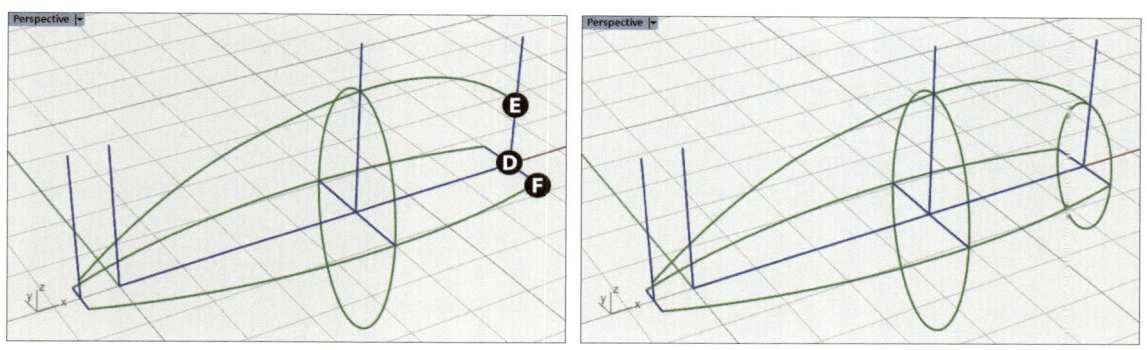

4 점 **G**를 중심점으로 하면서 점 **H**, **I**를 통과하는 타원을 그린다.

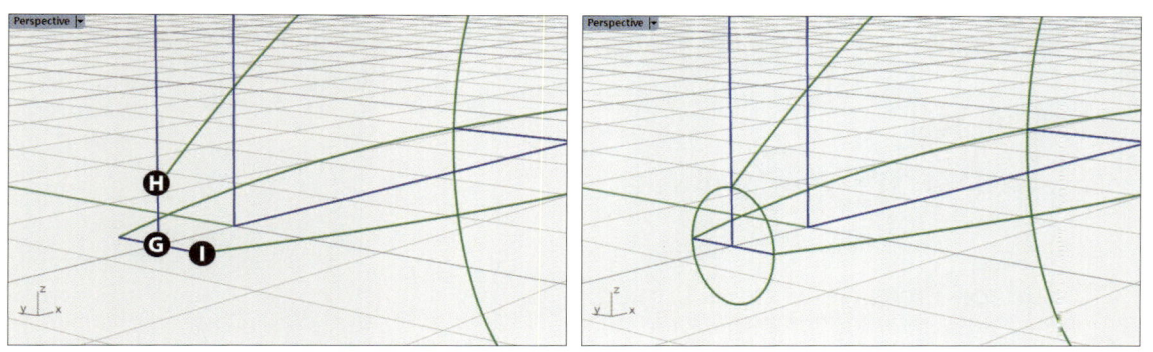

1.6 Trim

1 Main Toolbar > Trim 버튼을 클릭한다.

2 타원 Ⓐ의 아래쪽 1/2을 잘라버린다.

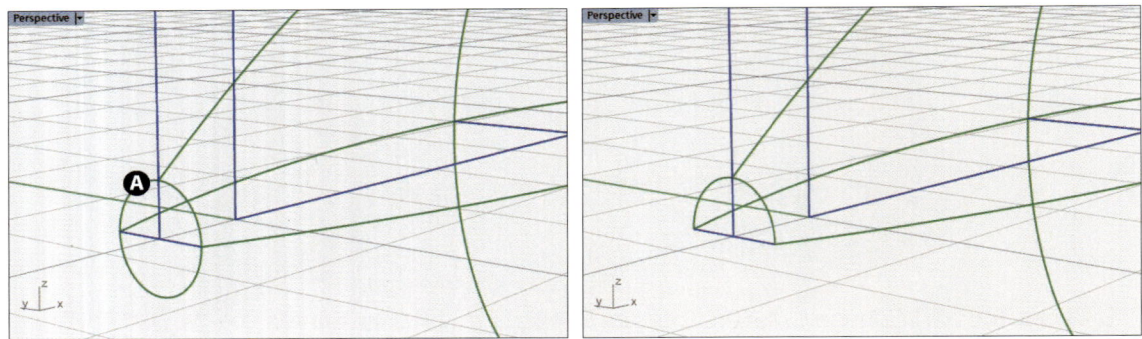

3 타원 Ⓑ와 Ⓒ의 아래쪽 1/2을 잘라버린다.

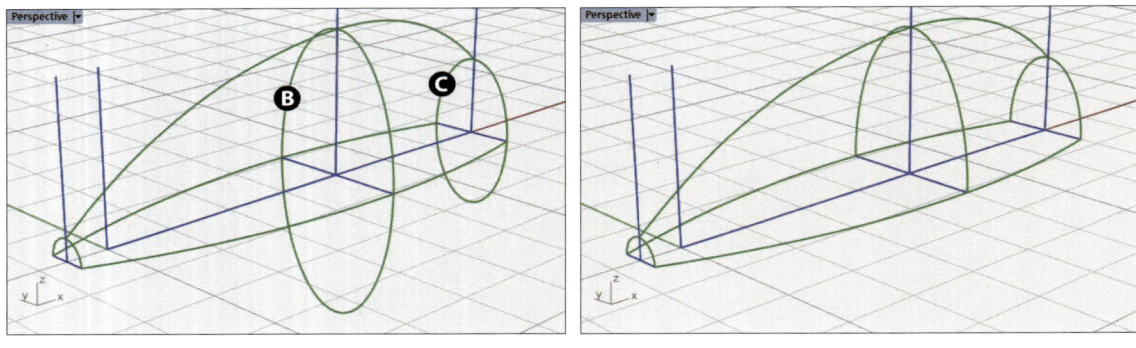

2 몸체(Body)

2.1 레이어 설정

"Body" 레이어를 "현재 레이어"로 설정한다.

2.2 Surface From Network of Curves

1 Main Toolbar > Surface Creation Toolbar > Surface From Network of Curves 버튼을 클릭한다.

2 커브 Ⓐ, Ⓑ, Ⓒ, Ⓓ, Ⓔ, Ⓕ를 사용하여 네트워크 서피스를 만든다.

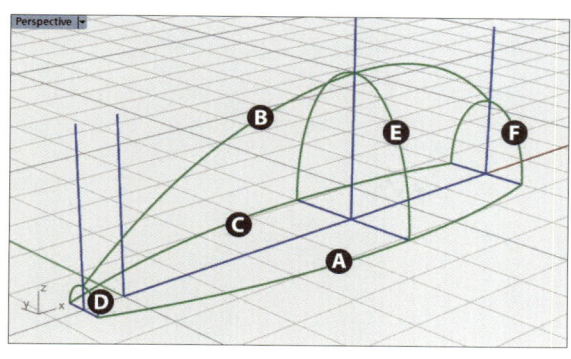 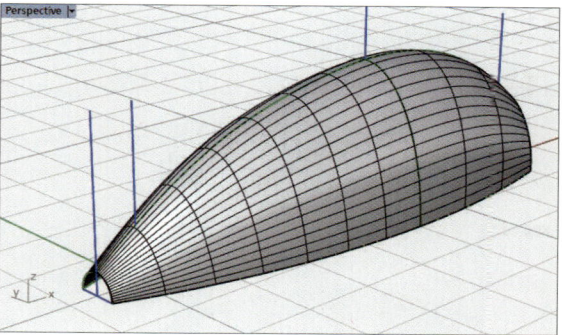

2.3 Surface From Planer Curves

1 Main Toolbar〉Surface Creation Toolbar〉Surface From Planer Curves 버튼을 클릭한다.

2 커브 ⓐ와 ⓑ를 사용하여 평면 서피스를 만든다.

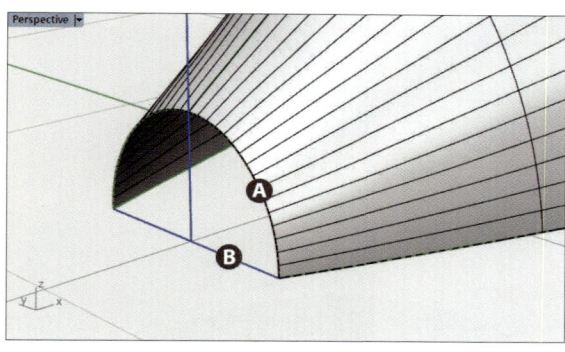 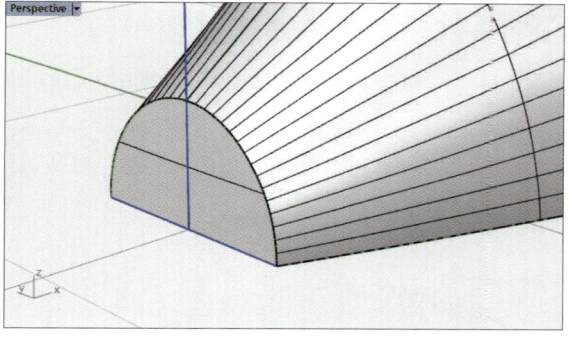

3 커브 ⓒ와 ⓓ를 사용하여 평면 서피스를 만든다.

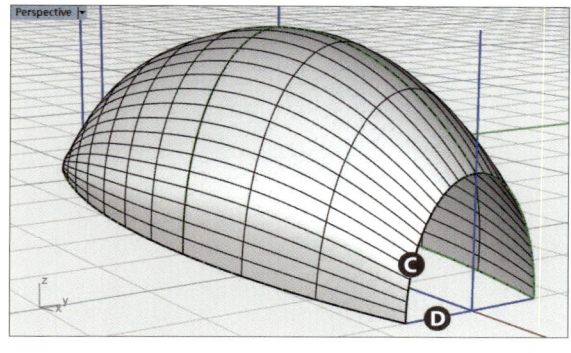 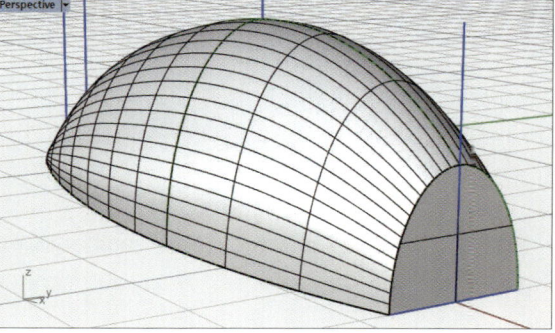

2.4 Join

1 Main Toolbar〉Join 버튼을 클릭한다.

2 3개의 서피스 Ⓐ, Ⓑ, Ⓒ를 결합시킨다.

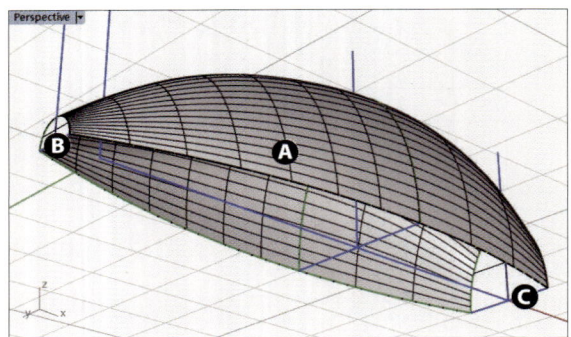

2.5 Cap Planer Holes

1 Main Toolbar〉Solid Tools Toolbar〉Cap Planer Holes 버튼을 클릭한다.

2 결합시킨 서피스 Ⓐ의 바닥에 있는 구멍을 막는 서피스를 만든다.

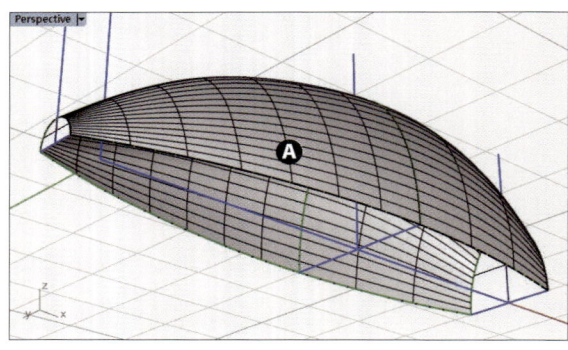
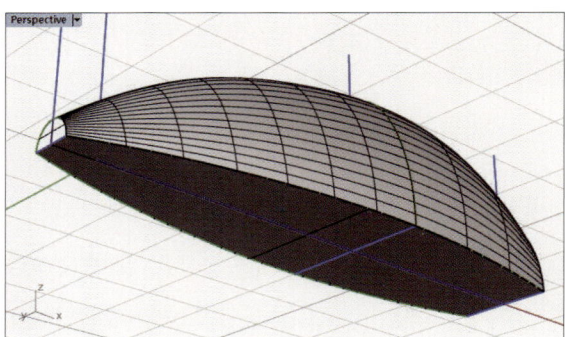

2.6 Offset Surface

1 Main Toolbar〉Surface Tools Toolbar〉Offset Surface 버튼을 클릭한다.

2 서피스 Ⓐ를 안쪽 방향으로 "2"만큼 오프셋 시킨다.

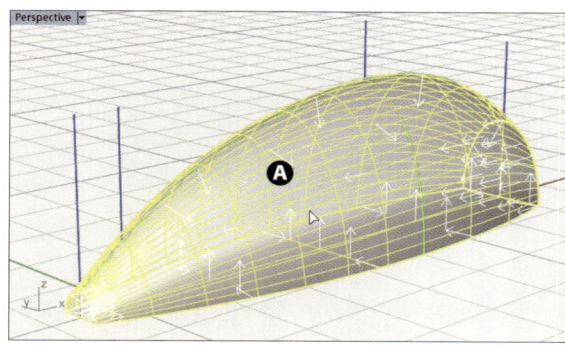 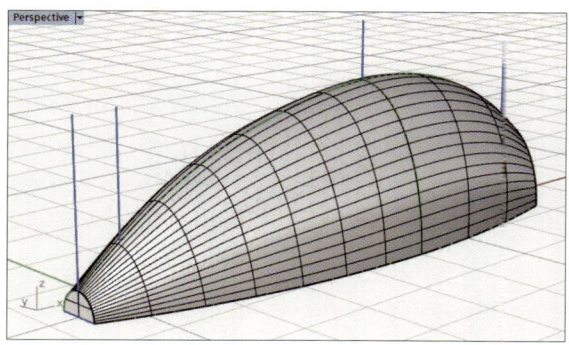

2.7 Hide Objects

1 Standard Toolbar Group〉Standard Toolbar〉Hide Objects 버튼을 클릭한다.

2 오브젝트 **Ⓐ**를 화면에서 숨긴다. 오른쪽 그림처럼 안쪽으로 오프셋 시킨 오브젝트가 표시된다.

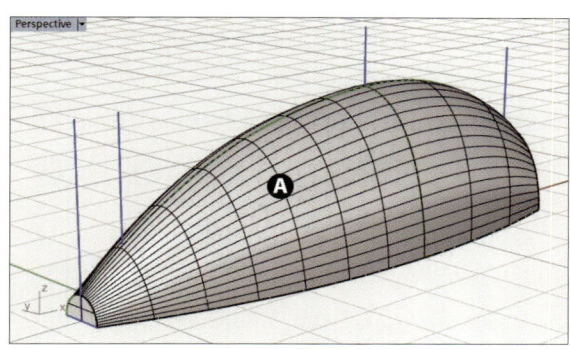 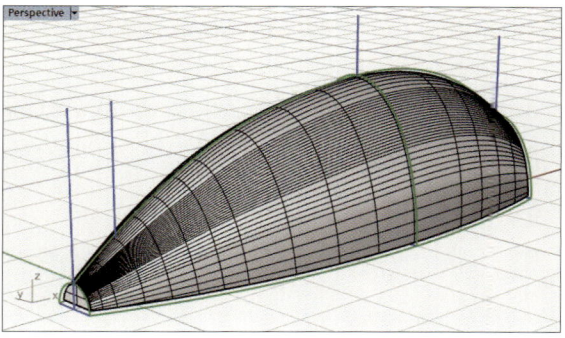

2.8 Change Object Layer

오프셋 시킨 오브젝트 **Ⓑ**의 레이어를 "Body 2" 레이어로 변경한다. 오른쪽 그림처럼 오브젝트의 색상이 변경된다.

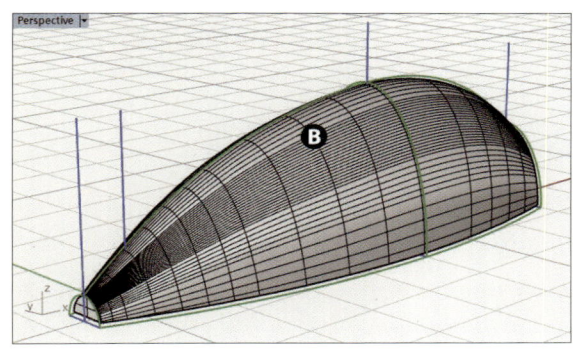 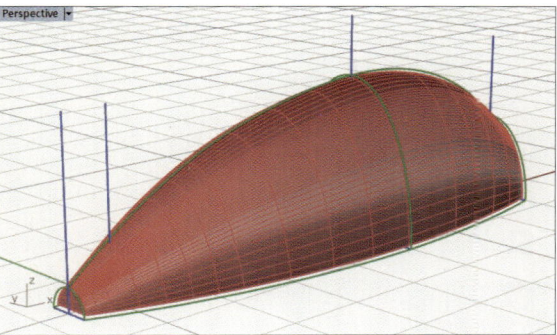

2.9 Show Objects

1 Standard Toolbar Group〉Standard Toolbar〉Hide Objects 버튼을 오른쪽 마우스 버튼으로 클릭한다.

2 오른쪽 그림처럼 숨겨두었던 오브젝트를 화면에 표시한다.

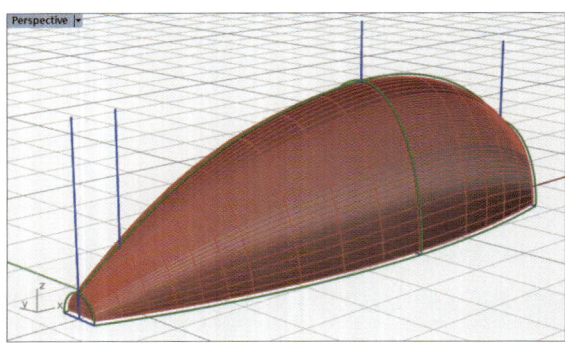
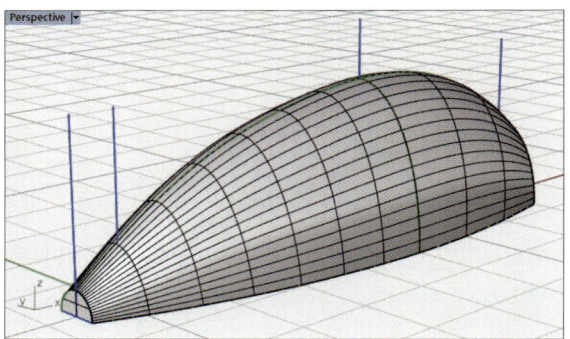

2.10 레이어 설정

1 "Body Trim Curve" 레이어를 현재 레이어로 설정한다.

2 "Body Curve" 레이어와 "Guide Lines" 레이어를 끈다.

3 "Body 2" 레이어를 잠근다. 화면이 아래 그림처럼 표시된다.

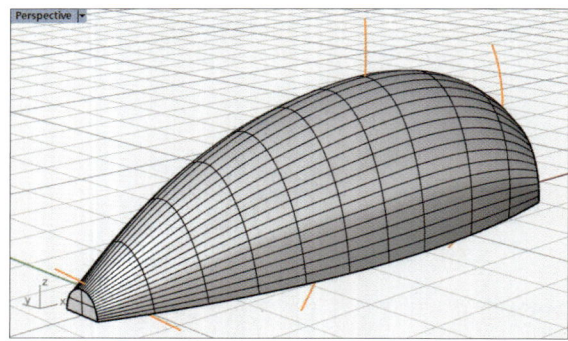

2.11 Wire cut

1 Main Toolbar〉Solid Tools Toolbar〉Wirecut 버튼을 클릭한다.

2 직선 **B**로 오브젝트 **A**의 왼쪽을 삭제한다.

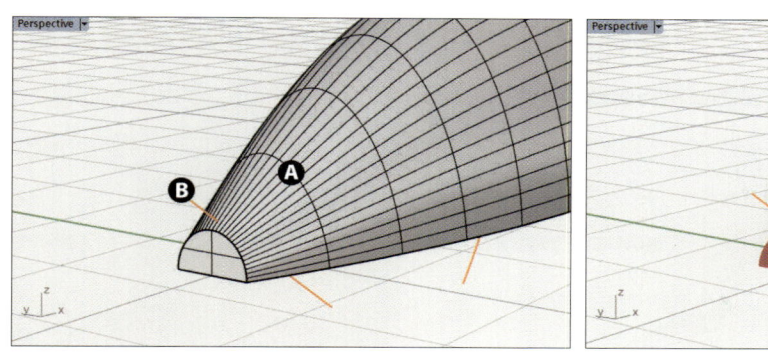
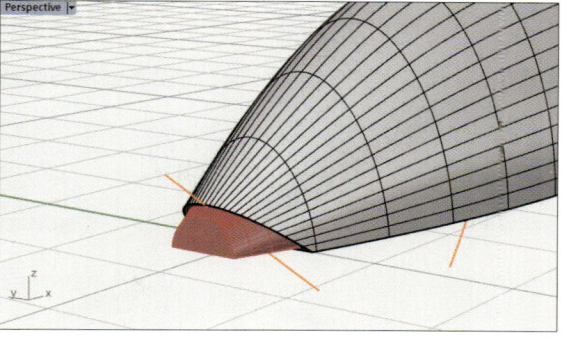

3 커브 **C**로 오브젝트 **A**의 오른쪽을 삭제한다.

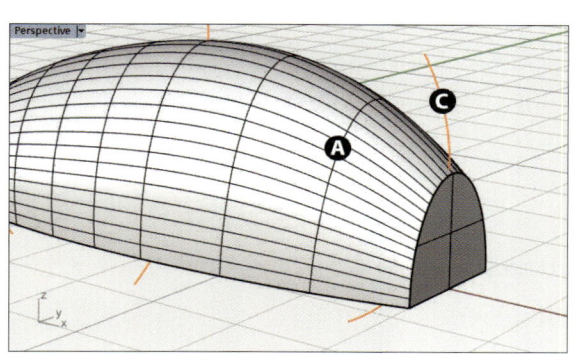
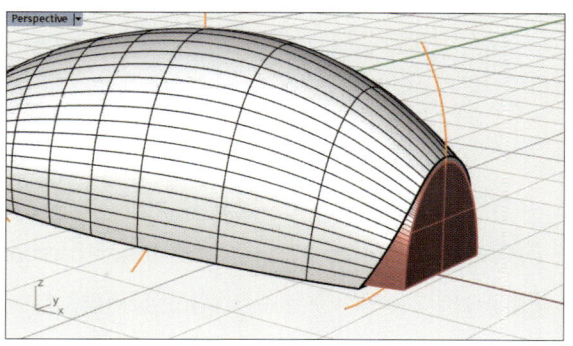

2.12 Fillet Edges

1 Main Toolbar〉Solid Tools Toolbar〉Fillet Edges 버튼을 클릭한다.

2 몸체 오브젝트의 에지 **A**, **B**, **C**, **D**를 "R=5"로 필렛(Fillet)한다.

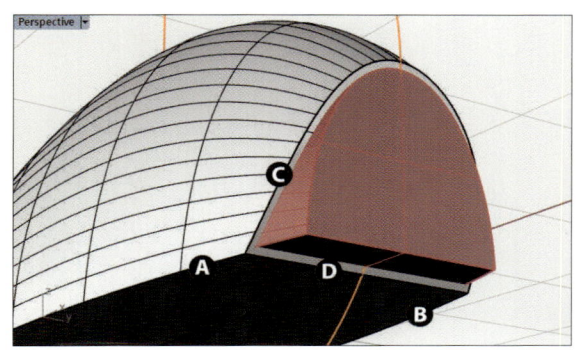
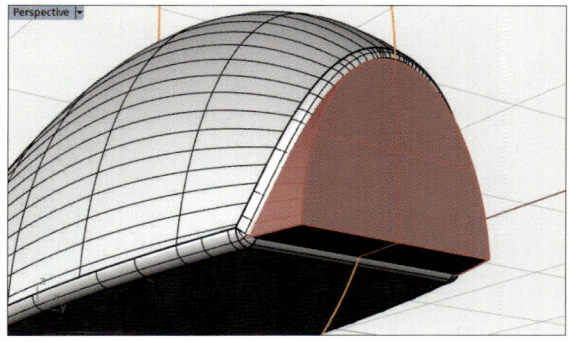

2.13 Wire cut

1 Main Toolbar〉Solid Tools Toolbar〉Wirecut 버튼을 클릭한다.

2 직선 **B**로 오브젝트 **A**를 2개로 분할한다.

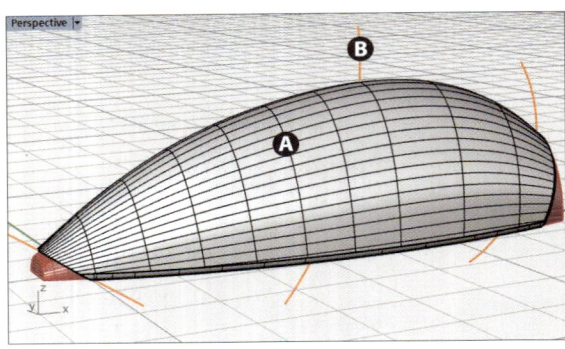 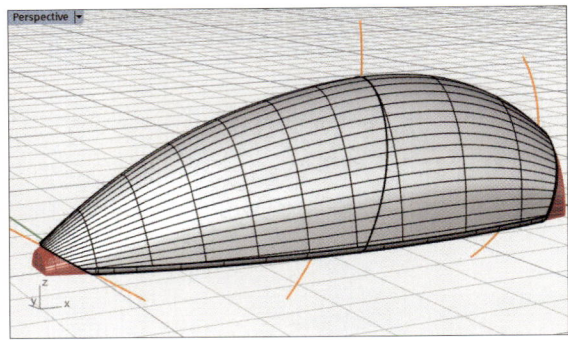

2.14 Hide Objects

1 Standard Toolbar Group〉Standard Toolbar〉Hide Objects 버튼을 클릭한다.

2 분할한 오른쪽 오브젝트 **B**를 화면에서 숨긴다.

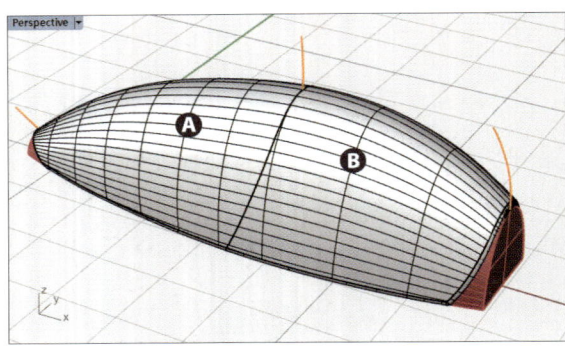 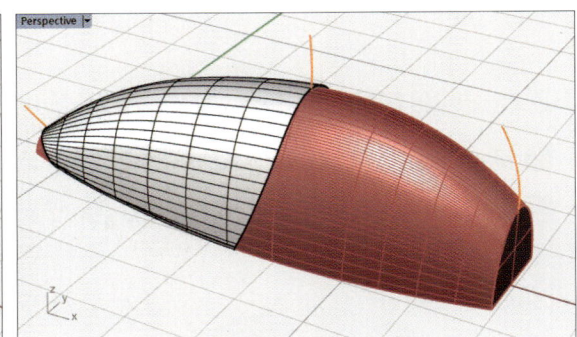

2.15 레이어 설정

"Body 2" 레이어의 잠금을 해제한다.

2.16 Fillet Edges

1 Main Toolbar〉Solid Tools Toolbar〉Fillet Edges 버튼을 클릭한다.

2 에지 Ⓐ, Ⓑ를 "R=3"으로 필렛한다

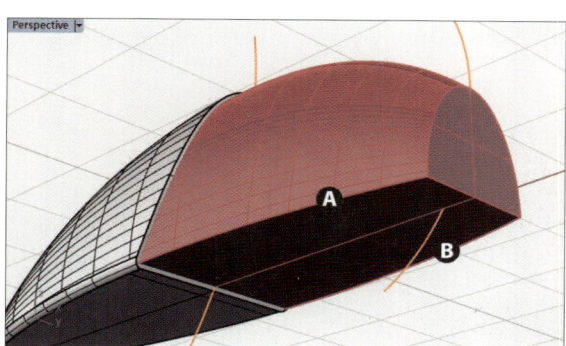 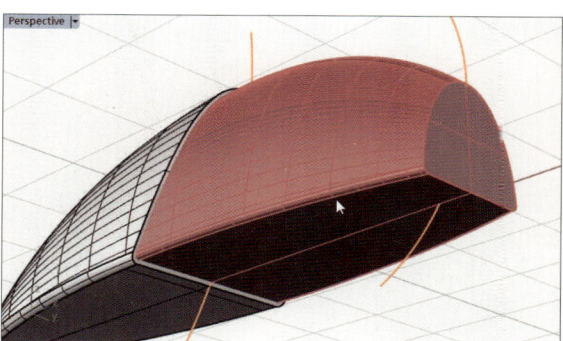

2.17 Boolean Difference

1 Main Toolbar〉Solid Tools Toolbar〉Boolean Difference 버튼을 클릭한다.

2 옵션을 "Delete Input=No"로 설정하고, 오브젝트 Ⓐ에서 Ⓑ를 뺀다.

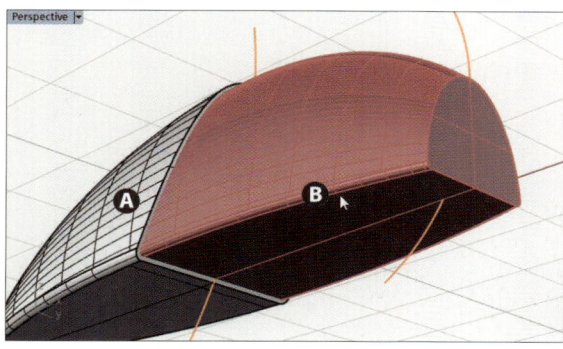 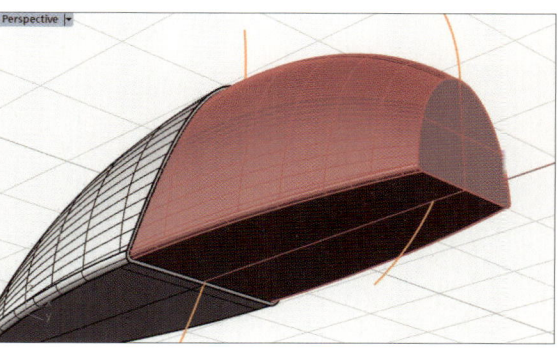

2.18 Hide Objects

1 Standard Toolbar Group〉 Standard Toolbar〉 Hide Objects 버튼을 클릭한다.

2 오브젝트 **B**를 화면에서 숨긴다. 오른쪽 그림처럼 속이 파져 있다.

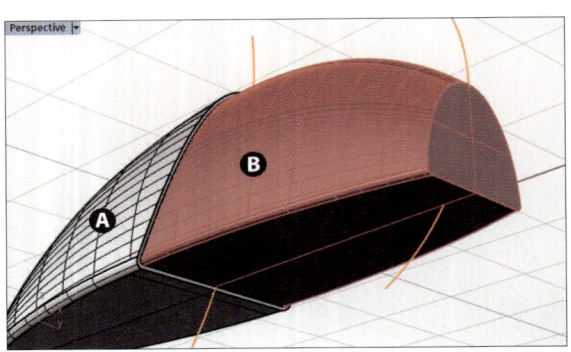 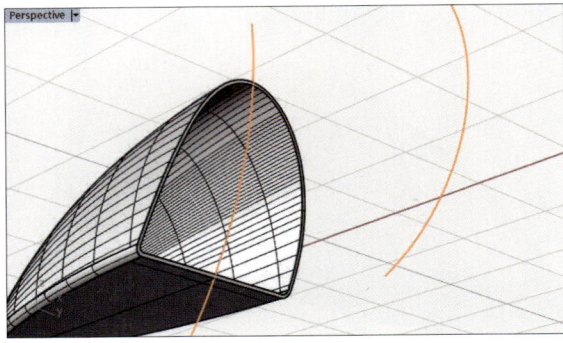

2.19 Show Objects

1 Standard Toolbar Group〉 Standard Toolbar〉 Hide Objects 버튼을 오른쪽 마우스 버튼으로 클릭한다.

2 오른쪽 그림처럼 숨겨두었던 오브젝트를 모두 화면에 표시한다.

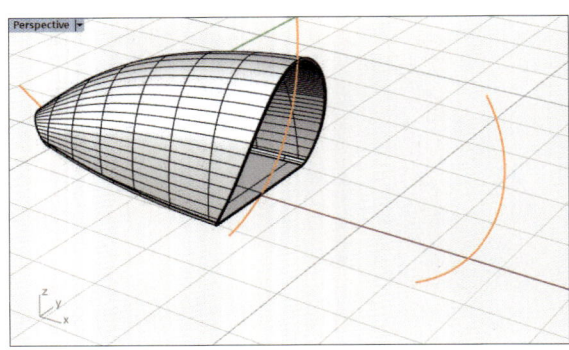 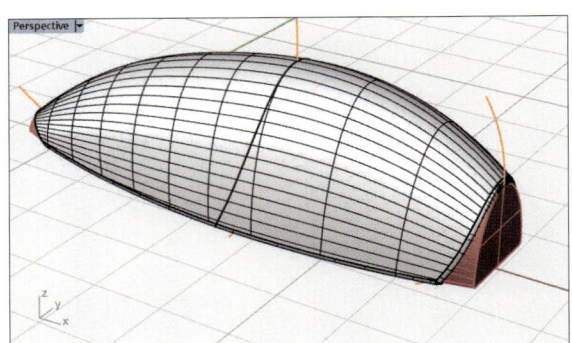

2.20 Change Object Layer

오브젝트 Ⓐ의 레이어를 "Body 3" 레이어로 변경한다. "Body 3" 레이어가 꺼져있기 때문에 오브젝트 Ⓐ가 화면에서 사라진다.

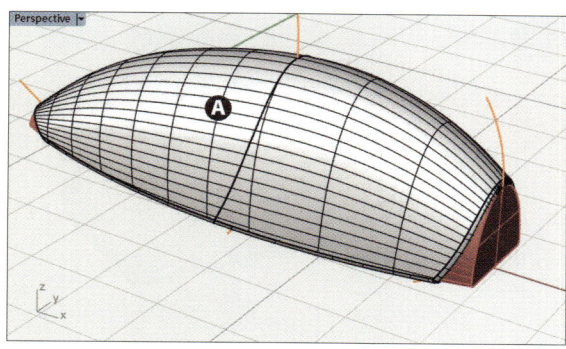 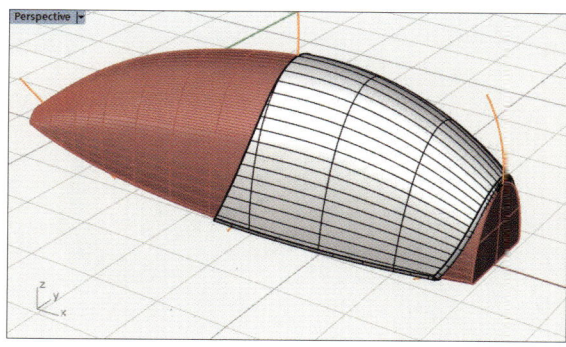

2.21 Offset Curve

1 Main Toolbar〉Curve Tools Toolbar〉Offset Curve 버튼을 클릭한다.

2 커브 Ⓐ를 왼쪽으로 "Distance=20"만큼 오프셋 시킨다.

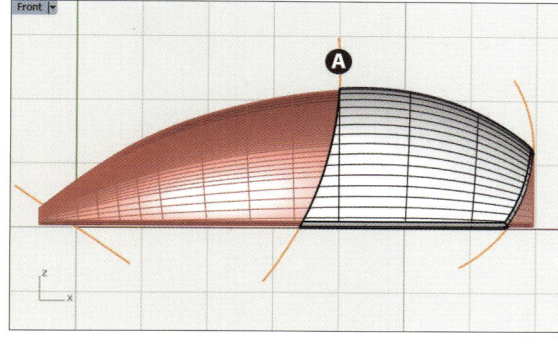 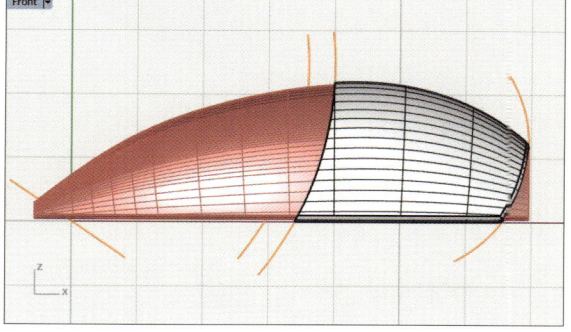

3 커브 Ⓑ를 왼쪽으로 "Distance=20"만큼 오프셋 시킨다.

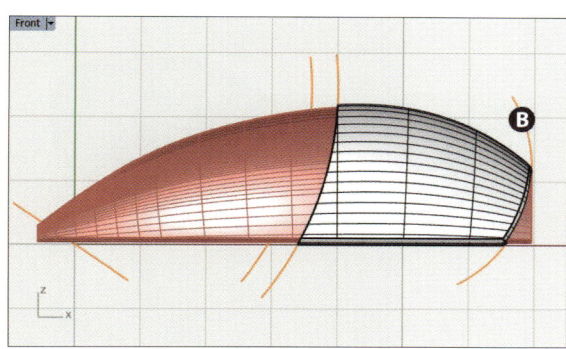 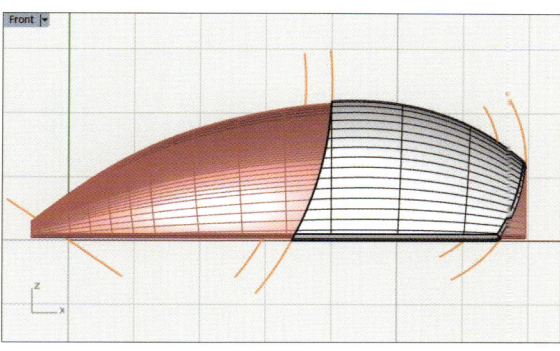

2.22 Wire cut

1 Main Toolbar〉Solid Tools Toolbar〉Wirecut 버튼을 클릭한다.

2 커브 **B**로 오브젝트 **A**의 오른쪽을 삭제한다.

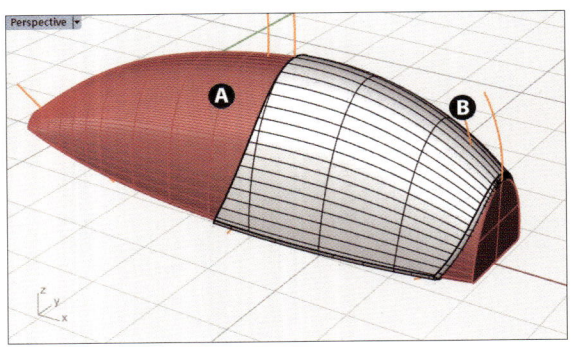 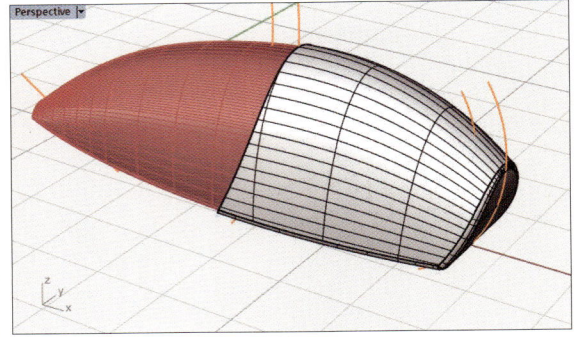

3 커브 **C**로 오브젝트 **A**의 왼쪽을 삭제한다.

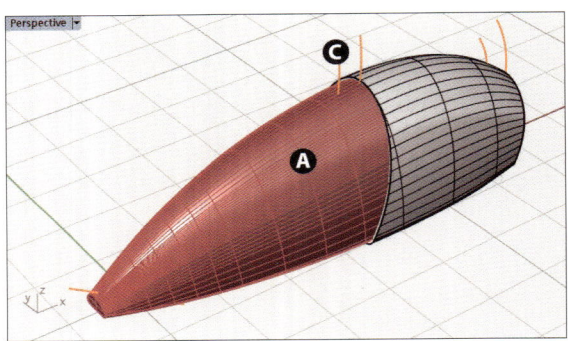 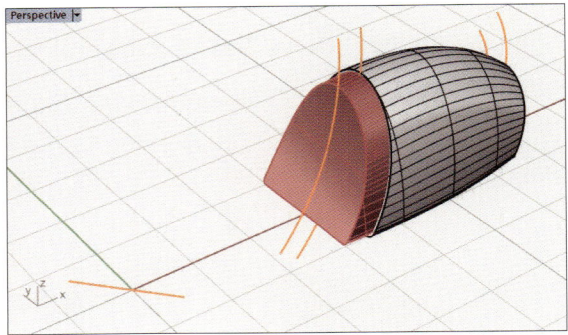

2.23 Boolean Union

1 Main Toolbar〉Boolean Union 버튼을 클릭한다.

2 오브젝트 **A**와 **B**를 한 개의 오브젝트로 합친다.

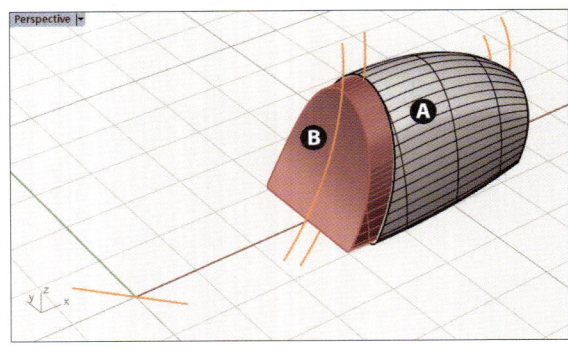 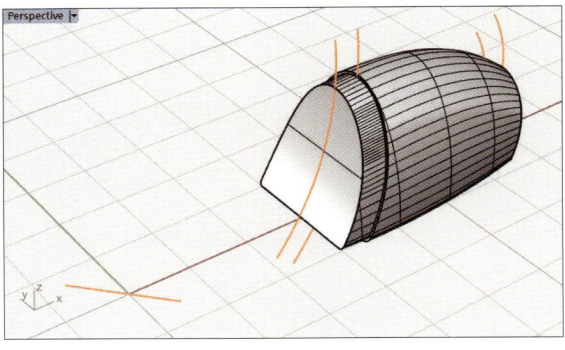

3 손잡이(Handle)

지금까지 작업한 파일을 다른 이름으로 저장하고 모델링을 계속 진행한다. 만약, 지금까지의 모델링을 정확하게 진행하지 못한 독자들은 "예제 3-4 진공청소기〉 진공청소기-B" 파일을 열어서 다음 작업을 진행한다.

3.1 Ghosted 디스플레이 모드

1 프론트(Front) 뷰포트를 "Ghosted" 모드로 설정한다. 오른쪽 그림처럼 화면이 반투명하게 표시된다.

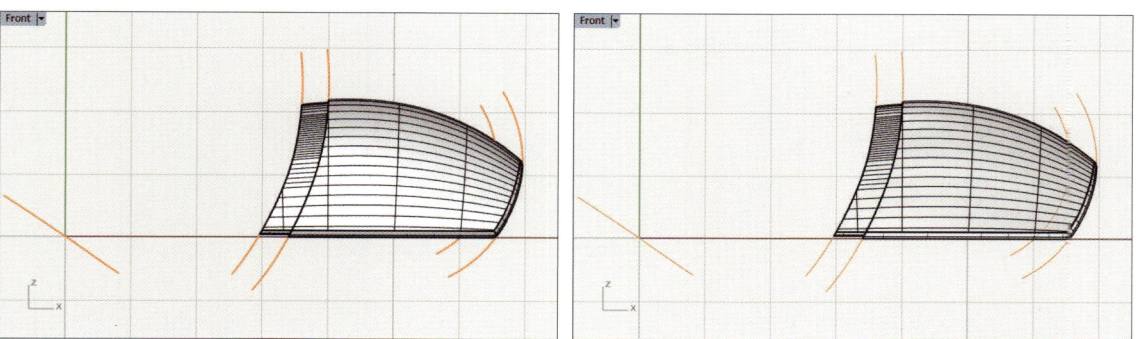

3.2 레이어 설정

1 "Handle Curve" 레이어를 현재 레이어로 설정한다.
2 "Handle Curve Guide" 레이어와 "Handle Project Curve" 레이어를 켠다.
3 "Body Trim Curve" 레이어를 끈다. 화면이 아래 그림처럼 표시된다.

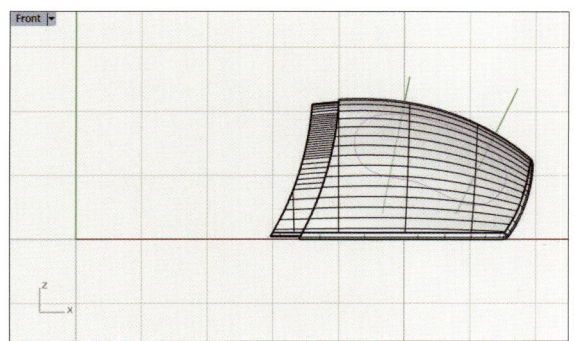

3.3 Lock Objects

1 Standard Toolbar Group〉Standard Toolbar〉Lock Objects 버튼을 클릭한다.

2 오브젝트 Ⓐ가 변경되지 않도록 잠근다.

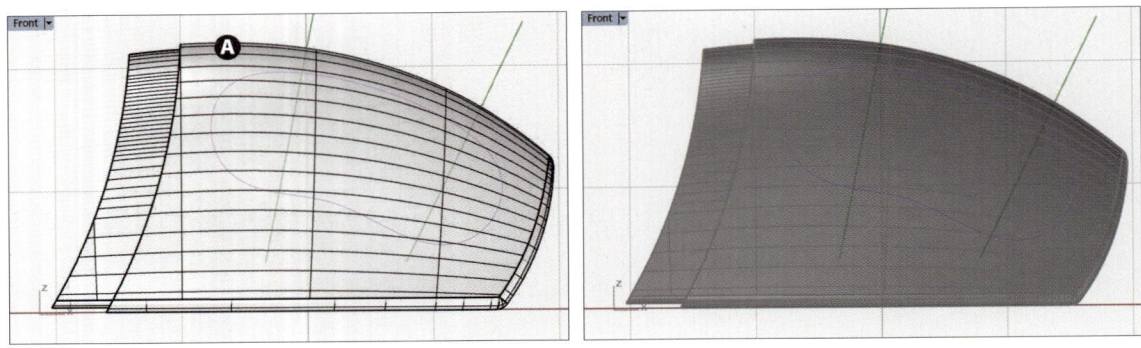

3.4 Object Snap 끄기

화면 하단의 오브젝트 스냅 툴바에서 "Disable" 버튼을 체크하여 아래쪽 그림처럼 오브젝트 스냅을 끈다.

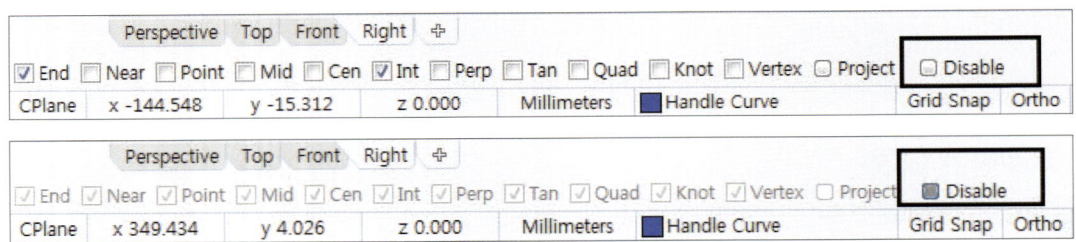

3.5 Control Point Curve

1 Main Toolbar〉Control Point Curve 버튼을 클릭한다.

2 잠겨있는 안내선 Ⓐ와 일치하는 커브를 그린다. 처음에는 대략적으로 그린다. 제어점(Control Point)은 8개 정도를 사용한다.

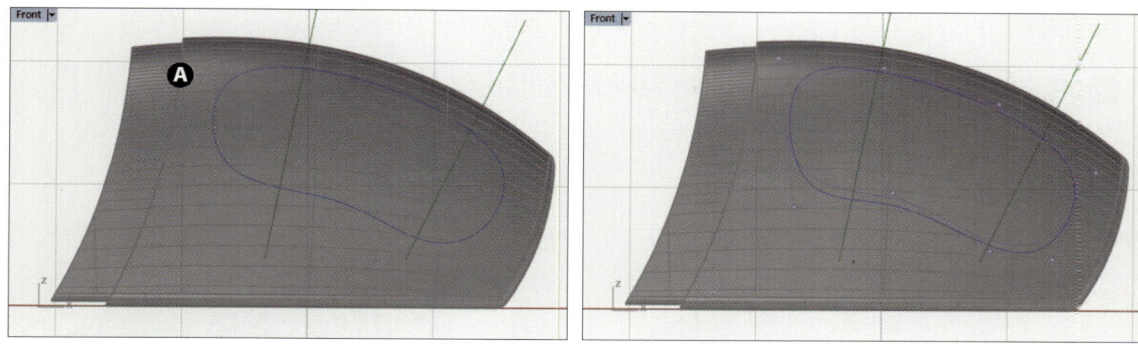

3 새로 그린 커브를 클릭하여 제어점(Control Point)을 표시한 다음, 정확하게 일치하도록 제어점을 조정한다. 제어점의 미세한 조정은 너지(Nudge), 즉 "Alt + 화살표 키"를 사용한다

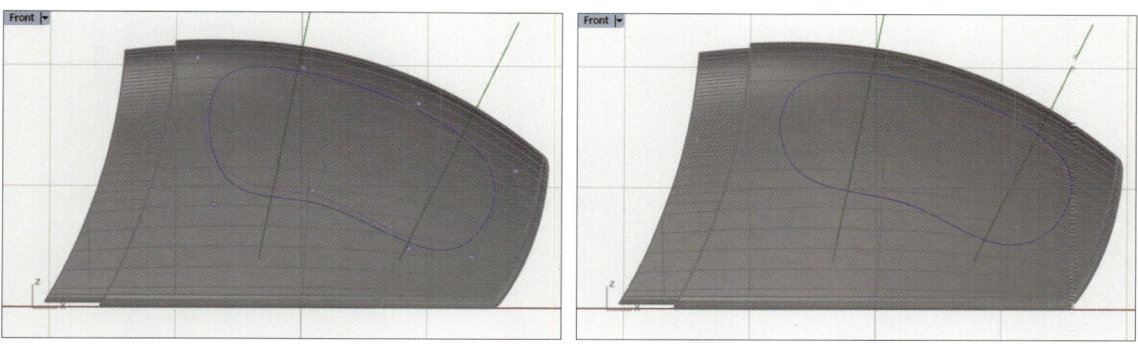

3.6 Object Snap 켜기

1 화면 하단의 오브젝트 스냅 툴바를 켠다.

2 "End", "Int" 2개의 오브젝트 스냅만 체크한다.

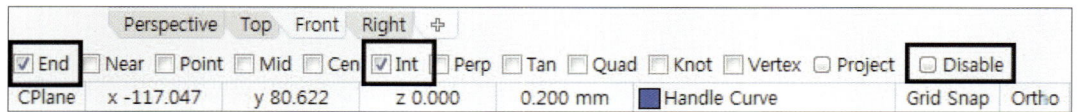

3.7 레이어 설정

1 "Handle Curve 2" 레이어를 현재 레이어로 설정한다.

2 "Handle Curve Guide" 레이어를 끈다. 방금 그린 손잡이 커브 아래쪽의 안내선이 사라진다.

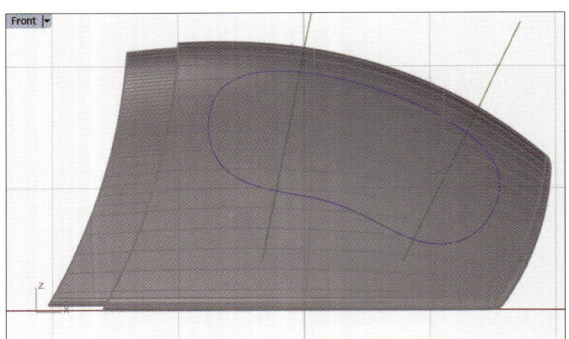 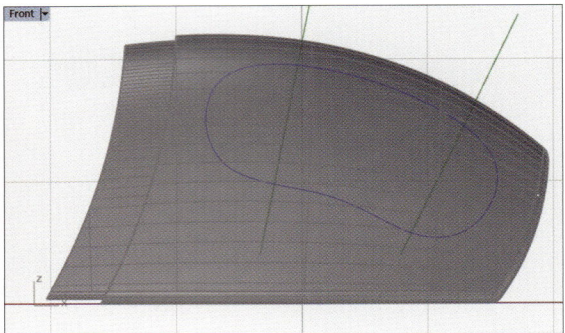

3.8 Unlock Objects

1 Standard Toolbar Group〉 Standard Toolbar〉 Lock Objects 버튼을 오른쪽 마우스 버튼으로 클릭한다.

2 오브젝트 Ⓐ의 잠금상태가 해제된다.

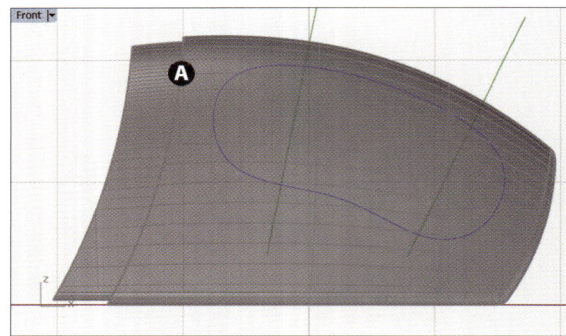 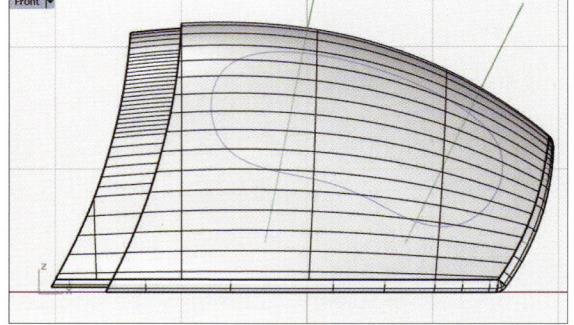

3.9 Trim

1 Main Toolbar〉 Trim 버튼을 클릭한다.

2 오른쪽 그림처럼 커브 Ⓑ의 안쪽을 삭제한다.

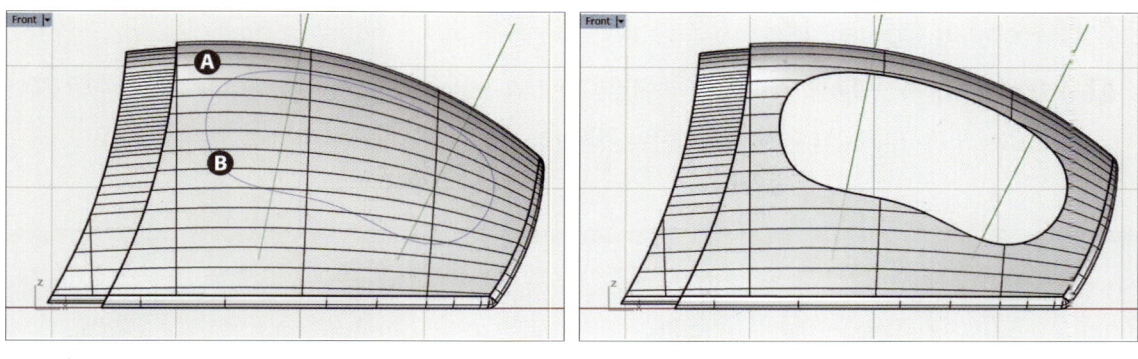

3.10 Project Curves

1 **Main Toolbar〉Project Curves** 버튼을 클릭한다.

2 직선 **B**와 **C**를 오브젝트 **A**에 투상시킨다. 오른쪽 그림처럼 투상된 커브가 빨간색으로 표시된다.

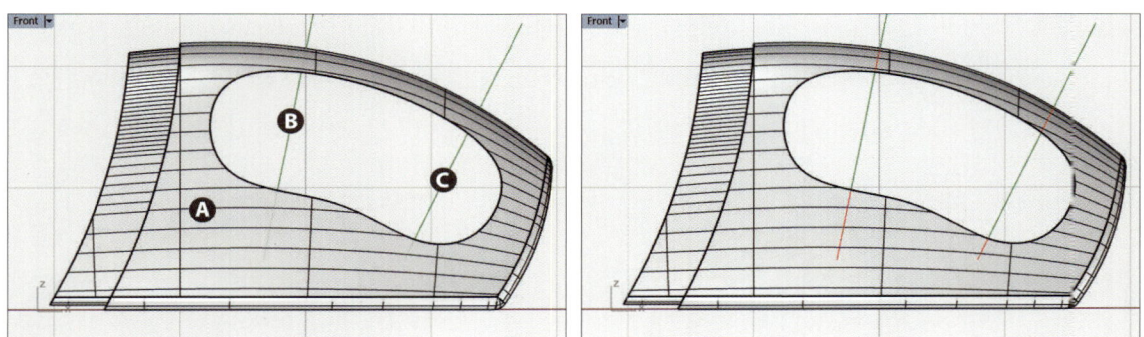

3.11 Offset Curve

1 **Main Toolbar〉Curve Tools Toolbar〉Offset Curve** 버튼을 클릭한다.

2 커브 **A**를 안쪽으로 "Distance=10"만큼 오프셋 시킨다. (오른쪽 그림 참조)

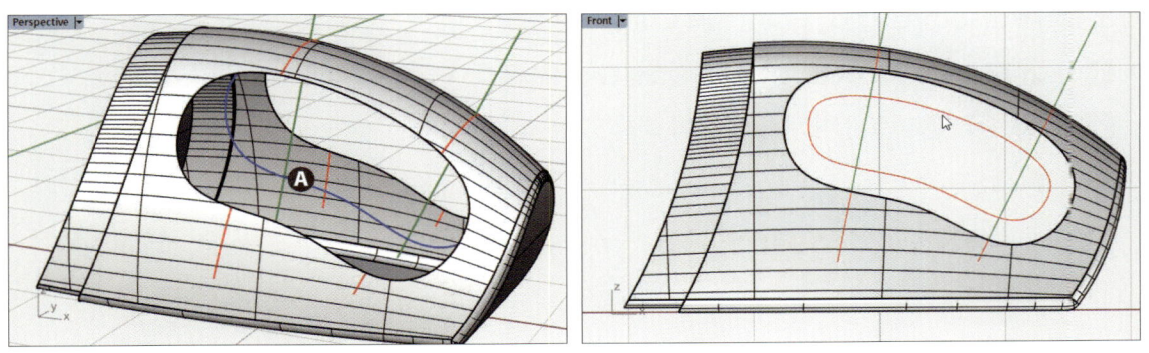

3.12 Rebuild Curve

1 오프셋 시킨 커브 **Ⓐ**를 클릭하여 제어점(Control Point)을 표시한다. 오른쪽 그림처럼 제어점(Control Point)의 개수가 너무 많은 상태이다.

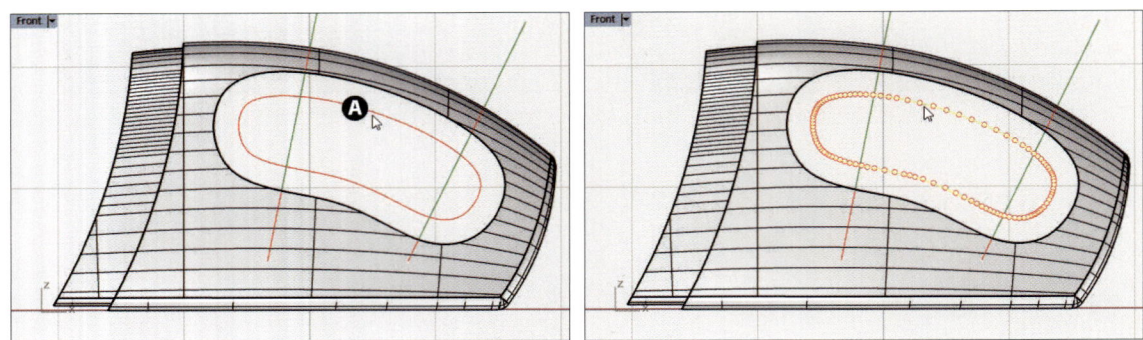

2 Main Toolbar〉 Curve Tools Toolbar〉 Rebuild Curve 버튼을 클릭한다. 사각형으로 표시한 왼쪽의 괄호 안에 있는 숫자가 수정하기 전의 현재 상태이다. 사각형으로 표시한 숫자를 입력하고 OK 버튼을 클릭한다. 오른쪽 그림처럼 커브를 재생성하였다.

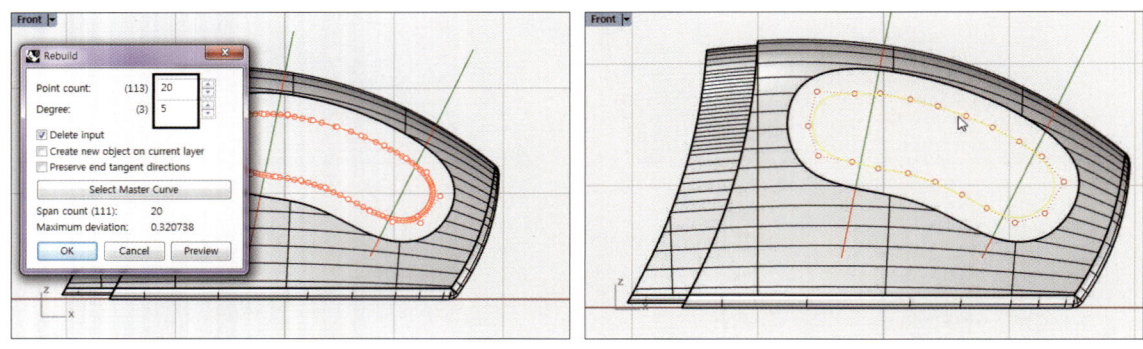

3.13 Arc: Start, End, Point On Curve

1 Main Toolbar〉 Arc Toolbar〉 Arc: Start, End, Point On Curve 버튼을 클릭한다.

2 점 **Ⓐ**, **Ⓑ**, **Ⓒ**를 순서대로 클릭하여 호를 그린다.

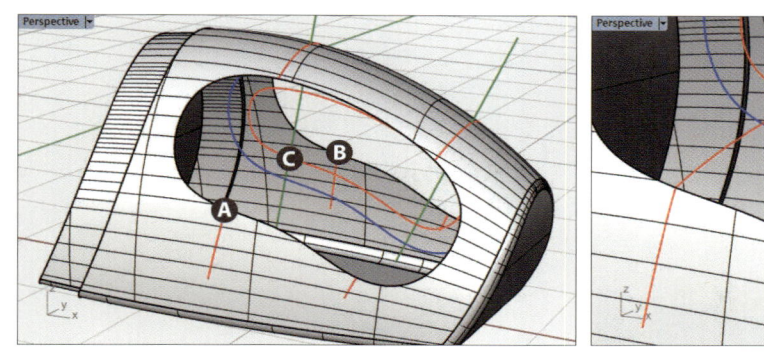
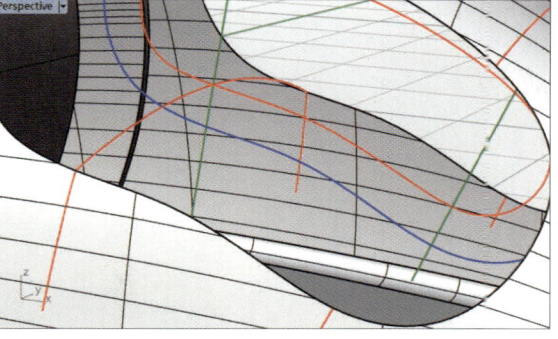

3 점 **D**, **E**, **F**를 순서대로 클릭하여 호를 그린다.

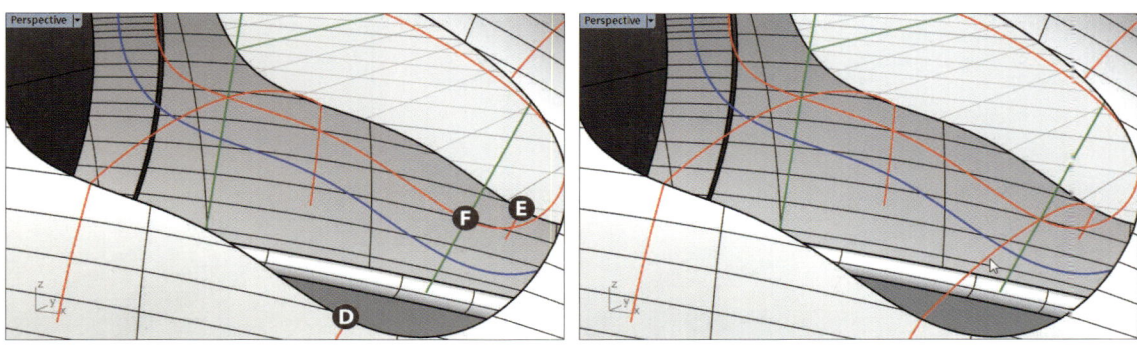

4 점 **G**, **H**, **I**를 순서대로 클릭하여 호를 그린다.

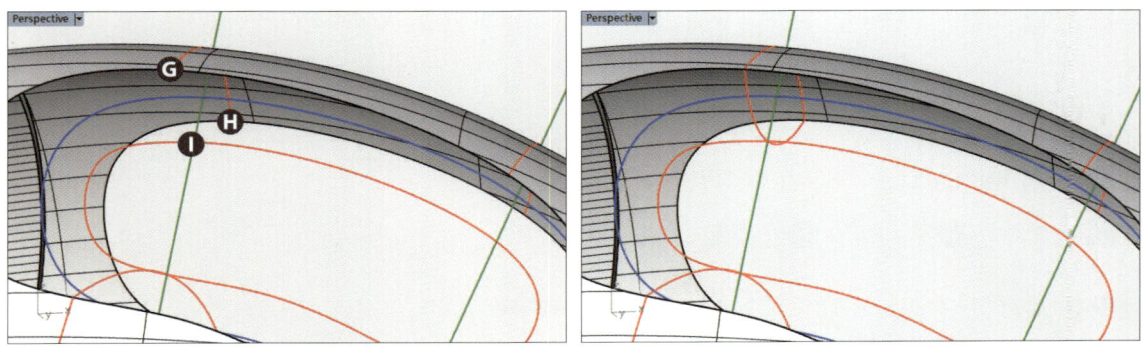

5 점 **J**, **K**, **L**을 순서대로 클릭하여 호를 그린다.

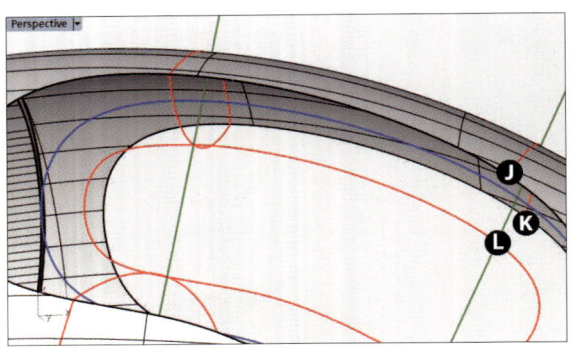 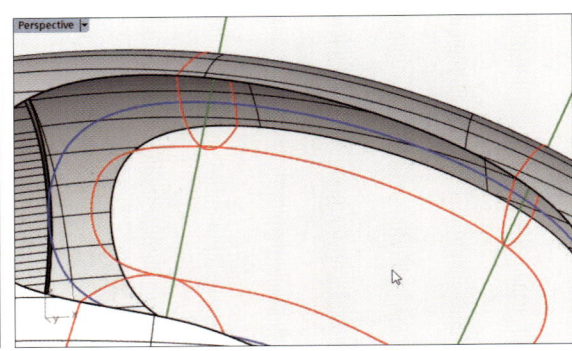

3.14 Surface From Network of Curves

1 Main Toolbar〉Surface Creation Toolbar〉Surface From Network of Curves 버튼을 클릭한다.

2 3개의 닫힌 커브 **A**, **B**, **C**와 4개의 호 **D**, **E**, **F**, **G**를 사용하여 네트워크 서피스를 만든다. 연속성은 "Position"으로 설정한다.

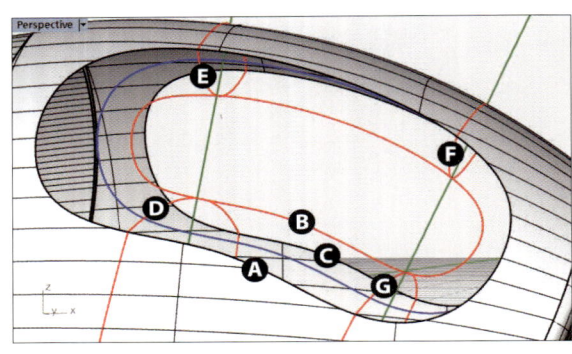 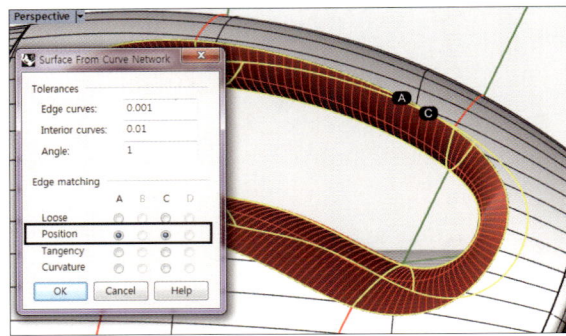

3.15 Join

1 Main Toolbar〉Join 버튼을 클릭한다.

2 오브젝트 **A**와 서피스 **B**를 결합시킨다.

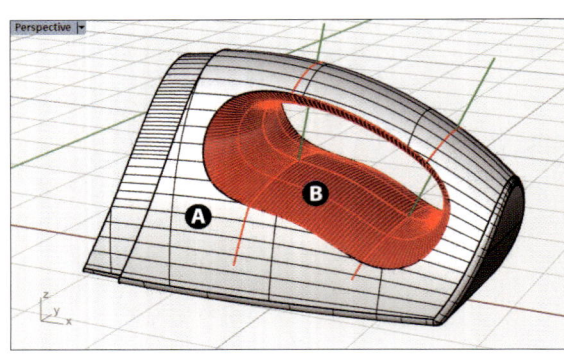 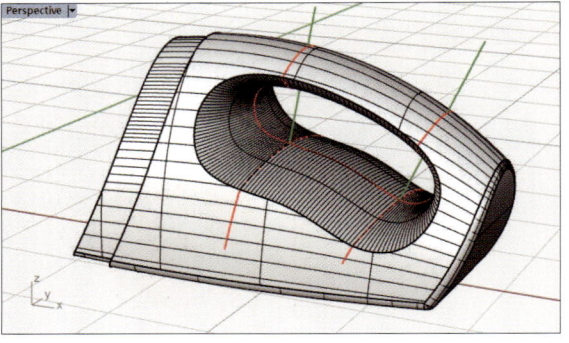

 **버튼(Button)**

지금까지 작업한 파일을 다른 이름으로 저장하고 모델링을 계속 진행한다. 만약, 지금까지의 모델링을 정확하게 진행하지 못한 독자들은 "예제 3-4 진공청소기〉 진공청소기-C" 파일을 열어서 다음 작업을 진행한다.

4.1 레이어 설정

1 "Button Curve" 레이어를 현재 레이어로 설정한다.

2 "Button", "Button Trim Surface"레이어를 켠다.

3 "Handle Curve", "Handle Curve 2", "Handle Project Curve" 레이어를 끈다. 화면이 아래 그림처럼 표시된다.

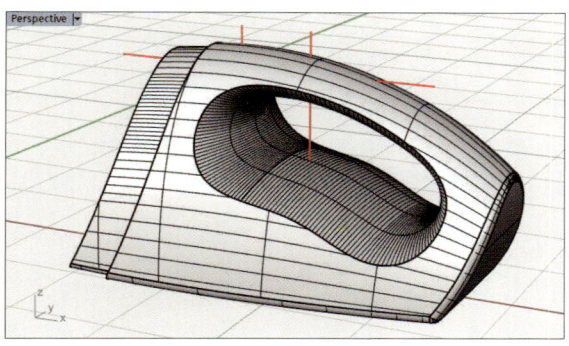

4.2 Ghosted 디스플레이 모드

1 퍼스펙티브 뷰포트(Perspective Viewport)를 "Ghosted"로 표시한다. 오른쪽 그림처럼 화면이 반투명하게 표시된다.

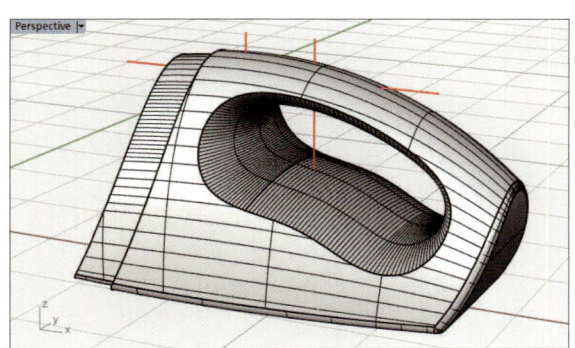
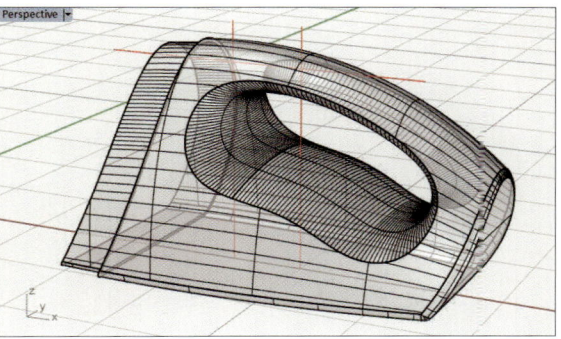

4.3 Circle: Center, Radius

1 Main Toolbar〉Circle: Center, Radius 버튼을 클릭한다.

2 교차점 **A**를 중심점으로 "반지름=6"인 원을 그린다.

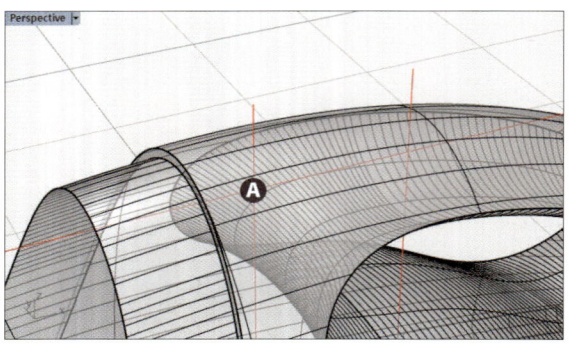 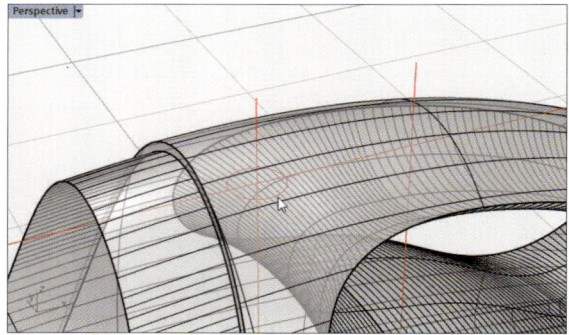

3 교차점 **B**를 중심점으로 "반지름=10"인 원을 그린다.

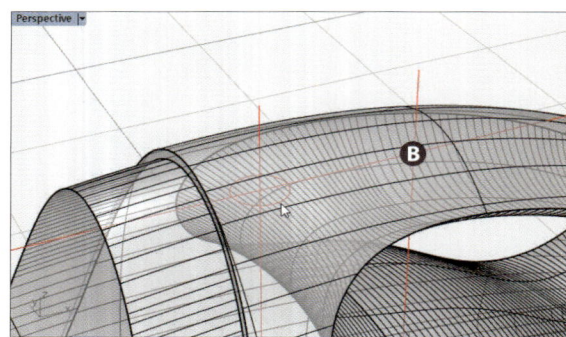 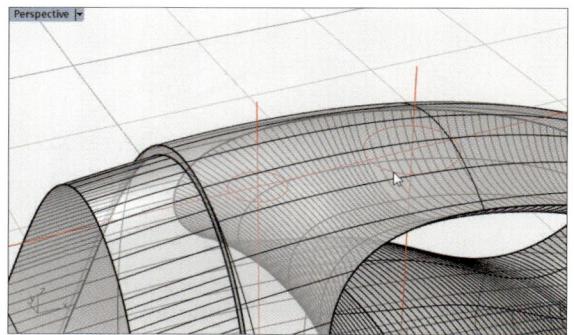

4.4 Offset Curve

1 Main Toolbar〉Curve Tools Toolbar〉Offset Curve 버튼을 클릭한다.

2 원 **A**와 **B**를 바깥쪽으로 "Distance=0.5"만큼 오프셋 시킨다.

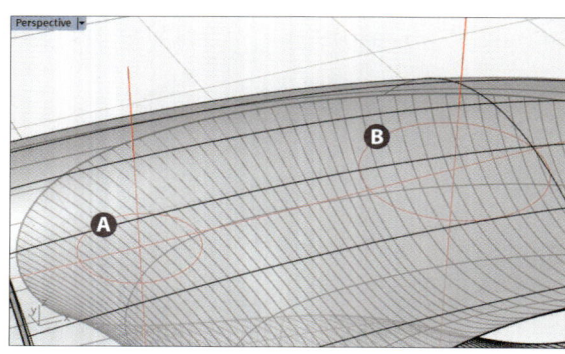 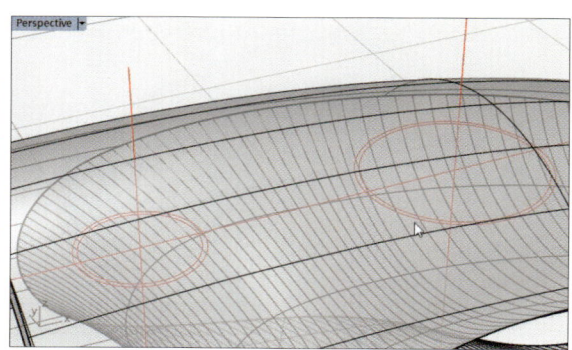

4.5 Extrude Straight

1 Main Toolbar > Surface Creation Toolbar > Extrude Straight 버튼을 클릭한다.

2 옵션을 "Both Sides=No, Solid=Yes, Delete Input=Yes"로 설정하고, 오프셋 시킨 바깥쪽 원 **C**와 **D**를 Z-축 방향으로 "15"만큼 돌출(Extrude)시킨다.

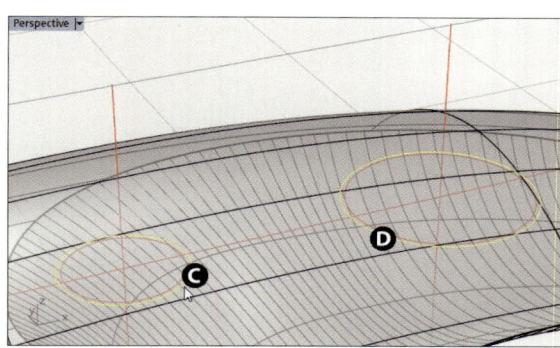 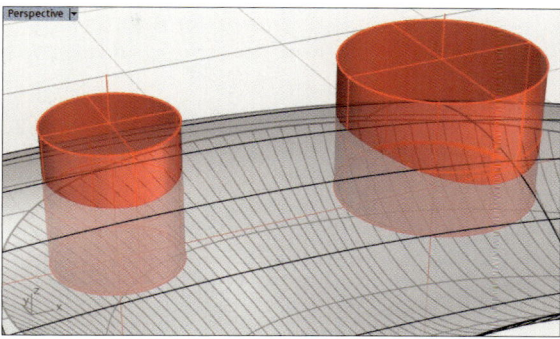

4.6 Boolean Difference

1 Main Toolbar > Solid Tools Toolbar > Boolean Difference 버튼을 클릭한다.

2 옵션을 "Delete Input=Yes"로 설정하고, 몸체 오브젝트 **A**로부터 오브젝트 **B**와 **C**를 뺀다. 오른쪽 그림처럼 버튼이 들어갈 자리를 만들었다.

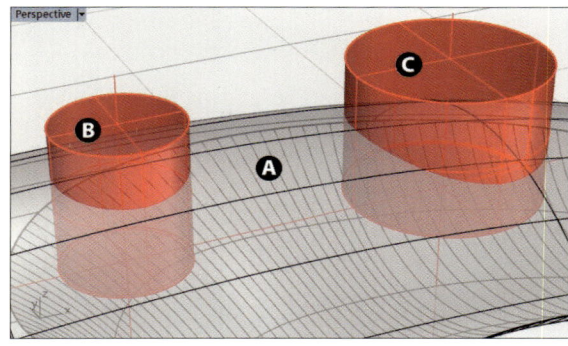 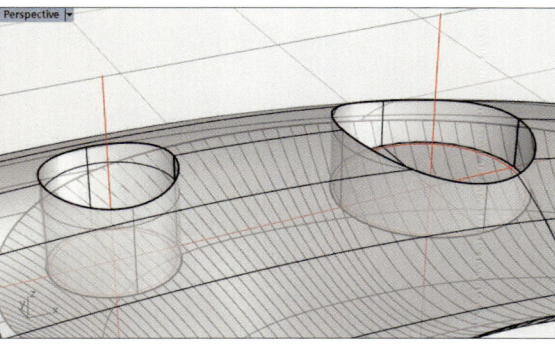

4.7 Extrude Straight

1 Main Toolbar〉Surface Creation Toolbar〉Extrude Straight 버튼을 클릭한다.

2 안쪽의 빨간색 원 ⓐ와 ⓑ를 Z-축 방향으로 "15"만큼 솔리드로 돌출(Extrude)시킨다.

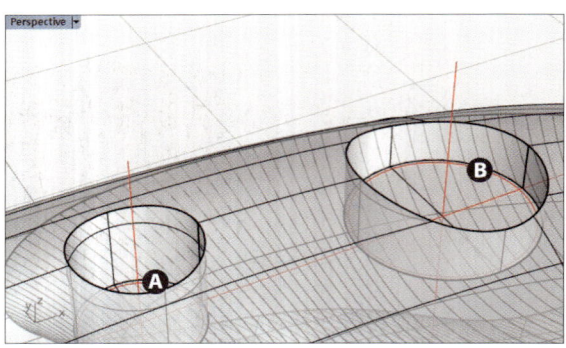
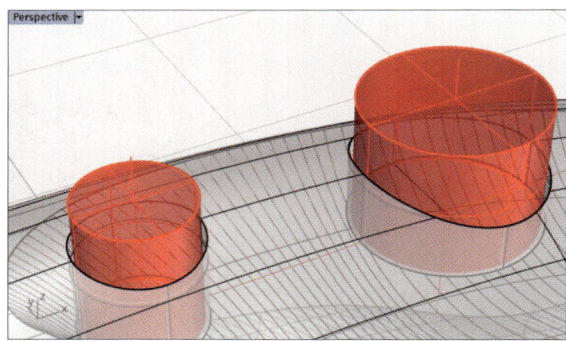

4.8 Shaded 디스플레이 모드

퍼스펙티브 뷰포트(Perspective Viewport)를 "Shaded"로 설정한다. 화면이 오른쪽 그림처럼 불투명하게 표시된다.

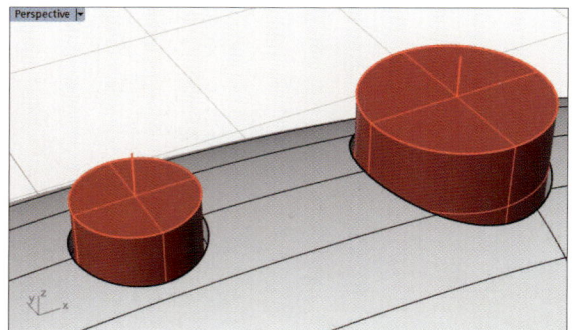

4.9 Change Object Layer

버튼 오브젝트 ⓐ와 ⓑ의 레이어를 "Button" 레이어로 변경한다. 오른쪽 그림처럼 버튼의 색상이 녹색으로 변경된다.

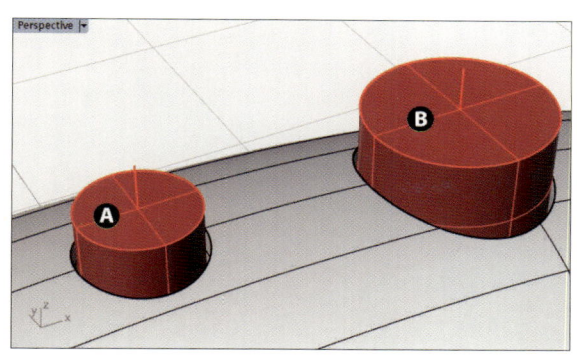 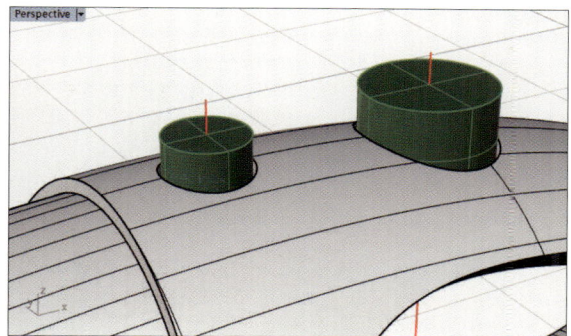

4.10 Offset Surface

1. **Main Toolbar〉Surface Tools Toolbar〉Offset Surface** 버튼을 클릭한다.
2. "`Ctrl` + `Shift`"키를 누른 상태에서 서피스 Ⓐ를 클릭하고 `Enter` 키를 누른다. 왼쪽 그림처럼 클릭한 한 개의 서피스만 선택된다.
3. 선택한 서피스 Ⓐ를 "Distance=2"만큼 서피스의 바깥쪽으로 오프셋을 실행하여 오른쪽 그림처럼 서피스를 만든다.

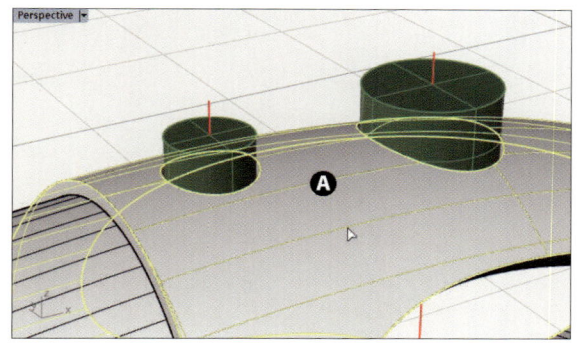 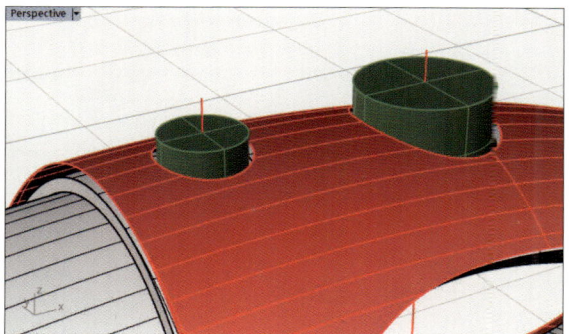

4.11 Untrim

1. **Main Toolbar〉Trim** 버튼을 오른쪽 마우스 버튼으로 클릭한다.
2. 오프셋시킨 서피스의 에지 Ⓐ와 Ⓑ를 클릭한다. 오른쪽 그림처럼 구멍이 없어진다.

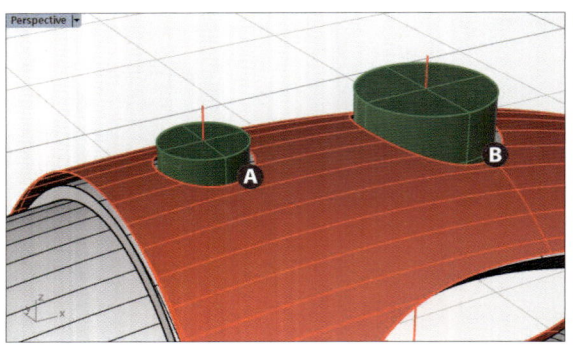
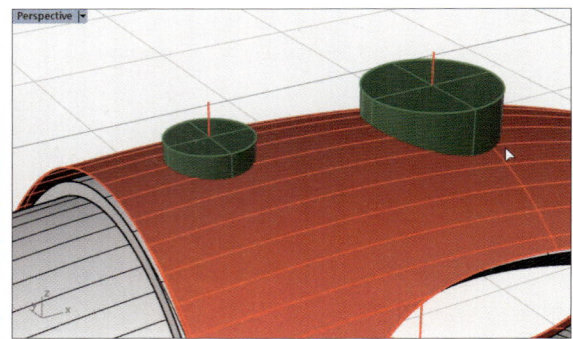

4.12 Analyze Direction

1 Main Toolbar〉Analyze Direction 버튼을 클릭한다.

2 서피스 **A**의 방향 화살표가 오른쪽 그림처럼 서피스의 안쪽을 향하게 만든다.

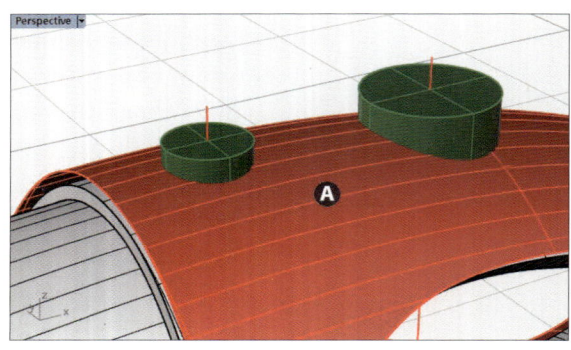
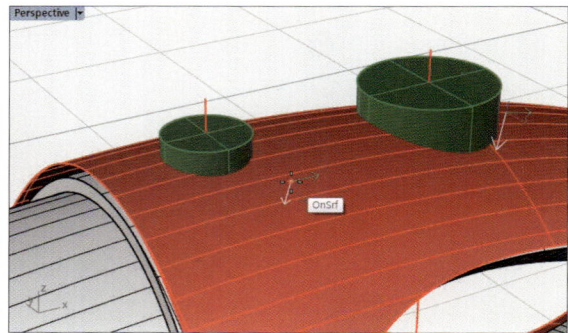

4.13 Boolean Difference

1 Main Toolbar〉Solid Tools Toolbar〉Boolean Difference 버튼을 클릭한다.

2 오른쪽 그림처럼 서피스 **A**를 사용하여 버튼 **B**와 **C**의 위쪽을 잘라버린다.

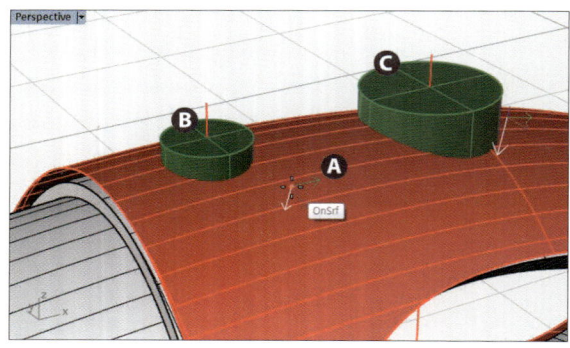
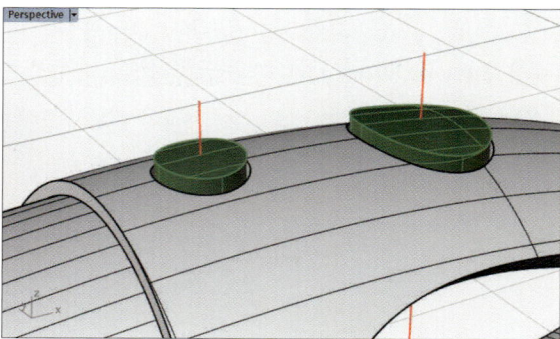

5 마무리(Finishing)

5.1 레이어 설정

1 "Body" 레이어를 현재 레이어로 설정한다.

2 "Body 3" 레이어를 켠다.

3 "Button Curve" 레이어를 끈다. 화면이 아래 그림처럼 표시된다.

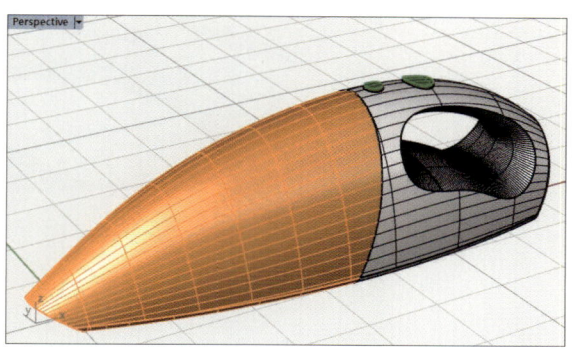

5.2 Fillet Edges

1 Main Toolbar〉 Solid Tools Toolbar〉 Fillet Edges 버튼을 클릭한다.

2 에지 **A**와 **B**를 "R=5"로 필렛(Fillet)한다.

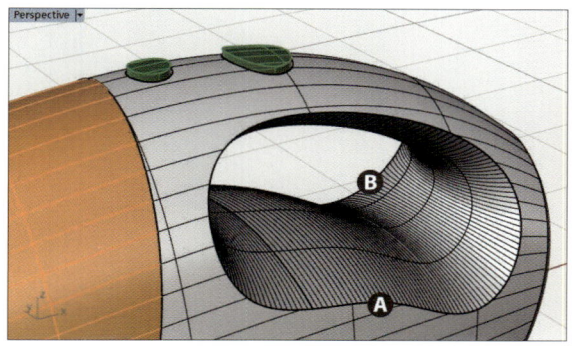
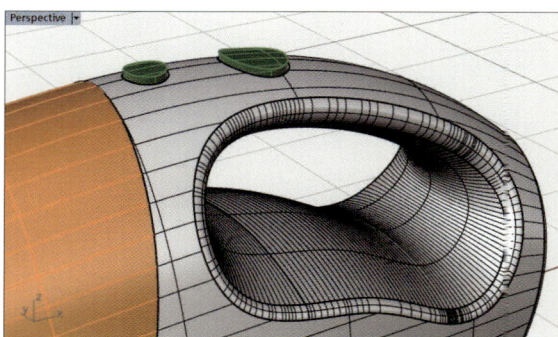

5.3 Fillet Edges

1 Main Toolbar〉Solid Tools Toolbar〉Fillet Edges 버튼을 클릭한다.

2 에지 **C**와 **D**를 "R=1"로 필렛한다.

5.4 Show Edges

1 Main Toolbar〉Analyze Toolbar〉Show Edges 버튼을 클릭한다.

2 "Ctrl+A"키를 눌러서 화면의 모든 오브젝트를 선택하고 Enter↲ 키를 누른다. 명령어 창에 "Found 77 edges total: no naked edges, no non-manifold edges."라고 "Naked Edge" 가 없다는 메시지가 표시되는지 확인한다. 모델링이 완성되었다.

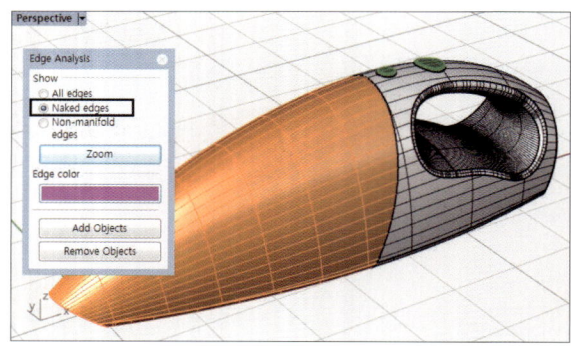 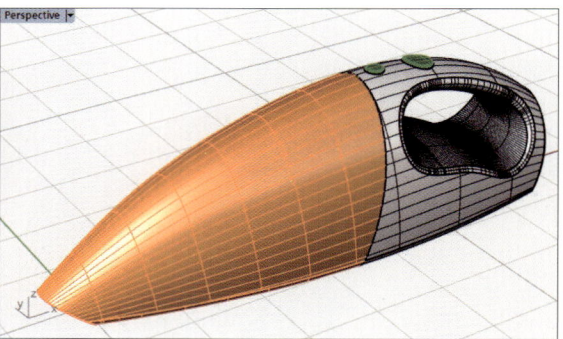

- 완성된 모델링에 다른 서피스의 에지와 결합하지 못한 에지인 "Naked Edge"가 발생하면, 3D 프린터 출력 등의 데이터 활용에 문제가 발생하므로 이를 제거하는 것이 좋다.

INDEX

번호

3 Or 4 Edge Curves 173

A

Add A Picture Plane 176
Add Clipping Plane 58
Add Guide Lines 163
Add to Group 46
Adjustable Curve Blend 144
Adjust Closed Curve Seam 154
Adjust Closed Surface Seam 211
Align Objects 286
Analyze Curve Deviation 316
Analyze Direction 310, 370, 371, 381, 434
Angle 312
Appearance 72
Apply UV Curves 136
Arc 432
Arc Blend 146
Arc : Center, Start, Angle 123
Arc: Start 471, 472
Arc : Start, End, Point On Arc 123
Arc : Tangent To Curves 124
Area 318
Area Centroid 317
Array Along Curve 281
Array Along Curve On Surface 283
Array Hole 261
Array Hole Polar 260
Array on Surface 282
Array Toolbar 279

B

Bend 288
Blend Surface 198
Boolean Difference 237, 367, 370
Boolean Intersection 239
Boolean Split 240
Boolean Union 237, 427, 439
Boss 232
Bounding Box 220
Box 219
Box : Corner to Corner 220
Box Edit 274

C

Cage Edit 297
Cage Toolbar 296
Cap Planar Holes 242, 391
Cap Planer Holes 426
Chamfer Curves 143
Chamfer Edges 250, 359
Chamfer Surface 195
Change Object Color 347
Change Object Layer 353, 396, 505
Change Surface Degree 207
Check Objects 327
Circle : 3 Points 118
Circle : Around Curve 118
Circle Around Curve 430, 438, 444
Circle : Center, Radius 117
Circle : Diameter 118
Circle : Tangent, Tangent, Radius 119
Closest Point 88
Closest Points Between Two Objects 89
Colors 73
Command Prompt 73
Cone 223
Connect 144
Construction Planes 78
Continue Control Point Curve 159
Continue Interpolated Curve 160
Control Point Curve 113, 514
Copy 37, 268, 401
Copy Hole 264
Corner 336, 455, 457
CPlanes Toolbar 61
Create Solid 240
Create UV Curves 136
Cull Control Polygon Backfaces 100
Curvature Analysis 215
Curvature Graph On 215, 315
Curve Boolean 162
Curve From Cross Section Profiles 156
Curve : Interpolate Points 114
Curves 81
Curves From 2 Views 155

Custom Options	72
Cylinder	221

D

Default 35mm Camera Lens Length	80
Deformation Tools Toolbar	293
Detach Trim	208
Disable Clipping Plane	60
Distribute Objects	287
Divide Curve by Length	90
Divide Curve by Number of Segments	91
Duplicate Border	133
Duplicate Edge	132, 491
Duplicate Face Border	133

E

Edge Tools Toolbar	321
Edit Control Point Weight	98
Edit Fillet Edge	246
Ellipse : Diameter	122
Ellipse: from Center	473
Ellipse : From Center	121
Ellipsoid	222
End	471, 472
Environment Map	319
Environment Map Off	320
Evaluate Point	310
Explode	44, 465, 479
Export Options	83
Extend Curve	152
Extend Surface	193, 433, 480
Extract Isocurve	133
Extract Points	88
Extract Surface	242
Extract Wireframe	134
Extrude Along Curve	179
Extrude Closed Planar Curve	228
Extrude Curve Normal To Surface	182
Extrude Curve Tapered	180
Extrude Face	255
Extrude Solid Toolbar	229
Extrude Straight	178, 334, 398
Extrude Surface	230
Extrude Surface to Point	230
Extrude To Point	181
Extrusion	177

F

Files	74
Fillet Corners	144
Fillet Curves	142
Fillet Edges	247, 360, 373
Fillet Surface	194
Fit	474
Flatten Surface	213
Flow Along Curve	291
Flow Along Surface	292

G

General	75
Geometric Continuity of 2 Curves	315
Ghosted	33
Ghosted Display Mode	367, 413
Grid	70, 81
Grid Properties	70
Grid Snap	71
Grid Snap On	374
Group	46

H

Height	220
Helix	114
Hide Control Points	57
Hide Objects	55, 376, 382
History Settings	302

I

Import Options	82
Insert	464
Insert a Control Point	95
Insert Kink	97
Insert Knot	96
Invert Selection	53
Invert Selection and Hide Control Point	57
Isolate Objects	56, 410

J

Join	43, 426
Join 2 Naked Edges	324

K

Keyboard	75

L

Line : Angled	108

Line : Bisector	107
Line : From Midpoint	106
Line : Normal To Surface	107
Line : Perpendicular From Curve	109
Line : Perpendicular To 2 Curves	110
Line : Tangent From Curve	111
Line : Tangent, Perpendicular	110
Line : Tangent To 2 Curves	111
Linked Viewport	80
Lock Objects	57, 514
Lock Objects With History	303
Loft	170, 425

M

Maelstorm	295
Make 2-D Drawing	138
Make Non-Periodic	159
Make Periodic	159
Make Surface Non-Periodic	210
Make Surface Periodic	210
Make Uniform	210
Mass Properties Toolbar	317
Match Curve	147
Match Surface	201
Measure Distance	312
Measure Length	311
Merge All Coplaner Faces	428
Merge Edge	323
Merge Surface	203
Merge Surfaces	369, 390
Merge Two Coplanar Faces	243
Mesh	71
Mirror	271, 401, 450
Mirror On 3-Point Plane	272
Modeling Aids	77
Modify Radius	164
Move	35, 267
Move Edge	257
Move Face	254
Move Face To A Boundary	255
Move Hole	259
Move UVN	100
Multiple Points	87

N

Naked Edge	309
Normal Direction	191, 309
Nudge	37
NURBS 커브	139

O

Object Intersection	135
Objects	81
Offset Curve	150, 345, 404, 517
Offset Curve On Surface	151
Offset Multiple	161
Offset Surface	200, 380, 525
Orient Curve To Edge	278
Orient Objects : 2 Points	273
Orient Objects : 3 Points	274
Orient Objects On Surface	276
Orient Perpendicular To Curve	277

P

Pan View	26
Patch	173
Pipe	479
Pipe : Flat Caps	226
Pipe : Round Caps	228
Place Target	28
Point on Arc	471, 472
Points	81
Points Off Selected Objects	95
Polar Array	280, 335
Polygon : Center, Radius	127
Polygon : Star	128
Polyline	106
Polysurface	177
Project Curves	130, 517
Pull Curve	131
Purge History	303
Pyramid	224

Q

Quick Blend Curves	145
Quick Curve Blend	482, 483
Quick Curve Blend Perpendicular	135

R

Radius	313
Rail Revolve	189, 492
Rebuild Curve	157, 518
Rebuild Edges	326
Rebuild Surface	204, 458
Rebuild Surface UV	206
Record History	302
Rectangle: Center	336, 455, 457
Rectangle : Center, Corner	126
Rectangle : Corner To Corner	126

Rectangle: Corner To Corner	343
Rectangular Array	279, 400
Rectangular Plane : Corner To Corner	175
Redo CPlane Change	66
Refit Curve To Tolerance	158
Refit Surface To Tolerance	207
Release Objects From Control Cage	299
Remove a Control Point	95
Remove from Group	47
Remove Knot	97
Remove Naked Micro Edges	326
Rendered	32
Render Mesh Quality	71
Revolve	188, 350
Rib	232
Ribbon	181
Rotate	39, 268
Rotate Hole	260
Rotate View	26
Round Hole	258, 443, 463

S

Scale 1-D	270
Scale 2-D	269
Scale 3-D	269
Scale Toolbar	268
Select All	53
Select Bad Objects	328
Select By Color	54, 377
Select By Group Name	54
Select Captives	299
Select Children	304
Select Controls	299
Select Curves	54, 360
Select None	53
Select Objects With History	303
Select Parents	304
Select Polysurfaces	54, 378
Select Surfaces	54
Set CPlane By 3 Points	65
Set CPlane Elevation	63
Set CPlane Mode	67
Set Cplane Origin	430, 435, 455, 466
Set CPlane Origin	62
Set CPlane Perpendicular to Curve	64
Set CPlane to Surface	64
Set CPlane World Front	67
Set CPlane World Right	67
Set CPlane World Top	66
Set Drag Mode	99
Set Group Name	47
Set UPlane Mode	67
Set XYZ Coordinates	284
Shaded	32

Shaded Display Mode	369
Shell Closed Polysurface	241, 384, 402
Show Curve Edit Points	94
Show Edges	215, 321, 449
Show Object Control Points	94, 149, 199, 458, 474
Show Object Direction	215
Show Objects	55, 441
Show Selected Objects	56, 380
Shrink Trimmed Surface	209
Single Line	105
Single Point	87
Sketch	114
Slab from Polyline	231
Smash	214
Soft Edit Curve	267
Sphere	222
Spiral	115
Split	42, 480
Split Edge	207, 322
Splop	294
Standard Construction Planes	61, 78
Stop History Recording	303
Stretch	296
Surface Analysis Toolbar	319
Surface From 2	173
Surface From 3 Or 4 Corner Points	167
Surface From Network of Curves	168, 502, 520
Surface From Network Of Curves	474
Surface From Planar Curves	168
Surface From Planer Curves	458, 503
Surfaces	81
Swap Hidden And Visible Objects	494
Sweep 1 Rail	183, 366, 389, 433
Sweep 2 Rails	186, 390, 485, 488
Symmetry	148
Synchronize Views	28

T

Taper	290
Text Object	233
Torus	226
Trim	40, 432, 454
Truncated Cone	224
Tube	225
Turn on Solid Control Points	256
Tween Between Two Curves	116, 161
Tween Between Two Surfaces	204
Twist	287

U

Undo CPlane Change	66
Undo View Change	27

Ungroup	46
Unit	69
Units And Tolerances(단위 및 공차)	69
Universal Construction Planes	61, 78
Unjoin Edge	245
Unlock Objects	57, 516
Unlock Objects With History	303
Unlock Selected Objects	57
Unroll Developable Surface	212
Untrim	42, 208, 411, 525
Untrim Holes	263
Update History on All Objects	302
Update History On Selected Objects	302
USB 스피커(USB Speaker)	451
UseExtrusions	177, 219
U 방향	191, 309

V

Variable Radius Surface Chamfer	197
Variable Radius Surface Fillet	196
View	80
Viewport Display Mode	429
Viewport Properties	80
Volume	318
Volume Centroid	318
V 방향	191, 309

W

Wire Cut	251, 374, 396, 413
Wireframe	31

Z

Zebra Analysis	320
Zebra Analysis Off	321
Zoom Extents	26
Zoom Selected	27
Zoom Window	26

ㄱ

가변 반지름 필렛(Variable Radius Fillet)	248
가시도(Visibility)	55
각도 제한(Angle Constraint)	20
거리 제한(Distance Constraint)	20
검볼(Gumball)	15, 431
고정 툴바(Docked Toolbar)	17
곡률 연속(G2 연속 : Curvature Continuity)	140, 191, 308
그룹(Group)	46
글루건(Glue Gun)	423

ㄴ

나트(Knot)	92, 139
네이키드 에지(Naked Edge) 결합시키기	325

ㄷ

단일 반지름 필렛	247
단축키(Shortcut)	76

ㄹ

라이노 옵션(Rhino Options)	72
레이어(Layer)	47
레이어 패널(Layers Panel)	47
레이어 편집하기(To edit a layer)	50

ㅁ

마우스 커서(Mouse Cursor)	11
메뉴 바(Menu Bar)	6
메인 툴바(Main Toolbar)	8
명령어 프롬프트(Command Prompt)	7
명령어 히스토리 창(Command History Window)	6
무선 전화기(Cordless Telephone)	387
문서 속성(Document Properties)	69

ㅂ

방향 제한(Direction Constraint)	20
변형(Transform)	266
보간 커브(Curve : Interpolate Points)	112
부동 툴바(Floating Toolbar)	17
분석(analysis)	307
뷰포트(Viewports)	9
뷰포트(Viewport) 최대화	9
뷰포트 디스플레이 모드(Viewport Display Mode)	30
뷰포트 탭(Viewport Tabs)	9
비순환 서피스(Non-periodic Surface)	191
비순환 커브(Non-periodic Curve)	141

ㅅ

사각형 그리기(Create Rectangles)	125
사이드 바 툴바(Sidebar Toolbar)	8
상태 바(Status Bar)	10
서피스 만들기(Create Surfaces)	166
서피스와 폴리서피스(Surface and Polysurface)	166
서피스의 제어점(Control Point of Surface)	166
서피스 편집(Surface Editing)	191
선택(Select)	53
세제용기(Cleanser Container)	469

솔리드 만들기(Create Solids)	218
솔리드 편집(Solid Editing)	236
순환 서피스(Periodic Surface)	191
순환 커브(Periodic Curve)	141
스마트 트랙(Smart Track)	14
스탠다드 툴바 그룹(Standard Toolbar Group)	8

ㅇ

아이소파라메터릭 커브(Isoparametric Curve)	166
알람 시계(Alarm Clock)	331
에지 병합시키기	324
에지 분할하기	323
에지 커브(Edge Curve)	166
에지 표시하기	322, 323
연속성(Continuity)	140, 191, 308
오디오 리모콘(Audio Remocon)	363
오브젝트로부터 커브 만들기	129
오브젝트 스냅(Object Snap)	12
오브젝트 스냅 툴바(Object Snap Toolbar)	13
오브젝트 스냅 툴바(Osnap Toolbar)	9
원 그리기(Create Circles)	117
위치 연속(G0 연속 : Position Continuity)	140, 191, 308
이은 자리(Seam)	192

ㅈ

자유곡선 그리기(Create Free-Form Curves)	112
작업평면(Construction Plane)	60
전개 가능한 서피스(Developable Surface)	192
점(Point)	92
점 편집(Point Editing)	92
정다각형 그리기(Create Polygons)	127
제어점(Control Point)	92, 104, 139
제어점 커브(Control Point Curve)	112
직선 그리기(Create Lines)	105
진공청소기(Vacuum Cleaner)	497

ㅊ

차수(Degree)	104, 139
창 제목(Window Title)	6

ㅋ

카메라 렌즈 설정	29
커브의 제어점(Control Point)	308
커브 편집(Curve Editing)	139
커서 제한(Constrain the Cursor)	20
크리즈(Crease)	141, 192
킹크(Kink)	92, 140, 192

ㅌ

타원 그리기(Create Ellipses)	121
탄젠트 연속(G1 연속 : Tangency Continuity)	140, 308
탄젠트 연속(G1 연속: Tangency Continuity)	191
툴바 메뉴 아이콘(Toolbar Menu Icon)	11

ㅍ

팝업 레이어 리스트(Popup Layer List)	52
패널(Panels)	10
편집점(Edit Point)	92

ㅎ

현재 레이어 설정(Set Current Layer)	51
호 그리기(Create Arcs)	122
히스토리(History)	300

저자 약력

김낙권

현재
한국폴리텍대학 춘천캠퍼스 스마트제품디자인과 교수
제품디자인기술사

학력
홍익대학교 산업미술대학원 산업디자인학과 석사
서울과학기술대학교 공업디자인학과 학사

근무경력
한국디자인진흥원 디자인개발부 주임연구원

심사경력
우수디자인선정(GD) 심사위원(한국디자인진흥원)
서울창업허브 제품화지원센터 선정 심사위원(서울산업진흥원)
세계일류·미래유망상품 디자인개발사업 심사위원(한국디자인진흥원)
중소기업 디자인역량 강화사업 코칭반 평가위원(한국디자인진흥원)

저서
3D 디지털 제품디자인(공저), 한국폴리텍대학, 2015
Rhino 3D 5 제품디자인 모델링(공저), 도서출판 과학기술, 2013
핵심 Rhino 4.0 제품디자인, 도서출판 과학기술, 2008
Rhino와 제품디자인, 도서출판 과학기술, 2006

Rhino 6 제품디자인

1판 1쇄 발행　　2019년 3월 25일

인 지

정가　**30,000원**
ISBN 978-89-317-0991-9　93550

지은이	김낙권
펴낸이	박 용
펴낸곳	도서출판 세화
영업부	(02)719-3142, (031)955-9331~2
편집부	(031)955-9333
FAX	(02)719-3146, (031)955-9334
주소	경기도 파주시 회동길 325-22(서패동 469-2)
등록	1978. 12. 26 (제 1-338호)

파손된 책은 교환하여 드립니다.

Copyright©Sehwa Publishing Co.,Ltd.
도서출판 세화의 서면동의 없이 이 책을 무단 복사, 복제, 전재하는 것은 저작권법에 저촉됩니다.